Ingeborg Fleischhauer

Diplomatischer Widerstand gegen »Unternehmen Barbarossa«

INGEBORG FLEISCHHAUER

Diplomatischer Widerstand gegen »Unternehmen Barbarossa«

Die Friedensbemühungen
der Deutschen Botschaft
Moskau 1939–1941

ULLSTEIN

Die Deutsche Bibliothek – CIP-Einheitsaufnahme

Fleischhauer, Ingeborg:
Diplomatischer Widerstand gegen »Unternehmen Barbarossa« :
die Friedensbemühungen der Deutschen Botschaft Moskau 1939–1941 /
Ingeborg Fleischhauer. – Berlin ; Frankfurt am Main :
Ullstein, 1991
ISBN 3-550-07504-9

INHALT

»Heute abend ist der Befehl veröffentlicht worden, der unsere ganze Armee und unsere Flotte mobilisiert. Und es ist gegen Euch, gegen Euer Land, daß wir damit gezwungen sind zu kämpfen. . . . Ich gehe in diesen Krieg mit schwerem Herzen. . . . Ich finde, daß dieser Krieg unnötig und dumm ist, ich finde es zweifach, da er mich zwingt, meinen Arm gegen meine Freunde zu erheben, die meinem Herzen am nächsten stehen. Der gütige Gott möge allen jenen verzeihen, die die Verantwortung für dieses ganze Desaster tragen, das plötzlich über Europa hereinbricht! – . . . Vielleicht erlaubt Ihr mir nicht mehr, mich Euren Freund zu nennen, vielleicht wollt Ihr einen Menschen nicht mehr, der die Waffen gegen Euer Land erhebt und gegen Eure Mitbürger. Ich glaube es nicht, denn ich weiß, daß Ihr allezeit zwischen der Sache und dem Menschen zu unterscheiden wißt, der ihr unfreiwilliger Träger ist.«

Friedrich Werner Graf von der Schulenburg,
Brief an eine russische Freundin (französisch),
Braunschweig, den 1. August 1914.

VORWORT

Der fünfzigste Jahrestag des Beginns von »Unternehmen Barbarossa« gibt Anlaß dazu, aus einem gewissen historischen Abstand die Frage neu zu stellen, warum keine nennenswerte Kraft in Deutschland dem Kriegswillen Adolf Hitlers wirksamen Widerstand entgegensetzte. Vorausgegangene Untersuchungen haben dafür überzeugende Erklärungen gefunden. Eine soziologische Erklärung liegt zweifellos in der hermetischen Struktur des deutschen Beamtentums, das – einmal auf eine gegebene Befehlshierarchie eingeschworen – kaum zu einem Bruch etablierter Normen imstande war. Eine historische Erklärung weist auf das durch das gemeinsame Erleben des Ersten Weltkriegs hergestellte Band einer Schicksalsgemeinschaft, die in den zyklischen Denkformen von Gewalt-Demütigung-Gegengewalt befangen war. Eine psychologische Erklärung verfolgt das Bedürfnis nach nationaler Kohärenz, das sich durch das Zerbrechen der staatlichen Formen des kaiserlichen und republikanischen Deutschland hindurchzog und vor dem Hintergrund der sogenannten nationalsozialistischen Revolution erstarkte. Kulturanthropologische Konstanten einer Russophobie, die – unter dem schuldhaften Empfinden für die Entfesselung des Ersten Weltkriegs und das Schüren der russischen Revolution vertieft – im Bolschewismus mit asiatischem Gesicht eine strafende Geißel herbeidachte, bilden das verbindende Beiwerk dieser Bewußtseinshaltungen.

Die scheinbare Zwanghaftigkeit dieser Bewußtseinsinhalte erweist sich zum überwiegenden Teil als selbstgewählte gedankenlose Lethargie der Masse, wenn man die Gruppen und Einzelpersonen ins Auge faßt, die seit den Anfängen des nationalsozialistischen Staates in Hitler den Krieg und im Rußlandfeldzug seit seinen ersten Planungen den Untergang Deutschlands sahen.

Die Tatsache, daß sich unter ihnen auch Träger der traditionellen deutschen Eliten – beamtete Diplomaten und Militärs – befanden, ist zwar nicht unbekannt, doch für das kategorisierende Denken unbequem. Die Konsequenz, mit welcher sich diese Menschen von der Masse zählebiger gängiger Begriffe und Ängste ihrer Generation, Klasse oder Kaste lösten und sich in Gegensatz zu einer Politik stellten, die vorgab, die Interessen ihres Berufsstandes und ihrer Nation zu verfechten, ist heute schwierig nachzuempfinden. Erschwert wird dieser Versuch dadurch, daß ihr Bruch mit ihren – durch den nationalsozialistischen Moloch-Staat usurpierten – Traditionen kein totaler war: Schleifen und Überhänge durch die Ereignisse überholter Traditionen winden sich durch ihre vielschichtige Bewußtseinslandschaft und machten ihnen – wie dem suchenden Betrachter heute – eindeutige Aussagen unmöglich.

Hierin unterscheiden sich die Widerstandshaltungen des Nationalkonservatismus wesentlich von denen der Sozialdemokratie, des Syndikalismus und noch mehr der Sozialisten und Kommunisten, denen ein kategorischer gedanklicher Bruch vorausgegangen war und mit ihm ein angereichertes kollektives intellektuelles Widerstandspotential zur Verfügung stand.

Dem traditionsgebundenen Beamten stand ein Kräftepotential zum Widerstand am ehesten in den Forderungen des ethischen Christentums und seinen sozialen Derivaten im Pflichtbegriff zur Verfügung. Ihre Erkenntnis und Vermittlung mußte überwiegend im individuellen Akt erfolgen. Und dieser erforderte neben gewissen sozio-kulturellen Erfahrungswerten und moralischen Qualitäten, wie Mut, Wahrhaftigkeit, Kühnheit, auch die intellektuellen Qualitäten des differenzierenden und diskriminierenden Gedankens.

Erstaunlicherweise hatten die führenden Angehörigen der Deutschen Botschaft Moskau, die exponiertesten Kritiker der Hitlerschen Ost- und später Kriegspolitik gegenüber der Sowjetunion aus den Reihen des deutschen Beamtentums, diese Eigenschaften nur in Grenzen aufzuweisen. Ihre kritischen Urteile bestechen in erster Linie durch *common sense*, in dem sich Nüchternheit und Mäßigung mit Realismus und einer schlicht daseinsbejahenden Menschenliebe trafen. Ihre intellektuellen Voraussetzungen waren angesichts der historischen Mission, die ihnen im Moskau der 30er Jahre zufallen sollte, begrenzt. Allerdings hätten sie bei einem großzügigeren intellektuellen Zuschnitt und einer flexibleren, freisinnigeren Handhabung der Begriffe von Pflicht, Gehorsam und Ehre im Laufe dieser Jahre mehrfach (etwa im Zuge der Sudetenkrise, des Angriffs auf Polen, des Durchsickerns der Hitler-Weisung Nr. 21) den Dienst quittieren müssen. In diesem Falle wären sie uns nicht als jene unparteiischen Zeugen der außenpolitischen Zuspitzung zwischen Deutschland und der UdSSR und distanzierten Beobachter der deutschen Kriegspolitik erhalten geblieben, als welche sie einen Platz in der deutsch-russischen Geschichte unseres Jahrhunderts verdienen.

Einer deutschen Forscherin der jüngeren Generation, die einer freiheitlichen, bürgerlichen Familientradition grundlegende politische Bewertungsmaßstäbe verdankt, auf dem Boden der ehemaligen DDR von Kindheit an im Gefahrennexus von Selbsterhaltung, Selbstbehauptung und Widerstand stand und die große historische Schule des intellektuellen Judentums durchlaufen hat, gibt die Haltung dieser Männer ernste Fragen auf.

Die Männer, die das geistige Dreigestirn der Botschaft bildeten, waren weit davon entfernt, Demokraten zu sein: Der supranationale Aristokratismus von Botschafter Friedrich Werner Graf von der Schulenburg, dessen familiäre Wurzeln auch in das mittelalterliche Venedig und alexandrinische Rußland der Befreiungskriege reichten, belächelte die Miniatur-Demokratien und erkannte im rigiden Stalinschen Staatszentralismus den bewußtlosen Nachkommen der absolutistischen Großreiche. Der unter dem Doppeladler im Weltbewußtsein eines russischen Offiziers erzogene Militärattaché, Generalleutnant Ernst Köstring, in der Zwischenkriegszeit ein Mann der Reichswehr, der an führender Stelle mit der Roten Armee zusammenarbeitete, sah in der russischen Geschichte eine Folge despotischer Reiche, in der das Beiwort des »Großen« synonym mit Gewaltanwendung gigantischen Ausmaßes war; hatte der deutsch-russische Militär in ihm den Blick für das aufgeklärte Rußland verstellt, oder hatte ihn die Erfahrung der Revolution ein für allemal getrübt? Hatte ferner die sibirische Verbannung, die der feinsinnige, großbürgerliche Moskauer Deutsche, Gustav Hilger, mit seiner Familie im Ersten Weltkrieg durchlitt, seine Einstellung zum traditionellen Rußland so gründlich entzweit, daß er aus Haß gegen das alte Rußland mit der politischen Führung des bolschewistischen Rußland sympathisierte? Waren es diese Gründe, die die Botschaft veranlaßten, die innenpolitische Entwicklung des Stalinismus als eine gewisse innere Gesetzmäßigkeit zu begreifen? Oder folgten sie hierin dem Bestreben, Hitler keinen weiteren Trumpf in die Hand zu spielen?

Über diesen und anderen Fragen an die demokratische Gesinnung dieser großen Individualitäten steht eine Gewißheit: Sie verkörperten auf ihre Weise die Idee der deutsch-russischen Symbiose, wie sie dem restlichen Europa ebenso unverständlich wie suspekt war und ist: einer auf geographisch-kultureller Nähe und mentalen Affinitäten basierenden Gemeinschaft des Gebens und Nehmens. Diese Gemeinschaft der Nachzügler in der Geschichte der europäischen Großmächte trägt alle Zeichen von Größe und Niedrigkeit: die Größe eines grenzenlosen Altruismus vergleichsweise junger Nationen und die niedrige Enge roher, zu Gewaltanwendung neigender Begrenztheit. In der Zeit des Hitler-Stalin-Paktes erreichte diese Symbiose ihre zweifelhafteste historische Ausformung.

Die Tragödie dieser Männer bestand darin, daß sie über diesem Abgrund eine Vermittlung der beiderseitigen Verhaltensmuster und Vorstellungen (den »Draht zwischen Berlin und Petersburg«) in einem obsoleten Sinne aufrecht zu erhalten suchten und sich dieser Tatsache weitgehend bewußt waren. Ihre Umsicht war dabei ebenso groß wie ihre Plazierung in Moskau vorteilhaft, um die Entwicklung Deutschlands aus breiter internationaler Sicht zu verfolgen. In vielfältigen Aspekten überrascht ihr Urteil heute durch ungetrübte Klarsicht, in einem Punkte besticht ihr Weitblick: Ihre intime Kenntnis Rußlands belehrte sie im Vorhinein über das ganze Ausmaß der Katastrophe, das über eine deutsche Angriffsarmee hereinbrechen würde. Mit dieser Schreckensvision vor Augen entwickelten sie eine Tätigkeit der Warnung und Abschreckung, die unter den diplomatischen Missionen aller Zeiten ihresgleichen sucht.

Diese Tätigkeit nachzuzeichnen und den von ihnen verwendeten Argumenten zu folgen bedeutet nicht in allen Fragen die volle Identifikation mit ihren Standpunkten – wir wissen heute mehr über ihre Zeit und urteilen im nachhinein leichter, oft leichtfertiger. Noch weniger bedeutet die Beleuchtung ihrer spezifischen Perspektive eine Apologie des Stalinismus – sie (nicht wir) waren zwischen Scylla und Charybdis gestellt und versuchten, den Vorstellungen und Ängsten Moskaus in Berlin auf wirkungsvollste Weise Geltung zu verschaffen. Der Umstand, daß sie dabei aus Abscheu vor dem Verhalten der eigenen Regierung zu einer milderen Beurteilung der Handlungsweise der Sowjetregierung neigten, als sie heute die historische Forschung in Ost und West beherrscht, hatte besondere Gründe: Das persönliche Erlebnis der bewußten Demontage des Russischen Reichs durch Reichregierung und deutschen Generalstab im Ersten Weltkrieg mittels politisch-militärischer Operationen, die vor keinem Mittel der Subversion, bezahlten Agententätigkeit und militärischen Konspiration zurückschreckten, um Rußland zu schwächen und auf gefällige Einzelgrößen zu reduzieren – Operationen, die dazu beigetragen hatten, die Räteregierung an die Macht zu bringen und international zu stärken –, hatte ein Gefühl nationaler Schuld gegenüber dem unterlegenen, traditionellen Rußland und eine ambivalente Einstellung zwischen Paternalismus und Tolerenz gegenüber den Machthabern des neuen, unter gewaltigen Opfern erstarkenden Rußland hervorgebracht, an dem diese kenntnisreichen, sensiblen Männer an der Berührungsfläche zwischen Deutschland und Rußland naturgemäß besonders stark trugen.

Sie waren im Zuge der Kriegsvorbereitung des »Dritten Reiches« Zeugen (und unfreiwillig Mitschuldige) einer neuen Dienstbarmachung Rußlands durch das expansive Deutschland, diesmal in einem diplomatischen Prozeß, geworden, in welchem das scharfe, nur kurzfristig überlegene Kalkül Hitlers das dumpfere Genie Stalins unter Anwendung von List und Tücke in sein politisches Schlepptau nahm. Sie empfanden zu jeder Zeit die drängende Verantwortung, die für sie aus der – wie auch immer ambivalenten – russischen und sowjetischen Hochschätzung für Deutschland, seine Kultur und geistige Kraft resultierte. Sie hatten den drohenden kriegerischen Expansionismus Hitlers vor Augen, dem das – nach ihrer Auffassung seinem Wesen nach defensive – passive russische Beharrungsvermögen vordergründig keine ausreichende Abschreckungswirkung entgegensetzte. Im Hintergrund der friedfertigen russischen Nachgiebigkeit wußten sie eine Kraft am Werke, für die die Zerschlagung aller europäischen Armeen unter dem Grand Empereur ein Kosakenspiel und seine Verfolgung nach Paris ein Spaziergang gewesen waren.

DIE VORAUSSETZUNGEN:
DER HITLER-STALIN-PAKT –
EIN BÜNDNIS ZUM KRIEGE?

Die westliche Geschichtsforschung des Zweiten Weltkrieges hat im deutsch-sowjetischen Nichtangriffspakt vom 23./24. August 1939 überwiegend das Bündnis zum Kriege schlechthin gesehen und den Vertragspartnern, Hitler und Stalin, dabei häufig im Ansatz vergleichbare Überlegungen und Ziele unterstellt. Von dieser Annahme ausgehend, wurden ihr Verhalten während der Periode der Gültigkeit des Pakts oft als eine Art Liebesspiel der beiden Diktatoren, ihre außenpolitischen Maßnahmen als eine Form wirklicher Kooperation verstanden.[1]

Diese Annahmen erweisen sich, so tief sie auch mittlerweile – nicht zuletzt infolge vieler journalistischer Verallgemeinerungen im Kontext des 50. Jahrestags des Hitler-Stalin-Paktes – im allgemeinen Bewußtsein verankert sind, bei genauer Betrachtung als nur bedingt und partiell oder aber als gar nicht zutreffend. Lediglich im Falle Hitlers kann mit einiger Sicherheit davon ausgegangen werden, daß er – nach längerem inneren Schwanken, ob er den Pakt zu der von ihm gewünschten politischen Isolierung Polens mit England oder mit Rußland eingehen sollte – im »Russenpakt« in der Tat das »Bündnis zum Kriege« sah, das ihm seit seinen frühen außenpolitischen Überlegungen vorgeschwebt hatte.[2] Das Kalkül Stalins bei Eingehen des Paktes mit Hitler hingegen liegt weitestgehend im dunkeln. Zwar wurde schon damals auf westlicher und wird heute auch auf östlicher Seite viel über die Absichten Stalins spekuliert und in neuerer Zeit wiederholt sogar die Vermutung ausgesprochen, er habe mit dem Paktabschluß willentlich zur Entfesselung des Krieges unter den imperialistischen Mächten beigetragen.

Ein Beweis ist indes für diese These niemals erbracht worden und schwerlich zu erbringen, wenn man bedenkt, mit welch übergroßer Vorsicht er einen Krieg vor seiner eigenen Haustür zu vermeiden suchte, in den er früher oder später hineingezogen würde. Neuere sowjetische Quellen haben insofern nicht unerwartet völlig andere Akzente gesetzt: Die Erinnerungen des damaligen Politbüromitglieds Nikita S. Chruschtschev legen das Hauptgewicht der Entscheidung Stalins für den Paktabschluß mit Deutschland eindeutig auf sein Bemühen um Neutralität und den Versuch, am Rande der Verstrikkung der imperialistischen Mächte untereinander so lange wie möglich in der Position des Unbeteiligten ausharren zu können – direkte oder indirekte Anheizung des Krieges der anderen hätte allzu schnell die Einbeziehung zur Folge haben können. Die »Täuschung« der Reichsregierung, die Stalin durch Eingehen des Neutralitätspaktes vollbracht zu haben glaubte, bestand nicht darin, daß er etwa glaubte, sie in einen Krieg zu treiben, sondern vielmehr darin, ihr, die ihn nach seiner Einschätzung in diesen Krieg hineinziehen wollte, diesen Weg versperrt zu haben.[3]

Der einzige überlebende Zeuge der Verhandlungen und Unterzeichnung, Vladimir N. Pavlov, bestätigte, daß das Hauptinteresse Stalins dabei in der Hinauszögerung des deutschen Angriffs auf die Sowjetunion lag; nach seiner Erinnerung sagte Stalin damals im engsten Kreise: »Wir haben den Vertrag mit den Deutschen, die seit sechs Jahren vom Kriege gegen uns sprechen, unterzeichnet, aber wir müssen bereit zur Begegnung auf dem Schlachtfeld sein ... Nach der Unterzeichnung des Vertrags werden wir eine Atempause für mindestens zwei Jahre haben.«[4] Auf diesem Hintergrunde erweist sich selbst die Annahme eines »vergnügten Händereibens«[5] Stalins angesichts der Verstrickung der Mächte in einen großen europäischen Krieg, dem er durch Eingehen des Paktes in weiser Voraussicht ferngeblieben war, als oberflächlich, wenn nicht sogar fragwürdig – auf einer tieferen Ebene wirkte die Furcht vor einer Einbeziehung in den Krieg zu aller Zeit als das Leitmotiv seiner Außenpolitik in der Paktzeit schlechthin. Sie bestimmte sein vorsichtiges außen- und wirtschaftspolitisches Taktieren, welches – ungeachtet eines allzu demonstrativ zur Schau gestellten, wachsenden Selbstbewußtseins – weit von einer gedankenlosen Kooperation mit dem bis dahin meistgefürchteten Gegner entfernt war. Wenn die besonderen Formen der wirtschaftlichen und militärischen Zusammenarbeit zwischen dem nationalsozialistischen Deutschland und stalinistischen Rußland aus der Optik der nicht ohne eigenes Versagen geprellten Westmächte den Eindruck eines liebestrunkenen Miteinanders der beiden dämonischen Giganten erweckten, so bot sich am Brennpunkt dieses Geschehens ein anderes Bild: In der Deutschen Botschaft Moskau, die mehr als alle anderen Dienststellen dieser ungleichen Partnerstaaten das fragile Gleichgewicht und die spröde Brüchigkeit dieses Verhältnisses erfuhr, wurde dieser Zeitraum der »unheiligen Allianz«[6] als eine Periode tiefsten gegenseitigen Mißtrauens erlebt.

Will man sie heute, fünfzig Jahre nach Bruch dieses Paktes und Einfall der deutschen Wehrmacht in die unbezwingbaren russischen Weiten aus deutscher Sicht nachzeichnen – und eine Reihe neu entdeckter deutscher Quellen sowie eine Fülle erst jetzt zugänglicher sowjetischer Dokumente von zentralem Aussagewert fordern dazu auf –, so bietet sich in der Perspektive der Deutschen Botschaft Moskau ein geeigneter archimedischer Punkt, um das deutsch-sowjetische Verhältnis dieser überaus schwierigen Zeit in seinem wirklichen, komplexen Charakter zu begreifen. Einen Schlüssel dazu bietet bereits das Verhalten des Botschafters in den ersten Kriegstagen.

Am Morgen des 1. September 1939 – um 4.45 Uhr hatte das deutsche Linienschiff »Schleswig-Holstein« aus dem Danziger Hafen das Feuer auf die polnische Garnison auf der Westerplatte eröffnet und begannen 1,8 Millionen Soldaten der Wehrmacht den Vormarsch über die polnische Grenze – befand sich der deutsche Botschafter in Moskau, Friedrich Werner Graf von der Schulenburg[7], entgegen seinen sonstigen Gepflogenheiten schon sehr früh in der Botschaft. Zwar besaß er keine präzise Kenntnis vom vollen Umfang der militärischen Vorkehrungen, die »Plan Weiß« für den 1. September 1939 vorsah. Seine Regierung, in erster Linie sein Vorgesetzter, Reichsaußenminister Joachim von Ribbentrop, hatte ihm seit seinem Dienstantritt als Missionschef in Moskau am 1. Oktober 1934 die Kenntnis einschneidender Entscheidungen und wichtiger politischer Maßnahmen vorenthalten. Auch im Falle des geplanten Polenfeldzuges tappte die Deutsche Botschaft Moskau bis zu einem relativ späten Zeitpunkt im dunkeln.

Der Botschafter hatte es spätestens seit dem Abklingen der Sudetenkrise verstanden, sich durch persönliche Zusammenarbeit mit den besser informierten Berliner Dienststellen ein privates, informelles Informationsnetz zu schaffen; zu diesen Dienststellen gehörten der Leiter der Politischen Abteilung des Auswärtigen Amts, Unterstaatssekretär Dr. Woermann, und der Leiter des Ost-Europa-Referats (Pol. V), VLR Dr. Schliep. Über seine Mitarbeiter an der Botschaft hatte der Botschafter ferner einen gewissen Informationsfluß mit dem OKH aufrechterhalten; so informierte sich sein langjähriger persönlicher Referent, Hans Herwarth von Bittenfeld, gelegentlich seiner Berlin-Besuche bei seinem Vetter, dem Oberst im Wehrmachtführungsstab Bernhard von Lossberg, über die laufenden militärischen Planungen sowie bei dem ihm befreundeten Verbindungsmann des Auswärtigen Amts zum OKH, Hasso von Etzdorf, über die Absichten der Obersten Heeresleitung. Aus Gründen der strengen Geheimhaltung, auf die sowohl die politischen Instanzen der Wilhelmstraße als auch die militärischen Instanzen in Zossen eingeschworen wurden, blieb dennoch die Kenntnis der Botschaft über die jeweiligen Vorgänge fragmentarisch.

Im Falle von »Fall Weiß« hatte diese ungenügende Kenntnis der deutschen Planungen ihre besonderen Wurzeln. Sie resultierten vor allem aus der Art der Verhandlungen, die Reichsaußenminister von Ribbentrop in der Nacht vom 23. zum 24. August 1939 im Kreml mit Außenkommissar Molotov und Josif Vissarionovitsch Stalin persönlich geführt hatte. Botschafter Graf Schulenburg und der Dolmetscher, Legationsrat Gustav Hilger, hatten diesen Verhandlungen in allen Phasen beigewohnt. Sie endeten mit der Unterzeichnung des Nichtangriffspaktes, dessen Wortlaut im wesentlichen auf sowjetische Empfehlungen zurückging, sowie des geheimen Zusatzprotokolls, dessen Text auf spezielle Weisungen Hitlers an Ribbentrop und die auf diesen basierenden Entwürfe des Leiters der Rechtsabteilung des Auswärtigen Amts, Ministerialdirektor Dr. Friedrich Gaus, zurückging.[8]

Zwei Tatsachen waren in besonderer Weise geeignet, die Vorstellungen des bei den Verhandlungen anwesenden Deutschen Botschafters (sowie vermutlich auch der Vertreter der Sowjetregierung) über die wahren deutschen Pläne in Unklarheit zu lassen: Einerseits hatte Ribbentrop in diesen Verhandlungen auf Weisung Hitlers konsequent die Fiktion aufrechterhalten, Deutschland suche seinen Konflikt mit Polen mit friedlichen Mitteln beizulegen und werde nur dann Gewalt anwenden, wenn sich alle anderen Mittel erschöpft haben sollten. Ribbentrop folgte dieser ihm von Hitler anbefohlenen »Sprachregelung« mit dem ihm eigenen Übereifer, so daß im Verlauf

dieser Verhandlungen die Fiktion des deutscherseits geplanten friedlichen Ausgleichs mit Polen aufrechterhalten wurde. Von seiten
Molotovs und Stalins wurde diese Absichtserklärung ohne Gegenfrage zur Kenntnis genommen, der durch sie hervorgerufene Eindruck verbal nicht in Zweifel gezogen. Dies hatte unter anderem zur
Folge, daß sich Hitler ein gutes Jahr später (in seinem Gespräch mit
Molotov, Berlin, 13. November 1940) – ungeachtet des in der Zwischenzeit erfolgten kriegerischen Vorgehens gegen Polen – etwaigen
kriegerischen russischen Aspirationen auf Finnland unter Hinweis
auf den Inhalt der Moskauer Verhandlungen vom 23. August 1939
widersetzen konnte. Auf den Hinweis Molotovs, daß Rußland die
finnische Frage ja noch nicht bis zu Ende gelöst habe, entgegnete er
dann, »der deutsche Versuch, einen Krieg in der Ostsee ... zu vermeiden, bedeute keinen Verstoß gegen die deutsch-russischen Abmachungen, wonach Finnland in die russische Einflußzone falle«. »Waffenkorrekturen« – so behauptete er nun – seien »ja überhaupt nicht
Gegenstand des Abkommens gewesen«.[9]

Andererseits war der von deutscher Seite an zentraler Stelle im
geheimen Zusatzprotokoll verwendete Begriff »Interessensphäre«
zwecks Verschleierung der deutschen Absichten nie näher erläutert
worden. Der Umstand, daß dieser Schlüsselbegriff des Vertrags in
den damaligen sowie späteren Verhandlungen wechselweise als
»Interessensphäre«, »Einflußsphäre« oder »Einflußzone« gebraucht
wurde, macht diesen vollständigen Mangel an Präzision im nachhinein deutlich. Als ein extrem dehnbarer, dem geopolitischen Vokabu-
lar entstammender Ausdruck, dessen Bedeutung Ribbentrop in seinen Gesprächen mit den sowjetischen Staatsmännern gewissermaßen als selbstverständlich bekannt vorausgesetzt hatte, nahm dieser
Ausdruck im praktischen Vollzug des Paktes zwar eine zunehmend
präzise Bedeutung an. Dies hinderte Hitler indes nicht, den Anspruch
Molotovs vom November 1940, Finnland sei doch zweifelsfrei der
russischen Einflußzone zugesprochen worden, mit der Bemerkung
abzutun: Schließlich sei ja in den Verhandlungen vom 23. August
1939 »auch die genaue Bedeutung des Wortes ›Einflußsphäre‹ nicht
weiter definiert worden«.[10]

Die Abtrennung der Interessensphären, die in dem auf den 23.
August 1939 datierten geheimen Zusatzprotokoll festgeschrieben
worden waren, hatte also im Verständnis der Anwesenden nicht

notwendig eine politisch-militärische Inbesitznahme der abgegrenzten geopolitischen Räume bedeutet. Sie war in erster Linie als Demarkationslinie für deutsche Truppenbewegungen in dem Falle vorgesehen, daß es Deutschland nicht gelingen sollte, seinen Konflikt mit Polen mit friedlichen Mitteln zu lösen, und es über diesem Konflikt zu größeren militärischen Bewegungen kommen sollte. Weiter über diese explizite Festlegung hinausgehende Vorstellungen waren beiden Seiten aufgrund dieser Art der »Sprachregelung« sowie der Vagheit der diesbezüglichen Formulierungen im geheimen Zusatzprotokoll anheimgestellt worden.

Aus diesem Grunde konnte selbst nach Abschluß der Verhandlungen und Unterzeichnung des Nichtangriffspakts einerseits und des geheimen Zusatzprotokolls andererseits bei den an diesen Vorgängen beteiligten Personen noch die Hoffnung bestehen, Deutschland werde seinen Konflikt mit Polen in letzter Minute, und sei es durch Einberufung einer internationalen Konferenz, doch noch friedlich lösen. Dies bezeugte der Militär- und Luftattaché an der Deutschen Botschaft Moskau, General Köstring, wenn er schrieb, Schulenburg und ihm sei es im Gegensatz zu den vorgesetzten Dienststellen, etwa Staatssekretär Ernst von Weizsäcker, bei ihren Bemühungen um das Zustandekommen des deutsch-sowjetischen Paktes nicht um die Suche nach dem vielzitierten geringeren Übel, sondern um die Ausschaltung des Übels an sich, nämlich des Krieges, gegangen.[11] Und Legations-, später Botschaftsrat Gustav Hilger bestätigte nach dem Krieg, daß der enge Kreis um den Botschafter ehrlich um eine Verständigung mit der Sowjetunion bemüht war, da sie hofften, »daß sich ein Nichtangriffspakt mit der Sowjetunion als ein Instrument des Friedens erweisen könnte«. Aus der Moskauer Entfernung neigten sie zu der Annahme, daß England und Frankreich Polen, sobald Deutschland sich die russische Rückendeckung verschafft hätte, zur Mäßigung bewegen würden; als Ergebnis würde eine deutsch-polnische Verständigung auf der Basis der Rückgabe Danzigs an Deutschland und der Einräumung eines »Korridors durch den Korridor« erfolgen. Die Moskauer Diplomaten hofften dabei, daß es Hitler mit seinem Versprechen »keiner weiteren territorialen Forderungen in Europa« ernst meinte. Angesichts seiner Entschlossenheit betrachteten sie eine solche Lösung der Frage Polens als »die einzige Möglichkeit, einen zweiten Weltkrieg zu verhindern«. Als sie sich dann im späteren Verlaufe der Verhandlungen darüber klar wurden, daß Hitler – nach der Darstellung Hilgers – »überhaupt keine Verständigung mit Polen wollte und auf einen Krieg gegen Polen lossteuerte, um es zu vernichten, versuchten wir uns mit dem Gedanken zu trösten, daß ein deutsch-polnischer Zusammenstoß immer noch besser sei als ein zweiter Weltkrieg«.[12] Dabei setzte die Botschaft beträchtliche Hoffnungen auf die Wirkung des sowjetisch-polnischen Nichtangriffspakts und seine Einhaltung durch die Sowjetunion[13] und erwartete zunächst schlimmstenfalls einen kleinen, lokalen Konflikt, der sich aufgrund der Zurückhaltung der Großmächte nicht zu einem großen Krieg auswachsen würde.

Die Beobachtungen, die Schulenburg vor dem Hintergrund der Unterzeichnung des geheimen Zusatzprotokolls, etwa in den Gesprächen mit Ribbentrop in der Deutschen Botschaft, machte, sowie das Verhalten der Reichsregierung in den darauffolgenden Tagen – das Drängen auf Ratifizierung des Vertrags, Entsendung des neuen sowjetischen Botschafters sowie einer sowjetischen Militärvertretung nach Berlin noch vor Ende des Monats August – hatten in den letzten Augusttagen an der Botschaft Moskau Gewißheit geschaffen, »daß der Krieg beinahe noch stärker droht als im vergangenen Jahre«. Wie der Botschafter schrieb, hatte man aber »alle Hoffnung für einen friedlichen Ausgang ... noch nicht verloren, allerdings muß wieder ein Wunder geschehen ! Ganz ausgeschlossen ist das nicht!«[14]

Unter diesen Voraussetzungen wurde die Art des deutschen Vorgehens gegen Polen ab 1. September 1939 sowie die Kriegserklärung Englands und Frankreichs an Deutschland am 3. September 1939 für die wenigen Personen in Moskau, die intime Kenntnis der diplomatischen Vorgänge besaßen, doch zu einem erschütternden Ereignis. Am 4. September 1939 schrieb Botschafter Graf Schulenburg privat nach Berlin: »Nun ist also doch das Schreckliche geschehen und der große Krieg ausgebrochen. ... Ich hatte so fest gehofft, daß nach dem Abschlusse mit der Sowjet-Union die polnische Frage friedlich werde gelöst werden. Es scheint, daß Großbritannien nicht zum zweiten Male ›nach München‹ gehen konnte. Man hätte Chamberlain zerrissen, wenn er es noch einmal getan hätte. ... Ich kann mich gar nicht mehr recht über den großen diplomatischen Erfolg hier in Moskau freuen. Vielleicht ist er gar kein Glück für Deutschland gewesen! Aber das liegt im Schoße des Schicksals. Vielleicht wendet sich doch noch alles zum Guten.«[15]

Daß der 1. September der kritische Tag werden würde, konnte Schulenburg ebenso aus dem immer schärfer werdenden Drängen der Berliner Dienststellen entnehmen, wie er es vermutlich aus privaten Informationen, etwa der zahlreichen Mitglieder der Delegation Ribbentrops nach Moskau, wußte. Auch war sein persönlicher Referent seit 1934, »Johnny« Herwarth, den er seit Inkrafttreten der Nürnberger Rassegesetze an der Deutschen Botschaft Moskau gehalten hatte, am 24. August mit der Delegation Ribbentrops nach Königsberg zurückgeflogen, »um bei seinem Regimente (Reiter Neun) als Kriegsfreiwilliger einzutreten«.[16] Wie zahlreiche andere Personen »nichtarischer« Herkunft hatte es Herwarth angesichts der zu erwartenden erschwerten Lebensbedingungen in dem im Kriegszustand befindlichen Deutschland vorgezogen, bei seinem Regiment unterzutauchen. Schulenburg, der über einschlägige Fronterfahrung aus dem Ersten Weltkriege verfügte, hatte Herwarth an jenem Morgen mit den Worten verabschiedet, dieser Krieg werde, wenn er denn komme, ebenso wie der Erste Weltkrieg sehr lange dauern. Bei dieser Verabschiedung verbarg der Botschafter seine düsteren Vorahnungen nicht. Er ließ durchblicken, daß er wohl doch in all seinem beharrlichen Ringen um das Zustandekommen des deutsch-sowjetischen Nichtangriffspaktes als eines Instruments zur Friedenssicherung gescheitert und in den verhängnisvollen Nexus ungewollter diplomatischer Kriegsvorbereitung geraten sei.[17]

Die ersten Nachrichten, die dem Botschafter am Morgen des 1. September 1939 um 7.30 Uhr aus Berlin zugingen, bewiesen, daß sich seine schlimmsten Befürchtungen bewahrheiteten. Der Chef des Generalstabs der Luftwaffe, General Stumpff, ließ den Volkskommissar für Telegrafie und Telefonie bitten, den Rundfunksender Minsk anzuweisen, Rufzeichen zu Navigationszwecken für die deutsche Luftwaffe auszusenden. Wie der Botschafter verstehen mußte, befand sich die deutsche Luftwaffe in einem fortgeschrittenen Stadium ihres Angriffs auf Polen. Klar mußte ihm angesichts dieser Mitteilung auch sein, daß der deutsche Generalstab den russischen Vertragspartner von Anfang an zu seinem Junior-Partner im deutschen Polenfeldzug machen wollte.

Die Antwort der Sowjetregierung auf dieses erste deutsche Ersuchen um militärische Kooperation spiegelte das sowjetische Verhalten im Verlauf der gesamten Paktzeit wider: Die Sowjetregierung war bereit, den Sender Minsk zu veranlassen, im Verlaufe seines Programmes das Wort »Minsk« häufig zu senden, lehnte aber darüber hinausgehende Rufzeichen mit dem Bemerken ab, sie wolle »Aufsehen ... vermeiden«[18] – Beschwichtigung gegenüber Deutschland und zugleich Bemühen um internationale Legitimität zum Zwecke der Vermeidung der Verwicklung in einen Krieg der Großmächte standen im Vordergrund; die Verstärkung des eigenen Kriegspotentials für den Ernstfall bildete den Hintergrund ihrer Befriedungspolitik (erst an diesem 1. September nahm der Oberste Sowjet der UdSSR in einer Krisensitzung das Gesetz über die allgemeine Wehrpflicht an und verfügte somit die Komplettierung der Befehlsstruktur der Roten Armee).

Die Deutsche Botschaft Moskau hatte »vollstes Verständnis«[19] für dieses Verhalten – sie unterschied sich hierin grundlegend von der Außenpolitik der Regierung Hitlers und auch vom traditionellen Rußland-Bild der national-konservativen Opposition.[20] Historisches Wissen und persönliche Lebenserfahrung der Rußland-Kenner an der Botschaft hatten zu einer politischen Vision beigetragen, die das stalinistische Rußland in einem weiteren, eurasischen Bezugssystem der großen Despotien plazierte.[21]

Der Botschafter selbst hatte sich während seiner siebenjährigen Dienstzeit im Russischen Reich und langjähriger Aufenthalte im Orient, vor allem als Gesandter der Weimarer Republik in Persien, mit den östlichen Gepflogenheiten vertraut gemacht und ein geeignetes Einfühlungsvermögen, auch in die spezifischen historischen Bedingungen Rußlands, entwickelt. Ohne Fremdheit und Vorurteile, eher schon mit einer schuldbelasteten, nachsichtigen Fürsorge, begegnete er der bolschewistischen Staats- und Parteiführung und hielt Stalin – zumal im Vergleich zu seinem Gegenspieler Hitler und im Bereiche seiner Außenpolitik – »für einen ganz bedeutenden Staatsmann und eine überragende Persönlichkeit«. Das Verhältnis des Botschafters zu Stalin war – nach der Wiedergabe seiner Worte durch seinen Vetter Robert von der Schulenburg[22] – »wenn auch unsere Weltanschauungen ganz entgegengesetzte waren – nicht nur ein rein offizielles, sondern ein ganz persönliches, welches besonders unterbaut wurde durch die Beherrschung der russischen Sprache,

Geschichte und Gebräuche. Ich hatte das Gefühl, daß ich eine Sonderstellung unter den ausländischen Botschaftern in Moskau einnahm, und ich wurde sehr oft zu persönlichen, längeren Besprechungen gebeten. Stalin schätzte mich als besonderen Kenner Rußlands und des Ostens und hatte ein großes Vertrauen zu mir, da er von meiner Friedensbereitschaft überzeugt war und voraussetzte, daß man mich eben deshalb seit 1934 mit diesem Posten betraut hatte. Auch ich war überzeugt von Stalins unbedingter Friedensbereitschaft, sogar Furcht vor einem Krieg oder jeglichen Erschütterungen. Stalin ließ mich zwar nicht im unklaren über sein gewaltiges Kriegspotential; durch meine jahrelange Tätigkeit in Moskau war ich hierüber auch hinreichend informiert. Es war daher mein einziges Bestreben, nicht nur aus dem Grunde, daß ich dem Kriege überhaupt ablehnend gegenüberstand, einen Krieg mit Rußland auf jeden Fall zu verhindern, den Deutschland verlieren müsse.«

Dieses Zeugnis, das Robert von der Schulenburg ein Jahr nach Kriegsende (1946) über seinen 1944 hingerichteten Vetter ablegte, mag im Tenor der sowjetischen Siegermacht Tribut gezollt haben; in der Substanz deckt es sich mit den Aussagen, die die nächste Angehörige des Botschafters, seine einzige Tochter Christa, verwitwete Baronin Lindenfels, noch heute über ihren Vater macht. Hatte sich der Botschafter – nach Mitteilungen an seinen Vetter – »mehrfach mit dem Gedanken (getragen), aus dem diplomatischen Dienst auszuscheiden, da ich die Regierung des Dritten Reiches innerlich restlos ablehnte, so stellte ich mir dennoch die Aufgabe, so lange durchzuhalten, bis daß diese deutsche Unglücksregierung entweder von selbst zusammengebrochen, abgewirtschaftet oder vernichtet sei, und hatte ich schon damals aufrechte Freunde, die meine Auffassung teilten. Letzten Endes kam ich aber zu der Auffassung, daß mit geistigen Mitteln allein die Befreiung nicht zu erreichen sei, sondern daß man mit politischer aktiver Gewalt eingreifen müsse. Im Oberkommando der Wehrmacht waren starke politische oppositionelle Kräfte, die für meine Pläne nutzbar seien und mit denen ich Verbindung habe. Nicht nur außenpolitisch sah ich von Anfang an in Hitler die große Gefahr für ganz Europa, sondern verneinte auch die Ideologie über seine Rassentheorie und zügellose, unreife innerpolitische Staatsführung. ... Die dunklen Kräfte in Deutschland waren aber stärker. Hitler halte ich für das Produkt schlechtester Rasse, erblich schwerstens belastet, mit allen Eigenschaften eines Verbrechers, sadistisch, größenwahnsinnig, der als seine Werkzeuge auch nur Menschen mit den gleichen Instinkten gebrauchen konnte. Ich war anfangs der Überzeugung, daß ein solches System bald zusammenbrechen müßte, welche Auffassung auch bei fast allen mir bekannten ausländischen Staatsmännern bestand.«

Im engsten Kreise der Familie und Freunde, besonders aber der jüngeren Kollegen im Auswärtigen und Militärdienst[23], für deren Aufklärung er Verantwortung fühlte, entwickelte Botschafter Schulenburg häufig und mit einer Freizügigkeit der Rede, in der kaum der Einfluß der damals üblichen Selbstzensur zu erkennen war, seine Gedanken über die Entwicklung des Dritten Reiches. Er kam auf »Brüning, Harzburger Front, Reichstagsbrand, Potsdam, Hindenburg und Osthilfe, Schacht und Inflation, Schwerindustrie, Olympiade, Einmarsch ins Rheinland, die weiteren Vergewaltigungen bis zum Ausbruch des Krieges zu sprechen«. Seine umfangreiche Korrespondenz, die – wie ihm bekannt war – ab Mitte der dreißiger Jahre die Zensur der nationalsozialistischen Sicherheitsorgane passierte, gibt darüber nur sporadisch Auskunft. Ganz ablehnend stand Botschafter Schulenburg »Papen und Ribbentrop gegenüber; Papen bezeichnete er als falschen höchst gefährlichen Charakter, Ribbentrop als Hochstapler. Es war ergreifend, mit welcher Vornehmheit Graf Friedrich Werner die Diskussion führte und merkte man dauernd die Sorge und große Verantwortung, die auf ihm lastete für das Ziel, welches er sich stellte.«

In dieser Ausgangslage ergab sich für den Botschafter des »Dritten Reiches« in der Sowjetunion eine folgenschwere Verpflichtung: Graf Schulenburg hatte in den langen Jahren der außenpolitischen Konfrontation zwischen dem nationalsozialistischen Deutschland und der Sowjetunion unter Stalin beharrlich und unablässig für eine Milderung des Klimas und für eine Verbesserung der politischen Beziehungen gearbeitet. Mit dem Eingehen der Sowjetregierung auf den deutschen Vorschlag zu einem Nichtangriffspakt hatte sein Ringen um Aussöhnung zwischen diesen beiden Ländern scheinbar seinen Höhepunkt erreicht. Mit der Zustimmung der Sowjetregierung zur Reise Ribbentrops nach Moskau hatte er mehr als alle anderen Beteiligten ein »diplomatisches Wunder«[24] vollbracht und einen für unmöglich gehaltenen politischen Erfolg errungen. Wenn, wie ihm sein langjähriger Mitarbeiter an der Deutschen Botschaft Moskau, Fritz von Twardowski, am 29. August 1939 bezeugte, »Sie... in den vergangenen Jahren des Mißvergnügens nicht in so kluger und zurückhaltender Form Ihre persönliche Stellung bei den Russen ausgebaut hätten, so wäre es wohl kaum möglich gewesen, in so schneller und eleganter Form diesen Pakt unter Dach und Fach zu bringen«. Dank seiner Leistung glaubten seine Kollegen aus dem Auswärtigen Amt, daß die Krise zwar auf dem Höhepunkt angelangt sei, »die friedlichen Tendenzen« sich aber zu kristallisieren begannen.[25]

Schulenburg selbst war sich des besonderen Gewichts seiner Mission bewußt: Der deutsch-sowjetische Nichtangriffspakt hatte nach seiner Beobachtung »tatsächlich die ganze Weltpolitik auf den Kopf gestellt. Es gibt kaum einen Fleck auf der Erde, wo nicht alles Politische auf einmal völlig anders aussieht. Nach sechs Jahren schwerer ›Mißverständnisse‹ war es an sich nicht leicht, in kurzer – in sehr kurzer! – Frist zu einer Verständigung mit der Sowjetunion zu kommen.« Die entscheidende Bedeutung für diese Entscheidung in letzter Stunde schrieb er einerseits der Persönlichkeit Stalins und andererseits dem außergewöhnlichen Charakter der deutschen Offerten zu: »... Stalin ist eine so großzügige Persönlichkeit, daß er die Jahre der gegenseitigen Feindschaft und Beschimpfungen mit einer Handbewegung beiseite geschoben hat. Die Vorteile, die die Sowjetunion aus einer Bereinigung der Schwierigkeiten mit uns ziehen mußte, waren andererseits so groß, daß es wiederum verhältnismäßig leicht war, die Sowjetunion dazu zu bringen, mit uns zu gehen.«[26]

Trotz der ebenso beharrlichen wie subtilen diplomatischen Vorarbeiten der Deutschen Botschaft Moskau hatte sie den Krieg doch nicht verhindern können – ihr Ringen um den Nichtangriffspakt als solchen und deutsche Garantien bezüglich der Unverletzlichkeit der baltischen Länder war in letzter Minute von den Gebietsangeboten Ribbentrops überrundet und in den Schatten gestellt worden. Mit seiner Preisgabe der kleinen Länder »auf der ganzen Linie von der Ostsee bis zum Schwarzen Meer«, die der deutschen Rußland-Diplomatie ebenso unnötig wie gefährlich erschien,[27] hatte die Reichsregierung den Weg in den Krieg gebahnt.

Als der Krieg zur Realität wurde, war der Schock Schulenburgs doch so groß, daß er es nicht über sich brachte, dem sowjetischen Außenkommissar selbst Mitteilung über den deutschen Angriff auf

Polen zu machen. An seiner Statt erschien sein vertrauter Mitarbeiter, Gustav Hilger, am 1. September 1939 um 11 Uhr im Außenkommissariat, um V. N. Pavlov in Ausführung der telefonischen Weisung Ribbentrops an Schulenburg vom selben Morgen im Namen Schulenburgs die Nachricht zu überbringen, »daß Hitler angesichts der Ablehnung seines Angebots ... der friedlichen Beilegung aller Fragen ... durch Polen den Truppen am 1. September Befehl erteilt« habe.[28]

Zu diesem Zeitpunkt herrschte an der Botschaft noch die Hoffnung, daß der Konflikt lokal begrenzt bliebe. Selbst nach der Kriegserklärung Frankreichs und Englands bestand für Schulenburg noch »ein ganz kleiner Trost« darin, daß, da »trotz des bestehenden Kriegs-Zustandes mit Frankreich und England auf unserer Westfront sich noch nichts ereignet hat«, sich der Zweifrontenkrieg nicht zu einem für Deutschland verheerenden Vorgang ausweiten könnte. »So bleibt eine leise, sehr leise Hoffnung, daß der Krieg mit Frankreich und England mehr formaler Natur sein wird. ... Jedenfalls scheint im Westen niemand so recht *anfangen* zu wollen.«[29]

In dem Maße, in dem auch diese Hoffnung schwand, richteten Schulenburg und seine Mitarbeiter ihr Bestreben darauf, die Sowjetregierung in ihrem Bemühen, diesem Konflikt fernzubleiben, zu unterstützen und einen Bruch des Vertrags Deutschlands mit der Sowjetunion nach Möglichkeit zu verhindern. Der frühere Außenminister und ab Sommer 1940 Gesandte Rumäniens in Moskau, Grigore Gafencu, der das Ringen Schulenburgs und seiner Mitarbeiter aus der Nähe verfolgte, konnte sich nicht dem Eindruck verschließen, daß diese Männer in diesem bedeutenden Zeitraum der Zuspitzung der internationalen Konflikte im vollen Sinne Widerstand geleistet haben, »diplomatischen Widerstand« (résistance diplomatique) gegen den Vertragsbruch[30] – eine Form des Widerstandes, die in der Erforschung des Widerstandes gegen den Nationalsozialismus bisher keine angemessene Berücksichtigung gefunden hat.

Dieser Widerstand erfolgte unter den Anforderungen einer – wie es Schulenburg empfand – »unsinnig« anschwellenden Arbeitsbelastung. Hatten bereits die hektischen Augustwochen bis zum Zustandekommen des Nichtangriffspaktes dem Botschafter und seinen nächsten Mitarbeitern Außerordentliches abverlangt, so wuchs sich die Überforderung der Botschaft zu einer Dauererscheinung aus. Die krankhafte Hektik und robuste Rücksichtslosigkeit der vorgesetzten

Berliner Dienststellen ließen vernünftige Besinnung kaum entstehen. Vor dem Hintergrund der sich zuspitzenden moralischen und Gewissenskrise führte dies einen Zustand schwerster nervlicher Belastung herbei, die sich neben Überreiztheit in der Arbeitsatmosphäre und Nervenzusammenbrüchen der Mitarbeiter am Arbeitsplatz auch in vermehrten seelisch-körperlichen Krankheiten und Arbeitsausfällen eine Bahn brach.

Bereits am vierten Tage des Krieges klagte der gewöhnlich für seine ruhige Beherrschtheit und innere Ausgewogenheit bekannte Botschafter darüber, daß er »jetzt unaufhörlich in jeder Tag- und Nachtstunde von Berlin aus angerufen (werde). Ich komme keine Nacht mehr richtig zum schlafen. Aber das muß natürlich durchgehalten werden; es steht zu Großes auf dem Spiele! ... Wir haben – wie es nicht anders sein kann – geradezu unsinnig zu tun, so viel, daß wir es einfach nicht mehr schaffen. Besonders meine Chiffreure sind völlig tot gearbeitet. ... Meine eigentliche ›Geheimsekretärin‹... ist mit dem Chiffre-Wesen so in Anspruch genommen, daß sie für andere Dinge keine Zeit mehr hat. Es ist merkwürdig, wie ein Krieg die Arbeit einer Botschaft gigantisch anschwellen läßt. Der Strom der Telegramme reißt Tag und Nacht nicht ab. Gestern habe ich von 1 bis 3 Uhr Morgens gesessen und habe ein wichtiges, mitten in der Nacht eingelaufenes Telegramm selbst entziffert. Und so geht es unaufhörlich.«[31] Den Diplomaten, der im ruhig gediegenen konsularischen Dienst des Wilhelminischen Deutschland herangereift war, belastete besonders stark die im Europa der Diktaturen »– weit verbreitete – Angewohnheit, sehr viel Nachts zu arbeiten«. Diese Unsitte charakterisierte – neben Hitler und seiner Umgebung – »leider ... unsere Freunde hier« nicht weniger. »Das hat zur Folge, daß ich häufig noch spät Nachts in den Kreml fahren muß. Mit den Telegrammen und Anrufen aus Berlin bedeutet das: ›keine Ru' bei Tag und Nacht!‹ Aber ... das läßt sich nicht ändern ...! Jeder muß heute seine Pflicht an seinem Platze tun, gleichgültig, ob angenehm oder unangenehm.«[32]

Je komplizierter sich die politische Lage gestaltete, desto häufiger wurden die Klagen des Botschafters über das »geradezu unsinnig« hohe Maß an Belastung, das ihm und seinen Mitarbeitern auferlegt wurde.[33] In dem Maße, in dem sich die in Berlin zunächst herrschende Euphorie über den »Russenpakt« legte, nahmen auch die rüden Verweise sowie das faktische Übergehen des unter den harten Bedingungen und einschneidenden Entbehrungen des Moskauer Dienstes vorzeitig alternden Diplomaten durch Personen zu, die nach Herkunft, Bildung und Professionalität weit unter ihm standen (»Meine Nerven müssen in dieser Zeit viel aushalten. Nicht nur unendlich viel Arbeit und Verantwortung, sondern auch manches ärgerliche. ... Wir leben schon in einer bösen Welt!!«[34]).

Vor dem Hintergrund solcher alltäglichen Belastung, an der ständigen Reibungsfläche zwischen der schneidig überzogenen Hektik der Berliner Weisungen und trägen Langatmigkeit des Moskauer Apparats, hinter der sich tiefes Mißtrauen und vor allem Unsicherheit verbarg, kristallisierte sich die Widerstandshaltung des Diplomaten als ein gefährliches Wandeln zwischen Scylla und Charybdis heraus.

I. DIE AUFTEILUNG POLENS –
DIE SOWJETISCHEN BEFÜRCHTUNGEN
VERRINGERN SICH

Die Weisung Hitlers für den Angriff auf Polen (»Fall Weiß«, 3./11. April 1939) sah die vorausgehende politische Isolierung Polens vor. Diese Aufgabe fiel der politischen Führung des Reiches zu, die sich hierbei überwiegend der erfahrenen Karriere-Diplomaten des Auswärtigen Amts als ausführender Organe bediente. Den Teilen der deutschen Diplomatie, die Hitler die Hände im Osten binden wollten, wurde damit die Möglichkeit eröffnet, ihre langjährigen Bemühungen um einen deutsch-sowjetischen Ausgleich nun offiziell fortzusetzen. Seit der ersten Aprilwoche hatten verschiedene Dienststellen der Wilhelmstraße mit wachsender Insistenz und ab Anfang August der Reichsaußenminister selbst Vertretern der Sowjetregierung immer weitergehende Angebote eines Interessenausgleichs unterbreitet.

Stalin war spät, nämlich ab Mitte August, und selbst dann mit erheblichen Vorbehalten auf die deutschen Angebote eingegangen. Er hatte in den Verhandlungen, einschließlich der abschließenden gemeinsamen tour d'horizon mit Reichsaußenminister Ribbentrop am frühen Morgen des 24. August 1939, noch immer Reserve und Mißtrauen gegenüber den deutschen Plänen an den Tag gelegt. Bei der Verabschiedung hatte er Ribbentrop darauf aufmerksam gemacht, daß die Sowjetregierung Vereinbarungen, die sie mit anderen Mächten eingehe, halte und dasselbe von ihren Partnern erwarte. Das tiefwurzelnde und nicht unberechtigte Mißtrauen Stalins gegenüber den wahren Absichten Hitlers[1] war durch die Paktunterzeichnung nicht gewichen. Die komplexe Entscheidungssituation, in die sich die Sowjetregierung in jenen Tagen der deutschen Kriegsvorbereitung gestellt sah, bewog Stalin aufgrund seiner innen- und außenpolitischen Voraussetzungen[2] zum Paktabschluß mit Deutschland. Er ließ dabei keinen Zweifel darüber bestehen, »daß es sich bei der Verständigung mit Deutschland keineswegs um eine Liebesheirat, sondern lediglich um eine Vernunftehe handele, die jederzeit einer Revision unterzogen werden könnte, falls die Umstände dies erforderlich machen sollten«.[3] Ein Wandel seiner Einschätzung der europäischen Großmächte ist vor dem Hintergrund dieses Paktabschlusses nicht eingetreten: Er sah weiterhin in Hitler den potentiellen Aggressor und fürchtete erneut den Schulterschluß zwischen den imperialistischen Mächten im Sinne eines »zweiten München« unter Ausschluß und auf Kosten der Sowjetunion; und er befürchtete noch immer, daß die imperialistischen Mächte versuchen würden, die Sowjetunion in den Konflikt hineinzuziehen. Äußerste Wachsamkeit war und blieb daher sein oberstes Gebot.

So hatte Stalin charakteristischerweise in den Verhandlungen über das geheime Zusatzprotokoll zum Nichtangriffspakt Wert darauf gelegt, daß der polnische Staat im Falle eines kriegerischen Konflikts mit Deutschland erhalten bliebe. Während die deutsche Seite durch den Vorschlag einer geeigneten militärischen Demarkationslinie quer durch das Innere des polnischen Staates anzeigte, daß sie im Falle kriegerischer Verwicklungen und einer territorialen Neuordnung Polens nicht an der Erhaltung eines polnischen Nationalstaats interessiert war, war Stalin zumindest am Bestande eines Rest-Polen als eines Pufferstaates zwischen dem expansiven Deutschland und dem Sowjetstaat gelegen. Auf sein Verlangen war in das geheime Zusatzprotokoll vom 23. August die Bestimmung aufgenommen worden, daß beide Seiten später, nach Ablauf der entsprechenden Ereignisse, über die Frage des Bestandes eines polnischen Staatsgebildes entscheiden würden.[4] Eine gemeinsame Grenze mit dem Hitler-Staat wollte Stalin nach Möglichkeit vermeiden.[5]

Auch das Verhalten der Sowjetregierung in den kritischen Tagen um den 1. September 1939 war von Vorsicht geleitet. Sie hat die Ratifizierung des Nichtangriffspakts trotz des deutschen Drängens bis zum letzten Tage hinausgezögert und das deutsche Verlangen zurückgewiesen, die Entsendung einer Militärdelegation zu Konsultationszwecken (in Übereinstimmung mit Art. III und V des Nichtangriffsvertrags) durch ein gemeinsames Kommuniqué bekanntzugeben.[6] Stalin wollte im Lichte der Öffentlichkeit nicht als Kollaborant des kriegführenden Deutschland erscheinen. Auch war seine Furcht, von Hitler in einen Krieg mit den Westmächten verstrickt zu werden, schon relativ früh erkennbar. Die Tatsache, daß Hitler sporadisch mit dem Gedanken spielte, sein Bündnis mit Rußland, das er öffentlich (wie noch in seiner Reichstagsrede vom 1. September 1939)[7] als Defensivbündnis hinstellte, in ein Offensivbündnis umzuschmieden, ist Stalin nicht entgangen.[8] Versuche dieser Art, die Hitler nicht zufällig, verdeckt oder offen, vom Tage der Kriegserklärung der Westmächte an Deutschland an unternahm, hat er von ihren Anfängen an – zur Beruhigung der deutschen Rußland-Diplomatie[9] – zurückgewiesen. Dies mag einer der Gründe dafür gewesen sein, daß Hitler diesen Gedanken, wie sich später zeigte, nicht zu einem durchdachten strategischen Konzept entwickelte.

Flüchtige Versuche dieser Art hat Hitler vom 3. September 1939 an nachweislich wiederholt unternommen. An diesem Tage – England hatte Deutschland entgegen der Erwartung Hitlers um 9 Uhr morgens ein auf 11 Uhr, Frankreich um 11.15 Uhr ein auf 17.00 Uhr befristetes Ultimatum gestellt, das Foreign Office hatte einen gegen 11 Uhr unternommenen Vermittlungsvorschlag von Birger Dahlerus abgelehnt und Premierminister Neville Chamberlain statt dessen um 11.15 Uhr über den englischen Rundfunk den Kriegszustand verkündet – dachte Hitler seinem russischen Partner zum ersten Male eine militärisch-politische Hilfsfunktion im Kampf gegen die Westmächte zu. Er ließ den am 1. September ernannten und in Berlin eingetroffenen Bevollmächtigten Vertreter der UdSSR im Range eines Botschafters, A. A. Schkvarcev, und den in den letzten Augusttagen zum Militärattaché ernannten Brigadekommandeur M. A. Purkaev unmittelbar danach überraschend zu sich rufen. Um 11.50 Uhr – die Sowjetische Botschaft besaß noch keine Kenntnis von der englischen Kriegserklärung – fuhren zwei Limousinen des Auswärtigen Amts am Botschaftsgebäude im ehemaligen Kurländischen Palais Unter den Linden vor, um Botschafter, Militärattaché und den in den Moskauer Verhandlungen als Dolmetscher fungierenden, neuerlich zum Legationssekretär ernannten V. N. Pavlov zur Reichskanzlei zu bringen, wo ihnen ein triumphaler Empfang bereitet wurde (heilrufende Mengen, Abnahme der Ehrenformation, Empfang durch den Protokollchef, Gesandten Dr. Freiherr von Dörnberg, und andere höchste militärische und zivile Ränge, unter ihnen Ribbentrop, schließlich aufmerksame Begrüßung durch Hitler und Göring mit Handschlag im Empfangsraum der Reichskanzlei).

Nach Überreichung des Beglaubigungsschreibens und Verlesen

einer kurzen, in Moskau formulierten Rede, die die Hoffnung auf Beschränkung militärischer Konflikte in Europa mittels des geschaffenen Paktsystems zum Ausdruck brachte, durch Botschafter Schkvarcev[10], ergriff Hitler das Wort: Das deutsche Volk sei glücklich über diesen Pakt, der der politischen und wirtschaftlichen Solidarität der beiden Völker dienen werde. Danach wich er vom Protokoll ab und lud die Sowjetvertreter im engen Kreise (Ribbentrop, Göring und fünf weitere hohe Ränge) in sein Gästezimmer. Hier sprach er erneut die Freude des deutschen Volkes über den Paktabschluß aus und versicherte, »daß Deutschland die von ihm übernommenen Verpflichtungen erfüllen wird«. Er ließ seine Gäste in Unkenntnis über die Kriegserklärung Englands, bemerkte aber, »daß sich Deutschland in einem schweren Kampf befindet. Aber aus diesem Kampf, der von den Großmächten provoziert worden ist, wird Deutschland siegreich hervorgehen. Polen wird zerschlagen. Falls England und Frankreich uns den Krieg erklären (!), so sind wir ruhig, da unsere Westgrenzen zuverlässig befestigt sind. Unsere Rüstung ist auf einem so hohen Niveau, wie sie es niemals zuvor war ...« Mit der Bemerkung, daß alles Wissenswerte in den deutschen Zeitungen stehe, lehnte es Hitler ab, auf entsprechende Fragen des sowjetischen Botschafters Auskunft über die deutschen Kampfhandlungen in Polen zu geben, räumte jetzt aber ein, daß es sich um Angriffshandlungen handele.[11] Er »fügte hinzu, daß als Ergebnis des Krieges der Zustand beseitigt wird, der seit 1920 nach dem Versailler Vertrag besteht. Bei dieser Revision werden Rußland und Deutschland die Grenzen errichten, die vor dem Krieg bestanden haben.« Eine gemeinsame Revision der nach 1918 bzw. 1920 in Europa errichteten Grenzen war angesichts der Konstellation der Mächte nicht von der Idee gemeinsamer Kriegsanstrengungen zu trennen. Schkvarcev versprach, die von Hitler im Verlaufe einer Viertelstunde gemachten Ausführungen an seine Regierung weiterzuleiten. Bei seiner Rückkehr in die Botschaft erfuhr er, daß England Deutschland längst den Krieg erklärt hatte.[12]

Die Sowjetregierung benötigte volle drei Tage zur Entschlüsselung der Bedeutung der Botschaft Hitlers angesichts der neuen politischen Konstellation, bevor die *Pravda* am 6. September summarisch meldete, Schkvarcev habe Hitler sein Beglaubigungsschreiben überreicht und dabei »ein langes Gespräch« mit ihm geführt.

Während des Empfangs der Sowjetvertreter hatte Hitler die Fassung wiedererlangt. Er ließ den Botschaftern der Westmächte, Henderson und Coulondre, von Ribbentrop eine geharnischte Antwort erteilen und präsentierte sich dem italienischen (16.00 Uhr) und japanischen (16.10 Uhr) Botschafter als Herr der militärischen Lage. Als 17.00 Uhr das Ultimatum der französischen Regierung auslief, befand sich Deutschland in jenem Zweifrontenkrieg, den zu verhindern preußische Kriegskunst seit jeher empfohlen hatte.

Dies veranlaßte Hitler, über seine verbindlichen Worte an den Sowjetbotschafter hinaus eine Botschaft direkt an den Kreml zu richten. Um 18.50 Uhr ging ein Telegramm Ribbentrops an Schulenburg[13], das ihn anwies, Molotov mitzuteilen, die deutsche Seite erwarte bestimmt, die polnische Armee in einigen Wochen entscheidend geschlagen zu haben. Die Wehrmacht würde dann das Gebiet, das in den Moskauer Verhandlungen sowie im geheimen Zusatzprotokoll als deutsche Interessensphäre festgelegt worden sei, besetzt halten und es bei der Verfolgung polnischer Armeeteile gegebenenfalls auch überschreiten. Dem Botschafter galt die Weisung, im Gespräch mit Molotov »dabei fest(zu)stellen, ob es nicht von der Sowjetunion für geboten gehalten wird, daß russische Streitkräfte sich zur gegebenen Zeit gegen polnische Streitkräfte in russischer Interessensphäre in Bewegung setzen und dieses Gebiet ihrerseits in Besitz nehmen«. Dem folgte der aufschlußreiche Hinweis: »Nach unserer Auffassung würde das nicht nur Entlastung für uns sein, sondern auch im Sinne Moskauer Abmachungen sowie im sowjetischen Interesse liegen« – ein Hinweis darauf, daß die in Moskau getroffene Absprache bezüglich der Festlegung der militärischen Demarkationslinie allein nach deutscher Auffassung mit Sicherheit die Eroberung der aufgeteilten Gebiete bedeutete, während die sowjetische Auffassung unklar blieb.

Mit der Weisung Ribbentrops vom Abend des 3. September 1939 und dem damit einsetzenden deutschen Drängen zum militärischen Eingreifen der UdSSR begann – Schritt für Schritt mit den militärischen Ereignissen – eine nachträgliche, pragmatische Klärung der zentralen Begriffe des geheimen Zusatzprotokolls, die zuvor auf der Verhandlungsebene allem Anschein nach nicht stattgefunden hatte[14]. Die Sowjetregierung war dabei um Zeitgewinn bemüht, um Klarheit über die möglichen Folgen ihres Tuns zu erlangen. Am 5. September 1939 gegen 12.30 Uhr überreichte Molotov dem deutschen Botschafter die von abgrundtiefem Mißtrauen und größtmöglicher Vorsicht geleitete dilatorische Antwort seiner Regierung: »Wir stimmen darin überein, daß wir in einem geeigneten Zeitpunkt unbedingt genötigt sein werden, konkrete Handlungen zu beginnen. Wir sind aber der Ansicht, daß dieser Zeitpunkt noch nicht herangereift ist. Es ist möglich, daß wir uns irren, es scheint uns aber, daß durch Übereilung der Sache geschadet und der Zusammenschluß der Gegner gefördert werden könnte. Wir verstehen, daß im Verlaufe der Operationen einer der Teile oder beide Teile gezwungen sein könnten, die Linie, an der die Interessensphären der beiden Teile sich berühren, zeitweilig zu überschreiten; solche Fälle können aber die genaue Durchführung des angenommenen Planes nicht hindern.«[15]

Drei Tage später erfolgte der zweite Anstoß Hitlers zum militärischen Eingreifen der UdSSR in Polen. Auf Weisung Ribbentrops vom späten Abend des 8. September sollte Schulenburg Molotov mitteilen, daß eine etwaige Ausdehnung der Operationen der Wehrmacht auf die ostpolnischen Gebiete der sowjetischen Interessensphäre die Gültigkeit der in Moskau getroffenen Absprachen nicht berühre. Zugleich sollte er »das Gespräch mit Molotov über militärische Absichten (der) Sowjetregierung wieder aufnehmen«. Ribbentrop regte erneut an, »daß man dort Entschlüsse vorbereitet«. Der Botschafter sollte auf die besondere Eile hinweisen, die angesichts der im Zustand der Auflösung befindlichen polnischen Armee und der über Erwarten schnell voranschreitenden deutschen Militäroperationen geboten sei.[16]

Am selben Tage erhielt Militärattaché Köstring die Weisung des Generalstabs, »den Russen mitzuteilen, daß sie den ihnen im Geheimabkommen zugesprochenen Teil Polens besetzen sollen«. Die Begründung bestand darin, daß »Warschau genommen sei und eine polnische Regierung nicht mehr bestünde«. Der Verbindungsoffizier des sowjetischen Generalstabs zum deutschen Militärattaché zeigte sich von dieser Erklärung unbeeindruckt und ließ ihn, nach Konsultation mit seinen Vorgesetzten, am nächsten Tage wissen, daß seine Mitteilung nach sowjetischen Erkundungen unzutreffend sei – tatsächlich hatten deutsche Panzerverbände lediglich eine Vorstadt von Warschau besetzt, aus der sie sich binnen kurzem wieder zurückziehen mußten. Gleichzeitig wurde Köstring mitgeteilt: »Da Rußland mit Polen ein(en) Nichtangriffspakt hätte, könnten sie nicht antreten«[17] – ein weiterer Hinweis darauf, daß die Art der Verwendung der

jeweiligen »Interessensphäre« in den Augustverhandlungen offengeblieben war: Allein die deutsche Seite bezeichnete mit diesem Begriff
von Anfang an die »Freiheit der Besitznahme«[18], während auf sowjetischer Seite zunächst offenbar die Gesichtspunkte der Unantastbarkeit dieser Gebiete durch die andere Seite und gegebenenfalls ihrer
Absicherung durch geeignete politische und militärische Kontroll-
maßnahmen im Vordergrund standen. Wie die Mitteilung an
Köstring weiter andeutet, hatte die Sowjetregierung noch zu diesem
Zeitpunkt neben ihren taktischen Erwägungen auch grundsätzliche
Bedenken gegen ein militärisches Eingreifen in Polen!

Die Unklarheit über die Entwicklung der Lage in Polen mag dazu
beigetragen haben – die sowjetischen Nachrichtendienste überblick-
ten die militärische Lage nur mangelhaft. So kreuzte sich die Weisung
Ribbentrops aus der Nacht vom 8. zum 9. September 1939 mit einem
Telegramm des Botschafters aus Moskau, in welchem er den telefonischen Glückwunsch Molotovs zum Einzug der deutschen Truppen in
Warschau weitergab.[19] Auf diesem Hintergrund fiel das Drängen
Schulenburgs kurzzeitig auf fruchtbaren Boden. Am 9. September,
um 15.00 Uhr, teilte ihm Molotov auf seine wiederholte Nachfrage
mit, daß »eine sowjetische militärische Aktion noch in diesen Tagen
erfolgen würde«.[20] Ob auch dem deutschen Militärattaché am selben
Tage – mit den Worten Schulenburgs – »zugegeben (wurde), daß
Sowjetunion eingreifen wird«[21], sei dahingestellt – die Erinnerung
Köstrings zeichnet hier ein anderes Bild. Zweifellos ging es Schulen-
burg in seiner Sorge um die Eindämmung des Konflikts darum, in
Berlin den Eindruck einer kooperationsfreudigen Sowjetregierung zu
nähren. Zur Bestätigung fügte er deshalb hinzu, auch äußere Zeichen
deuteten nunmehr auf eine unmittelbar bevorstehende sowjetische
Militäraktion hin, etwa die Einberufung einer großen Zahl von Reser-
visten bis zum Alter von 45 Jahren, die Mobilisierung des technischen
Personals und der Ärzte, die Bereitstellung von Schulräumen für
Lazarette usw.

Als Schulenburg Molotov am folgenden Tage (10. September, 16.00
Uhr) mit der Weisung zu noch energischerem Drängen aufsuchte, war
die sowjetische Stimmung umgeschlagen. An diesem Tage hatte die
Pravda nach zurückhaltender, aber objektiver Berichterstattung über
das militärische Geschehen in Polen zum ersten Male einen »Überblick« über die Lage veröffentlicht, der den außerordentlich schnellen

deutschen Vormarsch in den Vordergrund stellte: Die starke deutsche
Luftüberlegenheit und das gewaltige Aufgebot der Heeresverbände
an schwerer Artillerie und Panzern habe den vergleichsweise geringen Widerstand der polnischen Streitkräfte bei totalem Ausbleiben
»jeder wirksamen Hilfe« von seiten Englands und Frankreichs hin-
weggefegt. Ein großer Teil der polnischen Armee habe sich über die
Weichsel gerettet, das polnische Oberkommando seine militärische
und wirtschaftliche Basis eingebüßt, und die polnische Regierung sei
geflohen. Dies veranlaßte die Sowjetregierung indes noch nicht, dem
Gedanken an ein baldiges Eingreifen näherzutreten. Molotov revidierte seine Erklärung an Schulenburg vom Vortag mit der Begründung, »daß Sowjetregierung durch unerwartet schnelle deutsche
militärische Erfolge völlig überrumpelt (!) worden sei. Rote Armee
habe gemäß unserer ersten Mitteilung mit einigen Wochen gerechnet,
die jetzt auf wenige Tage zusammengeschrumpft wären. Sowjetische
Militärs seien daher in schwierige Lage geraten, da sie bei hiesigen
Verhältnissen für ihre Vorbereitungen noch etwa 2–3 Wochen
brauchten.« Selbst die nachdrücklichen deutschen Hinweise, »wie
entscheidend in der gegenwärtigen Lage ein schnelles Handeln der
Roten Armee ist«,[22] waren nicht geeignet, die sowjetischen Bedenken
gegen ein verfrühtes militärischen Einschreiten in Polen zu zerstreuen: Stalin wartete einerseits auf den geeigneten Zeitpunkt und
wollte erst dann in Aktion treten, wenn die militärische Entwicklung
in Polen dies ohne die Gefahr einer Verwicklung mit den Westmächten oder mit Deutschland erlaubte. Er sah ihn als gegeben an, wenn
die Hauptstadt Warschau gefallen wäre, ohne daß eine nennenswerte
Intervention der Garantiemächte Polens stattgefunden hätte; Molotov
ersuchte Schulenburg noch am 14. September um möglichst präzise
Mitteilung, wann mit der deutschen Einnahme Warschaus zu rechnen sei.[23]

Stalin suchte andererseits nach dem geeigneten Modus und einer
glaubwürdigen ideologischen Untermauerung für ein sowjetisches
Vorgehen gegen Ostpolen. Schon am 10. September hatte Molotov
Schulenburg darauf vorbereitet, daß die Sowjetregierung die Rettung
der ›bedrohten‹ Ukrainer und Weißrussen in den ostpolnischen
Gebieten zum Kern ihrer Erklärung zu machen beabsichtigte. Am 14.
September führte die *Pravda* den angeblich mangelnden polnischen
Widerstand auf die nationale Heterogenität des Landes und die star-

ken Polonisierungstendenzen gegenüber den 40 Prozent zählenden Minderheiten zurück; besonders die elf Millionen Ukrainer und Weißrussen lebten, laut *Pravda,* »in einem Zustand nationaler Unterdrückung«. Den Schlüssel zu einer plausiblen Erklärung fand die Sowjetregierung also im völkerrechtlich verbürgten Grundsatz des Minderheitenschutzes!

Die Reichsregierung legte weiter ein stürmisches Tempo vor und wies den Botschafter am Abend des 15. September an, Molotov sofort mitzuteilen, daß die Zerschlagung der polnischen Armee und die Besetzung Warschaus unmittelbar bevorständen. Erneut, diesmal unter Berufung auf die vorgerückte Jahreszeit, ließ Ribbentrop die Sowjetregierung zum schnellstmöglichen Einschreiten drängen (»wären wir dankbar, wenn die Sowjetregierung uns nunmehr Tag und Stunde bestimmen würde, an dem ihre Armee mit dem Einmarsch beginnt«). Wieder entkräftete er die sowjetischen Befürchtungen hinsichtlich der Einhaltung der Demarkationslinie durch die deutschen Wehrmachtsteile und sicherte zu, daß sich die deutsche Seite an die in Moskau vereinbarte Abgrenzung gebunden halte. Zum Zwecke der Koordinierung des beiderseitigen militärischen Vorgehens und Verhinderung unbeabsichtigter Berührungen schlug er nun die beiderseitige Entsendung von Regierungsbeauftragten ins Operationsgebiet (Bialystok) vor.

Auch diesmal versagte Stalin sein Einverständnis. Nach der Beobachtung Hilgers wollte er sich, »vorsichtig wie immer, … zu keiner übereilten Handlung hinreißen lassen. Vierzehn Tage lang hielt er still und beobachtete das Vorrücken von Hitlers Armeen. Selbst als deutsche Truppen bei der Verfolgung der zurückgehenden polnischen Einheiten über die Weichsel hinaus in die sowjetische Einflußsphäre eingedrungen waren, weigerte sich Stalin, trotz Drängens von deutscher Seite, in Polen einzurücken… Für diese Untätigkeit bestanden drei Gründe: erstens die Rücksicht auf die Weltöffentlichkeit, die Stalin nicht noch mehr vor den Kopf stoßen wollte; zweitens sein Entschluß, erst dann zu handeln, wenn sich ihm ein geeigneter Vorwand für den Einmarsch in Polen bieten würde, und drittens die Tatsache, daß der Kreml die militärische Widerstandskraft von Polen überschätzt und mit einem längeren Feldzug gerechnet hatte.«[24]

Auch ein vierter Grund verdient Erwähnung: Die Führung der Roten Armee erkannte im schnellen Vordringen der Wehrmacht nach

Osten die Gefahr, daß sie weiter, in die Westukraine und nach Weiß-rußland, vorstoßen könnte. Die Sowjetregierung empfand den deut-schen Vormarsch als Bedrohung ihrer Sicherheit, die die Früchte des Paktabschlusses, eine Barriere gegen die weitere deutsche Expansion nach Osten errichtet zu haben, nachträglich gefährden konnte.[25] Schulenburg machte Berlin mit Recht auf diese Stimmung aufmerk-sam und warnte zugleich vor einer Unterschätzung des russischen Urteilsvermögens: Der deutsche Angriff auf Polen hätte in der sowje-tischen Öffentlichkeit einen starken Eindruck hinterlassen und »in weiten Kreisen erneut Furcht wachgerufen, daß die Sowjetunion in Krieg hineingezogen werden könnte.« Vor allem sei die Befürchtung wach, »daß Deutschland, nachdem es Polen zerschlagen hat, sich gegen Sowjetunion wenden könnte«. Die »Kriegsangst, insbesondere Furcht vor deutschem Angriff« bestehe nach wie vor.[26]

Die beiden ersten von Hilger angeführten Gründe – aus sowjeti-scher Sicht: die Begründung der militärischen Intervention in Ostpo-len durch Grundsätze des internationalen Völkerrechts – bestimmten den Kampf um ein geeignetes deutsch-sowjetisches Kommuniqué. Die sowjetische Absicht, den Schutz der »russischen« Minderheiten gegen fremde Einmischung angesichts des Zerfalls des polnischen Staates in den Vordergrund zu stellen, stieß auf deutscher Seite auf Widerstand, da ihr hierbei indirekt die Rolle des Angreifers zugewie-sen wurde. In seiner Weisung an Schulenburg vom 15. September 1939 schlug Ribbentrop ein gemeinsames Kommuniqué vor, das es angesichts des »Auseinanderfallens« des polnischen Staatsgebildes zur gemeinsamen Aufgabe Deutschlands und der Sowjetunion erklärte, »in diesen ihren natürlichen Interessengebieten die Ruhe und Ordnung wieder herzustellen und dort eine Neuregelung unter dem Gesichtspunkt der Herstellung natürlicher Grenzen und lebens-fähiger Wirtschaftskörper herbeizuführen«. Diese Formulierungen bestätigten im Kern die Vereinbarungen des geheimen Zusatzproto-kolls. Stalin befürchtete ihr Bekanntwerden und versagte seine Zustimmung.

Bevor sich Stalin zum militärischen Eingreifen entschloß, ergriff er zwei politische Maßnahmen, die verhindern sollten, daß die Sowjet-union hierdurch in einen internationalen Konflikt geriet. Im Osten beendete er den Konflikt mit Japan: Am 15. September gab die So-wjetregierung Japan ihre Bereitschaft zur Beendigung der Kampfhandlungen an der mandschurisch-mongolischen Grenze bekannt, und am 16. September unterzeichnete sie das Waffenstillstandsabkommen. Dies deutet darauf hin, daß Stalin noch zu diesem Zeitpunkt die Gefahr eines Konfliktes mit Deutschland vor Augen hatte; ein solcher hätte sich, da Japan eine Verwicklung der Roten Armee im Westen zu verschärften Kampfhandlungen benutzen würde, für die Sowjetunion zu einem Zweifrontenkrieg (im Sinne der durch den deutsch-sowjetischen Nichtangriffspakt überholten Antikomintern-Pakt-Konstellation) ausweiten können. Gleichzeitig entwarf er – mit besonderem Blick auf England und Frankreich als Garantiemächte Polens – eine Erklärung, die alle fremden Mächte der Neutralität der UdSSR im europäischen Konflikt versicherte. Diese Erklärung wurde den Missionen in Moskau am 17. September zugestellt und sollte eine letzte Absicherung gegen unerwünschte Berührungen mit den Westmächten garantieren.

Danach, am späten Abend des 16. September 1939 – die polnische Hauptstadt war jetzt umkämpft, die polnische Regierung im Exil, und die Westmächte blieben in Polen militärisch unbeteiligt –, machte Molotov Schulenburg die Mitteilung, das militärische Eingreifen der Sowjetunion stehe unmittelbar bevor. Gleichzeitig lehnte er den deutschen Kommuniqué-Vorschlag ab und übergab Schulenburg einen neuen sowjetischen Entwurf. Dieser war zwar im Wortlaut gemildert, in der Sache aber unverändert: Die Gefahr, daß »dritte Mächte« versuchen könnten, aus dem entstandenen Chaos Vorteile zu ziehen, und sich die Sowjetunion aus diesem Grunde verpflichtet fühle, zum Schutz ihrer ukrainischen und weißrussischen Brüder einzugreifen und dieser unglücklichen Bevölkerung die Möglichkeit ruhiger Arbeit zu verschaffen, stand weiter im Zentrum. Darüber hinaus vertrat die Sowjetregierung nun den (rechtswidrigen) Standpunkt, der polnische Staat existiere nicht mehr, weshalb auch alle mit ihm geschlossenen Verträge hinfällig seien; gedacht war hierbei in erster Linie an den sowjetisch-polnischen Nichtangriffspakt von 1932, der ihr – nach dem Zeugnis Köstrings – noch zehn Tage vorher Bedenken gegenüber dem militärischen Eingreifen verursacht hatte. Jetzt, nach der polnischen Niederlage, hatte sich das Schwergewicht ihrer Bedenken verlagert – im Zentrum stand das Gebot des Einschreitens in ein Vakuum druckbeständiger Pufferstrukturen, das gefährlich schnell zu einem Sog für die deutsche Wehrmacht werden konnte. Opportunitätserwartungen, wie sie Stalin seit seiner Niederlage angesichts des »Wunders an der Weichsel« genährt haben mag, mögen dabei aufgegangen sein. Das aktuelle sowjetische Sicherheitsstreben überwog. Tatsächlich war die Behauptung vom entstehenden Chaos – ungeachtet ihrer propagandistischen Zielsetzung – nicht völlig unzutreffend.[27] Der Anspruch auf die Beschützerrolle der Sowjetregierung war in seiner neuen Formulierung die Quadratur des Kreises, an der Stalin – der Deutschen Botschaft als Meister der treffenden Formulierung bekannt – zweifellos mit Vorbedacht gefeilt hatte: Er stellte Kontinuität sowohl zu der traditionellen russische Beschützerrolle gegenüber den slawischen Minderheiten und als auch zum sowjetischen Anspruch des Schutzes der proletarischen Brüdervölker und nicht zuletzt zu den durch die Pariser Vorortverträge nach Ende des Ersten Weltkriegs anerkannten völkerrechtlichen Prinzipien des Minderheitenschutzes her. Molotov machte Schulenburg darauf aufmerksam, daß die Sowjetregierung keine andere Möglichkeit zur Motivierung ihres Vorgehens sehe und die deutsche Seite dafür um Nachsicht bitte. Sein Hinweis auf die »schwierige Lage der Sowjetregierung« ließ noch einmal die schweren Entscheidungen Stalins für diesen Weg aufscheinen.

Am Morgen des 17. September, 2.00 Uhr, machte Stalin Schulenburg, Köstring und Hilger in Gegenwart von Molotov und Verteidigungskommissar Voroschilov die deutscherseits seit dem 3. September erwartete Mitteilung: Die Sowjetarmee werde an diesem Tage um 6.00 Uhr die sowjetische Grenze auf der ganzen Linie von Polock bis Kamenec-Podolsk überschreiten.[28] Er bat um sofortige Benachrichtigung der deutschen Militärdienststellen, um militärische Zwischenfälle zu vermeiden. Köstring suchte bestürzt geltend zu machen, daß die notwendige Unterrichtung der deutschen Einheiten in den wenigen verbleibenden Stunden kaum möglich sei. Doch Voroschilov, den seit Jahren ein freundschaftliches Verhältnis mit Köstring verband, widersprach: Die Deutschen würden »bei ihrem bewährten Organisationstalent auch diese Situation mit Leichtigkeit meistern«.[29]

Erst jetzt versprach Stalin, die von deutscher Seite gewünschte Entsendung einer Militärdelegation nach Bialystok zu veranlassen. Danach gab er den deutschen Vertretern die Note der Sowjetregierung an den polnischen Botschafter bekannt. Drei für die deutsche Seite unannehmbare Stellen änderte Stalin nach kürzerer Erörterung der Einwände bereitwillig ab. Er erklärte jetzt seine Bereitschaft zur Herausgabe eines gemeinsamen deutsch-sowjetischen Kommuniqués, wünschte aber Bedenkzeit von zwei bis drei Tagen. Bezeichnend für das noch in dieser Situation spürbare Mißtrauen Stalins war sein Einwurf, auf sowjetischer Seite beständen Zweifel, »ob sich deutsches Oberkommando im gegebenen Zeitpunkt an Moskauer Abmachungen halten und auf vereinbarte Linie (Pissa-Narew-Weichsel-San) zurückgehen würde«.[30] Auf die nachdrückliche Entgegnung Schulenburgs, Deutschland wünsche die Erfüllung der Moskauer Abmachungen, Ribbentrop habe dies in seinen Mitteilungen an Molotov wiederholt bekräftigt und dem deutschen Oberkommando könne es nur recht sein, »auf die vereinbarte Linie zurückgehen zu können, weil auf diese Weise Truppen für die Westfront frei würden«, warf Stalin ein, er zweifle nicht an der Loyalität der deutschen Regierung, wisse aber nur allzu gut, »daß alle Militärs eroberte Territorien nicht gern räumten«. Erst die Versicherung Köstrings, das deutsche Militär tue genau das, was der »Führer« befehle, schien seine Zweifel zu mildern. Dennoch bestand sein Argwohn, für die anwesenden deutschen Vertreter sichtbar, fort. Bezeichnend für dieses Mißtrauen Stalins ist seine Bemerkung, es gäbe womöglich Leute in Deutschland, die dächten, die Sowjetunion könne mit dem geschlagenen Polen gemeinsame Sache gegen Deutschland machen.

Schulenburg hatte selbst in dieser Situation noch Grund, das Auswärtige Amt »mit Rücksicht auf Stalins bekanntes Mißtrauen« um die Ermächtigung zu einer Erklärung zu bitten, »die geeignet wäre, seine letzten Zweifel zu zerstreuen«. Ribbentrop ließ Stalin daraufhin durch Schulenburg die Beteuerung überbringen, »daß die Abmachungen, die ich im Auftrage des Führers in Moskau getroffen hätte, selbstverständlich gehalten und von uns als das Fundament der neuen freundschaftlichen Beziehungen zwischen Deutschland und der Sowjetunion angesehen würden«.[31]

Am Morgen des 17. September überschritten Einheiten der Roten Armee in breiter Front die polnische Grenze. Die polnischen Truppen setzten ihnen nur sporadisch Widerstand entgegen und empfingen sie vielerorts in dem Glauben als Verbündete, sie seien gekommen, um sie im Kampf gegen die Wehrmacht zu unterstützen. Auf ihrem Vormarsch besetzten die sowjetischen Truppen das Gebiet von Wilna – die polnische Stadt und ehemalige litauische Hauptstadt war im geheimen Zusatzprotokoll vom 23. August Litauen zugesprochen worden, welches an die deutsche Interessensphäre fiel. Wenig später trafen sie sich in Brest-Litovsk, das auf der sogenannten Vier-Fluß-Linie des geheimen Zusatzprotokolls lag, mit den deutschen Besatzungstruppen.

Obgleich die Berührung der beiden Armeen ordnungsgemäß verlief, riß die von Befürchtungen geprägte Spannung der Sowjetregierung nicht ab: Als Schulenburg bereits am Abend dieses 17. September bei Molotov weisungsgemäß erneut die Frage des gemeinsamen deutsch-sowjetischen Kommuniqués sondierte, rief dieser, sichtlich befremdet, den Generalsekretär selbst telefonisch herbei. Stalin erklärte sich nach einigem Hin und Her endgültig zu einem gemeinsamen Kommuniqué bereit, lehnte aber den deutschen Vorschlag mit der Bemerkung ab, daß er »den Tatbestand mit allzu großer Offenheit darlege«. Mit eigener Hand fertigte er einen neuen Entwurf an, für den er das deutsche Einverständnis erbat. In ihm vermied er jeden Hinweis auf die im geheimen Zusatzprotokoll verwendeten Formulierungen (»Interessengebiete«) und wählte Floskeln, die geeignet waren, »irgendwelchen unbegründeten Gerüchten hinsichtlich der Aufgaben der deutschen und sowjetischen Truppen, die in Polen tätig sind« entgegenzuwirken. Die Truppen, so hob sein Kommuniqué-Entwurf nun hervor, verfolgten keine Ziele, die den Interessen Deutschlands und der Sowjetunion zuwiderliefen und dem Geiste und Buchstaben des zwischen Deutschland und der UdSSR geschlossenen Nichtangriffsvertrages widersprächen. Ihre Aufgabe bestehe lediglich darin, »in Polen Ordnung und Ruhe herzustellen, die durch den Zerfall des polnischen Staates zerstört wurden, und der Bevölkerung Polens zu helfen, die Bedingungen seines staatlichen Daseins neu zu regeln«.[32] Damit hatte Stalin aufsehenerregende Formulierungen vermieden und sich gegenüber den Westmächten in keine offenkundige Abhängigkeit zu Deutschland begeben. Noch bevor das deutsche Einverständnis vorlag, hatte die Sowjetregierung das Kommuniqué am 18. September ab 16.00 Uhr mehrfach über den sowjetischen Rundfunk ausgestrahlt. Die Nachricht, daß sich die Verbände beider Länder gerade in Brest-Litovsk trafen, wurde in der Weltöffentlichkeit als Symbol für ihre künftige Zusammenarbeit aufgenommen: Hier hatte am 3. März 1918 der Rat der Volkskommissare seinen Kompromißfrieden mit der Reichsregierung geschlossen.

Ebenfalls am 17. September empfing Molotov den deutschen Botschafter »mit sichtlicher Erregung«. Der Chef der Operationsabteilung, Warlimont, hatte dem stellvertretenden sowjetischen Militärattaché in Berlin auf einer Karte angeblich eine künftige deutsche »Reichsgrenze« entlang der Weichsel, durch Warschau und nach Süden gezeigt, nach welcher Lemberg auf der deutschen Seite verblieben wäre. Diese Linienführung, so betonte Molotov im Namen der Sowjetregierung und Stalins persönlich, stelle eine offensichtliche Verletzung der Moskauer Abmachung dar und habe in Moskau »große Bestürzung« hervorgerufen. Schulenburg führte dies auf ein Mißverständnis zurück und betonte, daß diese Karte nicht »die künftige Reichsgrenze, sondern höchstens eine in Aussicht genommene vorläufige Demarkationslinie« bezeichnet habe. Der Hinweis Schulenburgs bezeugt, daß die Linie der Aufteilung der Interessensphären, die im geheimen Zusatzprotokoll vom 23. August 1939 gezogen wurde, nach dem Verständnis des Augenzeugen keine künftige politische Grenze, sondern nur eine vorläufige militärische Demarkationslinie bildete. Um Fehlinterpretationen vorzubeugen, erbat Schulenburg in Berlin »im Hinblick auf die außerordentliche Tragweite« die Ermächtigung, »die sowjetischen Besorgnisse schnellstens zu zerstreuen«.[33]

Die Sowjetregierung kam dem in ihrem Sicherheitsstreben zuvor. Am 20. September erklärte der Außenkommissar, daß seine Regierung den »Zeitpunkt nunmehr für gekommen halte, um gemeinsam mit der deutschen Regierung endgültig Gestaltung des polnischen Raumes festzulegen«. Er ließ erkennen, daß das ursprüngliche Verlangen Stalins, einen restlichen polnischen Staat zu erhalten, jetzt von seinem Willen verdrängt wurde, Polen entlang der Demarkationslinie Pissa-Narew-Weichsel-San politisch aufzuteilen. Die Wiederherstellung eines polnischen Nationalstaates schien ihm nicht mehr wünschenswert. Die mit Polen gemachte Erfahrung ließ ihn voraussehen, daß dieser mit dem übermächtigen Deutschland gegen die UdSSR paktieren würde. Mit dem Verzicht auf einen polnischen Pufferstaat wich Stalin von seinen früheren Sicherheitserwägungen ab und beging einen ersten Kardinalfehler. Zu diesem hat ihn nicht zuletzt die Beobachtung verleitet, daß die deutsche Seite die Moskauer Absprachen hielt. Sein Mißtrauen begann sich zu verringern.

Auch verband die Sowjetregierung mit dem fait accompli des nicht mehr existenten polnischen Staates vermutlich die Erwartung, daß kein Anlaß für weitere britische Kriegsführung bestehe und der Krieg kurzfristig beendet würde. Ähnliche Hoffnungen trug in diesen Tagen Botschafter Schulenburg, als er privat nach Berlin schrieb, »das Vordringen unserer Truppen ist so stürmisch, daß das polnische Drama bald ausgespielt sein wird. . . . Ich hoffe noch immer, daß nach endgültiger Niederringung des polnischen Heeres allgemeiner Frieden gemacht werden wird. Es hat dann kaum noch einen Zweck, für die Westmächte zu kämpfen! Und England käme ›so und so‹ in schwierigste Lage: entweder ergibt sich ein übermächtiges Frankreich oder ein ebensolches Deutschland. Das beste für England wäre Frieden zu machen.«[34] Vergleichbare Überlegungen dürften die Sowjetregierung bei ihrem Vorschlag geleitet haben, mit der deutschen Regierung in Verhandlungen einzutreten. Dabei war sie nicht bereit, in Berlin zu verhandeln – die Anwesenheit eines hochrangigen sowjetischen Regierungsvertreters in der Reichshauptstadt hätte Anlaß zu unerwünschten Schlüssen geboten. Unter Ausflüchten schlug sie Moskau als Verhandlungsort vor.[35]

Am Abend dieses 20. September 1939 konnte der deutsche Botschafter nach einem längeren Gespräch mit Molotov endlich nach Berlin berichten: »Zweifel an unserer Absicht, auf die verabredete Trennungslinie der Interessensphären zurückzugehen, bestehen nicht mehr.« Allerdings setzte jetzt ein Handel um die strategisch sowie wirtschaftlich-politisch günstigste Begradigung der Demarkationslinie ein, in dem unschwer auch ein Ringen nach militärisch gesicherten Stellungen zu erkennen war. Erneut löste der deutsche Textvorschlag zu einem gemeinsamen Kommuniqué, diesmal über die Festlegung der Demarkationslinie, sowjetische Befürchtungen aus. Der Wortlaut, den Ribbentrop Köstring am Morgen des 20. September telefonisch mitteilte (»Die Deutsche und die Russische Regierung haben die Demarkationslinie zwischen den deutschen und russischen Interessensphären gemeinsam festgelegt. . . .«), stieß auf Ablehnung. Stalin und Molotov wünschten eine Formulierung, nach der die deutsche Regierung und die Regierung der UdSSR die »Demarkationslinie zwischen dem deutschen Heer und der Roten Armee festgelegt« hätten, und vermieden damit jeden Anklang an die deutsch-sowjetischen Geheimabsprachen. Nach nochmaliger Präzisierung und deutscher Zustimmung erschien dieses zweite gemeinsame Kommuniqué am 22. September in der Presse beider Länder.[36] Blieb aufmerksamen Beobachtern auch nicht verborgen, daß eine Demarkationslinie dieser Länge zwischen zwei so großen Heeren aus früheren Vereinbarungen resultieren mußte, so glaubte die Sowjetregierung doch drei gefährliche Klippen umschifft zu haben: Ihr völkerrechtliches Vergehen der Verletzung der polnischen Souveränität erschien aus der politisch-militärischen Notwendigkeit des Minderheiten- und Selbstschutzes heraus gemildert, wenn nicht legitimiert; eine militärische Kooperation mit Deutschland über die aus dieser Notwendigkeit resultierende Berührung der Armeen hinaus wurde nicht eingeräumt und damit die Gefahr einer Zuspitzung des nunmehr latent bestehenden russisch-englischen Konfliktes, wie sie Deutschland gern gesehen hätte[37], fürs erste gebannt.

Eine Streitfrage, die von nun an belastend auf den deutsch-russischen Beziehungen zurückblieb, war die der sowjetischen Besetzung des Gebiets von Wilna. In ihr zeigte die Sowjetregierung wenig Flexibilität. Die Gründe liegen auf der Hand:

Der deutsche Polenfeldzug war von intensiven Bemühungen um eine feste Bindung Litauens, das nach dem geheimen Zusatzprotokoll an die deutsche Interessensphäre fiel, an das Reich begleitet gewesen. Verhandlungen mit dem litauischen Gesandten in Berlin, Oberst Kazys Škirpa, und Staatspräsident Smetona mit dem Ziel einer Verwandlung Litauens in ein deutsches Protektorat dienten diesem Ziele ebenso wie das Drängen Ribbentrops, Litauen möge sich das Gebiet von Wilna militärisch aneignen.[38] In diesen Bemühungen mußte Moskau, das in den englisch-französisch-sowjetischen Militärverhandlungen vom August 1939 vergeblich um das Durchmarschrecht durch den sogenannten Wilnaer Korridor gerungen hatte, eine Einengung seiner militärischen Möglichkeiten und Bedrohung seines strategischen Konzepts erkennen. Nicht zufällig ließ der sowjetische Generalstab Wilna auf dem Vormarsch nach Ostpolen besetzen. Die Bedeutung dieses Gebiets im Rahmen der sowjetischen Strategie war der Sowjetregierung, die sonst peinlich genau an den Verträgen festhielt, einen Bruch der Moskauer Abmachungen wert. Die deutsche Seite war zunächst nicht bereit, ihn hinzunehmen. Auf Weisung Ribbentrops vom 21. September 1939 mußte Schulenburg in dieser Frage bei Molotov vorstellig werden.[39] Dieser gab vor, daß sich seine Regierung in der Frage Wilnas an die Abmachungen zu halten beabsichtige, deutete aber an, daß sie »zum Gesamtkomplex der baltischen Fragen gehört und daß dies bei der endgültigen Regelung in Betracht gezogen werden müsse«. Das sowjetische Interesse am sogenannten Wilnaer Korridor, an dem im August 1939 das Militärbündnis mit den Westmächten gescheitert war, wurde hiermit der deutschen Seite gegenüber zum ersten Mal angesprochen. Die strategische Bedeutung Wilnas, nicht zuletzt als eines Eisenbahnknotenpunktes, stand dabei auf sowjetischer Seite ebensosehr außer Frage wie das deutsche Bemühen, Wilna durch Anschluß an Litauen den deutschen strategischen und wirtschaftlichen Interessen nutzbar zu machen. Ein Konflikt war vorgezeichnet.

Noch wünschte die Sowjetregierung einige Tage ruhigen Überlegens, um ihr Verhandlungskonzept für die zweite Gesprächsrunde mit Ribbentrop zu entwickeln. Am 23. September begrüßte Molotov im Auftrag seiner Regierung die Entscheidung des Reichsaußenministers zum zweiten Besuch in Moskau, erbat angesichts seiner großen Bedeutung und außerordentlichen Wichtigkeit aber einige Tage der Vorbereitung. Doch wenig später teilte er Schulenburg mit, daß der Sowjetregierung der 27. oder 28. September für den beabsichtigten Besuch genehm sei.[40] In Vorbereitung dieses Besuches baten Stalin und Molotov den deutschen Botschafter am Abend des 25. September 1939 in den Kreml, wo Stalin ihm seine Vorschläge für die bevorstehenden Verhandlungen mit Ribbentrop unterbreitete: »Bei der endgültigen Regelung der polnischen Frage müßte alles vermieden werden, was in Zukunft Reibungen zwischen Deutschland und Sowjetunion gebären könnte. Unter diesem Gesichtspunkt erscheine ihm die Belassung eines selbständigen Restpolens abwegig. Er mache nunmehr folgenden Vorschlag: Von dem östlich der Demarkationslinie gelegenen Gebiet solle unser(em) Teil die gesamte Woiwodschaft Lublin und der Teil der Woiwodschaft Warschau bis zum Bug hinzugeschlagen werden. Dafür möchten wir auf Litauen verzichten.« Im Falle des deutschen Einverständnisses würde die Sowjetregierung »sofort an die Lösung des Problems der baltischen Staaten gemäß Protokoll vom 23. August herantreten und dabei einwandfreie Unterstützung durch die deutsche Regierung erwarte(n)«.

In seinem Telegramm machte Schulenburg das Auswärtige Amt darauf aufmerksam, daß Stalin ausdrücklich von Estland, Lettland und Litauen gesprochen habe, ohne aber Finnland zu erwähnen. Dies ließ auf Prioritäten im sowjetischen Sicherheitskonzept hinsichtlich der einzelnen Gebiete der sowjetischen Interessensphäre schließen: Die Tatsache, daß die Sowjetregierung ihr strategisches Vorfeld vorrangig gegen Westen, in den nördlich an das besetzte Polen angrenzenden baltischen Ländern, und nicht nach Norden, im finnischen Ostseegebiet, zu bestellen suchte, zeigte an, daß sie die Gefahr für ihre Sicherheit in Deutschland, nicht aber in den Westmächten sah.

II. DER GRENZ- UND FREUNDSCHAFTSVERTRAG (28. SEPTEMBER 1939) – DER RAHMEN DER KOOPERATION WIRD ABGESTECKT

Der zweite Besuch Ribbentrops kam – infolge einer diesbezüglichen Verabredung in den August-Verhandlungen – auf Einladung der Sowjetregierung zustande; die deutschen Medien wurden nicht müde, dies hervorzuheben![1] Stalin wollte den Moment, in dem sich die deutsche Seite vertragsgemäß auf die Gebiete westlich der Demarkationslinie beschränkt hatte, sofort in einem neuen Abkommen fixieren. Zugleich sollte ein Fehler in der Grenzziehung in Polen revidiert werden, der Stalin in der Eile der August-Verhandlungen unterlaufen war: die Entstehung eines nationalistischen polnischen Friktionsherdes, der sich im Konfliktfalle auf die Seite Hitlers schlagen würde, sollte vermieden und eine für die politisch unsichere Zukunft günstige, völkerrechtlich vertretbare Grenzkorrektur erreicht werden. Durch die Einladung Ribbentrops nach Moskau ersparte sich die Sowjetregierung in der Weltöffentlichkeit die Blöße der Anwesenheit eines sowjetischen Staatsmannes in Berlin – eine solche hätte aus englischer Sicht den Eindruck einer deutsch-sowjetischen Vertrautheit erweckt, den man in Moskau nicht entstehen lassen wollte.

Dieser zweite Vertrag des Hitler-Stalin-Paktes unterschied sich aus Moskauer Sicht wesentlich vom ersten: Hatte der Nichtangriffspakt vordergründig die Neutralität (Nichteinmischung) der UdSSR im Falle eines deutsch-polnischen Konflikts und sein geheimes Zusatzprotokoll die formalen Bedingungen für ihr Stillhalten (Ziehung einer den deutschen Vormarsch eindämmenden Demarkationslinie) festgelegt, so traf der Grenz- und Freundschaftsvertrag vom 28. September 1939 – einen Tag nach der Kapitulation Warschaus – die inhaltlichen Bestimmungen für eine künftige Kooperation. Eine qualitativ neue Art der Beziehung zu Deutschland war angezeigt. Damit stand die zweite Reise Ribbentrops nach Moskau auch inhaltlich unter einem anderen Stern. Mit ihr setzte die eigentliche Phase der ökonomisch-politischen Kooperation im Kriege ein.[2]

In einem weiteren außenpolitischen Bezugssystem stellte der Grenz- und Freundschaftsvertrag – auf den Tag genau ein Jahr nach dem Münchner Abkommen geschlossen – eine sowjetische Antwort auf die Beschwichtigungspolitik der Westmächte, eine Art zweites, diesmal sowjetisches, »München« dar. Hatten damals die Westmächte ohne Beteiligung der Sowjetunion, des Bündnispartners der Tschechoslowakei, das Sudetenland an Hitler abgetreten und der Aufteilung des ethnographischen Mosaiks des tschechoslowakischen Staats im Sinne Hitlers zugestimmt, so gab die Sowjetunion jetzt dem Anspruch Hitlers nach, in Polen die angeblich letzte Rektifikation der deutschen Grenzen durch Einbeziehung künftigen deutschen Siedlungslandes vorzunehmen.

Stärker als im Fall der Beschwichtigungspolitik der Westmächte sollte sich in diesem Fall die Täuschung, Hitlers Landhunger sei durch das Opfern Dritter kurzfristig zu stillen, sofern sie denn auf seiten Stalins bestanden hätte, rächen. Bei der Preisgabe der west- und mittelpolnischen Gebiete der ostmitteleuropäischen Landkarte an das expansive »Dritte Reich« überwogen von Anfang an die Nachteile: Erstens wuchs dessen Anspruch nach dem polnischen Spaziergang ins Unermeßliche; zweitens standen ihm nun die Ressourcen des polnischen Hinterlands zur Verfügung; drittens verband die UdSSR von nun an – anders als das britische Inselreich – eine gemeinsame Grenze mit dem potentiellen Aggressor.

Wie vor seiner ersten Moskaureise im August 1939 hatte Ribbentrop in der Nacht vor dem Abflug (26./27. September) letzte Weisungen Hitlers erhalten. Die wichtigste zielte auf eine möglichst enge, wenn immer erreichbar: militärische Partnerschaft mit der Sowjetunion im Kampf gegen England ab. Ribbentrop sollte – nach seinen eigenen Worten – bei Stalin »wegen einer möglichen engeren Bindung über den Freundschaftsvertrag hinaus in Richtung auf ein reguläres Bündnis für die kommenden Kämpfe mit den Westmächten« sondieren.[3] Hierin bestand zweifellos das Hauptinteresse Hitlers bei der Entsendung Ribbentrops nach Moskau. Wegen des delikaten Charakters dieser Sondierung hatte Ribbentrop in Abweichung von früheren Plänen nicht Botschafter Schulenburg mit diesen Verhandlungen betraut, sondern die Aufgabe selbst in Angriff genommen:

Dieser erste großangelegte diplomatische Versuch, Rußland an der Seite Deutschlands in den Krieg gegen England zu verstricken, ging weit über den üblichen diplomatischen Verkehr hinaus und wäre bei den Moskauer Diplomaten auf inneren Widerstand gestoßen.

Die zweite Weisung Hitlers bezog sich auf die von sowjetischer Seite gewünschte endgültige Grenzziehung. Sie bestand darin, Litauen oder zumindest große Teile desselben nach Möglichkeit für Deutschland zu erhalten. Sollte diese Möglichkeit nicht bestehen, so sollte Ribbentrop zumindest beträchtliche andere Land- und Rohstoffgewinne herausschlagen.

Die dritte Weisung bezog sich auf die Pläne der Sowjetregierung in der ihr zugesprochenen Interessensphäre. Über diese sollte sich Ribbentrop Gewißheit verschaffen. Im Vordergrund stand – in der Diktion Ribbentrops – das »Problem des Baltikums, das von der Sowjetregierung allem Anschein nach bereits neuerdings praktisch in Angriff genommen würde«.

Am Morgen des 27. September, um 9.00 Uhr, trat der Reichsaußenminister, wieder in Begleitung einer großen, in zwei Condor-Maschinen untergebrachten Delegation, vom Flughafen Tempelhof aus den Flug nach Moskau an. Mit ihm reisten von sowjetischer Seite Botschafter Schkvarcev, mit dem Ribbentrop während des Fluges gelegentlich konferierte, und Legationssekretär Pavlov als Dolmetscher, und von deutscher Seite Vertreter der NSDAP, unter ihnen Gauleiter Erich Koch, Mitglieder des persönlichen Stabs Ribbentrops und der stellvertretende Protokollchef des Auswärtigen Amts, VLR von Halem. Zur Verabschiedung waren auf dem Flugplatz Angehörige der Sowjetischen Botschaft unter Leitung von Luftattaché Beljakov erschienen.

Im Flugzeug bereitete der Minister anhand der Weisungen Hitlers die Entwürfe für die in Moskau geplanten Verträge vor, wobei ihm der Leiter der Rechtsabteilung des Auswärtigen Amts, Unterstaatssekretär Dr. Friedrich Gaus, zur Seite stand und zwei Sekretärinnen zur Hand gingen. Während einer kurzen Zwischenlandung in Königsberg um 11.15 Uhr, wo der Gauleiter von Danzig, Forster, zustieg, erhielt die Delegation Ribbentrops die Nachricht von der Kapitulation Warschaus – Andor Hencke übersetzte sie dem sowjetischen Botschafter. Ribbentrop betrachtete dieses Ereignis als »glückliches Vorzeichen« (A. Hencke) für die bevorstehenden Verhandlungen.

Die Landung um 17.50 Uhr Moskauer Ortszeit auf dem historischen Chodylka-Feld gestaltete sich diesmal – ganz im Gegensatz zum ersten Besuch Ribbentrops im August – zu einem für die Delegation Ribbentrops triumphalen Ereignis: Hatte damals eine einzige, und in der Eile seitenverkehrt genähte, Hakenkreuzfahne über dem Flughafengebäude geweht, so prangte der Flugplatz diesmal im üppigen Schmuck unzähliger Flaggen mit Hakenkreuz sowie Hammer und Sichel. Auf dem Flugfeld wurde Ribbentrop von sowjetischer Seite erwartet von dem ersten stellvertretenden Volkskommissar für Äußeres, Potemkin, und einer Reihe hoher militärischer und ziviler Vertreter der Sowjetregierung, unter ihnen der Moskauer Stadtkommandant Suvorov, der stellvertretende Vorsitzende des Moskauer Stadtsowjets Korolev, der Chef der Protokollabteilung des Außenkommissariats, Barkov, und der Leiter der mitteleuropäischen Abteilung des Außenkommissariats, Aleksandrov. Beim Verlassen seiner Sondermaschine, der »Grenzmark«, wurde Ribbentrop von Botschafter Graf Schulenburg begrüßt, dem Militärattaché Generalleutnant Köstring und die ihm zugeteilten Offiziere folgten. Auf Bitte Schulenburgs war auch sein italienischer Kollege, Augusto Rosso, zur Begrüßung erschienen.

Der zweite Besuch Ribbentrops hatte – zur Genugtuung des Ministers und seiner Begleitung – »schon rein äußerlich einen vollkommen anderen Charakter als der erste... Der Empfang auf dem Moskauer Flugplatz war diesmal eine Feierlichkeit großen Ausmaßes. Die Kompanie eines Fliegerregiments aus glänzend aussehenden Mannschaften erwies die Ehrenbezeigungen, während die Kapelle einen Marsch spielte und damit die beiderseitigen Hymnen vermied, nämlich die damals noch gebräuchliche ›Internationale‹ und das Horst-Wessel-Lied.«[4] Auf dem Wege vom Flugzeug zum Flughafengebäude war eine Ehrenformation der sowjetischen Luftwaffe angetreten, deren Leiter Ribbentrop Meldung erstattete, worauf dieser die Front der Truppe abschritt und ihren Vorbeimarsch abnahm.

Während die Delegation Ribbentrops zu ihren Quartieren – wiederum im Gebäude der von der Deutschen Botschaft übernommenen ehemaligen österreichischen Gesandtschaft – geleitet wurde, führte der Minister in der Botschaft bereits erste Besprechungen mit dem Botschafter und Telefonate nach Berlin.

Kurz vor 22.00 Uhr begab er sich in Begleitung von Schulenburg und Hilger sowie seinen vier Adjutanten in den Kreml – dies waren, neben Friedrich Gaus, der Vortragende Legationsrat und spätere Unterstaatssekretär Andor Hencke, der Kenntnis Rußlands und der russischen Sprache besaß, der Leiter des Ministerbüros, Dr. Erich Kordt, und der (nach seinem erfolgreichen Abschluß des Handels- und Kreditabkommens vom 19. August 1939) Anfang September zum Leiter der deutschen Wirtschaftsdelegation für die UdSSR ernannte Leiter des Osteuropa-Referats (W IV) der Wirtschaftspolitischen Abteilung, Dr. Karl Schnurre.

Nach Überprüfung der Identität der Delegationsmitglieder am Tor zum Kreml fuhren ihre Wagen zum Dienstgebäude Molotovs in seiner Eigenschaft als Vorsitzender des Rats der Volkskommissare. Am Eingang erwartete sie ein Oberst, der Minister, Botschafter und Dolmetscher über eine schmale Treppe und durch lange Gänge in das persönliche Vorzimmer Molotovs führte. In dem einfachen, nüchtern eingerichteten Raum, dessen Mobiliar im wesentlichen aus einem großen grünen Schreibtisch mit einer Anzahl von Telefonapparaten und einem Ledersofa bestand, wurden sie von den zwei Adjutanten des sowjetischen Regierungschefs empfangen. Kurz darauf traten Stalin und Molotov, aus einem Nebenzimmer kommend, auf Ribbentrop zu und begrüßten ihn.

Anders als bei seinem ersten Aufenthalt in Moskau, bei dem die Atmosphäre kühl und reserviert, das Protokoll extrem geringfügig gehalten war, fühlte sich Ribbentrop diesmal »so wohl wie unter alten nationalsozialistischen Parteigenossen«.[5] Stalin erschien leutseliger als beim letzten Male: Die erwiesene deutsche Vertragstreue hatte einen Teil seines Mißtrauens verflüchtigt und seine bösen Naherwartungen weggefegt. Er verstand sich als Herr der Lage und erwies den deutschen Gästen ebenso sein Entgegenkommen, wie er von ihnen die Zustimmung zu seinen weiteren Plänen erwartete. In wichtigen Detailfragen blieb er unnachgiebig. Seine Selbstsicherheit hatte sichtlich zugenommen.

Die erste Gesprächsrunde dauerte drei Stunden. Der Verlauf dieser wie der nachfolgenden Besprechung war der Forschung bisher weitestgehend unbekannt. Er wird hier anhand der damals von Gustav Hilger angefertigten, bis zur Entdeckung des Nachlasses des Botschafters Schulenburg verschollenen Aufzeichnung über diese Verhandlungen zum erstenmal dargestellt. Diese einzige bekannte Kopie dieser Aufzeichnung ist von Schulenburg unter seinen persönlichen Dokumenten aufbewahrt und der Nachwelt so erhalten worden.[6] Die Unterredung, der auf deutscher Seite neben Ribbentrop nur Schulenburg und Dolmetscher Hilger und auf sowjetischer Seite neben Stalin, Molotov und Dolmetscher Pavlov zuerst nur Botschafter Schkvarcev, später auch Generalstabschef Schaposchnikov beiwohnten, trug – laut Aufzeichnung Hilgers – einen sehr freundschaftlichen Charakter. In der für ihn in jener Zeit charakteristischen Manier entwarf Ribbentrop eingangs das grandiose Bild deutscher Unschlagbarkeit in Frankreich (»Kartoffelkrieg«) und England (»Lügenministerium«). In seine abfälligen Reden über die geringe britische Kampfbereitschaft ließ er den ersten Versuch einer deutsch-russischen Fraternisierung gegen England einfließen: Die Engländer beschränkten sich auf eine propagandistische Kriegsführung in der Hoffnung, daß sie den Führer und das deutsche Volk voneinander trennen könnten; dies würde ihnen aber ebensowenig gelingen wie ein Versuch, die Völker der Sowjetunion von Stalin zu trennen.

Die Deutsche Botschaft Moskau hatte über Jahre hinweg die Auffassung entkräftet, der stalinistische Vielvölkerstaat würde als »Koloß auf tönernen Füßen« beim ersten deutschen Anstoß in seine Bestandteile auseinanderfallen und die Masse seiner Völker sich gegen Stalin erheben! Ribbentrop schwenkte nun auf ihre Argumentation ein und wurde von Stalin und Molotov in der Folge wohl jener Richtung der deutschen Außenpolitik zugerechnet, die einen Konflikt mit Rußland entschieden ablehne.[7] Eine Reaktion Stalins auf diese erste Anbiederung Ribbentrops ist von Hilger indes nicht vermerkt worden.

Anders bei den Ausführungen Ribbentrops über die englischen Kriegsziele. Seine mit süffisanter Selbstsicherheit hingeworfene Bemerkung, Deutschland sei auf einen Krieg von beliebiger Länge vorbereitet, habe aber Grund zu der Annahme, daß England einen langen Krieg nicht wünsche, griff Stalin – nach der Aufzeichnung Hilgers »lebhaft« – auf; er warf ein, daß England auch nach seiner Auffassung keinen langen Krieg wünsche. Sein Interesse an Konfliktbeschränkung stand hierbei im Vordergrund. Der Einwurf Stalins mag den Reichsaußenminister veranlaßt haben, ein Bild vom weiteren Kriegsverlauf zu zeichnen, nach welchem Deutschland Großbritannien in Kürze den gewünschten Friedensschluß aufzwingen würde – an einen »dreißigjährigen Krieg« könne nicht ernstlich gedacht werden. Stalin dankte für diese Berücksichtigung seiner Wünsche durch »deutliche Zeichen seiner Zustimmung«.

»Wirtschaftsbündnis« statt Militärbündnis

Dies ermutigte Ribbentrop, nun unumwunden auf den zentralen Punkt seiner Mission loszusteuern. An erster Stelle stand, in die nichtssagende Formulierung der »weiteren Gestaltung der deutsch-sowjetischen Beziehungen« gekleidet, die vorsichtige Sondierung einer eventuellen Bereitschaft der UdSSR zur Beteiligung am Kriege gegen England. Ein weit angelegter Exkurs über die Außenpolitik Hitlers bildete die Einleitung. In diesem ließ es Ribbentrop – zum peinlichen Befremden der anwesenden deutschen Diplomaten – nicht an Anspielungen darauf fehlen, daß die ursprüngliche Vorliebe Hitlers nicht Rußland, sondern England gegolten habe und er genausogut mit England gegen die Sowjetunion gehen könne, wie er nun bereit sei, mit der Sowjetunion gegen England zu marschieren. Ribbentrop betonte sogar, er solle Stalin und Molotov im Auftrag Hitlers mitteilen, daß Deutschland nach seiner Auffassung zwischen England und Rußland wählen müsse; er habe die englische Karte zuerst ausgespielt und sei dabei auf Ablehnung gestoßen (»imperialistische Halsstarrigkeit der englischen führenden Kaste«). Zur Untermauerung zog Ribbentrop die Register vorgetäuschter klassenkämpferischer Kumpanei und führte Stalin in Großbritannien den gemeinsamen Klassenfeind vor (»Das Volk habe in England überhaupt nichts zu sagen«).

Nach seiner Abrechnung mit England stimmte Ribbentrop ein Loblied auf das neue Verhältnis Deutschlands zur Sowjetunion an: Hitlers Entschluß, »für die Sowjetunion zu optieren«, stehe unerschütterlich fest. Als »Realpolitiker« – ein weiterer Versuch der Fraternisierung mit Stalin, den die Deutsche Botschaft nicht müde wurde, als »Realpolitiker« darzustellen, der dem revolutionären Weltkommunismus längst abgeschworen habe – sei Hitler fest davon überzeugt, daß trotz der bestehenden ideologischen Gegensätze ein freundschaftliches Verhältnis von Dauer möglich sei. Unter den Voraussetzungen »klarer Führung« ließen sich »Reibungsfragen grundsätzlicher Art« zugunsten der »realen Interessen beider Länder« ausschließen. Zumindest ein »Fundament für fruchttragende reale, freundschaftliche Zusammenarbeit sei gegeben«.

Welche »Früchte« die Sowjetunion bei weiterem Entgegenkommen gegenüber den deutschen Wünschen erwarteten, deutete Ribbentrop mit einem Rückblick auf die beiderseitige Besetzung Polens an. Er unterließ es nicht, dabei die deutschen Vorleistungen hervorzuheben und die Sowjetunion in die Rolle eines Schuldners zu verweisen. Ferner knüpfte er an die beim ersten Besuch erzeugte Fiktion friedlicher deutscher Absichten an und versicherte, Deutschland habe nach dem Erwerb des deutschen Siedlungslandes in Polen keine weiteren »territorialen Wünsche« (»Der Führer sei kein Phantast und strebe nicht nach uferlosen territorialen Erwerbungen«).

In Wahrheit war ihm der Expansionsdrang Hitlers seit den Tagen der Sudetenkrise vertraut – er unterstellte Stalin eine analoge territoriale Begehrlichkeit: »Ein Zugang zur Ostsee stehe der Sowjetunion nach erfolgter Revision (!) der Verhältnisse im Baltikum offen... Es seien auf diesem Gebiete keine Divergenzen vorhanden, die zu Reibungen zwischen Deutschland und der Sowjetunion führen könnten...« Hitler interessiere sich für diese Gebiete nicht. Dafür wünsche er auch nicht, von Stalin in seinen Interessengebieten behindert zu werden (»Was die Sowjetunion betreffe, so sei sie so groß, daß sie kein Bestreben haben könne, sich in deutsche territoriale Angelegenheiten einzumischen«).

In einer eigentümlichen Form der Buchhaltung ging Ribbentrop von den gemeinsamen Kriegserfolgen der Vergangenheit – als dem »Fundament für einen passiven Ausgleich der beiderseitigen Interessen« – zu dem für die Zukunft erhofften Aktivum über: Was nämlich »die aktive Seite dieser Frage betreffe, so ging der Führer von nachstehenden Erwägungen aus. Der eigentliche Feind Deutschlands sei England. In dieser Beziehung deckten sich die Interessen der Sowjetunion mit den deutschen Interessen (!), und in dieser Richtung erscheine eine weitere Vertiefung des neuen deutsch-sowjetischen Verhältnisses als durchaus möglich.«

Nach diesem Sprung in medias res wurde Ribbentrop angesichts der versteinerten russischen Gesichter vermutlich gewahr, daß er der sowjetischen Seite voreilig die gewünschte Einstellung zu England unterstellt hatte. Schnell korrigierte er sich dahingehend, daß »man« zumindest »bei uns glaube ..., daß in bezug auf den englischen

Fragenkomplex (!) eine Parallelität zwischen den deutschen und den sowjetischen Interessen bestehe und daß auf diesem Gebiete nicht nur eine engere Zusammenarbeit zwischen Deutschland und der Sowjetunion nützlich sei, sondern auch gewisse Bindungen (!) im Bereich des Möglichen lägen«. Das Wort »Bindungen« stand für »Bündnisse«.

Auch jetzt blieb eine Zustimmung Stalins oder Molotovs aus. Noch vorsichtiger geworden, spielte Ribbentrop nun der sowjetischen Seite den Ball zu (»Es würde ihn ... interessieren, im Verlauf der gegenwärtigen Besprechungen zu hören, was die Sowjetunion über diese Frage denke«). Als auch darauf keine Geste der Zustimmung zu erkennen war, reduzierte er seinen Vorschlag weiter und betonte, er wolle diese Anregung selbst doch zumindest »als Gegenstand der Diskussion vorschlagen«.

Als sich die sowjetische Seite weiter in vollständiger Zurückhaltung übte, brachte der Reichsaußenminister die Frage einer gemeinsamen Erklärung ins Gespräch; in ihr sollten beide Regierungen nach ihrer gemeinsamen militärischen »Regelung (!) der polnischen Frage« eine vergleichbare »Zusammenarbeit in bezug auf England in Aussicht« nehmen; an die Adresse Englands gerichtet, sollten sie zumindest den Willen zur Unantastbarkeit und gemeinsamen Verteidigung ihrer Positionen erklären.

Dies lief – sofern Stalin und Molotov den Vorschlag zu einem Offensivbündnis weiter mit Schweigen übergehen und alle Stricke, die Ribbentrop noch in seinem Gepäck mitführte, reißen sollten – zumindest auf ein scheinbares Defensivbündnis gegen England hinaus. Zu diesem Zweck hatte Ribbentrop vorsorglich eine von Hitler diktierte Erklärung mitgebracht. Eine gemeinsame anti-englische Erklärung dieser Art sollte Deutschland militärisch entlasten und eine neue Phase der deutschen Kriegsführung einleiten.

Diese Wendung ließ vor Stalin ein Gefahrensignal aufleuchten. Er schien einen ablehnenden Eindruck zu machen – Ribbentrop spielte umgehend die Bedeutung seines Vorschlags weiter herunter, indem er vorgab: »Es würde sich dabei um eine Zusammenarbeit auf weite Sicht handeln, da der Führer in großen, historischen Perspektiven denke«.

Eine gemeinsame Erklärung dieser Art war offenbar das mindeste, was Ribbentrop aus Moskau zurückbringen mußte, daher sein gewundenes Drängen: »Es würde sich nunmehr darum handeln, eine Verständigung darüber zu erzielen, in welcher Form eine derartige gemeinsame Erklärung erfolgen und der Welt bekanntgegeben werden könne. Als Vorschlag habe er, der Reichsaußenminister, einen Entwurf mitgebracht, den er den Herren Stalin und Molotow zur Begutachtung vorlegen wolle.« An dieser Stelle nahm Ribbentrop das von ihm mitgeführte Papier in die Hand und ließ den Wortlaut dieses Entwurfs der Erklärung durch Hilger in russischer Sprache verlesen. Der Text dieses deutschen Entwurfs ist unbekannt. Er muß Formulierungen enthalten haben, die Stalin zu einer abweisenden Haltung bewegten. Ribbentrop sah sich veranlaßt, die Bedeutung dieser Erklärung weiter zu schmälern. Die Erklärung solle – so schränkte er nun ein – »nicht etwa bedeuten..., als ob Deutschland von der Sowjetunion eine militärische Hilfe erwarte. Deutschland würde mit England und Frankreich auch allein fertig werden. Der Zweck der Erklärung bestehe vielmehr darin, vor der ganzen Welt die Zusammenarbeit zwischen Deutschland und der Sowjetunion und ihre Übereinstimmung in den grundlegenden Fragen der Außenpolitik zu dokumentieren.«

Stalin erkannte in diesem Vorschlag eine gefährliche Falle und verlangte Bedenkzeit: »Was die Deklaration betreffe, so müsse der Inhalt derselben überlegt und beraten werden. Er, Stalin, behalte sich daher eine Antwort dazu bis morgen vor.«

Später, gegen Ende der Verhandlungen am frühen Morgen des 29. September, nahm Stalin an diesem deutschen Entwurf einer gemeinsamen Erklärung Anstoß. Die Rede von den »imperialistischen Zielen der Westmächte« hielt er für ungeeignet. Auf sein Betreiben sollte die Friedensidee ins Zentrum der Erklärung gestellt werden. Ribbentrop war auf diese Wendung nicht vorbereitet und »erklärte, daß er zu der von Stalin vorgeschlagenen Abänderung die Genehmigung des Führers erbitten müsse. Es fand darauf eine telefonische Rücksprache des Herrn Reichsaußenministers mit dem Führer statt, mit dem Ergebnis, daß der Abänderungsvorschlag Stalins angenommen wurde.«

So entstand die Erklärung der Deutschen Reichsregierung und der Regierung der UdSSR vom 28. September 1939[8], nach der »es den wahren Interessen aller Völker entsprechen würde, dem... Kriegszustand ein Ende zu machen«. Sie nahm der ursprünglichen Idee der Ankündigung gemeinsamer Kampfanstrengungen die Spitze. Von dieser blieb allein der deklamatorische Nachsatz, im Falle eines Fehlschlagens der gemeinsamen Friedensbemühungen würde »die Tatsache festgestellt sein, daß England und Frankreich für die Fortsetzung des Krieges verantwortlich sind, wobei ... die Regierungen Deutschlands und der UdSSR sich gegenseitig über die erforderlichen Maßnahmen konsultieren werden«.

In Beantwortung der ersten Ausführungen Ribbentrops wandte sich Stalin, nach einem eingespielten Ritual pseudokameradschaftlicher Gepflogenheiten, »an Molotov mit der Frage, wer von ihnen beiden dazu Stellung nehmen solle«. Ebenso routinemäßig beantwortete Molotov »die Frage mit der Bemerkung, daß er dies Herrn Stalin überlassen wolle, weil er es sicher viel besser machen würde«. Danach legte Stalin seine Sicht der deutsch-sowjetischen Beziehungen dar. Diese Darlegung ist insofern von Bedeutung, als sie die einzige, weitgehend im Wortlaut erhaltene, authentische Bewertung der deutsch-sowjetischen Beziehungen aus seinem Munde ist. »Die Überzeugung von der Möglichkeit einer Zusammenarbeit zwischen Deutschland und der Sowjetunion« – so hob Stalin hervor – »sei immer das Grundelement der sowjetischen Außenpolitik gewesen. Schon in den Anfängen, als die Bolschewisten zur Macht gekommen seien, habe die Welt den Bolschewisten vorgeworfen, daß sie bezahlte Agenten Deutschlands seien. Der Rapallo-Vertrag sei ebenfalls durch die Bolschewisten geschlossen worden und habe alle Voraussetzungen für eine Erweiterung und Vertiefung der gegenseitigen Beziehungen enthalten. Als die nationalsozialistische Regierung in Deutschland zur Macht gelangt sei, hätten sich die Beziehungen verschlechtert, da die deutsche Regierung sich gezwungen gesehen habe, den innerpolitischen Belangen das Primat zu geben. Nach einer gewissen Zeit hätte sich diese Frage erschöpft und die deutsche Regierung den guten Willen gezeigt, eine Verbesserung der Beziehungen zur Sowjetunion herbeizuführen. Die Sowjetregierung sei dazu sofort bereit gewesen. Wenn von einer Schuld an der Verschlechterung der Beziehungen überhaupt gesprochen werden solle, so müsse er feststellen, daß die Sowjetregierung in ihren historischen Konzeptionen die Möglichkeit einer guten Zusammenarbeit mit Deutschland niemals als ausgeschlossen betrachtet habe. Infolgedessen sei die Sowjetregierung auch jetzt mit gutem Gewissen an die Wiederaufnahme der Zusammenarbeit mit Deutschland herangetreten. Diese Zusammenarbeit stelle eine solche Kraft dar, gegen die alle anderen Kombinationen zurückweichen müßten. Wenn (!) die deutsche Regierung der gleichen Ansicht sei« – Stalin bewies in der Einschätzung der Absichten der Regierung Hitlers und Ribbentrops seine gewöhnliche Vorsicht – »und entsprechend den soeben gehörten Ausführungen des Herrn Reichsaußenministers handeln würde, so seien alle Voraussetzungen für eine gute und freundschaftliche Zusammenarbeit gegeben.«

Diese Darstellung der Einstellung der Sowjetregierung zu Deutschland zeigte, wie stark ihr Wille zur Zusammenarbeit mit Deutschland schlechthin, wie bedingt hingegen ihre Erwartung an eine aufrichtige Zusammenarbeit mit dem nationalsozialistischen Deutschland war.

In der Hauptfrage Ribbentrops – der Frage eines Bündnisses gegen England – zeigte Stalin von Anfang an unnachgiebige Ablehnung. In einer ebenso geschickten wie deutlichen Absage machte er dem Gast aus Berlin klar: »Der Herr Reichsaußenminister ... hätte in vorsichtiger Form gesagt, daß Deutschland unter der Zusammenarbeit nicht eine militärische Hilfe verstehe und nicht die Absicht habe, die Sowjetunion in einen Krieg hineinzuziehen. Dies sei sehr taktvoll und gut gesagt (!).« Im Gewande seiner Bewunderung für das deutsche Militärgenie brachte Stalin seine klare Absage an jegliche Waffenhilfe gegen England vor: »Es sei Tatsache, daß Deutschland zur Zeit keine fremde Hilfe brauche und vermutlich auch in Zukunft keine fremde Hilfe brauchen würde.« Dem folgte – ob Ausflucht oder Trostpflaster, sei dahingestellt – das Versprechen: »Sollte Deutschland aber wider Erwarten in eine schwere Lage geraten, so könne es sicher sein, daß das Sowjetvolk Deutschland zu Hilfe kommen und nicht zulassen würde, daß man Deutschland erwürge. Die Sowjetunion sei an einem starken Deutschland interessiert und würde es nicht zulassen, daß man Deutschland zu Boden werfe.«

Ribbentrop gab sich später von diesem Versprechen Stalins zutiefst beeindruckt. In seinen Erinnerungen in der Nürnberger Haft schrieb er: Als er bei Stalin in der Frage eines Militärbündnisses zum gemeinsamen Kampf gegen die Westmächte sondierte, habe ihm dieser geantwortet: »Ich werde niemals dulden, daß Deutschland schwach wird!« Diese Äußerung war – nach Ribbentrop – »in einer so spontanen Form vorgebracht, daß sie gewiß seiner damaligen Überzeugung entsprach«. Er erkannte in ihr in erster Linie das Bewußtsein der

militärischen Stärke der Sowjetunion und die Absicht, im Falle eines
für Deutschland unglücklich verlaufenden Krieges mit eigener Zielsetzung einzugreifen. Stalin habe diese Äußerung mit großer Selbstsicherheit gerade auch im Hinblick auf die Angriffsfähigkeit der
Roten Armee getan.

Die Angehörigen der Deutschen Botschaft erkannten in diesen
Worten Stalins seine aus der Rapallo-Zeit resultierende Achtung vor
Deutschland und sein Bemühen, ein starkes Deutschland im Herzen
Europas an der Seite eines starken Rußland als Gegengewicht gegen
die Westmächte zu wissen. Äußerungen dieses Inhalts hat Stalin im
ersten Jahr der Gültigkeit der Verträge in Anwesenheit deutscher
Unterhändler wiederholt und – nach deren Verständnis – aufrichtig
gemacht.[9]

Die Tatsache, daß Ribbentrop diesem Wort damals eine so wichtige, im nachhinein aber zwiespältige Bedeutung beimaß, bezeugt
seine tiefe Enttäuschung über den refus, den er sich bei der Verfolgung seines Hauptanliegens in Moskau einhandelte. Der blendende
Erfolg seines ersten Besuchs hatte ihn leichtfertig gemacht. In seinem
Siegesrausch war er unfähig, diese Niederlage als solche zu erkennen
und zu verarbeiten. Er verkannte, daß die Sowjetregierung den deutschen Textvorlagen Ende August aus demselben Grunde ihre fast
vorbehaltlose Zustimmung gegeben hatte, aus dem heraus sie sie
diesmal ablehnte: aus ihrem peinlichen Bemühen um Konfliktbe-
grenzung und Umgehung des Krieges.

In Berlin wurde das Stalin-Wort nach der Rückkehr Ribbentrops
aufgrund desselben psychologischen Unvermögens als tröstlicher
Ersatz für die erhoffte effektive Waffenbrüderschaft der UdSSR hoch-
stilisiert, und dies nicht zuletzt, um auch Hitler über das völlige
Scheitern seiner Bündnisidee hinwegzutäuschen. Ribbentrop selbst
klammerte sich mit Insistenz in der Hoffnung an dieses Wort, er
könne Stalin doch noch auf die Seite Deutschlands ziehen. Dies mag
dazu beigetragen haben, daß diese Idee noch über ein Jahr im
Schwange blieb und Molotov dann von Hitler persönlich noch einmal
angetragen wurde!

Eine Verneinung der Absage, die ihm bei der Verwirklichung des
Hauptziels seiner Mission erteilt worden war, sprach bereits aus dem
Zwischenbericht, den Ribbentrop nach Beendigung der ersten Ver-
handlungsrunde telegrafisch an Hitler richtete.[10] Er enthielt die – aus

Furcht vor fremder Dechiffrierung unverfänglich gehaltene – Wendung:»Ich habe Stalin ... gewisse Vorschläge zur Vertiefung deutsch-russischer Freundschaft gemacht, auf die er morgen Antwort erteilen wird.« Die Aufzeichnung Hilgers zeigt, daß Stalin den Antrag eines gemeinsamen Bündnisses gegen England bereits auf seine Weise zurückgewiesen und sich lediglich im Hinblick auf den Wortlaut einer etwaigen gemeinsamen Deklaration Bedenkzeit ausgebeten hatte. Dies legt den Schluß nahe, daß Ribbentrop hoffte, ihn am nächsten Tage zumindest im Wege der gemeinsamen Deklaration ins deutsche Schlepptau zu nehmen. Hitler bestärkte ihn in dieser Absicht, indem er ihn telefonisch noch einmal beauftragte, er möge – nach den späteren Erinnerungen Ribbentrops – »ein ganz enges Verhältnis herstellen« und zu diesem Zwecke nötigenfalls auch ganz Litauen opfern. Sollte Ribbentrop dies nicht gelingen, so sollte er zumindest die wirtschaftlichen Ressourcen der Sowjetunion für den Kampf gegen England nutzbar machen.

Zu diesem Zwecke knüpfte Ribbentrop in den Verhandlungen des zweiten Tages an die Bemerkung Stalins an, daß die Sowjetregierung – mit seinen Worten – »an dem Bestehen eines starken Deutschlands interessiert sei und nötigenfalls Deutschland, wenn es in eine schwere Lage käme, auch unterstützen würde«. Er erklärte nun, »daß die deutsche Regierung eine militärische Hilfe seitens der Sowjetunion nicht erwarte und ihrer auch nicht bedürfe, daß aber für Deutschland eine wirtschaftliche Hilfe seitens der Sowjetunion einen erheblichen Wert darstellen würde«. Welches Volumen er dabei im Auge hatte, verdeutliche sein Hinweis, das Handels- und Kreditabkommen vom 19. August 1939 sei ja lediglich ein bescheidener Auftakt »zu der Anbahnung der guten allgemeinen Beziehungen« gewesen – immerhin sah es Lieferungen im Werte von 200 Millionen Reichsmark in einem Zeitraum von sechs Jahren vor! Seit Kriegsbeginn hatten die Wirtschaftsberater Ribbentrops weit kühnere Gedanken der Ausschöpfung des russischen Rohstoffpotentials und Nutzung der russischen Transitwege zum Zwecke der Umgehung der englischen Blockade propagiert.

Ribbentrop ließ weder an den gigantischen Proportionen, in denen man in Deutschland dachte (»durchgreifende Umstellung seines ganzen Wirtschaftslebens«), noch an der Tatsache einen Zweifel bestehen, daß die deutsche Seite hierin eine Form wirtschaftlicher Kriegshilfe sah (aufgrund der »Kriegsereignisse« und der »englischen Blokkade... gewännen für Deutschland die Wirtschaftsbeziehungen zur Sowjetunion eine weittragende Bedeutung. Die Sowjetunion, die über reiche Rohstoffquellen verfüge, sei in der Lage, Deutschland weitgehend zu unterstützen, während andererseits Deutschland gewillt sei, der Sowjetunion die von ihr benötigten hochwertigen Fertigerzeugnisse zu liefern«). Er schien sich der sowjetischen Zustimmung sicher und bat Stalin um Weisung an das Außenhandelskommissariat, es möge dem Leiter der deutschen Wirtschaftsdelegation für Moskau, der sich bereits in seiner Delegation befand, in den kommenden Verhandlungen »jegliches Entgegenkommen ... erweisen. Außerdem wäre er dankbar, wenn die Bereitwilligkeit der Sowjetregierung, Deutschland eine wirtschaftliche Unterstützung (!) angedeihen zu lassen, in einem inoffiziellen Briefwechsel zwischen ihm und Molotov zum Ausdruck kommen könne.« Die deutsche Seite wünsche ferner, über »eine solche allgemeine Zusicherung hinaus«, noch weitere spezielle Wirtschaftsfragen in diesen Briefwechsel aufzunehmen; sie beträfen 1. Transiterleichterungen für Öl und Getreide aus Rumänien, 2. sowjetische Rohöllieferungen, 3. die Erlaubnis zum deutschen Warentransit aus und nach dem Iran sowie aus und nach Afghanistan und 4. die Erlaubnis zum Warentransit aus und nach den Ländern des Fernen Ostens, insbesondere über die Transsibirische Eisenbahn nach Deutschland.

Im Gegensatz zum politischen Ansinnen Ribbentrops erklärte sich Stalin zur wirtschaftlichen Zusammenarbeit im vorgeschlagenen Sinne bereit. Im Vordergrund seiner Bereitschaft stand hierbei – aus der Sicht der Deutschen Botschaft – sein Interesse an forcierter Aufrüstung angesichts des auf längere Sicht unvermeidbaren Krieges; zu diesem Zwecke wünschte er in erster Linie die von ihm hochgeschätzten deutschen Rüstungsgüter und Technologie. Die Annahme, Stalin habe durch Lieferung kriegswichtiger Rohstoffe an Deutschland zur Verschärfung des Konfliktes zwischen den imperialistischen Mächten beitragen und einen »Abnutzungskrieg« begünstigen wollen, ist damals von seiten der Deutschen Botschaft nicht geäußert worden. Für sie stand – in Erinnerung an den Ersten Weltkrieg – das mühsame Ringen um die sowjetischen Rohstoffe im Vordergrund der Bemühungen; sie arbeitete – mit den Worten Schulenburgs – »daran, daß uns die Sowjet-Union die Rohstoffe liefert, die wir brauchen. Wir werden sie bekommen, und damit muß England die Hoffnung aufgeben, uns auszuhungern. Wenn die Briten ... Vernunft haben, sollten sie den Krieg dann aufgeben. ... Ich hätte nicht geglaubt, daß ich einen solchen Krieg zweimal erleben würde!«[11]

Stalin erklärte sich auch mit einem Notenwechsel über die Aufnahme von Wirtschaftsverhandlungen einverstanden. Dabei hob er den Ausnahmecharakter der sowjetischen Zustimmung, insbesondere auf dem Gebiete des Transits, hervor und betonte, er sei nur »mit Rücksicht auf die besondere Lage Deutschlands und den Charakter der gegenseitigen Beziehungen zwischen Deutschland und der Sowjetunion bereit, Deutschland in bezug auf den Transit die gewünschten Erleichterungen zu gewähren und diese Zusicherung in einem entsprechenden Briefwechsel festzulegen«. Ribbentrop nutzte diese Bereitschaft, um Stalin und Molotov auch hierfür vorgefertigte Entwürfe vorzulegen.

Auch an ihnen nahm Stalin charakteristische Veränderungen vor. So wies er den Ausdruck der »sowjetischen wirtschaftlichen Unterstützung an Deutschland angesichts des Krieges« im deutschen Entwurf als unannehmbar zurück und schlug statt dessen eine Formulierung vor, nach der die Sowjetregierung »aufgrund und im Sinne der ... erzielten allgemeinen politischen Verständigung willens ist, mit allen Mitteln die Wirtschaftsbeziehungen und den Warenabsatz zwischen Deutschland und der UdSSR zu entwickeln«. Auf dieser Grundlage entstanden zwei Notenwechsel der Außenminister zur Regelung der Wirtschaftsbeziehungen beider Länder im Kriege: der Notenwechsel betreffs Erweiterung des Wirtschaftsverkehrs[12] und der Notenwechsel betreffs wirtschaftlicher Sonderwünsche[13]. Im ersten bestätigte Molotov den Willen seiner Regierung zu einem Wirtschaftsprogramm, »nach welchem die Sowjetunion Deutschland Rohstoffe liefern wird, die Deutschland seinerseits durch industrielle, auf längere Zeit zu erstreckende Lieferungen kompensieren wird«, wobei das Volumen des Wirtschaftsaustauschs »das in der Vergangenheit erzielte Höchstmaß« erreichen sollte.

Diese letzte Formulierung war ebenso dehnbar, wie der Begriff der »industriellen Lieferungen« unklar und die Verschiebung der deutschen Lieferungen »auf längere Zeit« problematisch. Hatte die deutsche Seite nicht bewußt irreführende Formulierungen verwendet – eine Annahme, für die eine Reihe von Gründen (nicht zuletzt die von

Ribbentrop an den Tag gelegte hektische Eile) sprach –, so war die
Saloppheit der Wendungen zumindest beklagenswert unprofessio-
nell. Für die sowjetische Seite rächte sich der Mangel an Präzision,
als die Wirtschaftsverhandlungen aufgenommen wurden und die
tiefen Dissonanzen zum Vorschein kamen.

In der Delegation Ribbentrops entstand der Eindruck, daß der
Notenwechsel in Ermangelung eines Militärbündnisses zumindest
die vertragliche Grundlage für eine Art »Wirtschaftsbündnis«
legte.[14]

Die Ziehung der politischen Grenzen

Bei der »endgültigen Grenzziehung« – ein Euphemismus für die
politische Aufteilung Polens und Auslieferung Litauens an die
UdSSR – suchte Ribbentrop Stalin unter dem Hinweis darauf Zugeständnisse abzuringen, daß er Deutschland ja schon für Ostpolen
Dank schulde (»Polen sei durch die deutsche Wehrmacht (!) völlig
zerschlagen worden. Die Handlungen der deutschen Wehrmacht hätten nicht nur für Deutschland, sondern auch für die Sowjetunion
Früchte getragen. Infolgedessen erwarte man in Deutschland, daß die
Sowjetregierung uns in bezug auf die Erfüllung gewisser Wünsche
entgegenkommen würde«). Der Reichsaußenminister betonte nun,
daß Hitler zwar grundsätzlich zu den Moskauer Abmachungen stehe,
aber das Verständnis der Sowjetregierung für seine Nöte erwarte
(»Die Sowjetunion sei ein riesiges Land, das über ungeheure Möglichkeiten verfüge, Deutschland dagegen sei ein verhältnismäßig
kleines Land, dem es vor allem an Wald und Öl fehle. Daher bäten wir,
uns gerade in diesen Fragen entgegenzukommen«). Ribbentrop
reklamierte die laut Teilungsprotokoll an die sowjetische Interessensphäre fallenden Ölfelder am Oberlauf des San und die umfangreichen Waldungen im Gebiet von Augustowo und Belostok (Bialystok)
für Deutschland – die klare Regelung dieser Fragen, so ließ er durchblicken, könne für die reibungslose künftige Entwicklung der
deutsch-sowjetischen Beziehungen nur gut sein! Im Namen Hitlers
bat er Stalin dabei zu berücksichtigen, »daß wir einen gewichtigen
Beitrag zur Lösung der polnischen Frage geleistet hätten und zwar mit
außergewöhnlicher Schnelligkeit«! Dem stimmte Stalin wieder leb-

haft zu, indem er bemerkte, »daß die Sache tatsächlich sehr schnell vor sich gegangen sei«!

Bei den Gesprächen über die restlose Aufteilung Polens erinnerte Ribbentrop daran, daß die Frage der Schaffung eines unabhängigen Polen in den Verhandlungen vom 23./24. August 1939 auf sowjetischen Wunsch offengeblieben war. Inzwischen – so fuhr er fort – »scheine auch die Sowjetregierung dem Gedanken einer klaren Aufteilung Polens näher gekommen zu sein«. Seine Regierung sei zu einer »klaren Grenzziehung« entschlossen, da sie in einem selbständigen Polen eine Quelle ständiger Unruhen sehe. Wie Ribbentrop betonte, hatte er sich gefreut, daß das bisherige »militärische Programm in guter und freundschaftlicher Zusammenarbeit« durchgeführt werden konnte – sein Wunsch nach Fortsetzung stand im Raum.

In seiner Beantwortung dieser Fragen erörterte Stalin zwei Möglichkeiten: Die erste sah die endgültige politische Aufteilung Polens auf der Grundlage der im geheimen Zusatzprotokoll vom 23. August 1939 gezogenen militärischen Demarkationslinie vor; damit wäre die militärische Trennungslinie zwischen den beiden Interessensphären zugleich die endgültige Staatsgrenze zwischen Deutschland und der Sowjetunion geworden. Diese Lösung barg für Stalin »große Nachteile in sich. Sie würde zur Folge haben, daß beide Staaten gemäß der Verschiedenheit ihrer Systeme andersgeartete Regelungen auf den ihnen zufallenden polnischen Gebieten treffen würden. Deutschland würde längs der Weichsel vermutlich ein Protektorat oder etwas ähnliches errichten, während die Sowjetregierung den Weg der Schaffung einer autonomen polnischen sozialistischen Sowjetrepublik gehen würde (!). Dies würde unweigerlich zur Folge haben, daß die Polen aus ihrem traditionellen Hang nach Wiedervereinigung und Wiederherstellung eines selbständigen polnischen Staates versuchen würden, Zwietracht zwischen Deutschland und der Sowjetunion zu säen. Es würden Einflüsse hin und her gehen, die geeignet wären, die freundschaftliche Zusammenarbeit Deutschlands und der Sowjetunion zu gefährden.«

Die zweite Möglichkeit war die Aufteilung Polens entsprechend seinen ethnographischen Grenzen. Für diese plädierte Stalin in »der Überzeugung ..., daß es besser wäre, die ethnographisch zu Polen gehörenden Gebiete in einer Hand, und zwar in deutscher Hand zu belassen, damit Deutschland sich dort nach eigenem Gutdünken einrichten könne. Dies würde vom Standpunkte der dauerhaften guten deutsch-sowjetischen Beziehungen nützlich sein und alle vorerwähnten Nachteile ausschließen. Infolgedessen schlüge er Deutschland vor, die in der Woiwodschaft Lublin und in dem nördlich bis zum Bug angrenzenden Teil der Woiwodschaft Warschau lebenden 4 Millionen Polen zu übernehmen.«

Dieser Vorschlag des sowjetischen Rückzugs aus den zentralpolnischen Gebieten von Warschau und Lublin entsprach einer wesentlichen (Selbst-)Korrektur Stalins – er war der Botschaft »dafür bekannt, daß er erkannte Fehler rücksichtslos ändert«[15]: Er hatte seine Armee in Polen in ein Gebiet vorgeschickt, für dessen Besetzung er keine über die Zeitdauer des deutschen Polenfeldzugs hinausgehende Legitimation geltend machen konnte. Bei Rückverlegung der Grenzlinie von der Weichsel nach Osten erreichte er eine Ostgrenze Polens, die ungefähr mit der sogenannten Curzon-Linie zusammenfiel (der britische Außenminister, Lord Curzon, hatte sie 1920 als Grenze Polens im Osten vorgeschlagen), im Norden und Süden aber für die sowjetische Seite günstige Begradigungen vornahm.[16] Aufmerksame Beobachter in der deutschen Delegation erkannten hierin die Absicht Stalins, im wesentlichen »nur die Gebiete zu erwerben, für deren Einbeziehung in die polnische Republik sich Großbritannien bei der Schaffung dieses Staates nicht eingesetzt hatte«. Die Beschränkung auf die (nur mit einer polnischen Minderheit besiedelten) Gebiete östlich der Curzon-Linie dokumentierte zugleich Nichteinmischung in das britisch-polnische Verhältnis und Berücksichtigung der völkerrechtlichen Normen von 1920. Dies war ein weiterer Beweis für den sowjetischen Wunsch nach Vermeidung eines Konflikts mit England.

Hinweise dieser Art von seiten einzelner Delegationsmitglieder fanden bei Ribbentrop »keine Beachtung, und die neue Grenzlinie wurde entsprechend dem Vorschlag Stalins gezogen«.[17] Damit vergab sich der Reichsaußenminister, der unter anderem mit der Absicht angereist war, einen Keil zwischen Rußland und England zu treiben, in seiner historischen und völkerrechtlichen Unkenntnis die einzige Chance, dies wirkungsvoll zu tun. Er nahm diese ebensowenig wahr wie Hitler, der ihn im weiteren Verlauf der Verhandlungen telefonisch zur Annahme des Vorschlags Stalins ermächtigte. Sie bereiteten damit den lückenlosen Weg Stalins zur großen Koalition mit den Westmächten nach dem deutschen Vertragsbruch.

Statt der Nutzung seines politischen Spielraums ließ sich Ribbentrop mit Stalin auf einen Handel um materielle Gewinne ein. Der Streit richtete sich lediglich auf den Wert der Kompensation. Stalin stellte sich auf den Nützlichkeitsstandpunkt, daß die Gebiete östlich der Weichsel, deren er sich zu entledigen wünschte, »nicht weniger als vier Millionen Einwohner (zählten), während Litauen eine Bevölkerung von nur zwei Millionen habe. Deutschland mache infolgedessen ein gutes Geschäft, da Menschen das Wertvollste seien, was man bekommen könne.«

Die deutschen Wünsche hinsichtlich des Ölgebiets am Oberlauf des San lehnte Stalin unter Hinweis auf die ukrainischen Interessen und den ukrainischen Nationalismus ab – auch hier hielt er sich ostentativ an das ethnographische Prinzip. Die Deutsche Botschaft fand es »beachtenswert«, daß Stalin seine Forderungen bei diesem Landerwerb »mit der Befreiung der Brüder gleichen Blutes begründet(e)«. Sie sah darin einen weiteren Beweis für das von ihm »schon seit Jahren gepflegte nationale Gefühl und den Willen zur Wehrhaftigkeit – verteidige Dein Land!« und warnte die Berliner Dienststellen vor einer Unterschätzung dieser nationalen Haltung.[18]

Als Entschädigung für diese mehrheitlich ukrainischen Gebiete wollte Stalin der deutschen Seite das von ihr beanspruchte Rohöl aus diesen und noch weiteren Ölgebieten der Union nach einem vertraglich geregelten Schlüssel überlassen. Als Gegenleistung erwartete er – laut Aufzeichnung Hilgers – Steinkohle und Stahlrohre, an denen Deutschland ja keinen Mangel habe. Die Aufzeichnung Hilgers gibt keinen Aufschluß darüber, was unter dem Ausdruck »Stahlrohre« im Gespräch war. Wie sich Erich Kordt wenige Jahre später erinnerte, deutete Stalin in diesem Zusammenhang an, »er erwarte Gegenleistungen auf dem Rüstungsgebiet«.[19] Friedrich Gaus erinnerte wenige Monate später daran, daß Stalin auch über Rüstungslieferungen gesprochen und dabei »als Beispiel des für die Sowjetunion wichtigen Bedarfs die Lieferung von Röhren erwähnt« hatte.[20]

In seinem telegrafischen Zwischenbericht an Hitler bezeichnete Ribbentrop den Verlauf der Verhandlungen als freundschaftlich und schloß sich im wesentlichen dem Vorschlag Stalins an, die polnischen Gebiete nach ethnographischen Gesichtspunkten aufzuteilen und Litauen im Austausch für die polnischen Gebiete östlich der Weichsel an die russische Interessensphäre abzutreten. Zu diesem Zeitpunkt

glaubte er sich noch imstande, der sowjetischen Seite durch hartnäckige Verhandlungsführung am nächsten Tage einige wichtige
Gebiete Litauens abzuringen.

Hitler erklärte sich telefonisch – »anscheinend nicht ganz leichten
Herzens«[21] – einverstanden, Litauen der sowjetischen Interessen-
sphäre zu überlassen. Ribbentrop erklärte später (1946) vor dem
Nürnberger Gerichtshof: »Um das Vertrauensverhältnis zwischen
Moskau und Berlin besonders eng zu gestalten, verzichtete der Führer
auf den Einfluß auf Litauen und räumte der Sowjetunion... den
Einfluß auf Litauen ein, so daß nunmehr auch territorial... ganz klare
Verhältnisse geschaffen waren.«[22] Als Ribbentrop Stalin den Auftrag
Hitlers, ein möglichst enges Verhältnis herzustellen und zu diesem
Zwecke auch Litauen zu opfern, überbrachte, soll Stalin – wiederum
nach der Erinnerung Ribbentrops – bemerkt haben, Hitler verstehe
sein Geschäft. Nach der Rückkehr Ribbentrops nach Berlin habe
Hitler – nach Ribbentrop – geäußert, er hätte Stalin durch Abtretung
Litauens beweisen wollen, »daß er alles für einen Dauerausgleich mit
dem östlichen Nachbarn tun und von Anfang an ein rechtes Vertrauensverhältnis herstellen wolle«. Hitler hätte »damals die sowjetischen
Absichten gegenüber Deutschland als durchaus im Sinne der
geschlossenen Verträge« betrachtet.

Als Resultat dieser Übereinstimmung wurde am frühen Morgen
des 29. September der auf den Vortag datierte deutsch-sowjetische
Grenz- und Freundschaftsvertrag unterzeichnet.[23] Die Bezeichnung
dieses Vertrags ging in ihrem zweiten Bestandteil auf deutsche Vorstellungen zurück – Hitler und Ribbentrop »lag... daran, die Beziehungen zu Sowjetrußland noch zu vertiefen und freundschaftlich zu
gestalten«. Sie legten deshalb wert darauf, daß »der Pakt politisch zu
einem Freundschaftspakt ausgestaltet« würde.[24] Im sowjetischen
Außenministerium wurde lediglich die Redaktion am Text vorgenommen, wobei Unkenntnis über die Herkunft des Wortes »Freundschaft« bestand. Stalin lehnte diesen Ausdruck ursprünglich als
gefährlich und kompromittierend ab und bemerkte im vertrauten
Kreise: »Mit einer solchen Formulierung fängt man uns nicht ein!«[25]
Die Gründe, die ihn veranlaßt haben, doch noch zuzustimmen, bleiben verborgen. Unzutreffend dürfte die Annahme sein, Stalin sei
schlicht unfähig gewesen, die Lage richtig einzuschätzen.[26] Molotov,
der seine wahren Gedanken zweifellos am besten kannte, betonte

später, Stalin habe »die hinterlistigen Pläne des Hitlerismus rechtzeitig erkannt«[27]. Trifft dies auch für die deutsche Absicht zu, ihn durch die vertraglich gesicherte »Freundschaft« mit Deutschland vollends in der Weltöffentlichkeit zu diskreditieren, so dürfte ihn eine Mischung aus beschwichtigender Nachgiebigkeit, dem Wunsch nach ostentativer Willfährigkeit mit der Absicht, der deutschen Seite bei entsprechendem Verhalten als treuer Gefolgsmann zu erscheinen und in den Genuß der versprochenen Güter zu kommen, und der Überlegung zum Einlenken bewogen haben, daß auf englischer Seite ohnedies kaum noch etwas zu verlieren war.

In jedem Falle trug der Vertrag den zweiten Teil seines Namens nur bedingt zu Recht – die Idee der Freundschaft kam in ihm überwiegend als eine Möglichkeit der Zukunft zum Ausdruck (nach Art. IV betrachteten die Parteien die Grenzregelung als »Fundament für eine fortschreitende Entwicklung der freundschaftlichen Beziehungen«). Im Vordergrund stand die Grenzziehung. Der Vertrag erhob die im geheimen Zusatzprotokoll vom 23. August festgelegte Linie im polnischen Staatsgebiete nun, nach dem angeblichen »Auseinanderfallen des bisherigen polnischen Staates« (Präambel), mit den entsprechenden Korrekturen zur endgültigen »Grenze der beiderseitigen Reichsinteressen« (Art. II). Ferner erklärte der Vertrag (im Sinne eines Vorschlags Hitlers vom 24. August 1939) die beiden vertragschließenden Mächte zu den ausschließlichen Ordnungshütern in diesem Gebiete, deren Aufgabe darin bestände, »unter den dort lebenden Völkerschaften ein ihrer völkischen Eigenart entsprechendes friedliches Dasein zu sichern« (Präambel). Sie lehnten »jegliche Einmischung dritter Mächte« ab (Art. II). Der Vertrag wurde ergänzt durch ein vertrauliches Protokoll über die Umsiedlung deutscher Reichs- und Volkszugehöriger sowie Bewahrung ihrer Vermögensrechte[28] und zwei geheime Zusatzprotokolle:

1. das geheime deutsch-sowjetische Zusatzprotokoll über den Austausch Litauens gegen Zentralpolen, d. h. über die Einbeziehung des Gebietes des litauischen Staates (mit Ausnahme des sogenannten litauischen Zipfels bzw. Dreiecks von Mariampól im Südwesten Litauens) in die sowjetische Interessensphäre sowie der Woiwodschaft Lublin und von Teilen der Woiwodschaft Warschau in die deutsche Interessensphäre in Abänderung des geheimen Zusatzprotokolls vom vom 23. August 1939[29] sowie

2. das geheime deutsch-sowjetische Zusatzprotokoll über die beiderseitige Unterbindung jeglicher Ansätze einer polnischen Agitation auf dem jeweils einverleibten polnischen Gebiete.[30]

Es ist unbekannt, von welcher Seite die Initiative zu diesem zweiten geheimen Zusatzprotokoll ausging. Deutsche Unterhändler betonten das Mißtrauen Stalins gegenüber den Polen und seine Furcht vor politischer Agitation des gedemütigten polnischen Nationalismus.[31] Molotov wußte, wie groß die Abneigung Stalins gegen jede Art von Nationalismus war – Nationalisten waren in den Augen Stalins »eine Sorte Mensch..., die zu allem fähig ist«.[32] Seine Angst vor unkontrollierbarer Provokation des gefährlichen deutschen Nachbarn durch die unterworfenen Polen dürfte noch größer gewesen sein. An einer gegenseitigen Unterrichtung »über die... erforderlichen Maßnahmen« war ihm insofern gelegen. Sein Interesse an präventiv durchgreifender Kontrolle, wie er sie verstand, und Verhinderung feindlicher Koalitionen bestimmte auch sein Verhältnis zu den anderen Völkern, die in das zwischen Deutschland und Rußland entstandene Kraftfeld gerieten.

Stalins Pläne für die sowjetische »Interessensphäre«

Mit Insistenz forschte Ribbentrop die sowjetischen Pläne für die baltischen Länder und Bessarabien aus, die laut geheimem Zusatzprotokoll vom 23. August und erstem geheimen Zusatzprotokoll vom 28. September 1939 an die sowjetische Interessensphäre fielen. Diese Insistenz, ja ein wiederholtes Drängen seiner Fragen, wann denn die Sowjetregierung ihre Pläne wahr machen wolle, erwecken den Eindruck, Hitler hätte es nicht ungern gesehen, wenn die Rote Armee möglichst bald ihre gesicherten Verteidigungspositionen aufgeben und sich in ungeschützten Raum nach vorn begeben würde. Wollte er sie aus den abgesicherten Festungen der Verteidigungslinie von 1939 herauslocken, um leichteres Spiel mit ihr zu haben? Einige Momente deuten darauf hin.

Die deutsche Regierung hatte in den vorausgegangenen Wochen eine aktive Litauenpolitik betrieben, sich an dem Schicksal Estlands, Lettlands, Finnlands und Bessarabiens aber – in Übereinstimmung mit dem Teilungsprotokoll zum Nichtangriffsvertrag – ostentativ desinteressiert.[33] Das Auswärtige Amt war den betroffenen Ländern gegenüber auf eine Taktik der Verleugnung der Geheimabsprachen eingeschworen worden. Es hatte seine Vertretungen in den Hauptstädten Rumäniens und der Ostseeländer – trotz vereinzelter Proteste – zu einer der Sowjetunion loyalen Haltung völliger deutscher Zurückhaltung veranlaßt. In der Zentrale in der Wilhelmstraße trieb Staatssekretär von Weizsäcker die Haltung des Ableugnens bestehender Gefahren und kühlen Ignorierens der berechtigten Sorgen und Ängste der Vertreter dieser Länder, die sich hilfesuchend an ihn wandten, nach seinen eigenen Aufzeichnungen zu urteilen, auf die Spitze. Dies ging im Falle Finnlands so weit, daß er die Finnen selbst für eine künftige Wendung ihres Schicksals zum Schlimmeren verantwortlich machte – sie hätten sich ja geweigert, mit Deutschland einen Nichtangriffsvertrag abzuschließen. Gegenüber Estland und Lettland, die am 7. Juni 1939 in einen solchen Nichtangriffsvertrag eingewilligt hatten, galt die »Sprachregelung«, daß Deutschland den Vertrag honoriere – angesichts der vorausgegangenen Überlassung dieser Länder an die sowjetische Interessensphäre eine zumindest irreführende Auskunft.

So wußten sich diese Länder von Deutschland im Stich gelassen und diplomatisch bereits weitgehend isoliert, als die Vertreter von Estland und Lettland nach der Wende im Polenfeldzug in den Kreml zitiert wurden. Ein TASS-Kommuniqué vom 18. September – einen Tag nach dem Beginn des sowjetischen Vormarsches in Polen – zeigte die Richtung an, in die die Gespräche führen würden: TASS bezichtigte Estland der mangelnden Neutralität und bereitete es damit indirekt auf die Forderung nach militärischer Sicherstellung der Neutralität bzw. Unverletzlichkeit vor, wie sie der sowjetische Verteidigungsminister in den Dreipaktgesprächen mit England und Frankreich im Sommer des Jahres für die Ostseestaaten Estland, Lettland und Finnland erhoben hatte. Während sich Stalin in seinen Verhandlungen mit Ribbentrop der deutschen Zustimmung versichert hatte, ließ er den Regierungen zunächst Estlands und Lettlands, später auch Litauens, den Vorschlag zum Abschluß militärischer Beistandspakte unterbreiten. Angesichts der bei Ablehnung drohenden Konsequenzen – die kleinen ostmitteleuropäischen Länder hatten das Schicksal Polens vor Augen, und Stalin ließ es nicht an Offenheit fehlen![34] – nahmen die drei Regierungen den Vorschlag an. Anders als die deutsche

Regierung setzte Stalin diese Randstaaten persönlich (bzw. über Molotov) über ihre wirkliche Lage in Kenntnis. Er goß ihnen reinen Wein über die vorausgegangene Aufteilung der Interessensphären zwischen Deutschland und der UdSSR ein und erklärte, daß die UdSSR die Verträge mit Deutschland geschlossen habe, um aus dem Kriege (»wenigstens aus dem derzeit im Gang befindlichen«) herauszubleiben und die eigene Sicherheit zu erhöhen. Er betonte wiederholt, daß die Gefahr eines Angriffs von seiten Deutschlands weiter bestehe und er sich auf die schlimmste aller Möglichkeiten vorbereite: die Neutralen würden unter Druck gesetzt und ebenso verschlungen werden wie zuvor die Tschechoslowakei und Polen. Er vertraue den Balten nicht und müsse im Interesse der eigenen Sicherheit (»wir denken in erster Linie an uns selbst«) die strategischen Positionen an der Ostsee sichern, die dem Sowjetstaat 1920 verloren gingen (»Schon Peter der Große hat den Zugang zum Meer gesucht ... deshalb wollen wir uns die Benutzung der Häfen, der Wege zu diesen Häfen und ihre Verteidigung sichern«). Der lettische Außenminister, der dieses Gespräch aufzeichnete, hielt fest, Stalin habe dies alles »ruhig, ohne Drohungen« vorgebracht. Stalin gab zu, er wisse, daß die Balten jetzt die Eroberung ihrer Länder durch die Rote Armee erwarteten, und entgegnete: »Wir könnten das auch jetzt direkt tun, aber wir tun es nicht.« Hiermit deutete er an, daß die formale Handhabe, welche ihm die deutsche Seite mit ihrem Verständnis der Aufteilung der Interessensphären als der »Freiheit zur Inbesitznahme« eingeräumt hatte, für ihn keinen zwingenden Aufforderungscharakter besaß – die Sowjetregierung handelte unter globalpolitischen Erwägungen, von denen der deutsche Faktor nur einer war. Daneben war sie, solange dies ihre Sicherheitsinteressen zuließen, daran interessiert, die Haltung der Westmächte, einschließlich der USA, zu berücksichtigen, und dies nicht zuletzt im Hinblick auf einen Bündniswechsel, der unter gegebenen Umständen eintreten könnte. Schließlich suchte sie eine gewisse Anerkennung ihrer Handlungszwänge durch die betroffenen Randstaaten selbst. Ihr Bestreben nach internationaler, wenn möglich völkerrechtlicher Anerkennung ihrer Handlungen bestand zunächst weiter fort – sie war weiter Mitglied des Völkerbundes und übte sich zumindest in Legalismus, wenn sie schon nicht auf Verständnis für ihre Handlungsweise hoffen konnte.

Die Tendenz der Erklärungen Stalins gegenüber den Vertretern der baltischen Regierungen bestand darin, daß der freie Zugang der strategisch wichtigen Punkte in den baltischen Ländern in der gegebenen Kriegssituation unentbehrlich für die Sicherheitsinteressen der UdSSR sei und sich die UdSSR für den Moment einer für sie bedrohlichen Verschärfung der internationalen Krise, in erster Linie einer zu erwartenden deutschen Angriffshandlung, fernere Maßnahmen vorbehielt.

Mit ihrer Einwilligung in die Beistandspakte praktizierten die baltischen Regierungen – in jenem zynisch reduzierten Sinne, den Friedrich Engels diesem Begriff gegeben hatte – »Freiheit« als »Einsicht in die Notwendigkeit«. Der Abschluß der Beitragspakte erfolgte somit ohne Anwendung von Gewalt, aber unter starkem psychologischem Druck, der aus den nunmehr bekannten Tatsachen selbst resultierte. Insofern scheint es nicht möglich, den Abschluß selbst im nachhinein als widerrechtlich zu qualifizieren, zumal die Vertragsbestimmungen keine rechtlichen Einwände hervorrufen konnten.[35] Es waren nicht die Bestimmungen selbst, die auf baltischer Seite tiefste Ängste und Aversionen zeugten, sondern der Partner – der englischen oder skandinavischen Seite hätten sie Truppenstationierungen dieses Ausmaßes und Benutzung ihrer Kriegshäfen gewiß mit Genugtuung zugebilligt!

Diese den baltischen Regierungen also weniger durch gezielten sowjetischen Druck (dieser war angesichts der geoffenbarten Tatsachen gar nicht nötig!), als vielmehr kraft ihrer Kenntnis der bestehenden Umstände (ihrer vorausgegangenen Auslieferung an die sowjetische Interessensphäre) aufgezwungenen militärischen Beistandspakte wurden vom sowjetischen Außenkommissar am späten Abend des 28. September mit dem Außenminister der Republik Estland, am 5. Oktober mit dem Vertreter Lettlands und am 10. Oktober mit Litauen abgeschlossen.

Die Simultanität der Ereignisse verwies auf ihre Urheber: Stalin wartete den Verlauf der Verhandlungen mit Ribbentrop und die deutschen Äußerungen zu diesem Vorgehen ab, bevor er den ersten Beistandspakt, den Pakt über gegenseitige Hilfeleistung mit der an die UdSSR angrenzenden Republik Estland, während des Aufenthalts Ribbentrops in Moskau unterzeichnen ließ. Sein überlegtes Szenario machte die deutsche Delegation zum Zeugen der politisch-psychologischen Konsequenz, mit welcher er nun die ihm von deutscher Seite eingeräumte militärische Absicherung der Randstaaten betrieb. Ribbentrop sah, als er am zweiten Verhandlungstag um Mitternacht von einer Ballettaufführung (»Schwanensee«) in den Kreml zurückeilte, zwar nicht – wie er später schrieb – »die baltischen Minister mit bleichen Gesichtern den Kreml verlassen«; aber »der estnische Außenminister Selter, der einen völlig zusammengebrochenen Eindruck machte«, begegnete Ribbentrop auf der Treppe.[36] Sein Schicksal ließ Ribbentrop offenbar unberührt. Er bemerkte bei Beginn der Behandlung der baltischen Frage lediglich, daß »nunmehr auch diese Frage von der Sowjetregierung in Angriff genommen würde; die gegenwärtig mit der estnischen Regierung geführten Verhandlungen ständen zweifellos damit in Verbindung. Der deutsche Gesandte in Estland habe berichtet, daß die Sowjetunion Estland eine Militärkonvention für 5 Jahre (Stalin berichtigte: für 10 Jahre) angeboten, dafür Stützpunkte für sowjetische Kriegsschiffe und Flugzeuge in Estland sowie eine enge Zusammenarbeit gefordert habe. Dies sei wohl als erster Schritt zur Realisierung (!) der baltischen Frage aufzufassen.« Ribbentrop bat lediglich um eine »allmähliche Lösung« und rechtzeitige Benachrichtigung (»Deutschland befände sich zur Zeit im Kriege und würde eine allmähliche Lösung der baltischen Frage begrüßen. Es stände jedoch fest, daß wir an den Dingen in Estland und Lettland desinteressiert seien«). Die deutsche Regierung wünsche von der Sowjetregierung zu erfahren, »wie und wann sie den Fragenkomplex (!) zu lösen beabsichtige, damit auch die Deutsche Regierung sich entsprechend den getroffenen Abmachungen dazu einstellen könne«. Wie Ribbentrop bemerkte, hatte er den Berichten Schulenburgs entnommen, daß die Sowjetregierung »eine klare Zustimmung von uns zu den Absichten (erwarte), die sie verfolge (Stalin warf ein: ›Wir erwarten eine wohlwollende Einstellung!‹)«.

Ribbentrop kam daraufhin auf den sowjetischen Vorschlag bezüglich Litauen zu sprechen und versuchte diesen zunächst abzuwehren: »Litauen gehöre gemäß den Moskauer Abmachungen zu der deutschen Interessensphäre. Einen Austausch Litauens gegen das östlich der Weichsel bis zum Bug gelegene polnische Gebiet, wie er Stalin vorschwebte, wäre der deutschen Seite nicht genehm.« Ribbentrop erinnerte an die Geste, mit der Hitler während der August-Besprechungen den sowjetischen Wünschen in bezug auf die lettischen Häfen Libau und Windau nachgekommen sei, und erwartete gleiches

74

jetzt von Stalin. Bei Ablehnung ließ er eine Kompromißlösung offen (»der sowjetische Vorschlag kein ausreichendes Äquivalent für den Verzicht Deutschlands auf Litauen oder Teile davon...«). In diesem Falle müsse aber »unbedingt ein Weg gefunden werden, der Deutschland eine Erweiterung seines ostpreußischen Gebiets auf Kosten Litauens (!) gewährleiste«. Zur Veranschaulichung der deutschen Wünsche zeichnete Ribbentrop auf einer von ihm mitgebrachten Karte eine Linie ein, die eine annehmbare Grenze darstellen sollte. Sie sollte »vom südlichsten Zipfel Lettlands an der Ostsee durch Litauen östlich von Kowno (das auf der Sowjetseite verbleibe), sodann östlich von Grodno verlaufen, Belostok einschließen, um dann einen geeigneten Anschluß an die Bug-Linie zu finden«. Hiermit war eine Teilung Litauens und eine großzügige Arrondierung Ostpreußens auf Kosten Litauens vorgesehen.

In den Verhandlungen hierüber erfuhr er – nach seinen eigenen Worten – »die Zähigkeit der Russen bei der diplomatischen Verfolgung ihrer Ziele«. Stalin lehnte die deutschen Wünsche in bezug auf Litauen ab. Er war lediglich bereit, »Deutschland den zwischen Ostpreußen und Litauen gelegenen Zipfel mit dem Mittelpunkt Suwalki bis zur Linie unmittelbar nördlich von Augustowo abzutreten« und damit neben dem kriegsbedingten Treibstoffmangel auch dem Holzbedarf abzuhelfen. Weitere territoriale Zugeständnisse schloß er aus – er sah »nicht ein, warum die Sowjetunion durch die Abtretung eines Teils der litauischen Gebiete einer Zerstückelung Litauens die Hand reichen solle«. Seine Bemerkung, er könne in der Frage Litauens keine Zugeständnisse machen, beruhte zweifellos auf vorausgegangenen Grundsatzentscheidungen strategischer sowie ethnographisch-rechtlicher Natur.[37]

Allerdings gab er in einer nachgerade erstaunlichen Offenheit über seine Pläne Auskunft. Die wiederholten Fragen Ribbentrops nach den sowjetischen Absichten im Baltikum beantwortete er mit dem Hinweis, »daß die Sowjetregierung von der estnischen Regierung die Zurverfügungstellung von Basen für ihre Kriegsschiffe in den estnischen Häfen und auf der Insel Dagö und Oesel und von Basen für ihre Luftstreitkräfte gefordert habe. Zur Bewachung dieser Stützpunkte würde die Sowjetregierung eine Infanteriedivision, eine Kavalleriebrigade, eine Panzerbrigade und eine Fliegerbrigade in Estland stationieren. Alle diese Maßnahmen würden unter dem Deckmantel (eine zweifelhafte Übersetzung Hilgers, I. F.) des Abschlusses eines gegenseitigen Hilfeleistungsabkommens zwischen der Sowjetunion und Estland erfolgen. Hierzu habe Estland sein Einverständnis erteilt.«

Ein aufmerksamer Zuhörer hätte hier die Frage gestellt, gegen welche fremde Macht die Sowjetunion ihre Stützpunkte in Estland denn zu schützen suche. Ribbentrop stellte sie nicht, sondern setzte im Gegenzug voraus, »daß die Sowjetregierung somit eine langsame Durchdringung Estlands und vermutlich auch Lettlands im Auge habe«. Stalin bejahte diese Frage und präzisierte, »daß jedoch vorläufig das bestehende Regierungssystem in Estland, die Ministerien usw., bestehen bleiben würde«.

Im Hinblick auf Lettland erklärte er, »daß die Sowjetregierung beabsichtige, Lettland die gleichen Vorschläge zu machen. Sollte sich Lettland dem Vorschlag eines gegenseitigen Hilfeleistungspaktes unter ähnlichen Bedingungen, wie es Estland angenommen habe, widersetzen, so würde die Sowjetarmee Lettland in kürzester Zeit ›zusammenhauen‹.«

Auf die sowjetischen Absichten in Litauen angesprochen, betonte Stalin, »daß die Sowjetunion Litauen einverleiben würde, falls es zu einer entsprechenden Einigung mit Deutschland über den ›Austausch‹ der Gebiete kommen würde«. Diese Absichtserklärung gab er erst ab, nachdem er der Reaktion Ribbentrops entnommen hatte, daß die deutsche Seite zu diesem Austausch bereit war. Hilger machte diesen Zusammenhang in seiner Aufzeichnung dadurch deutlich, daß er an dieser Stelle hervorhob, Stalin habe sich im ersten Teil der Unterhaltung »über seine Absicht der Einverleibung Litauens weniger deutlich« ausgedrückt als am zweiten Tage, zu dem Zeitpunkt nämlich, als das deutsche Einverständnis bereits vorlag. So weit die Erklärungen Stalins an die deutsche Adresse – in seinen öffentlichen Reden pflegte er eine andere Sprache.

In seinem telegrafischen Zwischenbericht an Hitler in der Nacht vom 27. zum 28. September übernahm Ribbentrop im wesentlichen die Argumente Stalins und führte zugunsten einer Abtretung Litauens u. a. das Argument an, daß Deutschland im Falle seines Festhaltens an Litauen »angesichts des zu erwartenden russischen Vorgehens in Estland und Lettland« gezwungen werden könnte, »seinerseits Schutzvertrag in den nächsten Wochen mit Litauen abzuschließen, was von der Welt als verschleierte Annexion aufgefaßt werden würde«.

Aus Angst vor sowjetischen Sofortmaßnahmen legte Ribbentrop eine Hektik an den Tag, die die Deutsche Botschaft nur mit Mühe dämpfen konnte. Sie erkannte in den Äußerungen Stalins, er plane »vorläufig keine politische Veränderung in den baltischen Gebieten«, seine auf lange Sicht angelegte Strategie. Hingegen erweckte Ribbentrop nun in seinem Bericht den Eindruck, Stalin plane eine baldige Veränderung, »ohne jedoch im Augenblick estnisches Regierungssystem abzuschaffen«. Das Echo seiner hysterischen Naherwartung drang daher auch sofort aus Berlin nach Moskau zurück: Staatssekretär von Weizsäcker wies die Botschaft in den frühen Nachmittagsstunden des 28. September telefonisch an, »für den Fall des Einmarsches russischer Truppen nach Estland« sofort eine Vereinbarung zum Schutz der Volksdeutschen zu treffen. Graf Schulenburg, der schon manche unbesonnene Handlung dieser Art abgefangen hatte, antwortete Weizsäcker um 24.00 Uhr telefonisch, er möge doch erst einmal ruhig die Rückkehr Ribbentrops abwarten, »da die Angelegenheit nicht so dringend erscheine«, wie dies dort angenommen werde.[38]

Am zweiten Verhandlungstag griff Ribbentrop die Frage erneut auf und bat Stalin jetzt um präzise »Mitteilung, in welcher Form und in welcher Zeit die Sowjetregierung beabsichtige, ihre Absichten bezüglich des Baltikums zu realisieren«. Stalin erwiderte, »daß die estnische Regierung sich mit dem Vorschlag der Sowjetregierung einverstanden erklärt habe und infolgedessen mit dem Abschluß eines entsprechenden Abkommens mit Estland noch am selben Abend bzw. im Laufe der Nacht gerechnet werden könne. Sodann gab Stalin den Inhalt des inzwischen veröffentlichten Abkommens zwischen der Sowjetunion und Estland bekannt.«

Stalin klärte Ribbentrop auch über den militärischen Inhalt eines vertraulichen Protokolls zum Beistandspakt auf: War hier Baltischport als Ort der Stationierung der sowjetischen Kriegsschiffe genannt, so war dort auch Tallinn (Reval) der Stationierung sowjetischer Schiffe vorbehalten (Art. II des vertraulichen Protokolls zum sowjetisch-estnischen Beistandspakt). Als Grund gab Stalin die Tatsache an, daß Baltischport noch nicht ausreichend ausgebaut sei. Stalin erwähnte auch die Höhe der beabsichtigten Kontingente (Höchstgrenze 25 000 Mann). Zum Schluß wiederholte er, daß »vorläufig nicht beabsichtigt sei, das bestehende politische und wirtschaftliche System in Estland zu ändern und dort das Sowjetsystem einzuführen. Somit bliebe vorläufig die estnische Verfassung unangetastet, die Ministerien würden ihre Arbeit fortsetzen und auch ihre auswärtigen Angelegenheiten würde Estland vorläufig selbst besorgen.« Hilger fügte an dieser Stelle in seiner Aufzeichnung ein, daß die Absichten der Sowjetregierung gegenüber Lettland und Litauen bei dieser Gelegenheit nicht besonders erwähnt worden seien, da Stalin sich zu dieser Frage bereits am Vortage ausgesprochen habe.

Ribbentrop ging dann zu Bessarabien über. Er »erinnerte daran, daß die Deutsche Regierung in dem geheimen Zusatzprotokoll vom 23. August 1939 ihr Desinteressement an dieser Frage erklärt habe. Er wolle nunmehr von Herrn Stalin hören, ob er ihn seinerzeit in dem Sinne richtig verstanden habe, daß die Sowjetregierung vorläufig nicht die Absicht habe, etwas gegen Rumänien zu unternehmen, ihre Interessen jedoch in dem Augenblick reklamieren würde, wenn durch ein etwaiges Vorgehen Ungarns gegen Rumänien sich irgendwelche Veränderungen auf dem Balkan ergeben sollten.« Dieser Rückverweis Ribbentrops auf eine unbekannte frühere Äußerung Stalins (im Gegensatz zum Grenz- und Freundschaftsvertrag vom 28. September 1939 sind von den Verhandlungen zum Nichtangriffspakt und geheimen Zusatzprotokoll vom 23. August 1939 keine Aufzeichnungen bekannt) ist von großem Wert: Danach hatte Stalin damals betont, er würde die seiner Interessensphäre zugesprochenen Gebiete (in diesem Falle Bessarabien) so lange nicht antasten, wie nicht das militärische Vorgehen dritter Länder sein Eingreifen geböte. Der Hinweis auf ein etwaiges Vorgehen Ungarns ist charakteristisch: Ungarn war – wie Japan – Partner Deutschlands im Antikominternpakt und, wie die Zerschlagung der Tschechoslowakei bewies, an den deutschen Territorialgewinnen beteiligt. Der Hinweis Stalins auf ein Vorgehen Ungarns gegen Rumänien war damit auch eine Warnung an Deutschland, nichts gegen Rumänien zu unternehmen, was den sowjetischen Willen zur Verteidigung der »Interessensphäre« herausfordern würde.

Ribbentrop wünschte nun von Stalin präziser »zu erfahren, welche Gedanken die Sowjetregierung über ihr künftiges Verhältnis zu Rumänien habe«. Stalin wiederholte auch jetzt, »daß die Sowjetregierung vorläufig keine Absicht habe, Rumänien anzurühren«, daß sie aber das Verhalten der rumänischen Regierung aufmerksam verfolge. Ein Eingreifen hielte er zur Zeit nicht für notwendig, da »weder von Rumänien noch von seiten der baltischen Staaten im Augenblick irgendwelche Eskapaden zu befürchten seien, da allen diesen Staaten der Schreck (gemeint war: der Schreck des Hitler-Stalin-Paktes, I. F.) gründlich in die Glieder gefahren sei«. Mit dem Hinweis auf etwaige Eskapaden der seiner Interessensphäre zugesprochenen ostmitteleuropäischen Länder gab Stalin erneut zu erkennen, daß er ein Abschwenken ins feindliche Lager und eine gegen ihn gerichtete Politik im Verein mit dritten Mächten, darunter in erster Linie Deutschland, nicht tolerieren würde.

Das Wort »vorläufig« wurde von Stalin im Hinblick auf sein späteres Vorgehen gegen Bessarabien allem Anschein nach in Analogie zu seinem Vorgehen in Bezug auf Estland, Lettland und – im Falle des Gebietsaustausches – Litauen verwandt. Dies bestätigt die Vermutung, daß er auch im Baltikum in dem Falle einzugreifen beabsichtigte, wenn ein Abschwenken dieser Staaten (»Eskapaden«) oder aber Angriffspläne von seiten dritter Staaten erkennbar würden. Man wird also auch in dieser Formulierung eine implizite Warnung an die Adresse Deutschlands sehen müssen: Stalin drohte damit, diese Gebiete vollständig zu annektieren und in einer weiteren Stufe in den Unionsbestand einzuverleiben (im Falle Polens hatte er von »Sowjetisierung« gesprochen), wenn Deutschland oder seine Vasallen Pläne des Angriffs oder der Einflußnahme auf die Gebiete der sowjetischen Interessensphäre schmieden sollten.

Das Staatsbankett

Nach Ablauf der fast dreistündigen zweiten Verhandlungsrunde lud Stalin die deutsche Delegation für 19.00 Uhr zu einem Abendessen. Dieses Essen – ein Staatsbankett in den ehemals kaiserlichen Festsälen des Kreml – erfolgte zum ersten Male seit Beginn der deutsch-sowjetischen Annäherung unter Berücksichtigung des Protokolls. Das Diner, zu dem auf sowjetischer Seite die obersten Ränge von Regierung und Partei, darunter alle Mitglieder des Politbüros, erschienen waren, beeindruckte die deutschen Gäste stark. Stalin, als

Hausherr wie gewöhnlich in seine Litevka gekleidet, spielte in überzeugender Weise die Rolle des großzügigen südländischen Gastgebers. Während die deutschen Gäste schnell in angeregte Stimmung gerieten, blieb er, seinen Gewohnheiten entsprechend, nüchtern und bis ins letzte beherrscht. Nach kaukasischer Sitte brachte er im Verlauf dieses Abends auf jeden der anwesenden Gäste einen originellen Toast aus.

Der erste Trinkspruch galt Ribbentrop: »Er enthielt einen sehr herzlichen Willkommensgruß an den ›glückbringenden‹ Gast und schloß mit einem Hoch auf Deutschland, den Führer und dessen Reichsaußenminister.« Nach dem durch den Kaukasier Stalin auch im Kreml eingeführten Ritual der bis zu fünfzehn Minuten währenden Lobpreisungen war dieser Willkommensgruß knapp bemessen. Weit wortreicher äußerte Ribbentrop in seiner Entgegnung seine besondere Freude über die Einladung der Sowjetregierung, zum zweiten Male nach Moskau zu kommen, um die im August begonnene Freundschaft zu vertiefen. Wieder brachte er den Gedanken an (weitergehende) künftige Formen der Zusammenarbeit ins Spiel, wenn er betonte: »Die Tatsache, daß Deutschland und die Sowjetunion gemeinsam die Aufgabe übernommen hätten, Ruhe und Ordnung in den Gebieten des ehemaligen polnischen Staates wieder herzustellen, sei ein Unterpfand für ihre künftige freundschaftliche Zusammenarbeit auf breiter Grundlage ... Die Schaffung einer gemeinsamen Grenze und die Tatsache, daß Deutschland und die Sowjetunion von neuem unmittelbare Nachbarn würden, eröffneten die hoffnungsvollsten Perspektiven auf eine erfolgreiche Zusammenarbeit in der Zukunft. Die Sowjetunion habe große Gebiete zurückerhalten, die von den ihr blutsmäßig verwandten Ukrainern und Weißrussen bewohnt seien, während Deutschland eine große Zahl von Volksgenossen der alten deutschen Heimat habe wieder angliedern können. Die unmittelbare Nachbarschaft, die Jahrhunderte lang zwischen Deutschland und Rußland bestanden hat, sei wiederhergestellt und würde ein sicheres Fundament bilden für die Freundschaft zwischen den beiden Ländern. Die Verwirklichung dieser Freundschaft wünsche der Führer und halte sie trotz der bestehenden Unterschiede in den gegenseitigen Systemen für durchaus möglich. In diesem Sinne trinke er auf das Wohl der Mitglieder der Sowjetregierung und insbesondere der Herren Stalin und Molotov, die ihm einen sehr herzlichen Empfang in Moskau bereitet hätten.«

Später erhob auch Molotov sein Glas auf das Wohl Ribbentrops und führte aus, daß es die Sowjetregierung ganz besonders freue, Ribbentrop wieder bei sich zu sehen, da er niemals umsonst komme! Nach einem Trinkspruch auf Stalin, in dem er dessen Rolle bei den Wandlung der Beziehungen zu Deutschland würdigte, brachte Molotov einen Toast auf den deutschen Botschafter aus; er unterstrich seine »unermüdliche(n) und konsequente(n) Bemühungen um das Zustandekommen des gemeinsamen Werkes und dankte ihm für die dabei geleistete Arbeit«.

Der Gastgeber verstand es, die Sympathie der deutschen Gäste zu erringen. Die Jovialität Stalins, der sich beim Ausbringen seiner Trinksprüche um den Tisch zu dem jeweiligen Gast begab, um ihn hochleben zu lassen, vermittelte den Anwesenden den Eindruck, persönlich geehrt worden zu sein. Die Bewirtung mit den üppigsten Speisen und Getränken bot den deutschen Gästen, die in Berlin bereits unter der kriegsbedingten Lebensmittelknappheit litten, das Erlebnis eines Staatsdiners ganz großen Stils. Das anschließende zwanglose Beisammensein in einem Nebensaal des Festsaals, das bis gegen 21.45 Uhr andauerte, vertiefte den Anschein einer persönlichen Vertrautheit zwischen den Anwesenden und ließ den ideologischen Abstand zwischen den überwiegend parteitreuen Mitgliedern der deutschen Delegation und den anwesenden Politbüromitgliedern und Volkskommissaren scheinbar schrumpfen.

Nach einer Unterbrechung, die die Delegation Ribbentrops im Bolschoj-Ballett und Molotov mit der Unterzeichnung des sowjetischestnischen Beistandspakts im Kreml verbrachten, wurden die Verhandlungen um Mitternacht im Kreml fortgesetzt. Unter Hinweis auf die vorgerückte Zeit drängte Ribbentrop darauf, die sowjetische Absicht einer ausführlichen Beschreibung des Grenzverlaufs in Artikel I des Grenz- und Freundschaftvertrags zurückzustellen; sie sollte in einem späteren Ergänzungsprotoll unter Beilage der von Stalin signierten Landkarte erfolgen. Es wurde vereinbart, dies im Benehmen mit Militärs der beiden Seiten durch Schulenburg und Molotov zu tun. Hierzu stellte Ribbentrop dem Botschafter auf der Basis seiner von Hitler erhaltenen Generalvollmacht eine Sondervollmacht aus.[39]

Danach wurden den Dolmetschern Hilger und Pavlov alle Texte zur

Übersetzung überlassen, bevor sie gegen 5.00 Uhr unterzeichnet werden konnten – für Ribbentrop und Stalin ein willkommener Anlaß zu einer weitreichenden tour d'horizon. Ihr erster Gegenstand war Japan. In Anknüpfung an frühere Vermittlungsvorschläge dieser Art schlug Ribbentrop Stalin vor, »nach Abschluß der Verhandlungen eine gemeinsame Erklärung Molotovs und des deutschen Reichsaußenministers zu veröffentlichen, in der auf die unterzeichneten Verträge Bezug genommen und zum Schluß eine Geste zugunsten Japans und eines Ausgleichs zwischen der Sowjetunion und Japan gemacht werden solle«. Zur Begründung seines Vorschlags verwies er auf Nachrichten seitens des Deutschen Botschafters in Tokio, nach denen »gewisse, vornehmlich militärische Kreise in Japan einen Ausgleich mit der Sowjetunion wünschten«. Mit gestärktem Selbstbewußtsein lehnte Stalin diesen Weg ab. Er gab dafür zwei Gründe an: Erstens müßte die Initiative zu einem Ausgleich von Japan ausgehen, wo offenbar keine Neigung dazu bestehe – »Jeder Schritt der Sowjetunion in diese Richtung würde von Japan als ein Nachlaufen und als Zeichen von Schwäche ausgelegt werden«. Zweitens kenne er die Asiaten besser als Ribbentrop – »Diese Leute hätten ihre eigene Mentalität und man könne ihnen nur mit Gewalt imponieren«. Zur Untermauerung ließ Stalin eine makabre Darstellung jüngster militärischer Ereignisse aus Moskauer Sicht folgen. Sie sollte Deutschland, dem Verbündeten Japans im Antikominternpakt, als Warnung dienen und Ribbentrop die gebührende Achtung für seinen neuen Freund einflößen.

Auch auf seine Frage, ob Stalin »ihm etwas über die Lage in England und die Haltung der englischen Regierung sagen könne«, erhielt Ribbentrop eine Antwort, die darauf angelegt war, ihn nachdenklich zu machen. Die Bereitwilligkeit, mit der Stalin Auskunft gab, bewies seinen Willen zur Loyalität, die Interna des diplomatischen Verkehrs mit England und Frankreich, die er berichtete, mußten aufhorchen lassen und bewiesen, daß er auch anders könnte... Dabei versäumte es Stalin nicht, sich in der Pose eines Umworbenen zu zeigen – eine Antwort auf Hitlers Spiel mit den Optionen!

Ribbentrop sprach Stalin – nach seiner späteren Erinnerung – seine Überzeugung aus, daß »nunmehr Deutsche und Russen niemals wieder die Waffen kreuzen dürften«. Stalin habe eine Weile überlegt und dann wörtlich erwidert: »D a s s o l l t e w o h l s o s e i n!« Ribbentrop schrieb später, er habe sich diese Bemerkung von Hilger genau übersetzen lassen, weil ihm die Formulierung ungewöhnlich erschienen sei. (Hilger selbst hat die Bemerkung weder in der Aufzeichnung noch in seinen Erinnerungen festgehalten.) Ribbentrop verstand sie im nachhinein – vielleicht nicht zu unrecht – als Ausdruck einer reservierten Haltung. Er vermutete in ihr sogar eine absichtliche Täuschung.

Wenn diese Worte Stalins wirklich in dieser Weise gefallen sind – keiner der anderen Anwesenden hat sie erwähnt –, so deutete sich in ihnen wohl am ehesten die Überzeugung des Realpolitikers an, daß weder Deutschland noch Rußland bei nüchterner, klarer Einschätzung und Respektierung ihrer Interessen jemals einen Krieg gegeneinander entfachen könnten, daß jedoch im Hinblick auf die unberechenbare nationalsozialistische Staatsführung Vorsicht und Umsicht geboten war. Schließlich war Stalin bereits zu diesem Zeitpunkt von verschiedenen Seiten über die längerfristigen deutschen Absichten informiert: So hatte sein Geheimdienst in Berlin im Verlauf der Sommermonate 1939 im Zusammenhang mit den deutschen Annäherungsversuchen Mitteilungen aus der Umgebung Ribbentrops erhalten, nach denen Hitler lediglich durch eine künstlich inszenierte, Rapallo-artige Phase das Stillhalten der Sowjetregierung in der ersten Phase des Krieges sichern und auf lange Hand seinen Angriff gegen die UdSSR vorbereiten wollte.

Zum Abschied sprach Ribbentrop eine Gegeneinladung Molotovs nach Berlin aus und drückte auch den Wunsch nach einer »Zusammenkunft zwischen dem Führer und Stalin« aus. Molotov nahm die Einladung nur zögernd und nach entsprechender Ermutigung durch Stalin an (»...wo ein Wille sei, sich auch eine Möglichkeit ergeben würde«). Ein Treffen mit Hitler »bezeichnete Stalin als erwünscht und auch als möglich, falls er, Stalin, am Leben bleiben würde«. (Hierin bestand vermutlich eine Fehlübersetzung der Abschiedsfloskeln »poka zhivem« oder »budem zhivy« durch Hilger, I. F.) Hinter der ausweichenden Formulierung stand der Wille Stalins, einem solchen Treffen aus dem Wege zu gehen.

Vor seinem Abflug gab Ribbentrop eine Presseerklärung ab, in der er im Sinne der Weisung Hitlers doch noch einen Schritt über die erzielten Ergebnisse hinausging. Vor Vertretern von TASS, DNB und ausländischen Agenturen hob er hervor:

»1) Die deutsch-sowjetische Freundschaft ist nunmehr endgültig etabliert.

2) In die osteuropäischen Fragen werden sich die beiden Nationen niemals mehr hineinreden lassen.

3) Beide Staaten wünschen, daß der Friede wiederhergestellt wird...

4) Sollten die Kriegshetzer in diesen Ländern aber die Oberhand behalten, so werden Deutschland und Sowjetrußland (sic) dem zu begegnen wissen.« In der diesbezüglichen Passage der von Stalin abgewandelten, gemeinsamen Erklärung hieß es lediglich: Die beiden Regierungen würden, sollten ihre Friedensbemühungen erfolglos bleiben, in Konsultation über die erforderlichen Maßnahmen treten. Am Mittag dieses 29. September 1939, um 12.30 Uhr, trat Ribbentrop den Rückflug an.

Die Reaktion des Diplomaten

Die Deutsche Botschaft Moskau war seit Beginn des Krieges gegen Polen und besonders seit seiner Ausweitung zu einem europäischen Krieg zu einem Instrument der Kriegsführung Hitlers geworden. Ihr Bemühen, durch den Nichtangriffspakt eine Situation herbeizuführen, in der die deutschen Ansprüche gegen Polen auf friedlichem Wege, etwa durch eine internationale Konferenz, oder aber im Wege eines »kleinen«, lokalen, und sei es kriegerischen, Konflikts gelöst werden würden, war nicht nur gescheitert – es war in sein Gegenteil verkehrt worden.

Das »polnische Drama« hatte sich vor den Augen der nunmehr machtlosen Angehörigen der Botschaft vollzogen. Wie Hilger schrieb, war »Polen ... vernichtet und aufgeteilt«; er selbst und der Botschafter waren Zeugen, wie Ribbentrop anhand mitgeführten, vorbereiteten Kartenmaterials die Aufteilung Polens im deutschen Sinne verfolgte. Sie hatten auch erlebt, wie Stalin – in sichtlicher Erleichterung über den Ausgang des Polenfeldzugs – am frühen Morgen des 29. September »auf einer Landkarte mit einem dicken Blaustift eigenhändig eine Linie zog, die anfing, wo die Südgrenze Litauens an die Ostgrenze Deutschlands stieß, und von da nach Süden bis zur tschechoslowakischen Grenze lief«.[40] Dieser Landkarte maß Stalin eine geradezu magische Kraft bei: Er ließ sie – nach deutscher Kenntnis – »als wertvolles Archivmaterial unter Glas« legen.[41]

Die Deutsche Botschaft war nicht unbeteiligt an der Aufteilung Polens gewesen. Sie hatte Molotov, Stalin und Voroschilov »weisungsgemäß« zum Einmarsch in Ostpolen gedrängt. Allerdings gab ihre spezifische Perspektive und Kenntnis der russischen Handlungszwänge ihrer Handlungsweise eine Dimension der Authentizität, die dem heutigen, distanzierten Kritiker leicht entgeht: Die Gefahr einer unberechenbaren deutschen Angriffshandlung gegen die Sowjetunion mit ihren katastrophalen Folgen stand als Alpdruck im Raum und verband auf ihre Weise die um Friedenserhaltung ringenden Diplomaten mit der um Einengung des Konflikts bemühten Sowjetregierung. Rudolf Nadolny, ein Kollege Schulenburgs im Auswärtigen Amt aus den Tagen vor dem Ersten Weltkrieg sowie sein unmittelbarer Vorgänger in Moskau, ging davon aus, daß unter anderen diplomatischen Voraussetzungen leicht eine Situation hätte eintreten können, in der Hitler »nach der Niederwerfung Polens weiter nach Rußland gegangen (wäre) und ... sich in den russischen Weiten verloren (hätte)«.[42] Die wiederholten Bitten des Botschafters und Militärattachés, Berlin möge der mißtrauischen Sowjetregierung doch Beweise seiner Vertragstreue liefern, bezeugten ähnliche Befürchtungen, wie sie im übrigen zu dieser Zeit auch im westlichen Ausland bestanden. Winston Churchill, damals Führer der englischen Opposition gegen die Regierung von Premierminister Chamberlain, hob am 1. Oktober 1939 in einer Rundfunkansprache hervor: »Rußland hat eine kalte Politik des Eigeninteresses geführt. Wir könnten gewünscht haben, daß die russischen Armeen heute als Freunde und Verbündete Polens an dieser Linie ständen und nicht als Eroberer. Aber daß die russischen Armeen an dieser Linie stehen mußten, war eindeutig notwendig zur Sicherheit Rußlands gegen die Nazi-Bedrohung. In jedem Falle ist die Linie nun vorhanden, und es ist eine Ostfront geschaffen worden, die Nazi-Deutschland nicht wagen wird anzugreifen.« Dem folgte, unter Hinweis auf die Unabwägbarkeiten des weiteren Verhaltens der Sowjetregierung, das zu Unrecht berühmt gewordene Churchill-Wort, Rußland sei »a riddle wrapped in a mystery inside an enigma«.[43]

Schulenburg und seine Mitarbeiter sahen in den Entscheidungen der Sowjetregierung weitgehende Transparenz und Vorhersagbarkeit. Ihr Drängen zum sowjetischen Einmarsch in Ostpolen hatte auch das Ergebnis, daß mit dem Vorrücken der Roten Armee bis zu der vorgezeichneten militärischen Demarkationslinie zwei unmittelbare Gefahren gebannt wurden: Einerseits kam es nicht zu dem befürchteten Durchbruch der Wehrmacht nach Osten, und andererseits wurde dem barbarischen deutschen Unterwerfungskrieg und dem Wüten der Einsatzgruppen eine geographische Grenze gesetzt.

Dennoch war der Zwiespalt von Erkenntnis und Verantwortlichkeit, vor den sich der Botschafter gestellt sah, tief, zumal vor dem Hintergrund seiner unterschiedlichen Loyalitäten – gegenüber einer deutschen Regierung, die er nolens volens vertrat; der Sowjetregierung, der er aufgrund seiner persönlichen Begriffe von Ehre und Dienst glaubhaft erscheinen wollte; und gegenüber Polen, wo er das Wilhelminische Deutschland vier Jahre als Konsul vertreten hatte und gute, intakte persönliche Freundschaften und Beziehungen besaß. Mit seinem polnischen Kollegen in Moskau, Waclaw Grzybowski, verbanden ihn freundschaftliche Beziehungen. Er stellte sie nicht ein, nachdem der stellvertretende Außenkommissar Potemkin Grzybowski in den frühen Morgenstunden des 17. September – »obviously deeply stirred by the dramatic qualities of the situation«[44] – den Bruch des sowjetisch-polnischen Nichtangriffspakts bekanntgegeben hatte: Potemkin überreichte Grzybowski eine von Molotov unterzeichnete Note seiner Regierung, in der der polnische Staat als nicht mehr existent und die mit ihm getroffenen Vereinbarungen als nicht mehr gültig bezeichnet wurden – es war dies die (rechtlich unzutreffende) Note, die Stalin vorher mit den deutschen Diplomaten besprochen und auf ihren Wunsch in Teilen abgeändert hatte! Am selben Tage wurde die Note im sowjetischen Rundfunk verlesen. Dem folgte einige Tage später der Hausarrest der 115 in der UdSSR akkreditierten polnischen Diplomaten und Korrespondenten und ihrer Familien und die Versiegelung des polnischen Botschaftsgebäudes.

Der deutsche Botschafter bemühte sich zunächst um Solidarität unter den ausländischen Diplomaten. In seiner Eigenschaft als dienstältester Moskauer Diplomat und (seit Oktober 1938) Doyen des Diplomatischen Korps setzte er sich daneben mit den entsprechenden sowjetischen Dienststellen in Verbindung, um die Sicherheit der polnischen Diplomaten und Korrespondenten und ihre freie Ausreise aus der UdSSR zu erwirken.[45] Als Botschafter des nunmehr befreundeten Deutschland in den Mittelpunkt des diplomatischen Lebens gerückt, konnte er sein Anliegen wirkungsvoll vorbringen. Von Molotov (»Wir haben ihn gern und können nicht Nein zu ihm sagen!«[46]) erhielt er das Versprechen der ungehinderten Ausreise der akkreditierten polnischen Staatsangehörigen und ihrer Familien. Bei den Nachforschungen über den Verbleib der polnischen Konsulatsangehörigen in Kiew, Minsk und Leningrad wurde festgestellt, daß der polnische Generalkonsul in Kiew, Matuschinski, zusammen mit zwei polnischen Chauffeuren verhaftet worden und »unauffindbar« war. Matuschinski stand im Verdacht der subversiven nationalistischen Tätigkeit in der Ukraine und war wiederholt verwarnt worden; er befand sich bereits in GPU-Gewahrsam. Sein Aufenthaltsort konnte erst nach energischen Nachfragen des Außenkommissariats bei den sowjetischen Sicherheitsorganen geklärt werden: Schulenburg verweigerte seine Zustimmung zur Ausreise der Polen, solange Matuschinski nicht zu ihnen gestoßen und ihre Zahl komplett wäre. (Ebenso weigerte er sich nach dem 22. Juni 1941 mit Erfolg, die UdSSR zu verlassen, solange nicht der letzte registrierte Reichsdeutsche und Österreicher, unter ihnen zwölf aus sowjetischer Internierung in die Deutsche Botschaft geflohene ehemalige Schutzbündler, mit ihm in seinem Sonderzug ausreisen konnte.) Nach Tagen gespannten Wartens gewährte die Sowjetregierung allen polnischen Diplomaten und Korrespondenten mit ihren Familien freies Geleit und die Abreise über Leningrad und Finnland nach England.

Am Abend des 9. Oktober 1939 begleitete der deutsche Botschafter seinen scheidenden polnischen Kollegen und alle seine Mitarbeiter an der Spitze der Vertretung seiner Mission zu ihren Spezialwaggons im Nachtzug nach Leningrad. Auf dem Bahnhof verabschiedete er sich in aller Offenheit herzlich von ihnen. Am folgenden Tage, bei ihrer Abfahrt aus Leningrad, wurden die polnischen Diplomaten von den anderen Angehörigen des Diplomatischen Korps, darunter den Botschaftern Englands, Frankreichs und Japans, auf feierliche Weise verabschiedet. Danach erfolgte ihre ungehinderte Ausreise nach Finnland und von dort nach England.

In einem allgemein gehaltenen, emotionslosen Bericht[47] über die Abreise der polnischen Diplomaten, den Schulenburg erst nach ihrer sicheren Ausreise am 10. Oktober an das Auswärtige Amt richtete, erwähnte er seine Rolle bei der Freilassung der polnischen Kollegen sowie seine Anwesenheit auf dem Bahnhof nicht. Die erfolgreichen Bemühungen um die Freilassung Matuschinskis schrieb er seinem polnischen Kollegen zu. Der Freiraum, den ihm die Sowjetregierung in dieser Zeit gewährte, und seine dadurch möglich gewordene, ungewöhnliche Rettungsaktion hätten in Berlin Anstoß erregen und zu seiner Abberufung führen können.

In den folgenden Wochen wurde die Vertretung des »Dritten Reiches« in Moskau in mehreren erdrutschartigen Schüben von den Erschütterungen berührt, der die polnische Bevölkerung zu beiden Seiten der neuen Grenzlinie erlag.

In den sowjetisch besetzten Gebieten Polens wich der anfangs mancherorts vorhandene Enthusiasmus über die Rettung durch die Rote Armee nach wenigen Wochen der Ernüchterung, die für einige Bevölkerungsgruppen bald in dem im sowjetischen Altland bekannten Terror unterging. Die Massendeportation polnischer Zivilpersonen und Massenliquidierung der polnischen Militärs durch die sowjetische Besatzungsmacht warfen ihre Schatten auch auf die Botschaft des nationalsozialistischen Deutschland in Moskau. Hier war man sich des komplexen Charakters der sowjetischen Maßnahmen bewußt. In Kenntnis der mit Deutschland geschlossenen Geheimverträge einerseits und der ambivalenten Hochschätzung Stalins für das deutsche Genie andererseits sah man in den Maßnahmen, die Stalin auf dem besetzten polnischen Territorium ergreifen ließ, eine Mischung aus unterschiedlichen Motiven:

In seiner Außenpolitik neigte Stalin zu einer spezifischen, mit den wachsenden Gefahren eines deutschen Angriffs zunehmenden Erfüllungspolitik gegenüber Deutschland; sein Kampf gegen die tragenden Klassen eines polnischen Nationalismus bezweckte in dieser Hinsicht zugleich die Entfernung unkontrollierbarer Fremdkörper als potentieller Reibungsflächen zwischen den beiden Vertragspartnern.

In seiner nunmehr auch auf Ostpolen ausgedehnten Innenpolitik betrieb Stalin die ihm eigene Art präventiver Sicherheitspolitik: Einerseits wollte er durch Entfernung aller potentiell politisch aktiven Elemente jede künftige Opposition und damit nationale Eigenentwicklung an der Wurzel beseitigen, andererseits mit der Verbannung der geistigen Stützen der bekanntermaßen antirussischen polnischen Bourgeoisie und Liquidierung der polnischen Offiziersklasse die oppositionelle Schicht eliminieren, und dies nicht zuletzt im Hinblick auf künftighin erwartete außenpolitische Veränderungen, in welchen diese Kräfte mit Deutschland gegen Rußland arbeiten und bei einem etwaigen deutschen Vormarsch als Vorhut oder Fünfte Kolonne dienen könnten. Unter diesen Umständen wurden von Oktober 1939 bis Oktober 1941 130 242 Angehörige der polnischen Streitkräfte als »Kriegsgefangene« in sowjetischen Gewahrsam genommen. Von ihnen wurden 42 400 Mann, die in den neu besetzten Gebieten der Westukraine und Weißrußlands beheimatet wurden, noch im Herbst 1939 entlassen. 42 492 deutschstämmige Angehörige der polnischen Armee wurden aufgrund einer Verordnung des Rats der Volkskommissare vom 14. Oktobere 1939 in den Monaten Oktober/November 1939 an Deutschland überstellt. Diesen folgten 1940–1941 weitere 562 in Polen gebürtige Deutsche, von denen in den Listen des NKVD ein Teil als »Invaliden« qualifiziert wurde (und in der Regel bereits sowjetische Haftbedingungen erfahren hatte) und ein anderer Teil »auf Anfrage der Deutschen Botschaft« freigegeben wurde. Unter ihnen befanden sich die Offiziere Rudolf Bauer, Arthur Gleser und Georg Stergemann.

25 115 polnische Gefangene, unter ihnen 1069 Offiziere, wurden nach dem deutschen Angriff auf die UdSSR für die Bildung der polnischen Befreiungsarmee (Anders-Armee) freigegeben. Der größte Teil der polnischen Offiziere war zu diesem Zeitpunkt schon nicht mehr am Leben. Denn bis zum deutschen Einfall waren die höheren polnischen Ränge in drei Sammellagern, Starobolsk, Kozelsk und Ostaschkov, zusammengefaßt worden; von diesen wurden sie in Gruppen zur »Sonderbehandlung« abgestellt und auf Anordnung des ukrainischen NKVD, in dessen Amtsbereich sich diese Lager befanden, von der 1. Spezialabteilung des NKVD an dafür vorgesehenen Orten, unter ihnen Katyn, liquidiert. Auf diese Weise wurden 15 131 polnische Offiziere (unter ihnen 13 Generale) erschossen. In der Gesamtzeit starben in den Internierungslagern insgesamt 389 Mann, darunter 30 Offiziere, und wurden bei der Evakuierung des Lagers Lvov 1834 Personen erschossen.[48]

Von diesen Vorgängen erhielt die Botschaft in Einzelbeispielen Kenntnis. Bekannt war auch der ebenso gewaltige wie gewalttätige staatsmännische Utilitarismus Stalins, der nun bei der Behandlung der polnischen Zivilbevölkerung zum Durchbruch kam: Durch Zwangsaussiedlung einer möglichst großen Zahl aktiver Kräfte und

ihrer Wiederansiedlung in den Neulandgebieten des östlichen Rußland suchte er die von früheren Herrschern formulierte Peuplierungs-
Maxime vom Menschen als dem größten Reichtum des Landes wahr
zu machen; so hatte er Ribbentrop in den Verhandlungen erklärt,
Menschen seien das Wichtigste, was man überhaupt bekommen
könnte. Unter diesen Voraussetzungen wurden – laut Vortrag des
Volkskommissars für Inneres, Lavrentij Berija, vor Stalin – in der Zeit
vom 17. September 1939 bis zum 22. Juni 1941 496 000 Zivilpersonen
aus Ostpolen nach Osten deportiert.[49]

Die Kenntnis der im Hintergrunde dieser russischen Aktionen
stehenden deutsch-russischen Absprachen – die geheimen Zusatzprotokolle zum Nichtangriffspakt und Grenz- und Freundschaftsvertrag – hinderte den Botschafter nicht, seiner menschlichen Pflicht
nachzukommen. Die vielfältigen Hilferufe, die von den Herbstmona-
ten an auf offiziellen und geheimen Wegen an die Botschaft gelangten, riefen seinen Widerstandswillen auf den Plan. In seinem offiziellen Handlungsspielraum hatte ihm das deutsch-sowjetische Geheimprotokoll über die Unterbindung der sogenannten polnischen Agitation die Hände gebunden. So konnte er nur inoffiziell den Freiraum
nutzen, den ihm die Sowjetregierung gewährte, um persönliche Hil-
feaktionen von außergewöhnlichem Charakter durchzuführen.

Bei Bekanntwerden der sowjetischen Aktionen in Polen veranlaßte
der Botschafter seine Mitarbeiter zu allergrößter Wachsamkeit. Jeder
der Botschaft offen oder verdeckt bekanntgemachte Name »Verschwundener« wurde registriert und löste den Umständen entsprechende Suchaktionen aus. Das aktuelle Dossier »verschwundener«
Polen, eine Mappe mit allen der Botschaft bekanntgewordenen
Details über die jeweiligen Fälle, nahm der Botschafter regelmäßig zu
seinen Begegnungen mit Molotov mit;[50] am Rande seiner offiziellen
Aufträge legte er dem Außenkommissar die Liste der verschwundenen Personen vor und forderte ihn auf, Erkundungen über die betreffenden Personen einzuziehen sowie – wenn möglich – ihre Freilassung zu erwirken. Da Molotov – nach den Worten Schulenburgs
gegenüber einer befreundeten russischen, in Deutschland lebenden
Emigrantenfamilie[51] – »peinlichst bemüht war, alle Abmachungen
mit Deutschland strikt einzuhalten und keinen Vorwand zu Zwi-
schenfällen zu liefern«, konnten viele Personen gerettet werden. So
hat Molotov Schulenburg beispielsweise am 17. November Mittei-

lung darüber gemacht, daß es dem Außenkommissariat gelang, den Aufenthaltsort der Fürsten Leo und Franz Georgevitsch Radzivil ausfindig zu machen, die sich bereits auf einer Verhaftetenliste befanden. Auf Wunsch der deutschen Regierung – so Molotov – könnten sie jederzeit nach Deutschland geschickt werden. Nach späterer privater Mitteilung Schulenburgs gelang es ihm tatsächlich, durch Berliner Bekannte ein »Telegramm Görings« zu produzieren, in dem dieser sein Interesse an der Freilassung der Fürsten Radzivil bekundete. Dies habe Schulenburg Molotov mit Erfolg vorgelegt.[52] Dagegen war der Aufenthaltsort der gleichfalls in Ostpolen beheimateten Personen Manteuffel, Hasbach und Laprecht bereits nicht mehr auffindbar. Baron Joachim von Hahn, der ebenfalls auf einer privaten Suchliste Schulenburgs stand, hatte sich als flüchtig (Lettland) erwiesen.[53]

Wie die Dokumente des sowjetischen Außenministeriums beweisen, benutzte Schulenburg ein offizielles Treffen, um Molotov mitzuteilen, er hätte (angeblich) soeben ein Telegramm Ribbentrops erhalten, »in dem ihm dieser auftrug, Molotov persönlich in seinem Namen um die Beschleunigung der Freilassung der in der UdSSR verhafteten deutschen Staatsangehörigen zu bitten«. Molotov versprach wohlwollende Überprüfung der Bitte, stellte dem Botschafter aber unvermittelt die Frage: »Haben Sie Berlin denn darüber keine Mitteilung gemacht?« Sichtlich verunsichert, antwortete der Botschafter, er habe Mitteilung gemacht, doch sei nach diesem Gespräch bereits eine gewisse Zeit vergangen, und »in Berlin bekundet man den Wunsch nach beschleunigter Entscheidung dieser Frage, obgleich dies, selbstverständlich, nicht so einfach ist«.[54] (Eine derartige Willensbekundung Ribbentrops konnte nicht aufgefunden werden.)

Die Rettung und Überstellung nach Deutschland gelang auch im Falle des alternden Grafen Mirskij. Seine Befreiung hatte ein dramatisches Nachspiel, auf das Schulenburg in vielen Fällen gefaßt sein mußte. In Deutschland eingetroffen, wurde Mirskij von der Gestapo verhaftet. Er saß noch im Gefängnis in der Prinz-Albrecht-Straße ein, als Schulenburg Ende August 1944 infolge seiner Beteiligung an der Bewegung des 20. Juli eingeliefert wurde – Schulenburg hatte seine Bereitschaft erklärt, der UdSSR wie auch den Westmächten als Außenminister einer neuen deutschen Regierung sofortige Friedensangebote zu unterbreiten, und sein Name war auf einer Kabinettsliste der Bewegung des 20. Juli 1944 an dieser exponierten Stelle gefunden worden. Im Gestapo-Gefängnis traf er den alten Grafen wieder, der nun seinerseits am 10. November 1944 – zehn Tage vor Vollendung des 69. Geburtstags Schulenburgs – in seiner Zelle von der Hinrichtung seines Beschützers erfuhr, bevor er bei Kriegsende befreit wurde.[55]

Die Bitten um Freilassung deutscher oder anderer Bewohner des ehemaligen Ostpolen durch den deutschen Botschafter sind noch in den Aufzeichnungen Molotovs vom 5. und 17. März 1940 festgehalten.[56] Aufgrund des besonderen Charakters solcher Aktionen ist es heute nicht möglich, den Umfang effektiver Hilfeleistung zu ermessen. Die Liste der »verschwundenen« Personen (von den jüngeren Botschaftsangehörigen in Verkennung des existenziellen Ernstes der Demarchen Schulenburgs scherzhaft die »Magnatenliste« genannt) ist verständlicherweise in keiner Ausfertigung erhalten geblieben. Unterlagen dieser Art hätten den Botschafter leicht den Kopf kosten können. Hingegen enthält seine persönliche Korrespondenz zahlreiche Schreiben an militärische und zivile deutsche Dienststellen in den von Deutschland besetzten Teilen Polens, dem sogenannten Generalgouvernement, in denen er sich für die Sicherheit ihm bekannter oder unbekannter Polen sowie ehemaliger russischer Emigranten einsetzte, die sich in diesen Gebieten befanden.

Auch vor der Massenflucht von Juden unterschiedlicher Herkunft, die sich aus den deutschen Besatzungsgebieten über die neue deutsch-sowjetische Grenze nach Osten in Sicherheit zu bringen suchten, verschloß die Botschaft auf ausdrücklichen Wunsch des Missionschefs nicht ihre Tore. Die Tatsache, daß die sowjetischen Grenzposten nach Einsetzen der massiven Fluchtbewegung Weisung erhielten, die Gruppen fliehender Juden abzuweisen und nötigenfalls unter Waffengewalt nach Deutschland zurückzuschicken, belastete ihn stark. Und dies um so mehr, als ihm der stellvertretende Außenkommissar, Potemkin, indirekt Vorhaltungen über die Verbrechen der deutschen Besatzungsmacht machte: »Dauernd kämen Tausende von Polen und Juden, die man in Rußland nicht haben wolle, über die Grenze; von den Russen nicht hinübergelassen, würden sie von der deutschen SS in Scharen erschossen; wie lange das so weitergehen solle!« Schulenburg nahm dies zum Anlaß, um seine Vorgesetzten und Bekannten in Berlin mit diesen Tatsachen zu konfrontieren

(»Was soll ich antworten?!«). Auch für ihn wurde – wie sein aus dem Dienst entlassener Kollege Ulrich von Hassell diese Situation kommentierte – »die Schweinerei... ganz unerträglich«.[57]

Die Bemühungen Schulenburgs um Abstellung dieser beiderseitigen Verbrechen lassen sich aufgrund der dürftigen Quellenlage nur erahnen. Gegenüber den deutschen Dienststellen machte Schulenburg offenbar geltend, die Regierung der Sowjetunion beschwere sich über diese Aktionen; diese Beschwerde sei »völlig ernst zu nehmen, und es muß unter allen Umständen vermieden werden, daß durch derartige Aktionen das notwendige freundschaftliche Verhältnis zwischen der Sowjetunion und Deutschland getrübt würde«.[58] Gegenüber Molotov verlangte er – nach vorausgegangener Absicherung seiner Demarche durch Woermann und Schliep – die Abstellung der »unhaltbaren Zustände an der deutsch-sowjetischen Grenze« durch Einstellung des Schußwaffengebrauchs (»Grenzzwischenfälle«).[59]

Eine sehr große Zahl (vermutlich einige Tausende) geflohener Juden ehemals polnischer, deutscher oder österreichischer Staatsangehörigkeit wandte sich mit der Bitte um Hilfe (Ausweise, Visen, Sichtvermerke u. a.) an die Deutsche Botschaft Moskau.[60] Ein Schriftstück der Konsularabteilung vom 8. Januar 1940 betreffend »Juden im ehem. Ostpolen, Passangelegenheiten« enthält zehn Namen von Personen mit damaligem Wohnsitz in Lemberg und einen Namen, Gotthard Weinberger, aus Tarnopol. Sie waren im Oktober 1939 aus Österreich in ein Lager bei Nisko verbracht und von dort »weiter nach Osten gewandert, wo sie von der Besetzung durch die Sowjettruppen überrascht wurden«. Sie hatten sich an die Deutsche Botschaft Moskau mit der Bitte um Anerkennung ihrer deutschen Reichszugehörigkeit gewandt, die unter diesen Umständen die größtmögliche Sicherheit versprach.

Nach Auskunft des ehemaligen persönlichen Referenten des Botschafters, Herwarth, der sich in dieser Zeit wiederholt länger an der Botschaft aufhielt (seine Frau war bis zum Sommer 1941 als Sekretärin Schulenburgs tätig), hat Schulenburg die Konsularabteilung der Botschaft angewiesen, bei der Vergabe von deutschen Sichtvermerken an diese Personen großzügig zu verfahren und auch dem Wunsche nach Anerkennung der deutschen Staatsbürgerschaft zu entsprechen. Nach Kenntnis Herwarths hat die Botschaft damit auf inoffizielle

Weise einigen hundert, wenn nicht tausend Personen das Leben gerettet.[61]

»Antisemitismus«, so betonte die ihrem Vater in mancher Hinsicht ähnliche Tochter Schulenburgs im Jahre 1989, »war meinem Vater vollkommen unbekannt. Antisemitische Gefühle haben wir nie gehabt. Der antisemitische Bazillus wurde erst durch Hitler im deutschen Volke eingepflanzt. Nach dem Kriege ist diese Saat dann aufgegangen. Heute blüht sie in Deutschland.«[62]

III. DIE PHASE DER KOOPERATION –
DAS SOWJETISCHE SELBSTBEWUSSTSEIN ERSTARKT

Der Grenz- und Freundschaftsvertrag leitete eine neue Etappe in der Kriegsführung ein: Während Stalin die militärische Absicherung seines strategischen Vorfelds im Ostseeraum in Angriff nahm, sah sich Hitler dank der sowjetischen Rohstoffversprechen zum Krieg im Westen gerüstet; so folgte den deutschen Kriegsverordnungen (28. September) die sogenannte Führer-Weisung zum Angriff im Westen (9. Oktober 1939). Hinter den Gründen, die Hitler seinen Militärs für seinen Entschluß zu einem baldigen Angriff im Westen nannte – der letztlich ungewissen Haltung der UdSSR, die ihn zwinge, die Gunst der Stunde zu nutzen – verbarg sich seine erste Enttäuschung über die anhaltende Neutralität Stalins.[1]

Hitlers Wendung nach Westen schien geeignet, der Sowjetregierung weitere Sicherheit zu geben: Aufmerksame diplomatische Beobachter nahmen in den folgenden Wochen ein erstarkendes Selbstbewußtsein der Sowjetregierung wahr. Für dieses waren Hinweise auf die auf Peter den Großen zurückgehende Kontinuität im russischen Staatsdenken ebenso kennzeichnend wie die Proklamationen der Roten Armee als der »unbesiegbaren Armee« schlechthin. Ob die Sowjetregierung die Selbstaufwertung, die ihr der Bund mit dem starken Mann Europas nach Jahren äußerer Isolation und Erniedrigung brachte, bei all ihrer anhaltenden Verdachts- und Mißtrauenshaltung gegenüber den deutschen Plänen psychologisch voll bewältigt hat, sei dahingestellt.[2] Sie hat zumindest nach außen hin eine Zweigleisigkeit ihrer Selbstdarstellung entwickelt, deren eine Seite eine Haltung vorsichtiger Beschwichtigung – unter gelegentlichem drohendem Muskelrollen – gegenüber Deutschland und deren andere Seite eine Art respektheischender Triumphalismus einer sich ihrer Großmachtrolle bewußt werdenden Nation war.

Der italienische Botschafter, Augusto Rosso, erkannte in den mani-

festen Beweisen eines neu erstehenden nationalrussischen Patriotismus den Charakter einer »jungen Nation«[3]. In Unkenntnis der
deutsch-sowjetischen Geheimabkommen führte Rosso diese – wie er
es sah – neue Bewegung von imperialistischem Charakter unter dem
Banner des bolschewistischen Internationalismus allgemein auf die
neuen außenpolitischen Bedingungen zurück. Rosso sah keinen
Anlaß, an dem »entschieden internationalistischen« Charakter der
sowjetischen Aktivitäten (etwa im Baltikum) zu zweifeln, und sah in
ihnen – wie auch in den offiziellen Verlautbarungen, etwa der Rede
Molotovs zum 22. Jahrestag der Oktoberrevolution – die ungebro-
chene Fortsetzung der Politik der Komintern. Er betrachtete den »russischen Expansionismus als ein natürliches und gewissermaßen
spontanes Phänomen: eben die Dynamik eines relativ jungen Volkes«. Zugleich machte er darauf aufmerksam, daß die Sowjetunion im
Gegensatz zu Deutschland keinen »Lebensraum« benötige, da sie
selbst, insbesondere in Asien, gewaltige Territorien mit einem
nahezu unbegrenzten Rohstoffreichtum besitze. Er machte seine
Regierung darauf aufmerksam, daß »Stalin bis dahin immer mit großer Klugheit, einem Sinn für das Praktische und realistischem Geist«
gehandelt habe. »In gefährliche Unternehmen« würde er sich – anders
als Hitler – niemals einlassen. »Expansionspolitik«, wie sie in der
Besetzung von Teilen Weißrußlands und der Ukraine sowie den Konzessionen zum Ausdruck kam, die Stalin im Baltikum erhalten habe,
bedeute für Rußland bestenfalls die Wiederherstellung der alten
staatlichen Einheit. Sie sei zumindest »teilweise gerechtfertigt durch
effektive Gründe der militärischen Sicherheit und geographischen
Notwendigkeit«. Weitere Militäraktionen der Sowjetunion sah Rosso
nur für den Fall voraus, daß Deutschland im Westen entscheidende
Siege erringen sollte.

Tatsächlich enthielt die Rede Molotovs aus Anlaß des 22. Jahrestags
der Oktoberrevolution (6. November 1939), auf die Rosso den italienischen Kabinettschef Anfuso aufmerksam machte, keinen Hinweis auf
eine Freundschaft zu Deutschland.[4] Molotov beschwor in ihr die
Tatsache, daß die Oktoberrevolution das Sowjetland der alten Welt
des Kapitalismus entrissen habe, die jetzt in der kriegerischen Agonie
gegenseitiger Selbstzerfleischung liege. Er entwickelte die in seiner
Rede vom Vorjahr gezeichneten Visionen vom »zweiten imperialistischen Krieg« weiter und malte das Bild apokalyptischer Endkämpfe

der kapitalistischen Welt: In Asien habe dieser Krieg bereits 570 Millionen Menschen in den Abgrund gezogen, und im Westen bringe er 750 Millionen Menschen das Verderben. Somit seien 1300 Millionen Menschen dem Todeskampf der imperialistischen Mächte verfallen. Dem Ringen der kriegführenden Mächte um Einbeziehung der neutralen Länder habe sich die Sowjetregierung mit Macht widersetzt. Die »glänzendsten Erfolge« ihrer Außenpolitik hätten dazu geführt, daß sie ihre »Friedenspolitik« trotz der verzweifelten Versuche der kriegführenden Mächte aufrechterhalten und die Wohltaten des Friedens für ihre Bevölkerung gesichert habe. In konsequenter Durchsetzung dieser Politik sei die Sowjetunion »gewachsen« und habe ihre Grenzen »bedeutend nach Westen vorgeschoben«. Sie habe ihre Bevölkerungszahl durch Eingliederung der Westukraine und des westlichen Weißrußland um etwa 13 Millionen Menschen vergrößert. Damit sei die »Sowjetfamilie von 170 Millionen auf 183 Millionen Sowjetmenschen angewachsen«. Anstatt sich in die kapitalistischen Pläne einer Neuaufteilung der Welt verstricken zu lassen, habe sie »auf friedliche Weise« von ihrer neuen Position in der Welt Gebrauch gemacht: »Die innere Festigkeit, militärische Macht und internationale Autorität der Sowjetunion kommt jetzt immer mehr und mehr zur Geltung.« Dazu hätte nicht zuletzt das enorme Wachstum der Verteidigungsindustrie beigetragen, das Molotov für den Zeitraum des letzten Jahres mit 45 Prozent bezifferte.

Deutschland wurde in dieser Rede nur einmal erwähnt – als treibender Teil einer der beiden kapitalistischen Mächtegruppen, die die Völker der Welt in dieses »blutige Weltgemetzel« hineinzogen hätten. Allerdings – und hier kam das neue sowjetische Selbstbewußtsein zum Ausdruck – wurde Deutschland nun als der nach der UdSSR »zweitgrößte Staat Europas« bezeichnet. Die Außenpolitik, die die Sowjetunion »unbeirrbar auch weiterhin durchführen« müßte, bestehe darin, daß sie, auf sich selbst gestellt (»nur ein Zehntel der Weltbevölkerung«!), unter allen Umständen weiterhin außerhalb dieses Weltkonfliktes bleiben müsse, um auf kampflose Weise ihre Macht, ihr Prestige und ihre innere wie äußere Sicherheit zu mehren.

Bei all der scheinbaren Sicherheit, die die Rede Molotovs ausstrahlte, konnte der aufmerksame Zuhörer im Hinweis auf die um fast eine Hälfte gesteigerte sowjetische Rüstungsindustrie das Wissen um den dramatischen Rüstungsrückstand und im Hinweis auf die Stärkung des Sowjetvolks das Bewußtsein der noch immer bestehenden sozialen und politischen Unterlegenheit gegenüber den entwickelten Ländern des Westens heraushören. Durch Imponieren mit der Quantität, das in lang anhaltenden Ovationen sein rituelles Echo fand, wurde das anhaltende Bewußtsein der inneren Schwäche verdeckt. Der mangelnde Rüstungsstand der Roten Armee, der in der militärischen Begegnung mit dem hochgerüsteten Deutschland auf polnischem Boden eklatant geworden war, mag die sowjetischen Versuche einer Friedensstiftung in diesen Wochen nach der gemeinsamen deutsch-sowjetischen Erklärung vom 28. September 1939 forciert haben.[5] Die Beendigung des Krieges schien Stalin nach dem glimpflich ausgegangenen polnischen Abenteuer, auf das er sich so spät und unter peinlichen Sicherheitsvorkehrungen eingelassen hatte, nicht unerwünscht. Ein Friedensschluß auf der Basis vom 29. September 1939 hätte ihm die günstige Position im Westen, die Polenfeldzug und Grenzvertrag nach seinem geopolitischen Raum- und Sicherheitsverständnis eingebracht hatten, erhalten und zugleich die Gefahren einer unkontrollierbaren Ausweitung des Konflikts unterbunden; er hätte ihm, bei entsprechender Beteiligung der UdSSR, auch eine stärkere Position in Europa gesichert. Die sowjetischen Anstöße in dieser Richtung können zugleich als weiterer Indikator dafür gelten, daß eine vollständige »Inbesitznahme« der Interessensphäre, wie sie von deutscher Seite nahegelegt wurde, in den ersten Monaten des Paktes keinesfalls Priorität vor der Minimallösung der Absicherung der strategischen Positionen innerhalb dieser Einflußzone besaß – im Falle eines Friedensschlusses, wie ihn die Sowjetregierung in diesen Wochen anregte und die Moskau-treuen Kommunistischen Parteien im Ausland mit Nachdruck propagierten, hätte sie auf die Realisierung der Maximallösung einer Annexion und gegebenenfalls »Sowjetisierung« der Gebiete ihrer Interessensphäre verzichtet. Allerdings mag der geringe Nachdruck, mit dem sie diese Friedensoffensive betrieb, auf beginnende Widersprüche in ihrer Haltung hinweisen. So deutlich wie ihre Zweifel an der derzeitigen Friedensbereitschaft Hitlers und der Westmächte begann sich allmählich auch das wiedererstarkende russische Großmachtinteresse nach vollständiger Absicherung aller ehemals russischen Gebiete und die traditionelle imperiale Einstellung anzumelden, daß die betreffenden Gebiete, besonders »das Baltikum – echt russische Lande« wären.[6]

Desungeachtet verfolgte Moskau die Friedensangebote, die Hitler – infolge der gemeinsamen deutsch-sowjetischen Erklärung – in seiner Reichstagsrede vom 6. Oktober an Frankreich und England richtete, mit Interesse. Die Ablehnung, die Daladier in einer Rede am 10. Oktober und Chamberlain, nach Konsultationen mit Frankreich und Polen, am 12. Oktober bekanntgab, hat Stalin nachhaltig verärgert: Das Hauptargument Chamberlains – ein Friedensschluß hätte die in Polen erfolgten Eroberungen anerkannt – traf, obgleich nicht namentlich erwähnt, auch die Sowjetunion; es enthielt eine implizite Verurteilung des sowjetischen Vorgehens in Polen.

Die Verärgerung Stalins über die unnachgiebige britische und französische Haltung ließ seine Vorsicht gegenüber den Fallstricken der deutschen »Freundschaft« nicht schwinden. Und dies um so mehr, je mehr er erkannte, daß das Bemühen Ribbentrops um ein anti-englisches Bündnis mit seiner unmißverständlichen Absage nicht erloschen war. Die deutschen Versuche, jetzt, nach Ablehnung des deutschen Friedensangebotes, doch noch einen deutsch-russischen Kampfbund zu schmieden, wies er auf allen Ebenen – der deklaratorischen, der praktisch-politischen und der militärischen – zurück. Er bewies damit, daß selbst in dieser hohen Zeit der deutsch-sowjetischen Partnerschaft Eintracht oder gar Vertrauen nie bestanden haben.

Als Ribbentrop die – nicht unzutreffenden – Gerüchte, nach denen er Stalin in Moskau »um militärischen Beistand gebeten, darauf aber eine glatte Absage erhalten hatte«, in einer öffentlichen Rede (vermutlich Danzig, 24. Oktober) dementieren wollte, änderte Stalin den ihm vorsorglich unterbreiteten Text der Rede in charakteristischer Weise ab[7]: Die irreführende Darstellung seines Standpunktes (»im Falle einer kriegerischen Auseinandersetzung zwischen Deutschland und den westlichen Demokratien lägen die Interessen der Sowjetunion und Deutschlands durchaus in gleicher Linie. Die Sowjetunion würde niemals dulden, daß Deutschland in eine schwierige Lage käme«) schwächte er dahingehend ab, daß der »Standpunkt Deutschlands, das eine militärische Hilfe ablehnt, ... Achtung ein(flöße). Indessen ist ein starkes Deutschland die unbedingte Voraussetzung für den Frieden in Europa. Hieraus folgt, daß die Sowjetunion an der Existenz eines starken Deutschlands interessiert ist. Daher kann die Sowjetunion sich nicht damit einverstanden erklären, daß die Westmächte Bedingungen schaffen, die Deutschland schwächen und es in eine schwierige Lage bringen könnten. Hierin liegt die Gemeinsamkeit der Interessen Deutschlands und der Sowjetunion.«[8] Die Korrektur Stalins nahm der geplanten Rede Ribbentrops die anti-englische Spitze – der verbesserte Text war für die deutsche Seite wertlos, und die Rede unterblieb.

Auch der deutsche Versuch, Molotov zur Ratifizierung des Grenz- und Freudschaftsvertrags nach Berlin zu bemühen, schlug fehl. Die wiederholten Bitten des Botschafters – am 17. Oktober, 17.30 Uhr unter Vorlage der persönlichen Einladung Ribbentrops vorgebracht – prallten an der ebenso höflichen wie hartnäckigen Haltung Molotovs und seiner obstinaten Weigerung ab, sich in absehbarer Zeit nach Berlin zu begeben.[9] Diese nicht wahrgenommene Einladung wurde in der Folge Gegenstand von Berliner Zweckgerüchten (vermutlich aus der Richtung Goebbels'), die schließlich auf die Behauptung hinausliefen, Stalin selbst habe Hitler am 17. Oktober 1939 in Lvov zur Unterzeichnung eines Militärbündnisses getroffen.[10]

In Wahrheit bestand auf sowjetischer Seite niemals die geringste Bereitschaft zu einem solchen Treffen, vielmehr suchte die Sowjetregierung gerade in diesen Tagen über Botschafter Ivan Majskij in London mögliche Friedensbedingungen der englischen Regierung zu eruieren, und am 19. Oktober setzte Molotov Schulenburg darüber in Kenntnis, daß Gespräche Majskijs mit Eden, Butler und Churchill ergeben hätten, die britische Regierung würde selbst unter der Bedingung »kolonialer Zugeständnisse an Deutschland... schon morgen Frieden« schließen, wenn sie internationale Garantien, unter Einbeziehung der USA[11] und der UdSSR, für eine dauerhafte Stabilität in Europa erhielte. Auf die interessierte Frage Schulenburgs, an »was für einen Frieden« man dabei denke, antwortete Molotov, man habe »einen dauerhaften Frieden« im Auge.[12]

Den sowjetischen Anregungen zu einem Friedensschluß mit England begegnete die deutsche Seite mit der Erkundung der sowjetischen Bereitschaft zu einer militärischen Einwirkung auf England in Richtung Afghanistan und Irak.[13] Schulenburg wurde eigens nach Berlin befohlen (2. November), wo man ihm Vorhaltungen wegen der russischen Zurückhaltung machte. Schulenburg erklärte diese durch das grundlegende sowjetische Interesse an der Fernhaltung von dem Konflikt sowie dessen Beendigung und deutete auch auf eine Langsamkeit hin, die im russischen Volkscharakter begründet sei.[14] Als Resultat hatte er Molotov am 13. November auf Weisung seiner Regierung die scheinheilige Versicherung zu geben, auch die deutsche Regierung wolle den Krieg beenden – sie suche nur nach den geeigneten Mitteln. Sie halte es aber für nötig, »*starken Druck auf England* (Unterstreichungen im russischen Original, I. F.) auszuüben ... ideal wäre *eine kriegerische (militärische) Demonstration der UdSSR an der Grenze nach Afghanistan und im Kaukasus* ... Wenn das unmöglich scheint, so wäre es wünschenswert, wenn die Sowjetregierung bestimmte *Gerüchte* ... nicht widerlegen würde ...« Auf die Frage Molotovs, wie sich die deutsche Regierung die internationale Lage weiter vorstelle, antwortete Schulenburg, sie gehe davon aus, daß der »Frieden nicht ohne starken Druck auf England erreicht werden« könne.[15] Die Sowjetregierung erklärte sich schließlich zur Erhöhung ihrer Truppenstärke an der Grenze zu Afghanistan und im Kaukasus bereit und versprach, weitere diesbezügliche Gerüchte von deutscher Seite nicht zu dementieren.[16] Eine Benutzung des sowjetischen Territoriums zum Schüren gezielter Subversions- und Aufstandsaktionen gegen das Commonwealth, wie es etwa die Mission von Peter Kleist bezweckte, hat sich Molotov unter dem höflichen Hinweis verbeten, die Sowjetregierung sei nicht ausreichend über Hintergründe und Zielsetzung der Aktion unterrichtet.[17]

Kaum hatte die Sowjetregierung ihre Bereitschaft zur Truppenverstärkung an der Südgrenze erklärt, äußerte Ribbentrop schon weitergehende Wünsche: Er ließ Molotov nicht nur persönlich um sowjetische Hilfe gegen die Verstärkung der englischen Blockade bitten;[18] unter dem Vorwand des schlechten Wetters, das die deutschen Anflüge auf England vom Süden her erschwere, ersuchte er die Sowjetregierung sogar um Entsendung eines Kreuzers, der während der nächsten zwei Monate 150 bis 300 Meilen vor dem Westufer der englischen Küste kreuzen und den deutschen Dienststellen die gewünschten Mitteilungen machen sollte. Dies war eine Begünstigung der militärischen Operationen Deutschlands gegen England, die umgehend auf den Widerstand Molotovs stieß. Das deutsche Ersuchen wurde dilatorisch behandelt und nach vier Monaten – als sich die Gefahr einer sowjetisch-englischen Kollision von Finnland her abzeichnete – ohne Umschweife abgelehnt (»Daraus wird nichts!«).[19]

Wiederholt machte die Sowjetregierung die deutsche Seite darauf aufmerksam, daß sie sich mit der neutralen Haltung der Sowjetunion abfinden müsse. Bereits am 25. Oktober hatte Molotov Schulenburg klargemacht, zwischen einer kriegführenden und einer neutralen Seite bestehe eben ein Unterschied, den auch die deutsche Seite begreifen müsse; die sowjetische Seite müsse auch dann die notwendigen »Formalitäten berücksichtigen«, wenn sie das zu unfreundlichen Handlungen gegen Deutschland zwinge. Bei der deutschen Seite liege es, »derartige Zwischenfälle zu vermeiden«.[20]

In seiner außenpolitischen Rede vor der fünften außerordentlichen Tagung des Obersten Sowjet vom 31. Oktober 1939[21], die die erste Phase der deutsch-sowjetischen Kooperation abschloß und zugleich die sowjetischen Pläne für die zweite Phase anschnitt, brach sich der Ärger der Sowjetregierung über die Zurückweisung der Friedensangebote durch die Westmächte noch einmal Bahn. Molotov sprach davon, daß Begriffe wie ›Angriff‹ und ›Angreifer‹ in den Monaten seit Kriegsbeginn einen neuen Sinn angenommen hätten, insofern Deutschland nun nach der baldigen Beendigung des Krieges strebe (!), »während England und Frankreich, die sich gestern noch gegen jeden Angriff aussprachen, sich für die Weiterführung des Krieges und gegen den Abschluß des Friedens einsetzen. Die Rollen haben also gewechselt.« Sein Ärger entbrannte an der westlichen Prinzipienfestigkeit in der Frage Polens – es könne, »wie jedermann einsehen wird, von der Wiederherstellung des alten Polen nicht die Rede sein«. Der »große Krieg (habe) in Europa die internationale Lage radikal (ge)ändert«. Das »vollständige Versagen der polnischen Führung«, »die militärische Niederlage Polens« und »die Auflösung des polnischen Staates« hätten für die Sowjetunion neue Bedingungen geschaffen. Mit dem Nichtangriffsvertrag mit Deutschland habe die UdSSR den »abnormalen Beziehungen« zwischen den beiden Ländern ein Ende gesetzt und sich auf »Neutralität im Falle einer Teilnahme Deutschlands an einem Krieg« festgelegt. Der »Einzug« der sowjetischen Truppen in Polen stehe dazu, wie die gleichzeitige Unterrichtung aller Staaten über die Einhaltung der strikten Neutralität der UdSSR bezeugt habe, nicht im Widerspruch. Die versteckte Andeutung, daß Deutschland immer noch eine potentielle Gefahr für die Sowjetunion bedeute (in Ostpolen seien »akute Probleme der Sicherheit unseres Landes betroffen« gewesen, und die Sowjetunion konnte nicht »die Bevölkerung West-Weißrußlands und der West-Ukraine ihrem Schicksal überlassen«), wurde von westlichen Beobachtern wahrgenommen.[22] Demgegenüber stieß die Verurteilung der Art der westlichen Kriegsführung als eines Weltanschauungskrieges mit dem Ziele der »Vernichtung des Hitlerismus« (ein solcher Krieg sei »ungerechtfertigt«, ja »verbrecherisch« – man könne »eine Weltanschauung nicht durch Gewalt vernichten«) auf Mißverständnis; sie gehörte zu den (nicht ausschließlich) terminologischen Verirrungen, die die Sowjetregierung zwei Jahre später bereuen sollte!

Eine Art wohlwollender realpolitischer Pragmatismus schien zu diesem Zeitpunkt die sowjetische Haltung zu den deutschen Revisionsbestrebungen zu kennzeichnen: Molotov zeigte Verständnis für das deutsche Bemühen, »die Ketten des Vertrags von Versailles abzuschütteln«. Seine Regierung habe immer »die Auffassung vertreten, daß ein starkes Deutschland eine notwendige Bedingung für einen dauerhaften Frieden in Europa« sei und man Deutschland nicht »einfach aus allen Berechnungen ausschalten« könne. Das deutsch-sowjetische Vertragssystem beruhe insofern »auf einer anderen Grundlage, die nichts zu tun hat mit der Verewigung des Nachkriegs- und Versaillessystems«, das »letzten Endes zum heutigen Krieg geführt hat«. Die Beziehungen der Sowjetunion »zum deutschen Staat« (nicht zum Hitler-Staat!) beruhten auf der »zwischen uns bestehenden Freundschaft und auf unserem Willen, die deutschen Friedensbestrebungen zu unterstützen, und gleichzeitig auch auf unserem Wunsch, . . . (zur) Förderung der sowjetisch-deutschen Wirtschaftsbeziehungen zum gegenseitigen Wohl der beiden Völker beizutragen.«

Molotov betonte, daß die einvernehmliche »Abgrenzung der Interessen« der beiden Staaten die Beziehungen der Sowjetunion »zum deutschen Staate« auf eine »solide Grundlage« gestellt habe. Er hob den Gewinn an Land (»196 000 Quadratkilometer«) und Leuten (»13 Millionen, darunter 4,8 Millionen Weißrussen und 8 Millionen Ukrainer«) hervor, den die Einverleibung der westlichen Ukraine und des westlichen Weißrußland der UdSSR gebracht hatte, und kam dann auf die anderen in den deutsch-sowjetischen Abkommen verhandelten Gebiete zu sprechen: Die Beistandspakte mit den baltischen Staaten garantierten »klipp und klar« die »Nichteinmischung in deren innere Verhältnisse« – das »Geschwätz über die Sowjetisierung der baltischen Staaten« nutze nur den Feinden der Sowjetunion. In bezug auf

Finnland meldete er nun analoge sowjetische Wünsche an: Leningrad liege nur 32 km von der finnischen Grenze entfernt und insofern in der Reichweite moderner Geschütze. Die Sicherheit Leningrads und seiner Seeverbindungen im Finnischen Meerbusen hänge deshalb davon ab, »ob Finnland eine freundliche oder eine feindliche Haltung gegenüber der Sowjetunion einnehme«. Aufgrund der bestehenden Unsicherheit in dieser Frage habe die Sowjetregierung Verhandlungen mit Finnland aufgenommen. Sie habe der finnischen Regierung ursprünglich Beistandspakte auf ähnlicher Grundlage vorgeschlagen, wie sie mit den baltischen Staaten abgeschlossen seien. Die finnischen Unterhändler hätten Pakte dieser Art als nicht vereinbar mit dem Grundsatz strikter finnischer Neutralität abgelehnt (auf der selben Grundlage hatte Finnland früher deutsche Angebote zu einem Nichtangriffspakt zurückgewiesen). Daraufhin habe sich die Sowjetregierung auf einige Wünsche beschränkt, die aus ihren Sicherheitserwägungen resultierten. Diese Wünsche, die Molotov nun öffentlich formulierte, bezeichnete er als »minimal« und »bescheiden«: Verschiebung der Grenze nördlich von Leningrad um »ein paar Dutzend Kilometer« im Austausch für ein doppelt so großes Gebiet Nordkareliens an Finnland; Pacht des Gebiets an der Ausfahrt aus dem Finnischen Meerbusen (Hangö) als Marinebasis und Stützpunkt in Ergänzung der Basis Baltischport an der estnischen Küste zur Sicherung des Finnischen Meerbusens sowie die Entmilitarisierung der Åland-Inseln. Eine Ablehnung der sowjetischen Wünsche könnte, besonders wenn eine »Aufstachelung« durch fremde Regierungen im Hintergrund stände, zu »ernsten Nachteilen« für Finnland führen.

Die Sowjetregierung hatte damit den Zusammenhang zwischen den vorausgegangenen Beistandspakten und den sowjetischen Forderungen an Finnland hergestellt und die Frage einer südfinnischen Sicherheitszone auf die Tagesordnung gesetzt. In den Worten Churchills: »Der südliche Weg nach Leningrad und die (südliche) Hälfte des finnischen Meerbusens waren von den sowjetischen Streitkräften schnell gegen mögliche deutsche Ambitionen abgeriegelt worden. Es blieb nur noch der Zugang durch Finnland.«[23]

In seiner Rede hatte Molotov die Wirtschafts- und außenpolitischen Ziele seiner Regierung für das Winterhalbjahr bekanntgegeben. Auf beiden Ebenen – der Herstellung stabiler wirtschaftlicher Beziehungen zu Deutschland und politischer Beziehungen zu Finnland –

mußte die Sowjetregierung zu einer Zeit schwere Rückschläge hinnehmen, in der ihr deutscher Partner stupende Gewinne verzeichnete.

Der Kampf um die russischen Rohstoffe

Der Notenwechsel der beiden Außenminister zur Ausweitung des Wirtschaftsverkehrs (28. September) sah die baldige gemeinsame Aufstellung eines geeigneten Wirtschaftsprogramms vor. Zu diesem Zwecke sollten die beiden Regierungen unverzüglich die erforderlichen Weisungen erteilen und dafür Sorge tragen, »daß die Verhandlungen so schnell wie möglich in die Wege geleitet und zum Abschluß gebracht« würden.

In Wahrheit zogen sich die am 8. Oktober 1939 in Moskau aufgenommenen Wirtschaftsverhandlungen auf äußerst dornenreichen Wegen, die gelegentlich völlig zu versanden drohten, über vier Monate hin. Nur aufgrund persönlicher Interventionen Stalins auf der einen Seite und des – unter dem Druck seiner Diplomaten handelnden – Reichsaußenministers auf der anderen Seite konnten sie in diesem Zeitraum mehrfach vom toten Gleis geschoben werden. Der Hauptgrund für die anhaltenden Schwierigkeiten bestand darin, daß beide Seiten mit großen und überwiegend unausgesprochenen Erwartungen in die Verhandlungen eintraten, die angesichts der militärischen Bedeutung der beiderseitigen Lieferungen auf den Widerstand der anderen Seite stießen. Beide Seiten waren sich der Gefahr bewußt, die darin bestand, dem Partner von heute Material zu liefern, das der Feind von morgen einsetzen würde. Der Unterschied bestand darin, daß Hitler mit verdeckten, Stalin aber stärker mit offenen Karten spielte: Die deutsche Seite führte die Verhandlungen in trügerischer Absicht (die in willentlichen Zahlungs- und Lieferverschiebungen sowie Lieferungen nicht einsatzfähiger Rüstungsgegenstände zum Ausdruck kam), die sowjetische Seite sah in ihnen ein Mittel der wirtschaftlichen Beschwichtigung (mit dem Ziel einer – nach Möglichkeit dauerhaften – Befriedung des potentiellen Angreifers, des Zeitgewinns und der Erhöhung der eigenen Verteidigungsbereitschaft). Vereinfachend betrachtet, suchte Hitler die maximale und schnellstmögliche Ausbeutung der russischen Ressourcen, ohne selbst zu einer minimalen Stärkung des sowjetischen Rüstungspotentials beizutragen, während Stalin durch optimale Erfüllung der wirtschaftlichen Abmachungen eine längerfristig beständige Partnerschaft und die mit ihr verbundenen Vorteile erkaufen wollte.[24]

Vordergründig lieferten die unabgeklärten Formulierungen des Notenwechsels, hinter denen sich entgegengesetzte Konzepte verbargen, fortwährend Anlaß zu Mißtrauenskrisen. Die Verquickung der Idee eines »Wirtschaftsbündnisses« zur Unterstützung der Kriegführung Deutschlands, die auf deutscher Seite im Vordergrund stand, mit der eines Handelsabkommens, wie es die Sowjetregierung benötigte, war auf längere Sicht nicht durchführbar und selbst auf kurze Sicht eine Zerreißprobe. Sie war in dem Maße zum Scheitern verurteilt, wie sie Deutschland eine militärische Stärkung erlaubte, mit der die UdSSR nicht Schritt halten konnte.

Das Hauptziel der Verhandlungen auf deutscher Seite sprach bereits aus der Ernennung von Dr. Karl Ritter zum deutschen Delegationsleiter – Ritter war von Ribbentrop als Botschafter zur besonderen Verwendung für die gesamte Kriegswirtschaft Deutschlands im Auswärtigen Amt bestellt. Auch sein Gehilfe, Dr. Karl Schnurre, besaß einschlägige Vorerfahrungen: Er war im Sommerhalbjahr 1939 von Ribbentrop dazu abgestellt worden, die politischen Angebote Deutschlands auf der unverdächtigen Schiene scheinbarer Wirtschaftsverhandlungen an die Sowjetvertreter in Berlin heranzutragen. Auf sowjetischer Seite hingegen lag die Verhandlungsführung bei Außenhandelskommissar Mikojan, der in politischen Fragen den Außenkommissar hinzuzog.

Die Bedeutung, die die deutsche Seite den Moskauer Wirtschaftsverhandlungen beimaß, sprang aufgrund der Größe der Delegation ins Auge: nach dem Stand vom 17. Oktober umfaßte die Delegation bereits 37 Mitglieder. Später kamen noch zahlreiche Vertreter großer Firmen hinzu, so daß der Kreis, welcher zu der – in Abwesenheit Ritters in Berlin von Schnurre geleiteten – »Delegation im weitesten Sinne gehörte, zeitweilig einen ungemein großen Umfang annahm«.[25]

Was Ribbentrop bei der Entsendung der Delegation am 7. Oktober vorschwebte, hatte er Schulenburg wenige Tage zuvor telegrafisch mitgeteilt:»Meine Absicht dabei ist, zu Beginn der Verhandlungen in wenigen Tagen ein Sofortprogramm für etwa 8 Monate festzustellen, das mit besonderer Beschleunigung und unter äußerster Anspannung aller Hilfsmittel von beiden Seiten durchzuführen ist. Ich denke dabei in erster Linie an Erdöl, Erz und Metalle, Futtermittel, Fette und Häute.«[26] Dies war die Auflistung der am vordringlichsten von der deutschen Rüstungsindustrie benötigten Rohstoffe. Die Bemerkung »von beiden Seiten« erwies als erste ihren trügerischen Charakter: Die im Notenwechsel festgelegte Phasenverschiebung – sowjetische Rohstoffe vor deutschen Fertigprodukten – wurde von Anfang an in Berlin mit Vorbedacht als Hebel zur dilatorischen Behandlung der sowjetischen Wünsche benutzt.

Das am 6. Oktober 1939 von Schnurre konzipierte »Verhandlungsprogramm für Moskau« nannte die wahren Absichten genauer beim Namen: Unter I. stand der Satz: »Wir verlangen von den Russen zusätzliche Rohstofflieferungen im Werte von rund 1300 Mill. RM für das erste Jahr.« Den Wert der deutschen Gegenlieferungen bezifferte dieses Verhandlungsprogramm zunächst mit 810 Mill. RM, wobei »hochwertiges Rüstungsmaterial« nur im Werte von 50 Mill. RM geliefert werden sollte. Dieser wohlweislich eingebaute Rückstand der deutschen Lieferungen gegenüber den sowjetischen Rohstoffvorleistungen mußte in den Verhandlungen bald zu einem Stein des Anstoßes werden.[27] So berichtete Botschafter Ritter nach seinen ersten Besprechungen mit Molotov und Mikojan, denen Schulenburg als Vermittler beiwohnte, nach Berlin, daß »Gegenseite im ganzen eine ernste Anstrengung machen will, unsere Vorschläge zu erfüllen, die Stellungnahme zu dem Gesamtvolumen ... vorläufig aber nicht befriedigend« sei.[28]

Peinlich berührt schien die sowjetische Seite anfangs von dem deutschen Ansinnen, sie möge bestimmte Metalle und Kautschuk in Umgehung der englischen Blockade im Ausland einkaufen und unter Charterung fremden Frachtraumes an Deutschland liefern. Dabei – so wurde betont – müsse zumindest »mit gewisser Vorsicht vorgegangen werden«. Ritter führte dies zu der Ansicht, daß man der UdSSR »solche Akte ... teuer bezahlen« müsse. Er machte das Auswärtige Amt darauf aufmerksam, daß »die Bezahlung für Ankäufe im Ausland ... harte Auseinandersetzungen notwendig machen« werde.

In der Frage der von deutscher Seite gewünschten Erhöhung der russischen Weizenlieferungen versprach die sowjetische Seite zunächst kein Entgegenkommen: Sie sah sich angesichts der eigenen

Ernährungslage genötigt, an der Höhe der früheren Lieferungen festzuhalten. Das »Höchstmaß der Vergangenheit«, von dem der Notenwechsel gesprochen hatte, war der deutschen Seite nun aber ungenügend – sie forderte die Sowjetregierung auf, Mittel zu finden, um ihre Lieferungen gehörig zu steigern.

Bei der Behandlung des Warentransits aus Iran, Afghanistan und dem Fernen Osten hatte die sowjetische »Gegenseite ... erneut betont, daß dieser Transit nur ausnahmsweise und nur an deutsche Seite gewährt« würde.

Die Zusammensetzung der deutschen Bestelliste belehrte die Sowjetregierung schlagartig darüber, daß die sowjetischen Rohstoffe die gesamte deutsche Kriegswirtschaft auf eine sichere Basis stellen sollten. Dies veranlaßte sie, bei der Behandlung und Bewilligung der gewünschten Lieferungen äußerst vorsichtig vorzugehen: Nicht das gesamte Paket, sondern der jeweilige Posten wurde zunächst in internen Gesprächen vorgeklärt, bevor er gesondert mit der deutschen Delegation behandelt wurde. Diese Methode war für die deutsche Seite unbefriedigend.

Zum ersten Male setzte sich Botschafter Schulenburg Mitte Oktober persönlich bei Molotov dafür ein, die Verhandlungen zu beschleunigen. Die Umstellung des sowjetischen Verhandlungskonzepts erfolgte daraufhin so abrupt, daß Ritter während seiner ersten Informationsreise nach Berlin bei den Ressortchefs und militärischen Dienststellenleitern »eine große Befriedigung über das (feststellen konnte), was wir an Zusagen von der Sowjetregierung bisher herausgeholt haben«.[29]

Allerdings stellte die Sowjetregierung jetzt ihre Gegenbedingungen: Als der Leiter der sowjetischen Wirtschaftsdelegation, Außenhandelskommissar Mikojan, am 22. Oktober die sowjetischen Lieferungswünsche vorzulegen begann, wurde deutlich, daß die Industrieprodukte, die sich die Sowjetregierung erhoffte, überwiegend auf dem Rüstungssektor lagen.

Jetzt meldeten sich auf deutscher Seite Bedenken. Sie wurden verstärkt, als die am 26. Oktober in Berlin eintreffende sowjetische Wirtschaftsdelegation unter der Leitung des Volkskommissars für Schiffsbau, Ivan T. Tevossjan, und des Generals der Artillerie und Chefs des Heeresbeschaffungswesens, G. K. Savtschenko, die zeitweilig über sechzig Personen umfaßte, sich bei ihrer wochenlangen Informationsreise in auffälliger Weise für die letzten deutschen Entwicklungen auf dem Rüstungssektor interessierte. Dies kam der deutschen Seite ungelegen.

Ausgerechnet an dem Tage, an dem die Sowjetregierung der deutschen Bitte um Transit der im Ausland gekauften Rohstoffe durch die Sowjetunion nach Überwindung erheblicher Bedenken auf der Grundlage striktester Geheimhaltung (»Mikojan bezeichnet Verfahren als deutsch-sowjetische Konspiration«[30]) zustimmte, erklärte Hitler Generalfeldmarschall Göring, Großadmiral Raeder und Generaloberst Keitel, die Hoffnungen der sowjetischen Delegation auf Ankauf deutschen Kriegsmaterials müßten erheblich gedämpft werden. Hitler wies die Militärs an, »den Russen … truppenübliches Kriegsmaterial« zu zeigen, die Frage des Verkaufs aber vorbehaltlich weiterer Weisungen dilatorisch zu behandeln; »Gegenstände, die noch im Versuchsstadium oder sonst geheim seien, wären den Russen nicht zu zeigen«.[31]

Die sowjetische Reaktion blieb nicht aus: Am 8. November beklagte sich der sowjetische Verhandlungsleiter über das »reservierte Verhalten, das deutscherseits in der Waffenfrage an den Tag gelegt werde«. Er drückte die Unzufriedenheit der Delegation darüber aus, daß »die letzten Errungenschaften der Waffentechnik« sowie »das Allerneueste geheim gehalten« würden.[32] In Moskau trug Molotov Schulenburg eine ähnliche Beschwerde vor. Dieser meldete nun nach Berlin, daß die Sowjetregierung unter der Voraussetzung eines größeren deutschen Entgegenkommens gegenüber der sowjetischen Wirtschaftsdelegation als Beweis ihres guten Willens sofort mit der Ausfuhr von Getreide und Naphthaprodukten nach Deutschland beginnen wolle, dabei aber hoffe, daß die Gegenlieferung nicht auf sich warten lassen werde.[33] Am 26. November erkundigte er sich bei Molotov nach den jüngsten Erfahrungen der Tevossjan-Delegation in Berlin und erfuhr, daß anfangs größte Unzufriedenheit bestanden habe, da alles für sie Wichtige zum »Staatsgeheimnis« erklärt und zurückgehalten worden sei. Letztlich habe sich die Lage gebessert.[34]

Dies schloß nicht aus, daß Tevossjan und Savtschenko in Berlin weiter Befremden über das ungenügende deutsche Entgegenkommen auf dem Rüstungssektor äußerten.[35] Als sie nach ihrer Rückkehr nach Moskau am 29. November – bereits vor dem Hintergrund der russischen Kriegsvorbereitungen gegen Finnland und des sprunghaft ansteigenden Rüstungsbedarfs – die endgültige Liste der sowjetischen Bestellungen übergaben, erwies sich, daß das Kriegsgerät die üblichen Maschinen und Industrieanlagen weit überstieg.[36]

Die Überprüfung der Liste durch deutsche zivile und militärische Dienststellen verlief negativ: Generaloberst Keitel und Staatssekretär von Weizsäcker beschlossen gemeinsam, »der russischen Begehrlichkeit einen Riegel vorzuschieben«.[37] Am 6. Dezember äußerten Göring und Reichswirtschaftsminister Funk aus Gründen des steigenden Bedarfs der Wehrmacht – die Hitler-Weisung Nr. 8 für die Kriegsführung (20. November) ordnete die Bereitschaft der Armee zum Aufmarsch im Westen an – Bedenken gegen die Lieferung größerer Mengen von Eisen an die UdSSR. Angesichts des erhöhten Eigenbedarfs wurde sogar vorübergehend erwogen, »das ganze Rußland-Geschäft auf eine andere Basis zu stellen, als in dem Notenwechsel Ribbentrop-Molotov vom 28. September vorgesehen ist, das heißt nicht auf ein Gegenseitigkeitsgeschäft, sondern auf einseitige Lieferungen der Sowjetunion, das heißt auf eine Art Subsidienvertrag«.[38]

Klarer konnten die eigentlichen Absichten der Reichsregierung bei Eingehen des »Russengeschäfts« nicht formuliert werden. Mit Recht wurde gegen diesen Vorschlag aus den eigenen Reihen geltend gemacht, daß die sowjetische Seite die Verhandlungen in diesem Falle scheitern lassen würde. So mußte ein Weg gefunden werden, das begehrte Ziel zu erreichen, ohne daß die Sowjetregierung die Tür verschloß.

Am 8. Dezember traf Hitler in der Frage der »Russenverkäufe« die folgende Entscheidung: Er ordnete die dilatorische Behandlung des Großteils der sowjetischen Wünsche auf dem Rüstungsgebiet an und untersagte den Verkauf der Kreuzer »Seydlitz« und »Prinz Eugen«, um die sich Stalin als Grundstock zum Ausbau einer modernen Kriegsflotte bemühte. Zur Überlassung der Baupläne für das Schlachtschiff »Bismarck«, dessen Nachbau mindestens sechs Jahre in Anspruch nehmen würde, war Hitler unter der Bedingung eines prohibitiv hohen Kaufpreises bereit.[39]

Mit der Entscheidung Hitlers vom 8. Dezember war eine doppelte Verhandlungsführung festgelegt worden, die sich nachteilig auf den weiteren Verlauf der Gespräche auswirkte: Einerseits sollten die Entscheidungen über die wesentlichen Wünsche der sowjetischen Seite dilatorisch behandelt und damit ein Zeitgewinn für die Lieferung

110

bzw. für die Herstellung der entsprechenden Gegenstände erzielt werden; andererseits sollten Höchstpreise erzielt werden. Dies alles sollte unter der Voraussetzung einer erheblichen Reduzierung der Gesamtliste erfolgen. Die Weisung, die Ritter nach seinem Vortrag bei Hitler an die Botschaft Moskau richtete, weihte den Botschafter nicht in die neue Lage ein; statt dessen warf sie der sowjetischen Seite ein Abweichen von der vereinbarten Grundlage, ja einen Verstoß gegen die von Stalin selbst getroffenen Vereinbarungen vor. Ritter kam, da er nun bei der Berechnung der sowjetischen Wünsche oberste Weltmarktpreise zugrunde legte, zu einem Gesamtumfang des bestellten Programms, der weit über der vereinbarten Höhe lag, und lehnte es unter Hinweis auf die Mißbilligung Hitlers rundheraus ab, über diese Liste überhaupt zu diskutieren.[40]

Diese Zurückweisung der Gesamtliste verschlug nun wiederum Mikojan die Sprache, der am 19. Dezember entgegnete, »nur die Lieferung der gesamten Liste biete der Sowjetregierung ein ausreichendes Äquivalent für die von ihr erwarteten Rohstofflieferungen«. Damit waren die Verhandlungen »in dieser Instanz gescheitert«.[41]

Ribbentrop bewies wenig Fingerspitzengefühl, als er die Botschaft am 20. Dezember 1939 anwies, sich bei Molotov über Mikojan zu beschweren, der offenbar gegen die Weisungen Stalins und Molotovs gehandelt hätte.[42] Der Botschafter wählte einen anderen Weg, um die Verhandlungen aus der Sackgasse zu führen. Einen Tag nach Übersendung des Glückwunschtelegramms Hitlers zum 60. Geburtstag Stalins bat er Molotov um »eine Aussprache über Lage der Wirtschaftsverhandlungen«.[43] In diesem Gespräch (22. Dezember) bedauerte Schulenburg – laut sowjetischer Aufzeichnung – die »großen Meinungsverschiedenheiten ... in der Frage der militärischen Bestellungen der Sowjetunion« und empfahl eine gemeinsame Klärung des Inhalts des Notenwechsels. Molotov hielt dies für überflüssig und betonte, »er erinnere sich gut an seine Übereinkunft mit Ribbentrop. In dieser Übereinkunft war gerade von militärischen Bestellungen die Rede; wenn nun diese Übereinkunft in dem Sinne ausgelegt wird, als ob sie keine militärischen Bestellungen betrifft, so entspricht dies nicht der Wirklichkeit.« In den Noten sei nur deshalb davon keine Rede gewesen, weil sie veröffentlicht werden sollten.

Nach der deutschen Aufzeichnung des Gesprächs vom 22. Dezember wies Molotov die deutsche Interpretation, nach welcher sich der

Ausdruck »industrielle Lieferungen« in seinem Notenwechsel mit Ribbentrop vor allem auf Erzeugnisse der zivilen Industrie bezogen hätte, unter dem Hinweis darauf zurück, daß Ribbentrop der Sowjetregierung in Moskau »alles« zu liefern versprochen habe, »was diese von Deutschland haben wolle«, und daß auf beiden Seiten von Anfang an festgestanden habe, daß auch militärische Lieferungen einbezogen würden.

Eine Aussage Ribbentrops, nach der Deutschland der UdSSR »alles« liefern werde, was sie nur wünsche, ist in der Aufzeichnung Hilgers von den Septemberverhandlungen nicht festgehalten. Aufschlußreich ist aber, daß Hilger dieses Argument Molotovs in der Aufzeichnung des Gesprächs vom 22. Dezember festhielt. Tatsächlich schließen die in seiner Aufzeichnung der Septembergespräche zusammengefaßten Formulierungen Ribbentrops, nach denen die beiderseitigen Handelsbeziehungen »noch sehr ausweitungsfähig« seien und »Deutschland gewillt sei, der Sowjetunion die von ihr benötigten hochwertigen Fertigprodukte zu liefern«, eine wörtliche Zusage dieser Art oder zumindest eine Interpretation in diesem Sinne nicht aus. Hinsichtlich der Frage von Fertigprodukten auf dem Gebiete der Rüstungsindustrie ist die September-Aufzeichnung Hilgers ebenfalls nicht schlüssig. Doch bestätigten die Adjutanten Ribbentrops, Kordt und Gaus, daß Stalin entsprechende Hinweise machte.

Die Erklärungen Molotovs für das Fehlen entsprechender Formulierungen – der Notenwechsel sei zur Veröffentlichung bestimmt gewesen, weshalb dort auf diese Formulierungen verzichtet worden sei – sind auch in der deutschen Aufzeichnung des Gesprächs vom 22. Dezember wiedergegeben; auch darüber gab die September-Aufzeichnung Hilgers keinen Aufschluß.

Es bleibt also die Frage bestehen, ob sich Molotov zu Recht auf Zusagen Ribbentrops zur Lieferung von Rüstungsgütern berief. Das Verhalten Schulenburgs – nach der sowjetischen Aufzeichnung vom 22. Dezember – wirft Licht auf die Zusammenhänge. Zunächst führte er die deutsche Haltung auf die praktischen Schwierigkeiten von Lieferungen dieses Umfangs im Moment der eigenen Kriegführung zurück – die deutsche Regierung sei einfach nicht in der Lage, Bestellwünsche in diesem unerwartet großen Umfang zu erfüllen. Molotov versprach, »den Kriegszustand zu berücksichtigen«, wünschte aber von seiten der Vertreter Deutschlands ein anderes Verhältnis zu den sowjetischen Bestellungen – sie »verhielten sich sehr merkwürdig und verlangten Preise, die die schlechteste Form der Ablehnung darstellten«. Nachdem Molotov dann doch seine Bereitschaft erklärt hatte, Schnurre und Ritter am nächsten Tage zu weitergehenden Gesprächen zu empfangen, erklärte Schulenburg, »daß er nicht verneint, daß die Übereinkunft Molotovs und Ribbentrops militärische Bestellungen vorsah (!); aber das Programm (der sowjetischen Bestellungen, I. F.) ist zu groß und die sowjetische Fragestellung – alles oder nichts – unannehmbar«.

Auch in seinem Bericht nach Berlin ließ Schulenburg durchblicken, daß er die sowjetischen Vorstellungen teilweise für verständlich hielt und der Weg zum Erfolg über Verhandlungen und Kompromisse führen würde. Auf sowjetischer Seite hatte er durch seine Intervention das Eis gebrochen, so daß er der »Wiederingangsetzung« der Verhandlungen mit Mikojan entgegensah.[44]

Auf deutscher Seite wurde seine Vermittlung nur begrenzt gewürdigt; für Verhandlungsführer Ritter nahmen die Verhandlungen »keinen guten Verlauf«. Die Sowjetseite lasse »Großzügigkeit vermissen« und wolle »zu ihrem Vorteile herausholen, was sie nur herausholen zu können glaubt«. Ritter betrachtete die Situation als alarmierend und sagte sich um Weihnachten zu einem Kurzbesuch in Berlin an. Dort wußte sich die deutsche Seite in diesem Moment am längeren Hebel: die russische Offensive gegen Finnland drohte an der Mannerheim-Linie einzufrieren, und Stalin wünschte sein Rüstungsarsenal dringend zu komplettieren – für Berlin Grund genug, ihn stärker unter Druck zu setzen.

Demgegenüber konnte Botschafter Schulenburg – wie er seiner Lebensgefährtin telegrafisch mitteilte – »Weihnachten keines Falles (nach) Deutschland kommen«[45]. Er war durch den problematischen Lauf der Verhandlungen und den finnischen Krieg wieder übermäßig »in Anspruch genommen« und litt unter der wachsenden und nach seinem Dafürhalten unnötigen Kriegshysterie. Am 13. Dezember schrieb er nach Berlin: »Durch den nordischen Krieg ist hier und in allen Ländern des Nordens, ja sogar im Balkan und in den Ländern, die im Süden an die Sowjet-Union grenzen (Iran, Afghanistan usw.), große Aufregung entstanden. Man hat nicht geglaubt, daß die Sowjet-Union überhaupt zu den Waffen greifen wird, und jetzt fürchten Alle, daß eines Tages auch sie daran kommen werden, was natürlich Unsinn ist. Immerhin hat sich alles so kompliziert, daß ich keine ruhige Minute ... habe.«[46]

Die Lage des Botschafters in Moskau wurde nicht leichter, als Ritter nach Weihnachten mit Weisungen für eine harte Verhandlungsführung und neuen deutschen Wünschen nach Roheisen und Schrott nach Moskau zurückkehrte. So hatte Schulenburg weiter »wahnsinnig zu tun und keine ruhige Minute« und litt immer stärker unter der Anwesenheit der zahlreichen Gäste der deutschen Wirtschaftsdelegation in der Residenz: »Mein Haus ist voller Menschen, und wenn ich mich auch nicht um sie zu kümmern brauche, nehmen mir auch sie Zeit weg. Vorläufig sehe ich noch keine Möglichkeit, einmal von hier weg und nach Deutschland zu kommen. ... ich gebe die Hoffnung nicht auf.«[47]

Erst als sich Stalin persönlich in die schleppenden Verhandlungen einschaltete, änderte sich die Lage. Stalin ließ die Botschafter Schulenburg und Ritter, den Gesandten Schnurre und Botschaftsrat Hilger als Dolmetscher am 31. Dezember 1939 zu später Stunde zu einer Besprechung in den Kreml bitten. Er zeigte sich »in einer allgemein nicht sehr freundlichen Stimmung«[48], beeindruckte die deutsche Seite aber durch seine souveräne Verhandlungsführung: »Er zeigte sich in allen diesen Fragen besonders gut unterrichtet und wußte auch über die technischen Einzelheiten genauestens Bescheid.«[49] Er legte nun eine eingeschränkte Wunschliste auf den Tisch, hob aber hervor, daß die Sowjetregierung auch den mächtig angeschwollenen deutschen Rohstoffwünschen zur Zeit nicht in der erwarteten Weise entsprechen könne. Ein Hauptstreitpunkt in dieser und den nachfolgenden Unterredungen mit Stalin blieb die Interpretation des Begriffs der »industriellen Lieferungen«. Stalin verwies unnachgiebig auf die ihm seinerzeit gemachten unbegrenzten Angebote Ribbentrops. Wie die Erinnerungen von Erich Kordt und Friedrich Gaus bestätigen, hat er darüber hinaus die Frage von Rüstungsgegenständen zur Sprache gebracht.

Ein zweiter Streitpunkt von anhaltender Bedeutung blieb die Frage nach dem Tempo der deutschen Gegenlieferungen. Stalin forderte das simultane Einsetzen der beiderseitigen Lieferungen und bevorzugte einen Abrechnungsmodus, bei dem jeweils nach Ablauf einer bestimmten Zeit (ein Viertel-, ein halbes oder zuletzt ein Jahr) die deutschen industriellen Gegenlieferungen für die erfolgten sowjetischen Rohstofflieferungen zu tätigen seien. Die deutsche Seite suchte dieser Interpretation auszuweichen, indem sie dem im Notenwechsel vereinbarten Passus der Lieferungen »auf längere Zeit« eine maximale Bedeutung gab. Sie wollte die Lieferung wichtiger Rüstungsgegenstände möglichst lange, nach Möglichkeit ad calendas graecas verschieben.

Stalin befürchtete dies und ließ erkennen, daß er das Erdenkliche tun wolle, um Deutschland zu stärken und in eine Position zu versetzen, in der es dem Westen einen Friedensschluß diktieren könne. Es gelang ihm, die führenden Männer der deutschen Wirtschaftsdelegation zu überzeugen. Der stellvertretende Delegationsleiter, Schnurre, zweifelte nicht, daß Stalin ein starkes Deutschland im Zentrum Europas wünsche, ein Deutschland, das der Sowjetunion auf Dauer freundschaftlich verbunden sei. Dies, so habe Stalin in den Gesprächen gesagt, entspräche der alten deutsch-russischen Tradition, nach der es beiden Ländern immer gut gegangen sei, wenn sie zusammenhielten, und schlecht, wenn sie Differenzen auszutragen hatten. Schnurre erinnerte sich an eine weitere »Bemerkung Stalins uns gegenüber. Er wünsche, daß Deutschland in diesem Krieg siegreich bliebe. Die Sowjetunion sei bereit, alles zu tun, um dabei zu helfen. Sollte aber der unwahrscheinliche Fall eintreten, daß Deutschland in die Knie gezwungen würde, so stünde er mit einer Million Mann der Roten Armee am Rhein bereit, uns zu helfen.«[50]

Ferner entwickelte Stalin im Verlauf der Besprechungen vom 31. Dezember 1939 die Vision einer gemeinsamen Ausbeutung des gewaltigen Reichtums der Sowjetunion. Er betonte: »Wenn Deutschland die notwendigen Maschinen und Einrichtungen liefere, so könne in der Sowjetunion genug gefördert werden, um ›zwei Deutschlands‹ mit diesen Metallen zu versorgen.« Ritter bezeichnete diese Ausführungen als eine für beide Seiten interessante Perspektive und erklärte die Bereitwilligkeit Deutschlands, mit der Sowjetunion in dieser Richtung zusammenzuarbeiten. Doch der Gang der Gespräche – die mangelnde Bereitschaft der deutschen Seite, mit nennenswerten Lieferungen zu beginnen – verstärkte das Mißtrauen Stalins. Es wurde keine Einigung erzielt.

Dies veranlaßte Schulenburg, erneut in die stockenden Verhandlungen einzugreifen. Am 7. Januar 1940 suchte er Molotov auf, um die entstandenen Spannungen zu lösen.[51] Er bemühte sich um eine sinnvolle Interpretation der Verwendung der beiden fraglichen Begriffe von deutscher Seite und wies erneut darauf hin, daß Deutschland nach all den wertvollen Diensten, die es der Sowjetunion »bei der Erweiterung ihrer Gebiete« geleistet habe, nun erwarte, daß die Sowjetunion Deutschland durch schnelle Lieferung ihrer Rohstoffe einen Gegendienst erweise. Deutschland, so hob der Botschafter hervor, habe »durch seine Vorleistung im Verlaufe des Feldzuges gegen Polen der Sowjetunion einen Dienst erwiesen ..., der eine Kompensation zweifellos rechtfertige«. Mikojan – so betonte Schulenburg nach der russischen Aufzeichnung – hat den Ausgleich der Lieferbalance für Ende 1940 gefordert; die deutsche Seite erbittet aber Aufschub bis mindest 1. April 1941!

Molotov stellte »Opfer« von sowjetischer Seite in Aussicht, bat aber um Mitteilung, was tatsächlich in nächster Zeit auf dem Sektor der Rüstungsindustrie von Deutschland zu erwarten sei. Die fatalen Engpässe der russischen Kriegführung schlugen in seinen Argumenten durch.

Hitler, dem Ribbentrop auf Bitte Ritters am 15. Januar in dieser Frage Vortrag hielt, konnte sich »nur schwer entschließen ..., bei einzelnen ... Punkten eine positive Entscheidung zu treffen.« Und Ribbentrop selbst beauftragte Ritter, bei Molotov vorstellig zu werden, um ihm zu erklären, »daß seine (Molotovs) Erinnerung über Erklärungen des Reichsministers wegen militärischer Lieferungen auf einem Irrtum beruhten«.[52]

Die Liefertermine, die Hitler nun für die wichtigsten Einzelposten der sowjetischen Wunschliste festlegte, lagen nach dem 1. Juni 1941! Die Schiffsbaupläne der »Bismarck«-Klasse sowie den Schiffskörper der »Lützow« wollte er »so spät wie möglich an Rußland (geben) ..., da er hofft, bei günstiger Entwicklung der Kriegslage ganz darum herumzukommen«.[53] Hinsichtlich der Flugzeugpläne sollte die Sowjetregierung »angemessene« Lizenzgebühren erstatten.

Botschafter Schulenburg war über diese Entwicklung der Dinge deprimiert. Am 20. Januar 1940 schrieb er privat nach Berlin, er sei »tief unglücklich!«. Seine Sorgen ließen ihn alles Persönliche vergessen. Die Arbeit wachse »ins Gigantische: ... ich habe keine freie Minute mehr.«[54] Am 28. Januar schrieb er dem Auswärtigen Amt: Die Tatsache, »daß (wir) nicht in vereinbarte(r) Höhe lieferfähig und lieferwillig« seien, habe das Mißtrauen weiter stark erhöht und die russische Einstellung kompliziert. Die russische Seite beschwere sich anhand zahlreicher Beispiele über ihre wachsenden Schwierigkeiten, Aufträge in Deutschland unterzubringen. Viele deutsche Firmen antworteten überhaupt nicht, andere würden jahrelange Lieferfristen nennen, die praktisch Verhandlungen überhaupt ausschließen würden. Das Tempo für die Unterbringung russischer Bestellungen bleibe schon jetzt erheblich hinter dem Tempo der russischen Lieferungen zurück.»Russen bitten dringend um Abhilfe und um eine positivere Einstellung zu Russen-Bestellwünschen.« Das Telegramm schloß mit der Aufforderung, es müsse endlich sichergestellt werden, daß»den Russen im Kreditvertrag und bei jetzigen Verhandlungen zugesagte Lieferungen in der angegebenen Höhe und mit den festgesetzten Lieferfristen« auch wirklich zugingen.[55]

Gleichzeitig beantragte Schulenburg nun selbst eine Dienstreise nach Berlin, um dort Einfluß auf die Verhandlungen zu nehmen. Vor seiner Abreise bat er um eine zweite gemeinsame Besprechung mit den Leitern der deutschen Wirtschaftsdelegation und Stalin, die ihm für den Abend des 29. Januar 1940 gewährt wurde. Diesmal zeigte sich Stalin sowohl im Ganzen als auch im Detail flexibel und bewies damit, daß er die deutsche Erklärung, aufgrund der Erfordernisse der eigenen Kriegsführung zu Lieferungen größerer Rüstungskontingente nicht imstande zu sein, ernst nahm (»Die Sowjetregierung habe nicht die Absicht, Deutschland unerfüllbare Forderungen zu stellen«). Zugleich gestand er damit indirekt seinen großen Rüstungsmangel im Winterkrieg ein. So war er bei Geschütztürmen, die nach deutschen Angaben eine zu lange Lieferzeit hatten, bereit, auf andere Kaliber auszuweichen. Ferner stellte er der deutschen Seite angesichts der langen Lieferfristen jetzt anheim, zwei Verträge abzuschließen, von denen der erste sich auf das Jahr 1940 und der zweite auf 1941 beziehen würde. Allerdings bestand er weiter auf Ausgleich der Bilanz, betonte aber nun, die Sowjetregierung wolle keine Lieferungen,»die Deutschland schwerfielen, sie wolle auf solchen Lieferungen nicht bestehen und nichts erpressen«.

Botschafter Ritter, den Stalin hier nach seiner Rückkehr aus Berlin zum ersten Mal empfing (eine frühere Bitte Ritters war aufgrund angeblicher »physischer Unmöglichkeit« abgelehnt worden), hielt dem entgegen, er könne diesem Vorschlag nur zustimmen, wenn die russischen Rohstoffe sofort geliefert würden. Ritter deutete nun die entsprechende Formulierung im Notenwechsel dahingehend um, daß die wirtschaftliche Hilfe Rußlands für die deutsche Kriegführung »in den sofortigen und vorherigen (!) Lieferungen von Rohstoffen aus Rußland bestünde, für die die deutschen Kompensationslieferungen in einem längeren Zeitraum erfolgen sollten«.

Begreiflicherweise hat sich Stalin diesen weit hergeholten Standpunkt, in dem er eine grundlegende Umorientierung erkennen mußte, »nicht zu eigen gemacht«. Er war sogar »zeitweise ziemlich erregt«, entschuldigte dies aber später wieder. Er hob hervor, daß die Sowjetunion Deutschland eine sehr wertvolle Hilfe leiste und sich damit in aller Welt Feinde geschaffen habe, und lehnte es insbesondere ab, über die neuerlich von deutscher Seite als Vorleistung für die industriellen Lieferungen geforderten Buntmetallieferungen zu sprechen. Er war bereit, die entsprechenden Lieferungen an dieser Bedingung scheitern zu lassen.

Bestürzt begab sich Schulenburg nach Berlin. Noch auf dem Wege wirkte er bereits in geeigneter Weise auf Außenminister Ribbentrop ein und erreichte, daß dieser eine persönliche Botschaft an Stalin richtete. Diese ging zwar nicht hinter den Stand der neuen deutschen Forderungen zurück, motivierte diese aber in einer aus Moskauer Sicht plausiblen Weise, in der sich der Einfluß Schulenburgs zu erkennen gab. Ribbentrop erinnerte an die ihm in Moskau gemachte Zusage, »Deutschland während des uns aufgezwungenen Krieges wirtschaftlich zu unterstützen«, und brachte eine neue, zukünftige Dimension ins Gespräch, als er behauptete, es handle sich doch nun darum, »in möglichst rascher und großzügiger Weise den Neuaufbau der Wirtschaftsbeziehungen zwischen beiden Ländern durchzuführen«. Er erinnerte erneut an die beträchtlichen deutschen Vorleistungen in Polen und sah die Zurückhaltung der Sowjetregierung als ungerechtfertigt an. Zugleich bestand er darauf, daß der im Notenwechsel vereinbarte Zeitbegriff sich nicht kurzfristig werde realisieren lassen, und ließ damit durchblicken, daß hinter der deutschen Neuinterpretation (»vorherig«) ein bitteres Muß stehe: Er bat aus Gründen der angespannten deutschen Kriegslage um das sowjetische Verständnis.[56]

Unmittelbar nach Empfang des Schreibens Ribbentrops ließ Stalin die Leiter der deutschen Wirtschaftsdelegation zu sich kommen, um ihnen in grundlegend veränderter Stimmung mitzuteilen: »Der Brief des Reichsaußenministers von Ribbentrop ändere die Lage«.[57] Stalin berührte den bereits erheblichen deutschen Lieferungsrückstand nicht mehr, nahm von dem Vorschlag eines Vertrags selbst in nur zwei Etappen Abstand und bezeichnete nun auch die Lieferung der gewünschten Buntmetalle als möglich. Er räumte eine vertragliche Regelung der verspäteten deutschen Lieferungen ein, bat aber um den Vorschlag angemessener Preise (»Man solle die Gutmütigkeit der Sowjetunion nicht ausnützen«). Schließlich beschied Stalin auch das seit Monaten von deutscher Seite erfolglos betriebene Anliegen, ein großes Schiff, angeblich zur Verarbeitung von Fischfängen, in den Gewässern von Murmansk zu stationieren, positiv. Erleichtert meldeten Geschäftsträger von Tippelskirch und Botschafter Ritter dem Auswärtigen Amt, die Geste Ribbentrops sei »gerade zur rechten Zeit für hiesige Situation gekommen«. Nur unter dieser Bedingung sei es zu einer Einigung gekommen.[58] Nach den Erinnerungen Schnurres hatte Stalin in dieser Sitzung »in großzügiger und sachkundiger Weise – entsprechend den von Ribbentrop vorgetragenen Wünschen – diese Frage« gelöst.

Trotz der souveränen Ruhe, mit der Stalin – nach Auskunft Schnurres[59] – die Fragen der Lieferfristen gelöst hatte, vergingen – entsprechend dem damals in Berlin vorgelegten Tempo – bis zur Unterzeichnung des Wirtschaftsabkommens noch hektische Tage. Der Vertrag war auf den 11. Februar 1940 vordatiert, doch die Arbeit am Text zog sich bis in die frühen Morgenstunden des 12. Februar hinein. Zu dieser Stunde unterzeichneten für die deutsche Regierung Botschafter Ritter und Gesandter Schnurre, für die Sowjetregierung Außenhandelskommissar Mikojan und der für Wirtschaftsfragen zuständige Leiter der Sowjetischen Handelsvertretung Berlin, Babarin, das Wirtschaftsabkommen zwischen dem Deutschen Reich und der Union der Sozialistischen Sowjetrepubliken.[60] Es sah für die Zeit vom 11. Februar 1940 bis zum 11. August 1941 bedeutende Lieferungen vor: Die sowjetischen Lieferungen umfaßten 1 Mio. t Getreide, 900 000 t Erdöl, 100 000 t Baumwolle, 500 000 t Phosphate, 100 000 t Chromerz, 300 000 t Schrott und Roheisen, 240 kg Platin und andere für die Kriegsproduktion wichtige Metalle wie Vanadium, Iridium, Wolfram und anderes.[61]

Als einziges wichtiges Objekt auf dem Gebiet der Kriegsschiffahrt fiel der Sowjetunion der halb fertiggestellte Schlachtkreuzer »Lützow« zu, den ihr die deutsche Seite – mit 150 Mio. RM überhöht – überlassen hatte. Er wurde im Juni 1940 von Kiel durch die Ostsee geschleppt und im Leningrader Hafen unter Anleitung deutscher Ingenieure und Fachkräfte – auf Wunsch Stalins als ein Lernbeispiel für seine eigene Schiffahrt – weitergebaut. Er war nicht fertigzustellen und insofern gebrauchsunfähig, als der deutsche Angriff auf die Sowjetunion begann.

In seiner Aufzeichnung über das erreichte Wirtschaftsabkommen hob Schnurre hervor, daß es sowjetische Leistungen innerhalb von 18 Monaten, deutsche Gegenleistungen aber nur innerhalb von 27 Monaten vorsehe. (Die Leistungen sollten unter umgekehrter Steigerung erfolgen, so daß die sowjetische Seite massiv zuerst und die deutsche Seite stärker zum Ende hin liefern würde.) Es sei – betonte Schnurre – sehr schwer gewesen, »das stets vorhandene Mißtrauen« der Sowjetvertreter zu neutralisieren. Wichtig seien aber nicht nur die »günstigen« Lieferfristen und großen Liefermengen, sondern auch die sowjetische Bereitschaft, für Deutschland Metalle und Rohstoffe in Drittländern zu erwerben. Stalin habe dabei persönlich großzügige Hilfe zugesichert. Damit sei das Abkommen für Deutschland »das weit geöffnete Tor im Osten. Die Rohstoffbezüge aus der Sowjetunion und aus den an die Sowjetunion angrenzenden Ländern lassen sich noch ganz beträchtlich steigern. Notwendig ist die Erbringung der deutschen Gegenleistung im erforderlichen Ausmaße. ... Gelingt es uns, ... so wird durch die hereinkommenden Rohstoffe aus dem Osten die englische Blockade in ihrer Wirkung in entscheidender Weise abgeschwächt.«[62]

Die Erbringung einer deutschen Gegenleistung lag nicht im Interesse Hitlers. So blieb die Gegenseitigkeit des Vertragswerks hohle Deklaration, bis der Rohölbedarf der deutschen Wehrmacht auf ihrem Wege nach Westen in der Praxis neue Bedingungen vorschrieb. Dabei war das deutsche Liefervolumen permanent im Rückstand und blieb die Weiterentwicklung der Wirtschaftsverhandlungen ein Stimmungsbarometer sui generis, das im weiteren Verlauf außerordentlich starken Schwankungen unterworfen war.

Der Winterkrieg: Hitler erkennt ein russisches Debakel

Die deutschen Diplomaten, die den Verhandlungen Ribbentrops mit Stalin beigewohnt und die Entstehung der Schlußerklärung der beiden Regierungen verfolgt hatten, setzten auf ihre Weise Hoffnungen darauf, daß es nach der Beendigung des Polenfeldzugs zu einem Friedensschluß mit England und Frankreich käme. Angesichts der Art der Führung dieses »seltsamen Kriegs« durch die Westmächte und der weitgehenden Tatenlosigkeit, mit der sie der Aufteilung Polens zugesehen hatten, hielt es Botschafter Schulenburg – nach dem fait accompli der vollständigen Aufteilung Polens – aus der Sicht der Westmächte für »zu unsinnig, wegen nichts einen großen Krieg auszufechten«.[63]

Wenn Schulenburg am 1. Oktober 1939 privat nach Berlin schrieb, mit dem Besuch Ribbentrops in Moskau sei »ein *sehr* großer, ein sehr bedeutungsvoller Erfolg« erzielt worden und »all das ... geschehen, was ich wollte«[64], so hatte er hierbei – neben dem Umstand, daß es über Polen nicht zu deutsch-sowjetischen kriegerischen Verwicklungen gekommen war – wohl vor allem die Tatsache im Auge, daß die Regierung Hitlers mit der Zustimmung zu der gemeinsamen Erklärung ihre Friedensbereitschaft dokumentiert hatte. Damit schien ein wichtiges Ziel erreicht. Was die Haltung der Sowjetregierung betraf, so zweifelten die führenden Männer der Botschaft nicht daran, daß ihr Hauptinteresse – und sei es nur ihr wohlverstandenes Eigeninteresse – in einer Begrenzung und, wenn möglich, Beilegung der Konflikte lag, deren Ausweitung eine wachsende Gefahr für ihre eigene Sicherheit mit sich brachte. Die Tatsache, daß die durch die Erklärung eröffnete Friedensinitiative keine Resultate zeitigte, belastete den Botschafter schwer. Seiner Korrespondentin in Berlin teilte er am 26. Oktober 1939 mit, niemand wisse besser als er, »daß der Krieg etwas Schreckliches ist ... Glaube mir, wir arbeiten mit aller Kraft daran, ihn so schnell wie möglich zu Ende zu bringen. ... wir verlieren den Mut nicht. Ich fürchte, ein paar Monate wird es noch dauern. Das wird sich nicht vermeiden lassen. Ich bin weiter hier völlig festgenagelt. Moskau ist im Augenblick zu wichtig, als daß ich meinen Posten auch nur einen Tag verlassen könnte. Es gibt unaufhörlich etwas Neues und Wichtiges.«

Die Bemühungen des Botschafters richteten sich in diesen Wochen einerseits darauf, mäßigend auf Berlin einzuwirken. So versuchte er weiter, unüberlegte Handlungen jener Dienststellen zu verhindern, die – angesichts der angeblich bevorstehenden Sowjetisierung der baltischen Republiken in wahre Hysterie verfallen – eine überstürzte und panikartige Aussiedlung der deutschen Bevölkerung aus diesen Gebieten betrieben. Eine solche Reaktion war nach Kenntnis der Botschaft politisch ungerechtfertigt und stellte in der Weltöffentlichkeit einen Affront gegen die Sowjetregierung dar. Diese nahm – wie der stellvertretende Außenkommissar Potemkin den deutschen Botschafter prompt wissen ließ – an der fluchtartigen Abwanderung der Deutschen aus Estland und Lettland Anstoß (»sie scheinen ihr Schicksal als eine Katastrophe zu empfinden«), da sie den Anschein erweckte, die Sowjetunion trage sich mit aggressiven Plänen im Baltikum. Nachdem Schulenburg bereits früher die in Berlin entstandenen Ängste als übertrieben zurückgewiesen hatte, verschaffte er den sowjetischen Wünschen nach einer geregelten Aussiedlung dieser Deutschen Mitte Oktober Geltung.[65]

Andererseits verfolgte die Botschaft mit Aufmerksamkeit die außenpolitischen Schritte der Sowjetregierung. Das neue Selbstbewußtsein der Sowjetregierung, zu dem sie selbst durch ihre erfolgreichen Bemühungen, die Sowjetunion aus der weltpolitischen Isolation zu führen, nicht wenig beigetragen hatte, bereitete ihr vorerst weniger Sorgen: Sie glaubte es durch die vorsichtige, konfliktvermeidende Langzeit-Strategie Stalins im Kern gebunden. Ein weiteres militärisches Eingreifen Stalins hielt die Botschaft in Erinnerung an die Mühen, deren es bedurft hatte, um ihn in Polen aktiv werden zu lassen, für unwahrscheinlich. Die amtliche wie private Korrespondenz des Botschafters liefert dafür ausreichend Beweise; sie enthält damit ein weiteres Indiz dafür, daß in den Verhandlungen zum Nichtangriffsvertrag mit seinem geheimen Zusatzprotokoll von sowjetischer Seite Absichten einer militärischen Inbesitznahme der ihr zugesprochenen Interessensphäre nicht zur Sprache gekommen waren und sich solche auch aus dem Kontext der Gespräche nicht notwendig ergaben. Die Berichte der Botschaft über die Entwicklung der Beziehungen der UdSSR zu Finnland, das nach dem Geheimprotokoll vom 23. August zusammen mit Estland, Lettland und dem bessarabischen Teil Rumäniens der sowjetischen Interessensphäre zugesprochen war, sind in dieser Hinsicht schlüssig.

So schrieb der Botschafter am 20. Oktober – acht Tage nach Aufnahme der finnisch-sowjetischen Direktverhandlungen in Moskau und sechs Tage nach der Überreichung des ersten sowjetischen Memorandums an die Regierung J. Paasikivi und V. Tanner am Ende sechsmonatiger erfolgloser Verhandlungen[66] – privat nach Berlin, in Finnland herrsche wildeste Aufregung; man glaube, daß ein Krieg mit der Sowjetunion vor der Tür stehe. »Ich glaube an alles das *nicht*!! Es sind eben böse Zeiten!«[67] Das Urteil Schulenburgs traf den Kern der Sache: Mit den »bösen Zeiten« sprach er eine Situation an, in der die deutsche Einladung zur Aufteilung der Interessensphären den Ausbruch aus der Ordnung des Völkerrechts eingeleitet und jeder Art von Ungesetzlichkeit Tür und Tor geöffnet hatte – mit bösen Überraschungen mußte nun ständig gerechnet werden; hingegen gingen Stalin und die Mitglieder des Politbüros zu diesem Zeitpunkt davon aus, daß die finnische Regierung die sowjetischen Forderungen – Abschluß eines umfassenden Beistandspakts und Abtretung strategisch wichtiger Gebiete für eine Kompensation in Ostkarelien – ebenso annehmen würde, wie dies die baltischen Regierungen getan hatten.[68] Sie glaubten nicht, daß es zum Krieg kommen würde. Im Vordergrund ihrer Überlegungen stand die militärische Sicherheit des russischen Nordens, insbesondere der zweiten Hauptstadt der Union, Leningrads. Sie betrachteten Finnland bei einer Ausweitung des Krieges als politisch unsicher und militärisch gefährdet – eine potentielle place d'armes der sogenannten imperialistischen Mächte, unter ihnen Deutschlands, gegen die UdSSR. Im strategischen »Verständnis jener Zeit« (Chruschtschev), das sich auch in dieser Frage dem militärischen Denken des Russischen Reiches näherte, kam der Absicherung der Gebiete im weiten nördlichen Umkreis von Leningrad eine vorrangige Bedeutung zu.

Schulenburg war seit seiner Warschauer Zeit gut mit dem finnischen Generalstabschef, Carl Gustav Emil Freiherr von Mannerheim, bekannt und teilte seine Kenntnis der klassischen russischen Militärdoktrin ebenso wie sein Militärattaché (beide, Köstring und Mannerheim, waren Absolventen der russischen Kadettenanstalt). Er verfolgte die finnischen Reaktionen mit Aufmerksamkeit. Mit dem Finnischen Gesandten in Moskau, Baron A. S. Yrjö-Koskinen, stand er auf gutem Fuße und dürfte von ihm zumindest in Umrissen, wenn nicht im Detail, über den Verlauf der sowjetisch-finnischen Verhandlungen aus finnischer Sicht unterrichtet worden sein. Die Forderungen der UdSSR an Finnland schienen ihm angesichts der auf deutsches Betreiben herbeigeführten Gesamtlage Europas erfüllbar. Die Tatsache, daß – wie das sowjetische Memorandum formulierte – »die Hauptsorge der Sowjetunion ... in zwei Momenten besteht: a) einer Garantie für die Sicherheit der Stadt Leningrad, b) der Gewißheit, daß Finnland fest auf der Grundlage freundschaftlicher Beziehungen zur Sowjetunion steht« und keiner fremden Macht die Möglichkeit zum Aufmarsch gegen die UdSSR einräumt, leuchtete Botschafter wie Militärattaché ein. Die Forderungen, die darauf gerichtet waren, die bestehende Grenze zurückzuverlegen, um die zweite Landeshauptstadt im Konfliktfall nicht fremdem Artilleriebeschuß auszusetzen (Stalin: »We can't move Leningrad, so the line has to move«), erschienen im Hinblick auf eine mögliche Eskalation des Krieges und das bekanntermaßen übergroße russische Sicherheitsbedürfnis verständlich. Die Mittel, mit denen die Sowjetregierung diese Sicherheitszone zu etablieren suchte, waren bitter: Pacht des Hafens und Gebietes von Hangö auf dreißig Jahre, Abtretung der Inseln Gotland u. a. sowie von Teilen der karelischen Landenge usw., »alles zusammen 2761 km²« im Austausch gegen 5529 km² sowjetischen Gebiets, Fernhalten fremder Mächte, einschließlich Schwedens, von den Åland-Inseln und Vertiefung des bestehenden Nichtangriffspakts durch Aufnahme eines strenges Koalitionsverbots und einer Beistandsklausel; doch hatten die baltischen Staaten wenige Wochen zuvor wohlweislich ähnlichen Forderungen zugestimmt. Die Deutsche Botschaft ging davon aus, daß die Sowjetregierung eine Einwilligung Finnlands notfalls durch diplomatischen und politischen, nicht aber militärischen Druck erzwingen und es nicht zu einem kriegerischen Konflikt kommen lassen würde. Sie unterlag damit einerseits einer Fehleinschätzung der in Finnland dominierenden antirussischen Haltung, befand sich aber in Übereinstimmung mit den Rußlandkennern in der finnischen Regierung – einzelne Mitglieder, wie Paasikivi, plädierten für ein Nachgeben, und Feldmarschall Mannerheim hatte ein gewisses Verständnis für die Forderungen Stalins nach militärischer Kontrolle über den südlichen Küstenstreifen; sie unterschätzte andererseits das erstarkende russische Großmachtgefühl, das sich – vom deutschen Beispiel inspiriert – ungerechtfertigten Erwartungen an die spontane Schlagkraft der Roten Armee hingab. Zwar gab Stalin – hierin täuschte sich Schulenburg nicht – bis zuletzt einer nichtmilitärischen Lösung den Vorzug, doch begann sich seine unrealistische Einschätzung der militärischen Möglichkeiten der Roten Armee angesichts der finnischen Unnachgiebigkeit allmählich über das Gebot von Vorsicht und Sicherheit um jeden Preis hinwegzusetzen. Tatsächlich bestand noch das zweite Memorandum, das die Sowjetregierung Finnland am 23. Oktober übergab, auf der Erfüllung der »minimalen Vorschläge, die durch die elementaren Forderungen der Sicherheit des sowjetischen Staates, in Sonderheit Leningrads mit seiner Bevölkerung von 3,5 Millionen, diktiert sind«. In ihrem Memorandum an die Sowjetregierung vom selben Tage räumte die finnische Regierung ein, daß »Finnland das Bestreben der UdSSR nach Garantierung der Sicherheit der Stadt Leningrad versteht«, jedes Nachgeben aber eine Einschränkung ihrer Neutralität zur Folge hätte. Molotov setzte den deutschen Botschafter in Ausübung der Konsultationspflicht am 26. Oktober und 2. November über den Gang der Verhandlungen (»solide Grundlage«) und die sowjetischen Forderungen an Finnland (»minimal«) in Kenntnis.[69]

Während seiner Instruktionsreise (3.–9. November) traf der Botschafter im offiziellen Berlin auf ein prononciertes Desinteresse am Schicksal Finnlands, das auf finnischer Seite nicht zu Unrecht tiefste Erschütterung hervorrief. Der schwedische Forscher Sven Hedin, mit Schulenburg aus seiner Teheraner Zeit freundschaftlich verbunden, hatte zwei Wochen vor ihm (13.–16. Oktober) in Berlin in friedensstiftender Mission Gespräche mit führenden Männern von Staat und Partei geführt. Hierbei hatte Göring jede deutsche Intervention zugunsten Finnlands abgelehnt und betont, bei einer Ausweitung des Krieges sei es sogar möglich, daß Finnland ganz unter sowjetische Kontrolle komme, während Hitler die Möglichkeit eines ernsthaften Konfliktes zwischen der UdSSR und Finnland im Grunde ausschloß und die sowjetischen Forderungen an Finnland als »mäßig« bezeichnete – sie seien »keineswegs so weitgehend . . . wie die Forderungen, die an die baltischen Staaten gestellt wurden«.[70] Dies war zwar die Umkehrung der Tatsachen (in den baltischen Ländern hatte die UdSSR nur eine punktuelle militärische Präsenz vereinbart, während ihre Forderungen an Finnland im wesentlichen auf die Kontrolle über die südliche Küstenregion hinausliefen), zeugt aber ein weiteres Mal vom Verständnis der deutsch-sowjetischen Absprachen hinsichtlich des Gebrauchs der Interessensphären: Die deutsche Seite hatte Stalin wohl verstanden, wenn er primär (»vorläufig«) eine begrenzte Kontrolle über die strategisch wichtigen Punkte bzw. Streifen innerhalb dieser Zone anstrebte und sich allein für den Fall einer Ausweitung des internationalen Konflikts weitergehende Kontrolle über diese Gebiete vorbehielt.

Die Haltung des offiziellen Berlin gegenüber Finnland hinterließ bei Schulenburg ein tiefes Unbehagen. Wie sein finnischer Kollege in Moskau wußte, litten er und seine Mitarbeiter an der Botschaft »unter der von Hitler gegenüber Finnland eingeschlagenen Politik«[71]. Gleichwohl wußte er nur zu gut, daß der Bewegungsspielraum Finnlands extrem eng war. Er suchte nach einem weisen Ausweg aus einer allseitig komplexen Lage. In den Wochen nach seiner Rückkehr bemühte er sich in Moskau um einen friedlichen Ausgleich, ohne hierfür eine offizielle Handhabe zu besitzen. Dem sowjetischen Außenkommissar teilte er – wie die russische Aufzeichnung festhielt – bei der ersten Begegnung nach seiner Rückkehr, am 13. November 1939, in Vortäuschung einer vermeintlichen Weisung dieses Inhalts mit, daß »in Berlin eine Lösung nur auf friedliche Art gewünscht« würde[72] – ein weiterer Hinweis darauf, daß der Augenzeuge der August-Verhandlungen die jeweilige Verwendung der Interessensphäre nicht notwendig mit militärischen Maßnahmen verband! In Wahrheit hatte ihn seine Weisung aber, wie sein telegrafischer Bericht über dieses Gespräch an das Auswärtige Amt bezeugt[73], nur zu der Frage berechtigt, »ob die Sicherstellung (der sowjetischen Forderungen an Finnland, I. F.) auf friedlichem oder anderem Wege beabsichtigt sei« – Berlin wollte sich auf entsprechende Maßnahmen Moskaus einstellen. Auch in dieser Frage schaltete er sich also mit einer Souveränität in den Gang der deutsch-sowjetischen Beziehungen ein, die weit über die Befugnisse eines Botschafters des nationalsozialistischen Deutschland hinausging. Doch Molotov äußerte erstmals Bedenken: Es sei – laut sowjetischer Aufzeichnung – »jetzt schwer zu sagen, ob man auf friedlichem Wege zum Ziel komme« (Telegramm Schulenburgs: »daß sich dies noch zeigen würde«) – »die Mindestforderungen müßten erfüllt werden«. Die Verhandlungen verliefen ungünstig. Die Vorschläge der Sowjetregierung seien auf Ablehnung gestoßen, und die finnischen Zugeständnisse im Gebiet von Leningrad seien völlig unzureichend.

Schulenburg scheint nach dieser beunruhigenden Auskunft Molotovs umgehend Verbindung zur Finnischen Gesandtschaft aufgenommen zu haben. Er suchte sie vom Ernst der Lage und der Notwendigkeit deutlicher Zugeständnisse zu überzeugen und machte V. Tanner indirekt auf den Sinn der deutsch-sowjetischen Abmachungen aufmerksam (»now the Russians have the opportunity they've long been waiting for«).[74] Doch konnte er nicht verhindern, daß die Verhandlungen genau an diesem Tage, wie sich später zeigen sollte: endgültig, scheiterten. Die finnischen Verhandlungspartner reisten ostentativ in der Erwartung aus Moskau ab, die Sowjetregierung könne durch Demonstration ihrer Unnachgiebigkeit zu einer weiteren Mäßigung ihrer Forderungen veranlaßt werden (Stalin hatte in den Verhandlungen, besonders in der Frage von Hangö, Nachgiebigkeit bewiesen): Die finnische Regierung ordnete die Mobilmachung der finnischen Armee und Verstärkung der Truppen an der karelischen Front an.

In der Nacht zum 14. November gab Schulenburg die Mitteilungen Molotovs in seinem telegrafischen Bericht nach Berlin in einer kategorischeren Form wieder, als sie ihm selbst gemacht worden waren: Molotov habe ihm mitgeteilt, »daß Möglichkeit einer Verständigung mit finnischer Regierung an ihrer Unnachgiebigkeit gescheitert sei. ... Sowjetregierung sei fest entschlossen, auf ihren bescheidenen Mindestforderungen ›kategorisch zu bestehen und deren Erfüllung sicherzustellen‹«. Damit machte er seine Regierung einerseits darauf aufmerksam, daß es verantwortungslos sei, die finnische Regierung indirekt in ihrer Unnachgiebigkeit zu bestärken, und regte Gespräche an; andererseits nahm er für den Fall einer kriegerischen Zuspitzung gewissermaßen die sowjetische Ankündigung in Übereinstimmung mit der Konsultationsklausel vorweg und zwang Berlin, seine Haltung zu überdenken. Doch dort bestand kein Interesse an einer Einschaltung zugunsten eines friedlichen Ausgangs der Krise – Hitler bereitete seine Skandinavien-Aktionen vor, und ein sowjetisch-finnischer Konflikt, der die Aufmerksamkeit der Westmächte auf die Seite Finnlands und in Konfrontation mit der UdSSR lenken würde, kam ihm gelegen.

Als Mitte November feststand, daß die finnische Regierung nicht auf ihre strategischen Positionen am finnischen Meerbusen verzichten, sondern sie notfalls verteidigen würde, »kam schon die Entscheidung auf, die Frage mittels eines Kriegs zu lösen« (Chruschtschev). Für diesen existierten weder aktuelle Generalstabspläne[75], noch bestand eine Konzeption für die politische Behandlung der Frage Finnlands, geschweige denn ausreichende Legitimation für den sowjetischen Militäreinsatz.[76] Für beide wurden innerhalb weniger Tage »Lösungen« improvisiert, die sich binnen eines Monats als unhaltbar erwiesen. Es war die Konzeptionslosigkeit der Sowjetregierung, die späterer wissenschaftlicher Forschung den Blick verstellte.[77] Wohl aber bewies die verfehlte Politik Stalins in der finnischen Frage, daß die Sowjetregierung seit Unterzeichnung des geheimen Zusatzprotokolls zum Nichtangriffspakt nicht (oder zumindest nicht ernsthaft) über eine militärisch-politische Durchdringung ihrer Interessensphäre, geschweige denn eine vollständige »Inbesitznahme«, nachgedacht hatte – ihre eigentlichen Absichten in Finnland waren eng begrenzt und, wie im Baltikum, »in ihrer unmittelbaren Zielsetzung eindeutig strategischer Natur«.[78]

So war es nicht erstaunlich, wenn der deutsche Botschafter und Militärattaché weiter auf einen friedlichen Ausgang der Krise hofften. Noch gegen Ende der dritten Novemberwoche relativierten sie die angeblich alarmierenden Mitteilungen über sowjetische Truppenkonzentrationen an der finnischen und bessarabischen Front und schlossen sich der »allgemeinen Annahme« der in Moskau akkreditierten Diplomaten, unter ihnen der englische Militärattaché, an, nach der die »Sowjetunion ihre Forderungen gegen Rumänien wie gegen Finnland auf keinen Fall durch bewaffnetes Einschreiten durchsetzen will. Die Zeit arbeitet für Sowjetunion, besonders auch im Falle Finnland, so daß sie alles ohne Risiko eines Krieges erreichen könne. Englischer Militärattaché ist Auffassung, daß Sowjetunion gegen Rumänien vor nächstem Frühjahr nichts unternehmen wird; andere Militärattachés meinen, daß Stalin seine Ziele unblutig, aber möglichst schnell erreichen möchte, um nicht im Falle eines etwaigen schnellen Abschlusses europäischen Krieges allein nachträglich neue Unruhe hervorzurufen«.[79]

Am Abend des 26. November setzte Molotov den deutschen Botschafter in Erfüllung der Konsultationspflicht über die ersten Anzeichen für den bevorstehenden bewaffneten Konflikt in Kenntnis. Das sowjetische Argument, die auf der karelischen Landenge stationierten sowjetischen Truppen seien an diesem Tage unter »provokatorischen Beschuß« geraten und die Sowjetregierung habe dem finnischen Gesandten anläßlich dieses »unangenehmen Zwischenfalls« eine Protestnote ausgehändigt, bewies, wie stark sich die Sowjetregierung selbst in ihren legitimistischen Bestrebungen nun in deutsche Abhängigkeit begab – der Anlaß zum deutschen Angriff auf Polen war mit der makabren Maskerade des angeblichen Sturms auf den Sender Gleiwitz inszeniert worden; Schulenburg verstand die Begründungsnöte der Sowjetregierung und versuchte, ihr Gesicht zu wahren: Laut sowjetischer Aufzeichnung »stimmte Schulenburg mit Molotov darin überein, daß hier unzweifelhaft eine Provokation stattgefunden hat«.[80]

Anders als der deutsche Partner in seinem Vorgehen gegen Polen verlangte die Sowjetregierung in ihrer Note ultimativ den Rückzug der finnischen Truppen auf 20 bis 25 km von der Grenzlinie. Diplomatische Kreise um Schulenburg schlossen nicht aus, daß sich die Sowjetregierung zu diesem Zeitpunkt mit der strategischen Sicherung einer solchen Pufferzone jenseits der sowjetisch-finnischen Grenze begnügt hätte. Der deutsche Botschafter erschien befreundeten Kollegen jetzt »sehr bestürzt und besorgt«[81], wagte aber selbst am 29. November 1939 – dem Tage des sowjetischen Abbruchs der diplomatischen Beziehungen zu Finnland und Kündigung des sowjetisch-finnischen Nichtangriffspaktes – noch nicht zu sagen, »wie die Dinge sich dort entwickeln werden«.[82] Er hegte wohl eine leichte Hoffnung, daß die finnische Regierung nun, da sie unter den militärischen Druck der UdSSR geriet, ihren Widerstand aufgeben könnte. Seine Erwartungen bewegten sich weiter auf einer realistischen Linie, wie sie auch in einigen Kreisen der finnischen Regierung verfolgt wurde und heute von offizieller finnischer Seite als der bessere Weg gesehen wird.[83]

Die militärischen Planungen setzten auf sowjetischer Seite sehr spät und in größter Anspannung, wenn nicht Hektik, und zwar – nach den Erinnerungen Chruschtschevs – erst dann ein, als die finnische Regierung die sowjetische Forderung nach Anerkennung der Regierung Kuusinen und Abtretung Kareliens zurückwies. Sie stützten sich nun auf einen älteren, unpräzisen Teilplan des Generalstabs für den Fall eines militärischen Konflikts mit Finnland.[84] Nach der Erinnerung Chruschtschevs beabsichtigte Stalin selbst dann noch, durch diesen militärischen Druck lediglich die politische Zustimmung der finnischen Regierung zu erzwingen (»wenn die Finnen schon unseren Worten nicht glauben, so werden sie sich, wenn die Kanonen schießen, ergeben und unsere Forderungen annehmen«). Zu einer solchen Militäraktion habe sich die Regierung Stalins zwar nicht juristisch, wohl aber moralisch im Recht gefühlt: Das Bewußtsein, daß sie dem Nachbarn auf diese Weise Verträge diktiere, die ihre eigene Existenz sichern sollten, habe in der Umgebung Stalins die »moralische Legitimation für diese Aktion« abgegeben.

Am 30. November 1939 – die Rote Armee überschritt an acht Stellen, mit Schwergewicht auf der karelischen Landenge, die finnische Grenze, und die Luftwaffe bombardierte Helsinki – wurde Schulenburg aus Berlin fernmündlich nach dem sowjetischen Vorgehen in Finnland gefragt. Er nahm dies zum Anlaß, um Molotov persönlich nach den sowjetischen Absichten in Finnland zu befragen. Der Außenkommissar bedauerte, daß »die Frage der Sicherung von Leningrad nicht auf friedliche Weise habe gelöst werden können«. Schulenburg fragte, ob sowjetische Truppen die Grenze überschritten hätten. Molotov bejahte dies, worauf Schulenburg zu wissen wünschte, ob die sowjetische Luftwaffe beteiligt sei. Molotov bejahte auch diese Frage. Als Grund für den Angriff nannte Molotov die Tatsache, daß sich die Sowjetregierung von der finnischen Regierung getäuscht fühle. Sie beabsichtige deshalb eine Regierung einzusetzen, die sowohl zur Sowjetunion als auch zu Deutschland freundschaftliche Beziehungen unterhalten werde. Er betonte, daß dies nicht eine sowjetische, sondern eine demokratische Regierung sein werde; niemand wünsche, in Finnland Räte (Sowjets) zu etablieren, vielmehr eine Regierung, mit der sinnvoll über Garantien für die Sicherheit Leningrads gesprochen werden könne.[85]

Die Anrufung des Völkerbundes durch die legitime finnische Regierung und Einberufung einer Sondersitzung am 3. Dezember stellte die Sowjetregierung vor eine neue Lage. Auch auf diese Eventualität war sie, die peinlichst um Legitimierung ihrer internationalen Schritte bemüht gewesen war, nicht vorbereitet. Ihre Verunsicherung war so total, daß sie am folgenden Tage die Tatsache des faktisch bestehenden Kriegszustandes schlicht verneinte, ihre Teilnahme in Genf verweigerte und gleichzeitig die deutsche Seite »nach den Gründen für die Waffenruhe an der Westfront und das Nachlassen der Luftangriffe auf England« fragte.[86] Daneben scheint Molotov angedeutet zu haben, daß von schwedischer Seite die Möglichkeit einer Friedensvermittlung sondiert würde, die Sowjetregierung aber nicht gesprächsbereit sei. Für Schulenburg hatte diese Mitteilung Aufforderungscharakter.[87] Umgehend suchte er in Berlin die Idee einer deutschen Friedensvermittlung zu lancieren. Er stieß auf taube Ohren. In der Umgebung Hitlers herrschte Zufriedenheit über den sowjetischen Waffengang nach Finnland (»Das ist gut für uns zu gebrauchen. Unruhe tut not in dieser Zeit!«[88]). Ein Telegramm Weizsäckers an die Deutsche Botschaft sowie sein Runderlaß vom 5. Dezember[89] machten die Idee des Botschafters zunächst zunichte – das Auswärtige Amt sah Deutschland, das Finnland an die sowjetische Interessensphäre ausgeliefert hatte, offiziell als »an diesen Ereignissen unbeteiligt« und machte Finnland und England für den Konflikt verantwortlich! Ja, der Botschafter wurde angewiesen, in seinen Gesprächen mit Vertretern der sowjetischen Regierung Sympathie für den russischen Standpunkt zu bekunden. Weizsäcker wörtlich: »Jede Sympathieäußerung für finnischen Standpunkt bitte ich zu unterlassen.«

Eine solche Weisung hatte für Schulenburg nur begrenzt Gültigkeit. Auch war er nicht der Mann, seine Gefühle zu verbergen. In einem größeren internationalen Kreis ließ er mit Wehmut sein Mitgefühl für das finnische Volk durchblicken. Auf die Frage seines schwedischen Kollegen, des Gesandten Assarson, warum sich seine Regierung dann ihrem sowjetischen Partner gegenüber so passiv verhalte, antwortete er mit resigniertem Lächeln: »... aber wissen Sie, im großen Spiele ...« Mit einer gewissen Beruhigung in der Stimme fügte er hinzu: »So lange dieser Krieg dauert, können *wir* uns nicht mit den Russen verkrachen«. Die Aufmerksamkeit, die dieser Ausspruch hervorrief, wurde von Gustav Hilger vertieft, der in bedeutungsvoller Weise die Worte Friedrichs des Großen zitierte, nach denen Rußland »invincible sur la défensive« sei. Der schwedische Gesandte kommentierte diese Worte in seinem Tagebuch mit den Worten: »Das ließ tief blicken.«[90]

Während die Sowjetregierung den Ausschluß aus dem Völkerbund hinnehmen mußte (14. Dezember 1939) und die Rote Armee die geballte finnische Verteidigungskraft zu spüren begann – Schulenburg übermittelte die Erklärung Molotovs nach Berlin, nach welcher dies auf die ungünstigen Wetterverhältnisse zurückzuführen sei –

begann Hitler Mißachtung für die russische Leistung zu äußern. Dabei war er zufrieden, daß »die Russen ... in Finnland nicht vorwärts(kommen). Das ist gut so, denn damit sind sie vorläufig beschäftigt«, andernfalls bekämen sie »zu viel Oberwasser«. Mitte Dezember stand seine Ansicht über den russisch-finnischen Krieg fest: »Von Rußland hofft der Führer, daß es sich in Finnland festbeißt. Einen Zweifrontenkrieg können wir nicht gebrauchen(!). Mit dem Westen allein werden wir schon fertig werden.« Als um die Jahreswende 1939/40 der sowjetisch-finnische Krieg zu einem Stellungskrieg mit hohen Verlusten auf der russischen Seite geworden war, breitete sich in Deutschland vollends Verachtung für die Rote Armee aus; sie schien den zahllosen Unkundigen, die die Berichte der Botschaft ignorierten – wie Goebbels am 29. Dezember nach einem Gespräch mit Hitler notiert – »ja in der Tat nur sehr wenig wert zu sein«. Zu dieser Zeit interessierte Hitler »die Frage Rußland ... sehr«. Seine selbstauferlegte Zurückhaltung gegenüber dem russischen Partner begann zu weichen. Im vertrauten Kreise äußerte er jetzt wieder Ansichten, die an seine frühere Einstellung anknüpften (»Stalin ist ein typischer asiatischer Russe. Der Bolschewismus hat die westeuropäische Führungsschicht in Rußland beseitigt. Die war allein in der Lage, diesen Riesenkoloß politisch aktionsfähig zu machen. Es ist gut, daß das heute nicht mehr der Fall ist. Rußland bleibt Rußland, von wem auch immer es regiert werden mag. Wir können froh sein, daß Moskau beschäftigt ist. Ein Übergreifen des Bolschewismus nach Westeuropa werden wir zu verhindern wissen.«).[91]

Für alle führenden Ränge des zivilen und militärischen Deutschland, die nach Kriegsende über die Wirkung des Winterkrieges auf Hitlers Einstellung zur Sowjetunion befragt wurden, bestand »nicht der geringste Zweifel, daß die Schwierigkeiten, auf die die Russen gestoßen waren, eine tiefe Wirkung auf Hitler und seine Ratgeber hatten«.[92] Als Göring, dem Hitler im August 1939 erklärt hatte, er wolle mit Rußland auf lange Sicht zusammenarbeiten, ihn später, nach Bekanntwerden seiner Angriffspläne im Osten, fragte, was seinen (vermeintlichen) Meinungsumschwung in bezug auf die UdSSR nach so kurzer Zeit hervorgerufen habe, erhielt er zur Antwort, dies sei in erster Linie Finnland gewesen. Allerdings begründete Hitler die »starke psychologische Wirkung« des Winterkrieges auf ihn dadurch, daß die Russen in Finnland ihre offensiven Pläne offenbart hätten und er nicht daran zweifle, daß ihre späteren Angriffspläne Deutschland gälten: »Rußland wird nur so lange Frieden halten, wie es dies wünscht. Wenn unsere Position im Westen schwierig wird, müssen wir mit einem sowjetischen Angriff rechnen. Dem hoffe ich zuvorzukommen... Ich will die russischen Streitkräfte zerstören, bevor sie gefährlich werden.«[93] In Wahrheit war es die Schwäche der russischen Militärkraft in der ersten, diffusen Phase der Kriegführung, die nicht allein Hitler zu einer gewaltigen Mißachtung des gesamten russischen Führungssystems verleitete.[94] Sie bestärkte ihn in seiner Absicht, Rußland niederzuringen, solange es sich noch in diesem Zustand befände.

Der Stimmungswandel Hitlers schlug noch vor Jahresende in der deutschen Propaganda durch. Am selben 29. Dezember stellte Reichspropagandaminister Goebbels die Pressekonferenz auf einen zurückhaltenden Tenor gegenüber Rußland um – »Wir müssen uns da sehr in der Reserve halten. Keine Broschüren und Bücher mehr über Rußland, weder positiv noch negativ.«[95] Damit nahm drei Monate nach Unterzeichnung des Grenz- und Freundschaftsvertrags die verordnete »Freundschaft« der deutschen Medien zur Sowjetunion sang- und klanglos ihr abruptes Ende. Der erste Schritt zur Abkühlung der Beziehung war vollzogen.

Mit Beginn des neuen Jahres und der wachsenden englischen Aktivität zugunsten Finnlands trat in Berlin neben die Schadenfreude noch die Hoffnung, daß »sich in der Ferne ein Konflikt ... auf(tue). Uns kann das nur recht sein. Rußland muß beschäftigt werden, und England kann nie genug Feinde haben.«[96] Die deutsche Presse war nun gehalten, diesen Konflikt nach Kräften zu fördern, und stellte sogar ein deutsches Einschreiten in Aussicht.[97]

Für die Sowjetregierung war dies eine »schreckliche Zeit« (Chruschtschev). Stalin selbst erlebte die in Finnland empfundene »Ohnmacht ... mit Bitterkeit und Trauer, sprach von der Hilflosigkeit der russischen Angriffsarmee mit Ironie«. Als »schrecklich« wurde insbesondere die militärische »Perspektive« empfunden, die sich jetzt vor der Führung der Regierung und Armee auftat: »Wenn morgen (der große) Krieg (begänne)«! Bestürzung herrschte über die herablassende Belustigung, mit der die deutsche Regierung und Wehrmacht (»der Feind von morgen«!) die hilflose Kraftmeierei der Roten Armee auf finnischem Boden, die Verlorenheit der baltischen

Flotte in der Ostsee verfolgten. Die Tatsache, daß Hitler seinem Partner gerade in dieser Lage die von diesem dringend beanspruchten Rüstungsgüter vorenthielt – seine Weisungen legten in der Praxis einen regelrechten Bann auf jeglichen Rüstungsexport in Richtung Sowjetunion –, war geeignet, weiteres Mißtrauen zu säen. Die Vorstellung, daß Hitler unter diesen Umständen seine Konzeption einer blitzartigen Niederwerfung dieses scheinbaren »Kolosses auf tönernen Füßen« zu entwickeln begann, schien der sowjetischen Führung (zumindest im nachhinein) plausibel.

Die Deutsche Botschaft Moskau verfolgte diesen beiderseitigen Stimmungswechsel mit größter Besorgnis. Um ihm entgegenzuarbeiten, unternahm Schulenburg am 7. Januar 1940 – dem Tage des Beginns der sowjetischen Großoffensive auf die Mannerheim-Linie unter dem Befehl von S. K. Timoschenko, die den Wechsel in der sowjetischen Kriegführung anzeigte – einen neuen Schlichtungsversuch. Den Anlaß bot ein Telegramm seines Kollegen in Helsinki, des Gesandten Wipert von Blücher, das ihm der Staatssekretär zur Rückäußerung zugeleitet hatte. Weizsäcker selbst, der mit Schulenburg auch privatbrieflich in Verbindung stand, hatte »seit Neujahr für eine deutsche Vermittlung im finnisch-russischen Konflikt« plädiert[98]. Das Telegramm Blüchers ging seinerseits auf den Runderlaß zurück, den Weizsäcker in Ablehnung der ersten Anregung Schulenburgs auch an die Gesandtschaft Helsinki gerichtet hatte. In ihm hatte Blücher eine verlorene Chance erkannt. Er suchte sie neu zu beleben, indem er Tanner indirekt die Bitte um deutsche Vermittlung in den Mund legte.[99] Schulenburg griff sie energisch auf. Obgleich die Weisung Weizsäckers ihm untersagte, die Sowjetregierung über den Bericht Blüchers zu informieren, nutzte er die erste Gelegenheit, um Molotov am 7. Januar in der Frage einer deutschen Friedensvermittlung zu sondieren.[100] Er habe Nachrichten, so hielt die sowjetische Aufzeichnung die Anregung Schulenburgs fest, »nach denen sich die Finnen nicht lange halten können und sie bereit sind, ›von heute auf morgen‹ zu Verhandlungen zu schreiten«. Die Antwort Molotovs – laut sowjetischer Aufzeichnung – war klar: »Die Finnen sind mit dieser Bereitschaft zu spät gekommen.« In seinen Berichten nach Berlin machte Schulenburg nun aber darauf aufmerksam, daß Molotov seine Anregung »bemerkenswerterweise nicht mit einer strikten Ablehnung, sondern mit den Worten (beantwortet hätte), daß es hierfür ›spät, sehr spät‹ sei und die Finnländer besser daran getan hätten, die sowjetischen Forderungen seinerzeit anzunehmen«. Seine implizite Aufforderung zur Nutzung der möglichen sowjetischen Gesprächsbereitschaft verstärkte Schulenburg noch durch seine Mitteilung, Molotov erwarte, daß »deutsche Regierung ihren bestehenden Einfluß auf Schweden entsprechend einsetzen werde« – Schweden vertrat die finnischen Interessen in Moskau, und eine Einflußnahme auf Schweden konnte zu einer Aufweichung der Fronten führen.

Neben seiner Anregung zu einer Friedensvermittlung durch die Macht, die den Konflikt mitverschuldet hatte, stand die Warnung des Botschafters vor einer leichtfertigen Unterschätzung der Roten Armee. Am »schließlichen Erfolg der Roten Armee in diesem Kampf (könne) nicht gezweifelt werden. Er ist lediglich eine Frage der Zeit.« Wie Schulenburg betonte, war die schwierige Lage nur dadurch entstanden, »daß Sowjetregierung auf solchen Krieg nicht genügend vorbereitet war, da sie damit gerechnet hatte, daß sich Finnland ebenso wie Baltenstaaten ihrem Willen schließlich beugen würde«. Nur die »falsche Einschätzung der Lage durch Finnische Regierung« habe dazu geführt, »daß Sowjetregierung sich zur Gewaltanwendung gezwungen sah, um Prestigeverlust zu vermeiden, nachdem sie sich durch Rede Molotovs vor Oberstem Sowjet am 31. Oktober auf bestimmtes Mindestprogramm festgelegt hatte«. Schulenburg hob hervor, daß der Krieg gegen Finnland in der sowjetischen Bevölkerung unpopulär sei. Er habe darüber hinaus die »Kriegsfurcht«, die der Abschluß des Nichtangriffspaktes mit Deutschland nur zeitweilig vermindert hatte, neu vertieft. Am Ende stand – auf die für Ribbentrop und Hitler geeigneten Argumente gestützt – seine Befürwortung einer Friedensvermittlung: »Beilegung sowjetisch-finnischen Konfliktes würde meines Erachtens englische Absichten durchkreuzen, Sowjetunion wesentliche Entlastung bringen und für Deutschland – falls sie mit unserer Hilfe erfolge – großen Prestigegewinn bedeuten, von anderen Vorteilen, z. B. ungestörtem Bezug schwedischen Erzes, abgesehen.« Der Botschafter empfahl die Prüfung der Fragen, ob das Ansehen der Sowjetunion in der gegebenen Lage eine Aufnahme der Verhandlungen überhaupt gestatte und welche Bedingungen die Sowjetregierung dabei gegebenenfalls stellen würde, hob aber hervor, die finnische Regierung selbst müsse der Sowjetregierung entschieden entgegenkommen.

Gleichzeitig sandte er »eine Übersicht über die Machtverhältnisse in Rußland« nach Berlin, die dem Unkundigen klarmachte, daß »Stalin ... in der Tat dort Alleinherrscher« sei[101] – Hoffnungen auf eine innere Schwächung seines Regimes aufgrund des Kriegszustandes wollte er damit den Boden entziehen.

Die Anregungen Schulenburgs zirkulierten in den einschlägigen Ressorts, wurden aber »von maßgebendster Stelle« (Weizsäcker), d. h. Hitler selbst, abgelehnt.[102] Hitler hatte kein Interesse an einer friedlichen Lösung, schon gar nicht einer solchen, die der »Sowjetunion wesentliche Entlastung« brächte – die Idee einer zumindest temporären Partnerschaft, die Schulenburg noch als gültig voraussetzte, war im offiziellen Berlin am Verblassen. Es sei denn, die Sowjetunion würde – wie Ribbentrop und das Oberkommando der Wehrmacht zu diesem Zeitpunkt überlegten[103] – als Junior-Partner Deutschlands die britische Militärmacht im Süden, in Richtung Indien oder aber Irak bzw. Türkei, in der von Hitler gewünschten Weise militärisch binden! An einer Beseitigung des in Finnland latent bestehenden sowjetisch-englischen Spannungsfeldes, auf das er ebenfalls seine Hoffnung setzte, war Hitler nicht gelegen.

Am 10. Januar wies Schulenburg Weizsäcker noch einmal gezielt auf seine Interpretation der Mitteilung Molotovs hin, nach der es spät, aber offenbar nicht zu spät zu Friedensverhandlungen sei; zur Verstärkung hob er hervor, es liege »wohl auf der Hand, daß Herrn Molotovs Äußerungen und Verhalten sicher die Auffassung des Herrn Stalin widerspiegeln«.[104]

Zugleich setzte er sich dafür ein, daß Deutschland zur Beilegung des schwelenden Konflikts zwischen Rom und Moskau beitrage – der italienische Achsenpartner war von der deutschen Regierung nicht über das Geheime Zusatzprotokoll zum deutsch-sowjetischen Nichtangriffspakt informiert worden und sah im sowjetischen Vorgehen gegen Finnland ausschließlich den willkürlichen Akt eines erstarkenden Großmachtexpansionismus. Die italienische Unterstützung Finnlands – in Teilen über deutsches Hoheitsgebiet – verärgerte Moskau und führte im Januar 1940 zur zeitweiligen Rückberufung beider Botschafter. Schulenburg führte diese Entzweiung auf die zwielichtige deutsche Bündnispolitik zurück und setzte sich für die Rückkehr seines Kollegen Rosso nach Moskau ein, nicht zuletzt weil er die Zusammenarbeit mit ihm angesichts der wachsenden Komplikationen besonders dringend wünschte. Im Brief an Weizsäcker unterstrich er den sowjetischen Wunsch nach Verbesserung der Beziehungen zu Italien und hob hervor: »Zweifellos liegt es in unser aller Interesse, daß das Verhältnis Rom–Moskau wieder korrekt gestaltet wird.«

Doch blieb auch die Antwort Weizsäckers auf diese neuen Vermittlungsvorschläge negativ. Er zweifelte an der Möglichkeit einer Verbesserung des russisch-italienischen Verhältnisses; und eine Vermittlung zwischen Rußland und Finnland, die an sich »sehr interessant« wäre, glaube Berlin zur Zeit nicht vornehmen zu können.[105]

Gerade in diesen Tagen hatte Hitler, angeregt durch Berichte über die sowjetische Besetzung von Lemberg (»Sie kennen keine Schonung. Auch sind die Juden noch immer vorneweg. Die Truppen unausgebildet und schlecht gerüstet«), seine Abwehrhaltung gegenüber seinem russischen Partner verstärkt (»... Bolschewismus... die dem Slawentum... ensprechende Staatsorganisation... Stalin... ein moderner Iwan der Schreckliche oder meintswegen [sic]... ein Peter der Große«). Er sprach nun (13. Januar) auch sehr offen darüber, daß ihm die Schwäche der Roten Armee in Finnland und Härte der sowjetischen Besatzungspolitik sehr willkommen waren und er – für diesen Moment zum ersten Male aktenmäßig belegt – den Bruch der mit der UdSSR geschlossenen Verträge voraussah. (»Für uns sehr gut so. Lieber einen schwachen Partner als Nachbarn als einen noch so guten Bündnisvertrag. Wenn alle Verträge eingehalten würden..., dann würde heute die Menschheit nicht mehr leben.«)[106]

Der Botschafter war durch die Haltung Berlins alarmiert und suchte auch diese Fragen auf einer neuen Dienstreise persönlich vorzubringen. Zur Vorbereitung arbeitete Botschaftsrat von Tippelskirch eine Aufzeichnung über die Vor- und Nachteile des sowjetisch-finnischen Konfliktes für Deutschland aus, die die Nachteile hervorhob und die Schuld für das Zustandekommen dieses Konfliktes indirekt Deutschland zuwies.[107] Einige Tage vor seiner Abreise sondierte der Botschafter den Außenkommissar erneut in der Frage einer eventuellen sowjetischen Friedensbereitschaft gegenüber Finnland. In seinem Bericht darüber stand die sowjetische Mäßigung im Vordergrund und wurde eine deutsche Vermittlung nicht vollkommen ausgeschlossen, obgleich die sowjetische Position fester dargestellt wurde. Die Aufzeichnung über dieses Gespräch zirkulierte im Auswärtigen Amt und fand beim Deutschen Gesandten in Helsinki großes Interesse.[108]

Eine Stimmungsänderung in Berlin brachte sie indes nicht zustande. Auch die persönlichen Bemühungen Schulenburgs in der Reichshauptstadt (5. bis ca. 18. Februar 1940) blieben in dieser Hinsicht fruchtlos. Er kehrte mit einem nervösen Magenleiden aus Berlin nach Moskau zurück, wie es ihn zuerst zur Zeit der Sudetenkrise und danach im Zusammenhang mit der Annexion der »Rest-Tschechei« befallen hatte.[109] Sven Hedin, der leichteren Zugang zu den Entscheidungsträgern besaß als der Botschafter in Moskau, setzte seine Friedensbemühungen am 4. März im persönlichen Gespräch mit Hitler fort.

Zu dieser Zeit – die militärische Entwicklung in Finnland hatte die Vorausschau der Botschaft bestätigt – erkannte Schulenburg im Gespräch mit Molotov (5. März 1940)[110] die militärische Leistung der Roten Armee an, gratulierte Molotov zu den Erfolgen der Roten Armee in Finnland und betonte, daß »jeder Kenner der hiesigen Verhältnisse sich von vornherein klar darüber gewesen wäre, wozu die Rote Armee im Ernstfalle fähig sei«. Als Molotov – laut sowjetischer Aufzeichnung – »scherzend« an die kritischen Stimmen in Berlin erinnerte, unterbrach ihn der Botschafter und »erklärte, daß ... sie nicht der Meinung der Menschen entsprechen, die Deutschland (!) in der Sowjetunion vertreten«. (Nach der Aufzeichnung Hilgers lehnte er »den Vorwurf der skeptischen Beurteilung ... für sich und seinen Kreis ab«.) Molotov teilte Schulenburg mit, daß Wyborg in wenigen Tagen fallen werde und die Mannerheim-Linie durchbrochen sei. Aufgrund der Friedensvermittlung Schwedens habe sich die Sowjetregierung zur Beilegung des Konflikts bereit erklärt, könne aber nun, »nachdem so viel Blut vergossen sei«, nicht mehr an ihren ursprünglich bescheidenen Forderungen festhalten – der Winterkrieg hatte 470 000 sowjetische und 170 000 finnische Opfer (Tote und Verwundete) gekostet! Zudem hätte der Krieg bewiesen, daß Finnland eine wohlvorbereitete place d'armes gegen die UdSSR gewesen sei. Besondere Vorsichtsmaßnahmen seien also für die Zukunft notwendig. Molotov unterrichtete den Botschafter über die sowjetischen Forderungen – Pacht von Hangö, Abtretung der Åland-Inseln und der karelischen Landenge einschließlich Wyborg und Wyborger Bucht sowie der Küste des Ladoga-Sees bis zur Nordspitze einschließlich der Stadt Sortavala – und betonte: »Auf Petsamo erheben wir keinen Anspruch.« Die Aufzeichnung Hilgers über das Gespräch vom 5. März hob die sowjetische Mäßigung in dieser Frage gesondert hervor. Noch in seiner Aufzeichnung vom 26. März 1940 unterstrich Hilger, daß die Sowjetregierung »von ihrem Recht, das Petsamo-Gebiet als Kriegsbeute zu behalten, keinen Gebrauch gemacht« hatte.[111] Molotov berief sich ausdrücklich auf die Bedingungen des Friedensvertrags von Dorpat (1920) – keine militärischen Stützpunkte und keine Stationierung von Kriegsschiffen –, an denen die Sowjetregierung auch jetzt festhalte, und ließ durchblicken, daß sich die sowjetischen Forderungen »bei Hartnäckigkeit der Finnen« erhöhen könnten. Schulenburg beendete das Gespräch mit der Bemerkung: »Die Finnen müssen dieses Abkommen der Sowjetregierung natürlich mit Händen ergreifen!«

Ebenfalls nach der sowjetischen Aufzeichnung von 5. März gab Schulenburg auf Bitte Molotovs noch die folgende Information zur internationalen Lage: »Hinsichtlich der internationalen Politik ... führte er (Schulenburg) in Berlin Gespräche, aber es ist charakteristisch, daß niemand weiß, was in der nächsten Zeit geschehen wird. Unbekannt ist auch, was der Führer vorhat.« Sein Zorn richte sich gegen England. In diesem Zusammenhang nannte Schulenburg einen gewissen »Plan hinsichtlich Tibets und Afghanistans ... phantastisch«! Es darf vermutet werden, daß er sich auch in Berlin kategorisch gegen den Plan ausgesprochen hatte, die Sowjetunion im Süden in einen militärischen Konflikt mit England zu treiben.

Der russisch-finnische Winterkrieg war von zahllosen deutsch-sowjetischen Friktionen begleitet gewesen, die zeigten, wie fragil das Einvernehmen zwischen beiden Seiten war. Zu ihnen gehörte der anhaltende Streit um die Einhaltung des 20. Breitengrades (auf der Breite Revals) durch die deutsche Kriegsmarine und Luftwaffe. Die Sowjetregierung vertrat den Standpunkt, daß die Abgrenzung der Interessensphäre auf der Breite des 20. Breitengrades auch für das Seegebiet gelte. Die deutsche Seite betrachtete die Trennlinie als »Landgrenze«, die sich nicht auf die See hin verlängere, und bestand auf ihrem grundsätzlichen Recht, die Ostsee über diese Grenzlinie hinaus zu befahren oder zu überfliegen. In dieser Streitfrage offenbarte sich auf andere Weise der fundamentale Unterschied im beider-

seitigen Verständnis der Aufteilung der Interessensphären: Die Sowjetregierung verstand diese als eine geopolitische Barriere zur Eindämmung jeder deutschen Vorwärtsbewegung nach Osten und
umschrieb mit ihr die Sphäre der Unverletzlichkeit ihrer strategischen Interessen auf dem Lande, zu Wasser und in der Luft. Die
deutsche Seite betrachtete die Interessensphäre von Anfang an als
Gebiet der militärischen Annexion und war lediglich zu zeitweiliger
Rücksichtnahme bereit. Die Sowjetregierung stellte ihr Bemühen um
Anerkennung des 20. Breitengrades als Verlängerung der Demarkationslinie zu Wasser resigniert ein.[112]

Böse Erwartungen nährte die Sowjetregierung wiederholt im Hinblick auf mögliche feindliche Koalitionen in Finnland, an denen auch
die deutsche Seite beteiligt sein könnte. Die Befürchtung, Finnland
könne zur Plattform einer Aussöhnung zwischen England–Frankreich und Deutschland–Italien werden, war besonders gegen Ende
des Krieges präsent.[113] Es unterliegt keinem Zweifel, daß der schnelle
und für Finnland noch immer relativ günstige Friedensschluß (12./13.
März 1940) auf das sowjetische Bestreben zurückging, die Angriffspläne sowjetfeindlicher Koalitionstruppen und damit Ausweitung
des Krieges in Finnland zu durchkreuzen – für den 13. März sagte die
sowjetische militärische Auslandsaufklärung die englisch-französi-
sche Intervention in Finnland vorher.[114]

Der Moskauer Friedensschluß wurde in der Umgebung Hitlers zu
Unrecht als ein »großer diplomatischer Sieg für uns« und »als schwere
Niederlage der Westmächte« bewertet. Die Mäßigung, die Rußland
bewies, wurde als Zeichen seiner Schwäche gedeutet. Damit wuchs
das Überheblichkeitsgefühl und reifte der Entschluß heran, sich des
lästigen Bundesgenossen bei passender Gelegenheit zu entledigen.
Die Tagebuchnotizen Goebbels' von Mitte März veranschaulichen
diese Stimmung: »Da haben wir uns den richtigen Bundesgenossen
angelacht. Wenn uns nicht das Wasser bis zum Halse gestanden hätte
(!) ... Aber so haben wir nun einen Krieg nach einer Front ... Jedenfalls sind wir nun mit Rußland verbunden. Wir haben bisher nur
Vorteile davon gehabt. ... Im Übrigen ist es sehr gut, daß die Russen
keine germanische Führung mehr besitzen; so können sie uns nie
gefährlich werden. Und wenn Stalin seine Generäle erschießt, dann
brauchen wir das nicht einmal zu tuen.«[115]

Die Schlüsse, die Hitler aus dem Verhalten Stalins gegenüber Finnland zog, basierten auf krassen Fehleinschätzungen. Zugrunde lag ihnen die Tatsache, daß Hitler Stalin irrigerweise mit seinem Maße maß. Er hatte Finnland der »Interessensphäre« der UdSSR zuerkannt, ohne sich der Auffassung Stalins darüber zu versichern, was er mit dieser zu tun beabsichtige. Da Hitler selbst die »Interessensphäre« als künftiges Annexionsgebiet verstand, setzte er gleiches unbefragt für Stalin voraus. Für Stalin hatte der Begriff aus einer Reihe von Gründen, zu denen auch der Wunsch nach internationaler Legitimität und Rücksichtnahme auf die Interessen der Westmächte gehörten, zumindest in dieser ersten Phase der Kooperation einen anderen, geringeren Umfang. Die Behandlung Finnlands – ein mäßiger Kompromißfrieden unter Verzicht auf eine militärische Neutralisierung und politische Gleichschaltung – hätte Hitler darüber belehren sollen, daß er einen ungleichen Partner vor sich hatte. Seine Unterschätzung des russischen Weitblicks – Aufrechterhaltung der Neutralität als »Freiheit der Aktion« durch Vermeidung internationaler Konflikte und Erhaltung der Möglichkeit zum Bündniswechsel[116] – wurde ihm schon von diesem Zeitpunkt an zum Verhängnis.

Eine dunkle Verstimmung darüber, daß sich »die Russen« nicht in Finnland »festgebissen« und in Kollision zu England geraten waren, bestand auf seiten Hitlers zweifellos. Er konnte sich mit diesen Tatsachen schwer abfinden und ließ über Ribbentrop wiederholt an der Botschaft Moskau die Gründe erfragen. Die Botschaft verwendete große Mühe auf die Antworten, da sie die an höchster Stelle grassierenden, gravierenden Fehleinschätzungen zu korrigieren hoffte[117]. So wies Schulenburg den Gedanken an die Möglichkeit einer Verwicklung der Sowjetunion mit den Westmächten mit Vorbedacht zurück: »Alle unsere Beobachtungen ... bestätigen, daß die Sowjetregierung entschlossen ist, an der Neutralität im gegenwärtigen Krieg festzuhalten und möglichst alles zu vermeiden, was sie mit den Westmächten in Konflikt bringen könnte. Dies dürfte auch mit ein wesentlicher Grund dafür gewesen sein, daß die Sowjetregierung den Krieg mit Finnland unter Preisgabe der Volksregierung abbrach.«[118]

Hitler war gerade mit der militärischen Vorbereitung der Besetzung von Dänemark und Norwegen befaßt – am 1. März war die erste operative Weisung zur »Weserübung« an die deutsche Wehrmacht ergangen – und suchte erneut nach Mitteln und Wegen zur Verschärfung des russisch-englischen Verhältnisses. So erging am 28. März

1940 die Weisung an die Botschaft Moskau, Molotov und wenn möglich »Herrn Stalin selbst nach Berlin« einzuladen: »Der Führer würde sich nicht nur besonders freuen, Herrn Stalin in Berlin zu begrüßen; er würde auch für einen seiner Stellung und Bedeutung entsprechenden Empfang Sorge tragen und ihm alle in Betracht kommenden Ehren erweisen.« Schulenburg sollte die Einladung an Molotov »bestimmter ... formulieren, die Einladung an Herrn Stalin im Namen des Führers lockerer ... behandeln« und dabei natürlich vermeiden, »daß wir von Herrn Stalin eine als solche erkennbare Absage erhalten«.[119]

Schulenburg bezeichnete die Erfolgsaussichten einer solchen Einladung als gering. Er stellte das Bedürfnis der Sowjetregierung nach strenger Neutralität in den Vordergrund und betonte, »daß solche Demonstration des Verhältnisses der Sowjetunion zu Deutschland wie ein Besuch Molotovs oder gar Stalins in Berlin im gegenwärtigen Zeitpunkt mit dem Risiko des Abbruchs diplomatischer Beziehungen oder gar kriegerischer Verwicklungen mit den Westmächten verbunden sein könnte«. So habe die Sowjetregierung gerade Gerüchte über eine angeblich bevorstehende Reise Molotovs nach Deutschland in einem TASS-Dementi »mit einer geradezu auffallenden Deutlichkeit und Entschiedenheit in Abrede« gestellt. Die Stellungnahme Schulenburgs veranlaßte Ribbentrop, »zunächst nichts weiteres zu veranlassen«.[120]

Der Botschafter selbst nahm die Beendigung des russisch-finnischen Krieges zum Anlaß, um Molotov am 17. März zu der »wie er sich ausdrückte: weisen Entscheidung des finnischen Volkes« zu gratulieren und zu einem privaten Fest in die Residenz einzuladen.[121] Der Außenkommissar (»Im Norden ist nun Ruhe eingekehrt«) nahm diese Einladung an und gab damit zum ersten Male seine Zusage zu einem privaten Essen eines ausländischen Vertreters. Mit ihm waren vierzig Gäste, unter ihnen auch Mikojan, geladen.[122] »Das Fest war wohl gelungen.« Schulenburg kommentierte dies mit den Worten: »Augenblicklich werden hier die Verhältnisse langsam milder und sanfter.«[123]

Für die letzten Märztage hatte Stalin die sechste Tagung des Obersten Sowjets der UdSSR einberufen, zu der auch Botschafter Schkvarcev aus Berlin anreiste. Schulenburg nutzte seine Anwesenheit, um auch ihn am 4. April zu einem Mittagessen in die Residenz einzuladen.[124] Welche Beobachtungen über die Entwicklung in Berlin Schkvarcev in die Konsultationen im Kreml einbrachte, ist unbekannt. Auffällig war die Tatsache, daß Molotov Deutschland in seinem Bericht »Über die Außenpolitik der Regierung der UdSSR«[125] vor dieser Tagung des Obersten Sowjets (29. März 1940) in distanzierter Weise behandelte. Deutschland, so hob er eingangs hervor, habe »in der letzten Zeit etwa 80 Millionen Deutsche vereinigt, einige benachbarte Staaten unter seine Herrschaft gebracht und sich in militärischer Hinsicht in vielem gestärkt«. Es sei damit »offensichtlich zu einem gefährlichen Konkurrenten Englands und Frankreichs, der imperialistischen Hauptmächte Europas, geworden«. Molotov betrachtete das Phänomen des »seltsamen Krieges« nur als Vorspiel zu einem großen Krieg. Zu diesem sei die Einstellung der Sowjetunion »bekannt. Die von Friedensliebe durchdrungene Außenpolitik der UdSSR wurde auch hier völlig eindeutig demonstriert. Die Sowjetunion hat sogleich erklärt, daß sie den Standpunkt der Neutralität einnehme, und hat diese Politik im Laufe der ganzen verflossenen Periode unbeirrt durchgeführt.«

Im einzelnen wies Molotov die Meinung zurück, die Sowjetunion stehe in dem Streit um die Welthegemonie auf seiten Deutschlands. Er gab zu, daß der Handel zwischen Deutschland und der UdSSR zum beiderseitigen Vorteil zugenommen habe, nannte aber die Behauptung, Rußland erweise Deutschland wirtschaftliche Kriegshilfe, »keinen Pfifferling wert«. Interessanterweise berief er sich dabei auf das kleine Rumänien, das ja ebenfalls mit Deutschland intensiv Handel treibe, ohne aber von der westlichen Welt der ökonomischen Kriegshilfe bezichtigt zu werden. (Der von Deutschland erzwungene Wirtschaftsvertrag vom 22. März 1939 hatte Rumänien in der Tat zu einem Hauptlieferanten Deutschlands für kriegswichtige Rohstoffe gemacht.) Die Tatsache, daß Molotov die sowjetische Handelspolitik gegenüber Deutschland mit der Rumäniens verglich, kann als ein Indiz für die psychologische Zwangslage verstanden werden, in der auch die Sowjetregierung die Handelsabkommen mit Deutschland einging.

Die Rede verdeutlichte die wachsenden Zwänge, unter denen die UdSSR ihre Beschwichtigungspolitik gegenüber Deutschland und zugleich ihre Neutralitätspolitik gegenüber den Westmächten (»keinerlei unfreundliche Handlungen«) verfolgte. So wies Molotov die

Westmächte – zum Mißfallen Hitlers – ausdrücklich darauf hin, daß bei der Beendigung des finnischen Krieges ja letztlich ihre Interessen berücksichtigt worden seien.

Diese Gratwanderung Molotovs gipfelte in der Zurückweisung der »der Sowjetunion zugeschriebenen phantastischen Pläne irgendwelcher Feldzüge der Roten Armee ›nach Indien‹, ›nach dem Orient‹ usw.« als »absurdes Gewäsch« – eine Ohrfeige an die deutsche Adresse, die durch seine Aufforderung verstärkt wurde, doch endlich zu begreifen, daß sich die Sowjetunion niemals zu einem Werkzeug fremder Politik hergeben würde. Damit wies er die Hoffnung auf eine Junior-Partner-Rolle ein weiteres Mal zurück. Die Sowjetregierung, dies machte diese Rede eindeutig klar, würde ihre Neutralität zugunsten keiner der verfeindeten imperialistischen Mächte aufgeben.

Sie war aber – in Anbetracht der vorausgesehenen Ausweitung des Krieges zu einem Weltkrieg – interessiert, ihre eigenen Interessen wahrzunehmen. So hätte sie in Finnland die strategischen Positionen erworben, die ihr »die Sicherheit Leningrads, der Stadt Murmansk und der Murmansker Eisenbahn« gewährleisteten. Wenn sich Finnland vertragskonform verhalte, Art. 3 des Friedensvertrags (Koalitionsverzicht) beherzige und keine »Rückeroberungspläne« schmiede, so sei die Sowjetregierung bereit zur Anerkennung des Prinzips der staatlichen Unabhängigkeit Finnlands, das in dem Friedensvertrag verankert war.

In den baltischen Staaten habe die Sowjetregierung dank ihrer Bündnisverträge eine international abgesicherte Situation geschaffen. Die Durchführung der Verträge sei befriedigend und in der Zukunft ausbaufähig. Obgleich sich hier längerfristige Ziele ankündigten, wies Molotov doch die »Unkenrufe« feindlicher imperialistischer Kreise (über die bevorstehende Sowjetisierung der baltischen Länder) als haltlos zurück.

Gleichermaßen unbegründet seien Gerüchte über militärische Ziele in den südlichen Anrainerstaaten der UdSSR. Zwar schürten dort gewisse westliche Kreise Konflikte – ein Hinweis auf gewisse englische Pläne[126] –, doch sei die Sowjetunion entschlossen, die etwa gegenüber der Türkei und dem Iran bestehenden Verträge strikt einzuhalten.

Der einzige Staat, gegen den Molotov Forderungen erhob, war Rumänien. Er bezeichnete die Frage Bessarabiens als eine »ungere-

gelte Streitfrage« und erinnerte daran, daß die Sowjetunion die rumänische Einverleibung Bessarabiens nie anerkannt habe. Allerdings
habe sie auch nie »die Frage aufgeworfen, Bessarabien im Wege eines
Krieges zurückzuerhalten«. Trotz einer Anzahl unerfreulicher Zwi-
schenfällen seitens der rumänischen Regierung sei die Befürchtung
eines kriegerischen Vorgehens der Sowjetunion doch unbegründet.
Damit enthielt die außenpolitische Rede Molotovs vom 29. März
1940 eine präzise Zwischenbilanz der Maßnahmen, die die Sowjetregierung in ihrer »Interessensphäre« ergriff:
– Das baltische Vorfeld war – unter den gegebenen Umständen international verläßlich – strategisch abgesichert, die sowjetische Militärpräsenz nötigenfalls ausbaufähig.
– Finnland hatte die – aus sowjetischer Sicht strategisch unverzicht-
  baren – vorgelagerten Inseln und Häfen sowie die Teile des Festlands abgetreten, deren militärische Befestigung die Verteidigung
  Leningrads erleichterte und Sicherheit des Wegs nach Murmansk
  garantierte. Würde sich Finnland des weiteren vertragskonform
  verhalten, bestünde kein Grund zur Antastung seiner Unabhängigkeit; sollte es sich aber an feindliche Koalitionen anlehnen oder sein
  Land feindlichen Interessen öffnen (der Fall der »indirekten
  Aggression« gegen die Sowjetunion), mußte es mit einer Wiederaufnahme der Feindseligkeiten rechnen.
– Die Frage Bessarabiens stand auf der Tagesordnung: Rumänien
  würde früher oder später mit Ultimaten zu einem Entgegenkommen in der Frage Bessarabiens zu rechnen haben, wie sie zuvor an
  die baltischen Staaten und Finnland ergangen waren. Beunruhigen
  konnte die rumänische Regierung der Hinweis Molotovs, daß die
  Sowjetunion mit Rumänien keinen Nichtangriffspakt besäße. Mit
  ihm ließ er, sollte Rumänien den sowjetischen Wünschen nicht
  folgen, gleichsam die Möglichkeit einer militärischen Lösung offen.
  Verständlicherweise wurde die rumänische Diplomatie umgehend
  aktiv[127]; sie wies darauf hin, daß zwischen Rumänien und Rußland
  seit der Litvinov-Ära ja zumindest Nichtangriffsverpflichtungen
  bestünden.[128]
Diese Absicherung ihrer »Interessensphäre« durch die UdSSR
erfolgte innerhalb eines weiteren strategisch-politischen Konzepts:
Nach dem »seltsamen Krieg« würde der eigentliche, große Krieg
einsetzen. Die Sowjetregierung suchte auch in ihm neutral zu blei-

ben. Ihr Verhältnis zu Deutschland entsprach dabei einem Zweckbündnis, das die Möglichkeit bot, die für erforderlich gehaltenen
Sicherheiten zu erwerben. Die Sicherheitspositionen, um die es ihr in
erster Linie ging, lagen im maritimen Bereich des europäischen Rußland: der Zugang zum Eismeer durch die Absicherung der Murmansker Eisenbahn, die finnische Bucht, einschließlich Hangö, und die
baltische Ostseeküste bis vor Memel, einschließlich ihrer vorgelagerten Inselgruppen. Vor der erwarteten Ausdehnung des Kriegstheaters
in den Mittelmeer- und Schwarzmeerraum suchte die Sowjetregierung noch die Sicherheit ihres Haupthafens im Süden, Odessa, sowie
der Schwarzmeerküste bis zum Donau-Delta durch eine geeignete
Neutralisierung Bessarabiens zu gewährleisten. Unter dieser Voraussetzung glaubte Stalin, der Ausweitung des Konflikts unter den imperialistischen Mächten mit berechtigter Gewißheit in der abgesicherten Position des Neutralen entgegensehen zu können.

Die deutschen Blitzsiege im Norden und Westen

Der Winterkrieg hatte in seiner ersten Phase den mangelnden Realismus der Sowjetführung offenbart. Stalin ordnete mit dem Ende der
sowjetischen Kampfhandlungen (13. März 1940) eine durchgreifende
Kritik und Selbstkritik an. Die sowjetische Partei- und Armeeführung
zog in den nachfolgenden Wochen die Lehre aus dem anfänglichen
Versagen. Sie bewies, daß die Rote Armee weit hinter dem allgemeinen Tempo der Militärentwicklung der aktuell oder potentiell am
Kriege beteiligten Länder zurücklag. »Die sowjetischen Streitkräfte
mußten sich beeilen.«[129] Das März-Plenum des Zentralkomitees der
KPdSU faßte den Beschluß zur Reorganisation der Roten Armee und
ihrer Neuausrüstung mit dem Ziele der Hebung ihrer Kampfbereit-
haft »in jedem beliebigen Moment«. Im März und April wurden im
ml unter Beteiligung der Führung der Roten Armee und Mitglie-
des Politbüros, unter ihnen Molotovs, die notwendigen Direkti-
arbeitet. Sie dienten dem Ziel, das Defizit an Führungskadern,
die Säuberung des Militärapparates in den Jahren 1937–39
schaffen hatte, zu beseitigen (im April wurden allein 4000 höhere
Militärs aus Straflagern zum Dienst einberufen) und alle Waffengattungen auf eine neue Grundlage der Ausbildung und Organisation zu

146

stellen.[130] Ihren Höhepunkt erreichte die aus der Not der sowjetischen Niederlage geborene Strukturreform im schriftlichen Akt der Ersetzung von Verteidigungsminister Voroschilov durch Timoschenko (8. Mai 1940); diese umfangreiche Belastungsschrift deckte die begangenen Fehler und Versäumnisse, die freilich in Wahrheit überwiegend auf Stalin selbst zurückgingen, rücksichtslos auf.[131] Unter Timoschenko setzte die forcierte Neuorganisation des gesamten sowjetischen Militärapparates und machtvolle Ankurbelung der sowjetischen Rüstungsproduktion ein.[132] Die politische Leitung der Roten Armee drängte auf kategorischen Abbau des falschen Bewußtseins von der Unbesiegbarkeit Rußlands und nüchterne Einstellung auf die Anforderungen des Krieges.[133] Die Arbeitsdisziplin im ganzen Lande wurde hart angezogen und mit der Einführung von Achtstundentag und Siebentagewoche bei drakonischer Bindung an den Arbeitsplatz eine Art Kriegswirtschaft verfügt.[134]

Dies war auch der Moment, sich Rechenschaft über die Bedeutung der deutschen Hilfsgüter für die Neuausstattung der Roten Armee zu geben. Doch Mitte März war das Ungleichgewicht der beiderseitigen Lieferungen bereits eklatant – angesichts der Vorleistungen an Getreide und Rohstoffen, die die Sowjetregierung trotz ihrer starken Belastung durch den Winterkrieg vertragsgemäß erbracht hatte, war die deutsche Seite stark im Verzug. Der virtuelle Bann Hitlers über die gewünschten Rüstungsgüter hatte dazu geführt, daß die deutschen Firmen noch keine Verträge abgeschlossen hatten und deshalb »noch keine Tonne Kohle« und keine »Röhre« geliefert worden waren. Bis zum 15. März waren – wie sich Babarin bei Ritter beklagte – nichts als Schwierigkeiten entstanden: »Der Gang der Verhandlungen mache in Moskau keinen guten Eindruck«.[135]

In ihrer Unsicherheit über die Hintergründe dieses Verzugs drohte die Sowjetregierung mit der Aussetzung ihrer Lieferungen. Am 1. April stellte sie ihre Getreide- und Rohöllieferungen ein. Dies bewog Hitler, am 30. März 1940 die Lieferungen für Rußland freizugeben, benötigte er doch für den in Vorbereitung befindlichen Westfeldzug dringend das sowjetische Erdöl.[136] Am selben Tage erklärte Göring den Leitern der mit dem »Russengeschäft« beauftragten Instanzen, »daß die russischen Rohstoffe für uns absolut lebensnotwendig sind, daß für eine längere Dauer des Krieges weitere Verträge mit den Russen abgeschlossen werden müssen und daß es deshalb notwendig

ist, den jetzt laufenden Vertrag prompt zu erfüllen und jedes Mißtrauen der Russen aus dem Wege zu räumen«.[137] Er war auch bereit,
»der Industrie die Notwendigkeit des Russengeschäfts in einem
Rundschreiben klar zu machen«, und schrieb noch am selben Tage
einen persönlichen Brief nach Moskau, in welchem er die sofortige
Wiederaufnahme der sowjetischen Getreide- und Öllieferungen forderte.

Am 4. April machte Hilger den in Moskau weilenden Sowjetbotschafter in Berlin, Schkvarcev, während des zu dessen Ehren von
Schulenburg gegebenen Essens auf den dringenden Wunsch der
deutschen Seite nach Wiederaufnahme der sowjetischen Getreide-
und Öllieferungen aufmerksam.[138] Doch die Sowjetregierung verhielt
sich – wie Schulenburg in einem parallelen Schritt gegenüber Mikojan am 6. April 1940 erkennen mußte – ablehnend und erklärte, daß sie
»nicht länger nur als gebender Teil auftreten könne«.[139]

Eine abrupte Wandlung des sowjetischen Verhaltens erfolgte
wenige Tage später vor dem Hintergrund des deutschen Angriffs auf
Dänemark und Norwegen (9. April 1940). An diesem Tage brachte
Schulenburg unter Berufung auf eine diesbezügliche Weisung Ribbentrops im Außenkommissariat eine umständliche Erklärung vor,
die diesen neuen Akt deutscher Aggressionspolitik als eine notwendige präventive Maßnahme zur Abwehr eines Vorstoßes der englisch-französischen Streitkräfte gegen die norwegische Küste präsentierte. (Am 8. April hatte die britische Kriegsmarine in norwegischen
Hoheitsgewässern den Eingang zu Narvik vermint.) Die Maßnahme
liege auch im Interesse der Sowjetunion, die ja nicht wünschen
könne, daß Skandinavien zum Kriegsschauplatz würde, da dies ein
Wiederaufrollen der finnischen Frage zur Folge haben könnte. Molotov äußerte Verständnis für die »Deutschland aufgezwungenen Maßnahmen«, da »offenbar England bei der Verletzung der Neutralität
Norwegens und Dänemarks zu weit gegangen« sei (nach dem Telegramm Schulenburgs: »viel zu weit gegangen«). Die Sorge Molotovs,
welche Auswirkungen diese Aktion auf Skandinavien haben werde,
entkräftete Schulenburg: Weder Schweden noch Finnland würden
berührt, und Norwegen und Dänemark würden sich vermutlich »vernünftig (!) verhalten«. Daraufhin sagte Molotov abschließend, laut
Telegramm Schulenburgs, wörtlich: »Wir wünschen Deutschland für
seine Verteidigungsmaßnahmen vollen Erfolg.« Die sowjetische Auf-

zeichnung (S. Skozyrev) enthält keinen derartigen Hinweis.[140] Nach der Beobachtung des in Moskau akkreditierten Journalisten wuchs mit der Nachricht von der deutschen Invasion in Dänemark und Norwegen »die Furcht« – der Krieg hatte sich bedenklich den Grenzen Rußlands genähert.[141]

Am selben Tage erklärte Molotov unter Berufung auf die befriedigenden Zusicherungen Görings die Bereitschaft seiner Regierung, die Getreide- und Rohöllieferungen mit sofortiger Wirkung wiederaufzunehmen. Schulenburg war – wie er Weizsäcker privat mitteilte – über das Umschwenken der Sowjetregierung nach diesem Ereignis »völlig verblüfft«, und dies um so mehr, als die Botschaft seit einiger Zeit »einen deutlichen Umschwung zu unseren Ungunsten (hatte) feststellen müssen«. Er erklärte die neu eingetretene Situation dadurch, daß die Sowjetregierung befürchtet hatte, »zu einem großen Kriege gezwungen zu werden, zu dem sie nicht fähig ist, und daß sie aus diesem Grunde alles hat vermeiden wollen, was den Engländern und Franzosen den Vorwand hätte geben können, der Sowjetunion unneutrales Verhalten oder gar Parteinahme für Deutschland vorzuwerfen«. Die deutsche Angriffsaktion im Norden habe der Sowjetregierung »eine ungeheure Erleichterung« gebracht, da sie den »größten aller Schrecken: die Gefahr, in einen Krieg mit zwei Großmächten hineingetrieben zu werden«, von ihr genommen habe. So klangen Schulenburg auch die Leitartikel der sowjetischen Tageszeitungen vom 11. April 1940 »wie ein einziger Schrei der Erleichterung«.[142] Er unterstrich den Aspekt der Beruhigung, daß sich unmittelbare deutsche Angriffsabsichten nicht gegen die UdSSR richteten, und unterließ jeden Hinweis auf die tieferliegende Furcht vor den ferneren deutschen Zielen.

Mit den deutschen Erfolgen im Westen wuchs die wirtschaftliche Beschwichtigung der UdSSR. An diesem Tage ermächtigte Stalin persönlich den in Berlin weilenden Leiter der sowjetischen Wirtschaftsdelegation, Volkskommissar Tevossjan, Göring die Mitteilung zu machen, die Sowjetregierung bemühe sich, »die vereinbarten Abmachungen einzuhalten; sie müsse aber erwarten, daß auch Deutschland dies tue. ... Deutschland und die Sowjetunion seien aufeinander angewiesen. Er habe daher den Wunsch, daß die jetzt angeknüpften Beziehungen von wirklicher Dauer seien.«[143]

Die Sorge um weitere deutsche Pläne in Skandinavien lag nahe. Am

13. April bat Molotov Schulenburg zu sich, um ihm »anläßlich der Gerüchte über die Absicht der deutschen Regierung, die Neutralität Schwedens zu verletzen«, den Wunsch der Sowjetregierung ans Herz zu legen, »daß sich diese Gerüchte als Erfindung erweisen«. Trotz der Versicherung Schulenburgs, Deutschland habe keine Pläne gegen Schweden oder Finnland, warnte Molotov die deutsche Seite eindringlich: Derartige Pläne würden nicht im beiderseitigen Interesse liegen; die Aufrechterhaltung der schwedischen Neutralität müsse gewahrt bleiben.[144]

Wenig später konnte Schulenburg Molotov im Auftrag Ribbentrops mitteilen, daß die Reichsregierung die Auffassung der Sowjetregierung im Hinblick auf die Neutralität Schwedens teile. Die Frage, ob der Botschafter sich dabei der Doppelzüngigkeit seines Ministers bewußt war, bleibt offen. Denn am 18. April sprach er privatbrieflich in düsteren Vermutungen die Auswirkungen dieser Politik auf die innere Entwicklung Deutschlands an (»Solch ein Krieg kann nicht ohne tief eingreifende Folgen bleiben!«[145]). Tatsächlich setzte Ribbentrop anstelle eines militärischen Drucks umgehend einen massiven diplomatischen Druck auf die schwedische Regierung ein, um ihr für die Zukunft das Zugeständnis abzuringen, Schweden sehe seinen Platz an der Seite Deutschlands.[146]

Auch die deutschen Pressionen auf die Sowjetunion hielten in den Aprilwochen 1940 an. Einerseits forderte die deutsche Seite jetzt energisch die Rohstoffe, die die Sowjetregierung in Übereinstimmung mit der Ribbentrop-Molotov-Note vom 28. September 1939 aus Drittländern beziehen und im Transit über sowjetisches Gebiet nach Deutschland leiten sollte; umsonst versuchte Schulenburg den interessierten deutschen Dienststellen klarzumachen, daß die Sowjetregierung dabei gegenüber England und den USA in erhebliche Schwierigkeiten geriet.[147] Andererseits suchte sie verstärkt den wirtschaftlichen Handlungsspielraum der Sowjetregierung im Hinblick auf England einzuengen.[148] Amtliche deutsche Nachfragen über Gerüchte bezüglich einer Wiederaufnahme der während des Winterkrieges unterbrochenen sowjetisch-englischen Handelsbeziehungen wies Molotov am 9. April mit der Versicherung als unbegründet zurück, daß »keine Verhandlungen« stattfänden.[149] Tatsächlich hatte die Sowjetregierung, die durch den Stillstand der deutschen Lieferungen in der Planung ihres Aufbauprogramms behindert wurde, in der zweiten Märzhälfte durch Botschafter Maijskij die britische Bereitschaft zur Neuanbahnung von Handelsbeziehungen sondieren lassen – doch die Regierung Chamberlain verharrte in einer Paralyse zwischen Moralismus, Mißtrauen und Opportunitätserwägungen. Keine Verhandlungen fanden statt, bis schließlich die Labour-Partei Mitte April – unter dem Schock des deutschen Sprungs nach Skandinavien – die Initiative ergriff und die Wiederherstellung normaler diplomatischer Beziehungen zur Sowjetunion verlangte (seit dem Winterkrieg war Großbritannien in Moskau lediglich durch den Geschäftsträger vertreten). Dieses Verlangen führte – nach der Ernennung Winston Churchills zum Premierminister vor dem dramatischen Hintergrund des deutschen Einmarsches in Holland und Belgien – zur Entsendung des Sozialisten Stafford Cripps nach Moskau (2. Juni 1940).

Mit dem Westfeldzug wuchsen die deutschen Forderungen an die UdSSR. Erneut nahm Molotov am 10. Mai 1940 die Mitteilung Schulenburgs – die deutsche Wehrmacht habe in Abwehr eines bevorstehenden englisch-französischen Vorstoßes auf das Ruhrgebiet in Belgien und Holland einmarschieren müssen – nach dessen telegrafischen Bericht an das Auswärtige Amt verständnisvoll auf und fügte hinzu, »er begreife, daß Deutschland sich gegen englisch-französischen Angriff schützen müsse. Er zweifle nicht an unserem Erfolge.«[150] Doch war das Verhalten Molotovs, wie Schulenburg im Vertrauen dem italienischen Geschäftsträger mitteilte, wesentlich reservierter als zuvor.[151]

Die Sowjetregierung kam der mit diesem Tage einsetzenden, verstärkten Einforderung der »wirtschaftlichen Hilfeleistung«[152] – in erster Linie erheblicher Mengen von Mineralöl zur Bewegung der deutschen Kriegsmaschine bis zum Atlantik – erst mit einer charakteristischen Phasenverschiebung nach. Als die Verhandlungen über die Lieferung des Kreuzers »Lützow« zur Festsetzung eines in Grenzen akzeptablen Preises (90 Mio. RM) führten, gab Stalin dem deutschen Drängen nach – der jetzt sprunghaft vorangetriebene Aufbau seiner lange Zeit vernachlässigten Kriegsflotte, für die der deutsche Kreuzer ein Lehrbeispiel bilden sollte, war ihm diesen Preis wert. Seine Lieferfreudigkeit stand in direktem Verhältnis zu den Erfordernissen der eigenen Sicherheitspolitik. Eine Stärkung der deutschen Position nahm er dabei bereitwillig in Kauf, ja, die sowjetische Seite schien unter der Voraussetzung reziproker deutscher Lieferbereitschaft zur Unterstützung der deutschen Kriegsanstrengungen bereit. Nachdem deutsche Regierungsvertreter wiederholt vorstellig geworden waren und Schulenburg schließlich (25. Mai) mit einer »Reihe von Telegrammen aus Berlin« und der dringenden Bitte zu Molotov kam, die Lieferung von Erdölprodukten »angesichts der Ereignisse... an der Westfront« zu verstärken (»außerordentlich wichtig«), lenkte der Außenkommissar auf der ganzen Linie ein: »Die Frage der gewünschten Anzahl von Erdölprodukten ruft auf sowjetischer Seite keinen Widerspruch hervor... alle Vorschläge der deutschen Regierung sind angenommen. Sie haben volle Zustimmung gefunden.« Er fügte hinzu: »Bei den derzeitigen Operationen sind tatsächlich sowohl Benzin als auch Gasolin für die deutsche Wehrmacht notwendig, deren Aktionen bemerkenswert erfolgreich sind.«[153] Diese Bereitschaft veranlaßte Schulenburg, die Bitte um eine kräftige Anhebung der Getreidelieferungen anzuschließen. Selbst dem italienischen Bündnispartner Deutschlands, der sich jetzt durch deutsche Vermittlung mit der Bitte um Erdöllieferungen an die Sowjetregierung wandte, versagte die Sowjetregierung unter der Voraussetzung der Wiederherstellung guter Beziehungen die gewünschten Mengen Treibstoffs nicht.[154] Ihre Gebefreudigkeit wuchs mit dem Kriegsglück der Achsenmächte im Westen – eine Tatsache, die die häufig vertretene These, Stalin habe durch die Art seiner Lieferungen an Deutschland einen Abnutzungskrieg im Westen begünstigen wollen, stark relativiert, wenn nicht widerlegt.

Stalin verfolgte den Vormarsch der Wehrmacht mit gespannter Aufmerksamkeit. Ihr Durchmarsch durch die westlichen Pufferstaaten lieferte ihm den nachträglichen Beweis für die Richtigkeit seiner Verhandlungsstrategie in den politischen sowie militärischen Verhandlungen mit England und Frankreich im Sommer 1939. Am 16. Mai, einen Tag nach der Kapitulation der Niederlande, ließ er in den beiden größten Moskauer Tageszeitungen, der Parteizeitung *Pravda* und Regierungszeitung *Izvestija*, Leitartikel über die neue Etappe bzw. neue Phase des Krieges in Westeuropa drucken, die die Ausweitung vom lokalen Krieg zum Weltkrieg ankündigten. Schulenburg nahm sie in Übersetzung als »die beiden von Stalin inspirierten Leitartikel« zu seinen persönlichen Akten.[155] Beide Artikel betonten, daß die »seltsame« Phase des Krieges beendet sei und sich die Welt den »ernstesten Angriffen der deutschen Truppen gegenüber« sehe. Der Autor machte sich die deutsche Erklärung zu eigen, nach der England die neutralen Länder als Aufmarschgebiete für einen Angriff auf Deutschland hätte nutzen wollen, dem Deutschland zuvorgekommen sei. Deutschland habe die Initiative des Angriffs an sich gerissen und sich damit auf dem neuen Kriegsschauplatz vorteilhafte Voraussetzungen gesichert. Der Krieg habe eben »seine eigene Logik. Und eines der Gesetze dieser Logik besagt, daß die Seite, welche die Initiative in Händen hält, bevorzugt ist. Diesmal kam Deutschland seinen Gegnern zuvor.« Allerdings sei es schwer vorauszusagen, wie sich die Militäroperationen weiter entwickeln würden. Mit der Gelassenheit des distanzierten neutralen Beobachters kommentierte der Verfasser, daß das Überrennen dieser Pufferstaaten durch Deutschland beweise, wie recht die sowjetische Seite hatte, als sie in den Verhandlungen mit England und Frankreich darauf hinwies, daß verbale Garantien, hinter denen kein entschiedener und geballter Wille stehe, nutzlos seien. Ja, er ging weiter und unterstellte den Westmächten in Anlehnung an das vielzitierte Stalinwort vom 10. März 1939, sie hätten die kleinen und neutralen Länder für ihre eigenen Ziele benutzen wollen und nun die Rechnung für diese Kriegstreiberei erhalten.

Stärker als der Respekt vor den deutschen Waffenerfolgen klang aus diesen Aufsätzen die bittere Klage über das aus sowjetischer Sicht verantwortungslose britische Verhalten, das damals den Aufbau einer kollektiven Sicherheitsfront verhinderte und jetzt zum Zusammenbruch der britischen Festlandstrategie führte. Der gleiche Fehler – so der Verfasser – drohe der britischen Politik in den Balkanländern und im ganzen Nahen Osten. Es sei Zeit, die Lehre aus dem Versagen der Garantien zu ziehen und einem weiteren Zusammenbruch dieser Politik gegenüber anderen neutralen kleineren Ländern (Marginalie Schulenburgs: »Türkei!«) vorzubeugen.

Bei aller Distanz, die die Sowjetregierung in der Haltung der neutralen Macht manifestierte, fehlte es doch nicht an Anzeichen dafür, daß sie angesichts der wachsenden kontinentalen Überlegenheit Deutschlands eine gewisse Besorgnis, wenn nicht das Gefühl einer wachsenden Bedrohung empfand.[156] So vermutete Hilger, daß sich Stalin in der Beurteilung der Kräfteverhältnisse und der Voraussicht der Entwicklung der militärischen Operationen in Frankreich ebenso

geirrt hätte wie zuvor bei der Einschätzung der polnischen Widerstandskraft.[157] Köstring registrierte unter den russischen Militärs
trotz aller »Glückwünsche, Anerkennung... doch eine merkbare
Zurückhaltung«. Es sei ihnen – wie er dem Oberquartiermeister im
Generalstab des Heeres, Oberst Kurt v. Tippelskirch, am 16. Mai
privat mitteilte – »über den Siegeslauf unserer Truppen doch die
Spucke weggeblieben«. Köstring schloß nicht aus, daß die Zurückhaltung auf die »übliche, immer etwas stark unterstrichene neutrale
Haltung der Russen« zurückging, hielt aber auch eine Neubesinnung
Stalins im Sinne einer stärkeren Anlehnung an das siegreiche
Deutschland für möglich: »Sie wissen« – so versicherte Köstring Tippelskirch –, »daß ich unbedingt auf dem Standpunkt stehe, daß Stalin
es mit der Zusammenarbeit mit uns loyal und aufrichtig meint, aber
ebenso überzeugt davon bin, daß er ein Zusammengehen nur so
lange für notwendig hält, als es das Interesse der S. U... fordert... Die
Erfolge unserer Armee der letzten Woche müssen diese Überlegungen grundsätzlich geändert haben... Stalins vergnügtes Händereiben wird sich in Kratzen hinter dem Ohr verwandelt haben – ›Ver-
flucht tüchtiges Volk, diese Njemzy (Deutschen)‹. Das Überrollen
Polens hatte ihm anscheinend nicht sehr imponiert, den Gegner
schätzte er nie sehr hoch ein... Skandinavien war schon eindrucks-
voller... Und nun der Beweis unserer überragenden militärischen
Macht. Wie sauer die Siegestrauben gegen einen halbwegs aufgerü-
steten Gegner sind, hat Finnland den Russen bewiesen. Daß sie
überhaupt nicht mehr Krieg führen wollen, ist klar...! Denn im
Inneren gebe es bei einem totalen Krieg schwere wirtschaftliche Rei-
bungen, jeder Krieg ist im Volke unpopulär... Ich komme zu dem
Schluß, daß unsere Siege jetzt die S. U. zu der Überlegung zwingen
werden, ein enges Zusammengehen (nicht etwa kämpfen!) mit uns ist
in der Zukunft doch das Beste. Die Spekulation auf ein geschwächtes
Deutschland muß aus der politischen Rechnung gestrichen werden.
Es ist gut so. Eine Ehe gleicher Partner (Hoffentlich verstummt das
Gerede unverantwortlicher Schwätzer, daß wir uns nach einem Sieg im
Westen gegen Osten wenden). Es mag ein zufälliges Zusammentref-
fen sein: die seit Wochen andauernden Verhandlungen über Lieferungen sind gerade dieser Tage durch Nachgeben der Russen abgeschlossen. Für den Kreuzer zahlen sie 10 Millionen mehr, für Öllieferungen geben sie 16 Millionen Mark, immerhin 26 Millionen für uns!

(Tatsache geheim!) Kleine andere Zeichen des Entgegenkommens sind erkennbar. Allgemeiner Eindruck: unsere Siege verschlagen ihnen den Atem.«[158]

Während Köstring erkannte, daß die Stärkung der deutschen Position Stalin zu einer vertieften Beschwichtigungs- und Befriedungspolitik gegenüber Deutschland führte, gewann in der Umgebung Ribbentrops die umgekehrte Ansicht die Oberhand: Wie Ribbentrop später schrieb, vermutete auch er im schnellen deutschen Sieg im Westen »eine Überraschung für Stalin«. Doch zog er daraus den Schluß, daß Stalin sich angesichts der wachsenden Stärke des Gegners zum Angriff auf Deutschland rüste: »Noch während unseres Vormarsches in Frankreich wurde eine neue Tendenz in der sowjetischen Politik uns gegenüber fühlbar,... die zum Ausbruch des deutsch-russischen Krieges im Juni 1941 führte.«[159] Der Wunsch Köstrings, das »Gerede *unverantwortlicher* Schwätzer« möge verstummen, in seinem Brief vom 16. Mai – sein erster Hinweis dieser Art in einer nicht mehr abreißenden Kette von Warnungen – hatte also bereits zu diesem Zeitpunkt einen konkreten Nährboden, der durch die Darstellung Ribbentrops dokumentiert ist.

Die Sowjetregierung erfuhr im gleichen Zeitraum zum ersten Male von deutschen Plänen, die Wehrmacht unmittelbar nach dem Sieg im Westen gegen die UdSSR aufmarschieren zu lassen. Ilse Stöbe, die Sekretärin von Rudolf von Scheliha[160] in der Informationsabteilung des Auswärtigen Amts, leitete Mitteilungen dieses Inhalts, die seit der ersten Phase des Westfeldzugs im Auswärtigen Amt kursierten, über Rudolf Herrnstadt in Moskau an die Zentrale des sowjetischen militärischen Nachrichtendienstes weiter und wurde damit zur ersten Warnerin der Sowjetregierung vor dem bevorstehenden deutschen Angriff.[161]

Diese frühen Warnungen bestätigten nur, was aus Moskauer Perspektive evident war – die Logik von anhaltenden Bewegungen siegreicher Truppen dieses gewaltigen Ausmaßes, wie es die Wehrmacht erreicht hatte, zwang, zumal unter der Annahme einer möglichen späteren Ostwendung, zu einem Höchstmaß an Vorkehrungen: Mitte Mai 1940 ergriff Stalin die ersten Maßnahmen zur militärischen Sicherung seiner Westgrenze. Truppenzusammenziehungen erfolgten einerseits an der sowjetisch-rumänischen Grenze in Richtung Bukowina und andererseits an der Grenze der Westukraine mit Deutschland in Richtung Lemberg-Kiew.[162] An der Deutschen Botschaft mehrten sich die Anfragen über Gerüchte hinsichtlich russischer Truppenkonzentrationen an der Westgrenze. Die Botschaft entkräftete jede Vermutung einer Angriffsabsicht: So unzweifelhaft das Heranrücken russischer Truppen an die Grenze in Südrußland, auf der Krim und im Kaukasus sei – es sei kein Anzeichen dafür vorhanden, »daß sowjetische Vorkehrungen über defensive Vorsichtsmaßnahmen hinausgehen«.[163] Dieser Hinweis auf defensive Maßnahmen mußte Leser dieses Telegramms in Berlin aufmerksam machen: Vordergründig auf die Gefahren englischer Angriffe gegen die sowjetischen Erdölzentren von Baku bezogen – Gefahren, die von deutscher Seite mit allen erdenklichen Mitteln hochgespielt wurden –, war auch der defensive Charakter dieser Maßnahmen gegenüber deutschen Angriffsabsichten angesprochen.

Mit den Gerüchten über sowjetische Truppenbewegungen setzten die Verdächtigungen ein, die Sowjetregierung falle ihrem im Westen militärisch engagierten Partner durch Angriffspläne hinterhältig in den Rücken: Der Teufelskreis von Angriffsabsicht – unterstellter Angriffsabsicht – angeblicher Notwendigkeit eines Präventivschlags hob bereits Mitte Mai, auf der Höhe des Frankreichfeldzugs, an und zog, von Hitler mit allen erdenklichen Mitteln bewegt, das deutsche Militär innerhalb eines Jahres in seinen Bann.

Der deutsche Botschafter sah es aus diesem Grunde als seine vordringliche Aufgabe an, die verläßliche und vertragstreue Haltung der Sowjetregierung immer wieder unter Beweis zu stellen. Er dementierte mit Nachdruck die Behauptungen, die deutschen Siege im Westen hätten eine für Deutschland ungünstige Änderung in der Haltung Stalins hervorgerufen (»Dafür, daß letzte deutsche Erfolge bei Sowjetregierung Beunruhigung und Angst vor Deutschland ausgelöst hätten, sind hier keinerlei Anhaltspunkte vorhanden«) und führte sie auf die Versuche zurück, Mißtrauen zwischen der Sowjetunion und Deutschland zu säen. Damit unterstützte er die sowjetische Selbstdarstellung, die ihre tiefen Ängste in einer immer plakativeren Haltung der Beschwichtigung überbrückte. Als Ende Mai in Berlin Befürchtungen über die Mission des englischen Sondergesandten Cripps laut wurden, versicherte er dem Auswärtigen Amt, daß »kein Grund vorliegt, an der loyalen Haltung Sowjetunion uns gegenüber zu zweifeln«. Die »unveränderte Einstellung der Sowjetpolitik gegen England (schließe) eine Benachteiligung Deutschlands oder lebenswichtiger deutscher Interessen aus«. In der Tat war die Sowjetregierung aus Rücksicht auf Deutschland vor dem englischen Angebot einer außerordentlichen Mission von Cripps zur Aufnahme wirtschaftlicher und anderer weitergehender Verhandlungen zurückgeschreckt, aber bereit, seine Akkreditierung als ordentlicher Botschafter zu akzeptieren. Auf die Frage Schulenburgs nach dem Agrément für Cripps betonte Molotov, dies sei Sache Englands. England führe zwar eine »feindliche Politik gegen die UdSSR, wir können ihm aber nicht das Recht auf einen Botschafter ohne Sondermission absprechen.« Schulenburg begrüßte diese Konstruktion der Entsendung von Cripps[164], an der die Reichsregierung kaum Anstoß nehmen konnte, und betonte, er verstehe »vollkommen, daß die UdSSR als neutrales Land einen englischen Botschafter haben soll«.[165] Privat hatte er die Abwesenheit der Botschafter Englands, Frankreichs und Italiens gerade in dieser Phase der politischen Konfrontation schon früher beklagt.[166] Die förmliche Zurückweisung des englischen Verhandlungsangebots durch die Sowjetregierung unter Berufung auf ihre strikte Neutralität erregte sein Mitgefühl: »Der Ausgang der Angelegenheit Sir Stafford Cripps (London wollte ihn zu ›Wirtschaftsverhandlungen‹ hersenden) ist eine fürchterliche Ohrfeige für das stolze England! Es muß jetzt viel leiden!«[167] Den Plan Ribbentrops, die Mission Cripps durch gleichzeitige Entsendung Ritters und Schnurres nach Moskau zu konterkarieren, lehnte er – in peinlicher Erinnerung an die der Sowjetregierung aufgezwungene Reise Ribbentrops vom August 1939, die zum deutsch-sowjetischen Nichtangriffspakt und zum Abbruch der Militärverhandlungen der Großmächte zur Eindämmung der deutschen Aggression geführt hatte – »als ein Wettrennen mit Cripps« ab. Wie damals war Schulenburg auch jetzt an einer Stärkung der internationalen Beziehungen der UdSSR gelegen, die es ihr erlauben würden, ihre politische Isolation an der Seite Deutschlands zu verlassen. In dem Bemühen Ribbentrops, die Sowjetregierung in ausschließliche Abhängigkeit von Deutschland zu manövrieren, sah er wohl die größten Gefahren für die Zukunft. Taktische Gesichtspunkte dieser Art – so betonte er – müßten »von hier aus gesehen … vermieden werden«.[168]

Bei einigen Ressortchefs hatte der mäßigende Einfluß des Botschafters zunächst einen gewissen Erfolg. Goebbels führte die Tatsache, daß Moskau die deutschen Erfolge nicht allzu stark herausstreiche, auf den Wunsch zurück, selbst nach dem finnischen Feldzug »nicht so jämmerlich da zu stehen«. Ansonsten aber – so hielt er unter Hinweis auf den »Bericht aus Moskau« fest – »ist keinerlei Trübung des Verhältnisses festzustellen. Stalin bleibt fest bei uns trotz aller Londoner Versuchungen.« Grundlegendes Mißtrauen war indes schon nicht mehr auszuräumen (Goebbels: »Aber eine gewisse Parteibürokratie mag uns nicht«[169]).

Als Schulenburg dem Auswärtigen Amt am frühen Morgen des 18. Juni 1940 die Glückwünsche Molotovs zum deutschen Sieg über Frankreich mitteilte, beging er vermutlich in seiner wachsenden Sorge über das deutsche Mißtrauen eine bewußte Übertreibung. Seiner telegrafischen Mitteilung: »Molotov bat mich heute abend zu sich und aussprach mir wärmste Glückwünsche der Sowjetregierung zu den glänzenden Erfolgen der deutschen Wehrmacht« steht auf sowjetischer Seite die weitaus nüchternere Formulierung der russischen Aufzeichnung gegenüber: »Molotov gratulierte dem Deutschen Botschafter zu den Siegen der deutschen Wehrmacht und bemerkte, daß Hitler und die Deutsche Regierung wohl kaum solche schnellen Erfolge erwartet hätten.«[170] Pronozierte Darstellungen dieser Art wurden von nun an zum Standardinstrumentarium der Berichterstattung der Deutschen Botschaft Moskau, die nichts unversucht ließ, um dem wachsenden Mißmut Hitlers über seinen russischen Partner mit all seinen absehbaren Folgen entgegenzuwirken. Solche beschönigenden, harmonisierenden Darstellungen haben nicht wenig dazu beigetragen, späteren Historikern, die sich die Not der Argumentation dieser um die Zukunft Deutschlands besorgten Männer nicht angemessen vor Augen führen konnten, ein allzu idyllisches Bild von den deutsch-sowjetischen Beziehungen dieser schweren Zeit zu suggerieren.

Tatsächlich war die Stimmung an der Botschaft in dieser Periode der deutschen Siege fern von der obligaten Euphorie. Der Botschafter wurde nicht über die deutschen Militärpläne informiert, sondern jeweils kurzfristig mit überstürzten Weisungen konfrontiert. Er half diesem Mangel an Information durch regelmäßiges Abhören der westlichen, überwiegend englischen Sender ab, zu welchem Zwecke er sich spezielle, hochsensible Radios beschafft hatte. Daneben wurde die westliche Presse (Le Temps, Neue Zürcher Zeitung) in der Botschaft genauer gelesen als die deutsche Presse. Mit Aufmerksamkeit nahm der Botschafter *clippings* der freien französischen und britischen Presse zu seinen persönlichen Akten, die ihn besonders interessierende Aspekte der westlichen Kriegsführung beleuchteten. Er folgte ihr mit dem Wohlwollen und der Objektivität des alten Offiziers, der die Qualität der Leistung und persönliche Bekanntschaften über jede Freund-Feind-Betrachtung stellte. So kommentierte er beispielsweise die Nachrichten über die Ernennung von General Weygand zum Oberbefehlshaber der alliierten Streitkräfte mit seinen persönlichen Erinnerungen an gemeinsame Begegnungen und der Notiz, Weygand sei ganz einfach »ein sehr netter Mann«.[171]

Die Unberechenbarkeit der deutschen Schritte hielt den Botschafter, der sich seit Anfang April um einen Heimaturlaub zur Behandlung seines Magenleidens bemühte[172], in Moskau zurück. Ribbentrop hatte ihm – wie er privat schrieb – »energisch abgewinkt: ›im Augenblicke völlig unmöglich!‹ Es war kurz vor den norwegischen Ereignissen, von denen ich damals noch nichts wußte«. Die Tatsache, daß er auch auf die weiteren deutschen Absichten lediglich aus den wiederholten Absagen seiner Urlaubsgesuche schließen konnte, deprimierte ihn zutiefst: »Nun haben sich die Dinge im Norden einigermaßen konsolidiert..., so hatte ich gehofft, wenigstens *Ende Mai* von hier wegzukönnen... Jetzt tauchen auf einmal Andeutungen auf – noch wissen wir nichts Genaues... – die es wieder zweifelhaft erscheinen lassen, ob ich selbst Ende Mai werde von hier wegkönnen.«

Diese Umstände mögen den Gedanken an ein Rücktrittsgesuch wieder nahegelegt haben, mit dem sich Schulenburg seit dem von Ribbentrop im Sinne Hitlers verfügten großen Revirement im Auswärtigen Amt im Februar 1938 mehrfach getragen hatte: »Aber, was soll, was kann ich tun ??!! Ich stehe nun einmal auf diesem im Augenblick entscheidenden Posten, dessen Wichtigkeit gar nicht überschätzt werden kann. Hier geht es um die ganz großen Dinge, um die Dinge, die für unser Volk Tod und Leben bedeuten. Da *muß* ich einfach meine eigenen privaten Interessen hinter denen der Gesamtheit zurücktreten lassen. Ich kann nicht anders.«[173]

Die Umstellung des Verkehrs der Wilhelmstraße mit der Botschaft auf brüske Forderungen und nicht selten abrupte Zurechtweisungen, die neben dem Mangel an Sitte und Gesinnung den krassen Unverstand der deutschen Führung über die Lage in Moskau erkennen ließen, nahm unter der vermehrten Hektik der militärischen Expansion immer groteskere Züge an. Der »große Sturm im *Westen*«, so teilte Schulenburg am 16. Mai niedergeschlagen seiner Berliner Korrespondentin mit, habe die Arbeit der Botschaft noch weiter erschwert: »Ich habe ... wahnsinnig zu tun. Auf Hilger, Tippelskirch und mir liegt die ganze Verantwortung für entscheidende Dinge. Wir Drei müssen unserem Volke politisch und wirtschaftlich den Rücken decken für den großen Kampf im Westen. Es ist keine Kleinigkeit.«[174]

Der eklatante Sieg des deutschen Heeres über Frankreich, wo Schulenburg im Ersten Weltkrieg ein Jahr in vorderster Reihe im Feld gestand hatte, löste keine Begeisterung aus. Mit Distanz und Maß beurteilte er die deutschen Erfolge in einer Optik, die der der Sowjetregierung nicht unähnlich gewesen sein dürfte. Die Sorge um den Fortgang dieser Ereignisse stand im Vordergrund (zu bedenken ist die Tatsache, daß seine Briefe, wie Schulenburg bekannt war, die deutsche Zensur passierten): »Die Taten unseres Heeres sind überwältigend. Die ganze Welt hält den Atem an. Das hatte niemand erwartet! Man hat vergessen, daß zum *ersten* Male in der Geschichte *alle* Deutschen unter *einheitlichem* Oberbefehl kämpfen und daß ein solcher Kampf eines kriegerisch hochbegabten Volkes Gewaltiges erzeugen muß. Überall da, wo jetzt gekämpft wird, habe auch ich in den Jahren 1914/15 gekämpft; die Erinnerungen stürmen auf mich ein! Heute muß ich auf einem anderen Felde ›kämpfen‹. Es ist ebenso lebenswichtig.«[175]

Der Veteran des Ersten Weltkriegs erklärte den Erfolg der deutschen Waffen auch durch die veränderte Technik: »In unserem heutigen motorisierten Zeitalter geht alles viel schneller als früher, sind die Entfernungen zusammengeschrumpft. Wer weiß, wie lange es dauern wird, bis wir an der spanischen Grenze stehen! Dann werden wir uns um England kümmern müssen!!«[176] Zwei Tage davor hatte Churchill in Frankreich erklärt, es sei möglich, daß die Nazis Europa beherrschen; aber am Ende werde ein Regime zusammenbrechen, das seine Siege hauptsächlich Maschinen verdanke. Maschinen würden eines Tages Maschinen besiegen.[177]

Am 22. Mai teilte Ribbentrop telegraphisch mit, der Botschafter dürfe Moskau nicht verlassen; statt dessen werde ein deutscher Arzt zu seiner Behandlung nach Moskau gesandt (in der Tat erschienen kurz darauf zwei Ärzte, ein Chirurg und ein Orthopäde, im Auftrage

160

Ribbentrops bei Schulenburg!). Die Hoffnung auf einen Genesungsurlaub – und damit zugleich auf das Abreißen der anhaltenden
Hiobsbotschaften – schwand. Fatalismus schlich sich ein:»Da kann
man nichts machen!!!! Leider ist ja wirklich Moskau im Augenblick
ein äußerst wichtiger Punkt, so wichtig, daß natürlich private Interessen zurückzutreten haben. Aber recht unangenehm ist es für uns
doch.... Die Schwere der Zeit bringt allerlei mit sich.«[178]
An der Botschaft wirkte Schulenburg durch seine Haltung stark auf
die große Zahl der jüngeren, durch die nationalsozialistische Schule
gegangenen Mitarbeiter ein, die während der Paktzeit nach Moskau
versetzt oder – als Angehörige fremder Organisationen wie Partei,
Polizei, Reichssicherheitshauptamt und Abwehr – in der Botschaft
»eingebaut« wurden. Die freimütigen Äußerungen des Botschafters
ließen einige der jüngeren Mitarbeiter um seine Sicherheit bangen.
Ihre wiederholte Empfehlung,»Herr Graf möge doch bitte etwas
vorsichtiger sein!«, verfehlte die Wirkung.
So war und blieb auch angesichts der deutschen Militärerfolge im
Norden und Westen die Stimmung an der Botschaft gedämpft. Auf
der offiziellen Siegesfeier, zu der der Botschafter die Mitarbeiter in
die Residenz bat, blieb Raum für nüchterne Erwägungen und skepti-
sche Betrachtungen. Auf seine Einschätzung des Sieges in Frankreich
angesprochen, bemerkte der Botschafter trocken:»Es haben sich
schon viele zu Tode gesiegt«! Den Rückzug der britischen Truppen
aus Dünkirchen kommentierte er mit den Worten:»Die Engländer
haben zwar oft Schlachten verloren, aber dann letzten Endes doch den
Sieg davongetragen.«[179] War dies eine bewußte Paraphrasierung der
Londoner Proklamation von General de Gaulles:»La France a perdu
une bataille! Mais la France n'a pas perdu la Guerre!«?

Die sowjetische Randstaatensicherung im Westen

Mit dem siegreichen deutschen Westfeldzug trat für Stalin eine – seit
August 1939 vorausgesehene – Zuspitzung der internationalen Lage
ein, die ihn veranlaßte, die letzten Schritte zur Absicherung der
sowjetischen Interessensphäre zu unternehmen. Zug um Zug im
Taktschlag mit den deutschen Siegen und der Verlegung der Wehrmacht nach Osten baute er das vorgeschobene Sicherheitsglacis aus,

das ihm die deutsche Seite zuerkannt hatte und in dem er sich – gegen den Rat seiner besten Militärs – einen neuen extensiven Verteidigungswall schaffen wollte: Hatte der sowjetisch-finnische Friedensschluß das strategische Vorfeld der zweiten russischen Hauptstadt, Leningrad, Heimathafen der Baltischen Flotte, in das sowjetische Hoheitsgebiet eingebunden, so sollte jetzt mit den baltischen Staaten die gesamte Ostseeküste, einschließlich ihrer Kriegshäfen, und mit Bessarabien das strategische Vorfeld der dritten Hauptstadt des Landes, Odessa, des Heimathafens der Schwarzmeerflotte und zweitwichtigsten Flottenstützpunktes im europäischen Rußland, extensiv abgesichert werden. Zu Lande sollten mit der Besetzung Litauens eine Barriere gegen das Hauptaufmarschgebiet der Wehrmacht in Ostpreußen, mit der Einverleibung Bessarabiens ein Wall gegen das deutsche Aufmarschgebiet in Rumänien errichtet und damit der deutschen Nord- und Südarmee Einhalt geboten werden.

Die Gegenschritte der Sowjetregierung auf den unvorhergesehen schnellen deutschen Terraingewinn erfolgten mit prompter Regelmäßigkeit in einer Geschwindigkeit, die damals in der Umgebung Hitlers und später in historischer Sicht die Grenzen zwischen Aktion und Reaktion verschwimmen ließ. Die präzise »Lagebeurteilung (Stalins) allein erklärt die die rasche Aufeinanderfolge seiner politischen und strategischen Gegenzüge ab Mitte Juni 1940«.[180] Diese Gegenschritte waren in erster Linie politischer und erst in zweiter Linie militärischer Natur. Das hatte zwei Gründe: Einerseits war die Rote Armee, die in den April- und Maiwochen ihre Wunden heilte und ab Ende Mai die Direktiven zur Reorganisation entgegennahm, zu einer wirksamen Demonstration militärischer Stärke außerstande; die Diplomatie mußte vorerst an ihrer Stelle die abschreckende Funktion übernehmen. Andererseits wuchs mit der anschwellenden deutschen Macht über den Westen des Kontinents die Furcht Stalins vor der bevorstehenden Konfrontation, was ihn – angesichts seiner auf absehbare Zeit einsatzgeminderten Armee – zu vertiefter Konzilianz und verstärkter Befriedungspolitik gegenüber dem wachsenden deutschen Druck zwang. Im Hintergrund dieser Beschwichtigungspolitik stöhnte gleichsam die rückständige russische Kriegsmaschine unter seinen zu äußerster Beschleunigung antreibenden Peitschenhieben.

Militärische Gefahren bahnten sich aus Sicht der Sowjetregierung schon während des Westfeldzugs an: Bis Mai hatte der deutsche Oberbefehl – nach russischen Angaben – 130 Divisionen im Westen konzentriert, während nur 27 Divisionen und 6 Reiterregimenter im Osten (Ostpreußen und Polen) stationiert waren. Der schnelle Durchbruch bei Sedan, der den Sieg über Frankreich in greifbare Nähe rückte, erlaubte es Hitler, bereits in den letzten Maitagen die Verlegung einer größeren Zahl von Divisionen nach Osten einzuleiten. In der ersten Juni-Hälfte begann die Verlegung von 15 Divisionen, deren Zahl in der dritten Juni-Hälfte bereits auf 24, darunter 6 Panzer- und 3 motorisierte Divisionen, anstieg. Ab 24. Juni gingen den Grenztruppen des Innenkommissariats Mitteilungen über deutsche Angriffsabsichten zu, die diese regelmäßig der Leitung des Innenkommissariats und dieses seinerseits dem ZK der KPdSU und der Sowjetregierung vortrug. Im August lagen in Ostpreußen und Polen bereits 70 deutsche Divisionen, ein großer Teil von ihnen in unmittelbarer Grenznähe zur UdSSR. Im nahen Hinterland, einschließlich der Tschechoslowakei, standen 9–10 und in Norwegen 6–8 Divisionen. Im August setzte auch die massierte deutsche Truppenpräsenz in Rumänien und Finnland ein. Ab September wurde der deutsche Aufmarsch in allen diesen Gebieten verstärkt fortgesetzt.[181]

Die unerwartete Schnelle der politisch-militärischen Veränderungen auf dem Westteil des Kontinents und die Hemmungen der Manövrierfähigkeit, die aus dem unvollständigen Stand der eigenen Streitkräfte erwuchsen, riefen eine hektische Gewalttätigkeit der russischen Gegenschritte hervor – aus der Sicht des gebildeten Russen bewies »die Hast, mit der wir – während die Deutschen damit beschäftigt waren, Frankreich fertigzumachen – die baltischen Staaten, Bessarabien und die Nord-Bukowina an uns rissen, ... wie erschreckt wir waren.«[182]

Die baltischen Staaten

Die baltischen Staaten mußten zuerst den unter dem Bewußtsein der sowjetischen Existenzbedrohung erfolgenden Griff nach den scheinbar sicherheitspendenden Randgebieten erfahren[183] – die damals gültige sowjetische Militärdoktrin der Vorwärtsverteidigung bedarf gerade in ihrer psychologischen Grundhaltung einer gesonderten Untersuchung. Die Schwäche der baltischen Flotte, die unkontrollierbaren Anlehnungsbestrebungen der baltischen Staaten, teils an Deutschland, teils an England, und nicht zuletzt die zunehmende Einbindung Litauens in die deutschen (Wirtschafts-)Interessen ließen Stalin – vereint mit den Erfahrungen des Bürgerkrieges und dem Wissen um die traditionell bevorzugte ostpreußische Angriffsachse gegen Rußland – in den baltischen Ländern das schwächste Glied in der Kette seiner westlichen Randstaaten sehen. Die Perspektive eines baltischen Verteidigungsbundes unter Einbeziehung Finnlands, die sich in den Frühjahrsmonaten andeutete, forderte ihm ferner das praevenire ab, wollte er nicht erneut in die Lage versetzt werden, seine Ansprüche mit Waffengewalt durchsetzen zu müssen. Schließlich waren die baltischen Länder das Gebiet, gegen dessen Einverleibung er aufgrund der unterzeichneten Protokolle und mündlichen Absprachen die geringsten Widerstände von deutscher Seite erwarten durfte, zumal wenn er sie auf konfliktlosem Wege an sich binden konnte.

Ein stärkeres wirtschaftliches und politisches Heranziehen der baltischen Staaten an Moskau war über das gesamte Winterhalbjahr zu beobachten gewesen. Es ging indes nicht über eine strenge Durchführung der abgeschlossenen Beistandsverträge hinaus. Dabei hatte Moskau jede Erwähnung einer etwaigen »Sowjetisierung« durch sowjetische Instanzen oder einheimische Sympathisanten untersagt. Zugleich hatte es die baltischen Regierungen wissen lassen, daß die im Ostseeraum ergriffenen Maßnahmen unter dem Zwang der Abwehr potentieller deutscher Angriffshandlungen erfolgten[184], eine Erklärung, die in den Ostseeländern, besonders in Kreisen der liberalen Intelligenz, keineswegs einhellig auf Ablehnung stieß.

In der zweiten April-Hälfte – Deutschland hatte sich erfolgreich in Skandinavien festgesetzt – meldete die Sowjetregierung gegenüber Estland, dem der finnischen Bucht vor Leningrad am nächsten gelegenen und an die Sowjetunion angrenzenden Land, Ansprüche auf Festigung und Ausbau der sowjetischen Seebasen an.

Am 15. Mai – dem Tage des deutschen Durchbruchs in Frankreich – brachte sie das Abkommen über die Ausweitung der in Estland gelegenen Stützpunkte unter Dach und Fach. Am selben Tage gab sie die offene politische Propaganda der kommunistischen Parteien und Untergrundgruppen in den baltischen Ländern, allen voran Litauen, gegen die baltischen Regierungen frei.

Am 25. Mai – die deutsche Wehrmacht hatte zu diesem Zeitpunkt die Einkesselung der französischen Streitmacht im Zuge der bis dato größten Angriffsoperation vollzogen – überraschte Außenkommissar Molotov den Gesandten des westlichsten, an Deutschland grenzenden baltischen Landes, Litauen, mit einer Protestnote, in der die Sowjetregierung die Behebung von Mißständen in der Behandlung der dort stationierten Sowjettruppen forderte. Die Art, wie die Note im Bemühen um Legalität aus Lappalien, wenn nicht Vorwänden, einen Casus gegen die litauische Regierung konstruierte, verriet die Hilflosigkeit, ja Hysterie der Sowjetregierung angesichts des deutschen Siegesmarsches bis zur Atlantikküste. Obgleich eingeweihte diplomatische Beobachter den Ernst der Note erkannten, bestand an der Deutschen Botschaft Moskau die Übereinkunft,»zu diesen Vorfällen noch nicht Stellung zu nehmen«.[185] Die reizbare Stimmung in Berlin sollte nicht unnötig angeheizt werden. Privat schrieb der Botschafter am 30. Mai nach Berlin, er habe »unendlich viel zu tun« und »fürchte, daß sich ein sowjetisches Gewitter um die Balten-Staaten zusammenzieht. Vielleicht aber geht es noch einmal vorüber.«[186]

Im Gespräch mit Molotov (31. Mai) legte er der Sowjetregierung – wie seinerzeit im Falle Finnlands – eine friedliche Lösung ihrer Ansprüche an das Baltikum im Sinne einer beiderseitigen Regelung nahe. Er hatte dafür zwei Gründe: Einerseits würde eine kriegerische Lösung auf deutscher Seite starke Irritationen auslösen, und andererseits waren die Folgen eines bewaffneten Konflikts im Baltikum schwer abwägbar. Molotov sicherte eine friedliche Lösung unter der Bedingung zu, daß die litauische Regierung ihren guten Willen zeige.[187] Dies veranlaßte Schulenburg, Verbindung zu den Gesandten der baltischen Länder aufzunehmen und ihnen zu empfehlen, es nicht zu einem militärischen Konflikt mit Moskau kommen zu lassen.[188]

In seinem Bericht nach Berlin erinnerte er indirekt an die diesbezüglichen Auskünfte Stalins in den Verhandlungen mit Ribbentrop und gab seiner Ansicht Ausdruck, daß die Sowjetregierung vorläufig noch nicht das Ziel verfolge, die staatliche Existenz der baltischen Länder zu zerstören.

Dem OKH vermittelte Militärattaché Köstring im privaten Schreiben an Kurt v. Tippelskirch eine Einschätzung der russischen Handlungszwänge, die den defensiven Charakter der erwarteten Maßnahmen im Baltikum und in Bessarabien unterstrich: »Die baltische See und das Schwarze Meer sind zwar räumlich sehr weit voneinander getrennt, es ist m.e. aber möglich, daß folgende Vorgänge in Zusammenhang stehen.« Sähe sich die UdSSR genötigt, in Rumänien tätig zu werden, so würde sie zweifellos sogleich auch die anderen Randstaatenfragen lösen. Dabei liege ihr eine kriegerische Lösung fern, sie würde eine solche nur im Notfall wählen: »Rußland will nicht marschieren, wird es aber tun, wenn es seine Interessen und Kreise... bedroht sieht.« Andernfalls würde die Sowjetregierung einer friedlichen Lösung im Falle Litauens und der anderen baltischen Staaten wie auch Bessarabiens unbedingt den Vorzug geben, sich bei einer solchen aber möglichst lange Zeit lassen. Freilich müsse man sich angesicht der gesamteuropäischen Lage – ein Euphemismus für den bedrohlichen deutschen Terraingewinn – darüber im klaren sein, daß die baltischen Staaten »sozusagen bei ihren Beziehungen zur S. U. von der Hand in den Mund leben«.[189] Eine Bedrohung sah Köstring aus sowjetischer Sicht dann gegeben, wenn die Westmächte oder Italien – der Achsenpartner Deutschlands! – kriegerische Absichten manifestieren sollten. Wenn er die Vermutung aussprach, daß »die Vorbereitung der S. U. im Süden mit dem zu erwartenden Eintritt Italiens« an der Seite Deutschlands in den Krieg im Zusammenhang stand, so bedeutete er damit, daß die wachsende sowjetische Sorge um die Sicherheit der Randstaaten aus dem Vorgehen der Achsenmächte resultierte – der offensive Stahlpakt mußte, nachdem Frankreich in die Knie gezwungen wurde, eine Gefahr für die sowjetische Sicherheit darstellen.[190]

Wenige Tage nach der italienischen Kriegserklärung an Frankreich und England (10. Juni) schrieb Schulenburg privat nach Berlin: »Der Eintritt Italiens in den Krieg hat hier im Osten neue Aufregung gebracht.« Der Offizier des Ersten Weltkriegs rügte Frankreich, das »den Eintritt Italiens in den Krieg keines Falles (hätte) abwarten dürfen, sondern dem (hätte) zuvorkommen müssen«, und klagte: »Das Vernünftige wird aber sehr selten gemacht.«[191] (Ein Jahr später empfahl er der Sowjetregierung dringendst, angesichts des deutschen Aufmarsches »etwas zu tun«!)

Der Eintritt Italiens in den Krieg und vor allem der Fall von Paris (14. Juni), das »Debakel Frankreichs«, gaben den Ausschlag: Diese Ereignisse zogen in Moskau eine weitere, dramatische Verschlechterung der Stimmungslage nach sich – wie gutplacierte Beobachter bemerkten, »packte die Russen plötzlich die große Angst: Was wird geschehen, wenn nun England mit Deutschland Frieden schließt?... Schockiert... ließ Moskau alle Hemmungen fallen; man verzichtete darauf, auch nur den Anschein zu erwecken, als respektiere man die Souveränität der baltischen Staaten.«[192]

Am späten Abend des 14. Juni stellte Molotov dem litauischen Außenminister J. Urbšys ein auf den 15. Juni, 10.00 Uhr, befristetes Ultimatum auf Regierungsumbildung und Aufnahme weiterer sowjetischer Streitkräfte. Als die litauische Regierung das Ultimatum am 15. annahm, folgten am 16. Juni analoge Ultimaten an die Regierungen der Republiken Estland und Lettland. Nachdem auch diese angenommen und damit die Gefahren militärischer Konfrontation gebannt waren, bestellte Molotov den Deutschen Botschafter am 17. Juni erleichtert zu sich, um ihm – im Zusammenhang mit seiner Gratulation zu den deutschen Erfolgen – über diese Tatsachen in Kenntnis zu setzen. Er legte Wert auf die Feststellung, daß sich die Sowjetunion mit Lettland, Litauen und Estland über den jeweiligen Regierungswechsel und die Einführung sowjetischer Truppen auf dem Verhandlungswege geeinigt hatte und beim Einmarsch der sowjetischen Truppen keinerlei Zwischenfälle entstanden waren. Die Gründe für das sowjetische Vorgehen waren – nach Darstellung Molotovs – die Beseitigung jeden Bodens für eine antisowjetische Politik, für »französische und englische Intrigen« und für das Aussäen von Streit zwischen Moskau und Berlin – die Vermeidung jedes Faktors, an dem Hitler Anstoß nehmen könnte, wurde ostentativ in den Vordergrund gestellt. In seinem Bericht nach Berlin unterstrich Schulenburg – in die »wärmsten Glückwünsche« Molotovs gekleidet – die Absicht der Sowjetregierung, im Baltikum den englischen Intrigen ein Ende zu machen, die versucht hätten, »Zwietracht und Mißtrauen zwischen Deutschland und Sowjetunion zu säen«.[193] In der Umgebung Hitlers galt eine andere Lesart.[194]

Bedeutung und Hintergründe der sowjetischen Aktion wurden bereits in der Tatsache sichtbar, daß sich unter den hochplazierten neuernannten bevollmächtigten Vertretern (im Range von Botschaftern), die die politische Reorganisation dieser Länder kontrollieren sollten, für Estland der Leningrader Parteivorsitzende A. A. Zhdanov befand (für Litauen: der stellvertretende Außenkommissar Dekanozov und für Lettland der stellvertretende Ministerpräsident Vyschin-skij). Zhdanov sah seine Hauptaufgabe für das Gebiet Leningrad seit Mitte der dreißiger Jahre in der Abwehr der über das Baltikum, namentlich das nahe gelegene Estland, drohenden deutschen Gefahr, – eine Aufgabe, die er später, nach Eintreten dieses Falles, als Vorsitzender des Leningrader Verteidigungskomitees wahrnahm. Die Gefahren, die nach der Ausschaltung Westeuropas auf die Sowjetunion zukamen, standen im Vordergrund der Entscheidung. Bemühte sich die Sowjetregierung bei diesem Vorgehen schon kaum noch um Legitimität, so konnte sie sich doch auf einen Konsens in der Bevölkerung stützen – »Nach dem Zusammenbruch Frankreichs war es für jedermann völlig klar, daß es nur ein Land gab, von dem für die Sowjetunion eine unmittelbare Gefahr ausgehen konnte.«[195]

Sie war auch an einem gewissen Verständnis von seiten der baltischen Staaten interessiert. So teilte Molotov dem neuernannten litauischen Außenminister, Prof. Vincas Krévé-Mickevičius, am 30. Juni – Frankreich hatte kapituliert, die deutschen Heere wandten sich nach Osten – mit, daß die allmähliche Einverleibung der baltischen Länder, mit Litauen beginnend, »im Hinblick auf Deutschland geschehe«.[196] Trotz des mit Deutschland eingegangenen Freundschaftspakts dürfe die Sowjetregierung gewisse Vorsichtsmaßnahmen nicht außer acht lassen. Da sie nicht in den Weltkrieg hineingezogen werden wolle, sei sie gezwungen, zunächst Litauen und danach die anderen baltischen Staaten aus Sicherheitsgründen zu besetzen. Der Zwang zur Absicherung der baltischen Küste resultiere – wie die russische Reichsgeschichte bewiesen habe – aus natürlichen Sicherheitserwägungen. Die Sowjetregierung sei zum gegebenen Zeitpunkt um »die Lebensinteressen der Sowjetunion besorgt und daher gezwungen, Litauen und die anderen baltischen Staaten an die Sowjetunion anzugliedern. Täte sie es nicht, so würde sie zusehen müssen, wie diese von Polen oder Deutschland geraubt würden... Was die Kriegsgefahr mit Deutschland betreffe, so brauche man darüber nicht zu reden.« Sie stand – nach der Beobachtung von Krévé-Mickevičius – »bereits allzu deutlich am Horizont der deutsch-sowjetischen Beziehungen«.[197] Die Gespräche, die Dekanozov wenig später mit Krévé-Mickevičius führte, belegten dies eindringlich.[198]

In diesen Wochen warb die die Sowjetregierung durch Umstellung ihrer Pressepolitik auch wieder stärker um das Verständnis der Westmächte. Die Berichte über die Lage in den von Deutschland besetzten Gebieten, in erster Linie Frankreich und Polen, wurden objektiver. Die berühmte Rede von Paul Reynaud vor dem Senat (»La Patrie est en danger!«) sowie britische Stimmen, darunter die wichtigsten Reden Churchills, wurden in angemessener Breite wiedergegeben. England als einziges im Westen verbliebenes Bollwerk gegen die deutsche Expansion sowie die USA erhielten eine freundlichere Presse. Dieser Wechsel der Tonlage blieb nicht ohne Auswirkung. Während die westliche Presse mit Aufmerksamkeit verfolgte, wie Rußland nun militärischen Gleichschritt zu seinem deutschen Vertragspartner herzustellen suchte, wurde – in Erinnerung an die diesbezüglichen Vorstellungen Voroschilovs in den gemeinsamen Militärverhandlungen vom August 1939 – doch nicht in Zweifel gezogen, daß dem hartgesottenen russischen Realismus eine zwingende Logik zugrunde lag. Nach dem Leitartikel von Roland de Marès im *Temps* vom 17. Juni (Hilger legte ihn Schulenburg und Köstring vor[199]) besaß der sowjetische Handstreich in Litauen »den sehr klaren Charakter einer Operation mit dem Ziele, Garantien gegen die deutsche Übermacht zu erlangen«.

Wenig Überraschung hatten die Ereignisse auch an der Deutschen Botschaft bereitet. So schrieb der Botschafter privat lediglich: »Die letzten Ereignisse in den *Balten-Staaten* (Einrücken weiterer Sowjet-Truppen) haben uns sehr beschäftigt. Aber wir haben überhaupt noch immer gewaltig zu tun.« Er schien eine gewisse Erleichterung über die kampflose Beilegung zu empfinden, für die er sich eingesetzt hatte: »Immerhin: bei so gewaltigen Geschehen arbeitet man gerne mit, selbst wenn es viel wird.«[200] Jetzt, nach dem friedlichen Ausgang der Krise, richtete er den ersten umfassenden Bericht an das Auswärtige Amt. Er deutete an, daß bis Mitte Juni eine ruhige Beurteilung der Lage und kein Anzeichen für bevorstehende Aktionen existiert hätten. Erst am 15. Juni habe der sowjetische Rundfunk das Kommuniqué über die »Liquidierung« des sowjetisch-litauischen Konfliktes verkündet. Die Sowjetregierung habe dann ihre Bevollmächtigten in die baltischen Länder gesandt, unter ihnen »den Gauleiter(!) von Leningrad nach Estland ... Die Genannten haben den Auftrag, bei der Neubildung der Regierungen in den drei Ländern mitzuwirken.« Schulenburg unterstrich, daß ihn Molotov am 17. Juni über das sowjetische Vorgehen gegen die baltischen Staaten unterrichtet und somit der Konsultationspflicht genügt hatte. Die sowjetische Begründung – Beendigung der westlichen »Intrigen« – ließ er gelten: »Es ist richtig und allgemein bekannt, daß Frankreich, vor allem aber England, in den Baltenstaaten sehr rührig waren, und daß gewisse Kreise – namentlich der Presse – England und Frankreich einen größeren Einfluß einräumten als wünschenswert sein konnte«. Gleichzeitig unterstrich er, daß es der Sowjetregierung auch nicht unbekannt gewesen sei, »daß sich in den Baltenstaaten – besonders in Litauen – unter dem Eindruck der deutschen militärischen Erfolge gewisse Hoffnungen auf Deutschland regten. Dieser Umstand sowie die Möglichkeit einer baldigen Beendigung des Krieges nach dem Fall von Paris ließen es vermutlich der Sowjetunion zweckmäßig erscheinen, bezüglich ihres Verhältnisses zu den Baltenstaaten rasch vollendete Tatsachen zu schaffen«.[201]

Ungeachtet des versöhnlichen Tenors der Berichte aus Moskau wuchs in Berlin der Unmut über das russische Vorgehen. Die Hast, mit der die Sowjetregierung nun ihre neuen Sicherheitspositionen einnahm, löste in Berlin »eine Art Schock« aus. Die Stimmung wurde durch Berichte der deutschen Abwehr über sowjetische Truppenkonzentrationen in Litauen begünstigt. Die Befürchtung, daß das sowjetische Vorgehen in den baltischen Ländern in dem Zeitraum, in dem die deutsche Ostgrenze so gut wie ungeschützt war, im Zusammenhang mit Vorbereitungen für einen Aufmarsch gegen Deutschland stehe, breitete sich in militärischen Kreisen aus und wurde von Hitler auf seine Weise geschürt. Er äußerte höchste Beunruhigung über die starke sowjetische Truppenpräsenz im Baltikum und bildete in seiner nächsten Umgebung einen diesbezüglichen Konsensus heraus.[202]

Militärattaché Köstring beobachtete diese Eskalation des Mißtrauens mit Sorge. Privat teilte er Tippelskirch mit, die Sowjetunion habe sich gezwungen gesehen, mit den Baltenstaaten Schluß zu machen, da sie aufgrund der nunmehr bestehenden Kräftekonstellation zur Abwehr möglicher Angriffe Italiens oder aber der Westmächte von Südwesten her gewappnet sein müsse. Die näherliegende deutsche Gefahr erwähnte er wohlweislich nicht, wies aber indirekt auf sie hin, wenn er betonte, die neue Konstellation sei entstanden, da »unsere Zerschlagung Frankreichs so schnell vor sich« gegangen und »damit ... der Moment gekommen (sei), sich mit den Baltenstaaten intensiver zu beschäftigen ... Etwa zur selben Zeit wie man mit der

Niederlage Frankreichs mit Sicherheit rechnen konnte ..., erschienen die ersten Nachrichten in der sowjetischen Presse über die unfreundliche Haltung der Balten-Staaten gegen die S. U.« Köstring wandte sich gegen jeden Versuch, das Erscheinen der Roten Armee im Baltikum propagandistisch dazu auszunutzen,»um daraus einen Aufmarsch gegen uns zu konstruieren«. Nichts spreche für die Annahme, daß »der angebliche Schrecken der S. U. vor unseren Riesenerfolgen diese veranlassen könnte, gegen uns Stellung zu nehmen«. Es könne doch niemand im Ernst »glauben, daß die Russen so dumm sind,... ihren Kopf unter Görings Stuka freiwillig zu stekken«. Er erinnerte Tippelskirch daran, daß er ihm bereits früher schrieb, er halte »das Geschwätz unverantwortlicher Leute, nach Erledigung des Westens gehen wir gegen Osten, für gefährlich«, und warnte vor der sowjetischen Reaktion auf derartige Stimmen (»wie man in den Wald hereinruft, so schallt es heraus, denn auch hier konnte ich Äußerungen solcher Befürchtungen feststellen. Nicht bei leitenden Männern«). Vertraulich ließ Köstring Tippelskirch in diesem Zusammenhang wissen, daß Molotov Botschafter Schulenburg gegenüber geäußert habe:»Da die S. U. die Befürchtung hätte, daß Litauen nicht in der Lage wäre, seine Grenze selber zu bewachen, die S. U. ihm vorgeschlagen habe, es darin durch die Rote Armee zu unterstützen. Das sieht mir doch ganz danach aus, daß Molotov sagen wollte – erschreckt nicht, wenn wir Garnisonen an Eurer Grenze errichten.« Sogar die deutsche Truppenverlegung nach Ostpreußen – unter dem Vorwand der Internierung eventuell übertretender litauischer Truppen ausgeführt – hätte auf sowjetischer Seite »volles Verständnis« gefunden![203]

Tatsächlich ließ die Sowjetregierung dem Einmarsch ihrer Truppen im Baltikum einen neuen Akt der Beschwichtigung folgen – aus Moskaus Sicht war »der direkte Zusammenhang zwischen der Besetzung der baltischen Staaten durch die Sowjetunion und dem Fall Frankreichs ... so offenkundig, daß sich die Sowjetregierung ... zu einer ungewöhnlichen Erklärung genötigt sah«[204]: Am 22. Juni – dem Tage des deutsch-französischen Waffenstillstands! – veröffentlichte TASS ein Kommuniqué, das bestritt, daß die Sowjetregierung »unzufrieden über die deutschen Erfolge im Westen« sei. Es dementierte Gerüchte über Unstimmigkeiten zwischen Deutschland und der Sowjetunion sowie über sowjetische Truppenkonzentrationen an der baltisch-deutschen Grenze im Zusammenhang mit dem sowjetischen Vorgehen gegen Litauen und bezeichnete das deutsch-russische Verhältnis als gut. Schulenburg, der von Molotov gezielt auf dieses Kommuniqué aufmerksam gemacht wurde, äußerte sich anerkennend und hob in seinem Bericht nach Berlin dessen Bedeutung »im jetzigen wichtigen Zeitpunkt« als »durchaus unserem Interesse entsprechen(d)« hervor. Er unterstrich seine Wichtigkeit durch seine Vermutung, daß Stalin selbst der Verfasser sei.[205] TASS-Kommuniqué und Bericht Schulenburgs erzielten in Berlin die beabsichtigte Wirkung: »Die Russen« – so hielt Goebbels fest – »dementieren stärker den Versuch einer deutschfeindlichen Politik. Das macht tiefen Eindruck.«[206]

Schulenburg verfolgte die Beschwichtigungspolitik Moskaus angesichts des überwältigenden deutschen Siegs mit der ihm eigenen an Pessimismus grenzenden Weltweisheit (»Der Sieg ist eben doch immer wieder der ›Vater aller Dinge‹!!«), betonte aber privat, daß damit »unsere *politischen Dinge* ... in der großen Linie ... großartig (gingen) ... Man kann vertrauensvoll in die Zukunft blicken!!« Mit Mitgefühl sprach er gleichzeitig von den »großen Sorgen«, die sich die baltischen Länder machten. »Die Sowjets sind mit großen Truppenmassen eingerückt und wollen anscheinend die drei Länder völlig bolschewisieren ... Es reißt hier nicht ab mit den wichtigen Ereignissen! Moskau ist überall außerordentlich tätig. Man hat den Eindruck, daß die Sowjetunion noch rasch alle ihre wichtigen Fragen regeln will, ehe der Frieden ausbricht. Offenbar glaubt man hier, daß der Friede bald kommt. Gott gebe es!!«[207] Auch dem Staatssekretär teilte er mit, die meisten Leute in Moskau, die Gesandtschaften der drei baltischen Staaten eingeschlossen, erwarteten mit wachsender Erregung, daß die baltischen Staaten bald in vollkommen von Moskau abhängige Gebilde umgewandelt und in den Sowjetbund aufgenommen würden. Er warnte aber vor voreiligen Schlüssen und betonte, es müsse »abgewartet werden ..., was wirklich geschieht«.[208]

Als mit den für den 14. Juli in den baltischen Staaten anberaumten Wahlen die Wahrscheinlichkeit ihrer baldigen Sowjetisierung wuchs, beschloß Berlin, am Vorgehen der Sowjetunion im Baltikum keinen Anstoß zu nehmen, ihr aber ein Höchstmaß von wirtschaftlichen Zugeständnissen abzuringen. Die Botschaft Moskau erhielt den Auftrag, »hier zu retten, was zu retten ist«. Wie Schulenburg privat

schrieb, war die »Sowjet-Regierung sehr entgegenkommend, trotz-
dem haben wir unendliche Arbeit...; es ist schon übermensch-
lich«.[209] Die Weisung des Staatssekretärs vom 11. Juli lautete: »Wir
mischen uns nicht in die politische Entwicklung in Baltenstaaten, wie
sie seit September 1939 stattgefunden hat und sich weiterhin abzeich-
net. Es würde jedoch den Abreden vom September 1939 widersprechen, wenn durch diese Entwicklung unsere sehr bedeutenden Wirtschaftsinteressen in Baltenstaaten geschädigt würden. Wir erwarten
deshalb, daß auch Sowjetregierung, wie immer sich die weitere politische Entwicklung in Baltenstaaten gestaltet, auf unsere Wirtschaftsinteressen in vollem Umfang Rücksicht nimmt.«[210] Reklamiert wurden nun – außer dem Vermögen der Volks- und Reichsdeutschen – die
Aufrechterhaltung des deutschen Handels mit den baltischen Staaten, insbesondere die Ausfuhr von kriegswichtigen Rohstoffen, von
Lebensmitteln (Getreide, Schweinen, Butter, Eiern, Sämereien), die
»Wahrung unserer Schiffahrtsbelange«, die ungehinderte Tätigkeit
deutscher Handelsvertreter und Spediteure usw.[211]

Diese weite Reklamierung deutscher Wirtschaftsinteressen in den
baltischen Ländern ging – soweit dies die überlieferten Texte erkennen lassen – eindeutig über die schriftlichen und mündlichen Vereinbarungen hinaus. Eine Anmeldung deutscher Wirtschaftsinteressen
im Baltikum war im Gegensatz zu Bessarabien nicht erfolgt. Auch den
»Verzicht auf Litauen« hatte Ribbentrop im September 1939 – nach
der Aufzeichnung Hilgers zu urteilen – ohne Einschränkungen ausgesprochen. Stalin selbst hatte (nach der Erinnerung von E. Kordt) in
den Septemberverhandlungen einen deutschen Einwurf, Deutschland lege bei diesem Verzicht »Wert darauf, weiterhin landwirtschaft-
liche Produkte aus Litauen zu erhalten, ... mit der Bemerkung ab(ge-
lehnt), die Schweine aus Litauen könne Schnurre nicht bekommen«.[212]

Desungeachtet versprach Molotov Schulenburg jetzt eine »einge-
hende und wohlwollende Prüfung und baldige Stellungnahme« zu
diesen Fragen. Am 29. Juli teilte er mit, die Sowjetregierung werde
selbstverständlich die Eigentumsinteressen der Reichs- und Volksdeutschen in den baltischen Staaten wahren und ihren Besitz von den
vorgesehenen Nationalisierungsmaßnahmen ausnehmen. Dies gelte
sowohl für Litauen als auch für Lettland und Estland. In den letzten
Juli-Tagen, unmittelbar vor der Sowjetisierung der baltischen Länder,

versprach er namens seiner Regierung auch die Erfüllung der finanziellen und wirtschaftlichen Verpflichtungen, die die baltischen Staaten gegenüber Deutschland eingegangen waren.[213] Schulenburg betrachtete seine Versicherungen als »befriedigend«.[214]

Es war charakteristisch für die Mischung der sowjetischen Deutschlandpolitik aus wirtschaftlicher und politischer Beschwichtigung und strategisch-militärischer Absicherung, daß Stalin im Gegenzug zu der Erfüllung der deutschen Wünsche die Frage nach dem endgültigen Erwerb des an Ostpreußen grenzenden Landstreifens im Südwesten Litauens (»litauischer Zipfel«, »Dreieck von Mariampol«) aufwarf, den die Rote Armee beim Vorgehen gegen Polen entgegen den deutsch-sowjetischen Absprachen besetzt hatte. Am 13. Juli versicherte Molotov den deutschen Botschafter im Namen Stalins der Anerkennung des formalen Rechts Deutschlands auf diesen Grenzstreifen, ersuchte die Reichsregierung aber um gefällige Prüfung, ob und unter welchen Bedingungen sie gegebenenfalls bereit wäre, diesen Streifen »bei Litauen« zu belassen. Molotov erinnerte daran, daß Stalin das Gebiet von Suwalki in den Septemberverhandlungen großzügig der deutschen Seite überlassen hatte, und erbat nun eine gleiche Geste von deutscher Seite. Er unterstrich, daß die Lösung der Frage dringend sei und die Überlassung dieses Grenzstreifens an Deutschland aus sowjetischer Sicht außerordentlich schwierig wäre. Er ging soweit, namens Stalins unter Berufung auf die »freundschaftlichen Beziehungen« der beiden Länder Entgegenkommen zu erbitten.[215]

Die Frage, warum um den »litauischen Zipfel« ein Handel entstand, der erst mit dem letzten und größten deutsch-sowjetischen Handelsvertrag (10. Januar 1941) beigelegt wurde, ist damals wie heute aufgeworfen, aber nicht befriedigend beantwortet worden.[216] Zweifellos machten die strategischen Interessen beider Länder dieses Verbindungsstück zwischen Ostpreußen und Südlitauen besonders begehrenswert. Die sowjetische Begründung, nach der die Einbeziehung des Dreiecks von Mariampol mit seiner mehrheitlich litauischen (82,3 %) und jüdischen Bevölkerung (7,6 %) in das litauische Gebiet dem auch früher zugrunde gelegten ethnographischen Prinzip folgte, war dabei formal weniger anfechtbar als der Wunsch Ribbentrops nach den dort angeblich gelegenen Jagdgründen – ein Argument, dem die sowjetische Seite im Falle des Gebiets von Suwalki nachgegeben hatte. Indes gab es dort – wie in der Umgebung Ribbentrops nur allzu wohl bekannt war –»gar keine Hirsche«.[217] In Wahrheit galt Hitlers »erhebliche Verärgerung über das selbständige sowjetische Vorgehen« (Schnurre) im Falle des litauischen Zipfels als pars pro toto wahrscheinlich dem erfolgten sowjetischen Vorgehen gegen das Baltikum überhaupt – allein gegen jenes aber konnte er aufgrund der bestehenden Verträge berechtigten Einspruch erheben. So entlud sich sein Zorn an dieser zusätzlichen sowjetischen Teilforderung.[218] Kurzfristig gewann – möglicherweise mit Blick auf die ohnedies bereits ins Auge gefaßte »Endabrechnung« mit Rußland – nach längerem Überlegen das kommerzielle Kalkül die Oberhand: »Ribbentrop glaubte, einen möglichst hohen Preis herausschlagen zu müssen, und verzögerte die Antwort.«[219] Ausgerechnet am 2. August, dem Vorabend der Sowjetisierung der drei baltischen Länder, gab er – aus der Sicht des Deutschbalten »gewissermaßen als Morgengabe-Geschenk« (E. Sommer) – die deutsche Bereitschaft zum Erbringen dieses »schweren Opfers« bekannt und forderte entsprechende »Gegenleistungen«.[220] Damit begann ein »Kuhhandel« (E. Sommer), der nach geradezu abenteuerlichen Vorstellungen Ribbentrops, die den deutschen Unterhändlern »sehr viel Ärger« (Schnurre) bereiteten und Molotov nicht selten ein belustigtes Lächeln abverlangten, zur Festsetzung eines Preises von 31,5 Millionen Goldmark führte. Dieser floß in den Frühjahrsmonaten 1941 noch auf das deutsche Goldkonto, von dem die Reichsregierung ihre Bezüge an kriegswichtigen Rohstoffen im pazifischen Raum bezahlte.

Die überstürzte Einverleibung der baltischen Staaten in die Sowjetunion (Litauen am 3., Lettland am 5. und Estland am 6. August 1940) im völkerrechtlich legalistischen (nach damaligem sowjetischem Staatsrecht und Rechtsempfinden aber legitimen) Gewand des Ersuchens der drei (verfassungsrechtlich illegitimen) Parlamente um Aufnahme in den Unionsverband[221] erfolgte bereits vor dem Hintergrund starker deutscher Truppenmassierungen an der sowjetischen Grenze. Sie stand möglicherweise in unmittelbarem Zusammenhang mit vorausgegangenen Willensbekundungen Hitlers, den Kampf gegen die UdSSR noch in diesem Herbst auszutragen. War dies der Fall, so war sie die einzige verspätete sowjetische Reaktion bezüglich der baltischen Länder in diesem Sommer – genau in den letzten Julitagen, in denen die baltischen Parlamente für die Sowjetisierung votierten, gab Hitler dem Druck der Militärs nach und verzichtete auf die Austragung des Kampfes gegen den Bolschewismus in diesem Sommer.

Mit der Etablierung der neuen Sowjetrepubliken setzten nun bereits erwartungsgemäß die charakteristischen innenpolitischen Maßnahmen ein, wie sie auch in Ostpolen erfolgt waren – die Sowjetisierung ging – wie Köstring mit hilfloser Wehmut beobachtete – »mit den üblichen unerfreulichen Begleiterscheinungen vor sich«.[222]

In der Zeit von August 1940 bis 22. Juni 1941 fanden in den drei baltischen Republiken Deportationen der potentiell aktiven Führungsgruppen in die östlichen Landesteile statt. Diese Deportationen nahmen in direkter Relation zum Druck der deutschen Militärbedrohung auf die Sowjetunion zu und erreichten ihren Höhepunkt in der Woche vor dem deutschen Angriff. Auf Befehl Lavrentij Berijas vom 13. Juni 1941 wurde in den folgenden zwei Tagen (14.–15. Juni 1941) eine überhetzte »Sonderaktion« durchgeführt, die eine vermeintliche »fünfte Kolonne« hinter den Ural verbannte. Im gesamten Zeitraum wurden aus Estland rund 60 000 Personen, d.i. 6 % der Bevölkerung (von ihnen 11 000 infolge des Deportationsbefehls vom 13. Juni 1941), aus Lettland 36 000 Personen, d.i. 1,8 % (von ihnen 15 000 in der Woche vor dem deutschen Angriff) und aus Litauen 75 000 Personen, d.i. 3,7 % der Bevölkerung (von ihnen 21 000 am 14. und 15. Juni 1941) binnen weniger Stunden zwangsexiliert.[223]

Die Deutsche Botschaft Moskau suchte auch hier helfend einzugreifen. Ihre Möglichkeiten waren beschränkt. Bekannt ist der Fall der Familie des Rigaer Philosophen Walter Schubart (»Europa und die Seele des Ostens«), die sich während eines Besuchs Schulenburgs in Riga mit der Bitte um Rettung des Sohnes an ihn wandte. Maximilian Schubart befand sich in GPU-Haft, die Familie hatte bereits Haussuchungen und Beschlagnahmen durchgestanden. »Schulenburg intervenierte mit Erfolg und erreichte die Freilassung Maximilians.« Er mußte innerhalb von 24 Stunden das Land verlassen. Nicht verhindern konnte der Botschafter, daß Walter Schubart selbst und seine Frau »zwei Tage vor der Einnahme Rigas durch die deutschen Truppen... durch die GPU deportiert (wurden). Auf der Vermißtenstelle in Riga war das Ehepaar Schubart unter der Rubrik ›Sibirische Eisenbahn‹ eingetragen. Das ist die letzte Nachricht über Schubarts Schicksal.«[224]

Im Gegensatz zu den baltischen Staaten bestanden gegenüber Rumänien ältere sowjetische Forderungen, die Molotov in seiner außenpolitischen Rede vom 20. März 1940 aktualisiert hatte. Die Annexion der
bessarabischen Provinz Rumäniens und der Nordbukowina erfolgte
parallel zur Einverleibung der baltischen Staaten im Rahmen eines
Sicherheitskonzepts, das an die Tradition des Russischen Reiches
anknüpfte.[225] Die unmittelbare Reaktion auf die deutschen Siege im
Westen war auch in den sowjetischen Maßnahmen gegen Rumänien
unverkennbar. In den Worten Köstrings an Tippelskirch: »Ich schrieb
Ihnen, daß nach meiner Auffassung die S. U. mit den Baltenstaaten
Schluß machen wird, sobald sie zur Offensive gegen Rumänien durch
Unternehmungen der Feindmächte auf dem Balkan oder durch Übergreifen Italiens in diese Interessensphäre dazu gezwungen wird. Ich
konnte ja nicht übersehen, daß unsere Zerschlagung Frankreichs so
schnell vor sich gehen würde ... Damit war der Moment gekommen,
sich mit den Baltenstaaten intensiver zu beschäftigen ... Etwa zur
selben Zeit, wie man mit der Niederlage Frankreichs mit Sicherheit
rechnen konnte ..., erschienen die ersten Nachrichten in der sowjetischen Presse über die unfreundliche Haltung der Balten-Staaten
gegen die S. U... Bis zu unseren Siegen in Frankreich war anzunehmen, daß erst ein Vorgehen der Westmächte auf dem Balkan (Türkei –
Weygandarmee) automatisch eine Besetzung Bessarabiens nach sich
gezogen hätte. Der S. U. konnte nicht daran liegen, ... auf Regelung
der Frage in kurzer Zeit zu bestehen und Gefahr zu laufen, an einem
großen Kriege beteiligt zu sein. Als der bevorstehende Waffenstillstand mit Frankreich erkennbar wurde, ging die S. U. an die Bereinigung der Frage der Baltenstaaten. Es ist wahrscheinlich, daß der
Abschluß des Waffenstillstands ... die S. U. veranlaßt hat, die Frage
Bessarabiens anzupacken und die jetzt als so dringend bezeichnete
Lösung durchzuführen.«[226]
Truppenkonzentrationen an der sowjetisch-rumänischen Grenze
hatten nach Abschluß des sowjetisch-finnischen Krieges eingesetzt.
Im Moment der absehbaren Niederlage Frankreichs nahmen sie
sprunghaft zu. Sie alarmierten die rumänische Regierung in hohem
Maße. Die Diplomaten, die den Inhalt der deutsch-sowjetischen
Geheimabmachungen kannten, sahen zu diesem Zeitpunkt noch kei-

nen unmittelbaren Grund zur Beunruhigung. Zwar trug Schulenburg Molotov am 25. Mai – dem Tag der Einschließung der französischen Streitkräfte durch die Wehrmacht – die »Sorgen« vor, die in diplomatischen Kreisen bestanden[227]; doch brachte er selbst im Gespräch – etwa mit seinem italienischen Kollegen – seine »feste Überzeugung (zum Ausdruck), daß diese Regierung nicht beabsichtigt, die Initiative zu ergreifen, um die gegenwärtige Lage auf dem Balken zu verändern«. Wenn sich aber in dieser Region Ereignisse einstellen sollten, die eine Veränderung des bestehenden Gleichgewichts nach sich zögen, so würde eine »völlig neue Situation« entstehen. Für diesen Fall sei es, mit den ihm zu Verfügung stehenden Anhaltspunkten, nicht möglich, »die zukünftige Haltung Rußlands... vorauszusagen«. Eine solche Lage könnte etwa durch den Eintritt Italiens in den Krieg und eine größere Militäraktion auf der Balkanhalbinsel entstehen. Die Gespräche, die er in den letzten Monaten mit Molotov geführt habe (hier floß auch sein Wissen über die Äußerungen Stalins gegenüber Ribbentrop ein), hätten die folgenden Punkte erhärtet: 1. die Sowjetregierung würde nicht aus eigener Initiative Rumänien angreifen, aber im Falle eines internationalen Konfliktes unter Einbeziehung Ungarns und Bulgariens intervenieren, um sich ihren Teil zu sichern; 2. sie würde nicht zulassen, daß Bulgarien bedrängt und erdrosselt würde.[228]

Einen Tag nach der Kapitulation Frankreichs (22. Juni 1940) stellte Molotov dem deutschen Botschafter die Frage, ob die deutsch-sowjetischen Abmachungen in bezug auf Bessarabien noch Geltung besäßen. Nachdem Schulenburg die Frage bejaht hatte, erklärte der Außenkommissar unter wiederholtem Hinweis auf die außerordentliche Eilbedürftigkeit, die Lösung der Bessarabienfrage erlaube nunmehr keinen weiteren Aufschub. Er versicherte, daß die Sowjetregierung eine friedliche Lösung dieser Frage anstrebe, aber entschlossen sei, Gewalt anzuwenden, falls die rumänische Regierung eine gütliche Einigung ablehne, und erbat die deutsche Nichteinmischung »in Übereinstimmung mit dem Vertrag«. Er betonte weiter, daß »die Bukowina als ein von Ukrainern besiedeltes Gebiet... in die Lösung der bessarabischen Frage einbezogen« werden müsse.

Schulenburg ahnte die Komplikationen, die diese Nachrichten in Berlin hervorrufen würden, und versuchte die sowjetischen Pläne unter Hinweis auf die großen kriegsbedingten deutschen Wirtschaftsinteressen in Rumänien abzuwehren. Hierbei kam es zu einem aufschlußreichen Wortwechsel: Der Botschafter betonte, daß der sowjetische Entschluß für ihn unerwartet komme, und berief sich auf die Worte Stalins in den Augustverhandlungen, nach denen die UdSSR ihre Ansprüche auf Bessarabien erst (oder: nur, russ. »tol'ko«) in dem Falle anmelden würde, wenn (daß) »ein drittes Land«, etwa Ungarn, seine Gebietsansprüche auf Rumänien durchzusetzen beginne. Er (Schulenburg) sei davon ausgegangen, die Sowjetregierung werde für die Verwirklichung ihrer Ansprüche »nicht selbst den Anstoß geben«. Molotov korrigierte ihn nun dahingehend, daß die Erklärung Schulenburgs nicht der ganzen Wahrheit entspreche: Sie sei »nur eines von einzelnen Momenten, aber nicht die Bedingung im Ganzen«. Er gab damit zu, daß das von Stalin erwähnte Vorgehen dritter Staaten gegen Rumänien nur eine Variante einer Bedrohung der sowjetischen Interessen war – eine Bedrohung von seiten Deutschlands (und/oder Italiens) würde in nicht geringerem Maße »den Anstoß« zum sowjetischen Einschreiten in Bessarabien geben.

Aufschlußreich ist ferner die Tatsache, daß Schulenburg, der Zeuge der deutschen Preisgabe ganz »Süd-Ost-Europas« an die UdSSR in den Augustverhandlungen gewesen war, an der sowjetischen Forderung nach der Bukowina keinen Anstoß nahm.

Molotov versprach die Wahrung der deutschen Wirtschaftsinteressen in Rumänien und ließ dem Botschafter noch am selben Tage mitteilen, die Sowjetregierung erwarte die Stellungnahme der Reichsregierung bis zum 25. Juni.[229]

Obwohl Schulenburg in seinem Telegramm nach Berlin die Tatsache der Konsultation Molotovs in Übereinstimmung mit dem Nichtangriffspakt und den sowjetischen Willen unterstrich, diese Frage friedlich zu lösen, war die Nachricht für Hitler »alles andere als angenehm«.[230] Einerseits war für den Österreicher, der die baltischen Gebiete ohne Überwindung tieferwurzelnder historischer und emotionaler Bindungen preisgeben konnte, ein russisches Näherrücken in den alten Grenzlanden zwischen Habsburger und Russischem Reich eine Tatsache, die starke Emotionen wachrufen konnte. Nach Darstellung Ribbentrops hat ihn seine Betrachtungsweise, nach der »altes österreichisches Kronland ohne jede Verabredung von den Russen mitbesetzt wurde, ... besonders überrascht«. Er habe »diesen Schritt Stalins als ein Zeichen des russischen Druckes nach Westen«

empfunden.[231] Andererseits gingen jetzt, nach vollendeter Niederwerfung Frankreichs, seine Pläne – »Ergriffen von der Größe der Stunde. Einen Sieg, wie ihn unsere kühnste Phantasie nicht auszumalen wagte«[232] – in östliche Richtung, über die Ukraine und den Kaukasus hinüber nach Indien! Die Bedingungen des »Russenpaktes«, der ihm als Sprungbrett zu diesem Erfolg im Westen gedient hatte, gerieten in Vergessenheit. Auch ließ seine Unentschlossenheit hinsichtlich Englands (»Weiß noch nicht klar, ob er gegen England gehen will«[233]) den ungehinderten Griff nach dem rumänischen Erdöl notwendig erscheinen.[234]

Unter diesen Umständen reagierte er auf die sowjetischen Forderungen mit spontaner Abwehr und bildete sich in seiner Umgebung die irrige Meinung heraus, die Absicht Stalins sei insgesamt vertragswidrig. Goebbels notierte am 25. Juni: »Stalin teilt Schulenburg mit, daß er gegen Rumänien (!) zu handeln beabsichtigt. Das ist wider die Abrede.« Goebbels kommentierte dieses Vorgehen mit den Worten, Stalin nutze die Stunde, »es wird Zeit für ihn. Leichenfledderei!«[235] (Köstring entgegnete überlegen: »Die S. U. hat keine Aussicht, bei unserer Stärke in Europa Leichenfledderei zu treiben. Sie nimmt es vom Lebendigen.«[236])

Erregt wünschte Hitler von Ribbentrop Aufklärung darüber, was sich denn damals in den Moskauer Besprechungen eigentlich »abgespielt« habe. Mit seiner »Notiz für den Führer« vom 24. Juni 1940 legte ihm Ribbentrop den Text des geheimen Zusatzprotokolls vom 23. August 1939 vor und meinte (»soweit mir erinnerlich«!), daß die sowjetischen Gesprächspartner »bei der Abgrenzung der beiderseitigen Interessensphären in Osteuropa ... bei der Erwähnung des Südostens Europas ... das Interesse an Bessarabien« erklärt hätten, während er selbst »mündlich« das »Désintéressement« an der »bessarabischen Frage« (sic) erklärt hätte. Für das Protokoll sei aus Angst vor sowjetischen Indiskretionen eine Formulierung allgemeiner Art gewählt worden. »Dies geschah in der Weise, daß bei der Erörterung südosteuropäischer Fragen ich ganz allgemein erklärte, daß Deutschland an ›diesen Gebieten‹, d. h. also an dem Süd-Osten Europas, politisch desinteressiert sei. Das wirtschaftliche Interesse Deutschlands an diesen süd-osteuropäischen Gebieten wurde seinerzeit von mir betont zum Ausdruck gebracht.« Ribbentrop berief sich hierbei auf zwei »Sprachregelungen« Hitlers über den Südosten Europas:

einer allgemeinen Sprachregelung, die der Sowjetunion im gesamten Südosten Europas politisch freie Hand lassen sollte, sowie einer besonderen Weisung, die Ribbentrop in Moskau »ermächtigte, das deutsche Désintéressement an den Gebieten Süd-Ost-Europas, und zwar gegebenenfalls bis Konstantinopel und den Meerengen, auch zu erklären«. Letzteres war, da die sowjetische Seite nicht daran dachte, diese Frage aufzuwerfen, nicht zur Sprache gekommen.[237]

Angesichts dieses vertraglich verbürgten deutschen Verzichts auf ganz Südosteuropa ließ Hitler seine Widerstände gegen die Überlassung Bessarabiens an die UdSSR fallen, forderte Ribbentrop aber zu Unnachgiebigkeit in der Frage der Bukowina auf, die in den Verhandlungen nicht gesondert erwähnt worden war und insofern nicht Eingang in das Teilungsprotokoll gefunden hatte. An ihr entlud sich – ähnlich wie am sogenannten litauischen Zipfel hinsichtlich des Baltikums – hinfort sein Ärger über den sowjetischen Terraingewinn in Südosteuropa. Er beschloß, ihm in Kürze ein Ende zu bereiten.[238]

Die Argumente, die aus Moskauer Sicht – zumal unter der nicht unberechtigten Annahme, das deutsche Désintéressement am Südosten Europas beziehe sich auch auf die Bukowina – für die militärische Einbeziehung der ganzen Bukowina in das geplante Sicherheitsglacis im Südwesten der sowjetischen Staatsgrenzen sprachen, waren so zwingend[239], daß Stalin in dieser Frage seinem psychologischen Spürsinn entriet: Für Hitler mußte der russische Anspruch auf diesen Teil der ehemaligen österreichischen Kronlande die Wunden des Ersten Weltkrieges aufreißen, zumal ihm und seiner Umgebung nicht bewußt war, daß diese fruchtbare Provinz zwischen den Ostkarpaten und dem oberen Dnjestr mit ihren stark orthodoxen (ca. 70 %) sowie ukrainischen (etwa die Hälfte) und jüdischen (ca. 12 %) Bevölkerungsteilen (allein in der Hauptstadt Czernowitz lebten etwa 50 000 Juden) den Türken 1769 von der russischen Armee entrissen und bis 1775 von der russischen Armee besetzt worden war, bevor sie Katharina die Große an Österreich abtrat. Ein Konflikt war vorgezeichnet.

So mußte Schulenburg Molotov am 25. Juni mitteilen, die Reichsregierung stehe zu den Abmachungen in Bezug auf Bessarabien, betrachte aber den sowjetischen Anspruch auf die Bukowina, die nie zu Rußland gehört habe, als ein Novum, das eine friedliche Lösung der bessarabischen Frage erschweren würde. Die Reichsregierung wünsche nicht, daß Rumänien zum Kriegsschauplatz werde! Hingegen habe sie gegen die Einnahme Bessarabiens, wenn möglich auf friedlichem Wege »im Geiste der Moskauer Abmachungen« (!), bei Wahrung ihrer erheblichen wirtschaftlichen und nationalen Interessen (Schulenburg hatte Berlin zur Fürsorge für die rumänischen Deutschen aufgefordert[240]) nichts einzuwenden.[241] Interessanterweise fügte Schulenburg aus eigenen Stücken hinzu, Rumänien habe zweifellos »ein schlechtes Gewissen« in Bezug auf Bessarabien – es habe sich bis vor kurzem darauf beschränkt, Befestigungen am Pruth und nicht am Dnjestr zu errichten. »Erst vor kurzem hätten die Rumänen unter dem Druck der Engländer und Franzosen begonnen, Befestigungen am Dnjestr aufzuführen, über deren Stärke und Umfang Herr Molotov sicher« besser unterrichtet sei als wir. Letzteres bestätigte Herr Molotov mit einem entschiedenen Kopfnicken.«

Molotov stellte mit Befriedigung fest, daß die deutsche Seite noch auf dem Boden der Moskauer Verträge stehe, und gab zu bedenken, daß die Sowjetukraine legale Ansprüche auf die Bukowina habe – die Lösung der Bukowinafrage müßte deshalb im Zuge der Erledigung der bessarabischen Frage und damit des Abschlusses des gesamten rumänischen Fragenkomplexes aus sowjetischer Sicht erfolgen. Mit der Einverleibung der Bukowina wäre die Ukraine nämlich »mit geringen Ausnahmen« vereinigt: Eine Ausnahme betraf die Karpatho-Ukraine, die zu Ungarn gehörte und ebenfalls einen namhaften ukrainischen Bevölkerungsanteil besaß.

Molotov betonte wiederholt, daß auch die Sowjetregierung die friedliche Lösung der Frage wünsche, machte aber darauf aufmerksam, daß sie das geheime Zusatzprotokoll nicht ausdrücklich dazu verpflichte, da es lediglich vom deutschen Desinteresse an der bessarabischen Frage spreche.[242]

Am Rande seines Auftrags setzte sich der Botschafter persönlich verstärkt für den sowjetischen Verzicht auf die Bukowina ein. Er bat auch, der deutschen Seite mehr Zeit zu lassen, um mäßigend auf Rumänien einzuwirken und »ein unnützes Blut- und Materialopfer zu vermeiden«.[243] Die Sowjetregierung ließ daraufhin innerhalb eines Tages, am 26. Juni, ihre Forderung auf die Südbukowina fallen und beschränkte ihre Forderung auf den nördlichen Teil mit der Hauptstadt Czernowitz.[244] Damit sicherte sie sich zumindest die strategisch wichtige, direkte Eisenbahnverbindung von Bessarabien über Czernowitz nach Lemberg. Köstring verbuchte dies als Verhandlungserfolg des Botschafters[245], und der Oberbefehlshaber des Heeres, Walther von Brauchitsch, erkannte an, daß »die Russen verständnisvoll auf deutsche Anregungen eingegangen« seien, »sofern im Rahmen ihrer Politik deutsche Interessen gestört zu werden drohten«, wie dies im Falle einer Annexion der gesamten Bukowina unvermeidlich gewesen wäre.[246] Allerdings war dieser Erfolg zum Preise einer Unabgeklärtheit des weiteren Verbleibs der Südbukowina erzielt worden, der zu folgenschweren Verstimmungen führen sollte:

Die Sowjetregierung betrachtete den Verzicht auf die Südbukowina als einen zeitweiligen Schritt aus Rücksicht auf die derzeitige Lage auf dem Balkan und die Interessen Deutschlands; in ihrem zeitweiligen Verzicht kam sie der Bitte Schulenburgs (25. Juni) nach, »zu erwägen, ob es aus taktischen Gründen nicht zweckmäßiger sei, diese Staaten (Ungarn und Bulgarien, I. F.) nicht zu ermutigen, ihre Ansprüche schon jetzt geltend zu machen«; denn auch Ungarn und Bulgarien – so gab Schulenburg zu bedenken – hätten ja »begründete Ansprüche an Rumänien«, die schnell entflammen könnten, wenn die UdSSR ihre Ansprüche auf rumänisches Gebiet anmelden würde. Das Argument diente dem guten Zweck, unnötigen Konfliktstoff zwischen Moskau und Berlin auszuräumen, war aber unzutreffend: Die Anmeldung des sowjetischen Interesses am bessarabischen Teil Rumäniens erfolgte ja ohnedies und zwar mit deutscher Zustimmung (Schulenburg am 25. Juni: »Die Deutsche Regierung habe auch volles Verständnis dafür, daß die Sowjetregierung nunmehr entschlossen sei, ihren Anspruch auf Bessarabien praktisch zu realisieren«), und diese Tatsache reichte, wie sich wenig später auch zeigte, aus, um die ungarischen Revisionswünsche auf den Plan zu rufen. Aus der Sicht der Sowjetregierung hätte diese letztere Tatsache bereits für eine gleichzeitige Durchsetzung aller ihrer Forderungen an Rumänien gesprochen. Desungeachtet nahm sie die von Schulenburg empfohlenen taktischen Erwägungen ernst (Molotov: »Was die Ansprüche von Ungarn und Bulgarien an Rumänien betreffe, so verfolge die Sowjetregierung im gegenwärtigen Zeitpunkt nur ihre eigenen Interessen und habe nicht die Absicht, Ungarn und Bulgarien zu Forderungen gegenüber Rumänien zu ermutigen«). Und es folgte ihrem Bestreben, es der deutschen Seite recht zu machen, wenn sie sich umgehend entschloß, »ihre Forderung auf den nördlichen Teil der Bukowina mit der Stadt Czernowitz zu beschränken«, wobei sie »auf deutsche Unterstützung dieser sowjetischen Forderung rechne« (Schulenburg über die Mitteilung Molotovs am 26. Juni).

Die Sowjetregierung ging dabei freilich von der Annahme aus, daß die Notifizierung der deutschen Regierung über ihre Pläne hinsichtlich Bessarabiens und der gesamten Bukowina – wie die Aufzeichnungen beider Seiten ausgiebig belegen – eine ausreichende Anmeldung ihres Interesses an dem gesamten Gebiete darstellte. Dem entsprachen auch die folgenden Gesichtspunkte: a) Molotov beharrte auf dem ethnographischen Grundsatz (Vereinigung des gesamten ukrainischen Gebiets und Zusammenführung aller Ukrainer in einer Republik), der auch in anderen Fällen (Letten, Litauer, Westukrainer) von deutscher Seite akzeptiert worden war. b) Er brachte wiederholt den Wunsch seiner Regierung nach deutscher Mitwirkung »bei der Lösung der Fragen« in dieser Region zum Ausdruck und meinte hiermit auch eine spätere gemeinsame (d. h. mit deutscher Zustimmung erfolgende) Behandlung der Frage der Südbukowina. c) Molotov machte Botschafter Schulenburg auf dessen wiederholte Bitte um zeitweilige Rücksichtnahme auf Ungarn »ausdrücklich darauf aufmerksam, daß die Sowjetregierung nicht beabsichtige, an Ungarn irgendwelche Forderungen in Bezug auf die Karpatho-Ukraine zu stellen; diese Frage sei im Augenblick nicht aktuell« – hinsichtlich der Karpatho-Ukraine behielt sich die Sowjetregierung also indirekt die Geltendmachung ihrer Ansprüche für einen späteren Zeitpunkt vor. d) Schulenburg hatte im Gespräch mit Molotov – wie Köstring am 27. Juni 1940 in seinem Bericht an Tippelskirch unterstrich – betont, »daß die Bukowina ein altes österreichisches Kronland wäre, das nie zu Bessarabien gehört hätte. Man könnte es vielleicht im Laufe der Verhandlungen doch den Rumänen belassen. Wir müßten aber etwas Zeit haben, um auf dem Verhandlungswege auf Rumänien einzuwirken.«[247] Damit stellte er in Aussicht, daß Verhandlungen über den Verbleib der gesamten Bukowina stattfinden würden, in deren Verlauf sich eine einvernehmliche Lösung würde finden lassen. An einer »doppelten Solidarität« bei der Lösung dieser regionalen Fragen erklärte Molotov im Laufe des Gesprächs wiederholt starkes Interesse.

Demgegenüber hat er es allem Anschein nach verabsäumt, das Recht auf Einverleibung der Südbukowina zu einem späteren Zeitpunkt und damit die Forderung nach Unverletzbarkeit der Südbuko-

wina durch andere Mächte explizit und in aller Klarheit anzumelden –
die Situation hätte dies zugelassen und die weite Formulierung des
deutschen politischen Desinteresses an ganz Südosteuropa, die das
geheime Zusatzprotokoll zum Nichtangriffsvertrag festgehalten
hatte, dazu berechtigt. Implizit war diese Forderung in seiner Argumentation präsent.

Die deutsche Seite sah dies anders. In dem telegraphischen Bericht
Schulenburgs an Ribbentrop vom 26. Juni, in dem er den Minister
über den Entschluß der Sowjetunion zur Beschränkung ihrer Forderung auf die Nordbukowina informierte, war von einer Teillösung
nicht die Rede: Hier stand weder, daß die Sowjetregierung nur »vorläufig von ihrer Forderung auf die Südbukowina« abgesehen habe,
noch, daß sie für diese Forderung später »auf deutsche Unterstützung
rechne«. Genau dies aber nahm Molotov später (21. September 1940)
für sich in Anspruch. Nun schließen die Umstände, unter denen
Schulenburg die sowjetische Verzichtserklärung nach Berlin weiter-
leitete, bewußte oder unbewußte Unterlassungen aber nicht aus: Das
Telegramm an Ribbentrop, das Schulenburg vor der Absendung auch
noch General Köstring zur Kenntnisnahme vorlegte, war äußerst
knapp gehalten; und Schulenburg konnte den sowjetischen Vorbe-
halt eines lediglich »vorläufigen Verzichts« auf die Südbukowina in
seiner Genugtuung über seinen diplomatischen Erfolg überhört oder
Ribbentrop aus Gründen der Schonung der reizbaren Berliner Stimmung absichtlich nicht mitgeteilt haben.

In jedem Falle erinnerte sich Schulenburg später, in seinem
Gespräch mit Molotov am 21. September 1940, vage daran, daß dieser
im Zusammenhang mit der Südbukowina das Wort fallen ließ, die
Sowjetunion wolle sich »vorläufig« auf die Nord-Bukowina
beschränken. Molotov räumte seinerseits ein, daß er diese Bemerkung seinerzeit offenbar in unbestimmter Form gemacht habe,
bestand aber auf ihrem Inhalt. Es war also vermutlich mehr über die
Südbukowina gesagt worden, als Schulenburg seinem kurzen Telegramm an Ribbentrop anvertraute.

Dennoch verbreitete sich nicht nur in der Reichskanzlei, sondern
auch im Auswärtigen Amt die Meinung, die Russen schlügen in der
Aufrollung der Bukowina-Frage über die Stränge und schössen nun
eindeutig offensiv über das ihnen gesteckte Ziel hinaus.

Um so stärker unterstrich die Deutsche Botschaft Moskau von nun an das sowjetische Bemühen um Entgegenkommen bei strenger Einhaltung der Verträge. So setzte der Botschafter die Wilhelmstraße über die Mitteilung Molotovs vom 26. Juni in Kenntnis, die Sowjetregierung habe dem rumänischen Gesandten an diesem Tage ein auf den 27. Juni befristetes Ultimatum auf Abtretung Bessarabiens und der nördlichen Bukowina gestellt.[248] In den Nachmittagstunden des 27. Juni gab er die Mitteilung Molotovs nach Berlin weiter, die Sowjetregierung werde am nächsten Morgen zur Besetzung dieser Gebiete schreiten, falls die rumänische Regierung nicht noch am selben Tage eine zustimmende Anwort erteile[249]. Am Nachmittag des 28. Juni berichtete er, daß der rumänische Gesandte die sowjetischen Forderungen angenommen habe. Der Einmarsch der sowjetischen Truppen in die beiden Provinzen beginne 14.00 Uhr Moskauer Ortszeit. Schulenburg machte darauf aufmerksam, daß die Sowjetregierung in Übereinstimmung mit dem Nichtangriffsvertrag die Bildung einer gemischten Kommission zur Behandlung besonderer Fragen vorgeschlagen habe, deren Sitz Odessa sein sollte. Als Delegierte der Sowjetregierung in dieser Kommission seien die Generale Koslov und Olgin (»wahrscheinlich Befehlshaber Militärbezirk Odessa«) ernannt worden. Er unterstrich mit der Vertragskonformität des Vorgehens zugleich die strategische Bedeutung, die die Sowjetregierung mit der Besetzung Bessarabiens im Hinblick auf Odessa verband.[250]

Um dem starken Stimmungsumschlag angesichts des befürchteten militärischen Vorrückens des Bolschewismus auf dem Balkan[251] entgegenzuarbeiten, richteten Köstring und Schulenburg ein gemeinsames Telegramm an das Auswärtige Amt und die Attachégruppe des OKH: Keine Anzeichen sprächen dafür, »daß Sowjetunion bei Besetzung Bessarabiens Vorstoß in Petroleumgebiet beabsichtigt hätte«.[252] Darüber hinaus gab Schulenburg Äußerungen Molotovs weiter, nach denen die Sowjetregierung »nunmehrige Grenze zwischen Sowjetunion und Rumänien als endgültig betrachte«.[253] Die Einbeziehung der Nordbukowina, an der Berlin weiter Anstoß nahm, führte der Botschafter unter Hinweis auf die bekannten ethnographischen Grundsätze der Sowjetregierung auf Rücksichtnahme gegenüber den ukrainischen Kreisen zurück. Sie habe ihre Forderungen auf die nördliche Bukowina beschränkt, da allein dort der ukrainische Bevölkerungsteil mehrheitlich vertreten sei.[254] Mit Genugtuung gab Schulenburg am 17. Juli ferner die Mitteilung Molotovs nach Berlin weiter, die Sowjetregierung habe kein Interesse am rumänischen Erdöl: »Sowjetunion erkenne an, daß an rumänischem Erdöl in erster Linie Deutschland interessiert sei.« (Nach der russischen Aufzeichnung hatte Molotov sogar bemerkt, nach Ansicht der Sowjetregierung kämen Deutschland die vorrangigen Rechte auf das rumänische Erdöl, »da Deutschland irgendwo Erdöl besitzen muß«.[255])

Militärattaché Köstring versicherte dem Oberquartiermeister des Heeres privat, es liege kein Grund vor, »an der Aufrichtigkeit der Russen..., der Loyalität Stalins uns gegenüber« zu zweifeln. »Das Gerede und die zahlreichen Gerüchte... über beabsichtigte Maßnahmen der S. U. gegen uns, Aufmärsche an der deutschen Grenze u. a.« beunruhigte ihn stark.[256] Die »bekannten Schlagworte«, nach denen es angesichts des ideologischen Gegensatzes zwischen den beiden Systemen und der »Angst der S. U. vor einem zu mächtigen Deutschland« bald zu einem bewaffneten Gegensatz kommen müßte, wies er, der »auf dieses Thema... ja eingeschworen« sei, mit Entschiedenheit zurück. Als Gegenbeweis führte er immer wieder das großzügige Entgegenkommen der Russen auf allen Gebieten, selbst unter den erschwerten Bedingungen der Kriegszeit, an.[257] Kriegerische Absichten über die vertraglich zugestandenen Gebiete hinaus erkannte er auf sowjetischer Seite nicht – es sei »keinerlei militärisches Anzeichen bis jetzt festzustellen, daß sie etwas vorbereiten«.[258] An die Adresse derer, die der Berichterstattung der Deutschen Botschaft mißtrauten und insbesondere ihre Einschätzung der sowjetischen Absichten kritisierten[259], richtete Köstring den Hinweis, daß die Sowjetunion schon aus wohlverstandenem Eigeninteresse auf vertragswidriges Verhalten verzichten würde.

Die beschwichtigende Konzilianz der Sowjetregierung, die die Botschaft wohlweislich ins Zentrum ihrer Berichte stellte, begann ab Mitte Juli 1940 unwiderruflich eine unbeabsichtigte Wirkung zu zeitigen: Stalin gebe sich alle Mühe – dies war die Lesart Goebbels' – »uns zu gefallen. Er hat wohl auch genug Grund dazu.«[260] Hitler wandte seinen Blick nun unverhohlen nach Rußland. Scheinheilig nannte er, zutiefst verunsichert über die britischen Annäherungsbemühungen an Rußland, in seiner Sieges- und zugleich Friedensrede im Reichstag (19. Juli 1940) den »Glaube(n) an eine mögliche neue Entfremdung zwischen Deutschland und Rußland ... (einen) Trugschluß« und behauptete: »Das deutsch-russische Verhältnis ist endgültig festgelegt.« Mit Blick auf England beschwor er die engen vertraglichen Bindungen zwischen Deutschland und der UdSSR in einer Weise, die an den Bruch der vertraglich vereinbarten Geheimhaltung grenzte, und bestätigte vor der Weltöffentlichkeit, daß keiner der Partner einen Schritt getan hätte, der über seine Interessensphäre hinausgeführt hätte. Für den inneren Gebrauch hingegen galt längst die gegenteilige Version.[261]

Am 29. Juli – die Sammelberichte des NKVD sprachen von starken deutschen Aktivitäten entlang der gesamten deutsch-sowjetischen Grenze[262] – unternahm Molotov einen Vorstoß zu einer gemeinsamen Lösung der aus sowjetischer Sicht offenen Balkanfragen. Er bat den deutschen Botschafter zu sich, um sich nach dem »Inhalt der kürzlichen Besprechungen Deutschlands und Italiens mit den ungarischen, rumänischen, bulgarischen und slowakischen Staatsmännern« zu erkundigen.[263] Wie Schulenburg seinem italienischen Kollegen mitteilte, hatte er dabei das lebendige Interesse der Sowjetregierung konstatiert, die Direktiven der Politik der Achse im donauischen Balkangebiet kennenzulernen und an Konsultationen und Entscheidungen hinsichtlich dieses Sektors beteiligt zu werden. Die persönliche Meinung des Botschafters bestand darin, »daß es eine gute Politik für Deutschland und Italien wäre, eine sowjetische Öffnung in Richtung auf Zusammenarbeit zwischen den Mächten bei der Prüfung jener Fragen Südosteuropas zu begrüßen, an denen die UdSSR nicht beabsichtigt, sich zu desinteressieren, aber geneigt ist, die Interessen der beiden anderen Mächte anzuerkennen und zu respektieren«. Schulenburg ging davon aus – und sein italienischer Kollege teilte diesen Standpunkt –, »daß es leichter wäre, die russischen Aspirationen durch Kooperation zu mäßigen, als ihre vorgeschlagenen Übereinkünfte zu ignorieren oder zu verwerfen«.[264] Die Weisung Ribbentrops, die der Staatssekretär am 30. Juli nach Moskau übermittelte und dem sowjetischen Botschafter in Berlin bestellte, enthielt allein den grollenden Hinweis, die ungarischen und bulgarischen Staatsmänner hätten sich nun mit der Bitte um Klärung ihrer Revisionswünsche an Deutschland gewandt. Von einer Beteiligung der Sowjetregierung war keine Rede.[265] Damit bewies die Reichsregierung nicht nur Mißachtung gegenüber der sowjetischen Interessensphäre – sie verletzte, streng genommen, auch die Konsultationspflicht. Stalin zog eilends die ihm eigenen Schlüsse und band die ihm sicher verbleibenden, da militärisch abgesicherten, Teile seiner südosteuropäischen Interessensphäre politisch in den Unionsverband ein.

Am 2. August nahm der Oberste Sowjet der UdSSR neben dem Gesetz über die Aufnahme der Litauischen, Lettischen und Estnischen Sowjetrepubliken in die UdSSR auch das »Gesetz über die Errichtung der Moldauischen Sozialistischen Sowjetrepublik« und das »Gesetz über die Eingliederung der nördlichen Bukowina und der Bezirke Chotin, Akkerman und Izmail (Bessarbien) in die Ukrainische Sowjetrepublik« an.

Die außenpolitische Rede Molotovs vor der siebten Sitzung des Obersten Sowjets (1. August 1940)[266] gab Aufschluß über die Entwicklung der deutsch-sowjetischen Beziehungen seit Beginn der deutschen Westoffensive und wurde vom Diplomatischen Korps mit Aufmerksamkeit verfolgt. Der deutsche Botschafter wohnte ihr bei.[267] Der Außenkommissar präsentierte die Ereignisse in Europa als »Folge der Kriegshandlungen, die von seiten Deutschlands ... entfaltet wurden (und) sich über ganz Europa erstreckt hatten«. Seine Darstellung der Beziehungen der Sowjetunion zu Deutschland folgte den nüchternen Zweckmäßigkeitserwägungen, die der Sowjetregierung gegenüber dieser waffenstarrenden, stärksten europäischen Macht geboten erschienen: Die Sowjetregierung halte sich »strikt« an das deutschsowjetische Abkommen vom Vorjahr. Dieses habe »die Möglichkeit von Reibungen in den sowjetisch-deutschen Beziehungen bei der Durchführung von sowjetischen Maßnahmen an seiner Westgrenze« beseitigt und »Deutschland eine ruhige Gewißheit im Osten« gewährleistet. Der Gang der Ereignisse in Europa habe bewiesen, wie wichtig dieses Abkommen sei. Spekulationen über die »Möglichkeit von Differenzen zwischen der Sowjetunion und Deutschland« und Versuche, »uns mit der Perspektive einer Verstärkung der Macht Deutschlands Schrecken einzujagen«, wies er zurück: Die festen, gutnachbarlichen sowjetisch-deutschen Beziehungen ruhten nicht auf zufälligen Erwägungen von Konjunkturcharakter, sondern auf »originalen Staatsinteressen der beiden Länder«. Die Beziehungen zu England seien unverändert und nach den feindlichen Akten Englands gegen die UdSSR auch schwerlich verbesserungsfähig. Immerhin beweise die Ernennung Cripps' zum Botschafter den englischen Wunsch nach einer Besserung der Beziehungen.

Im Hinblick auf die Balkanländer zeigte Molotov künftige Perspektiven auf. Er gab die Herstellung diplomatischer Beziehungen mit Jugoslawien bekannt und erwähnte die Möglichkeit einer Verbesserung der Beziehungen zu Bulgarien sowie die Notwendigkeit einer Klärung der Beziehungen zur Türkei und zum Iran. Beide Länder – hier stützte sich Molotov auf die Eröffnungen des deutschen Weißbuchs, in dem Schulenburg »den *Anlaß* und *Vorwand*« für diese Zuspitzung der Beziehungen erkannte[268] – hätten in Baku und Batum Grenzverletzungen vorgenommen, die dringend nach einer Klärung ihrer Absichten verlangten.

Den Hauptteil der Rede nahm ein Rückblick auf den Zuwachs ein, den die Sowjetunion in diesem ersten Jahr des Krieges der anderen Mächte auf friedliche Weise erreicht hatte: die Sowjetbevölkerung habe sich um über 23 Millionen vergrößert.

Am Ende der Rede stand die Besorgnis, daß sich »als Ergebnis der großen Erfolge der deutschen Waffen« die Veränderungen in Europa weiter zu einem imperialistischen Weltkrieg ausweiten würden. Die Sowjetunion müsse »erhöhte Wachsamkeit für ihre äußere Sicherheit und für die Verstärkung aller ihrer innen- und außenpolitischen Positionen an den Tag legen. Die sowjetische Bevölkerung müsse der Worte Stalins eingedenk sein, daß es ›notwendig ist, unser ganzes Volk im Zustand der Mobilisierungsbereitschaft gegen die Gefahr eines militärischen Überfalles zu halten, damit keinerlei Machenschaften unserer äußeren Feinde uns überrumpeln können‹. Im Zustand dieser Wachsamkeit«, so schloß Molotov, könne die Sowjetunion »neue und noch schwungvollere Erfolge erringen«.

Hitlers Wendung gegen Rußland

Die Absicht Hitlers, die Neuordnung Europas durch die Auslöschung des »russisch-jüdischen Bolschewismus« von der Karte des europäischen Rußland zu vollenden, hatte immer bestanden. Das temporäre Zweckbündnis mit Stalin, das ihm den Rücken im Osten freihielt, war – wie zahlreiche Äußerungen, insbesondere vor den Militärs, bereits ab Oktober 1939 in kontinuierlicher Folge belegen – in seinem geheimen Planen nie mehr als ein Zwischenspiel gewesen.[269] Äußerungen der Mißachtung der UdSSR mit aggressiver Tendenz sind in der Umgebung Hitlers seit der Jahreswende 1939/40, genährt durch die verheerende russische Leistung in der Frühphase des Winterkriegs, registriert worden. Von da an galt der Bolschewismus der politischen und militärischen Führung als schnelle und leichte Beute. Mitte März 1940 registrieren die Tagebuchnotizen Goebbels', der häufiger Tischgast Hitlers in der Reichskanzlei war, zum ersten Mal die Absicht des baldigen Kampfes. Mit dem erfolgreichen Blitzkrieg im Westen gewann sie die Oberhand.

Im Auswärtigen Amt wurde bereits in der ersten Phase des Westfeldzugs, definitiv aber auf der Höhe des Frankreichfeldzugs, von der Absicht Hitlers gesprochen, einen Krieg gegen die Sowjetunion zu führen. Um die Mitte Mai (»als die Wehrmacht in Belgien, Holland und Luxemburg einfiel«) überbrachte Ilse Stöbe dem sowjetischen Auslandsnachrichtendienst »Mitteilungen . . ., die besagten, daß militärische Operationen gegen Rußland geplant und vorbereitet werden«. Von ihrem Vorgesetzten in der Informationsabteilung des Auswärtigen Amts, Scheliha, hatte sie erfahren, »daß Deutschland einen Krieg gegen Rußland vorbereite und dieser Krieg schon vor der Tür stehe«.[270] Staatssekretär v. Weizsäcker hielt Gespräche dieses Inhalts zum ersten Mal am 23. Mai 1940 in seinem Tagebuch fest.[271] In den Frühsommerwochen 1940 überzeugte sich Weizsäcker durch Beobachtungen von Truppentransporten von West nach Ost davon, daß Hitler die deutsche Wehrmacht an die Ostgrenze verlegte. Ende Juni wußte er Generalstabschef Franz Halder zu erzählen, daß Hitlers »Augen stark auf den Osten gerichtet« seien.[272] Ende Juni bis Anfang Juli ließ Hitler Reichsaußenminister Ribbentrop wissen, »er spiele mit dem Gedanken, einen Krieg gegen Rußland zu führen«. Ab Anfang Juli wußten die leitenden Beamten des Auswärtigen Amts definitiv von der »Änderung in der Einstellung Hitlers zur Sowjetunion«.[273]

Aus Kreisen führender Militärs drangen über den ganzen Monat Juni Nachrichten in andere Ressorts, nach denen Hitler bereits nach der ersten Phase des Westfeldzugs von der »Auseinandersetzung mit dem Bolschewismus« als seiner großen und eigentlichen Aufgabe (2. Juni), und während des Westfeldzugs von seinem Entschlusse sprach, die UdSSR anzugreifen, sobald es die militärische Lage einigermaßen erlaube; er wolle die »verkehrte Frontstellung« revidieren, in die ihn das Bündnis mit Stalin gebracht habe. Nach dem Waffenstillstand mit Frankreich sah er im Feldzug gegen Rußland »nur ein Sandkastenspiel« (25. Juni). Die Äußerungen Hitlers waren so zwingend, daß Halder das Ost-Programm Hitlers als »unveränderlich festgesetzt und entschieden« betrachtete und Ende Juni vorsorglich die militärischen Planungen für den deutschen Angriff auf die UdSSR aufnahm. Ende Juni/Anfang Juli nahm auch der Wehrmachtführungsstab (B. v. Lossberg) die Ausarbeitung einer Operationsstudie für den Feldzug gegen Rußland in Angriff.[274] Auf militärischer Seite bestand von den Anfängen der Planungen an Gewißheit in zwei wichtigen Punkten: Ein »politischer Grund« zur Eile war nicht gegeben (Halder); die Russen würden der Wehrmacht nicht »den Liebesdienst« eines Angriffs erweisen (Generalmajor Erich Marcks), d. h. sie würden sich defensiv verhalten.

In der ersten Juli-Hälfte schwankte Hitler in Ungewißheit darüber, wie er seine Rußland-Pläne mit seinem Kampf um England verbinden sollte. Als die Hoffnung schwand, England könnte die ihm ausgestreckte Friedenshand (Reichstagsrede vom 19. Juli) ergreifen, präzisierte Hitler seine weiteren Vorstellungen vor der Generalität (21. Juli) dahingehend: England würde den Krieg aus »Hoffnung auf Rußland« fortsetzen. Es könnte »via Rußland auf dem Balkan (Unruhe stiften), um uns Brennstoff zu nehmen und unsere Luftflotte lahmzulegen. Gleicher Zweck durch Einstellung Rußlands gegen uns.« Deshalb müßte von deutscher Seite versucht werden, »alles politisch gegen England einzuspannen: Spanien, Italien, Rußland!« Das Bemühen Hitlers um Einbeziehung Rußlands in den militärischen Konflikt mit England trat in ein neues Stadium. Allerdings schrumpfte die Zeitspanne, in der sich Rußland noch nützlich erweisen könnte, stark: Zu diesem Zeitpunkt plante er den Angriff auf die UdSSR noch im Herbst 1940.[275]

Am nächsten Tage schilderte er den Generalen einen Stalin, der ganz Spiegelbild seiner eigenen Phantasie war: Stalin (nicht er, Hitler!) kokettiere mit England, »um England im Kampf zu erhalten und uns zu binden, um Zeit zu haben, das zu nehmen, was ... nicht mehr genommen werden kann, wenn Frieden ausbricht. Er wird Interesse haben, daß Deutschland nicht zu stark wird. Aber es liegen keine Anzeichen für russische Aktivität uns gegenüber vor.« Da er Rußland zu diesem Zeitpunkt noch schwach wußte, erteilte er den anwesenden Generalen nun erstmalig die unmittelbare Weisung: »Russisches Problem in Angriff nehmen. Gedankliche Vorbereitungen treffen.«

Die vorausgegangenen Planstudien hatten seine Ideen vom schnellen Zerfall des »Koloss(es) auf tönernen Füßen« bestätigt:
»a) Aufmarsch dauert 4–6 Wochen.
b) Russisches Heer schlagen oder wenigstens soweit russischen Boden in die Hand nehmen, als nötig ist um feindliche Luftangriffe gegen Berlin und schlesisches Industriegebiet zu verhindern. Erwünscht, so weit vorzudringen, daß man mit unserer Luftwaffe wichtigste Gebiete Rußlands zerschlagen kann.
c) Politisches Ziel: Ukrainisches Reich, Baltischer Staatenbund, Weiß-Rußland – Finnland, Baltikum – Pfahl im Fleisch.
d) Nötig 80 bis 100 Divn.: Rußland hat 50 bis 75 gute Divn. Wenn wir in diesem Herbst Rußland angreifen, wird England luftmäßig entlastet. Amerika kann an England und Rußland liefern.«[276]
Die Bedenken der Militärs, doch »besser mit Rußland Freundschaft« zu halten und die Position Deutschlands in Europa mit Hilfe des wohlgesonnenen Rußland auszubauen, bewogen Hitler – neben seinem Willen zu verstärkter Kriegführung gegen England – innerhalb weniger Tage, den Angriff gegen Rußland auf 1941 zu verschieben; als frühestmöglicher Zeitpunkt galt ihm – nach Mitteilung Jodls am 29. Juli – nun Mai 1941. Den Oberbefehlshabern teilte er am 31. Juli seinen »bestimmten Entschluß« mit, »Rußland zu erledigen . . . Mai 41. Am liebsten noch in diesem Jahre. Geht aber nicht, um Operation einheitlich durchzuführen. Ziel: Vernichtung der Lebenskraft Rußlands. Zerlegen in: 1. Stoß Kiew, Anlehnung an Dnjepr. Luftwaffe zerstört Übergänge Odessa. 2. Stoß Randstaaten mit Richtung Moskau. Schließlich Zusammenfassung aus Norden und Süden. Später Teiloperation auf Ölgebiet Baku. Inwieweit man Finnland und Türkei interessiert, wird man sehen. Später: Ukraine, Weißrußland, Baltische Staaten an uns. Finnland bis ans Weiße Meer.«
In seinem Glauben, »mit je mehr Verbänden wir kommen, umso besser«, beabsichtigte Hitler einen gewaltigen Aufmarsch. Er plante, 7 kampferfahrene Divisionen aus Norwegen, 50 aus Frankreich und 3 aus Holland und Belgien an die Ostgrenze zu werfen und 120 Divisionen speziell für den Osten aufstellen zu lassen, um mit 180 Divisionen an der russischen Grenze zu stehen. Für die Aufstellung dieser Divisionen plante Hitler bereits zu diesem Zeitpunkt besondere Tarnmaßnahmen: »Tarnen: Spanien, Nordafrika, England, Neuaufstellung in Luftschutzgeschütz(ten) Räumen. Neuaufstellungen: Im Ost-

raum: 40 Divn. aus kampferprobten Mannschaften. Ausführungen über gedachte Regelung Balkan: gedachte Regelung Ungarn/Rumänien. Dann Garantie Rumänien.«[277] Die Forderung der Tarnung richtete sich auch an Propagandaminister Goebbels, der ab 31. Juli 1940 (»Keine Alarmgerüchte wegen eines evtl. Vorgehens gegen Rußland!«[278]) seine Vorstellungen von einer der größten Täuschungskampagnen der Weltgeschichte infame Realität werden ließ.

Zur Vorbereitung des Aufmarsches im besetzten Polen wurde am 9. August die Weisung zum »Aufbau Ost« erlassen. Mit ihr setzte die planmäßige Massierung deutscher Truppen auf der ganzen Breite zwischen Nordkap und Schwarzem Meer ein.

An die Auslandsvertretungen des »Dritten Reiches« drangen nur sporadisch zufällige Mitteilungen. Die Deutsche Botschaft Moskau wurde systematisch in Unkenntnis gehalten. Die Nachrichten, die sich Militärattaché Köstring durch seine privaten Kontakte mit den militärischen Dienststellen verschaffte, wurden vorerst als Gerüchte aufgefaßt. Schließlich stand ihnen die Weisung seines Vorgesetzten, des Oberquartiermeisters IV, Generalleutnant von Tippelskirch, vom 24. Juni 1940 gegenüber: Sie forderte Köstring auf, Voroschilov über die deutschen Truppenverlegungen in den Osten des Reiches mit dem Bemerken in Kenntnis zu setzen, sie seien nicht als Bedrohung der Sowjetunion aufzufassen.[279]

In den letzten Julitagen hatten die Gerüchte dann allerdings eine Form angenommen, die den Botschafter zu ersten Gegenmaßnahmen veranlaßte. Er rief seine Mitarbeiter zu einer Erörterung dieser Frage zusammen. Er sprach die dringende Bitte aus, diesen »Gerüchten, für die auch nicht der geringste Grund vorliegt, scharf entgegenzutreten«. Am 1. August wies Militärattaché Köstring das OKH auf die außerordentlichen Gefahren der Idee des Feldzugs gegen Rußland hin. Er habe sich schon mehrfach in den letzten Monaten für »verpflichtet gehalten, auf das Gerede unverantwortlicher Leute hinzuweisen, die von einem Gegensatz Deutschlands und der S. U. zu berichten wissen«. Jetzt aber halte er das Gerede für »so bedenklich, daß dagegen in irgendeiner Form endlich einmal scharf eingeschritten werden muß. Ich möchte es für ausgeschlossen halten, daß es in Deutschland Kreise gibt, die außer aus Unkenntnis oder Dummheit solche Gerüchte verbreiten; die zahlreichen Gerüchte und das viele Gerede wird natürlich auch den Russen bekanntgeworden sein und kann dadurch eine Atmosphäre des Mißtrauens erweckt werden, die zu unerwünschten Folgen führen würde. Ich möchte dazu noch anführen, daß auf russischer Seite das Gerede geht: wenn die Deutschen mit den Westmächten fertig sind, gehen sie gegen Rußland. Auch einzelne Attachéberichte, die mir zugänglich waren, sprachen sich in diesem Sinne aus.« Köstring erinnerte an die Jahre »vor 1914..., wo ähnliche Gerüchte und Hetzereien so lange umliefen und von interessierten Stellen lanciert wurden, bis das deutsche und russische Volk, ohne etwas gegeneinander zu haben, auf einander losschlugen«. Eine Belehrung, auch der Offiziere des Heeres, hielt er für »sehr angebracht«.[280]

Der Botschafter legte nun das Hauptgewicht seiner Aktivitäten auf das Dementieren deutscher Mißverständnisse, Unterstellungen und Gerüchtemacherei, die der UdSSR eine aktive Expansionspolitik auf Kosten Deutschlands, wenn nicht direkte Angriffsabsichten unterstellten. So widerlegte er am 6. August in einem geheimen politischen Bericht Gerüchte über angebliche antideutsche Äußerungen sowjetischer Staatsmänner, die sich um die Sondierungen von Botschafter Cripps in Moskau rankten.[281] Die Teile jener Gerüchte, die um die wachsenden sowjetischen Befürchtungen vor dem siegesgeschwängerten Deutschland kreisten und zweifellos viel Wahres enthielten, ließ Schulenburg als offene Frage im Raume stehen: »Auf die Behauptung Cripps', die Sowjetregierung befürchte einen schnellen und unerwarteten deutschen Angriff und sei daher bemüht, Zeit zu gewinnen, brauche ich nicht weiter einzugehen.« Demgegenüber dementierte er angebliche sowjetische Einflußnahmen auf Jugoslawien und auf Bulgarien. Mit Nachdruck wies er das Gerücht, Molotov habe ihn trotz mehrmaliger Bitten nicht,[282] den englischen Botschafter hingegen wiederholt empfangen, als nicht den Tatsachen entsprechend zurück.

Die Berichte des deutschen Botschafters und Militärattachés in Moskau bestätigten und bestärkten in Berlin die Einstellung jener Kräfte, die ohnedies überzeugt von den defensiven Zielen der militärischen Vorbereitungen der Sowjetarmee waren und den »gemeinsamen Refrain«, nach welchem »Rußland in Todesangst« vor Deutschland schwebe, nicht oft genug wiederholen konnten.[283] Zu ihnen gehörten im Heer Kurt von Tippelskirch, der Vetter des zweiten Manns der Botschaft, Werner von Tippelskirch, und im Amt Ausland/

Abwehr in gewissen Grenzen Wilhelm Canaris, der andere Empfänger der Attaché-Berichte Köstrings. Am eigentlichen Kern der Entscheidungsgänge aber prallten ihre Argumente ab. Zwar gelangten ihre Berichte regelmäßig in die Hand Ribbentrops. Dieser habe sie – wie er später angab – »wiederholt, das heißt überhaupt laufend dem Führer vorgelegt, aber der Führer äußerte sich, daß Diplomaten und Militärattachés in Moskau die schlechtest informierten Menschen der Welt seien. Das war seine Antwort.« Hitler habe nämlich »Nachrichten ganz anderer Art« aus anderen Kanälen benutzt und auch Ribbentrop veranlaßt, sich gegenüber »Diplomatenberichten, die wir aus Moskau bekamen« (Reichsaußenminister), nach denen »Rußland keine Gefahr darstellte« und das mit ihm »getroffene Abkommen ehrlich einhalten würde«, »sehr skeptisch« zu verhalten. So sei auch der Minister im Zweifel gewesen, »ob diese Berichte (seiner eigenen Beamten) zutreffend waren«![284] Damit rangierten die Diplomaten in Moskau in diesem Zeitraum zweifellos an der letzten Stelle der Bewertung des Mannes, der ohnedies im allgemeinen »im Auswärtigen Amt einen alten verknöcherten Beamtenapparat (sah), der vom Nationalsozialismus mehr oder weniger unberührt war. Er hat sich ... oft über das Auswärtige Amt lustig gemacht. Er sah im Auswärtigen Amt eine Heimstätte von Reaktion und Defaitismus.«[285]

Mit der grundsätzlichen Mißachtung ihrer Berichte schwand auch das Interesse, sie zumindest in Grenzen zu informieren. Die vorrangige Nachrichtenquelle der Botschaft wurden nun – neben westlicher Presse und Rundfunkinformation – deutsche Reisende! Einer der ersten Überbringer der bösen Nachricht war Mitte August 1940 der langjährige (1934–39) persönliche Referent des Botschafters, Hans Herwarth von Bittenfeld. Er kam direkt aus dem Wehrmachtführungstab, wo ihn sein Vetter, Generalmajor von Lossberg, über die Ausarbeitung der Operationspläne in Kenntnis gesetzt hatte. Lossberg selbst nahm an der Idee des Zweifrontenkrieges Anstoß und glaubte später feststellen zu können, daß die führenden Militärs in diesem Zeitraum »sämtlich gegen den Rußlandkrieg waren, aber mangels einer Einheitsfront nicht die Kraft hatten, sich gegen Hitler durchzusetzen«.[286] Nach Auskunft Lossbergs an Herwarth wollte Hitler durch seinen baldigen Angriff angeblich einer Stärkung der Sowjetunion zuvorkommen. Herwarth wies ihn – entsprechend der an der Botschaft bestehenden Grundüberzeugung – auf den defensiven Charakter der sowjetischen Politik hin und bezeichnete die dem Operationsplan zugrunde liegenden Annahmen als völlig unzutreffend.

In Moskau (Frau von Herwarth war zu dieser Zeit Sekretärin des Botschafters) setzte Herwarth Schulenburg und Köstring in Kenntnis. »Beide waren bestürzt.« Sie hatten den deutschen Aufmarsch an der sowjetischen Grenze bis dahin als Vorsichtsmaßnahme oder aber Druckmittel zum Erpressen noch größerer Rohstoffmengen von der Sowjetunion gedeutet. Die Kriegspläne verschlugen ihnen die Sprache: »Keiner von beiden konnte sich vorstellen, daß Hitler so verrückt sein werde, seinen eigenen Untergang mit einem Angriff auf die Sowjetunion einzuleiten, zumal ihm Napoleon als warnendes Beispiel hätte dienen müssen.«[287]

Umgehend reiste Köstring nach Berlin und von dort zum Generalstab nach Fontainebleau. Hier bestätigte ihm Franz Halder offiziell die Angriffsabsicht. Köstring nahm Einsicht in den von Generalmajor Marcks ausgearbeiteten »Operationsplan Ost« und erkannte auf einen Schlag seine ganze Unhaltbarkeit: Das Kernstück, die Einnahme Moskaus, war ein Produkt von purem Dilettantismus. Im Gespräch mit Halder brachte Köstring alle Argumente vor, die gegen den geplanten Blitzkrieg und die Annahme einer schnellen Niederwerfung Rußlands sprachen. Nach diesem Gespräch war ihm – nach seinen späteren Worten – »jede Möglichkeit einer Warnung vor einem Krieg gegen Rußland genommen«.[288]

Dennoch suchte er weiter nach Mitteln und Wegen, um von dem geplanten Rußlandfeldzug abzuraten. Auf seiner Rückreise durch Berlin machte er in höchsten militärischen Kreisen darauf aufmerksam, daß die Aktivitäten der Sowjetunion an ihren wichtigen Grenzen ausschließlich im Bereich der ihr zugebilligten Interessensphären erfolgten: »Solange diese Tätigkeit nur das Interessengebiet ihrer ›Sicherheit‹ betrifft..., braucht es uns nicht zu beunruhigen.«[289] Der Auffassung, daß die Russen immer kühner würden, je weniger sie sich vor Deutschland zu fürchten brauchten, widersprach er mit Entschiedenheit: Einerseits bleibe Deutschland der Sowjetunion in »absehbarer Zeit militärisch weit überlegen« und hätten die Russen »sicherlich keinerlei Lust..., ihren Kopf unter Görings Stukas zu halten«. Andererseits würden sie sich darauf beschränken, sich die ihnen von Deutschland zugebilligten Territorien einzuverleiben; sie würden es vermeiden, »irgendetwas durch Kampf zu erreichen: Wozu an anderen Stellen Krieg?« Anzeichen sowjetischer Aktivitäten an der finnischen Grenze, die Berlin angesichts der wachsenden deutschen Militärpräsenz in Finnland[290] nur ungern sah, erklärte Köstring sachlich durch die legitimen militärischen Bedürfnisse Rußlands: Eine starke Flotte sei zwar im Bau begriffen, aber nur in Anfängen vorhanden. Der Besitz von Hangö allein sichere ihr keine ausreichende Bewegungsfreiheit im Finnischen Meerbusen. Dazu müßte noch Westfinnland im russischen Besitz sein. An Tippelskirch richtete Köstring die Frage: »Würden Sie, mein General, z. B. Helgoland im, sagen wir, schwedischen Besitz belassen?«[291]

So treffend die Argumente Köstrings in der Sache waren – die Schwäche seiner Position bestand darin, daß der »oberste Feldherr« diese Sachverhalte nicht weniger gut kannte als er selbst, aber aus taktischen Gründen – um den Widerstand der Militärs zu brechen und die bestehende Russophobie zu mobilisieren – eine bedrohliche Realität vorspiegelte, die allein ihm die erforderliche Unterstützung zur Durchführung seines Planes sicherte. Solche Infamie überschritt die Vorstellungskraft des Deutschrussen mit dem hohen, und nun in Berlin vollends aus der Mode gekommenen Ehrbegriff des zaristischen Offiziers und der Ritterlichkeit des Grandseigneurs. So liefen die Meinungskämpfe, die Köstring austrug, letztlich auf einen Kampf mit den Windmühlen hinaus. Er selbst litt, je näher der Angriff rückte, immer mehr unter den körperlichen und psychischen Auswirkungen dieser verzweifelten Donquichotterie. Im Dezember 1940 waren seine Kräfte verbraucht. Er erkrankte schwer und verbrachte die nächsten fünf Monate im Genesungsurlaub. Mitte Mai 1941 war er noch einmal zur Stelle, um das Drama des Angriffs seines Vaterlandes Deutschland auf sein Heimatland Rußland ein zweites Mal – nach 1914 – zu erleben.

In der zweiten Augusthälfte sollte Karl Schnurre zur Wiederaufnahme der Wirtschaftsverhandlungen nach Moskau kommen. Die Zwischenbilanz vom 11. August zeigte einen dramatischen deutschen Lieferungsrückstand »bei erheblichen sowjetischen Vorleistungen«.[292] Schnurre betonte, daß sich die Sowjetregierung besonders seit dem deutschen Sieg im Westen »die größte Mühe gegeben« hatte, um die für Deutschland dringlichen Rohstofflieferungen auszuführen. Sie hatte allein an Mineralöl im Mai 61 000 und im Juni

102 000 und an Getreide 76 000 bzw. 167 000 t geliefert. Die Lieferungen an Kupfer, Nickel und Zinn, die sich über das ganze Vertragsjahr erstrecken sollten, waren bereits im Sommer weitgehend erfolgt.

Doch die Erfüllungspolitik Stalins wurde nun in Berlin bereits als Zeichen seiner Illoyalität gedeutet.[293] Schnurre benötigte zur Vorbereitung eines zweiten großen Wirtschaftsvertrags Sonderweisungen und nahm Verbindung zu Göring auf, der als Chef des Vierjahresplans zuständig für die Rohstoffversorgung und kriegswichtigen Lieferungen, zudem ein Befürworter intensiven Warenaustausches mit der Sowjetunion war. In seinem grotesken rollenden Gefechtsstand an der Kanalküste teilte Göring Schnurre Mitte August autoritativ mit, »daß es mit den politischen Beziehungen zwischen Deutschland und der Sowjetunion nicht zum Besten stehe«. Hitler beabsichtige, »noch einmal einen Versuch zu machen, um die Sowjetunion in unsere politische und militärische Front einzugliedern;... käme es aber nicht zu einer Einigung, so sei mit entsprechenden Konsequenzen von unserer Seite zu rechnen«. Dies war das erste Mal, daß Schnurre – der für die Sicherung der russischen Kriegsrohstoffe zuständige Mitarbeiter Ribbentrops – aus offiziellem Munde »von dem beabsichtigten Vorgehen gegen Rußland Kenntnis erhielt«. Er »war sehr erschüttert und sah verheerende Entwicklungen voraus«.

Nach seiner (vorübergehenden) Rückkehr aus Moskau (Ende September) suchte Schnurre Göring zum zweiten Male auf, um vor einem Angriff auf Rußland zu warnen. Er sprach mit Überzeugung und »großem Ernst über die Notwendigkeit, gute Beziehungen zu Rußland zu halten. Stalin selber habe dies bei verschiedenen Gelegenheiten wiederholt zum Ausdruck gebracht, daß es beiden Länder gut gehe, wenn sie zusammengehen, aber schlecht, wenn sie sich entzweiten.«[294] Doch Schnurre gewann nicht mehr den Eindruck, wirklich Gehör zu finden. Die Stimmung der maßgeblichen Männer in Berlin war bereits in dumpfen Russenhaß umgeschlagen.[295]

An der Botschaft Moskau wuchs mit jeder derartigen Nachricht die psychische Belastung. Am 23. August 1940 schrieb der Botschafter privat nach Berlin, er habe in der letzten Zeit nur noch wenig offizielle Post erledigen müssen, sei »dafür um so heftiger ›beschäftigt‹ gewesen. Ich habe nicht eine ruhige Minute gehabt: an allen Ecken und Enden war der Teufel los!«[296] Am 30. August teilte er Frau von Duberg mit, seine »Nerven (gehen) langsam kaputt. Ich bin zu sehr in

Anspruch genommen: vom Morgen bis zum Abend habe ich keine ruhige Minute.«[297]

In dieser gefährlichen politischen Umbruchsituation, in der Hitler den Vertragsbruch gegenüber der Sowjetunion ins Auge faßte, suchte der Botschafter verzweifelt nach einem Ausweg. Er sah ihn in einer Ausweitung des bestehenden Bündnissystems, in dem auch Italien und Japan eine stärker stabilisierende Rolle übernehmen sollten, sowie einer neuartigen Einbindung der Sowjetunion in das politische Kräftespiel der Mittelmächte. Dadurch hoffte er, eine politisch-vertragliche Situation zu schaffen, in der ein deutscher Angriff auf die Sowjetunion unmöglich würde.

Mit dem Stimmungsumschwung in Berlin wuchs die Solidarität unter jenen Diplomaten, die ihr Geschäft in der Verhinderung der Ausweitung des Krieges sahen. Zu ihnen gehörten an erster Stelle Kollegen aus den verbündeten Staaten, die miteinander die offenste Sprache pflegen konnten, sowie Vertreter der neutralen Länder, mit denen Friedensbemühungen koordiniert werden konnten.[298] In Moskau entstand eine diplomatische Gegenfront gegen die Kriegsvorbereitungen der deutschen Regierung.

Nahe stand Schulenburg hierbei der bis zum sowjetischen Einmarsch in Bessarabien amtierende rumänische Außenminister Grigore Gafencu (Schulenburg war vor seiner Versetzung nach Moskau Gesandter in Bukarest gewesen), der im Juli zum Gesandten in Moskau ernannt wurde, um sein Land vor dem Schlimmsten zu bewahren.[299] Am 10. August traf er in Moskau ein, und am 15. August wurde er von Molotov empfangen und des sowjetischen Wunsches nach friedlichen und gutnachbarlichen Beziehungen versichert. Am Abend des 29. August – sein Nachfolger, der rumänische Außenminister Manoilescu, war am selben Tage überraschend in Wien mit den Außenministern Deutschlands, Italiens und Ungarns zusammengetroffen – überreichte ihm der stellvertretende Außenkommissar Georgij Dekanozov eine Note seiner Regierung, die die rumänische Regierung zu Ruhe und Vermeidung von Grenzzwischenfällen aufforderte – eine Warnung, daß die Sowjetregierung ein Mitspracherecht in den politischen Fragen Rumäniens beanspruchte. TASS veröffentlichte die Note am folgenden Tage auch in der Presse der Hauptstadt.

Bei der Ernennung Gafencus hatte auch die Tatsache eine Rolle gespielt, daß er »den Grafen Schulenburg von früher her sehr gut« kannte und sich die rumänische Regierung in ihrem Bemühen, »mit Rußland in ein ›grenzfreundliches‹ Verhältnis zu kommen«, der Möglichkeiten der diplomatischen Kooperation bedienen wollte.[300] Gafencu, ein hochgebildeter Mitteleuropäer und versierter, standfester Politiker mit starken Neigungen nach Westen hat noch während des Krieges in seinem Schweizer Exil einen detaillierten Bericht über die gemeinsamen Anstrengungen des diplomatischen Widerstands gegen den deutsch-russischen Krieg verfaßt, den Schulenburg in den zahlreichen, ihn persönlich betreffenden Passagen vor Drucklegung (nach Auslassung ihn gefährdender Textstellen) billigte.[301] Wie Gafencu in Moskau erkannte, bestand das Hauptziel Schulenburgs darin, alles zu vermeiden, was die beiden von tiefstem Mißtrauen gegeneinander erfüllten Staatsführer zu Kollisionen veranlassen könnte, und eine Situation herbeizuführen, die keinen Konflikt zuließ.

Gute Beziehungen bestanden auch zum japanischen Botschafter Shigenori Togo und seinem Nachfolger Tatekawa. Togo, ein Karrierediplomat mit weiten politischen und geistigen Interessen, wurde – wie Schulenburg – von seiner Regierung über wesentliche Zusammenhänge in Unkenntnis gelassen. In besonderen Krisenzeiten übernahm die Tochter Togos, Ise, ein eurasischer Teenager (Mutter Berlinerin), die Rolle eines Go-between zwischen den beiden Botschaftern. Togo hinterließ Memoiren, die die Rolle Schulenburgs als einer Persönlichkeit beleuchten, »die unter den in Moskau akkreditierten ausländischen Diplomaten einen besonders engen Umgang mit Togo und seiner Familie pflegte und sich später dem Krieg gegen die Sowjetunion entschieden widersetzte«.[302] Ise Togo lauschte häufig in der Deutschen Botschaft und konnte aus eigener Anschauung berichten, daß es für den Botschafter »mehr als anstrengend (war), den Kampf mit dem A. A. (!) usw. auszufechten«. Sie wußte, »wie es dann zugeht!«[303] Nach Abberufung Togos und Ernennung Tatekawas hielt der Dialog der Diplomaten an. Er wurde dadurch erleichtert, daß auch die japanische Regierung nach der Stärkung Deutschlands auf dem europäischen Kontinent wieder eine Annäherung an Deutschland suchte. Ihr Ziel war – wie es ein vom Kabinett am 16. Juli 1940 gebilligter Plan umschrieb – die »Verstärkung der Eintracht zwischen Deutschland, Italien und Japan«, ohne indes an der Seite der Achsenmächte in einen Krieg einzutreten. Auf militärischem Gebiet hatte sich General Köstring seit langem »(die Zunge für die) Durchsetzung einer russisch-japanischen Annäherung ... lahm geredet.«[304] Er wirkte in der neuen Phase der deutsch-japanischen Beziehungen verstärkt auf seine japanischen Kollegen in Moskau ein.

Der wichtigste Gesprächspartner Schulenburgs sollte erneut sein italienischer Kollege Augusto Rosso werden. Seit dessen Abberufung im Protest gegen den russischen Winterkrieg hatte Schulenburg für seine Rückkehr gearbeitet: Er wußte, daß seine Regierung ihrem italienischen Partner das Wissen um die Absprachen des Geheimen Zusatzprotokolls in bezug auf Finnland vorenthalten hatte, und litt unter der darüber entstandenen russisch-italienischen Kommunikationslosigkeit. Nach überaus mühsamen Anbahnungsversuchen, die in Wilhelmstraße und Reichskanzlei auf abrupte Schwankungen und im Kreml auf die kühle Reserve anhaltender Verletztheit stießen, hatte sich mit dem deutschen Sieg über Frankreich eine Öffnung abgezeichnet: Mussolini plante die Beteiligung am Kriege und wünschte dazu die russischen Rohstoffe; die Sowjetregierung hatte seit Januar 1940 mit Beklommenheit das wachsende italienische Interesse am Balkan verfolgt und wünschte diesem auf vertraglichem Wege Einhalt zu gebieten.

Nachdem die italienische und deutsche Regierung gegenüber Moskau Ende Mai eine gewisse, wenn auch nicht unumstrittene Bereitschaft zu einer gemeinsamen Regelung der Balkanfragen erkennen ließen und Rom Moskau über Berlin offiziell sein Interesse an der Normalisierung der Beziehungen bekundete (30. Mai), hatte Molotov Schulenburg am 3. Juni – zeitgleich mit dem Agrément für den britischen Botschafter Cripps – das Einverständnis der Sowjetregierung zur Neuentsendung der Botschafter erklärt. Doch in Berlin gewann erneut das Mißtrauen die Oberhand. Schulenburg bemühte sich, die Vorbehalte auszuräumen. Am 6. Juni schrieb er privat nach Berlin: »Gestern habe ich die ganze Nacht am Telefone gehangen. Man wollte mich vom Führer-Hauptquartier anrufen, es war aber nichts zu verstehen. Endlich ist es gelungen, die Mitteilungen an mich durchzubringen; es war 3 Uhr Morgens! Ich bin gegenwärtig damit beschäftigt, eine Versöhnung zwischen Italien und der Sowjetunion herbeizuführen, die sich seit vorigem Herbste ganz unnötiger Weise und sehr gegen unsere Interessen streiten. Ich hoffe, es wird mir gelingen.

Aber schwer ist es!«[305] Nach dem Kriegseintritt Italiens, am Nachmittag des 12. Juni, kehrte Rosso nach Moskau zurück. Schulenburg: »Die Versöhnung der Sowjet-Union mit Italien ist gelungen; der italienische Botschafter ist bereits wieder hier.«[306]

Nun, nach Eintritt Italiens in den Krieg und Sicherung der russischen Öllieferungen auch für Italien, sah Hitler aber keinen Grund mehr für eine weitere italienisch-sowjetische Annäherung – »jetzt bemühte er sich, seinen Bundesgenossen hiervon abzuhalten«.[307] Auf sein Betreiben ließ die italienische Regierung die hoffnungsvollen Fäden, die Rosso in den ersten Gesprächen mit Molotov nach seiner Rückkehr geknüpft hatte, abrupt wieder fallen. Allerdings hatte Molotov bis dahin bereits Hinweise auf die sowjetischen Interessen im Rahmen eines breiteren Bündnisses gemacht, die die Botschafter von nun an weiter verfolgten.

IV. DAS RINGEN UM EIN NEUES BÜNDNIS

Den Jahrestag des deutsch-sowjetischen Nichtangriffsvertrags (23. August 1940) beging die sowjetische Presse mit wohlmeinenden Erinnerungen. In Deutschland untersagte Propagandaminister Goebbels »alle Anbiederungen an Rußland«. Er ordnete an, daß die deutsche Presse dem »augenblicklich sehr expansiv« eingestellten Rußland mit starker Reserve begegne, und maßregelte die deutschen Blätter scharf, die sich »roter als die Roten« gebärdeten. Einmal – dies sah er nun klar voraus – »müssen wir doch noch mit Rußland abrechnen... Nur das A(uswärtige). A(mt). steht uns im Wege.«[1]

Zu dieser Zeit hatte das deutsch-sowjetische Abkommen vom Vorjahr nach Meinung der an seinem Zustandekommen Beteiligten aus unterschiedlichen Gründen weitgehend seinen Sinn erschöpft. Der Regierung Hitlers hatte es die ungehinderte Expansion im Westen erlaubt, der Regierung Stalins – mit Ausnahme neuer Sicherheitsprobleme, die in Finnland und auf dem Balkan auftauchten – die von ihr für notwendig befundene extensive Grenzsicherung und territoriale Arrondierung im Norden und Westen. Beide Seiten standen einander (auf ungleiche Weise) gestärkt gegenüber. Um einer Konfrontation vorzubeugen, bedurfte es – nach Einschätzung der Rußland-Diplomatie – neuer vertraglicher Bindungen. Das russische Interesse an Absicherung des Umfeldes im Süden kam ihr entgegen.

Der Plan der Rußland-Diplomatie –
Viermächtepakt als Bollwerk
gegen den Rußlandfeldzug

Angesichts der erwarteten Ausweitung des Weltkonflikts und kriegerischen Neuaufteilung der Welt hielt es die Sowjetregierung jetzt für

geboten, sich mit den beiden Mächtigen in einer weiteren Interessenabgrenzung, in Fortführung der vorausgegangenen Aufteilung der
Interessensphären, zu arrangieren. Die Vorstellungen, die Molotov
dem italienischen Botschafter am 25. Juni – einen Tag nach dem
französisch-italienischen Waffenstillstandsabkommen – unterbreitete[2], hatten das Feld präzis abgesteckt: Die UdSSR habe keine
Ansprüche an Ungarn, zu dem sie normale Beziehungen unterhalte;
die Ansprüche Ungarns auf Teile Rumäniens erkenne sie als fundiert
an. Mit Bulgarien verbänden die UdSSR gute Beziehungen, die sich
noch enger gestalten könnten; die Ansprüche Bulgariens auf Rumänien und vielleicht auf Griechenland erkenne sie ebenfalls an. Die
sowjetischen Ansprüche an Rumänien seien bekannt. Die UdSSR
suche sie ohne Anwendung militärischer Gewalt durchzusetzen. Was
die anderen rumänischen Gebiete angehe, so sei sich die UdSSR der
italienischen und deutschen Interessen bewußt und bereit, diese zu
respektieren. Das Verhalten der Türkei, vor allem seine Paktab-
schlüsse mit England und Frankreich, flöße der UdSSR Mißtrauen ein.
Und dies um so mehr, als die Türkei der UdSSR ein Mitspracherecht
in bezug auf das Schwarze Meer verweigern wolle und die Sowjetunion vom türkischen Gebiete südöstlich von Batum her bedrohe.
»Alle anderen Regionen der Türkei« überließ Molotov den Interessen
Italiens oder auch Deutschlands und erklärte die Bereitschaft seiner
Regierung, mit den Achsenmächten darüber in einen Gedankenaustausch zu treten. Im Mittelmeer erkannte Molotov die Vorherrschaft
Italiens an. Gleichermaßen erwartete er aber von Italien die Anerkennung der UdSSR als Hauptmacht im Schwarzen Meer.

Parallel dazu versicherte sich Molotov im Gespräch mit Schulenburg – laut russischer Aufzeichnung – der Zustimmung der deutschen Regierung, daß sich die Konsultationspflicht auf die Balkanfrage im allgemeinen erstrecke und diese Frage, unter Einbeziehung
Italiens, einvernehmlich zu lösen sei.[3]

Rosso hatte diesen Forderungskatalog unmittelbar nach seinem
Gespräch mit Molotov auch mit seinem deutschen Kollegen Schulenburg erörtert. Die Botschafter kamen überein, ihn als ernstzuneh-
mende sowjetische Willenserklärung zur Grundlage eines politischen
Annäherungsprozesses zu machen. Schulenburg gab die sowjetischen Wünsche mit dem Bemerken nach Berlin weiter, daß die Sowjetregierung ihre unverzügliche Realisierung wünsche und Rosso

205

sie »für vernünftig (halte) und empfehle, ihnen möglichst Rechnung zu tragen«.[4]

Gleichzeitig vertrat Köstring gegenüber dem OKH den Standpunkt, es sei zweckmäßig, auf diese Anregungen einzugehen (Rosso – so hob auch er hervor – habe seiner Regierung empfohlen, »ihnen schnellstens Rechnung zu tragen«). Die Äußerungen Molotovs hinsichtlich der Türkei erschienen ihm beachtenswert: In ihre jetzt angestrebte »Sicherung nach Süden« wolle die UdSSR anscheinend alle alten russischen Gebiete, auch die Region von Kars, einbeziehen und damit die »von der S. U. jetzt begonnene Wiederherstellung der zaristischen Grenzen« vollenden. Köstring hielt dies aus militärischen Erwägungen heraus schon insofern für verständlich, als die gegenwärtige sowjetisch-türkische Grenze für die Sowjetunion in der Tat »sehr nachteilig« sei. Auch müsse ihr eine »Hinausschiebung der Grenze bei Batum, dem wichtigsten Ölhafen, ... sehr erwünscht sein«.[5] Sein Hinweis, daß der sowjetische Wunsch nach Sicherung der seit 1918 türkischen Gebiete erst durch die Aktivitäten der Westmächte in diesem Gebiete erwacht sei, war auch eine Rüge an die deutsche Adresse: Durch die Veröffentlichung des Weißbuchs über die angeblichen französisch-englischen Pläne (unter Zugrundelegung der Beutedokumente aus dem Archiv des französischen Außenministeriums) hatte die Reichsregierung willentlich zur Schürung der Spannungen an der Südgrenze Rußlands beigetragen.[6]

Doch die Argumente verfehlten ihr Ziel: Hitler wünschte nicht länger einen italienisch-sowjetischen Dialog und erlegte der faschistischen Regierung Zurückhaltung auf. Rosso, der noch am 3. Juli verzweifelt um Instruktionen zur Beantwortung der sowjetischen Fragen oder zumindest Fortsetzung der Gespräche gebeten hatte, erhielt am 5. Juli die Antwort seines Ministers, er möge die Gespräche »fallenlassen«.

Nach drei Wochen italienischen Schweigens griff Stalin zu einem ungewöhnlichen Mittel, um die Frage einer Interessenabgrenzung auf dem Balkan voranzutreiben. Er ließ der Reichsregierung am 13. Juli durch Molotov eine Aufzeichnung der Unterredung aushändigen, die er am 1. Juli auf englisches Ersuchen mit Botschafter Cripps geführt hatte.[7] Cripps hatte ihm eine persönliche Botschaft des neuen britischen Premierministers Winston Churchill vom 23. Juni übergeben, die Stalin zu einem geschlossenen Vorgehen gegen das deutsche

Vormachtstreben auf dem Kontinent aufforderte.[8] Stalin führte diesen Schritt auf die mit dem deutschen Siege über Frankreich eingetretene Schwächung Englands zurück und wies das britische Werben in eisiger Stimmung unter der Feststellung zurück, auch die Sowjetunion hätte (wie Deutschland) an der europäischen Vorkriegsordnung kein dauerhaftes Gefallen finden können – einen Weg zurück gebe es für sie nicht. Selbst die Anspielung Churchills auf den Balkan als eine neu zu ordnende Region, in der der Sowjetunion die Führung gebühre, griff Stalin nicht auf. Wohl aber benutzte er sie in der für die Reichsregierung bestimmten Aufzeichnung, um seine Interessen auf dem Balkan noch einmal anzumelden.[9]

General Köstring bezeichnete die Handlungsweise Stalins als »sehr bedeutsam« – als »einen weiteren Beweis der Loyalität Stalins uns gegenüber« und »eine klare Absage« an die englische Adresse, lieferte sie ihm doch ein weiteres Argument gegen das »unsinnige Gerede« von sowjetischen Maßnahmen und Aufmärschen gegen Deutschland.[10]

Die Antwort des Reichsaußenministers auf diesen ungewöhnlichen Schritt, den Molotov explizit »im Auftrage Stalins« ausführte, war unangemessen: Er »dankte bestens«. Auch Außenminister Ciano blieb Rosso eine Antwort auf die politischen Fragen Molotovs weiter schuldig. Am 30. Juli erinnerte ihn der Botschafter daran, daß Rußland in den Fragen des Donau- und Balkanraumes an den Konsultationen und Entscheidungen der Mittelmächte beteiligt werden möchte; er stützte sich seinerseits auf seinen deutschen Kollegen, der eine gute und weitblickende Politik darin sehe, Rußland bei seinem Wunsche nach Zusammenarbeit mit Deutschland und Italien willkommen zu heißen. Eine Zurückweisung des russischen Wunsches nach Partizipation an den Entscheidungsprozessen hinsichtlich des Balkan könnte die russischen Ambitionen verstärken. Rosso schloß sich dieser Auffassung seines Kollegen ausdrücklich an und betonte, es müsse vor allem bald über die russischen Vorstellungen bezüglich der Meerengen gesprochen werden.[11]

In seiner Rede vor der siebten Sitzung des Obersten Sowjets (1. August 1940) erinnerte Molotov die italienische Regierung an die von ihm aufgezeigten Möglichkeiten der Verbesserung der Beziehungen und sprach erneut von der Notwendigkeit einer gemeinsamen Lösung der Balkanfragen[12].

Wieder versuchte Rosso, auf Außenminister Ciano einzuwirken. Doch eine Anregung Cianos im Gespräch mit dem deutschen Botschafter in Rom blieb ergebnislos.[13] Die Weisung Cianos an Rosso (7. August 1940), die aufgeworfenen Fragen müßten zunächst im deutsch-italienischen Dialog vorgeklärt werden, ließ den Fragenkomplex vollends in der Schwebe.

Der Zweite Wiener Schiedsspruch

In die unheilvolle Moskauer Augustschwüle – ab 13. August verfolgte man mit Sorge die deutsche Luftschlacht gegen England – platzte wie eine Bombe die Nachricht vom Zweiten Wiener Schiedsspruch (30. August 1940). In ihm hatten Deutschland, Italien und Ungarn in einer Art politischer Nacht-und-Nebel-Aktion ihre politischen Ansprüche auf das verbleibende Rumänien durchgesetzt: Ungarn erhielt große Teile von Siebenbürgen, und das verbleibende Rumpfrumänien wurde mit einer deutsch-italienischen Garantie bedacht.[14] Die Hintergründe lagen auf der Hand: Hitler war entschlossen, sich um jeden Preis der rumänischen Erdölgebiete zu versichern, und setzte sich von nun an systematisch über das von Ribbentrop ausgesprochene politische Desinteresse Deutschlands am Südosten Europas hinweg. Die böse Reaktion der Sowjetregierung nahm er bewußt in Kauf: Apropos Rußland – so führte er am 31. August auf der Jahrestagung der Militärattachés aus – »Die Russen sollen wissen, ... daß Deutschland auf Rumänien entscheidenden Wert legt. ›Vor nichts zurückschrecken in der Wahrung deutscher Interessen‹. ›Rumänien unantastbar‹...«[15]

Der Zweite Wiener Schiedsspruch war ein herber Schlag für die Sowjetregierung. Er lieferte ihr einerseits den Beweis, daß die Abkommen vom Vorjahr mit ihrer Bestimmung der Konsultationspflicht und Anerkennung der sowjetischen Interessen in Südosteuropa für Hitler Makulatur geworden waren. Andererseits setzte sich die deutsche Seite über das von sowjetischer Seite danach wiederholt vorgebrachte Verlangen nach Mitsprache in den Donau- und Balkanfragen ostentativ hinweg. Zwar hatte Molotov in seiner Erklärung an Rosso (25. Juni) betont, die UdSSR respektiere die ungarischen, deutschen und italienischen Ansprüche an Rumänien; doch dürfte er hierbei im Hinblick auf Deutschland und Italien in erster Linie die

Wirtschaftsinteressen im Auge gehabt haben, die Ribbentrop in den Augustverhandlungen angemeldet und im geheimen Zusatzprotokoll verankert hatte; Molotov konnte diese aus Gründen der mit Deutschland vereinbarten Geheimhaltung nicht vor Rosso zur Sprache bringen, da die italienische Regierung nicht eingeweiht war. Schließlich war die Frage der Südbukowina, auf deren einvernehmliche Lösung die Sowjetregierung drängte, mit der Aufteilung Rumäniens im deutschen Sinne gelöst worden. Die Sowjetregierung wurde vor vollendete Tatsachen gestellt. Die ebenso gewundene wie heuchlerische Erklärung, mit der Ribbentrop die Sowjetregierung nachträglich (31. August) über diese politischen Veränderungen in Kenntnis setzen ließ, kam angesichts der Schwere der deutschen Verstöße gegen Buchstaben und Geist der Moskauer Vereinbarungen einer Brüskierung gleich.[16] Und dies um so mehr, als jeder an diesen Vorgängen Beteiligte wußte, daß »die ... Rumänien zugestandene deutsch-italienische Garantie seines rechtlichen Staatsgebietes ... sich logischerweise auch gegen die Sowjetunion richten (mußte)«.[17] Botschafter Rosso lehnte es deshalb als »völlig unnötig« ab, auch nur den Versuch einer Erklärung zu machen, und warnte Mussolini persönlich vor einer irreversiblen Wende zum Schlechten in den Beziehungen Deutschlands und Italiens zur UdSSR.[18]

Zum ersten Male zeigte sich Molotov beim Verlesen der Erklärung Ribbentrops – nach dem Bericht Schulenburgs – »im Vergleich zu seiner sonstigen Haltung reserviert«. Er dankte förmlich für die verspätete Notifizierung und bemerkte, daß in der Presse mehr über den Schiedsspruch stehe als in der Erklärung der deutschen Regierung. In seiner Entgegnung machte er die Reichsregierung für die Verletzung des Art. 3 (Konsultationspflicht) verantwortlich – sie habe die Sowjetregierung lediglich über ein fait accompli in Kenntnis gesetzt. Dies wiege um so schwerer, als sie einerseits wußte, daß sich die UdSSR am Schicksal ihrer zwei Nachbarländer nicht desinteressieren könne, und andererseits in der zweiten Juni-Woche auf sowjetische Nachfrage versichert habe, daß sie die Konsultationspflicht auf den gesamten Balkan beziehe. Es bestehe insofern ein Widerspruch zwischen dem Schiedspruch, den Moskauer Abmachungen und den deutschen Versicherungen von Ende Juni, auf den er, Molotov, sich verpflichtet sehe, die deutsche Seite hinzuweisen. Die deutsche Entschuldigung, die Dringlichkeit der rumänischen Bitte an die Reichsregierung hätte keine Zeit zu Konsultationen gelassen, überging Molotov wortlos.[19] Die wortreichen Rückzugsgefechte Ribbentrops[20] waren ebensowenig geeignet, die schwere russische Verstimmung zu mildern. Wiederholte Versuche Schulenburgs, seinen Minister an das lückenlos vertragskonforme Vorgehen der Sowjetregierung im Baltikum und in Bessarabien zu erinnern, verfehlten die beabsichtigte Wirkung. Hitler und Ribbentrop kam es erklärtermaßen nicht mehr auf die Einhaltung der Verträge, sondern vielmehr »darauf an..., Sowjetregierung gegenüber bei dieser Gelegenheit ein für allemal zu etablieren, daß wir in Rumänien ganz vitale Bedeutung und prädominierende Interessen haben, die uns veranlaßt haben, das rumänische Staatsgebiet in seiner jetzigen Grenze zu garantieren«. Dem Botschafter galt die schroffe Zurechtweisung: »Ich bitte, das bei Ihrer Sprachregelung jetzt und in Zukunft zu beachten.«

Am 12. September klagte Schulenburg in einem Privatbrief, er »habe Sorgen an allen Ecken und Enden, dienstliche und außerdienstliche; ich weiß manchmal nicht, wie aus allen diesen unerfreulichen Dingen herauszukommen...!«[21] Er informierte seine Kollegen im Detail über diese Verschlechterung der Beziehungen. Der rumänische Gesandte Gafencu (»Der Monat September 1940 war für das deutsch-sowjetische Verhältnis der Monat der schwersten Belastungsproben«[22]) erfuhr, daß Molotov alle Anstrengungen unternommen hatte, sein Mißfallen nicht in die Form eines Vorwurfs zu kleiden, und Schulenburg volles Verständnis für das Verhalten der Sowjetregierung hatte. Den italienischen Botschafter setzte Schulenburg über die Ungereimtheiten der deutschen Erklärung in Kenntnis und nannte die Argumente der Wilhelmstraße »wenig begründet«. Insbesondere lehnte er die Anschuldigungen Ribbentrops ab, die Sowjetregierung hätte die Reichsregierung vor der Annexion der baltischen Länder, Bessarabiens und der Nordbukowina ja auch nicht konsultiert: In Wahrheit sei Berlin immer im voraus im Detail über das geplante russische Vorgehen unterrichtet gewesen. Schulenburg bestätigte Rosso, »daß die Deutsche Regierung im vorliegenden Falle tatsächlich die Pflicht hatte, sich mit Moskau zu konsultieren«, und dieser Pflicht nicht genügte. In diesem Zusammenhang weihte er seinen italienischen Kollegen ansatzweise in die Gebietsaufteilungen des geheimen Zusatzprotokolls zum Nichtangriffspakt ein.

Rosso reagierte scharf: Wenn Deutschland und Italien dem russischen Faktor noch irgendwelche Bedeutung beimaßen – so schloß er seinen Bericht an Ciano – müßten sie klugerweise sofort eine geeignete Initiative ergreifen. Schließlich habe die UdSSR ja in den vergangenen drei Monaten wiederholt den Wunsch nach politischer Zusammenarbeit mit Italien manifestiert...[23] Diesmal griff Außenminister Ciano die Anregungen Rossos auf und trug dem deutschen Botschafter in Rom, Hans Georg von Mackensen, die Sorge Mussolinis um die künftigen Beziehungen der Achsenmächte zur UdSSR vor: Zwar teile Mussolini die deutschen Bedenken gegen einen weitergehenden politischen Gedankenaustausch mit Moskau, doch fürchte er angesichts des wachsenden Mißtrauens der Russen, daß »Moskau eines Tages ganz abschwimme«. Der Duce, so betonte Ciano, zeige zur Zeit ein höchst ungestümes Drängen, die Russen, beispielsweise in der Frage der Meerengen, in die Erörterungen einzubeziehen.[24]

Doch die Frage schwelte weiter, und Versuche der Moskauer Botschafter, die beiden Seiten zum Einlenken zu bewegen, erreichten ihr Ziel nicht. Erschwerend kam der Umstand hinzu, daß jetzt die Sowjetregierung ihren Ärger an der Teilfrage der Südbukowina festmachte, auf deren Besetzung sie seinerzeit auf deutsches Anraten verzichtet hatte, die aber nun unter die deutsche Garantie gefallen und ihr somit endgültig genommen war.

Am späten Abend des 9. September mußte Schulenburg Molotov schließlich nach vielem ermüdenden Hin und Her eine zusammenfassende »Notiz« Ribbentrops überreichen, die das deutsche Verhalten rechtfertigte und der sowjetischen Seite vorausgegangene, kontinuierliche Verletzungen der Konsultationspflicht vorwarf. Über diesen ungebührlichen Auftrag aufs peinlichste berührt, kleidete er ihn – laut sowjetischer Aufzeichnung – in die persönliche Mitteilung, in Berlin und Wien habe man sich nicht im vollen Sinne klargemacht, welchen Eindruck der Schiedsspruch in Moskau hervorrufen würde. Molotov las die Notiz und stellte sofort den schroffen Gegensatz der Auffassungen fest. Wegen der Wichtigkeit der Angelegenheit – so Molotov – würde die Sowjetregierung schriftlich antworten. Bereits mündlich wiederholte er aber die sowjetischen Haupteinwände und brachte dabei auch den Fall der Südbukowina zur Sprache: Bei ihrem Verzicht auf die Südbukowina habe die Sowjetregierung durch ihn erklärt, daß es sich um einen »vorläufigen« Verzicht handele und die

Sowjetregierung später unter geeigneten Umständen auf deutsche Unterstützung bei der Verwirklichung ihres Anspruchs rechne. Die deutsche Regierung habe diese Bitte nicht negativ beschieden, was aus Sicht der Sowjetregierung Zustimmung bedeutet habe. Schulenburg verneinte nicht, daß Äußerungen dieses Inhalts, einschließlich des Gebrauchs des Wortes »vorläufig« im Hinblick auf die Südbukowina, gefallen waren, glaubte sich an sie zu erinnern und räumte später ein, sie möglicherweise nicht ernst genug genommen zu haben. Er versicherte, seine Regierung immer genau über die sowjetischen Vorstellungen informiert zu haben, und unterlag hierin einem psychologischen Trugschluß: War es nicht willentliches Verschweigen gewesen, so lag zweifellos sein Bestreben nach Konfliktvermeidung an der Wurzel der unvollständigen Berichterstattung. Die leise murrende Konzilianz Molotovs in der Frage der Bukowina mochte Schulenburg auch zu der Annahme verleitet haben, daß es ihm mit der Anmeldung der sowjetischen Interessen in diesem Gebiet nicht sonderlich ernst wäre. Tatsächlich konzidierte auch Molotov jetzt, er hätte die sowjetischen Vorstellungen damals vielleicht in allzu unbestimmter Form vorgebracht.[25]

Immerhin bewies die sowjetische Hartnäckigkeit in der Südbukowina-Frage jetzt, daß die UdSSR nur ungern zeitweilig auf dieses Glied in ihrem strategischen Schutzgürtel gegen Deutschland verzichtet hatte, das ihr die Mittelmächte mit dem Schiedsspruch unwiderbringlich entrissen hatten. In seinem hilflosen Zorn ordnete Stalin daraufhin in aller Stille die Besetzung des im östlichen Donaudelta gelegenen Kilijagebiets an, das zwar kein Äquivalent für die Südbukowina war, ihm dafür aber zur Grenzbegradigung Bessarabiens gewissermaßen noch »zustand«. Währenddessen dachte er lange und eingehend über die geeignete Antwort auf die Notiz Ribbentrops vom 9. September nach und ließ Schulenburg durch Molotov und Vyschinskij, der kurz davor zum stellvertretenden Volkskommissar für Äußeres ernannt worden war, darauf aufmerksam machen, daß die Sowjetregierung zumindest an der in Gang befindlichen Beratung über die internationalen Donaufragen zwecks Abänderung des durch die Konvention von Montreux hergestellten Donauregimes beteiligt zu werden wünsche.[26] Schulenburg empfahl dem Auswärtigen Amt dringend, dem Wunsch der Sowjetregierung entgegenzukommen, »zumal dadurch ihre Verstimmung über Wiener Besprechungen bestimmt gemildert werden könnte«, und hob hervor, daß Molotov wieder »aufgeschlossen und liebenswürdig« gewesen sei.[27] Doch als General Köstring um den 17. September nach Moskau zurückkehrte, mußte er noch immer feststellen, daß der Wiener Schiedsspruch der Sowjetregierung »arg in die falsche Kehle« geraten war.

Das Warten der Botschaft auf die Antwort der Sowjetregierung wurde dadurch erschwert, daß Informationen über starke deutsche Truppenkonzentrationen an der Ostgrenze verstärkt in die Auslandspresse sickerten und sich die sowjetischen Anfragen häuften, ob die Nachrichten über die Verlegung von 120 Divisionen in den Osten zuträfen. Auch die deutschen Waffenlieferungen an Finnland blieben der Sowjetregierung nicht länger verborgen, und der deutsche Griff nach dem Nickel von Petsamo nahm Proportionen an, die eine ernsthafte Störung des deutsch-sowjetischen Verhältnisses erwarten ließen.[28] Schließlich begann sich auch die japanische Seite, von Ribbentrop auf ein italienisch-deutsch-japanisches Militärbündnis angesprochen, in einer Weise für die Kampfbereitschaft der Roten Armee zu interessieren, die den sowjetischen Sicherheitsorganen schwerlich entging.

Erneut schaltete sich Militärattaché Köstring ein, um dieser Entwicklung entgegenzuarbeiten.[29] Er warnte das OKH vor einer Unterschätzung der russischen Kriegsbereitschaft und hob hervor, daß die Rote Armee »dank ihrer Stärke und materiellen Ausrüstung selbstverständlich jederzeit in der Lage ist, einen Krieg zu führen, andererseits die sowjetische Staatsleitung dies ohne zwingenden Grund vernünftigerweise in absehbarer Zeit schwerlich tun wird, da a. die Vervollkommnung der Armee in taktischer Hinsicht wie in weiterer Modernisierung ihres Geräts mehrerer Jahre (mindestens 2–3) ungestörter Friedensarbeit bedarf; b. die wirtschaftliche Entwicklung und Konsolidierung der inneren Lage der S. U. ihr eine Friedenszeit von 1 oder mehreren Jahrzehnten sehr erwünscht erscheinen lassen muß«. Die Sowjetunion habe Zeit und werde von sich aus keine kriegerische Verwicklung herbeiführen.

Botschafter Schulenburg beabsichtigte seit dem Wiener Schiedsspruch, persönlich in Berlin Einfluß auf das Geschehen zu nehmen, und bemühte sich jetzt verstärkt um eine Dienstreise. In diplomatischen Kreisen Moskaus war bekannt, daß er seiner Regierung ein Programm zur Rettung der deutsch-sowjetischen Zusammenarbeit unterbreiten wollte.[30] Die Sowjetregierung nahm die Abreise des Botschafters (22. September) zum Anlaß, um ihm am Vortage ihre Antwort auf die Notiz Ribbentrops auszuhändigen.

Es war dies ein umständliches, langatmiges Memorandum, das ohne jeden Unterton eines Vorwurfs rechtlich nachwies, daß die Sowjetregierung bei all ihren Maßnahmen, mit der – von deutscher Seite gebilligten – Ausnahme des sogenannten litauischen Zipfels, »in keiner Weise über den Rahmen des sowjetisch-deutschen Paktes vom 23. August 1939 hinausgegangen« sei, die Reichsregierung hingegen ihre vertraglichen Pflichten vernachlässigt habe. Das Memorandum enthielt die vorsorgliche Notifizierung, daß die Sowjetregierung von nun ab an allen Konsultationen über das Donaubecken beteiligt werden wolle. Erstaunlich war ihre Bereitschaft, die Konsultationspflicht einvernehmlich aus dem Vertragswerk auszuklammern, wenn sie für die Reichsregierung »gewisse Unbequemlichkeiten und Beengungen« mit sich brächte.

Am Ende der anschließenden Unterredung, die in freundlicher Form verlief, sprach Molotov die Bitte aus, Schulenburg möge in Berlin alles in seiner Macht Stehende tun, um den Standpunkt der Sowjetregierung klarzustellen und – laut sowjetischer Aufzeichnung – »diese Mißverständnisse zwischen der Sowjetischen und der Deutschen Regierung zu beseitigen«.[31] In der Benachrichtigung seiner Regierung unterstrich Rosso den herzlichen Ton dieses Gesprächs und die Bitte Molotovs, Schulenburg möge sich in Berlin zum Anwalt der sowjetischen Vorstellungen machen. Rosso fügte hinzu, »daß sich die Deutsche Botschaft entschieden zugunsten eines Abkommens mit der UdSSR ... ausspricht, da die Politik der Achse, die nunmehr im Schwarzen Meer aktiv geworden ist, den russischen Faktor nicht systematisch ignorieren kann«.[32]

Der Dreimächtepakt

Für die Umgebung Hitlers hatte die Reise Schulenburgs einen anderen Sinn: Wie Goebbels am 15. September 1940 in seinem Tagebuch notierte, hielt man »Moskau (nun für ...) reichlich frech. Schulenburg kommt eigens nach Berlin, um darüber zu berichten ... Moskau ist sehr schockiert über unsere schnelle Bereinigung« der rumänischen Angelegenheiten.[33] Auch die Frage des Viermächtepakts, die Schulenburg in Berlin anschneiden wollte, war nicht mehr offen: Wenige Tage zuvor hatte sich Hitler »entschlossen, kein europäisches Gebiet mehr Rußland zu überlassen«.[34] Auch sonst stieß Schulenburg in seinem Bemühen um einen Ausgleich mit der Sowjetunion auf steinig gefestigtes Terrain. Am 20. September hatte Hitler die Entsendung einer deutschen Militärmission nach Rumänien befohlen – nach Kenntnis zuständiger Kreise im Auswärtigen Amt als »Lehrtruppen« getarnte SS-Verbände.[35] Die geheimen Aufgaben dieser und weiterer Verbände bestanden – neben dem »Schutz« der Erölgebiete vor fremdem Zugriff und der Vorbereitung rumänischer Verbände auf militärische Kooperation mit Deutschland – darin, »den Aufmarsch deutscher und rumänischer Kräfte von rumänischen Stützpunkten aus im Falle eines uns von Sowjetrußland aufgezwungenen Krieges (!) vorzubereiten«.[36]

In Rom überredete währenddessen (19. September 1940) Außenminister Ribbentrop den Duce in Anwesenheit des italienischen Außenministers Ciano zum Beitritt zum Dreimächtebündnis mit Japan.[37] Dabei legte er – neben einigen Halbwahrheiten, die seiner begrenzten Aufnahme der Botschaftsberichte entsprangen – eine gravierende Unterschätzung der militärischen Möglichkeiten der Sowjetunion an den Tag: »Stalin sei ein kluger Staatsmann und ... militärisch kenne er die Schwächen seines Landes und wisse, daß die deutsche Armee jederzeit die russische Armee vernichten, dem Regime gefährlich werden und die Industriezentren des Sowjetreiches in Mittelrußland vernichten könnte. Die russische Armee sei schwach ... der Führer habe mit der ihm üblichen Umsicht bereits seine militärischen Vorsichtsmaßnahmen getroffen«, d. h. die größten Teile seiner Streitmacht »im Osten konzentriert. Wenn Rußland jemals etwas unternehmen sollte, was er, der RAM, im übrigen für absolut ausgeschlossen hielte (!), so sei Deutschland auf alle Eventualitäten vorbereitet.« Ribbentrop gab vor, in Berlin bestehe »keineswegs die Absicht, aggressiv gegen Rußland zu sein«, lehnte aber die italienischen Anregungen, Rußland näher an die Achse heranzuziehen, ab. Allerdings wünsche Hitler »wegen der weltanschaulichen Schwierigkeiten mit Rußland« eine »klare Abgrenzung der Interessensphären«. Er stehe dabei »auf dem Standpunkt, daß es keinesfalls Überschneidungen der gegenseitigen Interessen geben dürfe ... Aus diesem Grunde schiene ein Vordringen Rußlands zum Balkan und nach Konstantinopel

Deutschland eine recht prekäre Angelegenheit zu sein« – die ursprüngliche Gebefreudigkeit Ribbentrops bei seiner ersten Moskaureise war vergessen. Ferner wünsche Hitler nicht, daß Rußland in »Dinge hineinreden könne, die sich jenseits der Donau abspielten«. Dennoch äußerte Ribbentrop die Hoffnung, daß »man Rußland auch noch weiter mit uns engagieren (!)« könnte.

Die italienische Seite, von den Berichten Rossos aus Moskau alarmiert, warnte vor der Schaffung eines militärischen Dreierbündnisses ohne Beteiligung Rußlands (»Was würde Rußland dazu sagen? Die Stimmung der Sowjetunion gegen die Achse sei nicht sehr gut. Der Wiener Schiedsspruch... sei den Russen sehr unangenehm«). Doch die deutsche Regierung glaubte sich nun auf die unbegrenzte russische Beschwichtigung verlassen zu können (Ribbentrop: »es komme nicht nur darauf an, was die Russen sagten, sondern auch, was sie tun würden... Er glaube nicht, daß Rußland irgendetwas unternehmen würde«). Mussolini gab zu bedenken, daß das geplante Bündnis mit Japan ja in der Praxis die »alten Antikominterntendenzen, die inzwischen geschlafen hätten, wieder auf(wecke). Der Pakt würde wie eine Bombe wirken.« Doch Ribbentrop zerstreute seine Zweifel mit der Bemerkung, daß Rußland als »immenses Reich« ja sowieso völlig »abseits« vom Weltgeschehen stehe und keine weitere Beachtung verdiene.

Unter diesen Voraussetzungen fand das Memorandum der Sowjetregierung, das Schulenburg Ribbentrop bei dessen Rückkehr aus Rom in Berlin aushändigte, wenig Interesse. Sein konzilianter, um Ausgleich bemühter Ton war ihm eher ein neuerlicher Beweis für die auf Schwäche basierende russische Unterwürfigkeit. Der Botschafter hatte größte Mühe, ihm die Bedeutung dieses sowjetischen Schrittes klarzumachen.

Er konnte nicht verhindern, daß der Pakt der drei aggressiven Mächte ausgerechnet während seiner Anwesenheit in Berlin, am 26. September 1940, unterzeichnet wurde.[38] Trotz seiner sogenannten »Russenklausel« (Art. 5 besagte, daß die Abmachungen der drei Mächte »in keiner Weise den politischen Status berühren, der gegenwärtig zwischen jedem der drei Vertragschließenden Teile und Sowjetrußland [sic] besteht«), die im Auswärtigen Amt nicht zu Unrecht als »ziemlich dünn« galt, mußte der Dreimächtepakt die Sowjetunion in eine gefährliche Klemme bringen: Japan respektierte

216

in ihm »die Führung Deutschlands und Italiens bei der Schaffung einer neuen Ordnung in Europa« (Art. 1), und die Achsenmächte erkannten »die Führung Japans bei der Schaffung einer neuen Ordnung im großasiatischen Raum« an (Art. 2). Wo also blieb die UdSSR? Ferner kamen die drei Signatarmächte überein, »sich mit allen politischen, wirtschaftlichen und militärischen (!) Mitteln gegenseitig zu unterstützen, falls einer der drei Vertragschließenden Teile von einer Macht angegriffen wird, die gegenwärtig nicht in den europäischen Krieg oder in den chinesisch-japanischen Krieg verwickelt ist« (Art. 3). Mit dieser Macht konnten nur die USA oder die UdSSR gemeint sein. Offenkundig setzte der Pakt – unter Ausschluß und ohne Konsultation der UdSSR – jene Neuaufteilung der Welt fort, an der die Sowjetregierung jetzt unbedingt beteiligt werden wollte, und dies noch dazu in den von ihr beanspruchten Interessensphären: Denn was bedeutete die »neue Ordnung in Europa«? Umfaßte sie nicht auch den Südosten Europas, für den die UdSSR ihre politischen Interessen angemeldet hatte? Und was besagte die »neue Ordnung im großasiatischen Raum«? War die Sowjetunion nicht eine Hauptmacht in Asien? Schließlich mußte sie damit rechnen, daß auch das Dreimächtebündnis Geheimklauseln enthielt, die sie nicht weniger als die veröffentlichten Teile des Pakts betrafen. Die UdSSR konnte sich – darüber bestand im Auswärtigen Amt hinlänglich Klarheit – auch nicht darüber freuen, »daß wieder ohne die im deutsch-russ(ischen). Vertrag vorgesehene Konsultation ein 10-jähriges deutsch-japanisches Bündnis entsteht«.[39]

Schulenburg konnte lediglich noch erreichen, daß der Reichsaußenminister die Sowjetregierung mit 24stündiger Frist und einer die Wirkung abmildernden Instruktion über den Abschluß des Pakts notifizierte – in ihr versprach Ribbentrop, »demnächst einen persönlichen Brief an Herrn Stalin zu richten«, der auch »eine Einladung an Herrn Molotov nach Berlin« zwecks Besprechung wichtiger Fragen »einer gemeinsamen politischen Zielsetzung für die Zukunft« enthalten würde.[40]

Die Anregungen zu allen drei Schritten dürften auf Schulenburg zurückgehen. Denn er suchte das Auswärtige Amt weiter davon zu überzeugen, daß eine grundlegende Änderung des Verhältnisses zu Rußland dringendst geboten sei. In diesem Sinne wirkte er zweifellos auch auf Staatssekretär Weizsäcker ein und öffnete ihm in eindringli-

chen Gersprächen die Augen dafür, daß »wir... Rußland... mit der
Garantie an Rumänien (sehr verschnupft haben), mit der Nichtbetei-
ligung an der Donau (oberhalb des Deltas), mit dem Durchmarschab-
kommen mit Finnland nach Kirkenäs, mit lässiger Lieferung verspro-
chener Waren und gestern noch einmal kräftig durch den Dreiecks-
pakt Deutschland-Italien-Japan. Es ist nötig, diese Überraschungen
gegenüber Rußland wieder gutzumachen, wenn dort nicht das Wetter
umschlagen soll. Ein Angriff Rußlands auf uns ist nicht zu befürchten... Kurz, es muß etwas geschehen.« Die Schlüsse, die Weizsäcker
daraus zog (»den Russen den nötigen Herbstnebel vorzumachen. Bis
zum Frühjahr ist es noch lange. Vielleicht gewöhnen sich die Kriegs-
begeisterten bis dahin auch den Gedanken noch ab, daß wir dazu da
seien, den Russen eine ›bessere‹ Herrschaft als die bolschewistische
zu bringen. Ich würde sie schmoren lassen und bestimmt kein Zaren-
reich aufrichten helfen mit allen seinen bekannten Gefahren für
Deutschland«), lagen allerdings nur bedingt im Interesse der Rußland-Diplomatie.[41]

Die Notifizierung der Sowjetregierung über den Abschluß des
Dreimächtepaktes wurde von ihr, deren Selbst- und Sicherheitsbe-
wußtsein erneut stark gelitten hatte, »dankbar« aufgenommen, blieb
ihr doch diesmal zumindest in der Weltöffentlichkeit die Blöße
erspart, von der Reichsregierung nicht einmal ins Bild gesetzt zu
werden. Sie empfand jetzt nicht nur die ganze Last, sondern auch die
Schmach ihrer Vereinsamung an der Seite der aggressiven Mächte
und ging so weit, in der *Pravda* vom 1. Oktober und den *Izvestija* vom
2. Oktober eine Erklärung abzugeben, nach der sie im vorhinein über
den Pakt in Kenntnis gesetzt worden sei und keine Bedenken gegen
ihn trage. Die Erklärung wurde von Goebbels als »sehr positiv« und
von Hitler »mit Befriedigung« aufgenommen – sie helfe den deutschen Interessen »wieder ein Stückchen weiter«.[42] Nicht zuletzt dem
Einfluß Schulenburgs in Berlin war wohl ihr Eindruck zuzuschreiben,
daß »die russische Politik ... augenblicklich sehr günstig für uns«
gehe.[43]

Während dieses Aufenthalts Schulenburgs in Berlin (22. September–15. Oktober 1940) entstand unter Federführung seines persönlichen Referenten an der Botschaft, Gebhardt von Walther, und Mit-
hilfe von Militärattaché Köstring (er hielt sich erneut bis etwa 10.
Oktober in Berlin auf) eine Denkschrift gegen einen deutschen

218

Angriffskrieg auf die UdSSR.[44] Sie deckte die strukturellen Ähnlichkeiten zwischen dem stalinistischen Rußland und dem nationalsozialistischen Deutschland auf – Ausschaltung des »jüdischen Einflusses« und jeglicher Opposition, Errichtung einer nationalen Diktatur mit (staats-)kapitalistischer Wirtschaft, Schaffung eines gefügigen Beamtenapparates und vollendete Kontrolle des Staatsapparates durch die Geheimpolizei, das persönliche Machtmittel des jeweiligen Diktators – und redete damit ihrer Aussöhnung das Wort. Die Denkschrift, die sowohl »bemerkenswert mutig«[45] als auch außergewöhnlich scharfsinnig war, verwarf jede Möglichkeit einer offensiven Kriegsführung der Sowjetunion gegen Deutschland. Sie entzog damit dem von Hitler verwendeten Argument, die Sowjetunion könnte Deutschland durch ihre Angriffsabsichten einen Präventivschlag abnötigen, den Boden. In einem Verteidigungskrieg Rußlands aber würde »zweifellos die ganze Bevölkerung hinter der Regierung stehen«. Hiermit suchten die Autoren der Denkschrift die Hoffnungen auf einen Volksaufstand gegen die Stalindiktatur zu entkräften, die Teile des jüngeren deutschen Offizierskorps, unter ihnen Claus Schenk Graf Stauffenberg (der seit 1935 sporadisch Schriftkontakt mit Schulenburg unterhielt), im Falle eines deutschen Angriffs auf Rußland hegten. Der tiefe Patriotismus, die grenzenlose Entbehrungsfähigkeit der russischen Bevölkerung und die Tatsache, daß die Große Säuberung jede Opposition gegen die stalinistische Tyrannei ausgelöscht hatte, wurden als Beweise für die erwartete Passivität der russischen Bevölkerung aufgeführt. In wirtschaftlicher Hinsicht – so warnte die Denkschrift – würden genau die Gebiete, auf die Hitler größte Hoffnungen setzte, nämlich die Ukraine, Weißrußland und das Baltikum, bei einer Besetzung durch eine deutsche Angriffsarmee nur eine Belastung für Deutschland werden – eine vorteilhafte Ausnutzung ihrer Landwirtschaft sei auf längere Sicht nur durch die vom Sowjetstaat errichtete Kollektivwirtschaft möglich. Das sowjetische Industriepotential würde die deutsche Wehrmacht ohnedies vernichtet vorfinden – die Rote Armee würde es bei ihrem Rückzug zerstören. Schließlich unterstrich die Denkschrift, daß Stalin keinen Krieg wolle, aber eine klare Kriegsgefahr am Horizont erkenne: sie drohe von Deutschland. Stalin selbst wolle »jede kriegerische Verwicklung mit Deutschland ... vermeiden«.

Die Denkschrift gelangte von Walther über dessen Freund, den

Verbindungsmann des Auswärtigen Amts zum OKH, Hasso von Etzdorf, auf den Schreibtisch von Generalstabschef Halder. Dieser zeichnete sie am 2. November 1940 als »erhalten« ab, ließ sie danach aber an den Absender, Etzdorf, zurückgehen. Es liegt kein Anhaltspunkt dafür vor, daß Halder den Mut besaß, sie Hitler zu präsentieren.

Das Hauptergebnis der Berlinreise Schulenburgs war – neben der Einladung Molotovs nach Berlin – das erklärende persönliche Schreiben Ribbentrops an Stalin (13. Oktober 1940)[46]. Schulenburg nahm es am 15. Oktober in der Hoffnung mit nach Moskau, einen weiteren Anstoß zu einem Viermächtepakt zu geben. Der Brief verriet den direkten Einfluß Schulenburgs – er besaß »einen Unterton von Aufrichtigkeit, der selbst bei der Moskauer Botschaft den Eindruck erweckte, daß Berlin tatsächlich wünschte, die entstandene Verstimmung zu begraben und das deutsch-russische Verhältnis im Sinne der Verträge von 1939 weiter zu pflegen«.[47]

In seinem überaus langen Schreiben gab Ribbentrop Stalin seine Darstellung der deutschen Außenpolitik seit Abschluß der deutschsowjetischen Verträge. In ihr hatte England Deutschland alle Kriege aufgezwungen, mit denen Deutschland angeblich auch die Interessen der UdSSR verteidigt hatte (»Das sowjetrussische Ölzentrum Baku und der Ölhafen Batum z. B. wären zweifellos noch in diesem Jahre das Opfer britischer Anschläge geworden«). Das Dreimächtebündnis stellte angeblich eine ganz natürliche politische Konstellation dar, die für die Sowjetunion nur vorteilhaft sein könne. Nach Auffassung Hitlers und Ribbentrops – hier war die Anregung Schulenburgs erkennbar – würde es darüber hinaus die »historische Aufgabe der vier Mächte, der Sowjetunion, Italiens, Japans und Deutschlands, sein..., ihre Politik auf längste Sicht zu ordnen und durch Abgrenzung ihrer Interessen nach säkulären Maßstäben die zukünftige Entwicklung ihrer Völker in die richtigen Bahnen zu lenken«. Zur Klärung dieser Fragen wurde Molotov nach Berlin eingeladen.

Am Ende des Schreibens stand eine persönliche Reverenz vor Stalin: Zu diesem wollte sich Ribbentrop nach Beendigung der Gespräche erneut begeben, um in Moskau, eventuell gemeinsam mit Vertretern Japans und Italiens, die Grundlagen einer neuen Politik zu legen, die für alle Seiten von praktischem Nutzen sein würde. Als Beweis für die deutsche Bereitschaft, die Sowjetregierung an allen sie betreffenden Fragen zu beteiligen, enthielt das Schreiben, zweifellos auf Drängen Botschafter Schulenburgs, die Einladung Moskaus zur Teilnahme an der – freilich in ihrer Bedeutung stark geminderten – Donaukommission.

Bei seiner Rückkehr in Moskau, wo die verlängerte Abwesenheit des deutschen Botschafters mit Sorge beobachtet worden war – erweckte Schulenburg einen hoffnungsvollen Eindruck: »Die Beziehungen zwischen dem Dritten Reich und der UdSSR sind und bleiben sehr gut«, hob er im Gespräch mit befreundeten Diplomaten hervor.[48] Er kam nicht mit leeren Händen, sondern mit dem guten Gefühl zurück, in Berlin in der Tat das in seinen Kräften Stehende für eine Beilegung des schwelenden Konflikts getan zu haben. Bei seinem ersten Treffen mit Molotov, am Abend des 17. Oktober, überreichte er den Brief Ribbentrops an Stalin nebst Übersetzung und erklärte – laut russischer Aufzeichnung – dabei, es sei »das Hauptziel dieses Briefes, der Sowjetregierung zu beweisen, daß die deutsche Regierung nichts anderes wünscht, als eine weitere Verbesserung der Beziehungen zur UdSSR, und bereit ist, alles in dieser Richtung zu tun«. Erklärend wies er auf die »überzeugende Bitte an . . . Molotov hin, die Einladung nach Berlin anzunehmen«. Ribbentrop habe ihm persönlich ans Herz gelegt, doch endlich im Kreml eine wohlwollende Aufnahme dieser Bitte zustande zu bringen, da er, Ribbentrop, ohne einen Gegenbesuch doch nicht zum dritten Male nach Moskau reisen könne. Ribbentrop lade Molotov herzlichst ein und tue dies »im Namen der deutschen Regierung und Hitlers. Hitler wünscht Molotov persönlich kennenzulernen.«

Doch Molotov bat sich Bedenkzeit aus und führte das Gespräch mit Beharrlichkeit auf die ungelösten Donau- und Balkanfragen zurück. Dies veranlaßte – laut russischer Aufzeichnung – Schulenburg, die Aufmerksamkeit Molotovs gezielt auf den Schlußteil des Briefes, den Vorschlag der Einberufung einer Viererkonferenz, zu richten. Schulenburg berief sich auf eine angebliche Weisung Ribbentrops, »Molotov zu bestellen, daß dieser Vorschlag nicht so zu verstehen ist, als ob diese Frage schon entschieden und anderen Regierungen gestellt worden wäre. Das ist nur eine Idee, ein Gedanke. Italien und Japan wissen nichts davon. Den Brief schrieb Ribbentrop persönlich und zeigte ihn Hitler, der ihn gebilligt hat.« Schulenburg beabsichtigte, der Sowjetregierung mit dieser seiner Hauptleistung in Berlin eine

Brücke zu bauen – und wurde mißverstanden. Entgegen dieser Behauptung des Botschafters, so erwiderte Molotov voller Mißtrauen, schrieben ja längst die internationalen Zeitungsleute über die Idee eines Viermächtepakts und erhalte die Sowjetregierung diesbezüglich laufend Anfragen aus dem Ausland. Gerüchte hingen bereits in der Luft. »Wie kann man das erklären?«

Schulenburg hatte keine Erklärung und beteuerte geradezu schülerhaft, daß außer Hitler, Ribbentrop, Hilger und ihm selbst niemand den Inhalt des Schreibens kenne.[49]

Das Treffen ging unschlüssig aus – Schulenburg hatte nicht den Eindruck, daß die Sowjetregierung die Chance ergriff, die ihr – wohlverstanden – mit der Idee des Viermächtepakts geboten wurde.

Wenige Tage später schrieb er privat nach Berlin, seine »Geschäfte haben sich wieder so verwickelt«, daß er seine Pläne ändern müsse. Es sei eben in Moskau »doch eine erhebliche Menge« mehr Arbeit zu leisten, als er gehofft hatte.[50]

Sein relativ später Besuch bei Molotov (erst am Abend des zweiten Tages nach der Rückkehr) sowie die Tatsache, daß er den Brief Ribbentrops nicht Stalin persönlich überreicht hatte, lösten umgehend eine scharfe Rüge des Außenministers aus. Der Botschafter erklärte sein Vorgehen durch das in Moskau übliche Protokoll, mußte allerdings hinzufügen, daß Stalin sich in letzter Zeit stark zurückhielt und deshalb begründeter Anlaß zu der Annahme bestand, er würde »einer persönlichen Begegnung mit mir... unter irgendeinem Vorwand ausweichen«.[51]

Am späten Abend des 21. Oktober händigte Molotov Schulenburg die Antwort Stalins aus. In seinem äußerst knappen Schreiben dankte Stalin Ribbentrop – nach dem Eindruck der Botschaft »mit verhüllter Ironie«[52] – für das Vertrauen Ribbentrops sowie »für die lehrreiche Analyse der letzten Ereignisse«.[53] Er stimmte zu, daß »eine auf der dauerhaften Grundlage einer langfristigen Abgrenzung der beiderseitigen Interessen beruhende Verbesserung der Beziehungen« möglich sei und Molotov der »Pflicht, ... Ihnen einen Gegenbesuch in Berlin abzustatten«, genügen werde. Er begrüßte den Wunsch Ribbentrops, zur Fortsetzung des im Vorjahr begonnenen Meinungsaustauschs wieder nach Moskau zu kommen, hielt aber in der Frage einer Beteiligung Japans und Italiens, ohne diese grundsätzlich abzulehnen, eine vorausgehende Prüfung für erforderlich. Von Schulenburg nach seinen Wünschen für Berlin gefragt, unterstrich Molotov lediglich, »daß die Tatsache der bevorstehenden Reise unter den beiden Regierungen bleiben muß«.

Die Bitte um Geheimhaltung der Reise brachte die anhaltenden Bedenken und die Furcht der Sowjetregierung zum Ausdruck, die lang gemiedene Anwesenheit eines hochrangigen sowjetischen Politikers in der Reichshauptstadt würde von deutscher Seite in unerwünschter Weise ausgenutzt und von westlicher Seite mißverstanden werden. Aufrichtige Hoffnungen konnten Stalin und Molotov – nach späteren Äußerungen Stalins gegenüber Churchill – auf diesen Besuch schwerlich noch setzen: Keiner von beiden habe den Deutschen jemals wirklich vertraut – »für uns war es immer (ein Spiel von) Leben und Tod«.[54] So nahmen sie diese vierte (aktenkundige) Einladung Molotovs nach Berlin schließlich als eine – wie auch immer begrenzte – Chance der letzter Stunde wahr, um die bilateralen Beziehungen auszuloten und, sofern möglich, ein zweites Mal und in einer für die UdSSR günstigen Weise zu ordnen. Sie wußten, daß dies ein Spiel mit dem Feuer war.

Eine Woche vor der Abreise Molotovs, am 5. November 1940, hielt der Vorsitzende des Präsidiums des Obersten Sowjet der UdSSR, Michail I. Kalinin, eine symptomatische Rede zur außenpolitischen Lage. Er schilderte, wie die kapitalistische Welt immer mehr »von der Glut des zweiten imperialistischen Krieges erfaßt« würde und »in einen Abschnitt tiefer Erschütterungen eingetreten sei, die ernste Auswirkungen für sie haben können«. Die Sowjetunion müsse weiter »unter den Verhältnissen der kapitalistischen Einkreisung leben«. Es könne »selbstverständlich nicht ausbleiben, daß wir in diesem oder jenem Maße unterirdische Stöße zu spüren bekommen, die sich wellenförmig vom Epizentrum dieser eigentümlichen Art von Erdbeben ausbreiten... Diese komplizierte und im höchsten Maße instabile internationale Lage macht es uns zur Pflicht, uns ständig mobilisierungsbereit zu halten, damit uns keinerlei Zufälligkeit unvorbereitet trifft.«[55] Dem erfahrenen Zuhörer stellte sich die Frage, wo das genannte Epizentrum der weltweiten Erschütterungen lag, kaum mehr.

Die Ansprache, die Verteidigungskommissar Timoschenko zum 23. Jahrestag der Oktoberrevolution, am 7. November, vor Truppen auf dem Roten Platz hielt, klang nicht weniger beunruhigend:

»Genossen, der kapitalistische Krieg weitet sich aus ... Er erreicht unsere Grenzen, er bedroht unser Territorium, er kann das sowjetische Vaterland in Gefahr bringen...«

Desungeachtet nutzte die Sowjetregierung die Zeit bis zur Abreise Molotovs, um positive Akzente zu setzen. Beim Empfang des Diplomatischen Korps zur Oktoberfeier am Abend des 8. November zeigte die Sowjetregierung eine auffallende Bevorzugung der deutschen Gäste. Schulenburg, der »an der Spitze eines ganzen Heeres von deutschen Diplomaten, Botschaftern, Militärs, Journalisten mit seinem strahlendsten Lächeln«[56] erschien, erfuhr – am gemeinsamen Haupttisch Molotovs und Mikojans plaziert – die größte Aufmerksamkeit des Gastgebers, während die Vertreter Englands und Frankreichs mit einem Nebentisch vorlieb nehmen mußten. Der Volkskommissar für Verteidigung, Marschall Timoschenko, verbrachte den Abend überwiegend im angeregten Gespräch mit Militärattaché Köstring und Luftattaché Oberst Aschenbrenner. Die sowjetische Prominenz aus Regierung, Armee, Wissenschaft und Kunst verhielt sich den Angehörigen der Deutschen Botschaft gegenüber »bemerkenswert zuvorkommend und aufgeschlossen«.[57]

Am nächsten Tag, dem 9. November, wurde die gemeinsam vereinbarte, spektakuläre Nachricht von der Reise Molotovs nach Berlin in der Weltpresse bekanntgegeben.

Der Entwurf des Viermächtepakts

Die Deutsche Botschaft Moskau verbrachte die Tage bis zur Abreise des sowjetischen Außenkommissars und Vorsitzenden des Rats der Volkskommissare (11. November 1940) mit der Ausarbeitung des Entwurfs eines Abkommens zwischen den Staaten des Dreimächtepaktes und der Sowjetunion.[58] Die Entwicklung, die die Idee dieses Viermächtepaktes nach den diesbezüglichen Anregungen Schulenburgs in Berlin im Reichsaußenministeriums nahm, läßt sich nicht mit letzter Präzision nachweisen.[59] Zweifellos hat Reichsaußenminister Ribbentrop aus seiner antibritischen Gesamthaltung heraus in ihr eine Möglichkeit gesehen, Großbritannien durch Schaffung eines starken Kontinentalblocks unter Einbeziehung Rußlands in die Knie zu zwingen.[60] Allerdings ist die Einstellung Hitlers zu dieser Bündnisidee nicht affirmativ belegbar, im Gegenteil sind Zweifel geboten, ob er eine solche Lösung überhaupt ernsthaft ins Auge gefaßt hat. Er ließ ohne jede Vollmacht und Absicherung den Reichsaußenminister in dieser Richtung taktieren, der selbst eingestand, daß ein eventueller Beitritt Rußlands zum Dreimächtepakt »damals *eine* (Hervorhebung von uns, I. F.) unserer Absichten« war.[61] Die andere war die »programmatische« Absicht Hitlers, Rußland durch einen Vernichtungsschlag aus jedem europäischen Kräftegleichgewicht auszuschließen; und diese bestand bereits früher und setzte sich selbstverständlich über die kurzzeitige taktische Überlegung eines Kontinentalblocks, wie er Ribbentrop vorgeschwebt haben mag, hinweg. Insofern stellte die Teilnahme der Sowjetunion an einem solchen Kontinentalblock sicher nicht – wie Allard vermutete – »eine bedeutungsvolle Alternative zu einem deutschen Angriff auf dieses Land dar«[62] – diese Scheinalternative überlagerte die Kriegsvorbereitung Hitlers letztlich nur als ein taktisches diplomatisches Zwischenspiel. Dem entsprach die Tatsache, daß es Ribbentrop überhaupt nur mit Mühe »durchgesetzt« hatte, mit Molotov konkret über einen eventuellen Beitritt Rußlands zum Dreimächtepakt sprechen zu können.[63] Eine Hoffnung hat auf eine solche vertragliche Klärung der beiderseitigen Interessen vermutlich allein die Deutsche Botschaft Moskau gesetzt. Hier wurde tatsächlich in einem neuen Bündnis dieser Art eine »Alternative« zur destruktiven Rußlandpolitik Hitlers gesehen. Doch auch hier dürfte man die Chancen für das Zustandekommen eines solchen Vertragswerks von Anfang an eher skeptisch beurteilt haben – so ist der ohnedies »bloß chimärischen Wirkung der großen Kontinentalblockidee«[64] auf deutscher Seite in Wahrheit niemand erlegen. Desungeachtet war es der optimistische Realismus Schulenburgs und nicht – wie dieser später behauptete – Ribbentrop, der sich von dem Besuch Molotovs in Berlin »sehr viel« versprach. Wenn jener später für sich die Absicht in Anspruch nahm, »dem sowjetischen Außenminister den Beitritt Rußlands zu dem inzwischen abgeschlossenen Dreimächtepakt vorzuschlagen und dadurch das etwas erschütterte deutsch-sowjetische Vertrauensverhältnis neu zu festigen und zu vertiefen«[65], so gingen die Initiativen dazu und die gesamte vorausgegangene Überzeugungsarbeit doch von der Rußland-Diplomatie aus.

Dabei war der Handlungsspielraum der Botschaft extrem eng. Sie war gehalten, sich nach den Vorgaben Berlins zu richten, die die

Eindämmung des sowjetischen Aktionsradius auf dem Balkan, entlang der gesamten deutsch-russischen Grenze und in Finnland vorsahen. So erging ausgerechnet in diesen Tagen die Weisung Ribbentrops an den Botschafter, die Sowjetregierung über den beabsichtigten Beitritt Ungarns, Rumäniens, der Slowakei und Bulgariens zum Dreimächtepakt zu informieren! Er wies dies mit der Erklärung von sich, der Minister würde dies im persönlichen Gespräch mit Molotov in Berlin zweifellos besser tun.[66]

Das einzige von Hitler eingeräumte Ventil für sowjetische Expansionsgelüste sollte nach Süden, in Richtung auf das Britische Commonwealth, verlaufen.[67] Die Botschaft suchte eine für die Sowjetregierung akzeptable Kompromißformel herauszuarbeiten, stand dabei aber unter starkem Druck aus Berlin. So klagte der Botschafter etwa in einem Privatbrief vom 6. November 1940 darüber, daß das Auswärtige Amt an diesem Tage bereits viermal angerufen habe. »Wir haben keinen Moment Ruhe! Es ist schon schlimm... die Vorbereitungen meiner Berliner Reise nehmen mich sehr stark in Anspruch.«[68]

Die Zusammenarbeit zwischen Deutscher und Italienischer Botschaft Moskau, die gerade bei der Ausarbeitung dieses wichtigen Vertragswerkes von besonderer Bedeutung gewesen wäre, wurde durch den italienischen Angriff auf Griechenland (28. Oktober 1940) stark erschwert, der der Sowjetregierung drastisch vor Augen führte, wie rücksichtslos die Achse auf dem Balkan Fuß zu fassen beabsichtigte. Dieser Krieg belastete auch die Gesprächsbeziehung zwischen Molotov und Schulenburg – die Sowjetregierung erwartete eine Erklärung und glaubte seiner Versicherung nicht, niemand in Berlin habe ein Wort darüber verlauten lassen und er sei selbst von diesem Kriege überrascht worden.[69] Darüber hinaus wurde der italienische Achsenpartner von seiten Ribbentrops darauf festgelegt, Rußland in einem Viermächteabkommen in den Fragen des Balkan – der »Expansionszone« der Achsenmächte (!) – kein Mitspracherecht einzuräumen und ein Festsetzen in den Meerengen zu verhindern. Eine Stabilisierung der italienisch-sowjetischen Beziehungen durch bilaterale Abkommen wies Ribbentrop nun definitiv unter der Berufung auf die »Bestimmungen eines Viermächtepaktes« zurück.[70]

So wurde die Ausarbeitung des Viermächtepakts zur Quadratur des Kreises. Dennoch nahm sie beachtenswerte Konturen an: Die Präambel des Entwurfs für das »Abkommen zwischen den Staaten des Dreimächtepakts Deutschland, Italien und Japan einerseits und der Sowjetunion andererseits« setzte den Wunsch der vier Mächte voraus, »in ihren natürlichen Interessensphären in Europa, Asien und Afrika eine neue, der Wohlfahrt aller beteiligten Völker dienende Ordnung herbeizuführen und für ihre auf dieses Ziel gerichtete Zusammenarbeit eine feste und dauerhafte Grundlage zu schaffen«.

Art. I des Entwurfs gab der UdSSR die Möglichkeit, sich mit der Zielsetzung des Dreimächtepakts solidarisch zu erklären. Als Ziele wurden genannt: der Kampf gegen die Ausdehnung des Krieges zu einem Weltkonflikt, für eine baldige Wiederherstellung des Weltfriedens sowie die Zusammenarbeit mit allen Nationen, die von den gleichen Bemühungen geleitet seien. Diese Bestimmungen waren in erster Linie geeignet, den aggressiven Mächten die Hände zu binden. Sie gaben der Sowjetregierung, die ihre Entschlossenheit erklären sollte, »mit den drei Mächten auf dieser Linie politisch zusammenzuarbeiten«, eine Handhabe zur Eindämmung der Aggression der Dreipaktstaaten.

Art. II sah die gegenseitige Respektierung der »natürlichen Interessensphären« durch die vier vertragschließenden Mächte vor. Fragen, die aus der Berührung dieser Interessensphären resultierten, sollten durch fortlaufende freundschaftliche Verständigung, nicht – wie zuvor – durch den Druck neuer faits accomplis gelöst werden. Die Mächte des Dreipakts sollten ihrerseits erklären, »daß sie den gegenwärtigen Besitzstand der Sowjetunion anerkennen und daß sie ihn respektieren werden«! Dies hätte der Sowjetunion Sicherheit gegeben und ein für allemal die Sorge vor einer imperialistischen Einkreisung durch die Achsenmächte und Japan von ihr genommen.

Art. III enthielt das Koalitionsverbot, d. h. die Verpflichtung, keine Mächtegruppierung durch Unterstützung oder Beitritt zu begünstigen, die gegen eine der vier Mächte gerichtet war. Demgegenüber sah er den Weiterausbau der bestehenden Beziehungen zwischen den vier Mächten in wirtschaftlicher und politischer Hinsicht vor.

Art. IV sah die Unterzeichnung dieses Abkommens für 1940 in Moskau und seine Geltung für die Zeitdauer von zehn Jahren, unter rechtzeitiger Verständigung über die Verlängerung des Abkommens, vor.

In Anlehnung an den deutsch-sowjetischen Nichtangriffspakt vom 23. August 1939 nahm das projektierte Viermächteabkommen in einem geheimen Zusatzprotokoll (Nr. 1) eine Aufteilung der Interessensphären vor. Unabhängig von den territorialen Revisionen in Europa, die der Friedensschluß bringen würde, wurden hierin die Schwerpunkte der Aspirationen Deutschlands in Richtung auf die mittelafrikanischen Gebiete, Italiens auf die nord- und nordostafrikanischen Gebiete und Japans in Richtung auf den ostasiatischen Raum südlich des japanischen Inselreiches festgelegt. Dies waren Reminiszenzen an die verlorenen Kolonialgebiete der Mächte, deren Bedeutung relativ offen war. Der Schwerpunkt der territorialen Aspirationen der Sowjetunion, deren Vorgängerstaat kein Kolonialreich gewesen war, sollte im Süden des Staatsgebietes der Sowjetunion in Richtung auf den Indischen Ozean liegen. Mit dieser nebulösen Formulierung lehnte sich der Entwurf nur scheinbar an die Vorgabe Hitlers an, die russische Militärmacht durch Ablenkung nach Süden nach Möglichkeit in einen sowjetisch-britischen Konflikt zu treiben. Denn das britische Weltreich war – wie Churchill zu Recht bemerkte[71] – in Abweichung von der Leitidee Hitlers, die eine Aufteilung der »britischen Konkursmasse« unter diesen Mächten vorsah, im Paktentwurf der Botschaft mit keinem Wort erwähnt. Lediglich die Kolonialgebiete Frankreichs, Hollands und Belgiens – alle drei als souveräne Staaten nicht mehr existent – scheinen in diesem Entwurf zur Disposition gestellt worden zu sein, wobei der Ausdruck der Aufteilung der Interessensphären in diesen Gebieten möglicherweise noch einer näheren, nicht weniger weit von den Zielen Hitlers abweichenden Interpretation unterzogen werden sollte.

In der Tat herrschte an der Botschaft die Meinung vor, daß Deutschland in den Gebieten des Commonwealth überhaupt »nichts zu verteilen« habe und seine »Finger herauslassen« sollte, daß – mit anderen Worten – auch alle Voraussetzungen für ein künstliches Schüren eines sowjetisch-englischen Konflikts fehlten. Als Ideen »in einigen wirren Köpfen« hatte Köstring seit jeher die Vorstellungen verworfen, man könnte die Sowjetunion in expansive Pläne gegen die britischen Interessen in Indien verwickeln. Was die im Süden an die Sowjetunion angrenzenden Gebiete anbelangte, so ging er davon aus, daß sie die Sowjetregierung »ohnehin für ihr Interessengebiet« hielt.[72]

Der Entwurf des Geheimprotokolles Nr. 1 schloß mit dem Versprechen der gegenseitigen Respektierung dieser territorialen Aspirationen und ihrer Verwirklichung.

Der Entwurf des Geheimprotokolles Nr. 2 sah die enge Zusammenarbeit Deutschlands, Italiens und der Sowjetunion im Hinblick auf die Türkei vor: Diese sollte aus ihrem Bündnissystem gelöst und nach gemeinsam festzulegenden Richtlinien für eine politische Zusammenarbeit gewonnen werden. In einer weiteren Phase sollten die drei Mächte ein Abkommen mit der Türkei schließen, das auch deren Besitzstand respektieren würde.

Dieses zweite Geheimprotokoll sah ferner eine Revision des Meerengenstatuts von Montreux vor, in der die Sowjetunion das ausschließliche Recht einer jederzeit unbeschränkten Passage durch die Meerengen für ihre Kriegsflotte erhalten sollte, während alle anderen Mächte – mit Ausnahme der übrigen Anrainerstaaten des Schwarzen Meeres, aber unter Einbeziehung Deutschlands und Italiens – auf freie Durchfahrt ihrer Kriegsfahrzeuge verzichten sollten. Handelsschiffen sollten die Meerengen offenstehen.

Die Projektierung dieses Viermächteabkommens war der letzte großangelegte diplomatische Versuch einer friedlichen Neuordnung der Interessensphären in Mittel-, Mittelosteuropa und Asien unter Einbeziehung der Sowjetunion in Anerkennung ihres nunmehr bestehenden weltpolitischen Gewichts und ihrer historisch gewachsenen Sicherheitsinteressen. Er diente der (Wieder)Herstellung der Basis einer wirklichen Kooperation und der Verhinderung künftiger Interessenkonflikte. Er zielte auf eine langfristige Bereinigung aller latenten politischen Konflikte ab. Die gemäßigten Kräfte im Auswärtigen Amt fanden dieses Modell auf ihre Weise überzeugend. So hielt es etwa Staatssekretär von Weizsäcker nun in der Tat für zweckmäßiger, »mit diesen Leuten (!) quasi konstruktive Friedensideen (zu) wälzen statt daß ihr Mißtrauen sich noch tiefer festfrißt«. Vielleicht würde »man« (gemeint war in erster Linie Hitler) sich ja daran gewöhnen können, »daß man mit diesen Leuten (!) ja vielleicht auch im Frieden leben könnte, statt Napoleon nachzumachen.«[73]

Mit dem Entwurf zum Viermächtepakt im Gepäck trat Graf Schulenburg am 11. November 1940 in Begleitung seines persönlichen Referenten Gebhardt v. Walther, des Botschaftsrats Gustav Hilger und des ab 1. November wieder zu Wirtschaftsverhandlungen in Moskau weilenden Gesandten Schnurre in einem den Angehörigen der Deutschen Botschaft Moskau vorbehaltenen Salonwagen des Sonderzuges Molotovs die Reise nach Berlin an. »Lächelnd und in guter

Stimmung«[74] nahm er auf dem Weißrussischen Bahnhof die guten Wünsche der zum Abschied erschienenen deutschen Offiziere und Diplomaten sowie der Vertreter des Diplomatischen Korps, unter ihnen Gafencu und Rosso, entgegen.

Die Bündnis-Idee Hitlers: Der Besuch Molotovs in Berlin

Die Sowjetregierung hatte Molotov bei seiner Abreise einen »großen Bahnhof« bereitet – ein demonstrativer Beweis für die auf den Besuch gerichteten Erwartungen. Sie gingen nicht auf. Der Besuch Molotovs in Berlin stand – aus der Sicht des Reichsaußenministers – von seinen Anfängen an »nicht unter einem... glücklichen Stern«.[75] Während sich der sowjetische Sonderzug in Richtung Deutschland bewegte, traf Hitler die letzten Vorbereitungen zu seiner »Weisung für die weitere Kriegsführung«.[76] Die Weisung wurde am 12. November, dem ersten Besuchstag Molotovs in Berlin, verabschiedet. Obgleich unbekannt ist, zu welcher Tageszeit – vor oder nach seinem ersten Gespräch mit Molotov – Hitler die Weisung erließ[77], steht außer Zweifel, daß er mit dieser Entscheidung die Tür zu einem Ausgleich mit der UdSSR verschloß: Die Weisung Nr. 18 vom 12. November 1940 unterrichtete die deutsche Militärführung über die »politische Besprechung mit dem Ziele, die Haltung Rußlands für die nächste Zeit (!) zu klären«, ordnete aber – »gleichgültig (!), welches Ergebnis diese Besprechungen haben werden« – an, »alle schon mündlich befohlenen Vorbereitungen für den Osten fortzuführen«. Die genauen Anweisungen würden nach Billigung der Grundzüge des Operationsplanes des Heeres durch den »obersten Feldherrn« folgen. In Vorbereitung der Operationen gegen Rußland sah diese Weisung »im Bedarfsfall« auf dem Balkan die Inbesitznahme des griechischen Festlands nördlich des Ägäischen Meeres »aus Bulgarien heraus«, die Aufrüstung des bulgarischen Heeres mit deutschen Waffenlieferungen und die Verstärkung der deutschen Truppenpräsenz in Rumänien vor. Die Stärke des deutschen Einsatzes auf dem Balkan veranschlagte Hitler zu diesem Zeitpunkt mit etwa 10 Divisionen.

Angesichts der bereits laufenden Planungen gegen Rußland wurde im Auswärtigen Amt das »Hauptbedürfnis« der deutschen Regierung beim Besuche Molotovs schlicht im »Optischen« gesehen – der Besuch sollte sich »günstig« auf Italien oder Finnland auswirken![78] In höchsten militärischen Dienststellen war es »ein offenes Geheimnis, daß Hitler versuchen wollte, dabei einen großen Coup zu landen. Sowjetrußland sollte von den Deutschland interessierenden Fragen, vor allem im Südosten, abgelenkt und dafür in einen Konflikt mit England hineingetrieben werden. Hierzu wollte Hitler Sowjetrußland nahelegen, daß die Zeit für eine Expansion im vorderasiatisch-indischen Raum günstig sei.«[79]

So stand der große Aufwand, mit dem die Sowjetregierung die Reise vorbereitet hatte (die Begleitung Molotovs bestand aus über sechzig überwiegend hochrangigen Personen, darunter mehreren Volkskommissaren), von vornherein im krassen Mißverhältnis zu dem geringen Protokoll, das den sowjetischen Volkskommissar für Äußeres bei seinem ersten Besuch in Deutschland erwartete: Auf dieses hatten sich die verschiedenen Dienststellen als den kleinsten gemeinsamen Nenner ihrer divergierenden Interessen geeinigt. Weder durfte die SA Spalier stehen – das ging Hitler und Goebbels »denn doch zu weit«. Noch durfte ein »Aufmarsch der Bevölkerung« stattfinden – das Auswärtige Amt war, laut Goebbels, »instinktlos genug, das vorzuschlagen«. Zum Empfang auf dem Bahnhof durfte nicht einmal die »Internationale«, die damalige Nationalhymne der UdSSR, gespielt werden, sondern lediglich ein neutraler Präsentiermarsch.[80] Die Anreise Molotovs »mit riesengroßer Begleitung« allerdings kam Hitler gelegen – »wir werden das auszunutzen wissen«.[81]

Am 12. November, 11.00 Uhr, rollte der Zug Molotovs auf dem Anhalter Bahnhof ein. Unter Trommelwirbel wurde der Außenkommissar von Reichsaußenminister von Ribbentrop in Begleitung anderer Reichsminister, des Reichsleiters und weiterer Spitzen von Staat, Partei und Wehrmacht empfangen. Nach Abschreiten der Ehrenkompanie der Wehrmacht begleitete Ribbentrop den Besucher zum Gästehaus der Reichsregierung, Schloß Belvedere, in dem die sowjetische Delegation und die sie begleitenden Angehörigen der Deutschen Botschaft Moskau untergebracht waren. Bei der Fahrt durch die Straßen Berlins waren keine Ovationen zu hören. Neugierig säumten Schaulustige in zufälliger Gruppierung die Straßen. Sie verhielten sich, nach der von Goebbels angeordneten Mundpropaganda, »völlig still und zurückhaltend«[82]. Allein das »Gewoge der Flaggen mit

Hakenkreuz, Hammer und Sichel« machte dem Staatssekretär des Auswärtigen Amts die ganze »innere Unwahrhaftigkeit« dieses Empfangs klar. Aber auch das weitere »Drum und Dran« des Besuchs besaß »etwas Unechtes, Einstudiertes auf beiden Seiten«.[83] Der »kühle Empfang« wurde durch strömenden Regen atmosphärisch untermalt. »Stimmung grau in grau.«[84]

Das Programm Molotovs in Berlin sah je zwei Gespräche mit dem Reichskanzler und Reichsaußenminister sowie je ein Gespräch mit Göring und Heß vor.[85] Die Anwesenheit des deutschen Botschafters in Moskau bei den Gesprächen war Hitler unerwünscht – Schulenburg mußte sich, wie ein Schuljunge vor den verschlossenen Türen der Reichskanzlei wartend, jeweils über den als Dolmetscher fungierenden Hilger über Art und Inhalt der Gespräche informieren. Lediglich zu seinem abschließenden Gespräch mit Molotov, an dessen Ende schließlich der Viermächtepakt-Entwurf der Botschaft zur Sprache kam, bat ihn Ribbentrop hinzu. Auf sowjetischer Seite hingegen wohnten – neben zwei als Dolmetscher fungierenden Diplomaten (Pavlov und Berezhkov) – der damalige Vizekommissar für Äußeres und spätere Sowjetbotschafter in Berlin, Vladimir Dekanozov, den Gesprächen bei.

Die Gespräche nahmen einen eigentümlichen Verlauf: Während Ribbentrop am Rande seiner weitschweifigen Monologe von – wie er sie nannte – »säkularer« Bedeutung zumindest den Willen nach Verständigung verbalisierte, wurden die Gespräche Hitlers mit Molotov zu einem dialogue des sourds.

Dabei waren die Weisungen Stalins, auf die sich Molotov berief, konkret – allerdings sprach aus ihnen nicht allein der großangelegte Versuch, vor der Ausweitung des Konfliktes zum Großen Kriege noch eine allseitig günstige strategische Ausgangslage zu erzielen, sondern auch ein gehobenes politisches Bewußtsein, das sich des weltpolitischen Gewichts der UdSSR vollauf bewußt war. Beide forderten den Unwillen Hitlers heraus, mit dem – nach der Beobachtung des Chefdolmetschers Schmidt – nach Chamberlain in der Sudetenkrise kein ausländischer Staatsmann eine so selbstbewußte Sprache zu führen gewagt hatte.[86]

Die Weisungen Stalins legten der deutsch-sowjetischen Partnerschaft schematisch eine Einteilung in drei Etappen zugrunde: Die erste Etappe umfaßte die erfolgreiche Nord- und Westexpansion

Deutschlands mit sowjetischer Rückendeckung sowie die – angesichts der wachsenden deutschen Militärpräsenz mittlerweile als unvollständig empfundene – Einbeziehung Finnlands in die sowjetische Interessensphäre. Die zweite Etappe sollte dazu dienen, die letzten aus den deutsch-sowjetischen Verträgen und Absprachen resultierenden Bestimmungen wahr zu machen: die Regelung des endgültigen Status von Finnland, der noch offenen Fragen bezüglich Rumäniens (insbesondere der Frage der Südbukowina) sowie weiterer Balkanfragen, insbesondere Bulgarien betreffend; auch hinsichtlich Polens schienen sich für die Sowjetregierung aus dem gewaltigen deutschen Aufmarsch Probleme zu ergeben, die sie gern auf der Basis der noch offenen Absprache über die endgültige Gestaltung des Landes behandelt wissen wollte. Als dritte und letzte Etappe schwebte der Sowjetregierung die Klärung aller Balkanfragen, der Frage der Meerengen (einschließlich der Türkei) und der Abgrenzung der sowjetischen »Interessensphäre« (bei aller noch immer bestehenden Offenheit dieses Begriffs) im Süden sowie am Rande möglicherweise gewisser peripherer Fragen im Norden (etwa die Ostsee-Ausgänge betreffend) vor.

In Ergänzung früherer Erörterungen, die allein auf den deutschen Aufzeichnungen[87] basierten, kann hier, nach Freigabe einschlägiger sowjetischer Dokumente, erstmals anhand der Telegramme, die Molotov in den Gesprächspausen an Stalin richtete, die wirkliche sowjetische Interessenlage ermittelt werden.[88]

Der Auftakt der Gespräche durch Ribbentrop (12. November, 12 bis 14 Uhr, Wilhelmstraße) versprach keine konkreten Resulate. Obgleich am Anfang die Erwartung Molotovs stand, über die sehr allgemeinen Ausführungen des Briefes Ribbentrops an Stalin hinaus von Hitler Genaueres über die Gesamtlage und das deutsch-russische Verhältnis zu erfahren, folgten die üblichen realitätsabgehobenen Lagebeschreibungen Ribbentrops: Der Reichsaußenminister ließ – in Anlehnung an das russische Interesse nach Begrenzung und, wenn möglich, Beendigung der Konflikte – vor dem Auge seines Gastes eine deutsche Siegeslandschaft in Europa abrollen, in der es »überhaupt kein militärisches Problem« gab und die einzige Frage darin bestand, wann Deutschland den Krieg beenden würde. Auch der Dreimächtepakt wurde als ein Mittel der Kriegsbeendigung hingestellt, wobei Ribbentrop wie zufällig die Bemerkung einfließen ließ, »daß sich noch eine Anzahl anderer Staaten mit den Ideen des Dreimächtepaktes solidarisch erklärt hätten« – der Botschafter in Moskau hatte die Bekanntgabe der Bildung einer Einheitsfront zur Einkreisung der UdSSR refusiert! Das Kernstück der Ausführungen Ribbentrops bestand in der folgenden Kombination: Hitler sei bereit zu einer Festlegung der Interessensphären zwischen Rußland, Deutschland, Italien und Japan, wobei die Stoßkraft der Raumexpansion aller vier Partner nach Süden verlaufen müßte, verbinde diese Neuordnung aber mit der endgültigen Aufteilung des britischen Weltreiches, an der sich Rußland »in der Richtung auf den Persischen Golf und das Arabische Meer« beteiligen müßte. Unter dieser Bedingung wäre Hitler bereit, Rußland in den Meerengen und im Schwarzen Meer entgegenzukommen. Als Ergebnis der Besprechungen in Berlin stellte sich Ribbentrop eine gemeinsame Erklärung der UdSSR mit den Mächten des Dreipakts über die baldige Wiederherstellung des Friedens vor. Die Frage, ob die vier Staaten ihre Interessen in der Zukunft »in einem säkularen Maßstabe« verbinden würden – eine vage Umschreibung der Viermächtepakt-Idee der Botschaft –, stünde vorerst zur Prüfung an.

Molotov blieb keine Zeit, seine Weisungen vorzubringen. Auch hatte er sichtlich Mühe, die nebulösen Ausführungen Ribbentrops zu durchdringen. Er unterstrich, daß genauere Mitteilungen, etwa über die Bedeutung des Dreimächtepakts, nützlich wären (Was bedeute z. B. der Begriff »Großasiatischer Raum«?), und die Rolle, die die deutsche Regierung bei der angesprochenen Interessenabgrenzung der UdSSR zugedenke, einer Präzisierung bedürfe. Auch die Sowjetregierung halte eine derartige Abgrenzung für notwendig, wobei man »bei der Abgrenzung der Interessensphären zwischen Deutschland und Rußland... besonders aufpassen« müßte! Er unterstrich, daß die Festlegung der Interessensphären vom Vorjahr aus nunmehriger sowjetischer Sicht nur eine »Teillösung« gewesen sei, die – mit Ausnahme der finnischen Frage – durch die zwischenzeitlichen Ereignisse »überholt und erschöpft« sei, und betonte, daß die Ausarbeitung einer »Dauerregelung« nicht – wie die Regelung im Vorjahre – überstürzt vorgenommen werden dürfe.

Die Mitteilung Molotovs an Stalin nach diesem Gespräch erweckt den Eindruck, daß er die Hohlheit und verdeckte Tücke des ins Uferlose ausweichenden Szenarios Ribbentrops nicht durchschaute, selbst aber sein Hauptaugenmerk auf das konkrete Naheliegende richtete: Ribbentrop habe sehr ausführlich von seinem Brief an Stalin gesprochen (die damals für Mitglieder der Sowjetregierung obligate Huldigung Stalins) und hinzugefügt,»daß die Interessen Deutschlands sich auf Ost- und Westafrika richten, die Interessen Italiens auf Nord-Ost-Afrika, die Interessen Japans – nach Süden, und auch die der UdSSR nach Süden – auf den Persischen Golf und das Arabische Meer. Darüber hinaus sprach er sich für eine Revision der Konvention von Montreux unter Teilnahme der Türkei, UdSSR, Deutschlands und Italiens, mit Sicherstellung der vorrangigen Lage der UdSSR und, nach Möglichkeit, ohne Gesichtsverlust der Türkei, aus.« Ribbentrop habe des weiteren eine »Erklärung der UdSSR, Deutschlands, Italiens und Japans gegen die Ausweitung des Krieges« als wünschenswert bezeichnet. Bisher – so Molotov –»konnte ich nur kurz antworten, daß die Gedanken Ribbentrops ganz interessant seien . . ., ein (gemeinsames) Handeln der vier Mächte im Prinzip möglich sei, aber auch, daß ich das sowjetisch-deutsche Abkommen vom Vorjahr . . . mit Ausnahme der finnischen Frage für vom Gang der Ereignisse überholt halte. Aber daß ich auch andere Fragen über die Beziehungen mit Deutschland, Italien und Japan (zu stellen) habe.«

Die Zeit von 15.00 bis 18.25 Uhr verbrachte Molotov im ersten Gespräch mit Hitler in der Reichskanzlei. Molotov zeigte sich hier von Anfang an sehr interessiert, aktiv und in der ersten Phase des Gesprächs überwiegend zustimmend. In einem überlangen Monolog (Molotov an Stalin:»Über eine Stunde verging mit der ersten Äußerung Hitlers«!) gab Hitler der russischen Seite auf seine Weise Einblick in das müßige Geschäft der Kriegsführung des größten Feldherrn, wobei er es an verdeckten Seitenhieben (daß ja»Deutschland Krieg führe, Sowjetrußland aber nicht«) und Vorwürfen über das mangelnde russische Verständnis für die Deutschland aufgezwungenen Einbrüche in fremde Räume (gemeint war die sowjetische »Interessensphäre«) nicht fehlen ließ. In Bismarck-Paraphrasen gekleidet, denen Molotov eifrig zustimmte, breitete Hitler sein gemeinsames Kooperationsprogramm, angeblich für die Zeit in und nach der Endabrechnung mit England, aus. Er betonte dabei, Deutschland»würbe nicht um militärische Hilfe bei Rußland«, wünschte aber die Klärung der weiteren Zusammenarbeit zwischen Rußland und Deutschland nicht nur nach der negativen, sondern auch nach der positiven Seite!

Bei Eingehen auf die deutschen Vorstellungen stellte Hitler der Sowjetunion erhebliche Vorteile sowie die Entwicklung des »russischen Reiches (sic)... ohne die geringste Beeinträchtigung deutscher Interessen« in Aussicht: Rußland möge sich nur an der »großen Kombination von Mächten« beteiligen, die »geschlossen gegen die Angelsachsen« vorgingen und eine gegenseitige Aufteilung der Interessengebiete in der Welt herbeiführen würden. Hier spielte Hitler auf die russischen Interessen nach eisfreien Häfen, in den Meerengen und im Schwarzen Meer an und stellte deutsche Unterstützung in Aussicht.

Die erste Erwiderung Molotovs deckte das ganze Mißverhältnis der Positionen auf: Die Erklärungen Hitlers, so hob er »mit einem leichten Tadel in der Stimme« hervor, seien allgemeiner Natur. Die Weisungen Stalins aber seien konkret, und er erwarte präzise Auskünfte. Die erste Weisung betreffe die Finnlandfrage; diese sei als einziger Punkt des deutsch-russischen Abkommens vom Vorjahr ungenügend gelöst – die militärische Unterwanderung Finnlands bereitete der Sowjetregierung größte Sorgen. So bat Molotov Hitler bezeichnenderweise zunächst um Auskunft darüber, ob das deutsch-russische Abkommen hinsichtlich Finnlands denn überhaupt noch Gültigkeit besitze. Auf sowjetischer Seite seien »keine Änderungen eingetreten«.

An die Frage Finnlands schloß Molotov in einer für Hitler ungewöhnlich souveränen Art weitere Fragen an – im Gegensatz zu seinen sonstigen Gepflogenheiten sprang »Hitler... nicht auf und lief nicht zur Tür... Er war die Sanftmut und Höflichkeit selbst.« Die Fragen galten der Bedeutung des Dreimächtepakts: »Was bedeute die Neuordnung in Europa und in Asien und in welcher Weise würde hier die UdSSR miteingeschaltet? Diese Fragen müßten... besprochen werden. Außerdem seien Fragen bezüglich der russischen Balkan- und Schwarzmeerinteressen hinsichtlich Bulgariens, Rumäniens und der Türkei zu klären.« Die Sowjetregierung wünschte eine konkrete Stellungnahme Hitlers zu diesen Fragen, sie wünschte über die Form und das Tempo der Neuordnung in Europa informiert zu werden. »Fast entschuldigend« wich Hitler in Erklärungen über die ordnende Funktion des Dreipaktes in Europa aus und unterstrich, daß Deutschland ja »nunmehr an die Sowjetunion herantrete, damit diese in den sie interessierenden Gebieten mitsprechen könne«. Sowjetische Mitarbeit sei sowohl in Europa als auch in Asien gefragt, »wo Rußland selbst an der Definition des großasiatischen Raumes mitwirken und seine dortigen Ansprüche selbst bestimmen solle«. Deutschland verstehe seine Aufgabe dort als die eines bloßen Mittlers. Zusammenfassend betonte Hitler, es handle sich um einen »ersten Kristallisationspunkt für eine umfassende Zusammenarbeit«, der insbesondere einer Einflußnahme der Vereinigten Staaten in Europa, Asien und Afrika vorbeugen solle.

Molotov bezeichnete die Idee der Teilnahme der UdSSR am Dreimächtepakt als »grundsätzlich durchaus annehmbar«, stellte aber die Bedingung, daß »Rußland als Partner mitwirke und nicht nur Objekt sei«! Er schloß mit der Forderung einer näheren Definition von Ziel und Zweck des Paktes sowie einer genauen Klärung des sogenannten großasiatischen Raumes.

»Hitler wich der weiteren Beantwortung der insistenten Fragen Molotovs unter Zuhilfenahme der Engländer aus.« Er bemerkte, man würde in den Fliegeralarm hineingeraten, wenn die Unterhaltung fortgesetzt würde, und versprach Molotov »in verbindlichen Worten« die Beantwortung der von ihm gestellten Fragen am nächsten Tage.[89] Tatsächlich war bereits Luftalarm gegeben, und die Royal Air Force flog Berlin zu einem schweren Luftangriff an. Die britische Regierung hatte – wie Churchill später bemerkte – von dieser Besprechung erfahren und wünschte, »obgleich nicht... eingeladen, doch nicht, gänzlich ausgelassen zu werden«.[90] Mit prompter Regelmäßigkeit waren die Besprechungen von da an vom dumpfen Geräusch schwerer Detonationen unterlegt.

Aus der Reichskanzlei wurde der Außenkommissar zum Hotel Kaiserhof geleitet, wo Ribbentrop für 18.30 Uhr einen Abendempfang anberaumt hatte. In seiner Ansprache eröffnete Ribbentrop eine ebenso versöhnliche wie unverbindliche Perspektive: Sie setzte eine Interessenidentität der beiden Mächte voraus, die durch den »staatsmännischen Weitblick« ihrer Führer ein für allemal festgelegt sei und darin bestehe, »Bestrebungen auf Ausweitung des gegenwärtigen Krieges zu einem allgemeinen Weltkonflikt entgegenzuwirken und dadurch die Wiederherstellung des Weltfriedens zu beschleunigen«. Der Besuch Molotovs biete zum gegenwärtigen Zeitpunkt »eine willkommene Gelegenheit, auf der erwähnten Grundlage alle aktuellen Fragen, die die gemeinsamen Interessen berühren, offen und vertrauensvoll zu besprechen und dadurch zum Wohle beider Völker die weitere Ausgestaltung der gegenseitigen Beziehungen zu fördern«.[91]

Gegen 21.00 Uhr wurde Molotov ins Schloß Belvedere zurückgeleitet, wo er einige Stunden mit der Sichtung des von Hitler Vorgetragenen verbrachte. Erst ab 2.30 Uhr ging sein mehrteiliger telegraphischer Bericht an Stalin in den Äther.

Nach diesem hatte Hitler festgestellt, daß

»a) das sowjetisch-deutsche Abkommen vom Vorjahr zum Nutzen der beiden Staaten war und, wenn es vielleicht in einem Punkte nicht erfüllt wurde, so deshalb, weil, nach seinen Worten, politische Abkommen nie ganz, und manchmal nur zu 25 % erfüllt werden;

b) sich die Interessen und Lebensräume Deutschlands und der UdSSR nicht im Widerspruch zueinander befinden und auch für die Zukunft auf mehr als ein Menschenleben geregelt werden können;

c) England schon besiegt ist ... und sich nicht mit den Angelegenheiten Europas beschäftigen darf;

d) die französischen Staatsmänner ... Verständnis und Entgegenkommen für die Pläne Hitlers zeigen;

e) die Interessen Deutschlands jetzt in Zentralafrika liegen ..., da sich Deutschland in Europa schon für mindestens hundert Jahre Raum gesichert hat ..., obgleich er an einer anderen Stelle sagte, daß sie (die Deutschen, I. F.) der Rohstoffbedarf (und nicht nur das militärische Interesse gegen England) auf den Balkan stößt;

f) in Asien, wo Deutschland nur allgemeine Handelsinteressen hat, die Zukunft bei Japan liegt, aber dort auch die Rückkehr großer Völkerschaften möglich ist;

g) die Lage der USA eine besondere ist, da die USA eine rein imperialistische Politik treiben ...;

h) die UdSSR sozusagen, außer Murmansk und dem Fernen Osten, die weit weg sind, keinen Zugang zum Weltmeer hat und dies bei einem Abkommen mit (den) anderen Mächten berücksichtigt werden muß; Deutschland muß im Laufe seines Kampfes gegen England auch dahin gehen, wohin es gar nicht möchte, es ist wegen der Kriegsinteressen gegen England zeitweilig dazu gezwungen. Hitler erklärt, daß die deutschen Truppen Rumänien sofort nach Friedensschluß verlassen werden, wobei er das Interesse der UdSSR im Schwarzen Meer und in der Balkanfrage anerkennt. Allerdings bietet (laut Hitler, I. F.) das Schwarze Meer keinen freien Ausgang zum

Weltmeer, da es in das Mittelmeer übergeht, und dort wird immer Italien sein.

i) Hitler hat ausdrücklich gesagt, daß er eine militärische Hilfe von seiten der UdSSR nicht benötigt, aber kam die ganze Zeit auf die Notwendigkeit zu sprechen, mit uns Übereinkünfte ›im weiteren Rahmen‹ herzustellen ... (!)

Ich kann sagen, daß mir das, was ich aus diesen Aussprüchen verstanden habe, richtig und weitere gemeinsame Erörterung verdienend erscheint. Was das sowjetisch-deutsche Abkommen vom Vorjahr betrifft, so lag es wirklich im Interesse Deutschlands (erstens sicheres Hinterland im Osten bei der Eröffnung des Krieges nach Westen, zweitens Erhalt von Polen) und der UdSSR, die das Abkommen mit Ausnahme von Finnland für erfüllt hält, über welch letzteres ich nächstens konkreter und in aller Offenheit sprechen werde.

Jetzt ist die Zeit gekommen, um über ein weiteres Abkommen zwischen der UdSSR und Deutschland zu sprechen, aber dazu müssen erst gewisse Vorklärungen im Zusammenhang mit dem Bestehen eines solchen neuen Faktums wie des Dreimächtepakts erfolgen. Dann wird es mir leichter sein, Hitler die die UdSSR interessierenden Fragen klarzumachen, und (zwar) zumindest die mit dem Schwarzen Meer und dem Balkan verbundenen Fragen, in erster Linie Rumänien und Bulgarien, und weiter die Türkei betreffend.«

Bei den nachfolgenden Fragen Molotovs über den Dreimächtepakt und einige mit ihm, besonders bezüglich der UdSSR, verbundene Probleme habe sich Hitler sichtlich belebt und ihm auseinandergesetzt:

»Im Hinblick auf Europa hat der Dreipakt Übereinstimmung der zwei Mächte, Deutschland und Italien, hergestellt, die über die Frage Europas mit der UdSSR übereinkommen wollen(!). Im Hinblick auf Asien muß Japan genauso mit der UdSSR übereinkommen.

Deutschland (Hitler sagte ›wir‹ ...) lädt die UdSSR als vierten Partner zur Teilnahme am Dreimächtepakt ein. Dabei versicherte Hitler, daß ›sie‹ Rußland nicht vor vollendete Tatsachen stellen wollten, daß ›sie‹ wissen möchten, welche Interessen die UdSSR hat, und gute Makler zwischen der UdSSR und Japan, aber auch Italien, sein wollen, daß die Klärung der Fragen von Rumänien, Bulgarien und der Türkei natürlich eine gewisse Zeit erfordert, daß aber der Pakt ausdrücklich vorsieht, daß die Interessen der UdSSR nicht berührt und ohne die UdSSR vorentschieden werden...

Ich habe ... dennoch geantwortet, daß ich gewisse ergänzende Klarstellungen Hitlers über die Pläne der am Pakt Beteiligten erwarte. Ich habe hinzugefügt, daß die UdSSR ihre Teilnahme an diesen oder jenen gemeinsamen Handlungen der vier Mächte nicht verweigert, aber nicht im (Rahmen des) Dreipakt(s), wo die UdSSR nur als Objekt einbezogen ist.

Hitler war ganz belustigt und bestätigte, daß die UdSSR nicht Objekt, sondern Subjekt eines neuen Abkommens sein muß...

Abschließend fügte ich hinzu: Unsere Vorbesprechung in Moskau hat die Fragen, auf die ich hier stoße, richtig beleuchtet. Vorerst bemühe ich mich, Information zu erhalten und die Partner abzutasten. Ihre Antworten im Gespräch sind nicht immer klar und erfordern weitere Klärung. Das große Interesse Hitlers an einer Übereinkunft (über die Einflußsphären) und der Festigung der Freundschaft mit der UdSSR... liegt auf der Hand... Über Finnland wird vorerst geschwiegen, aber ich werde sie veranlassen, darüber zu sprechen.

Bitte um Weisungen.«

Am Morgen des 13. November führte Molotov im Luftfahrtministerium ein 45minütiges Gespräch mit Göring, danach empfing ihn Hess. Göring wünschte die Verbesserung der Beziehungen, besonders auf dem Gebiete der Wirtschaft. Von beiden fühlte sich Molotov gut verstanden – es sei deutlich, so telegraphierte er Stalin, daß sie die Beziehungen mit der UdSSR festigen wollten.

Am Nachmittag suchte ihn Botschafter Schulenburg, alarmiert über die Haltung Hitlers in der Frage Finnlands, im Hotel auf, um ihm »im Auftrag Ribbentrops« zu versichern, daß das (geheime Zusatz-)Protokoll vom Vorjahr im Hinblick auf Finnland nach wie vor im vollen Umfang in Kraft sei. Vor Schulenburg gelang es Molotov zum ersten Male, seine Finnland betreffende Weisung in aller Klarheit vorzubringen; er forderte die deutsche Seite auf, aus dieser ihrer Anerkennung der bestehenden vertraglichen Bindungen – nach dem Wortlaut seines Telegramms an Stalin – »die praktischen Schlüsse zu ziehen:

1.) die deutschen Truppen aus Finnland abzuziehen,

2.) die politischen Demonstrationen, sowohl in Finnland als auch in Deutschland, einzustellen, die darauf gerichtet sind, den Interessen der UdSSR zu schaden. Ich habe darauf aufmerksam gemacht (gewarnt), daß Berlin vollständige Klarheit in die Finnlandfrage tragen muß, damit sie nicht neue, größere gemeinsame Entscheidungen verhindert.«

Bei der zweiten Begegnung mit Hitler, am Spätnachmittag des 13. November, war dessen »überraschende Liebenswürdigkeit« vom Vortage, sein »sichtliches« Bemühen, »Molotov sachlich und persönlich für sich zu gewinnen«[92], gewichen. Es kam zu einem anhaltenden »Schlagwechsel«, in dem Hitler »kein Blatt vor den Mund« nahm, und Molotov – nach der Beobachtung des deutschen Protokollanten – in der Art eines Mathematik-Professors mit eiserner Präzision, unbeirrbarer Logik und unter Verzicht auf jede schmückende Wendung, nicht selten aber mit einem Unterton der Ironie[93], seine Weisungen vorbrachte. In diesem Gespräch trat »die Gegensätzlichkeit der Ziele der beiden Verhandlungspartner so deutlich in Erscheinung, daß mit der Möglichkeit einer Verständigung kaum noch gerechnet werden konnte«.[94]

Den Ausgangspunkt der Ausführungen Hitlers bildete die sowjetische Forderung nach Wiederaufnahme der Finnlandfrage. Er stützte sich nun auf das geheime Zusatzprotokoll zum Nichtangriffspakt, um einen realen sowjetischen Anspruch auf Finnland in Frage zu stellen: In diesem Geheimprotokoll, so Hitler, seien ja lediglich »Einflußzonen (!) und Interessengebiete (!) zwischen Deutschland und Rußland festgelegt und aufgeteilt worden ... So weit es sich dabei um tatsächliche Besitzergreifung handelte, habe man sich deutscherseits an die Abmachungen gehalten, was auf russischer Seite nicht absolut der Fall gewesen sei. Jedenfalls habe Deutschland kein Gebiet besetzt, das innerhalb der russischen Interessensphäre liege.« Hitler nahm Anstoß am (nachträglichen) sowjetischen Anspruch auf den »litauischen Zipfel« und die Bukowina und unterstellte ein analoges, angeblich vertragswidriges sowjetisches Interesse an Finnland. Zwar erkannte er verbal an, daß Finnland den deutsch-sowjetischen Abmachungen gemäß »politisch in erster Linie (!) Rußland interessiere und in dessen Interessenzone (!)« liege, doch betonte er jetzt das starke deutsche Interesse am finnischen Nickel und Holz »für die Dauer des Krieges«. Die deutsche Militärpräsenz in Finnland leugnete er ab: Die deutschen Truppen befänden sich lediglich auf dem Wege nach Norwegen – eine »Sprachregelung« Hitlers vom September des Jahres, die auch der Botschaft Moskau auferlegt worden war. Die Behauptung, Deutschland besetze Finnland, sei unzutreffend. Hitler unterstrich weiter, daß für die Dauer des Krieges die deutschen Wirtschaftsinteressen in Finnland ebenso bedeutend seien wie in Rumänien, und daß Deutschland von der Sowjetunion »Rücksichtnahme in diesen Fragen erwarte«. Er machte also nachträglich im Hinblick auf Finnland ein gleiches deutsches Wirtschaftsinteresse geltend, wie es Ribbentrop in den Augustverhandlungen für Rumänien angemeldet hatte. Nur war beiden Seiten mittlerweile klar, daß die angeblichen deutschen Wirtschaftsinteressen in beiden Ländern auch ein Vehikel zur militärischen Durchdringung und zum Truppenaufmarsch waren.

Molotov brachte ohne Umschweife seine restlichen Weisungen vor: Die deutsche Antwort auf die sowjetische Anfrage bezüglich des litauischen Gebietszipfels stehe aus; die Sowjetregierung erwarte eine Antwort auf ihre Anfrage bezüglich der Südbukowina – in dieser Frage zeigte Molotov Verständnis für die deutsche Haltung und gab zu, daß es sich um ein im Geheimprotokoll nicht erwähntes Gebiet handele; doch betonte er, Rußland habe seinerzeit seine Forderungen wegen des deutschen Widerstandes »zunächst auf die Nordbukowina beschränkt« und erwarte nun Verständnis für sein Interesse an der Südbukowina, die es seit längerem von Deutschland reklamiert habe. Molotov ließ einfließen, Deutschland habe anstelle einer Antwort »das ganze Staatsgebiet Rumäniens garantiert und die russischen Wünsche bezüglich Südbukowina völlig übergangen«. Jetzt stellte sich Hitler auf den Standpunkt, nur die im Geheimprotokoll explizit genannten (Teil-)Gebiete (in diesem Falle: Südosteuropas) seien Gegenstand der Abmachungen. Die Preisgabe der Nordbukowina sei schon ein erhebliches deutsches Entgegenkommen gewesen. Auch sei die Bedeutung das Wortes »Einflußsphäre« ja in den Moskauer Verhandlungen gar nicht definiert worden! Somit habe Deutschland »nicht im geringsten gegen das Abkommen verstoßen«. Als Molotov geltend machte, die geringen sowjetischen Wünsche nach Korrekturen im litauischen Gebietszipfel und in der Bukowina seien unbedeutend im Vergleich zu den Korrekturen, »die Deutschland anderswo durch die Waffen vorgenommen habe«, entgegnete

Hitler scharf, »die sogenannten ›Waffenkorrekturen‹ (wären) ja überhaupt nicht Gegenstand des Abkommens gewesen«! Hitler griff hier auf die Fiktion der friedlichen Lösung der Polen-Frage zurück, die Ribbentrop zur Grundlage der Augustverhandlungen gemacht hatte – ungeachtet der Tatsache, daß sie sich spätestens am 1. September 1939 als obsolet erwiesen hatte. Molotov widersprach nicht, sondern wiederholte stur den sowjetischen Wunsch nach einer Korrektur in Litauen und in der Südbukowina, womit er indirekt das strategische Interesse an diesen vergleichsweise kleinen Grenzgebieten unterstrich.

Hitler fiel es »schwer, ausweichende Antworten zu finden«.[95] Er lenkte des Augenmerk Molotovs in der Absicht, die der UdSSR unterstellten Landbegierden anzustacheln, in vage, weitschweifige Zukunftsplanungen und von den »kleinen Detailfragen« auf die angeblichen großen gemeinsamen Aufgaben. Deutschland stehe »in einem Kampf auf Leben und Tod«, der ihm manche unvorhergesehenen Schritte abverlange. Klar müßte der Sowjetunion aber sein, daß »im Rahmen einer erweiterten Zusammenarbeit der beiden Länder Vorteile ganz anderer Ausmaßes als die unbedeutenden Korrekturen, die jetzt zur Debatte stünden, zu erreichen seien«. Wenn die Sowjetunion jetzt auf Gebiete verzichten würde, »an denen Deutschland im Kriege interessiert sei«, ließen sich später viel größere Erfolge erzielen, und dies um so mehr, »je mehr es Deutschland und Rußland gelänge, Rücken an Rücken nach außen zu kämpfen(!)« anstatt »Brust an Brust gegeneinander« zu stehen.

Molotov gab zu, auch Stalin halte eine Vertiefung der Beziehungen zwischen den beiden Ländern für möglich und zweckmäßig – doch müßten zuerst die Fragen bereinigt werden, die die Atmosphäre des deutsch-russischen Verhältnisses verdürben. Hierzu gehörte in erster Linie Finnland.

Es kam zu turbulenten Meinungsäußerungen in der Frage Finnlands, in denen Molotov die Forderung des sofortigen deutschen Truppenabzugs erhob und die Bereitschaft seiner Regierung erklärte, die Frage Finnlands nach Möglichkeit »friedlich« – wie im Baltikum und Bessarabien – zu lösen, während Hitler kategorisch forderte, jede Kriegsgefahr im Ostseegebiet zu vermeiden. Dies bezeichnete Molotov als ein neues Moment in den deutsch-sowjetischen Beziehungen, das im »vorjährigen Vertrag« nicht festgehalten sei und vom deutschen Verhalten während des russisch-finnischen Krieges abweiche. Damit »entstehe eine neue Lage«.

Ribbentrop sah sich veranlaßt, vermittelnd einzugreifen. Er nannte den Zusammenprall der Meinungen in der Finnlandfrage ein »Mißverständnis« und hob hervor, Rußland habe ja durch seinen Friedensschluß mit Finnland »strategisch (!) seine sämtlichen Wünsche erfüllt«. Wie Ribbentrop später einräumte, war »Molotov ... in dieser Frage im Recht. Der Führer wollte aber Finnland nicht freigeben und er glaubte wohl auch, auf das finnische Nickel nicht verzichten zu können. Es kam zu einer ziemlich hartnäckigen Debatte, in der Adolf Hitler schließlich Molotov bat, ihm in dieser Frage entgegenzukommen.«[96]

Der recht explizite Versuch Hitlers, Rußland für eine Beteiligung an der »Niederringung Englands« mit seiner »gigantische(n) Weltkonkursmasse in 40 Millionen qkm« zu interessieren (»In dieser Konkursmasse läge für Rußland der Weg zum reizvollen und wirklich offenen Weltmeere. Eine Minderheit von 45 Millionen Engländern habe bisher 600 Millionen Einwohner des britischen Weltreichs regiert. Er stehe im Begriff, diese Minderheit zusammenzuschlagen«), schlug fehl. »Molotov ließ sich nicht beirren. Er wolle lieber zunächst von Dingen sprechen, die Europa näher lägen.«[97]

Er trug die Weisung Stalins in bezug auf Rumänien vor: Deutschland habe Rumänien eine Garantie gegeben, die – »wenn man sich so grob ausdrücken dürfe« – »gegen die Interessen Sowjetrußlands gerichtet sei«. Die Sowjetunion wünsche die »Aufhebung dieser Garantie«! Andernfalls sehe sie ihre Interessen als Schwarzmeermacht unmittelbar tangiert. Hitler ging auf diese Forderung nicht ein.

Darauf brachte Molotov seine Weisung bezüglich Bulgarien vor: Wie würde sich Deutschland verhalten, wenn Rußland Bulgarien unter analogen Bedingungen wie Deutschland/Italien gegenüber Rumänien ebenfalls eine Garantie gäbe. Er hob hervor, daß es sich dabei um eine sowjetische Präventivmaßnahme gegen eine mögliche englische Präsenz in den Meerengen handeln und die Sowjetunion die innere Ordnung des Landes »nicht um Haaresbreite« ändern würde.

Hitler wich aus: Bulgarien habe schließlich keine Garantie von der Sowjetunion erbeten, und im übrigen müsse er die Stellungnahme Italiens zu dieser Frage einholen.

Die Beharrlichkeit, mit der Molotov auf die ungelösten, konkreten Fragen zurückkam, erregte ihn derart, daß er in äußerst heftiger – nach der Darstellung des sowjetischen Dolmetschers: schrill schreiender und keifender – Manier Wortfetzen verstreute.[98] Er lenkte auf die russischen Schwarzmeerinteressen ab, wo noch offene Desiderata beständen.

Auch hier erhielt er eine Abfuhr. Nach Auskunft Molotovs hatte Rußland im Schwarzen Meer nur ein Ziel: Es wolle vor einem Angriff durch die Meerengen, wie es ihn in der Geschichte mehrfach erlebt hatte, gesichert sein und zu einer Verständigung mit der Türkei gelangen, die durch eine Garantie an Bulgarien erleichtert würde. Rußland begehre aber »die Garantie gegen einen Angriff auf das Schwarze Meer durch die Meerengen nicht auf dem Papier, sondern ›in der Tat‹«. Auch in dieser Frage versteckte sich Hitler hinter Mussolini.

Ein letztes Mal kam Hitler auf die großen Pläne der Zusammenarbeit zwischen den an der Konkursmasse des britischen Weltreichs interessierten Mächte zurück und stellte nun unter taktischer Verwendung der an der Botschaft Moskau erarbeiteten Pläne ein Außenministertreffen der vier Mächte in Moskau in Aussicht. Darauf brach er diese Unterredung unter erneutem Hinweis auf die Möglichkeit englischer Luftangriffe kurzerhand ab, was Molotov aber nicht hinderte, eine Reihe weiterer Weisungen (etwa die russisch-japanischen Beziehungen betreffend) nachzuschieben – sie blieben unbeantwortet.

Nach der Beobachtung der Angehörigen des Auswärtigen Amts hatten Hitler und Molotov in dieser zweiten Unterredung eine Reihe von »Bosheiten«[99] ausgetauscht und dabei scharf entgegengesetzte Positionen angenommen. »Hitlers Absicht, die Sowjetunion in Richtung auf den Persischen Golf abzudrängen, und seine Abneigung, sowjetische Interessen in Europa anzuerkennen«, waren auf taube Ohren gestoßen; »Molotov dagegen beharrte auf einer klaren Beantwortung seiner Fragen mit einer Hartnäckigkeit, die Hitler in wachsende Erregung versetzte«.[100] Der Interessengegensatz war unüberbrückbar.

Nach der Erinnerung des sowjetischen Dolmetschers, Berezhkov, zu urteilen, unternahm Hitler nach der Beendigung des Gesprächs noch einen letzten Vorstoß in Richtung auf eine temporäre Aktionsgemeinschaft mit Stalin. Er habe Molotov beim Ausgang aus der Reichskanzlei noch einmal zur Seite genommen, um ihm vertraulich zuzuflüstern, er »halte Stalin für eine herausragende historische Persönlichkeit. Und ich selbst beabsichtige in die Geschichte einzugehen. Deshalb ist es nur natürlich, daß zwei solche Politiker, wie wir es sind, uns treffen(!). Ich bitte Sie, Herr Molotov, übergeben Sie Herrn Stalin meine Grüße und meinen Vorschlag zu einem solchen Treffen in naher Zukunft.«[101] Diese persönliche Geste sei schlicht und scheinbar aufrichtig gewesen und beeindruckte den jungen russischen Dolmetscher nachhaltig, ließ Stalin indessen unberührt.

Nach dem Ausgang dieser Gespräche hielt Hitler selbst den acte de présence beim Bankett, das Molotov an diesem Abend in der Sowjetischen Botschaft Unter den Linden für die Gastgeber gab, für überflüssig. Währenddessen lieferte die Royal Air Force die Beweise ihrer ungebrochenen Kraft. Zur Rettung der überaus peinlichen Situation bat Ribbentrop den Außenkommissar in Begleitung des Botschafters Schulenburg in seinen komfortablen Luftschutzkeller in der Wilhelmstraße. Molotov nutzte die Gelegenheit, um auch die noch unerledigten Weisungen Stalins vorzubringen:

1. Meerengen: Er wiederholte die Forderung nach realen Sicherheitsgarantien der Sowjetunion in der Meerengenfrage und regte ein gemeinsames deutsch-sowjetisches Vorgehen zur Verständigung mit der Türkei an.

2. Balkan: Er kam auf die Frage einer sowjetischen Garantie für Bulgarien zurück, hob das sowjetische Interesse am »Schicksal Rumäniens und Ungarns« hervor und bat um Auskünfte darüber, »was die Achse über Jugoslawien, Griechenland denke«.

3. Polen: Er wollte wissen, »was Deutschland mit Polen beabsichtige«. In der Frage der künftigen Gestaltung Polens bestehe laut zweitem geheimen Zusatzprotokoll zum Grenz- und Freundschaftsvertrag noch Offenheit und sei insofern ein Meinungsaustausch erforderlich. Hier warf Molotov die Frage auf, ob dieses Protokoll nach deutscher Auffassung noch in Kraft sei – das Zusatzprotokoll hatte vorgesehen, einen möglichen polnischen Unsicherheitsfaktor durch gemeinsame Beobachtung und Konsultation auszuschalten, nun war die in Polen massierte deutsche Wehrmacht selbst zum größten Unsicherheitsfaktor für die Sowjetunion geworden.

4. Ostseegebiet: Molotov wünschte Auskunft über die Einstellung

Deutschlands zur schwedischen Neutralität und erinnerte an seine unbeantwortete Anfrage bezüglich Finnland. Darüber hinaus – so Molotov – »existiere ... die Frage bezüglich der Durchfahrten aus der Ostsee (Großer Belt, Kleiner Belt, Sund, Kattegat, Skagerrak). Die Sowjetregierung glaube, daß über diese Frage ähnliche Besprechungen gepflogen werden müßten, wie sie zur Zeit über die Donaukommissionen geführt würden.« Nach Ansicht Hilgers, der dieses Gespräch protokollierte, hatte Molotov mit diesem neuen Anspruch lediglich das sowjetische »Interesse an einer freien Durchfahrt aus der Ostsee« bekundet.[102] Hitler und Ribbentrop hingegen zitierten ihn fortan als Argumente für den unersättlichen russischen Expansionismus und gegen die Fortführung von Gesprächen überhaupt sowie später als Beweis dafür, »daß mit der Sowjetunion eben doch nicht auszukommen gewesen sei«.[103]

Als Molotov abschließend die Frage stellte, wie der Reichsaußenminister die Lösung dieser Fragen zu fördern beabsichtige, erklärte sich dieser auf der ganzen Linie »überfragt«. Für all dies, so Ribbentrop, sei »gegenwärtig noch nicht der Zeitpunkt gekommen, ... er könne nur immer wiederholen, daß die entscheidende Frage darin liege, ob die Sowjetunion bereit und in der Lage sei, ... an der großen Liquidierung des britischen Imperiums mitzuarbeiten«. Er machte seinerseits Molotov darauf aufmerksam, daß »dieser ihm die Antwort darauf schuldig sei, ob die Sowjetunion der Idee, einen Ausgang in Richtung des Indischen Ozeans zu erlangen, grundsätzlich sympathisch gegenüberstehe«. Nur mit dieser Eventualität vor Augen zog Ribbentrop nun zu später Stunde auch den Viermächtepakt-Entwurf der Botschaft aus der Tasche und trug ihn – nicht ohne signifikante Abweichungen – dem sowjetischen Gast mündlich vor:

Die Präambel sprach nicht mehr von der gemeinsamen Herbeiführung einer »neuen Ordnung« in den »natürlichen Interessensphären« der vier Mächte »in Europa, Asien und Afrika« – sie sprach jetzt ohne jegliche geographische Bestimmung von der Ordnung ihrer »natürlichen Grenzen (!)« und schreckte damit vor einer Anerkennung sowjetischer Interessensphären in Europa und Asien zurück.

Noch deutlicher war der Wille, der UdSSR keine Konzession mehr zu machen, in Art. 2: Die im Entwurf der Botschaft enthaltene Bestimmung, nach welcher Deutschland, Italien und Japan die Anerkennung und Respektierung des gegenwärtigen Besitzstandes der Sowjetunion erklären sollten, war nicht mehr vorhanden. Der »Schwerpunkt der territorialen Aspirationen der Sowjetunion«, die die Botschaft wohlweislich unbestimmt nach Süden gelenkt hatte, würde – so Ribbentrop – ja »vermutlich im Süden des Staatsgebietes der Sowjetunion in Richtung des Indischen Ozeans liegen«; im weiteren Verlauf des Gesprächs definierte er die »russischen Einflußsphären in der Äußeren Mongolei und in Sinkiang« sowie »Aspirationen in Richtung auf Britisch-Indien (!)«.

Interessanterweise regte Ribbentrop an diesem Abend noch den Abschluß eines sowjetisch-japanischen Nichtangriffsvertrages an, in welchem die japanische Regierung unter anderem den sowjetischen Wünschen in bezug auf die Naphtha- und Kohlekonzessionen auf Sachalin entgegenkommen sollte. Hiermit lief er offene Türen ein. Im Frühjahr 1941 sollte er es bitter bereuen.

Molotov begegnete allen Vorschlägen mit äußerer Zurückhaltung und ließ eine gewisse innere Überlegenheit erkennen. Die deutsche Seite, so wandte er beispielsweise mit Ironie ein, hänge dem Gedanken nach, daß der Krieg gegen England schon gewonnen sei. Wenn davon gesprochen worden sei, daß »Deutschland einen Krieg gegen England auf Leben und Tod führe, so könne er das nur so auffassen, daß ›Deutschland auf Leben‹ und ›England auf Tod‹ kämpfe«.[104]

Am Ende des Gesprächs charakterisierte Molotov die sowjetische Haltung mit den Worten: Die Frage einer weiteren, künftigen Zusammenarbeit setze die Abgrenzung der Interessensphären voraus, wie auch die »großen Fragen des morgigen Tages« die »Erfüllung der bestehenden Abmachungen« und Lösung der »Fragen des heutigen Tages« voraussetzten. »Das Begonnene müsse zuerst vollendet werden, bevor man an weitere Aufgaben herantrete.« Die Unterredungen in Berlin seien zwar nützlich gewesen, doch blieben viele Fragen offen. Er nahm den Vorschlag Ribbentrops an, daß diese »nunmehr durch die beiderseitigen Botschafter auf diplomatischem Wege weiter verhandelt werden sollten«.

Sein Telegramm an Stalin (14. November, 4.25 Uhr) über das dreieinhalbstündige Gespräch mit Hitler und dreistündige Gespräch mit Ribbentrop am zweiten Tage betonte den Mangel an konkreten Ergebnissen:

»Beide Gespräche gaben nicht die gewünschten Resultate. Die meiste Zeit (im Gespräch) mit Hitler ging auf die finnische Frage. Hitler erklärte, daß er das Abkommen vom Vorjahr bestätigt, aber Deutschland sein Interesse an der Erhaltung des Friedens im Ostseegebiet erklärt. Mein Hinweis, daß im vorigen Jahr keinerlei Vorbehalte zu dieser Frage gemacht worden sind, wurde nicht zurückgewiesen, hatte aber auch keinerlei Wirkung.

Die zweite Frage, die die gespannte Aufmerksamkeit Hitlers auslöste, war die Frage der Garantien an Bulgarien von seiten der UdSSR auf derselben Grundlage, wie Deutschland und Italien Rumänien die Garantien gaben. Hitler ging einer Antwort aus dem Wege... Ribbentrop bestand beharrlich auf einer Revision der Konvention von Montreux und (dem Abschluß) einer neuen Konvention unter Teilnahme der Türkei... Ich entgegnete, daß wir darüber zuerst mit der Türkei sprechen müssen, da Deutschland und Italien nicht Anrainerstaaten des Schwarzen Meeres sind und für beide die Fragen der Meerengen nicht lebenswichtig sind, aber für die UdSSR die Meerengenfrage nicht nur mit dem Abschluß eines neuen Abkommens mit der Türkei, sondern mit realen Sicherheitsgarantien für die UdSSR verbunden ist. Die Frage solcher Garantien aber betrifft nicht nur die Türkei, sondern auch Bulgarien in dem von mir angezeigten Sinne, d. h. mit Garantien für Bulgarien selbst.«

Auf die Fragen Ribbentrops habe Molotov diesem geantwortet, »daß ich die Zusammenarbeit zwischen der UdSSR, Deutschland, Italien und Japan in der Sache der Abgrenzung der Haupteinflußsphären (sic) untereinander für möglich und wünschenswert halte, daß man aber darüber sprechen muß, wobei man diese Fragen des morgigen Tages richtig mit den Fragen des heutigen Tags verbinden muß. Ribbentrop trug, genauer gesagt: las Vorentwürfe (›rohe Gedanken‹) eines Projektes einer gemeinsamen offenen Erklärung (sic) der vier Mächte und zwei Projekte geheimer Protokolle vor:
A) über die Abgrenzung der Hauptinteressensphären der vier Mächte unter Ablenkung (!) unserer Sphäre in Richtung auf den Indischen Ozean,
B) über die Meerengen – im Geiste einer Übereinstimmung zwischen der Türkei, UdSSR, Italien und Deutschland. Ribbentrop schlug die Erörterung dieser Projekte auf gewöhnlichem diplomatischem Wege durch die Botschafter vor. Ich sagte, daß ich gegen einen solchen Erörterungsmodus dieser Projekte keine Einwände

erhebe. Genau damit wirft Hitler jetzt nicht die Frage einer Reise Ribbentrops nach Moskau auf.

Dies sind die Hauptschlußfolgerungen. Es ist nichts, dessen ich mich rühmen kann, aber zumindest sind die derzeitigen Stimmungen Hitlers geklärt, mit denen man von nun an wird rechnen müssen.«

So spärlich die Resultate, so dürftig waren die Danktelegramme, die Molotov von der Grenzstation Malkinija nach Berlin richtete: Einem wortkargen Telegramm des Dankes an den Reichsaußenminister folgte ein noch kühlerer Dank an Hitler.[105] In der Tat war das Fazit der Gespräche entmutigend – die Gegenüberstellung der Telegramme Molotovs mit den deutschen Aufzeichnungen erlaubt heute eine weit präzisere Bestimmung der beiderseitigen Interessen, als sie bisherige Untersuchungen erbrachten:

Im Hintergrund der Gesprächsführung Hitlers stand der Entschluß, Rußland bei nächstbester Gelegenheit militärisch auszuschalten. Er hegte noch eine geringe, aufgrund des vorausgegangenen Fehlschlagens analoger Versuche Ribbentrops wenig erfolgversprechende Hoffnung, Rußland zuvor noch einmal in seine Pläne einzuspannen. Er mochte sich von seiner persönlichen Einladung Stalins zu einem Militärbündnis zur Liquidierung des Commenwealth eine größere Wirkung versprechen als von den zaghaften Anträgen Ribbentrops in Moskau. So bot er Molotov als eine Art Galgenfrist die »Gelegenheit«, (zunächst) an der Seite der Achsenmächte und Japans England niederzuringen. Die Beteiligung der UdSSR an einem solchen Militärbündnis zur Erledigung des britischen Weltreiches war auch für Ribbentrop attraktiv. Auffällig ist aber, daß sowohl er als auch Hitler diese Bündnisidee nie in Form eines direkten Angebots, sondern nur in der Aufeinanderfolge vielfacher Umschreibungen und Verlockungen vorbrachten und dabei explizit behaupteten, es ginge nicht um eine Militärhilfe der UdSSR für Deutschland gegen England. Ein von sowjetischer Seite wirklich ernst zu nehmender, konkreter Versuch wurde, sofern dies die Aufzeichnungen und Telegramme erkennen lassen, nie unternommen. Eine Überzeugungsstrategie existierte nicht. Selbst die Überredungsstrategie mit Hilfe verlockender Anspielungen war nicht konstruktiv aufgebaut. Dies läßt die folgenden Schlüsse zu:

Die unkonzis sprunghafte (Hitler) und fluktuierend ausweichende

(Ribbentrop) Form ihres Anerbietens, die die Aufzeichnungen widerspiegeln, war bereits eine Reaktion auf die unbefriedigende Aufnahme, die sie damit bei Molotov fanden. Schon im Verlauf ihrer Präsentation nahmen sie ihr Angebot angesichts der Verschlossenheit der Gegenseite aus Angst vor Zurückweisung und den mit ihr verbundenen Konsequenzen (z. B. unerwünschte Indiskretionen[106]) – wie Ribbentrop dies vermutlich auch in den Septemberverhandlungen getan hatte – gewissermaßen relativierend zurück. Diese Inkonsequenz ihres Vorgehens erlaubt aber auch Rückschlüsse auf den Stellenwert dieser Bündnisidee im Kalkül Hitlers. Sosehr ihn die kurzfristigen militärischen Vorzüge einer solchen Variante bestachen, blieb doch der politische Wille zu ihrer zeitweiligen Realisierung schwach, ja unentschlossen: Einerseits wollte Hitler, selbst zeitweilig, nicht mit Rußland teilen (Aussage von Dr. K. Schnurre), andererseits fürchtete er im Falle eines gemeinsamen Vorgehens, daß Rußland sich in (ehemals britischen) Positionen festsetzen würde, aus denen er es nachher schwer vertreiben könnte.[107] Er hatte, wie er dem türkischen Botschafter in Berlin, R. Hüsrev Gerede, später (17. März 1941) erklärte, über Molotov versucht, »Rußland in die große Kombination gegen England miteinzubeziehen«[108], war aber nicht bereit, den geringsten Preis dafür zu bezahlen.[109]

So unentschlossen das Hauptanliegen Hitlers auch vorgebracht wurde – aus sowjetischer Sicht stand es im Zentrum seines Interesses. Der sowjetische Dolmetscher und Protokollant Vladimir Pavlov gab die Essenz der Berliner Gespräche später (1972) mit den Worten wieder: »Hitler schlug vor, das Erbe des britischen Imperiums aufzuteilen. Die sowjetische Delegation lehnte es ab, diese Frage zu erörtern, und die Verhandlungen endeten ergebnislos. Von den Gesprächen blieb der Eindruck zurück: die Deutschen führen etwas im Schilde.«[110] Molotov selbst sah später (in seinen späten Jahren) das Hauptinteresse Hitlers im ersten Gespräch mit ihm darin, der UdSSR den »Ausgang zu den warmen Meeren« schmackhaft zu machen: »Der Iran, Indien – dort liegt Ihre Perspektive!« Hitler habe ihm mit Pathos aufgezeigt, wie England zu liquidieren sei, und ihn dabei »nach Indien, durch Persien gestoßen«. Molotov betonte, daß die Ausführungen Hitlers in seinen Augen schlicht »unseriös« gewesen seien, und bescheinigte ihm »ein geringes Verständnis der sowjetischen Politik. Ein Mann von begrenztem Verstand, wollte er uns in ein Abenteuer hineinziehen. Aber wenn wir uns dort im Süden tatsächlich engagiert hätten, so wäre es ihm leichter geworden: wir wären von ihm abhängig gewesen, wenn England mit uns im Kampfe läge. Wir hätten schon sehr naiv sein müssen, um das nicht zu verstehen.«[111]

Wie Molotov später erzählte, gelang es ihm erst im zweiten Gespräch, zu den »eigenen Angelegenheiten« überzugehen: Sie schlagen uns da schöne Länder aus der britischen Konkursmasse vor, habe er Hitler sinngemäß gesagt, »als aber Ribbentrop 1939 zu uns kam, haben wir die vertragliche Einigung erzielt, daß unsere Grenzen ruhig bleiben müssen und weder in Finnland noch in Rumänien irgendwelche fremden Streikräfte sein dürfen – und jetzt unterhalten Sie dort Truppen!« Hitler habe diese Tatsache als zweitrangig und »Kleinigkeiten« abgetan und versucht, auf die angeblich wichtigen, gemeinsamen Fragen zurückzukommen. Molotov habe auf der Frage insistiert, was die deutschen Truppen in Polen, Finnland und Rumänien zu suchen hätten, nachdem dort eine klare vertragliche Abgrenzung der Interessensphären erfolgt sei – »Wozu unterhalten Sie sie dort?« Darüber sei es zu einem Streitgespräch gekommen: »Er beharrte auf seiner Version – ich auf meinen Fragen. Er enervierte sich. Ich fuhr beharrlich fort und habe ihn zur Weißglut gebracht.«[112]

Das sowjetische Interesse war vielschichtiger und einfacher zugleich. Es ging Stalin nicht oder zumindest nicht in erster Linie – wie vielfach vermutet wurde[113] – um uferlose territoriale Neugewinne. Im Vordergrund seiner Überlegungen stand im Gegenteil das konkrete militärische Sicherheitsinteresse; dies schloß den Wunsch nach zusätzlichen Territorien ein, doch bleibt offen, ob diese zum imperialistischen Selbstzweck oder, entsprechend dem geopolitischen Denken der sowjetischen Führung in jener Zeit, als schützende Sicherheitsräume angestrebt wurden.[114] Entscheidend war in jedem Falle die Prioritätenfolge – sie gab Molotov die Freiheit, den Verführungen Hitlers mit der britischen Konkursmasse gelassen zu widerstehen! In der sowjetischen Prioritätenliste stand die gesicherte Verteidigungsfähigkeit des gewaltigen Landes ohne wesentliche natürliche Grenzen aus innen- und bündnispolitischen Gründen ohne jeden Zweifel an oberster Stelle. Zum Zwecke einer günstigeren Verteidigung unter den verschärften Bedingungen der bevorstehenden Ausweitung des Konflikts – der Dreipakt stellte nicht nur die russische

Sicherheit im Osten erneut in Frage, er war nach Auskunft Hitlers und Ribbentrops auch gegen die USA gerichtet – und der drohenden Einbeziehung der UdSSR in den Krieg gab Stalin Weisung, die Finnland-, Rumänien- und sogar Polenfrage neu aufzurollen und die Frage der Südbukowina wieder zu stellen. In diesen Gebieten, so muß geschlossen werden, hatte Rußland primäre Sicherheitsinteressen, die die unverrückbare militärische Stabilität geboten erscheinen ließen (der ebenso überhastete wie militärisch unvollständige Aufbau neuer, vorgeschobener Verteidigungsdistrikte nach Schleifung der alten Festungslinie von 1939 zeugte von dieser aus der Sicht Stalins zwingenden Priorität). Hierzu wünschte er ein neues bilaterales Abkommen mit Deutschland, das Hitler unwiderruflich auf die alte vertragliche Position festlegte.

In anderen Gebieten strebte die Sowjetregierung neue, politische Lösungen an, die ein Gegengewicht zu der inzwischen erfolgten deutschen Einflußnahme bilden sollten: Dies betraf sowohl die Donaufrage als auch und vor allem die Meerengen- und Balkanfragen. Stalin wünschte – ebenso wie im finnischen Teil der ihm zuerkannten Interessensphäre – den sofortigen deutschen Truppenabzug aus Rumänien. Er war Realist genug zu erkennen, daß seine Unterlassungen in den August- und Septemberverhandlungen (Rumänien war zwar ein Teil Südosteuropas, aber in den Abkommen nicht als politisches Interessengebiet der UdSSR spezifiziert worden) angesichts der inzwischen gesicherten deutschen Dominanz über Westeuropa und schleichenden Besitzergreifung von Rumänien nicht mehr revidierbar waren. So blieb ihm nur die Möglichkeit, die deutsch-italienische »Garantie« an Rumänien durch eine sowjetische Garantie an Bulgarien zu konterkarieren. Ähnliches hätte er sich – angesichts des deutsches Interesses an der Türkei – auch für Jugoslawien gewünscht, ging aber nicht so weit, diese Frage zu entwickeln.

Diese politischen Schritte sollten zunächst durch bilaterale Abkommen der UdSSR mit den in Frage kommenden Staaten, einschließlich der Türkei, erfolgen, die nach weiteren, gemeinsamen Verhandlungen durch multinationale Abkommen der Anrainerstaaten international abgesichert werden sollten. Solche Überlegungen galten für die Schwarzmeer- und Meerengenfragen, die Stalin und Molotov in den deutsch-sowjetischen Verhandlungen des Vorjahres

– eine weitere große Unterlassung – noch gar nicht gestellt hatten. In dieser – südlichen – Richtung bestanden allem Anschein nach zwei sowjetische Optionen: Eine vorrangige, engere Sicherheitsoption, die überwiegend den rein strategischen Interessen der UdSSR Rechnung trug und gegebenenfalls durch eine Vereinbarung der Anrainerstaaten, unter Einbeziehung der Türkei, realisiert werden sollte; und eine erweiterte, spätere Sicherheits- und Territorialoption, die durch eine Abgrenzung neuer Interessensphären im Rahmen eines Viermächtepakts zu realisieren sein könnte und der UdSSR auch Zugewinn an strategisch wichtigen Randgebieten bringen würde. Die Dringlichkeit, mit der Molotov auf den naheliegenden, »konkreten« Fragen insistierte, veranschaulicht eindringlich, wie weit auch in dieser Frage das Sicherheitsinteresse den Vorrang vor eventuellen imperialistischen Territorialinteressen besaß.

Die Weisungen Stalins hinsichtlich aller drei Fragenkomplexe fanden bei Hitler keine Aufnahme[115] – er machte sich nicht einmal die Mühe, eine einzige der aufgeworfenen Fragen auch nur dem Anschein nach ernsthaft zu diskutieren. Damit vergab er sich eine letzte umfassende politische Chance, wie sie die Deutsche Botschaft in ihrem Entwurf des Viermächtepakts aufgewiesen hatte. Nicht zu Unrecht ging der damalige deutsche Botschafter in Ankara, Franz von Papen, nach dem Kriege davon aus, daß Deutschland mit diesem ergebnislosen Besuch Molotovs »den Krieg verloren hatte«.[116]

In tiefer Besorgnis reisten Schulenburg, Hilger und Schnurre im Sonderzug Molotovs nach Moskau zurück, bestand doch Einigkeit darüber, daß die Gespräche zu einer »Nichteinigung auf der ganzen Linie« geführt und »unüberbrückbare Gegensätze ans Licht gefördert« hatten: und zwar in den Fragen »Finnland – Balkan (Bulgarien) – Dardanellen – Ostseeausgänge«.[117] Mit nebelhaften Zukunftshoffnungen auf die britische Konkursmasse – dies war die Einsicht des Auswärtigen Amts – »war einem solchen Mammut der Außenpolitik wie Molotov nicht beizukommen«.[118]

Auch die sowjetische Delegation reiste in gedämpfter Stimmung nach Moskau zurück. In ihr herrschte – nach dem späteren Zeugnis des sowjetischen Marschalls A. M. Vasilevskij, der sich als Vertreter des Generalstabs in der Delegation befand – Einigkeit darüber, daß sich Deutschland ungeachtet des bestehenden Paktes auf den Krieg vorbereite. Die Militärs machten Molotov darauf aufmerksam, daß sie

254

nicht den geringsten Zweifel hegten, Hitler halte in seiner vorgeblichen Freundeshand den Stein zum Angriff bereit.

Botschafter Schulenburg nahm sich während der Fahrt »ungeachtet des großen Risikos, dessen er sich in dieser Lage aussetzte«, die Freiheit, mit den Mitgliedern der sowjetischen Delegation, unter ihnen Vasilevskij, über die Lage zu sprechen: »Dabei wies er immer wieder beharrlich darauf hin, daß die Beziehungen zwischen unseren Ländern sehr viel zu wünschen übrig ließen. Kurz gesagt, er versuchte uns begreiflich zu machen, daß er den Ausbruch eines Krieges für möglich hält.«[119] Dies ist die erste bekannte Warnung Schulenburgs an die Sowjetregierung.

Sowohl in Moskau als auch in Berlin wurden weitreichende Schlüsse aus den ergebnislosen Berliner Gesprächen gezogen. Im Kreml hielt Molotov Stalin und den Mitgliedern des Politbüros Vortrag über die Berliner Gespräche – beide Seiten waren durch seine Telegramme bereits über die Art des Meinungsaustauschs informiert.[120] Die vorhandenen Quellen über die Ergebnisse der Erörterung sind dürftig – Stalin ließ keine Protokolle von Politbürositzungen anfertigen. Berezhkov, der als Dolmetscher der Gespräche und Erster Sekretär der sowjetischen Vertretung in Berlin in Erörterungen dieser Art keinen Einblick besaß, bezeichnete später als einen der wichtigsten Schlüsse die Einsicht, daß »in nächster Zeit mit einem deutschen Angriff nicht zu rechnen sei«.[121] Sewostjanow sah den Hauptgewinn der Berlinreise Molotovs in der Erkenntnis, daß ein britisch-deutscher Kompromiß auf Kosten der UdSSR unwahrscheinlich geworden sei. Damit wäre Großbritannien als potentieller künftiger Verbündeter der UdSSR stärker in Betracht gekommen. Die Balkanstaaten Bulgarien (!), Rumänien und Ungarn habe man als faktische Satelliten Deutschlands abschreiben müssen, und Griechenland habe die Besetzung bevorgestanden. Die Bande Deutschlands zur Türkei seien vor den sowjetischen Augen enger gezogen worden. Als einziges Balkanland sei Jugoslawien zumindest partiell als potentieller Verbündeter einer Anti-Hitler-Koalition bewertet worden.[122]

Aufschlußreich für den Gesamteindruck Molotovs und seiner nächsten Umgebung war ihre Charakterisierung Hitlers, die sich auch Stalin in Grenzen zu eigen machte. Äußerlich, so berichtete Molotov, habe Hitler nichts Besonderes, ins Auge Springendes besessen. Er sei aber ein »sehr selbstzufriedener ... in sich selbst verliebter Mensch (gewesen)... Sehr klug (verstandesmäßig), aber engstirnig und stur (abgestumpft) kraft seiner Selbstverliebtheit und der Unsinnigkeit seiner Ausgangsidee.«[123] Der Dolmetscher Pavlov hob hervor, daß Hitler immer frei, fließend und logisch sprach. »Es war deutlich, daß er ein fähiger Mann war. Stalin sagte, daß Hitler ein fähiger, aber engstirniger Mann ist.«[124]

Botschafter Schulenburg suchte durch einen sehr günstigen Bericht in Berlin den Eindruck zu erwecken, die Moskauer Nachlese der Molotov-Reise habe zu befriedigenden Schlüssen geführt. Wiehl legte ihn Hitler vor.[125]

Doch dieser hatte aus dem Besuche Molotovs längst seine eigenen Schlüsse gezogen. Er war nicht bereit, der UdSSR in einer der angeschnittenen Fragen entgegenzukommen. In Anwesenheit Görings erklärte er, die gewünschte Arrondierung des russischen Umfeldes diene lediglich der Vorbereitung zum Angriff auf Deutschland. Dies sei für sie die »Hauptsache« bei diesem Besuch gewesen.[126] Im engen Kreise bemäntelte er seine Niederlage in diesen Gesprächen mit der »außerordentlich günstigen Position (Rußlands), die es wohl kaum verlassen will«. Ihm, Hitler, genüge aber »schon seine Neutralität«. Ein weiteres »Zusammengehen mit Moskau (sei)... auch in Zukunft von reinen Zweckmäßigkeitserwägungen bestimmt«.[127] Ribbentrop und dem Auswärtigen Amt gegenüber, das sich nun stärker gegen seine Ziele stellte,[128] übte er von nun an starke Zurückhaltung in russischen Fragen. Der diplomatische Prozeß hatte für ihn vollends an Bedeutung verloren.[129] Empfehlungen besorgter Militärs und Diplomaten, Hitler möge den Angriff auf Rußland doch wenigstens für die Zeit nach dem Sieg über England terminieren, überging er.[130] Ein Interesse an Italien zwecks Gewinnung der sowjetischen Zustimmung zu einer gemeinsamen Militärallianz war definitiv erloschen. Dies mußte Außenminister Ciano bei seinem Berlin-Besuch Mitte November am eigenen Leibe erfahren.[131] Auch das aufgebrachte Schreiben Hitlers an Mussolini (20. November) ließ daran keinen Zweifel. Italien war lediglich noch dazu gut, die russischen Ambitionen gemeinsam nach Osten (!) abzulenken und Rußland vom Balkan abzudrängen.[132]

Dieser Meinungsumschwung blieb nicht ohne Auswirkung auf den Handlungsspielraum der Botschafter der Achsenmächte in Moskau. Ihnen wurden in ihren weiteren Versuchen einer Kooperation zunehmend die Hände gebunden. Diese Tatsache, die auch ein Nachlassen des Informationsflusses zwischen Deutscher und Italienischer Botschaft nach sich zog, sowie der Umstand, daß die italienische Regierung vom offiziellen Berlin in völliger Unkenntnis der Rußlandpläne gehalten wurde, schlossen eine systematische Aktion Italiens mit dem Ziele der Verhinderung des Rußlandfeldzugs aus. Der Vorwurf Weizsäckers, Italien hätte »wohl Anlaß gehabt, vor dem russischen Feldzug zu warnen. Diese Warnung blieb aus«, stand auf schwachem Grund.[133]

Die Schlüsse, die Hitler aus dem Besuch Molotovs zog, veranlaßten ihn zur beschleunigten Vorbereitung des Rußlandfeldzugs. Mit der Abreise Molotovs begann eine Phase stärkster Aktivierung der militärischen und diplomatischen Bewegungen Hitlers mit dem Ziele der Isolierung der UdSSR. Noch am Tag der Abreise ordnete er einen »Vergeltungsangriff« auf die englische Stadt Coventry an. Gleichzeitig verlangte er den Besuch des bulgarischen Königs, des rumänischen Außenministers und eines ungarischen Staatsmannes mit dem Ziele ihres Beitritts zum Dreimächtepakt. Noch vor Ende des Monats erklärten Ungarn (20. November), Rumänien (23. November) und die Slowakei (24. November) ihren Beitritt. Damit richtete die Sowjetregierung in ihrer Suche nach potentiellen Partnern auf dem Balkan ihr Hauptaugenmerk automatisch auf Bulgarien, und dies zunächst insofern mit einer gewissen Hoffnung auf Erfolg, als sich König Boris von Bulgarien, der zwei Tage nach der Abreise Molotovs nach Berlin zitiert wurde, dem Beitritt zum Dreimächtepakt und der Stationierung deutscher Truppen in Bulgarien zu widersetzen versuchte.

Auch von Osten her setzte er die UdSSR noch stärker unter Druck. Am 15. November richtete er ein herzliches Glückwunschtelegramm an den japanischen Kaiser Hirohito. Am selben Tage zeigte er, der dem Bankett Molotovs in der Sowjetvertretung ferngeblieben war, sich mit großem Gefolge in der Japanischen Botschaft.

Vor allem aber wandte Hitler von nun an alle Aufmerksamkeit der weiteren militärischen Planung zu. Die Realisierung der Operationspläne für den Rußlandfeldzug lief mit vollen Touren an.

Die sowjetische Note vom 25. November 1940

Die Rückkehr der Delegation Molotovs (15. November 1940) wurde vom Diplomatischen Korps in Moskau mit Aufmerksamkeit verfolgt. Der große Empfang, der dem Außenkommissar bereitet wurde, zwang ihm nur ein müdes Lächeln ab. Er wirkte angegriffen.[134] Die Angehörigen der Deutschen Botschaft, die Molotov nach Berlin begleitet hatten, retteten sich, auf die Ergebnisse angesprochen, in Ausflüchte: Es hätten freimütige Gespräche stattgefunden, in denen jede Seite die wichtigsten der auf der Tagesordnung stehenden Probleme behandelt hätte; die Kontaktnahme zwischen den beiden mächtigen Staaten sei notwendig gewesen, um die gegenwärtigen Positionen und Interessen jeder Seite zu klären. Seinen italienischen Kollegen setzte Schulenburg »a titolo personale e riservato« darüber in Kenntnis, daß außer den allgemeinen Fragen des europäischen Krieges die Fragen Finnlands und der Meerengen in besonderer Breite behandelt worden seien, wobei die Sowjetregierung keine feindlichen Absichten gegen Finnland hege und an einer effektiven Kontrolle der Meerengen beteiligt werden wolle. Von seiten Italiens, so schrieb Rosso an Ciano, erwarte die Deutsche Botschaft eine Linie des größtmöglichen Entgegenkommens gegenüber den sowjetischen Forderungen. Schulenburg unterstrich den stark »retrospektiven« Charakter der Berliner Gespräche, die keine neuen Momente erbracht hätten.[135] So bestand – ungeachtet des gemeinsamen Berliner Schlußkommuniqués (14. November), nach welchem »Einvernehmen über alle interessierenden Fragen« erzielt worden, und des gleichlautenden Runderlasses des Staatssekretärs an die deutschen Auslandsvertretungen (15. November), nach dem der Besuch zudem in einer Atmosphäre gegenseitigen Vertrauens verlaufen sei[136] – in Moskauer diplomatischen Kreisen Einigkeit darüber, daß die Gespräche keine Annäherung der Standpunkte gebracht hatten. –

Die Sowjetregierung, die die deutschen Vorschläge einer anhaltenden Prüfung unterzog, ließ es nicht an hoffnungerweckenden Zeichen fehlen: Die Rückkehr der großen Delegation aus Berlin wurde mit einem feierlichen Festakt von tiefgründiger Bedeutung begangen: Das Bolschoj-Theater hatte für den 21. November die Premiere der Wagner-Oper »Die Walküre« inszeniert. Der achsenfreundliche Teil des Diplomatischen Korps versammelte sich an diesem Galaabend um die große, ehemals kaiserliche Loge des Bolschoj-Theaters. In der Mitte der Loge bemühte sich Graf Schulenburg, aus allen Richtungen mit besorgten Blicken verfolgt, durch seine Haltung Hoffnung auf Vollendung seines Versöhnungswerkes auszustrahlen. Doch die groß angelegte Inszenierung mißglückte: Brüche in der Interpretation der Helden der germanischen Sagenwelt machten das Spiel zu einer Groteske. »Die deutschen Zuschauer, die zugleich geschmeichelt und konsterniert erschienen, verfolgten nicht ohne Angst dieses so bedeutungsvolle Drama des gegenseitigen Unverständnisses, das bereits die Götterdämmerung anzeigte.«¹³⁷

Die Sowjetregierung ging nun in ihrer Beschwichtigungspolitik noch einen Schritt weiter. Sie zog innenpolitisch die Zügel wieder schärfer an und stellte Gerüchte, die von einem Mißerfolg Molotovs in Berlin oder sogar absehbaren Bruch der Beziehungen sprachen, unter Strafe – Sowjetbürger, die solche Gerüchte aufgriffen oder weitergaben, wurden drakonischen Verbannungsmaßnahmen unterzogen. Die Botschaft übermittelte diese Nachrichten kommentarlos nach Berlin.

Zugleich erklärte die Sowjetregierung der japanischen Regierung ihre Bereitschaft zum Abschluß eines Nichtangriffspakts¹³⁸ und bewies der deutschen Regierung durch die Ernennung des stellvertretenden Außenkommissars Dekanozov zum Sowjetbotschafter in Berlin (20. November 1940), daß sie jetzt verstärkt an der Herstellung einer verläßlichen direkten Gesprächsbeziehung interessiert war. In dieser Ernennung sollte Berlin – wie Schulenburg erklärte – das Bestreben Stalins erkennen, Mißverständnissen und aus diesen resultierenden Spannungen entgegenzuarbeiten und, wenn immer nötig, den rechten Mann zur rechten Zeit am rechten Platz zu haben.¹³⁹ Der Sinn dieser Maßnahme wurde in Berlin verstanden, stieß aber auf Desinteresse.¹⁴⁰ Das Ersuchen auf Empfang Dekanozovs zwecks Überreichung seines Beglaubigungsschreibens wurde von Hitler unter fadenscheinigen Gründen hinausgezögert. Brüskiert bat der Außenkommissar Schulenburg um eine Erklärung für das Verhalten des Reichskanzlers. Der Botschafter suchte vergebens nach einer sinnvollen Deutung dieser protokollwidrigen »Verzögerung«. Sein Bericht über die Unterredung mit Molotov, der indirekt einen respektvolleren Umgang mit der sowjetischen Regierung empfahl, löste eine rüde Maßregelung Ribbentrops aus. »Außer der vielen

Inanspruchnahme« – so schrieb Schulenburg privat nach Berlin – »habe ich leider auch noch erheblichen Ärger gehabt, sowohl mit Berlin als auch hier an Ort und Stelle.« Ganz sei so etwas im Hinblick auf die Natur des deutsch-sowjetischen Verhältnisses zwar »nicht zu vermeiden, aber es ist doppelt unangenehm, wenn ... alles auf einen einhagelt«.[141]

Während das Interesse Berlins an der Aufrechterhaltung normaler diplomatischer Beziehungen zum Erliegen kam, wuchs der Wunsch nach den sowjetischen Rohstoffen zur Ausstattung der deutschen Wehrwirtschaft wieder – im Zentrum standen russische Erz- und Getreidelieferungen von bis dahin ungenanntem Ausmaß.[142] Am 25. November erschien der deutsche Botschafter in Begleitung des Sondergesandten Ribbentrops in Wirtschaftsfragen, Schnurre, und des Wirtschaftsspezialisten der Botschaft, Hilger, bei Molotov, um den Wunsch nach Lieferung von 2,5 Millionen Tonnen Getreide und finanzieller Entschädigung für die deutschen Besitzansprüche im Baltikum in außergewöhnlicher Größenordnung vorzubringen.[143] Molotov betonte den Neuheitscharakter der deutschen Wünsche, versprach aber geflissentliche Prüfung und schlug im Anschluß daran die Fortsetzung der Unterredung im kleinen Kreis vor[144].

Nachdem sich Schnurre entfernt hatte, knüpfte Molotov an die politischen Fragen an, die Ribbentrop im letzten Teil seines Gesprächs im Luftschutzkeller aufgeworfen hatte – zur Freude Schulenburgs griff die Sowjetregierung somit die Anregung zum Viermächtepakt auf. Sie tat dies unter allen Anzeichen der Vorsicht – Molotov wiederholte zunächst die Vorschläge Ribbentrops, wie sie von sowjetischer Seite verstanden worden waren, und versicherte sich bei Hilger und Schulenburg seines korrekten Verständnisses. Danach verlas und übergab er der deutschen Seite die Antwort der Sowjetregierung vom selben Tage, die Hilger umgehend persönlich nach Berlin zu bringen versprach.

In ihrer Note vom 25. November 1940 legte die Sowjetregierung die »Bedingungen (dar), unter denen sie bereit ist, den Entwurf eines Paktes der vier Mächte über ihre politische Zusammenarbeit und gegenseitige Wirtschaftshilfe im wesentlichen anzunehmen«. Diese Bedingungen waren:

1. Sofortiger Rückzug der deutschen Truppen aus Finnland, »das gemäß dem sowjetisch-deutschen Abkommen von 1939 zur Einfluß-

sphäre (!) der Sowjetunion« gehöre. Hierbei verpflichtete sich die Sowjetunion zur Sicherstellung friedlicher Beziehungen zu Finnland sowie zur Wahrung der deutschen Wirtschaftsinteressen in Finnland (Ausfuhr von Holz und Nickel).

2. Gewährleistung der Sicherheit der Sowjetunion in den Meerengen durch Abschluß eines Beistandspakts zwischen der UdSSR und Bulgarien, das sich nach seiner geographischen Lage in der Sicherheitszone der Schwarzmeergrenzen der UdSSR befinde, sowie durch Schaffung einer Basis für Land- und Seestreitkräfte der UdSSR im Gebiet des Bosporus und der Dardanellen auf der Grundlage langfristiger Pacht im Lauf der nächsten Monate.

3. Anerkennung des Raumes südlich von Batum und Baku in der allgemeinen Richtung auf den Persischen Golf als Schwerpunkt der sowjetischen Aspiration (russ. Singular); hierin bestand eine entscheidende Korrektur der Vorschläge Ribbentrops, der der sowjetischen Aspiration die Richtung auf Britisch-Indien zugedacht hatte.

4. Verzicht Japans auf seine Naphtha- und Kohlekonzessionen auf Nordsachalin unter der Bedingung einer gerechten Entschädigung. In Übereinstimmung damit sollte das von Ribbentrop vorgeschlagene Protokoll über die Abgrenzung der Einflußsphären – laut russischem Text – »im Geiste der Bestimmung des Schwergewichts der Aspirationen der UdSSR nach Süden von Batum und Baku in der allgemeinen Richtung zum Persischen Golf« abgeändert werden.

»Genauso muß (unkorrekte Übersetzung Hilgers im deutschen Text: müßte) der von Ribbentrop ausgeführte Protokollentwurf des Abkommens zwischen Deutschland, Italien, der UdSSR und der Türkei im Geiste der Sicherstellung einer Militär- und Marinebasis der UdSSR am Bosporus und an den Dardanellen auf der Grundlage langfristiger Pacht mit der Garantie der drei Staaten für die Unabhängigkeit und das Territorium der Türkei für den Fall abgeändert werden, daß die Türkei zustimmt, sich den vier Mächten anzuschließen. In diesem Protokoll sollte festgehalten sein: »Im Falle der Ablehnung der Türkei, den vier Mächten beizutreten, kommen Deutschland, Italien und die UdSSR überein, die notwendigen militärischen und diplomatischen Maßnahmen auszuarbeiten und durchzuführen, worüber ein Sonderabkommen geschlossen werden muß (Hilger: müßte).«

Ein drittes, zwischen der UdSSR und Deutschland abzuschließendes Geheimprotokoll sollte den sofortigen Abzug der deutschen Truppen aus Finnland regeln. Ein viertes Geheimprotokoll, das zwischen der UdSSR und Japan abzuschließen wäre, sollte die japanische Abtretung der Erdöl- und Kohlekonzession auf Nordsachalin zum Inhalt haben. In einem fünften und letzten Geheimprotokoll zwischen Deutschland, Italien und der UdSSR sollte anerkannt werden, »daß Bulgarien im Hinblick auf seine geographische Lage in der Sicherheitssphäre der Schwarzmeergrenzen der UdSSR liegt und es daher als eine politische Notwendigkeit betrachtet wird, einen Pakt zur gegenseitigen Hilfeleistung zwischen der UdSSR und Bulgarien abzuschließen, der auf keine Weise das innere Regime Bulgariens, seine Souveränität und Unabhängigkeit berühren darf«.

In einer Mischung aus gesteigerter Sorge um Sicherheit, Vertragsfetischismus und übereifrigem Entgegenkommen betonte Molotov abschließend, die deutsche Seite habe einen Text und zwei Geheimprotokolle vorgeschlagen – die sowjetische Seite sei bereit, den vorgeschlagenen Text zur Grundlage zu nehmen und fünf Geheimprotokolle beizufügen. Schulenburg versprach, diese Vorlage sofort durch Hilger nach Berlin zu leiten, gab aber – laut sowjetischer Aufzeichnung – zu bedenken, daß »in der Frage der Türkei gewisse Schwierigkeiten« auftreten könnten. Molotov fragte ihn, ob er weitere Erklärungen benötige, was Schulenburg mit der Bemerkung verneinte, es sei »alles klar«. Laut Telegramm Schulenburgs an das Auswärtige Amt bat Molotov um die deutsche Stellungnahme.

Die Hoffnungen der Botschaft und der mit ihr verbundenen Personen im Heer und Auswärtigen Amt (Herwarth, Schnurre, Kordt u. a.) auf baldige, günstige Beantwortung dieser Note waren groß, wenngleich – wie die mildernden Konjunktive in der Übersetzung Hilgers andeuten – Bedenken über die Aufnahme der weitgehenden Forderungen der UdSSR an höchster Stelle bestanden. Tatsächlich legte – nach Kenntnis der Botschaft – »Hitler ... das Memorandum dahin aus, daß die Sowjetregierung entschlossen sei, ihre eigenen Wünsche durchzusetzen und den deutschen Aspirationen Widerstand zu leisten«.[145] Er hielt die Note für »unannehmbar« und soll Ribbentrop angewiesen haben, »überhaupt nicht darauf zu antworten«.[146] Eine Antwort blieb auf immer aus.

Drei Tage nach Überreichung dieser Note bat Molotov Schulenburg in Begleitung Hilgers und Schnurres zu sich, um ihnen die äußerst konziliante Antwort seiner Regierung auf die deutschen Wirtschaftsanfragen zu geben. Doch die Frage der Note vom 25. November wurde – zur Enttäuschung der Sowjetregierung – von deutscher Seite nicht angeschnitten. Als Ribbentrop Hitler – nach seiner eigenen Darstellung – auf dringendes Anraten der Botschaft Moskau im Dezember 1940 noch einmal zum Entgegenkommen gegenüber der Sowjetunion und einer Einigung »ungefähr auf der von Stalin geforderten Basis« geraten habe, erfuhr er auf der ganzen Linie Ablehnung. So zogen sich »die Dinge in die Länge und kamen nicht vorwärts. Graf Schulenburg berichtete wiederholt aus Moskau, daß ohne die entsprechenden Zugeständnisse der Beitritt Rußlands zu einem Viermächtepakt nicht zu erreichen sei«.[147]

In der Umgebung Ribbentrops fehlte es an geeigneter Unterstützung. Der Staatssekretär hielt es nicht für ungünstig, wenn sich »die Gespräche mit den Russen... noch etliche Zeit hinschleppen. Sie wollen (sich) ihre Parallelstellung mit dem Dreimächtepakt teuer bezahlen lassen: Bündnis mit Bulgarien, Stützpunkte in den Meerengen, Anwartschaft auf das Öl im Irak u. Persien u. a.« Weizsäcker, der bereits in der politischen Zuspitzung der Sommermonate 1939 dafür plädiert hatte, »die Russen« in einem Schwebezustand »zu halten«, neigte auch jetzt zu der Ansicht, man möge sie durch langes Verhandeln hinhalten. Er hegte die Hoffnung, daß dann ein Sieg über England den Krieg gegen Rußland unnötig machen würde,[148] und bewies damit eine völlige Verkennung des Kalküls Hitlers.

Um die Jahreswende unternahmen Schulenburg und Rosso einen letzten gemeinsamen Vorstoß in dieser Richtung. Sie beschlossen, der Frage der Meerengen die Schärfe zu nehmen, die sie zweifellos für Rom und Berlin besaß. Wie Rosso Außenminister Ciano am 6. Januar 1941 mitteilte, waren sie nach gemeinsamer Prüfung dieser Frage zu dem Schluß gelangt, daß die sowjetischen Ziele keine Gefahren für die Achse bedeuteten; denn sie beständen in:

»1) Verhinderung des Eintritts von Kriegsschiffen jeder nicht an das Schwarze Meer angrenzenden Macht sowohl in Kriegs- als auch in Friedenszeiten ins Schwarze Meer. Damit würde die UdSSR ihre eigene Sicherheit verstärken, ohne großartige Marinekräfte im Schwarzen Meere halten zu müssen, die damit ihrer Ostseeflotte in Murmansk und Vladivostok verlorengehen.

2) Erhalt absoluter Freiheit für die Durchfahrt der eigenen Kriegs-

sowie Handelsschiffe unter beliebigen Umständen durch die Meerengen.«[149]

Gleichzeitig machte Schulenburg Berlin auf geheime Sondierungen der Italienischen Botschaft in Moskau mit dem Ziele aufmerksam, die Frage der Interessen der Sowjetunion im Schwarzen Meer und in den Meerengen noch einmal zu prüfen.[150] Auch diese Anregung verhallte in Berlin ohne nennenswertes Echo. Die Ereignisse hatten sie überholt – die deutschen Truppenverschiebungen in Richtung Balkan waren bereits im vollen Gange, und die Führungsgremien sahen dem Rußlandfeldzug im Frühjahr »mit ruhigem Selbstbewußtsein entgegen«. Auf der höchsten Ebene von Reichskanzlei und Wilhelmstraße wurde dieser Krieg nun »so angesehen, daß wir wie mit einer heißen Nadel in die Butter fahren würden ... daß wir die russische Armee schnell nach Osten treiben, teilweise einkesseln, teils aber so weit nach dem Ural jagen würden, daß die Luftbasen Rußlands in gebührenden Abstand von uns kommen ... Zweck eines solchen Feldzuges müßte jedenfalls sein, Sowjet-Rußland als Zünglein an der Waage auszuschalten für den Fall, daß die gegenseitige Erschöpfung zwischen Deutschland und England immer mehr und immer länger fortschreitet, so daß Deutschland Gefahr liefe, das Opfer einer bolschewistischen Bedrohung vom Osten her zu werden. Dieser Ostkrieg wäre also ein Präventivkrieg.«

Weizsäcker sprach hier jenen psychologischen Projektionsmechanismus an, gegen den die Botschaft Moskau und die ihr loyal verbundenen Männer in Berlin und Zossen vergebens zu argumentieren suchten. Ihre wiederholten Hinweise darauf, daß Stalin einen verläßlichen deutschen Partner lieber stärken als schwächen würde, hatten an oberster Stelle ihre Wirkung verfehlt. Auf der Ebene des Staatssekretärs verstärkten ihre Argumente jetzt die bestehenden Bedenken. Mit Rußland – so hielt Weizsäcker Mitte Januar 1941, während der Anwesenheit Köstrings und Schnurres in Berlin, fest – sollten »wir nicht ... anbinden«, schon gar nicht, solange man nicht »seine anderen Gegner abgeschüttelt« hätte. Ließe man Rußland aber in Ruhe – hier kam die dumpfe Russophobie wieder zum Vorschein –, so bliebe es »ein etwas unheimlicher Nachbar. Seine Angst vor uns ist bis auf lange hinaus größer als umgekehrt. Rußland muß in dieser Angst gehalten und zur willigen Lieferung seiner Rohstoffe veranlaßt werden.« Dies schien Weizsäcker »eine klarere und auch sicherere Rechnung zu sein als ein Ostkrieg«. Dem widersprachen die aus der Botschaft Moskau auf ihn einwirkenden »Kenner Rußlands«. Sie betonten, »Rußland strebe gar nicht nach einer deutschen Niederlage. Seine Zukunft sei gesicherter, wenn Deutschland als kräftiger, vielleicht nicht übermächtiger Faktor in Europa dominiere. Das wäre ein weiteres Argument gegen die Entfesselung eines Ostkonflikts, der uns nicht in eine Kornkammer, sondern in eine Hungersnot auch in der Ukraine hineinführe.«[151]

Am 17. Januar – wenige Tage nach Unterzeichnung des letzten und größten Wirtschaftsvertrags und einen Tag nach Unterbreitung eines zusammenfassenden Berichts des NKWD über gewaltige deutsche Truppenkonzentrationen an der gesamten russischen Westgrenze vor Stalin und Molotov[152] – bat der Außenkommissar den deutschen Botschafter zu sich, um »seine Verwunderung über die Lage (auszudrücken), die nach seiner Reise in Berlin geschaffen worden ist«.[153] Er erinnerte an die Vorschläge Ribbentrops im Luftschutzkeller und die am 25. November erfolgte Antwort der Sowjetregierung und bemerkte: »Seitdem ... sind zwei Monate vergangen, aber von der Deutschen Regierung ist keine Antwort eingegangen. Die Sowjetregierung hat ihren Gesichtspunkt formuliert und erwartet, daß die deutsche Regierung darauf reagieren wird, aber bisher (kam) von der deutschen Seite weder eine Antwort noch ein Gruß ... Ihn verwundert die Art und Weise, in der auf die Erklärung der Sowjetregierung keine Antwort gegeben wird ... Ja, ihn überrascht die unverständliche Manier, infolge deren keinerlei Antwort ... erfolgt ist, während sich die Ereignisse auf ihre Weise entwickeln ...«

Schulenburg hatte Weisung, auf die »Anfragen seitens der Sowjetunion in den Monaten Dezember und Januar« hinsichtlich des Verbleibs der Note vom 25. November zu erwidern, »die Fragen befänden sich noch im Stadium der Beratung«, insbesondere mit Japan und Italien; die deutsche Seite würde selbst zu gegebener Zeit auf sie zurückkommen.[154] Er entledigte sich dieser Weisung mit der ihm eigenen Geste durchscheinenden Wohlwollens, fügte aber hinzu, er werde Berlin erneut erinnern.

Doch eine Weisung Ribbentrops vom 21. Januar, die auch Weizsäker in Berlin Botschafter Dekanozov vortrug, setzte die Vertröstungstaktik fort: Die Reichsregierung halte an ihren Berliner Vorschlägen fest, müsse aber »gewisse Gegenvorschläge« der Sowjetregierung zunächst mit ihren Verbündeten klären, bis sie »in absehbarer Zeit« das politische Gespräch wieder aufnehmen werde.[155]

Anfang Februar versiegte auch die letzte Hoffnung, die Frage der Meerengen auf italienische Anregung hin neu zu stellen. Eine Entscheidung Ribbentrops vom 6. Februar bezeichnete ein Eingehen Italiens auf die sowjetischen Gesprächsangebote als unter den gegebenen Umständen bedenklich. Er empfahl, die italienische Regierung möge sich von einer Beantwortung derartiger Fragen zurückhalten und einen neuen Schritt des Botschafters Rosso hinausschieben.[156] Mussolini schloß sich dieser Auffassung im wesentlichen an, was die gemeinsame Initiative definitiv zum Stillstand brachte.[157]

Im Februar waren dann – aus der Sicht des Leiters des Ministerbüros Ribbentrops – »die Beziehungen zwischen Deutschland und der Sowjetunion bereits so weit erkaltet, daß weitere Rückfragen aus Moskau nicht mehr erfolgten«.[158] In Wahrheit hielten die Nachfragen Molotovs in den nächsten drei Monaten an, doch wurden sie selbst auf dieser Ebene nicht mehr zur Kenntnis genommen.

Mit der unbeantworteten sowjetischen Note vom 25. November 1940 war die letzte Möglichkeit einer generellen diplomatisch-politischen Regelung der deutschen und sowjetischen Interessen verstrichen.

V. DIE VORBEREITUNG VON »UNTERNEHMEN BARBAROSSA«

Die Fragen, die Stalin in der Note vom 25. November aufgeworfen hatte, blieben diplomatisch in der Schwebe. In der Praxis der militärischen Planung hatte sie Hitler in der Zwischenzeit längst auf seine Weise »beantwortet«. Unmittelbar nach dem Besuch Molotovs in Berlin hatte er Weisung gegeben, in Ostpreußen ein Führerhauptquartier einzurichten – der Bau der »Wolfsschanze« bei Rastenburg mußte bis April 1941 fertiggestellt werden. Am 5. Dezember hielt Hitler in Gegenwart von Brauchitsch und Halder eine Lagebesprechung, die auch dem Problem Rußlands galt. Er äußerte, »daß der russische Mensch minderwertig und die Armee führerlos seien. Bei einem Angriff gegen Rußland müsse die Gefahr vermieden werden, die Russen vor sich herzuschieben. Die Angriffe müßten so angesetzt werden, daß die russische Armee in einzelne Abschnitte zerlegt und gefangengenommen werden könnte. Es müßten Ausgangspositionen gesucht werden, die es zuließen, zu großen Umfassungsoperationen zu kommen.«[1] Hitler erwartete die vollständige Desorganisation Rußlands. Seine Zielsetzung eines Vernichtungskrieges trat immer klarer hervor. Es ging ihm darum, die »russische lebendige Kraft (zu) vernichten, regenerationsfähige Körper dürfen nicht mehr vorhanden sein«.[2]

Am 13. Dezember erfolgte die Weisung Nr. 20 für den Balkanfeldzug (»Unternehmen Marita«). Sie sah die Besetzung Bulgariens und Eroberung des griechischen Festlands vor und enthielt unter Punkt 6 die ominöse Weisung, nach Durchführung des »Unternehmens Marita« die Masse der hierfür eingesetzten Verbände zu »neuer Verwendung« herauszuziehen.

Diese neue Verwendung wurde am 18. Dezember in der Weisung Nr. 21 für den »Fall Barbarossa« festgelegt.[3] Sie wies die Wehrmacht an, die Sowjetunion auch vor Beendigung des Krieges gegen England

in einem schnellen Feldzug niederzuwerfen. Die Vorbereitungen
sollten bis zum 15. Mai abgeschlossen sein. Den Befehl zum Aufmarsch gegen die Sowjetunion würde Hitler gegebenenfalls acht
Wochen vor dem beabsichtigten Operationsbeginn erteilen. Auf eine
Begründung für den geplanten Ostfeldzug bei anhaltendem Krieg
gegen England verzichtete Hitler. Er hielt sich damit bewußt die
Möglichkeit seiner späteren Präventivkrieg-Behauptung offen.

Ob Hitler ungeachtet der Stellungnahmen der Militärs, die keine
Anzeichen für irgendwelche offensiven Planungen der Roten Armee
entdecken konnten, früher oder später einen russischen Angriffskrieg
erwartete, bleibt trotz aller Überlegungen zu dieser Frage letztlich
ungeklärt. In diesem Zeitraum zumindest dürften er und seine nächste Umgebung nicht an russische Angriffspläne geglaubt haben. So
hielt Goebbels am 4. Dezember nach einem Mittagessen mit Hitler in
seinem Tagebuch fest, Englands Hoffnungen auf Rußland bestünden
»sehr zu Unrecht«. Denn Moskau werde »nie etwas gegen uns unternehmen – aus Angst«.[4] Im Hinblick auf die fehlende russische
Angriffs- und mangelnde Kampfbereitschaft waren also die Analysen
der Deutschen Botschaft Moskau zeitweilig auf fruchtbaren Boden
gefallen. So hatte der Militärattaché während des Molotov-Besuches
in Berlin geradezu beschwörend wiederholt: »Die große S. U. kann
einen Krieg jetzt am wenigsten gebrauchen, da Armee und Land in
einem Um- und Aufbau sich befinden«, die erst nach Jahren die
gewünschten Resultate erbringen könnten. Gleichzeitig hatte er aber
seine »alte Predigt« fortgesetzt, nach der Deutschland den Krieg
unbedingt in dem Stadium beenden müßte, in dem es noch siegreich
und insofern in einer Position der Stärke befindlich sei – tue es dies
nicht, warnte er die deutsche Führung, so könnte ein Expansionsdrang unter dem Banner der »Weltrevolution«, der »Befreiung vom
kapitalistischen Joch« und des »Schutzes gegen kapitalistische Einkreisung« entfesselt werden, dem schwerlich Schranken gesetzt werden könnten! Wie die Dinge jetzt standen, lag »in der großen
Masse ... sicher kein Expansionsdrang, sie will Ruhe und Nahrung
haben ... Die Masse will keinen Krieg.« Auch die Sowjetregierung
wolle – wie die Reise Molotovs bewiesen habe – »Frieden mit uns
haben, da sie von einem Konflikt mit uns keinen Vorteil zu erwarten
hat ... Das Entscheidende für die Friedenssehnsucht der S. U. ist und
bleibt aber die bewiesene Stärke unseres Heeres.«[5] Das »leitende

Motiv der russischen Politik« – so hatte Köstring noch am 21. November nach Berlin berichtet – sei »die Angst oder die Achtung vor uns«. Gerade jetzt, da die UdSSR sich in einer Phase der »friedlichen Revolution« befinde, wünsche sie nichts anderes als »das weitere Zusammengehen mit Deutschland, den ›Frieden mit uns‹«. Ein aktives Eingreifen in den Weltkonflikt komme für die Sowjetunion »überhaupt nicht in Frage«.[6]

Hitler griff aus dieser Argumentation in diesem Zeitraum nur den längerfristigen Teil – die wachsende Stärke der UdSSR als des ernst zu nehmenden Partners von morgen, einschließlich der Gefahr, daß ihr Expansionsdrang durch ein geschwächtes Deutschland herausgefordert werden könnte – auf und basierte auf ihm seine Präventivkriegsbehauptung. So hatte er dem Oberbefehlshaber Ost, Feldmarschall Fedor von Bock, der angesichts der Rußlandpläne Hitlers schwer an einem nervösen Magenleiden krankte, bereits am Vorabend des Molotov-Besuches (11. November) ausweichend erklärt: »Was im Osten werden soll, ist eine offene Frage; die Verhältnisse können uns dort zum Eingreifen zwingen, um einer gefährlichen Entwicklung zuvorzukommen.«[7] Diese Argumentation wurde im Herbst 1940 zu seinem neuen »Argument, das er nun ständig wiederholte«.[8] Allerdings wird man diese Präventivkriegsabsicht im weiteren Sinne von der Präventivkriegsbehauptung im engeren Sinne unterscheiden müssen, wie er sie im Juni 1941 aufstellte: der Behauptung, die Sowjetarmee stehe zum Ansprung auf Deutschland bereit und müsse daran durch einen Präventivschlag gehindert werden. Die Begründung eines Präventivangriffs im weiteren Sinne, die von der Notwendigkeit sprach, der Stärkung der Sowjetunion und Kampfbereitschaft der Roten Armee zuvorzukommen, war »vom militärischen Standpunkt her durchaus zu rechtfertigen«[9] und fand deshalb auch die Zustimmung zahlreicher Militärs – sie basierte aber auf zweifelhaften politischen Prämissen, nämlich der Unterstellung, daß eine gestärkte Sowjetunion zu einer Gefahr für Deutschland, und sei es ein durch einen Abnutzungskrieg im Westen geschwächtes Deutschland, würde. Die Deutsche Botschaft Moskau unterstrich den grundlegend defensiven Charakter des Sowjetstaates und verstärkte diese Argumentation in den Monaten bis zum Angriff, indem sie unterstrich, die Sowjetunion würde nicht in dieser Generation, vermutlich sogar »nie« offensive Absichten gegen ein Deutschland entwickeln, das sich seiner natürlichen Stärke auf vernünftige Weise bewußt sei. Allerdings kamen auch bei Köstring gelegentlich Befürchtungen zum Ausdruck, nach denen ein verantwortungslos geschwächtes Deutschland durchaus zu einer Aufforderung für latente russische Expansionslüste werden könnte. Sie dienten nicht zuletzt der Warnung und Abschreckung.

Die Begründung des Präventivschlags im engeren Sinne hat die Botschaft zu jedem Zeitpunkt für militärisch und politisch verfehlt gehalten. Und auch Hitler dürfte sich der Hohlheit der Behauptung immer bewußt gewesen sein. Sie diente ihm lediglich als Instrument zur Mobilisierung der Stimmung in Militär und Bevölkerung. Eine Untersuchung dieser beiden Versionen eines Präventivkriegs – der angeblichen Verhinderung eines langfristig drohenden oder aber eines unmittelbar bevorstehenden Angriffs der gegnerischen Seite – in den Begründungen Hitlers ließe das ganze Bild seines schillernden Spiels mit der durch die Rätezeit gespeisten deutschen Russophobie aufscheinen.[10]

Auch das ältere Argument, Rußland diene England als Festlandsdegen und müsse ihm deshalb rechtzeitig aus der Hand geschlagen werden, hatte für Hitler zu diesem Zeitpunkt kein ernsthaftes Gewicht mehr. Er schien im Gegenteil während der Planung von »Barbarossa« wieder stärker an einem Kompromißfrieden mit England interessiert und hat »im vertrauten Kreis von der Möglichkeit gesprochen, daß England ihm nach Beginn des Rußlandkrieges die Freundeshand reichen werde«.[11]

Es war – trotz seiner Verärgerung über die während des Molotov-Besuches erfahrene russische Selbstsicherheit und möglicher irrationaler Einkreisungsängste – der weltanschaulich motivierte Vernichtungskrieg, den Hitler im »Unternehmen Barbarossa« an erster Stelle führen wollte.[12] Als »Endziel der Operationen« bezeichnete die Weisung Nr. 21 die »Abschirmung gegen das asiatische Rußland auf der allgemeinen Linie Wolga–Archangelsk«.

Das Auswärtige Amt wurde offiziell in Unkenntnis über die Hitler-Weisung zum Angriff auf die UdSSR gehalten, einige führende Beamte wurden unterderhand informiert[13]. Von den militärischen Kreisen gingen von nun an ausgiebig Hinweise aus, die sich zu zahllosen Gerüchten verdichteten. Um die Jahreswende schwollen die Gerüchte in Berlin in dem Maße an, daß das Auswärtige Amt die

Botschaft Moskau am 7. Januar 1941 anwies, sich in Gesprächen zurückzuhalten.[14] Obwohl die Botschaft offiziell gänzlich in Unkenntnis über die Pläne Hitlers gehalten wurde, wuchs auch hier die Gewißheit darüber, daß militärische Vorbereitungen dieser Art im Gange waren. Die wiederholten Weisungen an den Botschafter, sowjetische Anfragen hinsichtlich deutscher Truppenkonzentrationen als schlichte Vorsichtsmaßnahmen zu deklarieren[15], erlegten ihm eine starke moralische Belastung auf. Mehr denn je hielt er es nun für seine Pflicht, seine Kollegen aus den befreundeten und neutralen Ländern zu informieren.

Die Offenheit des Botschafters blieb auch den nationalsozialistischen Sicherheitsorganen nicht verborgen, die nun verstärkt in den anschwellenden Apparat der Botschaft »eingebaut« wurden. In Berlin häuften sich Denunziationen über konspirative Kontakte führender Botschaftsangehöriger, wobei die Hauptschuld den verzweigten Beziehungen des Botschafters selbst angelastet wurde. Schulenburg nahm einen Drahterlaß Ribbentrops vom 25. Januar 1941, der die Missionen zu verstärkter Beschaffung geheimer Nachrichten aufforderte, zum Anlaß, um sich ein für allemal gegen die Nachstellungen des SD, der Gestapo und der Auslandsorganisation (AO) der NSDAP zu verwahren. In persönlichen Schreiben an den Staatssekretär und andere einflußreiche Personen des Amts wehrte er sich dagegen, daß freundschaftliche Kontakte, wie er sie zum amerikanischen Botschafter, Steinhardt, zu Vertretern anderer Botschaften und zu sowjetischen Staatsangehörigen unterhielt, sowie gleichlaufende Kontakte seiner Mitarbeiter zum Anlaß interner »Berichte« dienten, die ohne Kenntnis der Betroffenen an die politischen Organe in Berlin geleitet würden. Solche Berichte würden »den betreffenden möglicherweise nachhängen, ohne daß sie sich verteidigen können«. Der Botschafter hob die Wichtigkeit solcher Kontakte für sich und seine Mitarbeiter hervor und stellte sich voll und ganz hinter sie.[16]

Die Sowjetregierung erfuhr innerhalb von mehreren Tagen von der entscheidenden Hitler-Weisung. Dies dürfte einen Anstoß zu der Einberufung einer erweiterten Sitzung des Hauptkriegsrats durch Stalin in der zweiten Dezemberhälfte gegeben haben, der bis Anfang Januar tagte.[17] Binnen elf Tagen nach Ergehen der Weisung Nr. 21 wurde die Sowjetregierung nachweislich über die Sowjetvertretung Berlin von Hitlers Entscheidung mehr oder minder umfassend in

Kenntnis gesetzt.[18] Am Mittag dieses Tages hatte der Militärattaché der Berliner Sowjetvertretung dem Leiter der Hauptverwaltung Aufklärung des Generalstabs der Roten Armee telegrafisch die Information einer präzisen Quelle übermittelt, nach der »Hitler Weisung zur Vorbereitung des Krieges mit der UdSSR (gegeben hat). Der Krieg wird im März 1941 erklärt werden«[19] – dies war offenbar ein Hinweis auf die achtwöchige Frist, die sich Hitler zur Bekanntgabe des Angriffsdatums vorbehalten hatte. Das Telegramm wurde am Abend des 29. Dezember 19.00 Uhr in Moskau in Empfang genommen. Stalin lag die Nachricht noch am selben Abend vor. Er reagierte umgehend und forderte zusätzliche Informationen an. Am 30. Dezember berichtete ein Verbindungsmann Ribbentrops zur SS namens Rudolf Likus, nach Mitteilung eines sowjetischen »Vertrauensmannes« (Himmlers SS besaß einen geheimen Informanten in der Sowjetvertretung) hätte Stalin den »Wortlaut der Rede (!) Hitlers vom 18. Dezember« angefordert, da diese angeblich eine antisowjetische Tendenz enthalte.[20] Am 13. Januar meldete Likus, Kobulov dränge weiter sehr darauf, den Text der Rede Hitlers vor dem Offiziersnachwuchs (!) zu erhalten, da dieser in Moskau offenbar dringend angefordert werde.[21] A. Z. Kobulov, der in die Sowjetvertretung Berlin in der Funktion eines Botschaftsrats eingebaut war, war – wie Botschafter Dekanozov – vor seiner Ernennung enger Mitarbeiter Berijas im Innenkommissariat gewesen und leitete die gesamte NKVD-Arbeit in Deutschland. Am selben Tage (13. Januar) berief Stalin überraschend ein Treffen aller Militärs, die die Sitzungen des Kriegsrats abgeschlossen hatten, sowie des Generalstabschefs, Verteidigungsministers und seiner Vertreter, der Oberbefehlshaber, Befehlshaber der Militärbezirke und der Mitglieder des Politbüros im Kreml ein. Er ließ sich die Ergebnisse der vorausgegangenen Einzelsitzungen vortragen und schloß das Treffen mit Andeutungen über einen künftigen Krieg: Dies würde mit Sicherheit ein hochmechanisierter Bewegungskrieg sein und könnte sehr wohl ein Zweifrontenkrieg werden – mit Nazi-Deutschland im Westen und dem imperialistischen Japan im Osten. Keine Andeutung verriet, wann er mit einem solchen Krieg rechnete.[22]

Die Antwort Kobulovs an die Moskauer Zentrale ist unbekannt[23]. Bekannt ist hingegen, daß die Verwaltung der Grenztruppen des NKVD der Ukrainischen Unionsrepublik für den nächsten Tag (14. Januar) eine umfassende Übersicht über deutsche Truppenbewegungen jenseits der ganzen Breite der deutsch-sowjetischen Grenze zur Vorlage erstellte.[24] Gleichzeitig verstärkte der sowjetische Sicherheitsdienst seine Abhörtätigkeit innerhalb des Moskauer Diplomatischen Korps. Auch hier mehrten sich von den ersten Januarwochen an die Gerüchte von einem bevorstehenden deutschen Angriff auf die Sowjetunion. Sie schlossen sich bis zum Mai, substantiiert durch offizielle Warnungen Stalins durch die Regierungen Großbritanniens und der USA[25], zu einer nahezu lückenlosen, unwiderlegbaren Kette. Die Gerüchte sprachen davon, daß Finnland und Rumänien in die deutschen Angriffsaktionen einbezogen würden. Diese würden sich primär auf die südlichen Gebiete der UdSSR richten, die reich an Getreide, Kohle und Erdöl seien. Die sowjetischen Sicherheitsorgane erhielten auf diese Weise Kenntnis von der Mitteilung des britischen Botschafters, Cripps, an den griechischen Gesandten, nach der der am 22. Dezember 1940 neu ernannte britische Außenminister Anthony Eden Grund zu der Annahme habe, Deutschland werde in kürzester Zeit über die Sowjetunion herfallen. Auch aus dem geheimdienstlichen Umfeld der Berliner Sowjetvertretung gelangten weitere Nachrichten deutscher Kriegsgegner nach Moskau, denen zufolge in den verschiedenen Ressorts Vorbereitungen auf den Rußlandfeldzug getroffen würden; diese Mitteilungen wurden am 8. Februar 1941 dem ZK der KPdSU und NKVD der UdSSR vorgelegt. Am 12. Februar fingen die sowjetischen Sicherheitsorgane ein Chiffretelegramm des Auswärtigen Amts an die Deutsche Botschaft Teheran ab, das die Verschleierung der massiven deutschen Militärpräsenz in Rumänien anordnete.[26]

Die Sowjetregierung zog aus dieser Fülle von Nachrichten weitreichende Schlüsse, die indes allem Anschein nach an einer Tatsache vorbeigingen – der Tatsache des sehr nahe bevorstehenden Krieges:

Auf militärischem Gebiet wurden innerhalb kurzer Zeit die theoretischen Konsequenzen aus den Mängeln im Ausbildungs-- und Rüstungsstand (»Schlamperei«) gezogen, die die Sitzungen des Kriegsrats aufgedeckt hatten; der Befehl des Volkskommissars für Verteidigung, Timoschenko, Nr. 30 vom 21. Januar über »die Gefechts- und politische Ausbildung (im) Ausbildungsjahr 1941« faßte die beschlossenen Maßnahmen zusammen und forderte die Ausbildung von Führung und Truppe entsprechend den Erfordernissen des Krieges. Vollständige Ergebnisse sollten bis zum Herbst 1941 erzielt werden! Die praktischen Konsequenzen sollten – nach einem Aufsatz des neuernannten Generalstabschefs Zhukov in der *Pravda* vom 23. Februar 1941, dem Tag der Roten Armee – im Verlauf des Jahres 1941, des Jahres des »großen Wandels« in der Armee und des »Wiederaufbaus des gesamten militärischen Ausbildungs- und Erziehungssystems«, gezogen werden. Dieser Wandel müßte unter den erschwerten Bedingungen des imperialistischen Krieges erfolgen, der rings um die UdSSR tobe, und würde – so ließ der Verfasser durchblicken – ein langwieriger Prozeß sein. Bei dieser Zeitperspektive schien es nur natürlich, wenn der Munitionsplan, der Anfang 1941 für die Rüstungsindustrie erstellt wurde, in erster Linie die Bedürfnisse für die zweite Hälfte 1941 und das Jahr 1942 berücksichtigte! Im Juli 1941 trat dann eine Phase kritischen Munitionsmangels ein, die durch eine Improvisation gigantischen Ausmaßes überwunden werden mußte.[27]

Auf geheimdienstlichem Gebiet wurde eine starke Aktivierung der Organe im In- und Ausland angeordnet, wobei der Aktivität in Deutschland besondere Bedeutung zukam. Den Ausgangspunkt bildete eine Umbildung der Organisationsstruktur mit der Tendenz zu stärkerer Zentralisierung, die Ende Januar/Anfang Februar 1941 abgeschlossen wurde – in seiner Rede zum 30. Januar hatte Hitler die UdSSR umgangen, aber in einer für sowjetische Ohren ominösen Weise erwähnt, er »habe jede denkbare Möglichkeit einkalkuliert«.[28] Die Berliner Sowjetvertretung war mit der Ernennung der Georgier Dekanozov (20. November 1940) zum Botschafter und Kobulov zum Botschaftsrat, zweier langjähriger Angehöriger des Innenkommissariats (NKVD) mit engen Beziehungen zu Innenkommissar Berija, zu einem Zwitterwesen zwischen Diplomatie und Geheimdienst geworden. Die Operationen des von Kobulov betreuten Geheimdienstnetzes, die weit in die besetzten Länder hineinreichen, wurden auf einer speziellen Führungsebene des Innenkommissariats mit dem Status einer Hauptverwaltung, der Hauptverwaltung für Staatssicherheit (GUGBEZ), gesteuert. Auf Verordnung des Präsidiums des Obersten Sowjet vom 30. Januar wurde der Leiter des NKVD, Berija, zunächst zum Generalkommissar für Staatssicherheit ernannt, wenige Tage danach wurde aber der Sektor Staatssicherheit aus dem Innenkommissariat ausgegliedert: Es entstand das Volkskommissariat für Staatssicherheit (NKGB) unter der Leitung von V. N. Merkulov, das in kürzester Zeit umfassende Kompetenzen erhielt; ihm oblag auch die Führung der Schulze-Boysen/Harnack-Gruppe sowie anderer sowjet- oder rußlandfreundlicher Kriegsgegner in führenden Stellungen in Berlin. Der eigentliche militärische Auslandsnachrichtendienst, die Hauptverwaltung für Aufklärung (GRU), die ihre besten Kräfte in der Litvinov-Ära rekrutiert hatte, verblieb unter der Aufsicht von General K. A. Mereckov beim Generalstab, wurde aber, nachdem er schon in den Jahren 1939 und 1940 stark gesäubert worden war, weiter abgebaut; das GRU behielt seine langjährigen Meisteragenten von der Klasse eines Richard Sorge, stieß aber bei Stalin zunehmend auf Gleichgültigkeit[29] und erhielt mit Generalleutnant F. I. Golikov einen zweitrangigen Leiter. Die Informationen des NKGB und GRU passierten durch die Zentrale Informationsabteilung unter der Leitung des Politbüros in das Geheimsekretariat Stalins. Hier erfolgte auf seine direkte Anweisung hin die Sondierung und Klassifizierung dieser immensen Nachrichtenflut nach diktierten Kriterien – zu deren simpelsten gehörte die Trennung von (echter) Information und Desinformation. Die persönlichen Erzählungen und Erinnerungen an dieses dunkle Kapitel Stalinscher Informationspolitik – Ausdruck wachsender Hysterie angesichts einer undurchsichtigen Flut widersprüchlicher Nachrichten, von denen die Zweckgerüchte aus der Werkstatt Goebbels' einen nicht geringen Teil ausmachten – häufen sich heute. Gemeinsam ist ihnen der Tenor, nach dem die unqualifizierten Aufsteiger und Profiteure dieser Reorganisation ihre Nachrichten so vorklassifizierten, wie sie dem sowjetischen »Führer« (*vozhd*) zu gefallen schienen – solche Nachrichten, nach denen Deutschland sich bis auf weiteres als treuer Bundesgenosse erwies, als echte Information, solche hingegen, nach denen Hitler kriegerische Absichten im Schilde führte, als Desinformation feindlicher Kriegstreiber. Diese Vorauslese scheint so weit gegangen zu sein, daß beispielsweise das GRU, welches noch in seinem Sammelbericht Nr. 8 vom Dezember 1940 die Konzentration feindlicher Truppen in einer Größenordnung von 110 Divisionen, darunter 11 Panzerdivisionen, an der sowjetischen Westgrenze nachgewiesen hatte, die Zahl der feindlichen Divisionen in den nachfolgenden Monaten so weit »abbaute«, daß ein Generalstabsbericht vom 4. April 1941 nur noch 72–73 Divisionen (sowie 10 weitere in Rumänien) bemerkte. Verantwortliche Militäraufklärer, die vor Golikov Klage darüber führten, daß im Verlaufe der Ausarbeitung der jeweiligen Berichte monateweise jeweils zehn und mehr der vorhandenen feindlichen Divisionen »wegdividiert« werden sollten, wurden der »Panikmache« bezichtigt und mundtot gemacht.[30]

Auf innenpolitischem Gebiet verordnete die 18. Parteikonferenz im Februar 1941 einen verstärkten Kampf gegen Bürokratie und Rückständigkeit in der Industrieproduktion. Das rücksichtslose Vorgehen gegen »Faulenzerei« und »Drückebergertum«, das die harte Arbeitsgesetzgebung des Sommers 1940 in bezug auf die werktätigen Massen in Stadt und Land verordnet hatte, wurde nun auch auf der Ebene der Parteibürokratie angewandt. Im Hintergrund stand der Zwang zur drastischen Steigerung der Produktionsziffern in der Schwer- bzw. Rüstungsindustrie, der im Wirtschaftsplan der Partei für das Jahr 1941 verankert war: Er sah die Erhöhung der Herstellung von Eisen auf 18, von Stahl auf über 22 und von gewalzten Metallen auf über 15 Millionen Tonnen vor.

Auf außenpolitischem Gebiet rückte die englische Option, begünstigt durch die Wiederernennung Edens zum Außenminister, mit wachsendem Mißtrauen gegenüber den Plänen Hitlers logischerweise näher. Dies veranlaßte Stalin indes – wie Grigore Gafencu im tiefsinnigen Vergleich mit der Entscheidungssituation Alexanders I. beobachtete – keineswegs zu einer Politik der Zweigleisigkeit: Das Bündnis mit England würde mit dem ersten Schuß, den deutsche Geschütze auf Rußland abfeuerten, »natürlich, gesetzmäßig und unausweichlich« werden. Stalin mißtraute Hitler im gleichen Maße, wie Alexander Grund hatte, Napoleon zu mißtrauen. Er hatte auch die gleichen Gründe, nicht auf das »Drängen Englands« einzugehen, und stieß jede Einladung zu einer Annäherung mit einer Brutalität zurück, deren Vorteile er sich genau ausrechnen konnte. Diese Haltung würde das »unausweichliche Bündnis« nach Beginn des deutschen Angriffs nicht vereiteln. Aber sie hat es Stalin erlaubt, »bis zum letzten Moment« die Option des Friedens offenzuhalten«.[31]

Auf dem Gebiete der Deutschlandpolitik ergab sich aus der Gesamteinschätzung der Lage durch Stalin ein zweifacher Schluß: Die Sowjetregierung mußte Deutschland in ihrer Erfüllungspolitik so lange und so weit entgegengehen, wie ihre Streitkräfte einer Machtprobe noch nicht gewachsen waren; die Diplomatie mußte ihre Möglichkeiten einer Vermittlung bis zum äußersten nutzen in der Hoffnung, den Konflikt auf möglichst lange Zeit hinauszuschieben. Die Sowjetregierung mußte die wirtschaftliche Beschwichtigung so weit treiben, daß Deutschland nach Möglichkeit lange von ihren Früchten zu zehren wünschte. Der Abschluß des letzten und umfangreichsten Handelsvertrags, der je zwischen Deutschland und Rußland geschlossen worden war, suchte dies zu bewerkstellen.

Der deutsch-sowjetische Handelsvertrag (10. Januar 1941)

Aus deutscher Sicht stand der Vertrag in engem Zusammenhang mit den Kriegsvorbereitungen und trug alle Zeichen eines verborgenen aggressiven Kalküls. Bereits am 4. August – drei Tage nach dem Stichtag der Aufrechnung der gegenseitigen Lieferungen entsprechend dem Vertrag vom 11. Februar 1940 – war der Chef des Wehrwirtschaftsstabes des OKW, Generalmajor Georg Thomas, von Göring darüber in Kenntnis gesetzt worden, daß Hitler deutsche Lieferungen an die Sowjetunion nur bis zum Frühjahr 1941 wünschte.[32] Unmittelbar nach dem Molotov-Besuch gab Hitler in Ausarbeitung der Operationspläne für »Unternehmen Barbarossa« Weisung, die sowjetischen Lieferungen noch einmal auf ein Höchstmaß zu forcieren. In dieser Atmosphäre wurden die Wirtschaftsverhandlungen im Herbst 1940 in Moskau aufgenommen und »trotz Mangels jeglicher Unterstützung aus Berlin«[33] um die Jahreswende zu Ende geführt.

In Vorbereitung der Aufnahme der Verhandlungen in Moskau hatte Schnurre am 26. September 1940 versucht, eine Entscheidung Hitlers für eine Fortsetzung des Wirtschaftsverkehrs mit der Sowjetunion unter Einräumung einer Vorrang- oder zumindest Gleichstellung der »Russengeschäfte« herbeizuführen. Er wies darauf hin, daß die laufenden Verhandlungen Mitte September aufgrund der erheblichen deutschen Lieferrückstände unterbrochen wurden und mit der Einstellung der russischen Lieferungen zu rechnen sei, wenn nicht bald befriedigende deutsche Antworten gegeben würden.[34] Der Hinweis Schnurres auf die Mineralöllieferungen, die Deutschland in diesem Fall verlorengehen würden, weckte neues Interesse. Während die Verhandlungen langsam in Gang kamen, wurde die sowjetische Seite gewahr, daß Deutschland nicht mehr bereit war, die zugesagten

Rüstungsgüter zu liefern. Mikojan ließ es in seinen Verhandlungen mit Schnurre an Mißklängen nicht fehlen, was Schnurre und Schulenburg wiederholt veranlaßte, die deutsche Seite »im Interesse des Erfolges der hiesigen Verhandlungen« und der Beseitigung des entstandenen Mißtrauens zu Lieferungen und raschen Abschlüssen zu bewegen.[35] Die sowjetischen Beschwerden nahmen in dem Maße zu, wie der Sowjetregierung bekannt wurde, daß das von ihr gewünschte und ihr zugesagte deutsche Kriegsgerät ausgerechnet an Finnland und andere benachbarte Staaten ihrer »Interessensphäre« geliefert wurde.[36]

In Berlin trug Molotov Göring die sowjetischen Beschwerden über den deutschen Lieferungsrückstand vor.[37] In der »Rolle des loyalen Biedermanns« entschuldigte Göring dies mit dem kriegsbedingten deutschen Eigenbedarf – ein Argument, das der sowjetischen Seite aufgrund des immensen deutschen Zugewinns an Stätten der Rüstungsproduktion nicht einleuchtete. Molotov gab seinerseits zu, daß sowjetische Lieferungen oft durch schwerfälligen Bürokratismus behindert würden, diesem aber kein böser Wille zugrunde liege. Beide Seiten versprachen Besserung.

Bei der Wiederaufnahme der Verhandlungen in Moskau (25. November) waren die deutschen Forderungen nicht nur in erstaunliche Höhen geschnellt – die gesamte deutsche Verhandlungsstrategie lief auf die Reduzierung der früher vereinbarten Fristen der sowjetischen Lieferungen auf maximal ein Jahr hinaus, eine Tatsache, die der Sowjetregierung zu denken geben mußte. Doch setzte sie sich innerhalb weniger Tage über ihre Bedenken hinweg und kam den deutschen Forderungen in jeder Hinsicht entgegen (28. November)[38]. Durch seine liebenswürdigen vermittelnden Interventionen hatte der Botschafter dazu beigetragen, Vertrauen zu schaffen. Vor allem sein wiederholter Dank daür, daß die Sowjetregierung bereit war, die staatlichen Kornreserven anzutasten, um die deutsche Bevölkerung vor Hunger zu bewahren, überzeugte durch seine aufrichtige Wärme. Wie Schulenburg privat nach Berlin schrieb, war »die Kommission Schnurre ... am Ende ihrer Weisheit angelangt und so mußten ich und der Kreml heran. Wir haben einen glänzenden Sieg erfochten und sind sehr zufrieden. Aber alles das kostet Nerven und Kraft; ich bin manchmal doch recht müde.«[39]

Tatsächlich hatte Moskau einen »überraschenden Beweis guten

Willens« gegeben, der über die deutschen »Erwartungen beträchtlich hinaus(ging)«.[40] Es gelang Schnurre, »den großen Russenvertrag für 1941/42 in Berlin auf den Weihnachtstisch (zu) legen«. Er unterstrich dabei die »ungeheure Chance«, die das Kernstück des Vertrags, die Lieferung von zweieinhalb Millionen Tonnen Getreide, für Deutschland bedeutete.

Kaum hatte die Sowjetregierung eingelenkt, da schnellten die deutschen Wünsche noch weiter in die Höhe. Trotz unerfreulicher Zwischenspiele konnten Schnurre und Schulenburg am 20. Dezember das große sowjetische »Entgegenkommen in allen Fragen ... in für uns günstigem Sinne« melden.[41] Auf Empfängen fremder Diplomaten betonte Schnurre die Promptheit der russischen Lieferungen und bemerkte, er könne dem deutschen Staatschef das schönste Weihnachtsgeschenk an den Christbaum hängen, das dieser nur begehren könnte: »Ein Wirtschaftsabkommen mit Rußland, das der deutschen Seite auf Dauer erlauben würde, der angelsächsischen Blockade standzuhalten«.[42]

Wünschte Hitler nicht, in der Pose eines Empfängers russischer Weihnachtsgeschenke dazustehen, oder war sein Interesse an den russischen Rohstoffen, wie die wehrwirtschaftlichen Planungen jener Wochen beweisen[43], bereits auf die spätere Selbstausbeute vor Ort gerichtet – er zögerte die Ermächtigung der Unterzeichnung des Abkommens hinaus. »Die Moskauer Forderungen ... irritierten ihn stark«, schrieb Ribbentrop später; er selbst »hatte große Mühe, ja es bedurfte ernster Auseinandersetzungen, um ... seine Genehmigung zum Abschluß des ... Handelsvertrages zu erhalten. Er war von anderer Seite stark gegen das Vertragswerk beeinflußt worden.« Ribbentrop habe in dieser Zeit definitiv das Gefühl gewonnen, in Berlin mit seiner »Russenpolitik allein zu stehen«.[44] Es war Schnurre, der Ribbentrop privat auf die »entscheidende Bedeutung (aufmerksam gemacht hatte), die das unterschriftsfertige neue Wirtschaftsabkommen für die deutsche Kriegswirtschaft und Kriegsführung hat«. Es entstehe eine »gefährliche Lage«, wenn die Unterzeichnung weiter hinausgezögert würde. »Das neue Wirtschaftsabkommen ist das größte, das Deutschland je abgeschlossen hat ... Es verpflichtet die Russen zu sehr umfangreichen Rohstofflieferungen gerade auf den Gebieten, auf denen bei uns ein Mangel besteht, den wir anders nicht decken können. Im Mittelpunkt stehen 2,5

Millionen to Getreide, 1 Million to Mineralölprodukte, 100 000 to Baumwolle, Bunt- und Edelmetalle, Manganerze usw.« Er warnte davor, daß bei einer weiteren Hinauszögerung des Abschlusses »Kombinationen« entstehen könnten, die Deutschland »höchst unerwünscht« wären.[45]

Am 26. Dezember schrieb Schulenburg privat nach Berlin, er sei »körperlich so erschlagen, daß ich mich ganz allein auf meine Datscha geflüchtet habe, um wenigstens *einmal* ein paar Tage Ruhe zu haben und ausschlafen zu können. Du wirst es meiner Handschrift ansehen, wie sehr ich mit meinen Nerven herunter bin. ... Wir hatten gehofft, unsere langen und so schwierigen Verhandlungen noch vor Weihnachten günstig zu beenden. Wir haben fast täglich bis tief in die Nacht gearbeitet, um dies Ziel zu erreichen. Im letzten Augenblicke haben Dinge, die nicht von uns abhängen, den Entschluß hinausgeschoben. Das hat uns zwar eine Ruhepause zwischen Weihnacht und Neujahr gebracht, bedeutet aber, daß wir im Januar von neuem mit den Verhandlungen anfangen müssen.«[46]

Drei Tage später bereitete eine weitere Weisung Ribbentrops dem Botschafter eine böse Überraschung: Der sogenannte litauische Gebietszipfel sollte der Sowjetunion auf der Basis der Berechnung nach litauischem Bodenwert in Quadratmeterpreisen für die stolze Summe von 13 Millionen Golddollar überlassen werden![47] Als Schnurre und Schulenburg »Molotov dies sagten, lachte er nur und erwähnte, daß Rußland im Jahre 1860 ganz Alaska für 7 Mio. Dollar an die Vereinigten Staaten von Amerika verkauft hätte. Das kleine litauische Gebiet stehe doch in einem krassen Mißverhältnis dazu.«[48] Molotov erklärte die deutsche Forderung für »offensichtlich weit übertrieben« und beharrte »mit einer ganz ungewöhnlichen Hartnäkkigkeit auf seinem ablehnenden Standpunkt.«[49]

Staatssekretär von Weizsäcker machte Schnurre am 2. Januar privat darauf aufmerksam, daß er bewußt an einer kurzen Leine gehalten werde – an entscheidender Stelle bestehe die Überzeugung, daß die Deutschen doch »am längeren Hebel säßen«.[50]

Am 3. Januar sprach Schulenburg in einem Privatbrief seine »Sorgen und schweren Ärger« aus: »Von allen Seiten fallen die Schwierigkeiten über mich her: wir haben hier die allerernstesten Verhandlungen, wir haben finanzielle Schwierigkeiten mit Berlin, das unsere Gehälter kürzen will, und hier in Moskau, wo es nicht mehr möglich ist, billige Rubel aufzutreiben, eine Tatsache, die uns das Leben hier unmöglich macht.«[51]

Am 6. Januar konnte er Molotov endlich mitteilen, daß seine Regierung den sowjetischen Vorschlag einer Kompensation des – laut sowjetischer Aufzeichnung – »kleinen Stückchens« Litauens von 7,5 Mio. Golddollar annehme, die Bezahlung aber innerhalb von drei Monaten und nicht, wie es die sowjetische Seite vorgeschlagen hatte, zwei Jahren zu erfolgen hätte. Als Molotov Bedenken äußerte, drängte ihn Schulenburg zum Handeln (»bystro!«).[52] Einigung konnte schließlich nach langem Hin und Her auf der Basis der Abtretung dieses kleinen Gebietsstreifens gegen die sowjetische Zahlung von 31,5 Millionen Goldmark erzielt werden.[53]

Tatsächlich standen die Verhandlungen bis zuletzt unter immenser Hektik und scharfem Druck aus Berlin. Mit Verhinderung des Abkommens in letzter Minute mußte immer noch gerechnet werden. So schrieb Schulenburg am 9. Januar privat nach Berlin: »Wir stehen dicht vor dem Abschluß unseres großen Vertragswerks; wir wollen morgen zeichnen. Heute ist es ganz schlimm: wir werden mit Telegrammen von Berlin überschüttet, müssen dauernd selber drahten und hängen unaufhörlich am Telefon. Heute nacht hat man uns morgens um 3 Uhr herausgetrommelt, um mit Berlin zu sprechen. Also wir *hoffen*, morgen fertig zu werden. Gott gebe, daß nicht im letzten Augenblicke wieder etwas dazwischen kommt. Wir werden aufatmen, wenn wir morgen gezeichnet haben werden!! Glaube es mir!! Die letzten Wochen und Monate waren schwer!«[54]

Das Wirtschaftsabkommen, das endlich am 10. Januar 1941 unterzeichnet werden konnte[55], sah sowjetische Rohstofflieferungen an Deutschland und deutsche Fertigteillieferungen an die Sowjetunion im Werte von insgesamt 620 bis 640 Mio. RM in der Zeit vom 11. Februar 1941 bis zum 1. August 1942 vor. Mehr als die Hälfte der spezifizierten sowjetischen Lieferungen von insgesamt 510 Mio. RM, nämlich Lieferungen im Werte von 285 Mio. RM, sollten in der Zeit vom 11. Februar bis zum 11. August 1941 erfolgen! Hingegen brauchte die deutsche Seite in der Zeit vom 11. Februar bis zum 11. Mai 1941 (der Beginn des »Unternehmens Barbarossa« war zu diesem Zeitpunkt auf den 15. Mai terminiert)) gar keine Lieferungen vorzunehmen und erst Mitte Mai 1941 mit relativ schwachen Lieferungen einzusetzen, die sich dann von August 1941 bis Mai 1942 angeblich erheblich verstärken würden. Ferner sollte die UdSSR die Möglichkeit haben, während der Gültigkeit des Abkommens Aufträge mit Lieferfristen zu erteilen, die über den 1. August 1942 hinausgingen! Das Abkommen war somit auf eine trügerische Absicht gegründet.

Die große Bedeutung dieses Vertrags wurde in Berlin schon nicht mehr gewürdigt: »Der neue Russenvertrag (sei)... perfekt«, notierte Goebbels am 12. Januar 1941 in seinem Tagebuch. Er sei »ein Schlag gegen London«![56] Hitler untersagte jede Bekanntgabe des Nutzens, den Deutschland aus diesem Handelsabkommen zog. Die Presse wurde angewiesen, nicht näher über den Abschluß zu berichten.[57]

Die Sowjetregierung hingegen beging den Abschluß des Vertrages im großen Rahmen. Sie veranstaltete am 14. Januar (nicht, wie Gafencu annahm, am 22. Januar!) ein feierliches Staatsbankett für die deutsche Delegation, dessen Bedeutung durch Veröffentlichungen in der Presse hervorgehoben wurde: Diese beschworen – den anschwellenden Gerüchten zum Trotz – die Atmosphäre der Entspannung und des gegenseitigen Vertrauens zwischen der Sowjetunion und Deutschland, die seit dem Molotov-Besuch in Berlin eingetreten sei. Der Handelsvertrag sei dazu bestimmt, nicht nur die Wirtschaftsbeziehungen, sondern auch das Band der Freundschaft zwischen Deutschland und der Sowjetunion aufs festeste zu knüpfen und die begonnene Zusammenarbeit zu vertiefen.

Die Atmosphäre auf diesem Bankett war von einer Art freudiger Entspannung geprägt, die die Vertreter beider Länder nach den langen Wochen schwierigster Verhandlungen miteinander verband. Noch einmal erwies sich die Sowjetregierung als große Gastgeberin. Der Hausherr, Außenhandelskommissar Anastas Mikojan, intelligent, lebhaft und sprühend vor Witz (Schnurre), hob die große politische Bedeutung dieses Vertrags hervor. Als Vorsitzender des Ministerrates stimmte Molotov dieser Einschätzung des Handelsabkommens zu. Der deutsche Botschafter unterstrich in seiner Antwort die politische Bedeutung des Vertrags aus deutscher Sicht – vor allem die Sicherung der Nahrungsbasis für die deutsche Bevölkerung für die Dauer des Krieges. »Es war dies der letzte Tag ungetrübter Freude für die Wegbereiter und treuen Anhänger des Paktes von Moskau.«[58] Die Umstände, unter denen der Vertrag zustande kam, standen indes schon in so scharfem Kontrast zu seinem Inhalt, daß der unvermeidliche Bruch als eine drohende Befürchtung aller präsent war.

Die Verabschiedung Schnurres, der Moskau am nächsten Tag für immer verließ, durch Mikojan und Molotov war betont herzlich. Die beiden Staatsmänner gaben dem deutschen Gast zu verstehen, daß die Sowjetregierung nötigenfalls zu einer noch größeren Ausweitung des Handels bereit wäre, wenn damit nur der Festigung der gegenseitigen Beziehungen gedient würde. Doch die Gefahr eines Krieges stand – wie Schnurre auch bei seinen Abschiedsbesuchen beim japanischen und amerikanischen Botschafter feststellen mußte – im Zentrum der Aufmerksamkeit. Dies führte an der Deutschen Botschaft zu der Verabredung, daß Schnurre in Deutschland zunächst im Rahmen einer Sondierungsreise die Lage beobachten und dabei die Weichen für einen Informationsbesuch Schulenburgs stellen sollte. Mit Schreiben Schulenburgs an Ribbentrop vom 14. Januar ersuchte der Botschafter den Ressortchef um die Erlaubnis zu einer Dienstreise nach Berlin.[59] Er zweifelte an der Zusage (»Ich bin neugierig auf die Antwort! Ich befürchte, Ribbentrop wird wegen der Lage auf dem Balkan ablehnen«[60]) und täuschte sich nicht.

In Deutschland setzte sich Schnurre mit den maßgeblichen Dienststellen in Verbindung. Wenig erfreulich verlief die Begrüßung Schnurres durch Ribbentrop (»Wo haben Sie das Gold?«). Die Versuche des Wirtschaftsachverständigen, die Technik der Verhandlungen und die Art der Verrechnung der Goldbeträge zu erklären, stießen auf geringes Verständnis. »Es dauerte eine Zeit lang, bis ich einen Schlußstrich unter diese ärgerliche Angelegenheit setzen konnte.« Schnurre legte Ribbentrop den Vertrag mit einer erklärenden Ausarbeitung vor und betonte, daß mit diesem Vertragswerk der Erfolg der britischen Blockade hinfällig sei und Deutschland das Tor nach Osten bis zum Pazifik offenstehe. Voraussetzung sei selbstverständlich die vertraglich geregelte deutsche Lieferung industrieller Ausrüstungsgüter an die Sowjetunion. Hierzu bedürfe es entsprechender, noch ausstehender Weisungen Hitlers. Schnurre schloß seine Ausführungen mit der impliziten Aufforderung: »Herr Reichsminister, dies ist jetzt die Grundlage, einen für Deutschland erfolgreichen Frieden zu schließen.«

Durch Vermittlung Ribbentrops wurde Schnurre am 26. Januar 1941 von Hitler auf dem Berghof empfangen. Auch diesem legte er den Vertrag nebst erläuternder Analyse vor und schloß einen Vortrag über die erreichten Resultate an. Hitler hörte aufmerksam zu, stellte Fragen über Persönlichkeiten und Stand der Roten Armee und zeigte ein gewisses Interesse an den Einzelheiten des Abkommens. Auch hier betonte Schnurre, daß nunmehr das Tor nach Osten offenstünde und Deutschland alle notwendigen Rohstoffe mit sowjetischer Vermittlung auch im pazifischen Raum kaufen könne. Selbst das notorisch schwierige Transportproblem für Massengüter sei auf sowjetischer Seite einwandfrei gelöst worden, und der Transitverkehr vom Fernen Osten durch Sibirien funktioniere gut. »Die englische Blockade sei sinnlos geworden.« Schnurre schloß seine Ausführungen mit der Aufforderung: »Dies ist die feste Grundlage für einen ehrenvollen und großen Frieden für Deutschland.«

Als Hitler keine Reaktion erkennen ließ, wies Schnurre darauf hin, daß sowohl in Moskau als in Berlin Gerüchte über deutsche Kriegsvorbereitungen gegen die Sowjetunion im Umlauf seien. Hitler »sprang... auf und stellte in heftiger Form in Abrede, daß er einen Krieg gegen Rußland plane. Ich sollte – wie jeder andere – solchen Gerüchten auf das energischste entgegentreten. Er werde keinen Krieg gegen Rußland führen.« Schnurre nahm dies zum Anlaß, um von Hitler Weisungen zu einer fristgerechten Lieferung der der Sowjetunion zugesagten Güter zu erbitten. Hitler wurde »sehr zögernd und meinte, daß er das nicht tun könne. ... Er müsse an die Lage in Afrika, in Albanien und in Griechenland denken und könne nicht zugunsten russischer Lieferungen Verzögerungen in Kauf nehmen.« Damit verdichtete sich für Schnurre der Verdacht, daß die Chance nicht genutzt und das Verhängnis seinen Lauf nehmen würde. Gespräche im größeren Kreise, die Schnurre an diesem Tage auf dem Berghof mitverfolgte, bewiesen, »in welch leichtfertiger Weise der russische Rüstungsstand beurteilt wurde«.

In pessimistischer Stimmung kehrte Schnurre nach Berlin zurück, um sich an Göring zu wenden. Er empfahl diesem dringend, sein Gewicht in die Waagschale zu werfen, um den Krieg zu verhindern. Nach Kenntnis Schnurres trug Göring Hitler tatsächlich an einem der nachfolgenden Tage anhand einer von Schnurre ausgearbeiteten Notiz eine Warnung vor dem Rußlandfeldzug vor. Nach Aussage des Verbindungsmannes Ribbentrops zu Hitler, Botschafter Hewel, hatte Hitler darauf sehr heftig reagiert und Göring höchst ungnädig verabschiedet.[61]

Desungeachtet berichtete Schnurre Schulenburg damals nach

Abschluß seiner Sondierungsreise, er habe sowohl bei Ribbentrop als auch bei Hitler Interesse für seine Ausführungen gefunden – »Sachlich scheint mir noch vieles in der Schwebe zu sein.« Er hoffe, daß der Botschafter bald nach Berlin komme, um in dem angezeigten Sinne weiter zu wirken. Gleichzeitig bemühe sich General Köstring um ein Gespräch mit Ribbentrop und Hitler.[62] In seiner Antwort zeigte Schulenburg Interesse für die Ergebnisse dieser Gespräche, betonte aber: »Leider tappen wir trotz alledem in vielen Dingen hier noch im Dunkeln.« Erneut brachte er seinen Wunsch vor, möglichst bald nach Berlin zu kommen.[63] Es vergingen Wochen weiterer, zäher Bemühungen, bis der Botschafter schließlich Ende März die Erlaubnis zu der Dienstreise erhielt, die er Mitte Januar beantragt hatte.

Der deutsche Vormarsch auf dem Balkan

Seit Anfang Januar mehrten sich die Nachrichten über das deutsche Vordringen auf dem Balkan. Um den 10. Januar sprachen Berichte verschiedener diplomatischer Missionen in Moskau von der wachsenden deutschen Militärpräsenz in Rumänien und diplomatischen Aktivitäten in Bulgarien. Die Sowjetregierung war bei ihren Versuchen, in Bulgarien diplomatischen Einfluß zu gewinnen, auf Zurückhaltung gestoßen. Sie griff am 12. Januar zu einem Mittel, das im Verlauf des nächsten halben Jahres zu einem Substitut des diplomatischen Austauschs mit Deutschland werden sollte: Ein TASS-Kommuniqué dementierte Gerüchte, nach denen deutsche Truppen in Bulgarien mit Kenntnis und Zustimmung der Sowjetregierung stationiert würden. Das Kommuniqué verneinte in scharfen Worten die Behauptung, die Sowjetregierung sei von Deutschland in der Frage Bulgariens konsultiert worden. Die Deutsche Botschaft Moskau gab den Inhalt dieser Verlautbarung an das Auswärtige Amt weiter und hob hervor, daß es zweifellos aus der »Hand Stalins« stamme und »keine antideutsche Spitze habe«.[64] Er forderte damit implizit zu einer Beantwortung der latenten sowjetischen Fragen auf. Zweifellos erwartete auch die Sowjetregierung eine deutsche Reaktion. Sie blieb aus.

Daraufhin erfolgte am 17. Januar eine diplomatische Demarche in Berlin und Moskau[65]: Wie Molotov in Moskau, so brachte Dekanozov in Berlin eine Erklärung seiner Sowjetregierung vor, nach der diese Nachrichten über eine große deutsche Truppenpräsenz in Rumänien mit dem Ziele der Einnahme Bulgariens, Griechenlands und der Meerengen besitze. Sie sehe darin die Gefahr eines englisch-türkisch-deutschen Konfliktes in den Meerengen, der Bulgarien in einen Kriegsschauplatz verwandeln würde. Die Sowjetregierung habe die deutsche Regierung wiederholt darauf aufmerksam gemacht, daß sie dieses Gebiet als Sicherheitszone der UdSSR betrachte, und könne einer solchen Bedrohung ihrer Sicherheitsinteressen nicht teilnahmslos zusehen. Sie halte es daher für »ihre Pflicht, im Vorhinein darauf hinzuweisen, daß sie das Erscheinen irgendwelcher ausländischen Heeresverbände auf dem Territorium Bulgariens und der beiden Meerengen als Verletzung ihrer Sicherheitsinteressen betrachten wird«.[66] Die Verlesung der Note erfolgte vor dem Hintergrund der Beschwerde über das Ausbleiben einer Antwort auf die Stalin-Note vom 25. November des Vorjahres, die die Lösung der Frage der Sicherheit in den Meerengen als dringende gemeinsame Aufgabe behandelte.

In Beantwortung der in der Erklärung dieses Tags angesprochenen Fragen stützte sich Botschafter Schulenburg vor Molotov auf eine telegraphische Weisung Ribbentrops an mehrere Auslandsvertretungen[67]. Dabei betonte er laut sowjetischer Aufzeichnung, der Inhalt dieser Weisung könnte vielleicht die Vertretung in Brasilien oder Mexiko zufriedenstellen, »aber für die Deutsche Botschaft in Moskau sei er unzureichend und, wie sich Schulenburg ausdrückte, einigermaßen dünnflüssig«. Die Weisung – so Schulenburg weiter – bestätige die Richtigkeit der Angaben über die deutsche Truppenverstärkung in Rumänien, mache ein Übergreifen nach Süden aber von der Möglichkeit eines englischen Angriffs abhängig. Der Botschafter empfahl Molotov dringend, Botschafter Dekanozov mit einer diesbezüglichen Anfrage bei Ribbentrop oder Weizsäcker zu beauftragen. Ihm selbst fehlte jede überzeugende Erklärung.

Schulenburg, der »wieder den ganzen Nachmittag im Kreml zugebracht« hatte, war sich des Ernstes der Lage bewußt. Am späten Abend des 17. Januar schrieb er privat nach Berlin: »*Etwas* ist hier *immer* los: nachdem die Wirtschafts-Verträge erledigt sind, fängt die große Politik wieder an. Wie ich geahnt habe, handelt es sich um Südost-Europa.«[68] Mit dem Hinweis auf »Südost-Europa« verband sich seine Erinnerung an die Absprache des geheimen Zusatzprotokolls vom 23. August 1939, in der die deutsche Seite ihr politisches Desinteresse an Südosteuropa bekundet hatte. Die Erklärungen, die die Weisung Ribbentrops gab, erschienen ihm für ein so massives Abweichen von Geist und Buchstaben des Vertrags unangemessen (wie er seinem italienischen Kollegen mitteilte: »viel zu allgemein«) und für die Sowjetregierung unbefriedigend; die Mißachtung der Konsultationspflicht war in seinen Augen eklatant.[69] Rosso, dem die deutsche Erklärung nicht weniger unglaubwürdig erschien[70], suchte das Augenmerk seines Ministers in einem langen Bericht noch einmal auf das sowjetische Interesse in den Meerengen zu lenken.[71]

Angesichts der Schwere der sowjetischen Beschuldigung sah Schulenburg die Zuspitzung der Lage voraus: »Leider macht uns gleich wieder die große Politik Sorgen. Auf dem Balkan sieht es gar nicht schön aus!... Wir werden uns durchbeißen müssen!!«[72]

Eine neue Weisung Ribbentrops (21. Januar 1941)[73] brachte eher eine Verschärfung als eine Entspannung der Lage. In ihr wurde Molotov an die Äußerungen Hitlers erinnert, denen zufolge er ein Festsetzen Englands auf dem Balkan »mit allen Mitteln militärisch verhindern werde«. Ein Durchmarsch der Wehrmacht durch Bulgarien und die gegen Griechenland gerichteten Militäroperationen würden »irgendwelche sowjetrussischen Sicherheitsinteressen« nicht verletzen. Die deutschen Truppenkonzentrationen seien eine Gegenmaßnahme gegen das erwartete englische Festsetzen auf dem Balkan – die deutschen Verbände würden bei einem Vormarsch gegen Griechenland notwendigenfalls auch durch bulgarisches Gebiet marschieren.[74]

Nach Erhalt dieser Weisung schrieb Schulenburg privat nach Berlin, »die unangenehme Balkan-Sache, die ich in meinem letzten Brief erwähnte, (nehme ihn) im Augenblicke völlig in Anspruch. Die Telegramme und Telefonate hageln wieder einmal. Morgen muß ich wieder in den Kreml (eigentlich heute schon, aber das geht nicht, weil heute großer Feiertag ist: der Todestag Lenins).«

Um zur Entspannung der Beziehungen beizutragen, lud er Außenhandelskommissar Mikojan für den 23. Januar zu einem Abendessen in die Residenz ein. Die Einladung stand unter seiner Sorge um die »Entwicklung der Balkansache«.[75] Nach dem Essen wurde Schulenburg von Molotov empfangen.[76] Schulenburg übergab ihm die Antwort seiner Regierung und fügte mündlich hinzu, daß eine Besetzung

Bulgariens nur »im Eventualfall«, d. h. »im Falle eines Ausbruchs militärischer Operationen auf dem Balkan« in Frage käme. In seiner Antwort erinnerte Molotov noch einmal an das Ausbleiben der Antwort auf die Note vom 25. November und bedauerte, daß auch diesmal die in ihr enthaltenen sowjetischen Vorschläge ohne Antwort geblieben seien. Statt dessen bestätige die deutsche Regierung nun indirekt den Einmarsch in Bulgarien und dem Gebiet der Meerengen. »Als die Sowjetregierung die Frage Bulgariens und der Meerengen als Zonen unserer Sicherheit stellte«, so fuhr Molotov fort, »verfolgte sie das Ziel zu verhindern, daß sich das Schwarzmeergebiet in einen Kriegsschauplatz verwandelt.« Immerhin sei die UdSSR die »Hauptmacht im Schwarzen Meer«. Sie habe (bisher) geglaubt, daß auch Deutschland nicht an einer Ausweitung des Krieges interessiert sei. Molotov stellte dann die Frage, ob »der Durchmarsch deutscher Truppen durch Bulgarien bereits beschlossen« sei.

Schulenburg versicherte Molotov offiziell, daß die »Interessen Deutschlands und der UdSSR parallel verlaufen und Deutschland ebenfalls ... um Verhütung der Ausweitung des Krieges« bemüht sei, versuchte aber nicht zu überzeugen. Er gab zu, daß die Erklärung seiner Regierung interpretierbar sei – »nach seiner Meinung«, so die russische Aufzeichnung, setze ein deutscher Vormarsch in Bulgarien das englische Festsetzen in Griechenland voraus. Doch vermied er es, sich festzulegen (»Wenn Molotov weitere Auskünfte wünscht, muß er nach Berlin telegraphieren«), und ließ damit seine eigenen Zweifel durchblicken.

Nach Darstellung Schulenburgs in seinem Bericht an das Auswärtige Amt ging Molotov davon aus, daß der Durchmarsch deutscher Truppen durch Bulgarien »an sich eine fest beschlossene Sache sei, allerdings nur für den Fall, daß England über den gegenwärtigen Zustand hinaus erweiterte militärische Handlungen auf griechischem Boden unternehmen sollte«. Eine klärende deutsche Antwort auf diese impliziten Fragen blieb aus, so daß weiterhin »der Balkan auf der einen Seite und Finnland auf der anderen« den Botschafter vollkommen »in Atem« hielten und den Gedanken an seine Informationsreise nach Berlin in weite Ferne rückten.[77]

Am 12. Februar schrieb Schulenburg nach Berlin, Schnurre werde in diesen Tagen Ribbentrop erneut an seine Reisewünsche erinnern, er fürchte jedoch, daß es noch zu früh sei: »Die finnischen Dinge, die mich hier festhalten, dürften bald in Ordnung kommen, aber die Balkan-Fragen sind noch keineswegs klar.«[78] Am 17. Februar ging ihm dann in der Tat eine Mitteilung aus der Umgebung des Führerhauptquartiers zu, nach der sich Ribbentrop zwar wiederholt mit der Frage eines Besuches Schulenburgs in Berlin befaßt, die Entscheidung aber erneut zurückgestellt habe.[79]

Der Botschafter litt unter der Unmöglichkeit, seinen Standpunkt in Berlin vorzutragen, hatte aber zugleich mit den laufenden Anfragen über die Entwicklung auf dem Balkan »unendlich viel zu tun!... Gestern habe ich wieder die halbe Nacht im Außenkommissariat verbracht.«[80] Seine schlimmsten Befürchtungen begannen sich zu bewahrheiten, als ihm eine »Verschlußsache« des Auswärtigen Amts vom 22. Februar 1941 (»Geheime Reichssache. Strengst geheim«) zuging; sie wies die Missionschefs, die den Text persönlich dechiffrieren mußten, an, das früher angeordnete Schweigen über deutsche Truppenkonzentrationen in Rumänien zu brechen und »in geeigneter Rollenverteilung« der Mitarbeiter der Botschaft die Nachricht zu lancieren, daß in Rumänien 680 000 Mann deutscher Truppen, ja »fast 700 000« bereit ständen, hinter denen in Deutschland weitere »unerschöpfliche Reserven« ständen.[81]

Diesmal erwartete die deutsche Seite eine sowjetische Reaktion: Die Nachricht sollte den Grad der sowjetischen militärischen Bereitschaft ermitteln – die deutsche Regierung befürchtete im Falle ihres Einmarsches in Bulgarien sowjetische Gegenschläge, etwa gegen Finnland. Nachdem keine ernst zu nehmende Reaktion von sowjetischer Seite erfolgte, wurde die Sowjetregierung, diesmal im Wege einer Notifizierung, am 28. Februar über den Beitritt Bulgariens zum Dreimächtepakt (1. März) sowie am Abend des 1. März über den Einmarsch deutscher Truppen in Bulgarien in Kenntnis gesetzt.[82]

Der ersten Notifizierung fügte Schulenburg – laut russischer Aufzeichnung[83] – hinzu, ihm seien »keine Details bekannt«. Molotov nahm die Erklärung Schulenburgs – nach dessen Bericht[84] – »mit sichtlicher Besorgnis entgegen«. Er antwortete, »daß Deutschland die Position der Sowjetregierung aus deren Demarche vom 25. November bekannt ist. Die damaligen Positionen der UdSSR haben auch jetzt Geltung. Aber die Dinge entwickeln sich in einer anderen Richtung... Deutschland ist bekannt, daß Bulgarien als Teil der Sicherheitszone der UdSSR betrachtet wird.« Die eigentliche Schuldzuweisung erfolgte nun nicht mehr an die Adresse Deutschlands, sondern traf das hilflose Bulgarien: »Der Akt, den Bulgarien begangen hat, ist nicht in Übereinstimmung mit den Vorstellungen der Sowjetregierung« gemäß ihrer Note vom 25. November 1940!

Die Notifizierung über den Einmarsch deutscher Truppen in Bulgarien beantwortete Molotov – laut Bericht Schulenburgs[85] – »nach kurzem Nachdenken« mit Verlesung einer Note (nach Schulenburg fertigte er sie in seinem Beisein an). Sie besagte laut russischer Aufzeichnung[86]: »1. Es ist sehr schade, daß die Deutsche Regierung es, ungeachtet der Prävenierung seitens der Sowjetregierung in ihrer Demarche vom 25. November 1940, für möglich hielt, den Weg der Verletzung der Sicherheitsinteressen der UdSSR zu betreten, und beschloß, Bulgarien durch Truppen zu besetzen. 2. Angesichts dessen, daß die Sowjetregierung auf der Grundlage ihrer Demarche vom 25. November 1940 beharrt, muß die Deutsche Regierung verstehen, daß sie nicht auf die Unterstützung ihrer Aktionen in Bulgarien seitens der UdSSR rechnen kann (!).« Mündlich fügte Molotov hinzu: »Wir betrachten die Frage der Lage Bulgariens für uns als sehr wichtig. Schulenburg ist bekannt, daß wir während der Gespräche in Berlin und später die Interessiertheit der UdSSR in der Region Bulgariens besonders hervorgehoben haben; deshalb kann die Sowjetregierung die Schritte, die von Deutschland in Bulgarien unternommen worden sind, nicht neutral aufnehmen.« Der Einwurf Schulenburgs, »in Berlin sei man nicht von bösen Absichten geleitet« gewesen, überzeugte Molotov nicht (»Warum hat Deutschland eigentlich den Truppeneinmarsch in Bulgarien beschlossen«?). Schulenburg antwortete betroffen, »daß er keine zusätzliche Information zu dieser Frage besitzt, insofern man ihn überhaupt wenig informiert«. Abschließend stellte er die Frage, warum Molotov wiederholt (in konkreten Situationen) auf die Note vom 25. November 1940 zurückkomme, »die doch nur in allgemeinen Linien die Position der UdSSR zum Ausdruck bringt, ohne eine Warnung (Prävenierung) zu enthalten?« Er wollte zusätzliche Argumente erhalten und die Sowjetregierung zugleich zu entschiedenerem Handeln veranlassen. Doch die Antwort Molotovs war von unanfechtbarer Logik: »Weil in ihr die Position der UdSSR vollständig (*polnost'ju*) dargelegt ist.«

In seinem politischen Bericht über »Bulgariens Beitritt zum Dreimächtepakt und die Verlegug deutscher Truppen auf bulgarischen

Boden« (3. März 1941) betonte Schulenburg, die Mitteilungen über den Beitritt Bulgariens zum Dreimächtepakt und den deutschen Einmarsch in Bulgarien hätten einen »starken und nachhaltigen Eindruck« auf Molotov gemacht, seine Reaktion lasse die »große Besorgnis über den Inhalt« dieser Mitteilungen erkennen. Die weiteren Erklärungen Molotovs faßte er in den Sätzen zusammen: »Die Sowjetregierung messe ihrer Erklärung vom 25. 11. eine große Bedeutung bei, da diese Erklärung die Sicherheitsinteressen der Sowjetunion widerspiegele. Einer Herbeiziehung zum Pakt hätte die Sowjetregierung vermutlich unter der Bedingung zugestimmt, daß zuvor ein Viermächtepakt unterzeichnet worden wäre. Unter den nun eingetretenen Umständen verfolge sie diese Entwicklung aber mit großer Besorgnis. Erneut habe die deutsche Regierung ohne die Kenntnis der Sowjetregierung Beschlüsse gefaßt, die der Auffassung der Sowjetregierung zuwiderliefen.« Der Form der Einwände entnahm Schulenburg, daß die Sowjetregierung »keine weiteren Schritte unternehmen« werde. Tatsächlich beschränkte sie sich darauf, der Bulgarischen Regierung eine Protestnote über ihr Vorgehen zuzustellen. Am 4. März wandte sie sich auch mit der ernsten Aufforderung an die finnische (nicht die deutsche!) Regierung, die Angelegenheit des Nickels von Petsamo endlich aus der Welt zu schaffen. Einer Konfrontation mit Deutschland wich sie aus.

In diesen Tagen hat sich die Nachrichtenbasis der Botschaft konkretisiert. Am 5. März teilte der Botschafter seiner vertrauten Korrespondentin in Berlin mit: »Wir – d. h. der kleine Kreis der ›Wissenden‹ an der Botschaft – sind sehr erregt. Wir haben Nachrichten erhalten, die zwar nicht amtlich sind, für deren Richtigkeit aber leider *sehr* vieles spricht. Sollten diese Dinge Tatsache werden und, wie gesagt, es scheint so zu sein, dann würde das bedeuten, daß ich (und nicht ich alleine!) binnen 2 oder 3 Monaten meine Stellung hier verlieren würde. Ich möchte von vorne herein bemerken, daß alles dies nichts mit meiner Person oder mit der Person von irgend Jemandem von uns etwas zu tun hat. Es wären einfach die Folgen von Ereignissen, mit denen wir verbunden sind, ohne sie beeinflussen oder gar abändern zu können. Ich kann Dir leider nicht sagen, worum es sich handelt... Man muß natürlich abwarten, wie sich die Dinge entwickeln werden, und ich bin sicher der letzte, der die Flinte ins Korn wirft, aber wie gesagt: schön sind die Aussichten nicht! Bei Gott nicht!!... ich muß Dich bitten, über das Vorstehende mit *niemandem* zu sprechen... Sehr guten Freunden... kannst Du sagen, daß ich viel Sorgen und Ärger habe. Du weißt..., daß ich ein ruhiger Mensch bin, und so habe ich auch diesen Schlag mit Ruhe hingenommen. Wenigstens äußerlich! Aber innerlich spüre ich es stark. Meine Nerven sind doch ziemlich mitgenommen, eine Folge der lang andauernden Erregungen auf diesem erregenden Posten und dem langen Mangel an Urlaub und Erholung... Ich habe zu unsinnig viel zu tun gehabt. Mehr denn je werde ich mit Telegrammen überschüttet; fast jeden Tag sitze ich im Außenkommissariat *und* im Kreml; bis tief in die Nacht müssen wir dann Telegramme wichtigster Art verfassen, mit Berlin telefonieren usw. usw. Es ist manchmal zum Verzweifeln... Aber bitte: *schweigen*!!! Halte uns die Daumen! Das können wir jetzt am besten gebrauchen.«[87]

Auch seinem ehemaligen persönlichen Referenten, Herwarth, der sich von Mitte Februar bis Mitte März in Moskau aufhielt, teilte der Botschafter mit dem Ausdruck höchster Beunruhigung mit, er habe mehr und mehr den Eindruck, Hitler habe den Weg des Krieges gewählt. Nach der Erinnerung Herwarths teilte ihm Schulenburg mit, »er werde alles tun, um einen Wandel in der Meinung Hitlers herbeizuführen. Gleichzeitig aber habe er befürchtet, dies würde ihm nicht gelingen.«

Am 6. März 1941 setzte das Volkskommissariat für Staatssicherheit das ZK der KPdSU sowie andere Dienststellen über den neuen Umfang der deutschen Truppenkonzentrationen an der gesamten russischen Westgrenze in Kenntnis. Gleichzeitig gingen ernst zu nehmende Warnungen aus Berlin ein, nach denen die Kriegsvorbereitungen im vollen Gange seien und Generalstabschef Halder auf den vollen deutschen Sieg in einem kurzen Blitzkrieg gegen die UdSSR setze.[88] Geheime Mitteilungen deutscher Kriegsgegner sprachen genau in diesen Tagen verstärkt von dem bevorstehenden Angriff. Harro Schulze-Boysen, Referent im Luftfahrtministerium, berichtete von der intensiven Aufklärungsarbeit der deutschen Luftwaffe über sowjetischem Territorium bis hinaus zur Festung Kronstadt; sein Vertrauter, der Geschichtsprofessor Egmont Zechlin, gab den Inhalt zweier Gespräche mit Generalfeldmarschällen nach Moskau weiter, wonach der Angriffstermin definitiv für Frühjahr 1941 feststehe. Die Nachrichten beider Kriegsgegner gelangten am 9.

März 1941 nach Moskau, wo sie wenige Tage später den Mitgliedern des Zentralkomitees der KPdSU vorgelegt wurden. In diesen Tagen wurde die Sowjetregierung auch über Mitteilungen des britischen Botschafters Cripps an Pressekorrespondenten in Kenntnis gesetzt, nach welchen der deutsch-sowjetische Krieg unausbleiblich sei und Hitler in Kürze den Angriff auf die Sowjetunion beginnen werde.[89] Von offizieller Seite wurde der Botschafter weiter in Unkenntnis gelassen. Seine Lage komplizierte sich dadurch weiter, daß er die Sowjetregierung zu einer Einschränkung der Arbeit ihrer Grenzkommission und schließlich zur Rücknahme der gesamten Grenzkommission aus dem deutsch-sowjetischen Grenzabschnitt veranlassen mußte; nach dem Grenzvertrag vom 10. Januar 1941[90] sollte in diesen Monaten eine gemischte Kommission die Demarkation der deutsch-sowjetischen Grenze vornehmen. Da das Oberkommando der Wehrmacht den Aufenthalt der sowjetischen Kommissionsmitglieder im Grenzgebiet angesichts der zunehmenden Massierung deutscher Truppen ab 25. März für untragbar hielt, mußte der Botschafter die Sowjetregierung, erneut unter fadenscheinigen Erklärungen, zur stufenweisen Rücknahme der Kommission veranlassen. Seine wiederholte Warnung an die Adresse Berlins, diese Maßnahme würde das Mißtrauen verstärken und die Verstimmung der Sowjetregierung erhöhen, fand keine Beachtung.[91]

Kurzfristig gingen dem Botschafter – wie er am 12. März 1941 nach Berlin schrieb – »in der großen Angelegenheit, von der ich Dir im letzten Brief schrieb, ... etwas bessere Nachrichten« zu. »So Gott will, geht der große Sturm doch noch vorüber!!! Aber sicher ist noch nichts! Halte bitte weiter die Daumen! Eine böse Folge hat die ›Lage‹ bereits gezeigt: Herr v. Ribbentrop hat meine Bitte, nur für ganz kurze Zeit nach Deutschland gehen zu dürfen, wiederum abgelehnt...: *ich werde in absehbarer Zeit nicht nach Berlin kommen können*.«[92]

Doch die Nachrichten wechselten von Tag zu Tag. Während der Botschafter unter dem Eindruck dieser kurzfristig beruhigenden Nachrichten im internationalen Kreis Gerüchte über den bevorstehenden Angriff dementierte (»absolut nichts dran«[93]), berichtete er dem Auswärtigen Amt von der großen Besorgnis im Diplomatischen Korps. Er selbst hätte dem entgegengehalten: »Die Sowjetregierung sei sehr klug und vorsichtig. Sie übersehe das tatsächliche Kräfteverhältnis genau und würde ihrerseits sicher nichts tun, um einen Zwist mit uns vom Zaune zu brechen. Soweit die Reichsregierung in Frage käme, könne ich nirgends die geringste Veranlassung (!) finden, deutscherseits einen Konflikt zu provozieren.«[94] Auch diese Warnung verhallte ohne Echo.

Am 19. März 1941 schrieb er privat nach Berlin, »in der großen und alle so sehr interessierenden Frage gibt es nichts wirklich Neues. Die wildesten Gerüchte laufen weiter um, aber in Wahrheit weiß wohl niemand Bescheid... Wenn übrigens bis zum 15. Mai nichts passiert ist, dürfte die Gefahr vorüber sein! Sicher aber ist auch das nicht.« Um den 22. März schickte er seinen persönlichen Referenten, von Walther, für zwei Wochen nach Berlin, »um wenigstens zu versuchen, etwas Klarheit zu gewinnen«. Er erwartete seine Rückkehr »schmerzlich..., denn er wird uns doch bis zu einem gewissen Grade sagen können, was los ist und was werden wird«.[95]

Gewisse Hoffnungen setzte der Botschafter zu diesem Zeitpunkt auf die bevorstehende Reise des japanischen Außenministers Yosuke Matsuoka nach Moskau, Rom und Berlin (»Ich denke, viel wird von den Gesprächen Matsuokas mit den deutschen und italienischen Staatsmännern abhängen. Wir müssen eben abwarten!«[96]). Nachdem die Erwartungen einer geeigneten italienischen Intervention versiegt waren, blieb eine vage Hoffnung auf eine japanische Initiative.

Der sowjetisch-japanische Neutralitätsvertrag

Hoffnungen auf eine japanische Einflußnahme hatte die Botschaft Moskau seit längerem und verstärkt seit der Vereitelung einer deutsch-italienischen Initiative gehegt. Auch im Auswärtigen Amt wurde Japan, nachdem die Hoffnungen auf Widerstände von seiten der Finnen, Bulgaren, Ungarn und Italiener versiegt waren, »zur letzten Hoffnung der Anti-Kriegs-Partei«.[97] Der Staatssekretär nahm mit Interesse wahr, daß auch Ribbentrop in diesen Wochen eine »moralische Hemmung« empfand, seine »Schwüre einer säkularen Freundschaft« mit Rußland zu schnell zu brechen. Hitler hatte dafür wenig Verständnis – »einige Dreckspritzer mehr« bedeuteten ihm wenig.[98] Dies entmutigte die Karrierediplomaten des »alten« Amts nicht, um die Unterstützung Japans zur Verhinderung des Krieges zu werben.[99]

Am 6. Februar hatte der Botschafter in Moskau den Staatssekretär persönlich auf die Möglichkeiten hingewiesen, die sich mit einer Neubelebung der sowjetisch-japanischen Beziehungen böten. Auch die Sowjetregierung schiene nicht mehr abgeneigt, ja »manche Leute behaupten, die Sowjetunion wolle sich ›den Rücken im Osten dekken‹. Ob diese Auffassung zutrifft, läßt sich im Augenblicke mit Bestimmtheit nicht sagen.«[100] In jedem Fall gab die Verlängerung der Fischereikonvention von 1928 (22. Januar 1941) Grund zu günstigen Erwartungen.

Der Besuch des japanischen Außenministers Yosuke Matsuoka in Moskau (23.–24. März sowie 6.–13. April) auf der Durchreise nach und von Berlin und Rom bestätigte dies. Matsuoka setzte Schulenburg und Rosso im persönlichen Gespräch darüber in Kenntnis, daß er seit langem ein Befürworter guter Beziehungen zwischen Japan und der Sowjetunion sei – die Botschafter ermunterten ihn, daß »dies der allergünstigste Moment« für eine Verbesserung der Beziehungen sei. Auf ausdrücklichen Wunsch Matsuokas war – wie Schulenburg dem Auswärtigen Amt am 25. März 1941 nicht ohne Absicht mitteilte – ein Treffen mit Stalin und Molotov arrangiert worden, denen der Außenminister den Wunsch seiner Regierung nach Beseitigung der bestehenden Differenzen vortrug. Matsuoka habe »von der Persönlichkeit Stalins ... einen starken Eindruck erhalten« und die Fortsetzung dieser Gespräche von den Ergebnissen seiner Reise nach Berlin und Rom abhängig gemacht – ein sanfter Druck auf Berlin, den Rosso in seinem Bericht nach Rom durch einige grundsätzliche Erwägungen über die sowjetische Außenpolitik in diesem kritischen Zeitraum unterstützte: Zweifellos bestehe in Moskau der aufrichtige Wunsch, in naher Zukunft vertrauensvolle und freundschaftliche Beziehungen zu Japan herzustellen, sei die sowjetische Politik doch vorrangig von den folgenden Faktoren beeinflußt, wobei die Reihenfolge ihre Bedeutung angebe:

»1. Sicherheit gegen eine äußere Gefahr;

2. Prestige des Stalinschen Regimes;

3. Aspirationen zur Wiedergewinnung aller Territorien, die sich ehemals unter der Herrschaft des Zarenreiches befunden haben;

4. Notwendigkeit der Vermeidung allzu offenkundiger Widersprüche zur Ideologie der Kommunistischen Internationale.

Der Faktor der Sicherheit bleibt dabei immer prädominant.«

Während die Sowjetregierung – so Rosso weiter – nun in der ersten Phase der deutsch-sowjetischen Verträge eine gewisse Sicherheit im Westen empfunden und daher die Beziehungen zu Japan hintangestellt habe, sei in den letzten Monaten eine neue Entwicklung eingetreten: Die Politik der Achse auf dem Balkan und im Nahen Osten habe tiefe sowjetische Befürchtungen gegenüber Deutschland aufkommen lassen. Folglich komme die Tendenz zu einer Annäherung an Japan wieder zum Tragen.[101]

Noch während der Reise Matsuokas nach Berlin wurde die politische Lage aus Moskauer Sicht durch zwei Ereignisse verändert: An diesem 25. März trat als ein weiteres Balkanland Jugoslawien dem Dreimächtepakt bei und lehnte sich damit an die Politik der Achse an; im Gegenzug tauschte die Sowjetregierung eine Neutralitätserklärung mit der Türkei aus, nach der jede der beiden Seiten im Falle des Angriffs einer dritten Macht neutral bleiben würde. Dies bedeutete auch eine Stärkung der türkischen Position gegenüber Deutschland, zu der sich die Sowjetregierung früher – während der türkisch-sowjetischen Verhandlungen in Moskau im September und Oktober 1939 vor dem Hintergrund der frisch geschlossenen deutsch-sowjetischen Abkommen – noch nicht hatte entschließen können, da sie deutsche Irritationen befürchtete. Beide Ereignisse blieben nicht ohne Wirkung auf die britische Außenpolitik, die sich mit Billigung der Vereinigten Staaten nun stärker um die Bildung einer antideutschen Front auf dem Balkan bemühte. Vor diesem Hintergrund erfolgte am 27. März 1941 – dem Tage, an dem die Wehrmacht in Jugoslawien einmarschieren sollte – der jugoslawische Staatsstreich: Die Cvetković-Regierung, die mit Deutschland paktiert hatte, wurde von einer Gruppe von panslawisch und pro-britisch orientierten Obristen gestürzt, ohne daß danach der Beitritt zum Dreimächtepakt annuliert worden wäre. Die neue Regierung bemühte sich um sowjetische Rückendeckung, wenn möglich in Form einer Beistandsverpflichtung, und stieß in Moskau auf ausweichende Ablehnung – militärische Garantien an das letzte Balkanland, das sich dem deutschen Druck widersetzte, wagte die Sowjetregierung aus Angst, in einen Konflikt mit Deutschland gezogen zu werden, nicht zu geben. Sie hatte ihre Lehren aus den Schüssen von Sarajewo gezogen und war nach längerem Abwägen der möglichen Konsequenzen lediglich bereit, ihren Respekt vor dem Widerstandswillen des slawischen Brudervolkes in Form eines Freundschaftspaktes publik zu machen.

Schulenburg, durch den Besuch Matsuokas stark »in Anspruch genommen«, ging in diesen Tagen noch davon aus, daß »in der großen Sache, die uns alle interessiert, ... alles beim alten (sei). Die Nachrichten widersprechen sich weiter; niemand weiß, woran er ist.« Die Nachrichten vom Staatsstreich in Jugoslawien schienen ihm »auch günstig für die uns interessierenden Dinge (zu) sein. Man muß mit Ruhe abwarten, wie sich die Dinge entwickeln werden.«[102] Als ihm sein Minister plötzlich am 27. März telegrafisch die im Januar beantragte Berlin-Reise bewilligte, schloß er die Möglichkeit einer »Änderung der Politik« nicht völlig aus.[103]

Nicht die Politik, lediglich die Abfolge der Ereignisse wurde geändert. Hitler, der hinter dem jugoslawischen Staatsstreich die leitende Hand Stalins vermutete, hatte genau an diesem Tage seine Kriegspläne rapid umgeworfen: Er faßte den Entschluß, zuerst einen Schlag gegen Jugoslawien zu führen[104] und den Fall »Barbarossa« nicht, wie ursprünglich vorgesehen, ab 15. Mai, sondern einige Wochen später anlaufen zu lassen. Unter diesen Umständen nahm der Besuch Matsuokas in Berlin eine besondere Wendung. Matsuoka, der sich auch ein klares Bild von den deutschen Plänen im Osten machen wollte, erfuhr in seinem ersten Gespräch mit Ribbentrop (27. März), daß das deutsche Verhältnis zu Rußland nach wie vor korrekt, aber nicht mehr freundschaftlich sei. Der Außenminister des verbündeten Staates, der über die deutsch-sowjetischen Geheimprotokolle nie in Kenntnis gesetzt worden war, erfuhr nun, daß Deutschland das sowjetische Interesse an Finnland und am Balkan nicht tolerieren wolle und Vorkehrungen zu einem Schlag gegen Rußland getroffen habe: »Die deutschen Armeen im Osten stünden jederzeit bereit. Sollte Rußland eines Tages eine Haltung einnehmen, die als eine Bedrohung Deutschlands gedeutet werden könnte, würde der Führer Rußland zerschlagen. Man sei in Deutschland sicher, daß ein solcher Feldzug gegen Rußland mit dem absoluten Sieg der deutschen Waffen und der restlosen Zerschlagung der russischen Armee und des russischen Staatswesens enden würde. Der Führer sei davon überzeugt, daß es im Falle eines Vorgehens gegen die Sowjetunion nach wenigen Monaten keine Großmacht Rußland mehr geben würde.« Die deutsche Seite glaube zwar nicht, »daß Stalin eine unkluge Politik treiben würde (!). Auf jeden Fall baue der Führer nicht auf die Verträge mit Rußland allein, sondern verlasse sich in erster Linie auf seine Wehrmacht.« Darüber hinaus wünsche Deutschland sich für seinen Endkampf gegen England, bei dem Japan im übrigen sehr willkommen sei, den Rücken freizuhalten und könnte auch von daher »eine Bedrohung durch Rußland nicht hinnehmen«.[105]

Hitler selbst bezeichnete ein militärisches Vorgehen gegen die UdSSR im Gespräch mit Matsuoka vom selben Tage[106] als einen »Eventualfall«, für den er allerdings voll gerüstet sei – wichtiger als die bestehenden Verträge sei die Tatsache, daß er »160–180 Divisionen zu seinem Schutz gegen Rußland zur Verfügung habe«. Die Existenz deutscher Angriffspläne leugnete er (»Er [der Führer] glaube allerdings nicht, daß diese Gefahr eintreten würde«). Erneut brachte Hitler – zum auswärtigen Gebrauch – die Hoffnung Englands auf Rußland ins Spiel und empfahl Japan den militärischen Schulterschluß mit Deutschland gegen England.

Matsuoka stellte ein späteres japanisches Eingreifen in Aussicht und breitete sich des längeren über seine Moskauer Gespräche aus. Er brach eine Lanze für die rußlandfreundliche Tendenz in der japanischen Geschichte (»die Japaner [seien] moralische Kommunisten«) und ließ erkennen, daß er Rußland gern an der »neuen Ordnung« in der Welt beteiligt sehen wolle. Die Sowjetunion betrachtete er als natürlichen Verbündeten im Kampf gegen England, wollte diesen Kampf aber in erster Linie weltanschaulich verstanden wissen. Seine Vorstellungen von einem Zusammengehen mit Rußland »nach dem Zusammenbruch des britischen Weltreiches« ließen Hitler vollends in einem Vakuum.

Noch während der Anwesenheit Matsuokas in Berlin setzte er die Generalität über seine letzten Planungen in Kenntnis (30. März).[107] Er ging nun davon aus, daß die Rote Armee ihre Höchstleistung erst in vier Jahren erzielen werde, weshalb ein deutscher Angriffskrieg bald begonnen und mit der endgültigen Lösung der sogenannten russischen Frage abgeschlossen werden müsse: der Zerschlagung der russischen Wehrmacht und Auflösung des Staates. Das »Problem des russischen Raumes«, auf das er von verschiedenen Seiten, wiederholt auch durch die Berichte des Militärattachés in Moskau, aufmerksam gemacht worden war, suchte er jetzt durch »Konzentration auf entscheidende Punkte« zu lösen: »Der Russe wird versagen gegenüber dem Masseneinsatz von Tanks und Luftwaffe.« Die »Frage der Pripjet-Sümpfe« sei durch »Sicherung, Abwehr, Minen« zu lösen; ein »russisches Ausweichen« schien ihm unwahrscheinlich, da die Rote Armee an die Ostsee und Ukraine gebunden sei (»Wenn der Russe sich absetzen sollte, müßte er es sehr frühzeitig tun, sonst kommt er nicht mehr in Ordnung weg«). Nach der »Lösung der Aufgaben im Osten« würden 50–60 Panzerdivisionen zur Beherrschung Rußlands ausreichen.

Vor dem Hintergrund des coup d'état in Jugoslawien erreichte Hitlers Haß auf den Bolschewismus einen neuen Höhepunkt (»Es handelt sich um einen Vernichtungskampf«). Er empfand den Staatsstreich – nach seiner Äußerung vor Ribbentrop – als einen persönlichen Affront von seiten der Sowjetregierung und untersagte seinem Außenminister »weitere diplomatische Schritte gegenüber Rußland«. Die Frage Ribbentrops, ob dies nicht im Gegenteil der Zeitpunkt wäre, um die Haltung Rußlands in verstärktem Maße zu klären, wies er mit dem Bemerken zurück, »das hätte keinen Zweck und würde nach seiner Auffassung an der russischen Haltung nichts ändern«.[108] Einen Tag später legte er mit der Anweisung zur Liquidierung der russischen Kommissare im sogenannten »Kommissarsbefehl« den Grund für den Vernichtungskrieg.[109] Zweifel und Widerstände der Militärs blieben ihm nicht verborgen – die Frage des Rußlandfeldzugs – so Goebbels – biete eben »psychologisch … einige Schwierigkeiten. Parallele Napoleon etc.« Der Propagandaminister sah diese leicht zu überwinden – »Hauptsache, daß es losgeht«. Verlockende Perspektiven schwebten ihm vor: »Die Ukraine ist eine gute Kornkammer. Sitzen wir dort, dann können wir es lange aushalten. Die Frage Balkan und Osten ist damit endgültig bereinigt.« Mit Händereiben notierte Goebbels am 30. März 1941 in seinem Tagebuch, der Aufmarsch sei »fast vollendet. Draußen hat kein Mensch auch nur eine Ahnung, was der Führer vorhat. Umso vernichtender werden seine Schläge sein. Unsere Tarnung ist vollkommen gelungen. Matsuokas Besuch verläuft planmäßig.«[110]

Die Sowjetregierung dürfte über ihre Auslandsnachrichtendienste (nicht zuletzt die Sorge-Verbindung via Tokio) innerhalb weniger Tage von den Ergebnissen der Berliner Gespräche erfahren haben. Gleichzeitig gingen ihr auch aus Kreisen hochplazierter deutscher Kriegsgegner genaueste Informationen über die deutschen Kriegs-

vorbereitungen zu. Die Schulze-Boysen/Harnack-Gruppe überbrachte Nachrichten vom weitgehenden Abschluß der Kriegsvorbereitungen gegen die Sowjetunion. Sie enthielten Angaben über die
geplanten deutschen Luftangriffe sowie die Beteiligung der rumänischen und finnischen Streitkräfte und besagten, daß der Angriff »in
kurzer Zeit«, und zwar noch im »Frühling«, stattfinden würde.[111]

Unter diesen Umständen beschloß Stalin, dem deutschen Vormarsch auf dem Balkan in Jugoslawien, der einzigen noch verbliebe-
nen Bastion, ein symbolisches Gegengewicht entgegenzusetzen.
Möglicherweise hoffte er, daß deutsche Truppen im jugoslawischen
Nationalismus auch ohne sein Zutun einen Gegner vorfänden, der sie
für einige Wochen beschäftigen und damit den Angriff auf die UdSSR
in diesem Sommer unwahrscheinlich machen würde. Während Matsuoka am 4. April zum Abschiedsempfang in der Reichskanzlei
weilte, wurde Schulenburg in Moskau zum Außenkommissar gebeten.[112] Unter ausdrücklicher Berufung auf die Konsultationsabspra-
che – die Reichsregierung hatte sie bei der Aufnahme Jugoslawiens in
den Dreimächtepakt erneut verletzt – setzte Molotov den Botschafter
darüber in Kenntnis, daß die UdSSR auf Wunsch der jugoslawischen
Obristen-Regierung am 5. oder 6. April einen Freundschafts- und
Nichtangriffspakt mit Jugoslawien abzuschließen gedenke.[113] Sie
gehe davon aus, daß dies den bestehenden deutsch-jugoslawischen
Pakt nicht tangiere, sondern im Gegenteil ergänze, und sehe in diesem (doppelten) Vertragswerk einen Beitrag zur Friedenserhaltung
auf dem Balkan.

Die Nachricht traf Schulenburg schwer. Seit Tagen hatte ihn »die
Entwicklung der Dinge im Balkan (sehr beschäftigt)«. Seine Befürchtungen waren dabei groß gewesen: »Es sieht so aus, als ob die Lage
um Jugoslawien recht ernst sei. Genaues wissen wir aber nicht!«[114]
Mit Nachdruck hatte er Informationen dementiert, die von einem
Eingreifen der Sowjetregierung in Jugoslawien sprachen, und es als
eine »Gewißheit« bezeichnet, daß keine sowjetischen Hilfeleistungen
an die Putschistenregierung erfolgten.[115] Ein sowjetisch-jugoslawi-
scher Freundschaftspakt, so fürchtete er jetzt, würde ernste Komplikationen mit Berlin zur Folge haben. Er räumte ein, daß – laut sowjetischer Aufzeichnung – die Sowjetregierung, »nüchtern und sachlich
betrachtet«, zweifellos die vertragliche Freiheit besitze, diesen Pakt
einzugehen, warnte aber angesichts des »ungeeigneten... kritischen

300

Zeitpunkts« ausdrücklich vor den zu erwartenden »umgekehrten Reaktionen« in Berlin. Seine Versuche, die Sowjetregierung zum Verschieben ihres Paktabschlusses zu bewegen, fruchteten nichts – sie hatte, wie Molotov betonte, ihre Entscheidung nach reiflicher Überlegung getroffen und hielt es sogar für »wünschenswert, wenn die deutsche Regierung in ihrem Verhältnis zu Jugoslawien alles in Übereinstimmung mit den Interessen des Friedens Mögliche tun würde«. In seiner Wiedergabe des Gesprächs betonte Schulenburg Molotovs »wiederholte eindringliche Bitte, daß auch Deutschland alles tun möge, um den Frieden auf dem Balkan zu erhalten«.

In Gesprächen mit befreundeten Kollegen zeigte sich der deutsche Botschafter pessimistisch (Rosso) – er erlebte in diesen Tagen »schlechte Momente« (Gafencu) und fühlte die Unzufriedenheit der Reichsregierung wachsen, während die sowjetische Öffentlichkeit zunehmende Irritation über die Gerüchte von einem bevorstehenden deutschen Angriff zeigte. Mit Rosso erörterte Schulenburg die Hintergründe des sowjetischen Schrittes; die Botschafter kamen überein, daß er in erster Linie »eine sehr klare Absichtserklärung der UdSSR (sei), sich von den Angelegenheiten der Balkanhalbinsel nicht ausschließen zu lassen«, in zweiter Linie mochte der »ideologische Faktor« eine Rolle spielen.[116] Es war der Deutschen Botschaft – nach Auskunft Gafencus – völlig klar, daß keinerlei aggressive Absichten Stalins gegenüber Deutschland hinter diesem Schritt standen – am ehesten wollte er einen neuen diplomatischen Prozeß mit den Achsenmächten einleiten und dadurch Zeit gewinnen.[117]

In seiner Voraussage der Wirkung, die diese Nachricht auf die Reichsregierung haben würde, behielt Schulenburg recht: Zwar war ihm unbekannt, daß die deutsche Wehrmacht zum Sprung auf den südlichen Balkan bereitstand; doch traf Hitler erst nach Eingehen des Berichts des Botschafters die letzten Dispositionen für den Angriff auf Jugoslawien. Dem Duce teilte er schriftlich mit, daß »Rußland im Begriffe stehe, einen Freundschaftspakt mit Jugoslawien abzuschließen oder ihn bereits abgeschlossen hat (sic)«, und er die deutschen Verbände unter diesen Umständen am Morgen des 6. April gegen Jugoslawien antreten lassen werde.[118] Dem Botschafter in Moskau ging an diesem Sonntag, dem 6. April, um 9.35 Uhr eine verschlüsselte »Geheime Reichssache« von 4.30 Uhr zu, die ihn aufforderte, Molotov in den (bereits verflossenen) »frühen Morgenstunden des Sonntags«

Mitteilung von einer deutschen »militärischen Aktion in Griechenland und Jugoslawien« zwecks Verhinderung der »Festsetzung Englands auf dem Kontinent« zu machen, den sowjetisch-jugoslawischen Pakt dabei aber unerwähnt zu lassen.[119] Schulenburg konnte Molotov, der sich »sonntags stets außerhalb der Stadt« aufhielt, erst am Nachmittag (16 Uhr) seine Weisung vortragen. Der Außenkommissar wiederholte – laut Telegramm Schulenburgs – »mehrmals, es sei außerordentlich bedauerlich, daß sich eine Ausweitung des Krieges somit doch als unvermeidlich erwiesen hat«. Er tat dies, nach Mitteilung Schulenburgs an Rosso, mit dem Ausdruck der Klage (des Verdrusses) über diesen Konflikt, der offenbar »unausweichlich« gewesen sei. In Berlin brachte Botschafter Dekanozov – laut Aufzeichnung des Staatssekretärs – ebenfalls »keine Silbe der Kritik an unserem Einschreiten in Jugoslawien vor«.[120]

Die politische Beschwichtigung der Sowjetregierung strebte ihrem Höhepunkt zu. Nach Ansicht des italienischen Botschafters suchte sie eine noch stärkere Bindung an die Achsenmächte und drängte ihnen zu diesem Zwecke gewissermaßen ihre Mitarbeit bei der Lösung der Donau- und Balkanfragen auf. Ihr Paktabschluß mit Jugoslawien sei ein »mehr oder minder demonstrativer Akt« mit diesem Ziel gewesen. Dahinter stand das »Hauptziel der Stalinschen Politik – die Stärkung der Sicherheit der UdSSR«.[121] Noch einmal sprach sich Rosso gegenüber seinem Minister für die Prüfung einer neuen, ernsthaften Öffnung der Achsenmächte nach Osten aus. »Noch kategorischer« als er selbst, plädierte – nach Rosso – sein deutscher Kollege für die Wiederherstellung einer verläßlichen Beziehung der »Herzlichkeit zwischen der UdSSR und der Achse mittels einer geeigneten diplomatischen Aktion, die die Forderungen und Aspirationen der UdSSR in gebührender Weise berücksichtigt«. Er zeigte sich überzeugt, daß zumindest auf sowjetischer Seite die Möglichkeiten dazu noch keinesfalls erschöpft waren.[122]

Mit der Delegation Matsuokas kehrten bekannte Kollegen aus Berlin nach Moskau zurück, die wenig Hoffnungsvolles zu berichten hatten. Der deutsche Botschafter in Tokio, Eugen Ott, und sein Botschaftsrat, Theo Kordt, waren von Schulenburg ebenso schmerzlich erwartet worden wie die Rückkehr seines persönlichen Referenten. Er hoffte, wenn er »diese Herren gesprochen habe, ... sehr viel klarer (zu) sehen«, da er »in manchem noch im Dusteren (tappte)!!«[123] Ihre

Mitteilungen brachten keine Beruhigung. Der Botschafter wartete nun noch die Abreise Matsuokas aus Moskau (13. April) ab, um endlich seine Berlin-Reise anzutreten. Die Sowjetregierung war seit 4. April über seine Reise nach Berlin, unmittelbar nach der Abreise des japanischen Außenministers aus Moskau, informiert.

Der zweite Aufenthalt Matsuokas in Moskau brachte, nach hartem Ringen und beträchtlichen Kompromissen beider Seiten (etwa in der Frage Nord-Sachalins), die Unterzeichnung eines japanisch-sowjetischen Neutralitätsvertrags.[124] Die Sowjetregierung löste damit gleichsam einseitig den Japan betreffenden Teil aus ihrem unbeantworteten Forderungskatalog an die deutsche Adresse vom 25. November 1940 heraus und gewann durch dieses bilaterale Abkommen angesichts der wachsenden deutschen Bedrohung im Westen eine relative Sicherheit im Osten – der alte Antikomintern- und neue Dreimächtepakt hatten damit für sie ihren Stachel verloren. So war es nicht verwunderlich, wenn der Abschluß dieses schwer errungenen Vertrags buchstäblich in den letzten Stunden des Moskau-Aufenthalts Matsuokas, nämlich am (russischen) Ostersonntag, 13. April gegen 14 Uhr, in einer für Stalin unüblichen Weise mit einem üppigen Festbankett begangen wurde. Die Stimmung war stark alkoholisiert und gab Anlaß zu einer, in Anbetracht des bekanntermaßen steifen Moskauer Protokolls, außergewöhnlichen Episode. Sie ging in die Geschichte der sowjetisch-japanischen und sowjetisch-deutschen Beziehungen als »Bahnhofsszene« ein.[125]

Um 4.50 Uhr sollte die japanische Delegation Moskau mit der Transsibirischen Eisenbahn verlassen. Auf dem Bahnsteig hatten sich die Vertreter des Diplomatischen Korps zur Verabschiedung Matsuokas versammelt, unter denen die Achsen- und befreundeten Mächte besonders stark vertreten waren. Die Gruppe Matsuokas erschien um eine Stunde verspätet auf dem Bahnhof – der Zugführer hatte Weisung zu warten. Erst die heitere Stimmung der Japaner verdeutlichte den Umstehenden, daß der Vertrag in letzter Minute unterzeichnet worden war. Während sich die Japaner zum Zug begaben, erschienen Stalin und Molotov gänzlich unerwartet auf dem Bahnsteig – zum ersten Male in der Geschichte der UdSSR. Stalin suchte Matsuoka »in ungewöhnlich überschwenglicher Stimmung« (Werth) mit dem Blick, ging auf ihn zu und umarmte ihn mehrfach wortlos und sehr freundlich. Er wünschte ihm eine gute Reise. Danach suchte sein Auge

Schulenburg. Er kam – mit dessen Worten – »nachdem er mich entdeckt hatte, auf mich zu, legte mir den Arm auf die Schulter und sagte: ›Wir müssen Freunde bleiben, und dafür müssen Sie jetzt alles tun!‹ Etwas später wandte sich Herr Stalin an den stellvertretenden deutschen Militärattaché Oberst Krebs, vergewisserte sich zunächst, ob er Deutscher sei, und sagte ihm dann: ›Wir werden mit Euch Freunde bleiben – auf jeden Fall!‹ Stalin hat die Begrüßung von mir und Oberst Krebs zweifellos absichtlich herausgestrichen und damit bewußt bei den zahlreichen Anwesenden allgemeines Aufsehen erregt.«[126]

So sehr die Berichte über die »Bahnhofsszene« in der Folgezeit je nach dem politischen Standort des Erzählers variierten – unzweifelhaft wollte Stalin die »große Bedeutung« (Molotov) des Ereignisses dieses Tages gebührend begehen: Ein vom langjährigen Alpdruck eines Zweifrontenkrieges befreiter Stalin wollte den Japanern in gelöster Stimmung (»abbondanti libagioni«) danken. Nach Molotov war »die Tatsache, daß Japan nicht gegen uns Krieg führen wollte, ... uns diesen Abschied wert«. Dementsprechend interpretierten die anwesenden westlichen Korrespodenten, etwa Alexander Werth, das Verhalten Stalins im Sinne einer Beschwörung: »Wie sind auch Asiaten, und wir müssen zusammenhalten!« Die *Izvestija* vom 15. April hoben unter dem Leitwort der »historischen Wende in den Beziehungen zwischen Rußland und Japan« die große Bedeutung dieses Ereignisses für den Gang der zukünftigen Entwicklung der beiden Länder hervor; Versuche dritter Staaten, Feindschaft zwischen ihnen zu säen, seien nun ein für allemal zum Scheitern verurteilt.

Bei aller Entlastung, die er sich mit diesem großen diplomatischen Schachzug geschaffen hatte, war Stalin bemüht, unerwünschten Schlüssen von deutscher Seite vorzubeugen. Er nutzte die Anwesenheit der deutschen Diplomaten auf dem Bahnhof, um ihnen ostentativ zu versichern, daß der Abschluß mit Japan keine Änderung seines Wunsches nach weiterer Stabilisierung der Beziehungen zu Deutschland und Italien bedeute. Dem diplomatischen (Schulenburg) und militärischen Sektor (Krebs in Vertretung des abwesenden Köstring) galt dabei seine Aufforderung, in Berlin Sorge für die Aufrechterhaltung friedlicher Beziehungen zu tragen.

Mit seiner außergewöhnliche Geste verlieh Stalin Schulenburg eine besondere Legitimation für seine Unterredungen in Berlin. Wie dieser seinem Kollegen Rosso unmittelbar vor der Abreise mitteilte, war er »ängstlich bemüht (ansioso), die Intentionen seiner Regierung rund um das Problem der künftigen deutsch-sowjetischen Beziehungen zu klären«.[127] Am selben Abend bestieg Schulenburg »in Unruhe und von düsteren Vorgefühlen aufgewühlt«[128] den Zug nach Berlin.

Die Warnungen Schulenburgs an Hitler

Der Botschafter war fest entschlossen, in Deutschland zu Hitler selbst vorzudringen – bisher hatte Ribbentrop diesen, nach den Worten Hilgers, wie ein Cerberus gegen alle persönlichen Aufklärungsversuche von seiten der Deutschen Botschaft Moskau abgeschirmt. Im persönlichen Gespräch hoffte der Botschafter, »sich Gewißheit über die Pläne Hitlers zu verschaffen und zu versuchen, ihm die Gefahren eines Feldzuges gegen die Sowjetunion in geeigneter Form vor Augen zu führen«.[129] Er wollte den letzten Versuch unternehmen, um »ihn von den friedlichen Absichten der Sowjetunion gegenüber Deutschland zu überzeugen«[130], und suchte dabei »alles ins Feld zu führen und für die Zukunft ein gutes Einvernehmen mit der Sowjet-Union als wünschenswert« darzustellen.[131] Sollte er hierfür kein Gehör finden, so wollte er zumindest begreiflich machen, daß ein Angriffskrieg gegen die Sowjetunion von Deutschland nicht gewonnen werden, sondern zum Untergang Deutschlands führen könne.[132]

Nach seiner Ankunft in Berlin übergab der Botschafter dem Staatssekretär eine Denkschrift mit der Bitte um Weiterleitung an den Reichskanzler[133] – es war dies eine von Schulenburg, Köstring und Hilger zusammengestellte Ausarbeitung der Botschaft Moskau, die vor einem deutschen Angriff auf die UdSSR warnte und alle aus diesem resultierenden Gefahren aufzeigte. Gleichzeitig suchte er um einen Empfang beim Reichsaußenminister und um eine Audienz bei Hitler an. Eine Antwort wurde ihm von keiner Seite gegeben. Es begann ein vierzehntägiges erniedrigendes Antichambrieren des Botschafters in Wilhelmstraße und Reichskanzlei, während dessen er seinen geplanten Abreisetermin mehrfach verschieben mußte. Er lehnte es ab, nach Moskau zurückzukehren, solange ihn Hitler nicht empfangen hatte. In dieser Zeit des Wartens brachte er im Gespräch mit seinen Kollegen, etwa dem beurlaubten deutschen Botschafter in Washington, Hans Heinrich Dieckhoff, »seine Verzweiflung über die Wende zum Ausdruck, die die deutsche Politik zu nehmen schien. Er hatte mehrfach versucht, Hitler zu sehen und seine Ansichten persönlich vor ihm darzustellen, da eine Denkschrift, die er ihm hatte unterbreiten lassen, unbeachtet geblieben zu sein schien.« Dieckhoff beobachtete, wie Schulenburg Tag für Tag beharrlich um die Audienz bei Hitler ansuchte.[134]

In dieser Zeit des Wartens verschaffte sich der Botschafter einen Überblick über den Stand der Kriegsvorbereitungen. Er erfuhr (etwa im Gespräch mit seinem entlassenen Kollegen Ulrich von Hassell[135]), daß Hitler tatsächlich alle Vorbereitungen für einen Angriff im Frühsommer traf. Er dürfte auch von den verbrecherischen Befehlen erfahren haben – am 8. April war Hassell von Oster und Beck über diese in Kenntnis gesetzt worden; Kommentar Hassells: »Mit dieser Unterwerfung unter Hitlers Befehle opfert Brauchitsch die Ehre der deutschen Armee!« Er erfuhr auch, daß unter den Gegnern eines Rußlandfeldzugs in den Wirtschaftsressorts die Absicht bestand, die Russen unter schärfster Kriegsdrohung, aber ohne Kampf zur Annahme der Wünsche Hitlers nach Überlassung der Ukraine und des Zugangs zum Erdöl an Deutschland gefügig zu machen! Auf einen solchen Druck – so Hassell – könnten »nur Leute... eingehen..., die aus schlotternder Angst... Rußland preisgeben würden«. Schulenburg glaubte nicht, daß Stalin dazu bereit wäre, und trug seine Darstellung der »Bahnhofsszene« als einen Beweis für seine Souveränität und Loyalität gegenüber Deutschland vor. Er wirkte, wo immer er konnte, in diesem Sinne auf Kollegen und Bekannte ein und fand bei einigen Gehör. Zu diesen gehörte Staatssekretär von Weizsäcker, der nun, in Abweichung von früheren Überlegungen[136], »Schulenburgs und Köstrings Stellung gegen den Rußland-Krieg bei(trat)« und »den Krieg gegen Rußland für ein Unglück« hielt. Unter dem Einfluß Schulenburgs reiste er am 21. April gegen den Widerstand seines Ressortchefs nach Wien, um Ribbentrop dort mit der bitteren Wahrheit zu konfrontieren, der Krieg gegen Rußland »würde ein Unglück sein.« Er wollte, wie er später schrieb, »daß Ribbentrop sich auf keinen Fall darauf berufen könne, von seinem Amt nicht gewarnt worden zu sein«. Doch »Ribbentrop schwieg sich aus«.[137]

Die Nachrichten, die in diesen Tagen aus Moskau in die Wilhelmstraße gelangten, waren nicht weniger beunruhigend. Die ersten sowjetischen Proteste über die Grenzverletzungen durch deutsche Flugzeuge wurden vorgetragen.[138] In diplomatischen Kreisen galt bereits der 22. Juni als Tag des deutschen Angriffs auf die Sowjetunion als ausgemacht.[139] Während er seinen Minister nach Überwindung etlicher Widerstände schließlich in Wien aufsuchen durfte, ihn Hitler aber ohne Erklärungen warten ließ, unterstützte die Sowjetregierung die Bemühungen des deutschen Botschafters gegenüber seiner Regierung auf ihre Weise: Die *Pravda* vom 22. April unterstrich die sowjetische Bereitschaft zur friedlichen Lösung aller eventuell auftretenden Probleme und zur Aufrechterhaltung freundlicher Beziehungen zu Deutschland. Doch in Berlin stach »die russische Karte... nicht mehr«; Stalin schwenke »die Friedenspalme«, notierte Goebbels an diesem Tage, er habe »also den Braten schon gerochen. So stark sind wir also jetzt!«[140]

In Moskau erregte die verlängerte Abwesenheit des deutschen Botschafters Aufsehen; am 25. April unterrichtete Gafencu seine Regierung über die Aufregung und die düsteren Prognosen, die sich aus seinem Fernbleiben ableiteten. Die Gerüchte, die die Abwesenheit des Botschafters von Moskau auslösten, haben möglicherweise den Ausschlag für den Empfang Schulenburgs durch Hitler gegeben. Er ließ ihn endlich für den Nachmittag des 28. April zu sich bitten.

Die Unterredung mit Hitler in der Reichskanzlei dauerte genau eine halbe Stunde (17.15 bis 17.45 Uhr). Sie fand unter vier Augen statt. Auf dem Tisch Hitlers lag die Denkschrift der Botschaft.[141] Hitler erwähnte sie mit keinem Wort, und es ist Schulenburg nie klargeworden, ob er sie je gelesen hat.

Über die Unterredung liegt eine zweiseitige Aufzeichnung des Botschafters selbst vor – Ribbentrop, der sich in seinem Sonderzug in der Nähe von Wien befand, hatte ihn am Vortage bitten lassen, nach der Unterredung bei Hitler eine Aufzeichnung zur Vorlage bei ihm anzufertigen. Die Darstellung Schulenburgs in ihrer relativ knappen Form war also für Ribbentrop bestimmt. Sie gibt den Ausführungen Hitlers mehr Raum als den Erwiderungen des Autors. Zu bedenken ist ferner, daß sich dieser in äußerst deprimiertem Zustand befand, als er die Aufzeichnung schrieb – seine Initiative war vollkommen fehlgeschlagen, Hitler war nicht umzustimmen. Dennoch spricht in und zwischen den Zeilen der authentische Versuch heraus, ohne jede Rücksicht noch Beschönigung vor dieser fatalsten aller deutschen Entscheidungen zum Kriege zu warnen.[142]

Hitler begann die Unterredung mit der Frage, ob der Botschafter zum 1. Mai wieder in Moskau sein werde. Schulenburg bejahte dies unter Hinweis auf seine Anwesenheit bei der Mai-Parade. Danach erkundigte sich Hitler nach der sowjetischen Auffassung über den sowjetisch-japanischen Neutralitätspakt. Schulenburg antwortete, die sowjetische Seite sei trotz der ihr abgenötigten Konzessionen »sehr erfreut« über ihn.

Daraufhin ging Hitler zu einem seiner Hauptthemen, dem Balkan, über und fragte, »was für ein Teufel die Russen geritten« hätte, einen Freundschaftspakt mit Jugoslawien abzuschließen. Schulenburg betonte, es habe sich »hierbei ausschließlich um die Anmeldung der russischen Interessen auf dem Balkan gehandelt«. Die deutsche Seite hätte es versäumt, die sowjetische Seite über die Aufnahme Jugoslawiens in den Dreimächtepakt zu informieren, und damit die Konsultationspflicht verletzt. Jedem derartigen deutschen Schritt auf dem Balkan habe die Sowjetregierung einen Gegenschritt folgen lassen. »Rußland hätte zwar kein spezielles Interesse an Jugoslawien, wohl aber grundsätzlich am Balkan« – ein Hinweis auf die Zuordnung Südost-Europas an die sowjetische »Interessensphäre« sowie die wiederholten sowjetischen Interessenanmeldungen hinsichtlich des Balkan. Hitler vertrat die Ansicht, Rußland hätte Deutschland damit abschrecken wollen. Schulenburg verneinte dies unter wiederholtem Hinweis auf die bloße Interessenanmeldung und fügte hinzu, die Russen hätten sich mit ihrer rechtzeitigen Notifizierung Deutschland gegenüber immerhin korrekt verhalten – ein indirekter Vorwurf an Hitler, der seinen Partner wiederholt vor vollendete Tatsachen gestellt hatte.

Hitler warf dann die Frage nach dem eigentlichen »Drahtzieher« des Umsturzes in Jugoslawien auf – England oder Rußland! Schulenburg entgegnete, daß aus Moskauer Sicht kein Anhaltspunkt für die zweite Vermutung bestände, und begründete seinen Standpunkt. Die Sowjetregierung habe diesem Pakt ferner erst dann zugestimmt, als er sich als ein »Friedensinstrument« verwenden ließ. Hier machte Schulenburg den ersten Versuch, zur Sache zu kommen: »Jetzt sei Rußland sehr unruhig über die Gerüchte, die einen deutschen Angriff auf Rußland voraussagen.«

Hitler entgegnete schroff, »daß die Russen mit den Aufmärschen angefangen hätten«. Sie hätten »unnötig zahlreiche Divisionen im

Baltikum konzentriert«. Schulenburg erwiderte, dabei handele es sich lediglich um den »bekannten russischen Drang nach 300 %iger Sicherheit«! Wenn Deutschland für irgendeinen Zweck eine Division entsende, würde Rußland, »um ganz sicher zu gehen«, zehn Divisionen entsenden. Er »könne nicht glauben, daß Rußland jemals Deutschland angreifen würde«.

Hitler überging diese Gedanken und ging zu seinem zweiten Hauptthema, England, über. Er entwickelte eine Vision, nach welcher er angeblich in allen Kriegen – gegen Polen, Frankreich, Holland, Belgien, Norwegen, Jugoslawien und Griechenland – die englische Front gegen Deutschland zerschlagen hatte, selbst die Türkei »sei sehr nahe dran gewesen«. Nun folgten Rußland (»Er glaube zwar nicht, daß man Rußland zum Angriff auf Deutschland kaufen könne, aber es seien große Haßinstinkte doch zurückgeblieben...«) und der Hinweis auf die »russischen Absichten, weiter an Finnland und die Dardanellen heranzukommen«. Hitler sei »verpflichtet, vorsichtig zu sein« – er hielt also selbst gegenüber seinem Botschafter in Moskau seine ältere, »aus Tarnungsgründen« erlassene »Sprachregelung« aufrecht, nach der es sich beim deutschen Aufmarsch gegen Rußland »vorerst nur um Vorsichtsmaßnahmen handele und ein endgültiger Entschluß von der weiteren Haltung Sowjetrußlands abhängen werde«.[143] Diese Tatsache hat den Staatssekretär besonders empört[144].

Schulenburg hingegen ließ von seinen Überzeugungsversuchen nicht ab und suchte durch Beispiele aus dem Verhalten Stalins in letzter Zeit Beweise dafür zu liefern, daß der Bund Stalins mit Deutschland verläßlich sei. Er erinnerte auch an die »Bahnhofsszene, die Stalin absichtlich herbeigeführt habe, um seinen Willen für die Zusammenarbeit mit der Achse öffentlich zu bekunden«. Schulenburg sprach seine Überzeugung aus, »daß Stalin bereit ist, uns noch weitergehende Konzessionen zu machen«. Er habe angedeutet, daß die UdSSR im nächsten Jahr bei Bedarf fünf Millionen Tonnen Getreide liefern könnte.[145] Hitler wies auf die mangelnden Transportverhältnisse hin. Schulenburg brachte demgegenüber die Möglichkeit verstärkter Benutzung der russischen Häfen ins Gespräch.

Das Gespräch war im Begriff, ein Streitgespräch mit aufklärendem Charakter zu werden. Hitler wünschte keine Erklärungen. Er brach es kurzerhand ab und verabschiedete sich unvermittelt. Hiermit endet die Aufzeichnung Schulenburgs.

In Wahrheit schloß sich eine charakteristische Geste an: Bevor Hitler den Raum verließ, wandte er sich noch einmal kurz Schulenburg zu und machte die Bemerkung: »Und noch eins, Graf Schulenburg, einen Krieg gegen Rußland beabsichtige ich nicht!«[146] Ferner entgegnete Hitler den Warnungen Schulenburgs vor dem Krieg (sie nahmen vermutlich größeren Raum ein, als Schulenburg dies in seiner Aufzeichnung wiedergab) mit seiner bekannten Mißachtung der Berufsdiplomaten – die deutschen Botschafter seien immer gegen Kriege in ihren Gastländern.[147]

Diese Äußerung Hitlers, vor allem aber seine Schlußworte, machten Schulenburg schlagartig die ganze Unwahrhaftigkeit seines Verhaltens deutlich. Einem kleinen Kreis von Vertrauten, die ihn am Abend nach dieser Unterredung erwarteten (sein Referent von Walther, Herwarth und seine Frau, Schnurre), teilte er in tiefer Niedergeschlagenheit mit, seine schlimmsten Befürchtungen hätten sich bestätigt – die Entscheidung sei längst gefallen.

Am folgenden Tag bot Ribbentrop Staatssekretär von Weizsäcker die Möglichkeit, den Versuch Schulenburgs bei Hitler durch eine Aufzeichnung zu unterstützen und »seine Gründe gegen den Krieg telegraphisch anzugeben«. Weizsäcker suchte nach Argumenten, von denen er sich »eine Wirkung auf Hitler versprach«, und meinte, die Substanz seiner Auffassung zu diesem Zwecke in dem einen Satz zusammenfassen zu können: »Wäre jede niedergebrannte russische Stadt für uns ebenso viel wert wie ein versenktes englisches Kriegsschiff, dann würde ich den deutsch-russischen Krieg in diesem Sommer befürworten.«[148] Die nachfolgenden Begründungen setzten den militärischen Sieg über den Großteil des europäischen Rußland als selbstverständlich voraus, warfen aber Zweifel am Nutzen dieser Eroberung und an einer baldigen Beendigung dieses Krieges auf, aus denen nicht zuletzt die Argumente Schulenburgs und Köstrings sprachen. Trotz der ungewöhnlichen Begründung seiner Ablehnung »in einem Satz« aus der Feder des Marineoffiziers des Ersten Weltkrieges stimmte er in diesen Tagen »mit Schulenburg (Moskau) ... überein im Urteil über den bevorstehenden Rußlandkrieg«.[149]

Eine Wirkung hatte diese Aufzeichnung weder auf Ribbentrop noch auf Hitler. Nachdem Ribbentrop den Rußlandkrieg am 1. Mai gegenüber Hitler definitiv schriftlich befürwortete, bekam hingegen Weizsäcker »die Folgen« seiner Stellungnahme zu spüren. Drei Tage vor dem Angriffstermin ließ er seine Kritik endgültig ruhen.[150] Damit war der Versuch des Botschafters und Militärattachés in Moskau gescheitert, maßgebliche Persönlichkeiten in Berlin in die Front des Widerstands gegen den Rußlandfeldzug einzubeziehen. Die Botschaft Moskau war nun vollends auf sich selbst gestellt.

Die Vollendung des deutschen Aufmarsches gegen die UdSSR

Am frühen Morgen des 30. April 1941 verließ der Botschafter Berlin zu seinem letzten Flug nach Moskau. Der Flug war ruhig, aber das Wetter »trübe mit tiefhängenden Wolken, sodaß wir ganz tief flogen«.[151] Wenn dieser Tiefflug nicht auf Weisung der militärischen Dienststellen zu gezielten Aufklärungszwecken erfolgte, was angenommen werden muß, so konnte dem Offizier des Ersten Weltkrieges dabei doch nicht das ganze Ausmaß des deutschen Truppenaufmarsches gegen die UdSSR entgehen, eines Aufmarsches, der – wie sich Adolf Hitler sieben Wochen später rühmen sollte – in Ausdehnung und Umfang der größte war, den die Welt bis dahin gesehen hatte, und von Ostpreußen bis zu den Karpaten, von der Donau bis zum Schwarzen Meer[152], 3,2 Millionen Mann in Bereitschaftsstellung hielt.

Bei seiner Ankunft in Moskau wirkte Graf Schulenburg gebrochen. Botschaftsrat Gustav Hilger empfing den Missionschef auf dem Flugplatz. Seine ersten Fragen galten der Lage in Berlin. Resigniert teilte ihm Schulenburg mit: »Die Würfel sind gefallen, der Krieg ist beschlossene Sache.« Auf der Fahrt zur Residenz berichtete Schulenburg dem Botschaftsrat ausführlich von seinem Gespräch mit Hitler und erwähnte dabei auch dessen Abschiedsworte. Auf die Frage Hilgers, wie diese im Einklang mit der ersten Mitteilung Schulenburgs ständen, antwortete der Botschafter, Hitler habe ihn »eben mit Absicht angelogen!«[153]

Vom Moment seiner Rückkehr an machte der Botschafter auf den verschiedenen Ebenen des politischen und gesellschaftlichen Lebens durch seine Haltung auf die bevorstehenden Ereignisse aufmerksam. Die Art seines Auftretens in der Öffentlichkeit galt nach seiner verlängerten Abwesenheit als Beweis für den Ernst der Lage. In diplomatischen Kreisen sprach sich herum, daß der Graf in Deutschland »mit Freimütigkeit und Beharrlichkeit seine Überzeugung vorgetragen hatte, nach welcher der Krieg gegen Rußland nicht notwendig, sondern durchaus zu vermeiden sei, seine Folgen aber tragisch sein könnten«. Sein Verhalten machte seiner Umgebung schlagartig klar, »daß sein Versuch nicht geglückt war«, daß er von seinen Unterredungen mit dem »Gefühl der Ohnmacht« und der »Bitterkeit« zurückgekehrt war und die gefährliche Krise für unaufhaltbar hielt.[154]

Das Schweigegeld, das ihm Hitler am Tage nach seiner Abreise zugedachte, änderte seine Haltung nicht.[155] In Gesprächen mit ausländischen Kollegen gab er offen über die Lage Auskunft, die er in Berlin angetroffen hatte. Dem italienischen Botschafter berichtete er von seinem Treffen mit Hitler; dieser hätte ihm – nach Mitteilung Rossos an Ciano vom 3. Mai – »unter anderem erklärt, daß Deutschland nicht die Absicht habe, die UdSSR anzugreifen, der deutsche Generalstab aber alle notwendigen Vorsichtsmaßnahmen gegen jede mögliche Eventualität ergreifen müsse«.[156] Seinem rumänischen Kollegen Gafencu eröffnete Schulenburg voller Sorge, daß er sich nicht die geringsten Illusionen vom Ausgang eines deutschen Angriffskrieges mache: »Er glaubte nicht an einen kurzen Entscheidungskrieg. Er glaubte vor allem nicht an die Möglichkeit, mit Rußland und dem sowjetischen Problem fertig zu werden. Ein solches Unternehmen löste nicht nur schwerwiegende militärische Fragen aus; das sowjetische Rußland war eine Welt, und es war nicht leicht, diese Welt auf den Kopf zu stellen. Noch schwerer war es, aus ihrem Zusammenbruch Nutzen zu ziehen.« Mit Schulenburg erklärten auch seine Mitarbeiter an der Botschaft befreundeten Kollegen, daß das Sowjetsystem keinesfalls »beim ersten Gewehrschuß an der polnischen Grenze (sic) zusammenbrechen« würde, sondern Deutschland selbst im Falle einer vorübergehenden Siegesphase »in Rußland vor die schwierigsten wirtschaftlichen, politischen und sozialen Fragen gestellt würde«, die zu lösen es nicht in der Lage sei. Rußland würde – dies gaben Schulenburg und seine Mitarbeiter etwa im Gespräch mit Botschafter Gafencu zu bedenken – genauso lange stehen wie Stalin und sein Regime. Fiele aber dieses Regime, »so gäbe es nichts mehr:... außerhalb des stalinistischen Rußland gäbe es in Rußland nur die Möglichkeit von Anarchie und Chaos. Wer immer Stalin angriff, spielte die Karte der Anarchie gegen die der Ordnung aus und lief Gefahr, Urheber und Opfer einer neuen Revolution zu werden, der Revolution des allgemeinen Zerfalls.«[157]

Am Vormittag des 1. Mai 1941 – ein TASS-Kommuniqué dieses Tages sprach von deutschen Truppenlandungen in Finnland[158] – erschien der Botschafter zu seinem ersten öffentlichen Auftreten nach seiner Rückkehr »sorgenvoll« vor der Tribüne auf dem Roten Platz. Diese letzte Mai-Parade vor der Einbeziehung der Sowjetunion in den Großen Krieg stand unter einem dreifachen Motto, dessen einzelne Motive seit den Wochen nach dem Münchner Abkommen immer wieder anklangen, das nun aber eine endgültige Geschlossenheit erhielt: dem des zweiten imperialistischen Krieges, jetzt verschärft durch die Beschreibung des immer größeren Maßes an Zerstörung und Leiden, an Beraubung der Souveränität der kleinen Völker, das er über die Bevölkerung Europas gebracht hatte; dem von Verteidigungsminister Timoschenko in der üblichen Form byzantinischer Führer-Huldigung vorgetragenen Lob auf die Langmut Stalins, der durch seine weise diplomatische Aktion, etwa im Paktabschluß mit Japan, die Ausdehnung des Konflikts auf die UdSSR verhindere; und dem Thema der höchsten Wachsamkeit, mit der die Völker der UdSSR die Gefahren der kapitalistischen Einkreisung erkennen müßten, um militärisch und wirtschaftlich auf jede Eventualität vorbereitet zu sein. Schulenburg gab die diesbezüglichen Auszüge der Rede Timoschenkos kommentarlos nach Berlin weiter und unterstrich die Tatsache, daß der sowjetische Botschafter in Berlin, Dekanozov, auf der Tribüne neben Stalin gestanden hatte, als eine »besondere Hervorhebung (des) Berliner Botschafters«.[159]

Diese letzte Militärparade vor dem Krieg war darauf angelegt, die sowjetische Kampfbereitschaft in beeindruckender Weise zu demonstrieren. Militärischen Beobachtern fiel auf, daß unter der großen Zahl mechanisierter Verbände das Verteidigungsmaterial (Panzer- und Luftabwehrgeschütze) überwog. Die Militärattachés verschiedener Länder, Oberst Krebs eingeschlossen, verstanden, daß die Parade die Verteidigungsbereitschaft der Roten Armee gegen einen bevorstehenden Angriff dokumentieren sollte.[160]

Die Angehörigen der Deutschen Botschaft kehrten mit schweren Gefühlen von der Parade zurück. Auf dem Heimweg stellte Legationsrat Horst Groepper dem Botschafter die beklommene Frage: »Gibt es Krieg?« Der Botschafter antwortete ohne jeden Umschweif:

»Wir stehen unmittelbar davor.« Er stimmte seinem bestürzten Mitarbeiter zu, daß es »Wahnsinn« sei, das gewaltige Sowjetimperium anzugreifen, und berichtete ihm auf dessen Bitte auch von seinem vergeblichen Versuch bei Hitler. Dieser habe ihm kaum zugehört und gleichsam über ihn hinweg in die Ferne geschaut. »Er folgte wohl seinem Stern«, sagte Schulenburg nach der Erinnerung Groeppers in der Gewißheit, »daß das von ihm klar vorhergesehene Unheil nicht mehr abgewandt werden konnte«.[161]

Die warnende Haltung, die der Botschafter seit seiner Rückkehr aus Deutschland einnahm, lenkte erneut die Aufmerksamkeit der deutschen Sicherheitsorgane auf ihn. Der Unterstaatssekretär im Auswärtigen Amt, Woermann, sah sich veranlaßt, Schulenburg Mitteilung über die »Gerüchte« zu machen, die sich um sein Verhalten rankten. So habe er vor ausländischen Kollegen freimütig über seine Eindrücke während der Unterredung mit Hitler gesprochen und dabei auch erkennen lassen, daß er auf eine gegen Rußland geplante Aktion schließe. Daneben zeige er sich in der Öffentlichkeit »sehr deprimiert« und verpacke seine Privatsachen bereits in Kisten.[162] Der Botschafter dementierte die Gerüchte und erhielt umgehend die erleichterte persönliche Mitteilung Woermanns, er habe ihm bewußt die Gelegenheit zur Entkräftung der Gerüchte bieten wollen, da sie bereits einem größeren Kreis von Personen zugänglich gewesen seien. Trotz dieser Warnung ließ Schulenburg in seinem persönlichen Auftreten auch weiterhin keinen Zweifel an seiner pessimistischen Einschätzung der Lage. Auf dem Abschiedsfest des schwedischen Gesandten, Assarson, für seinen scheidenden finnischen Kollegen, Paasikivi, brachte er in der schwedischen Residenz beim Abschied die schwermütigen und, wie er es wohl bezweckte, tröstlichen Worte vor: »Was wissen wir von dem, was geschehen soll? Alle schlafen wir ja auf Vulkanen!« Hilger, der ihn begleitet hatte, ging so weit zu sagen: »Wir haben gewarnt, so stark wir nur konnten. Aber Hitler hat nicht hören wollen.«[163] Dies erfolgte genau in den Tagen, in denen Hitler »die erste große Tarnungswelle« anlaufen ließ und »der ganze Staats- und Militärapparat ... mobil gemacht«, die »anderen Zivilministerien«, einschließlich das Auswärtige Amt, aber in Täuschung und Unkenntnis belassen wurden, um »die wahren Hintergründe« zu verschleiern«![164] Gegenüber den zivilen Ressorts, in denen sich nicht wenige verantwortungsvolle Menschen ernsteste Gedanken um die

Zukunft Deutschlands machten, sollte der Ostaufmarsch lediglich als eine Ablenkung vom wirklichen Feinde, England, und zu diesem Zwecke als »das größte Täuschungsmanöver der Kriegsgeschichte« plausibel gemacht werden![165]

»Für die Deutsche Botschaft waren diese letzten Wochen vor dem deutschen Einfall in die Sowjetunion eine tragische Zeit.«[166] Ihr Spielraum hatte sich extrem verengt. Ihre Dienste wurden von deutscher Seite kaum noch in Anspruch genommen. Die Weisung lautete auf Vermeidung möglicher Kontakte zu Vertretern der Sowjetregierung: Einerseits sollte dies der Tarnung der Vorbereitungen auf den Angriff zugute kommen, andererseits fürchtete Hitler die Verbesserung der Gesprächsbeziehung und sowjetische Angebote, die seine Pläne erschweren oder gar durchkreuzen könnten. Von sowjetischer Seite wurde jede Berührung ängstlich vermieden, die zu Reibungen oder Mißverständnissen führen und Hitler einen Grund zu Verärgerung bieten konnte. Der Außenkommissar bat den deutschen Botschafter nicht mehr zu sich, die anderen Mitglieder der Sowjetregierung hielten sich ebenfalls zurück. So blieb dem Botschafter in seiner offiziellen Tätigkeit nur noch die unablässige Warnung sowie der wiederholte Hinweis auf die unzweifelhafte Loyalität der Sowjetregierung. Dies war um so leichter, als diese sich allem Anschein nach bemühte, geradezu als Befehlsempfängerin Berlins zu erscheinen[167] und »ein blindes Werkzeug Deutschlands zu werden«.[168]

In der Tat ließ Stalin »von nun an kein Mittel unversucht, um Hitler bei guter Laune zu halten, indem er einen Beweis seines angeblich guten Willens nach dem anderen lieferte«. Er manifestierte durch zahlreiche Gesten grenzenlosen Entgegenkommens seinen Willen, »Hitler zu befrieden«, um »es zu keinem Konflikt mit Deutschland kommen zu lassen«. Der krasseste Akt dieser Befriedungspolitik bestand im Abbruch der diplomatischen Beziehungen zu den von Deutschland besetzten Ländern (Norwegen, Belgien, Griechenland und sogar Jugoslawien, 9. Mai) unter dem Vorwand, daß diese nicht mehr als souveräne Staaten zu betrachten seien. (Kommentar Goebbels': »Angstneurose!«[169])

Die Botschaft machte sich zur Überbringerin dieser Gesten totaler Beschwichtigung und mußte dabei zugleich erkennen, daß die Befriedungspolitik Stalins auf Hitler den gegenteiligen Eindruck machte – »er betrachtete Stalins fortgesetzte Bemühungen, einem Konflikt vorzubeugen, als einen Beweis der Schwäche und der Furcht vor einer kriegerischen Auseinandersetzung. All dies bestärkte ihn in der Auffassung, daß sich ihm niemals eine günstigere Gelegenheit bieten würde, die Sowjetunion zu zerschlagen.«[170] Aus seiner Sicht starrte Stalin – nach der nicht unzutreffenden Umschreibung von Goebbels – auf Berlin »wie das Kaninchen auf die Schlange«.[171]

Mit Bericht vom 2. Mai 1941 »Inhalt: Gerüchte der deutsch-russischen kriegerischen Auseinandersetzung« konfrontierte der Botschafter das Auswärtige Amt mit dem Anschwellen der in Moskau zirkulierenden Gerüchte. Diese hätten eine solche Dichte und Präzision angenommen, daß sie »für die ruhige weitere Entwicklung der deutsch-sowjetischen Beziehungen höchst bedenklich sind«, und dies um so mehr, als »jeder Reisende, der nach Moskau kommt oder durch Moskau reist, nicht nur die Gerüchte mitbringt, sondern sie auch noch durch Tatsachen zu erhärten weiß«.[172] Während der Verbindungsmann des Amtes Ausland/Abwehr zum Auswärtigen Amt, Kramarz, diese Mitteilungen Schulenburgs umgehend auf seine Weise bestätigte (»Gleiche Kriegsgerüchte wie in Rußland sind auch hier im Umlauf«[173]), lösten sie an höchster Stelle wenig Alarm aus. Goebbels wurde durch die »tolle(n) Gerüchte um Rußland« lediglich in seiner Einsicht bestätigt, daß »man ... uns doch allmählich hinter die Schliche« komme; er sah in ihnen kaum noch eine Gefahr für die deutschen Kriegspläne (»Es wird aber soviel gelogen, daß man Wahrheit und Schwindel kaum noch unterscheiden kann. Und das ist im Augenblick das Beste für uns«[174]).

Die Warnung an die Sowjetregierung

Nachdem Schulenburg zu der Überzeugung gelangt war, daß seine Warnungen in Berlin kein Gehör finden würden, unternahm er einen Schritt, der ebenso sehr in logischer Konsequenz zu seinem aufrichtigen Verhalten gegenüber seinem Gastland stand, wie er in der Diplomatiegeschichte der neueren Zeit ohne Präzedenz ist – er warnte die Sowjetregierung vor dem bevorstehenden Angriff. Er tat dies – nach dem Zeugnis Gustav Hilgers – in dem klaren Bewußtsein, daß das Bekanntwerden seiner Initiative die Aburteilung wegen Landesverrats nach sich ziehen würde, und machte auch seinen Dolmetscher Hilger auf die möglichen Konsequenzen des gemeinsamen Handelns aufmerksam. Hilger schloß sich diesem – nach seinen Worten – verzweifelten Schritt in dem Bewußtsein an, daß zu viel auf dem Spiel stehe, um die eigene Existenz höher zu stellen als die Möglichkeit der Abwendung der sicheren Katastrophe.

Dieser Schritt Schulenburgs war bisher sowohl auf deutscher als auch auf sowjetischer Seite umstritten, im Ausland galt er als ungenügend verbürgt. Die kürzlich (Oktober 1990) im Archiv des Moskauer Außenministeriums entdeckte Aufzeichnung über dieses Gespräch, die Pavlov maschineschriftlich (5 Seiten) angefertigt und Dekanozov handschriftlich verbessert hat, hat seine Authentizität bestätigt.[175] Sie beweist bei aller Vorsicht der Diktion zweier Sowjetdiplomaten, die fürchteten, bei Wiedergabe dieser Warnungen dem Verdikt der »Panikmache« unterzogen zu werden, daß der deutsche Botschafter den zu Konsultationen in Moskau weilenden Sowjetbotschafter in Berlin, Dekanozov, in Begleitung des im Januar 1941 zum Leiter der Mitteleuropäischen Abteilung des Außenkommissariats avancierten Dolmetschers des Außenkommissariats, Pavlov, für den 5. Mai 1941 zu einem Frühstück zu viert in seine Residenz einlud, um über sie die Sowjetregierung vor dem deutschen Angriff zu warnen und aufzufordern, geeignete Gegenmaßnahmen zu ergreifen.[176]

Die Wahl Dekanozovs und Pavlovs war mit Vorbedacht getroffen: Dekanozov war bis zu seiner Ernennung als Botschafter stellvertretender Außenkommissar und als solcher bei den Berliner Gesprächen Molotovs anwesend gewesen. Als früherer Leiter der Informationsabteilung des NKVD durfte man in ihm auch einen Kenner der Methoden der Geheimdiplomatie erwarten. Schließlich wurde ihm eine gute Gesprächsverbindung zu Stalin nachgesagt, was auch für dessen bevorzugten Dolmetscher, Pavlov, galt, der – nach Kenntnis der Botschaft – das besondere Vertrauen Stalins genoß. So konnte Schulenburg eine direkte Überbringung seiner Mitteilungen auf höchster Ebene erwarten.

Schulenburg und Hilger beabsichtigten, den sowjetischen Diplomaten den Ernst der Lage begreiflich zu machen und die Sowjetregierung zu geeigneten Schritten zu veranlassen. Bereits während des Frühstücks erklärte Schulenburg seinen Gästen, daß er in Deutschland von Hitler empfangen worden war. Nach dem Frühstück setzte er, unter lebhafter Teilnahme Hilgers, seine Ausführungen über die Begegnung mit Hitler fort. Er machte darauf aufmerksam, daß Hitler nach wie vor an dem sowjetischen Paktabschluß mit Jugoslawien Anstoß nahm und ihm die Unterzeichnung des Paktes in diesem Moment »unverständlich und seltsam« erscheine. Er berichtete, daß er versucht habe, Hitler die Handlungsweise der Sowjetregierung im Geiste der Erklärungen Molotovs, nämlich im Sinne eines Instruments zur Friedenssicherung, begreiflich zu machen, betonte aber wiederholt, daß es ihm nicht gelungen sei, Hitler hundertprozentig zu überzeugen; bei Hitler sei ein »unangenehmes Gefühl« zurückgeblieben. Dieses resultiere aus einer Reihe von Tatsachen, die die Sowjetregierung seit Januar 1941 geschaffen habe: ihrer Erklärung bezüglich Bulgarien, der sowjetisch-türkischen Erklärung u. a. Diese Erklärungen und der Paktabschluß mit Jugoslawien hätten bei Hitler den Eindruck erweckt, die Sowjetunion sei bestrebt, Deutschland in der Verwirklichung seiner Lebensinteressen zu hindern und das Streben Deutschlands zum Sieg über England zu behindern. Auf den Einwurf Dekanozovs, man möge in den sowjetisch-jugoslawischen Freundschaftsvertrag nichts hineinlesen, was dort nicht geschrieben stehe, antwortete Schulenburg noch einmal, daß er vergebens versucht habe, Hitler von der ihm eigenen Lesart des sowjetischen Verhaltens abzubringen.

Damit ging Schulenburg zu seiner eigentlichen Absicht über: »Er, Schulenburg, hat in seinem Gespräch mit Hitler erklärt, daß die Gerüchte über den bevorstehenden kriegerischen Konflikt der Sowjetunion mit Deutschland, welche seit Januar dieses Jahres so stark in Berlin und in Deutschland überhaupt zirkulieren, und von denen die durch Moskau reisenden Deutschen berichten, ihm, Schulenburg, seine Arbeit in Moskau natürlich erschweren.« Schulenburg wandte sich danach mit der eindringlichen Frage an Dekanozov: »Wissen Sie von diesen Gerüchten?« Dekanozov bejahte dies und stellte Schulenburg die Gegenfrage, ob ihm die Gerüchte, die in Berlin kursierten, auch in Moskau begegnet seien. Dekanozov deutete damit an, daß die Berliner Gerüchtemacherei offenbar bestimmte Zwecke verfolge. Schulenburg antwortete mit der Wiedergabe der ihm von Hitler präsentierten »Sprachregelung«, nach welcher er »kraft der erwähnten Handlungen der Sowjetregierung gezwungen war, an der Ostgrenze Deutschlands Vorsichtsmaßnahmen durchzuführen. Ihn, Hitler, hat seine Lebenserfahrung gelehrt, sehr vorsichtig zu sein, und die Ereignisse der letzten Jahre haben ihn noch vorsichtiger

(Vorsorge treffender) gemacht.« Schulenburg führte dies des längeren aus und hob dann hervor, daß die Gerüchte über den bevorstehenden Krieg zwischen Deutschland und der UdSSR »Explosivstoff« seien, den man unbedingt entschärfen müsse. Er sehe hierin »seine Aufgabe als Botschafter in der UdSSR, denn er war immer bestrebt, freundschaftliche Beziehungen zwischen unseren Ländern herzustellen, wobei er den Nutzen solcher Beziehungen für beide Länder anerkannte«.

Hilger, der die Ausführungen Schulenburgs bis zu diesem Zeitpunkt unterstützt und ergänzt hatte, erklärte nun »feierlich, daß der 23. August und der 28. September 1939 die glücklichsten Tage seines Lebens waren. Im Interesse der freundschaftlichen Beziehungen zwischen der UdSSR und Deutschland muß etwas unternommen werden, um diese Gerüchte zu zerstreuen.« Im Verlauf dieses Teils der Unterhaltung wiederholte auch Schulenburg immer wieder beharrlich »den Gedanken, daß etwas unternommen werden muß, um die Gerüchte zu zerschlagen«.

Hier fragte Dekanozov Schulenburg nach der Herkunft dieser Gerüchte. Er erkundigte sich ferner nach der Reaktion Hitlers auf diese Hinweise Schulenburgs. »Schulenburg erklärte, daß ihm Hitler auf seine Frage nach diesen Gerüchten antwortete, daß er, Hitler, gezwungen ist, an der Ostgrenze Vorsichtsmaßnahmen zu ergreifen.« Damit gab Schulenburg, mit anderen Worten, zu, daß die Gerüchte in der Tat insofern begründet seien, als Hitler die deutsche Wehrmacht an der gesamten Ostgrenze konzentriere. Er ging einen entscheidenden Schritt weiter und erklärte, daß »die Quelle dieser Gerüchte keine Bedeutung« habe, und hob hervor: »Man muß die Gerüchte für die Tatsache nehmen«! Damit bestätigte er der Sowjetregierung, daß der deutsche Angriff in diesem Sommer, spätestens am 22. Juni, stattfinden sollte. Er unterstrich den außergewöhnlichen Charakter seiner Mitteilung durch die wiederholte Beteuerung, daß er dieses Gespräch aus rein persönlichem Antrieb führe. Er regte, erneut unterstützt durch das heftige Drängen Hilgers (»es muß etwas geschehen«), an, daß Dekanozov und er die Frage, welche Gegenschritte unternommen werden könnten, überdenken und sich zu einem weiteren Gedankenaustausch treffen sollten.

Dekanozov griff die Anregung formell auf und stellte eine Einladung Schulenburgs und Hilgers in Aussicht. Er bezeichnete es als wünschenswert, daß beide Regierungen etwaige Streitfragen in der früher gewohnten offenen Art und Weise behandelten, und »dies um so mehr, wenn irgendwelche Zweifel bestehen«, und erinnerte an die unbeantwortete sowjetische Note vom 25. November des Vorjahres. Er machte Schulenburg darauf aufmerksam, daß sich dieser in einer vergleichsweise vorteilhaften Lage befände, da er jederzeit persönlichen Kontakt zur Sowjetregierung herstellen könne, während er, Dekanozov, nur mit Mühe an einen Vertreter der Reichsregierung herankomme. Schulenburg bemerkte resigniert, daß auch er extra nach Wien fahren mußte, um seinen Minister einmal zu sehen, und war sich darüber im klaren, daß er infolge des veränderten Charakters der Beziehungen kaum mehr Gelegenheit fand, an Molotov heranzutreten.

Bei Ende des Gesprächs erwähnte Schulenburg die baldige Rückkehr des Militärattachés Köstring nach Moskau, von dem er sich offenbar Unterstützung erhoffte.

Das Gespräch ging ergebnislos aus. Die Sowjetvertreter fragten wiederholt, ob die Erklärungen Schulenburgs und Hilgers im Auftrage der Reichsregierung erfolgten, was diese verneinten. Die sowjetischen Diplomaten vermuteten, wie einzelne Passagen ihrer Aufzeichnung beweisen, in diesen Mitteilungen einen Auftrag Hitlers und befürchteten in dem gesamten Gespräch ein deutsches Druckmanöver. Vergebens suchten Schulenburg und Hilger sie vom privaten Charakter ihres Vorgehens zu überzeugen. Ihre Bemühungen erwiesen sich – mit den Worten Hilgers – »als fruchtlos. Die Russen blieben stur dabei zu fragen, ob Graf Schulenburg im amtlichen Auftrage spräche. Nur dann seien sie in der Lage, die Mitteilungen an die sowjetische Regierung weiterzugeben. In dem Gespräch wurde die ernste Situation bis an die Grenze des Zulässigen dargelegt, aber Dekanozov blieb bei seiner sturen Ablehnung.« Dekanozov sowie Pavlov hielten es offenbar für ausgeschlossen, daß sich Schulenburg und Hilger »bewußt einer so großen Gefahr aussetzten, um einen Versuch zur Erhaltung des Friedens zu unternehmen«.

Die Frage, zu welchen Maßnahmen die deutschen Diplomaten die Sowjetregierung veranlassen wollten, wird immer ungeklärt bleiben. Sie konnten – sofern sie sich selbst bereits bis zu diesem Grade schlüssig waren – die Absicht haben, sie von der Notwendigkeit diplomatischer oder aber militärischer Gegenmaßnahmen zu überzeugen. Die erste Möglichkeit spricht aus der späteren Darstellung Hilgers; doch war er nicht – wie sein Missionschef – in der preußischen Militärtradition und im Hause eines Offiziers groß geworden. Darüber hinaus war er nach dem Kriege bemüht, den Makel des Landesverräters und Russenfreundes vom Bilde seines Chefs zu entfernen. Für die zweite Möglichkeit, den Hinweis auf die Notwendigkeit eines russischen Präventivschlags, spricht – neben seinem Verhalten im Erste Weltkrieg[177] – die militärische Logik, mit der Schulenburg ein Jahr zuvor das französische Abwarten angesichts der italienischen Angriffspläne als verfehlt bezeichnet und betont hatte, Frankreich hätte das Praevenire ergreifen müssen. So könnte er auch in der Situation von Anfang Mai 1941, nach seinem Tiefflug über die deutschen Aufmarschgebiete, die russische Passivität bedauert und wie damals konstatiert haben, das Vernünftige werde eben leider selten getan. Daß sich ein gezielter Präventivschlag auf das deutsche Aufmarschgebiet zu diesem Zeitpunkt aus militärischer Sicht für die Sowjetunion dringend empfahl, bezeugt die Vorlage, die (Vasilevskij für) Generalstabschef Zhukov nach Erörterungen mit Verteidigungskommissar Timoschenko am 15. Mai über Molotov zur Kenntnis Stalins bringen ließ; Zhukov hielt es für unumgänglich, der deutschen Militärführung keine Möglichkeiten zu einer Initiative zu lassen, »dem Gegner zuvorzukommen und die deutsche Armee in dem Moment anzugreifen, wenn sie sich im Stadium der Entfaltung befindet und noch nicht in der Lage ist, die Fronten und die Verbindungen zwischen den verschiedenen Truppenteilen zu organisieren«. Dies war nicht nur ein militärisch korrekter, sondern, wie der Militärhistoriker Volkogonov kürzlich schrieb, auch ein »politisch außerordentlich kluger Vorschlag«.[178] Für eine vergleichbare Sichtweise Schulenburgs sprächen – neben seiner geistigen Unabhängigkeit und inneren Abgehobenheit von den Mechanismen leichtfertiger nationaler Verbrämung – sein außerordentlicher Weitblick und tiefer menschlicher Ernst: Würde das deutsche Heer durch einen Präventivschlag in seiner Angriffskapazität reduziert, so ließe sich ein Ende dieses Kampfes absehen, der andernfalls in den russischen Weiten zu einem Erschöpfungskrieg von ungekanntem Ausmaß würde. Die Zahl der Opfer würde im Falle eines Präventivschlags auf beiden Seiten groß, aber begrenzt sein, während sie sonst ganze Generationen aktiver Männer und Millionen der Zivilbevölkerung einschließen würde.

Dekanozov und Pavlov trennten sich von den deutschen Diplomaten, ohne daß diese Hoffnungen auf einen Erfolg dieses Schrittes setzen konnten. Eine Fortsetzung des Meinungsaustauschs erfolgte nicht. (Ebensowenig wurde die Vorlage Zhukovs eines Wortes gewürdigt.) Dekanozov wagte offenbar nicht einmal, seine Aufzeichnung ordnungsgemäß Molotov oder Stalin vorzulegen – sie wurde im Original in der persönlichen Aktenmappe des Leiters der Mitteleuropäischen Abteilung des Außenkommissariats abgelegt.

Eine spätere Auskunft Mikojans an den Historiker Kumanev, die die Mitteilung Schulenburgs stark rhetorisch verbrämt und mit der Voraussage des Kriegsbeginns auf den 22. Juni verbindet (ein Datum, das zu diesem Zeitpunkt im diplomatischen Moskau allerdings schon in vieler Munde war), läßt darauf schließen, daß Dekanozov Molotov oder (über diesen) Stalin mündlich unmittelbar in Kenntnis setzte. Am selben Tage soll Stalin nämlich die Mitglieder des Politbüros versammelt, ihnen den Inhalt der Mitteilungen Schulenburgs bekanntgegeben und erklärt haben: »Gehen wir davon aus, daß die Desinformation bereits Botschafterebene erreicht hat.«

Am selben Tag (5. Mai) wurde Stalin auch ein Bericht des Leiters der Hauptverwaltung Aufklärung im Generalstab der Roten Armee, Golikov, »Über die Gruppierung der deutschen Truppen im Osten und Südosten« vorgelegt, aus dem hervorging, daß nunmehr 107 deutsche und 23 rumänische und ungarische Divisionen an der sowjetischen Grenze bereitständen, zu denen noch 40 deutsche Divisionen zum Einsatz im Nahen Osten und weitere Kräfte in Skandinavien hinzukämen. Der gewaltige Truppenaufmarsch – dies ließ der Bericht erkennen – ging seiner Vollendung entgegen.[179] Die Koinzidenz der Informationen dieses Tages gab Stalin zweifellos stärker zu denken, als dies seine von Mikojan wiedergegebene Auskunft an die Mitglieder des Politbüros zeigte. Er traf an diesem und dem folgenden Tag einschneidende Entscheidungen. Doch lagen diese stärker auf politischer als auf unmittelbar militärischer Ebene.

Zunächst erscheinen vor diesem Hintergrund die Rede Stalins vor den Absolventen der sechzehn Militärakademien der Roten Armee und neun Militärfakultäten ziviler Hochschulen vom selben Tage sowie seine Äußerungen auf dem anschließenden Festbankett am Abend dieses Tages in einem neuen Licht.[180] Seine Rede und Äußerungen, die gelegentlich als indirekter Beweis für die Angriffsabsichten Stalins herangezogen wurden[181], standen möglicherweise mit der Warnung Schulenburgs vom Vormittag dieses Tages in Zusammenhang. Die Rede, die Stalin in Anwesenheit von Molotov und Timoschenko hielt, war in mancher Hinsicht, nicht zuletzt ihrer Länge von vierzig Minuten, ungewöhnlich. Stalin sprach von der Reorganisation der sowjetischen Armee mit dem Ziel, sie dem Stand des modernen Kriegswesens anzupassen. Mehr als zwei Drittel der Rede widmete er dabei – nach den Erkundigungen des DNB-Korrespondenten Ernst Schüle – »einer exakten und völlig leidenschaftslosen Gegenüberstellung des deutschen und sowjetischen Kriegspotentials«. Er hielt »in seiner bekannten ruhigen Sprechweise, ohne jedes Pathos, seinen Zuhörern eingehend die Stärke und Ausrüstung des deutschen Heeres, der Kriegsmarine und der Luftwaffe« vor Augen und hob »klar die Leistungen der deutschen Kriegs- und Rüstungsindustrie« hervor. Er sei »zu dem Schluß gekommen, daß das sowjetische Kriegspotential dem deutschen nicht gewachsen sei«. Aus seinem nüchternen Vergleich habe Stalin zwei Schlußfolgerungen gezogen: »1.) die sowjetische Politik müsse dem gegenwärtigen Kräfteverhältnis Rechnung tragen, 2.) die sowjetischen Streitkräfte und die Rüstungsindustrie haben keinen Grund, sich ihrer erreichten Erfolge ... zu rühmen oder gar auf ihren Lorbeeren auszuruhen.« Es gelte vielmehr, unter Anspannung aller Kräfte an der »Befestigung der Landesverteidigung weiterzuarbeiten«.

Nach Gerüchten, die in Moskau kursierten, habe Stalin die Rote Armee in seiner Rede aufgefordert, im Jahre 1942 kampfbereit zu sein. In diesem Jahr würde der Konflikt mit Deutschland unvermeidlich, wobei die Sowjetunion gegebenenfalls die Initiative ergreifen würde – unter diesem Hinweis wurde die Rede damals auf deutscher Seite und später in der einschlägigen Literatur als wichtigstes Indiz für die Angriffspläne Stalins gewertet. Andere Gerüchte über diese Rede enthielten die Vermutung, Stalin hege die Absicht, »seine Gefolgschaft auf einen ›neuen Kompromiß‹ mit Deutschland vorzubereiten«.[182] Keines dieser Gerüchte ist zutreffend.

Wie Stalin Churchill im August 1942 mitteilte, wußte er im Frühjahr 1941, daß der Krieg kommen würde. Aber er habe gedacht, er könnte wenigstens weitere sechs Monate und damit (im Herbst konnte kein Angriff beginnen) wesentlich mehr Zeit gewinnen.[183] Bis Sommer 1942 habe er gehofft, sein Land in den Zustand der militärischen

Bereitschaft zu versetzen: Im Jahre 1942 hielt er die Rote Armee angeblich für »unbesiegbar«.[184] Dies war seine Version für Churchill. Demgegenüber hat Molotov unterstrichen, daß Stalin in seiner Gegenwart »noch kurz vor dem Kriege sagte, daß wir den Deutschen erst im Jahre 1943 als gleiche begegnen können«.[185] In seiner Rede nun hat Stalin, soweit das die Aufzeichnung erkennen läßt, keine Jahreszahl genannt. Eine Angriffsabsicht war ebenfalls nicht erkennbar. Im Gegenteil erwies sich Stalin nicht nur als guter Kenner seiner Streitkräfte und jeder einzelnen Waffengattung – er nannte bei all ihrem Zugewinn in den vergangenen drei bis vier Jahren (Erhöhung von 120 auf 300 Divisionen mit jeweils 15 000 Mann) auch ihre noch bestehenden Schwächen erbarmungslos beim Namen (»Unsere Schulen und Akademien sind hinter der zeitgenössischen Armee zurück... Unsere militärischen Lehranstalten bleiben hinter dem Wachstum der Roten Armee zurück... Es steht uns noch viel Arbeit bevor«). Einen großen Teil seiner Rede verwandte Stalin auf die Gründe für die französische Niederlage und die Zerstörung des Mythos von der Unbesiegbarkeit der deutschen Wehrmacht.

Die französische Armee sei der Wehrmacht in Technik und Organisation unterlegen und der gesammelten Kraft der Wehrmacht ausgesetzt gewesen, habe doch Deutschland aus der Geschichte gelernt: »1870 haben die Deutschen die Franzosen geschlagen. Warum? Weil sie an einer Front kämpften. 1916/17 erlitten die Deutschen eine Niederlage. Warum? Weil sie an zwei Fronten kämpften. Warum haben die Franzosen nicht aus dem Krieg von 1914–18 gelernt?« Die Franzosen – eine Analogie zu dem leeren Glauben an die Unbesiegbarkeit der Roten Armee, der in Finnland Schiffbruch erlitten hatte – seien vor lauter Erfolgen und Selbstzufriedenheit kopflos geworden, der militärische Gedanke sei nicht weiterentwickelt worden, sondern 1918 stehengeblieben. Sie hätten ferner nicht aufgepaßt und ihre Verbündeten verloren. Das wichtigste aber sei die mangelnde Pflege und moralische Unterstützung der Armee. »Die Armee muß die ausschließliche Pflege und Liebe des Volkes und der Regierung genießen – darin besteht die größte moralische Kraft der Armee. Eine Armee muß man hegen und pflegen.« Anders in Frankreich, wo sich der Militärapparat in den Händen von Dilettanten befinde und seine Moral zersetzt sei. So habe es eine Niederlage erlitten.

Sei deshalb die deutsche Wehrmacht unbesiegbar? Nein, es gebe in der Welt keine unbesiegbaren Armeen schlechthin. Es gebe nur bessere und schlechtere, schwächere und stärkere. »Deutschland hat den Krieg begonnen und marschierte in der ersten Phase unter der Losung der Befreiung vom Joch des Versailler Friedens. Diese Losung war populär, fand die Unterstützung und das Mitgefühl aller von Versailles Erniedrigten. Jetzt marschiert die deutsche Wehrmacht mit einer anderen Losung. Sie hat die Losung der Befreiung von Versailles durch Losungen der Eroberung ersetzt. Die deutsche Wehrmacht wird unter den Losungen eines Eroberungs- und Unterwerfungskrieges keinen Erfolg haben. Diese Losungen sind gefährlich. Solange Napoleon I. den Krieg unter der Losung der Befreiung von der Leibeigenschaft führte, traf er auf Unterstützung, fand Sympathie, Verbündete, hatte Erfolg. Als Napoleon I. zu Unterwerfungskriegen überging, traf er auf zahlreiche Feinde und unterlag. Insofern die deutsche Wehrmacht einen Krieg unter der Losung der Niederwerfung anderer Länder, der Unterdrückung anderer Völker durch Deutschland führt, wird ein solcher Wechsel der Losung nicht zum Erfolg führen . . . Darüber hinaus sind in der Wehrmacht Angeberei, Selbstzufriedenheit und Großtuerei erschienen. Der militärische Gedanke kommt nicht vom Fleck, die Kriegstechnik bleibt nicht allein hinter unserer zurück, sondern wird auf dem Gebiet der Luftfahrt auch von Amerika überholt.« Seit dem Frankreichfeldzug sei es mit der Wehrmacht bergab gegangen, und die Zukunft sei klar: »Genauso wie die alte Losung gegen Versailles die Unzufriedenen von Versailles geeint hat, wird die neue Losung sie entzweien.«

Die Sprache war selbstbewußt und die Botschaft klar: Die Wege der beiden Paria-Völker von Versailles trennen sich und ein Konflikt steht unvermeidlich bevor. Weder deutete Stalin aber eine Zeitperspektive an, noch sprach aus seiner Darstellung die geringste Offensivabsicht.

Am Abend desselben 5. Mai fand im Kreml ein Bankett für die verantwortlichen Kader der Kriegsakademien statt. Während des Empfangs galt der erste Toast Stalins der »Liquidierung der Rückständigkeit« der Armee und der zweite dem Wohl der Angehörigen der einzelnen Waffengattungen. Als zu vorgerückter Stunde ausgerechnet ein Generalmajor der Panzer (nach Gerüchten sogar der Leiter der Militärakademie Frunze, Generalleutnant M. S. Chozin) einen Trinkspruch auf die »friedliche Stalinsche Außenpolitik« ausbrachte, sah sich Stalin wohl in seiner Kritik der die eigene Kompetenz vernachlässigenden, laxen Dienstauffassung und mangelnden Verteidigungsbereitschaft seiner Militärs bestätigt und zu einer Grundsatzbesinnung herausgefordert, die sonst aus seinem Munde unbekannt ist (sie erfolgte am Abend der Warnung Schulenburgs!): Die Friedenspolitik sei eine gute Sache. Sie habe dem Land bis zu einem bestimmten Zeitpunkt den Frieden gesichert. Jetzt, da endlich die notwendige Erneuerung der Armee erfolgt sei, müsse man »von der Verteidigung zur Offensive (*nastuplenie*, nicht: Angriff = *napadenie*) übergehen. Indem wir die Verteidigung unseres Landes durchführen, sind wir verpflichtet, offensiv zu handeln, von der Verteidigung zur Militärpolitik der Offensivhandlungen überzugehen. Wir müssen unbedingt unsere Erziehung, unsere Propaganda, Agitation, unsere Presse im offensiven Sinne umbauen. Die Rote Armee ist eine moderne Armee, und die moderne Armee ist eine Offensivarmee.«

Dies war nicht die Einstimmung der Militärs auf einen angeblich geplanten Angriff, wohl aber die Aufforderung zur militärischen und moralischen Bereitschaft zu einer (Gegen-)Offensive bei bzw. nach erfolgtem deutschen Angriff, wie sie jede moderne Militärdoktrin vorschreibt.

Am 6. Mai beschloß Stalin, der bis zu diesem Zeitpunkt lediglich Generalsekretär der KPdSU war, das verfassungsmäßige Amt des Vorsitzenden des Rates der Volkskommissare (Ministerpräsident) zu übernehmen. Molotov, der dieses Amt in Personalunion mit der Funktion des Außenkommissars innegehabt hatte, blieb Volkskommissar für Äußeres und wurde stellvertretender Ratsvorsitzender – ein Beweis dafür, daß sich die Entscheidung Stalins nicht gegen seine Person richtete. Schulenburg verstand, daß Stalin »in einer von ihm als ernst betrachteten außenpolitischen Lage die volle Verantwortung für die Geschicke der Sowjetunion persönlich übernehmen« wollte. Der Botschafter sah den »Grund hierfür... in den außenpolitischen Fehlgriffen (!) der letzten Zeit..., die zu einer Abkühlung der deutsch-sowjetischen freundschaftlichen Beziehungen geführt haben, deren Entstehung und Erhaltung von Stalin zielbewußt betrieben wurden«. Schulenburg, der zunächst mit dem Gedanken gespielt hatte, seine Regierung zur Überbringung eines Glückwunsches zu veranlassen, ließ diesen Gedanken fallen, unterstrich aber seine Überzeugung, »daß Stalin seine neue Stellung dazu benutzen wird, um in eigener Person an der Aufrechterhaltung und Weiterentwicklung der guten sowjetischen Beziehungen zu Deutschland tätig zu werden«.[186]

Zugleich erinnerte er den Staatssekretär an die in Berlin getroffenen Absprachen für den Fall des Kriegsbeginns. Er bat ihn, »dafür Sorge zu tragen, daß im Falle eines Konfliktes die Angehörigen der Sowjetbotschaft, der sowjetischen Konsulate und der sowjetischen Handelsvertretungen in Deutschland möglichst entgegenkommend behandelt werden. Das gleiche sollte für die Vertreter der Sowjetpresse gelten ... Sehr würden wir alle hier es begrüßen, wenn unsere Behörden sich auch weitherzig erweisen würden, falls die Sowjetrussen bitten sollten, man möchte ihnen die Mitnahme bei ihnen angestellter Reichsdeutscher erlauben.« Er begründete dies mit der Erwartung reziproken Verhaltens der Sowjetregierung und schrieb: »Wir haben hier ... zahlreiche volksdeutsche sowjetische Staatsangehörige ... beschäftigt, von denen die eine oder die andere sicher mit uns wegzugehen wünschen werden.«[187]

Diese Anregung Schulenburgs ist nicht wahr gemacht worden – Weizsäcker hielt es nicht für zweckmäßig, Ribbentrop über sein Schreiben in Kenntnis zu setzen.[188] So wurden alle Sowjetbürger deutscher Nationalität, die bei Angehörigen der Botschaft beschäftigt waren, nach Eröffnung der Feindseligkeiten nach Osten deportiert[189]; in Deutschland wurden Angehörige der Sowjetvertretung (besonders jene jüdischer Herkunft) vorübergehend und ihnen nahestehende deutsche Staatsbürger auf Dauer in Gestapogefängnissen inhaftiert.

In einer »Nachschrift« machte Schulenburg den Staatssekretär darauf aufmerksam, daß die Sowjetregierung zwar nirgends etwas Durchgreifendes unternehme, »um einer Fliegergefahr zu begegnen«, doch solle man sich durch diese »scheinbare Sorglosigkeit« nicht täuschen lassen. Nach seiner Meinung war es »längst beschlossen, im Ernstfall Moskau und Leningrad zu evakuieren und zu offenen Städten zu erklären. Die Sowjetregierung hat ganz zweifellos irgendwo bereits seit längerem einen mit allen Schikanen (Nachrichtenmitteln usw.) ausgestatteten Kriegssitz vorbereitet, den sie in ganz kurzer Zeit erreichen kann. In Moskau wird sie keinesfalls bleiben.« Möglicherweise hoffte Schulenburg, über den Staatssekretär Einfluß auf die militärischen Entscheidungsträger zu nehmen, die – wie im Marcksschen »Operationsplan Ost« vorgesehen – davon ausgingen, mit der Zerstörung der vitalen Zentren Moskau und Leningrad bereits den Krieg gewonnen zu haben.

Am Tag der Bekanntgabe der Übernahme des höchsten Regierungsamts durch Stalin, dem 7. Mai 1941, scheint Schulenburg ein weiteres, drittes Schreiben nach Berlin geschickt zu haben, in dem er vor einem deutschen Angriffskrieg warnte. Ein »Schreiben Schulenburg«, datiert auf den »7. 5. 41. Moskau«, ist in den »Vorlagen beim Führer« aufgeführt, die Botschafter Hewel registrierte. Sein Inhalt wurde hier mit den Worten charakterisiert: »Deutsch-russischer Krieg! Wilde Gerüchte.« Dieses Schreiben Schulenburgs hat Hitler am 15. Mai 1941 vorgelegen. Dieser ließ es am selben Tag zu Ribbentrop gelangen, der es nicht zu den Akten nahm.[190]

Privat schrieb der Botschafter am selben Tage nach Berlin, die Lage sei »unverändert stark gespannt. Niemand weiß, was der nächste Tag bringen wird. Das Ereignis des Tages ist die Übernahme der Minister-Präsidentschaft durch Stalin. Was dies bedeutet, können erst die nächsten Tage zeigen.«[191]

Nach der Rückkehr Köstrings nach Moskau (12. Mai) und einem eingehenden Meinungsaustausch griff der Botschafter diese Frage erneut auf – sein zusammenfassender Bericht von diesem Tag enthielt eine Analyse der Vorgänge, die das politische Geschehen in Moskau seit seinem Frühstück mit Dekanozov beherrschten.[192] Im Zentrum standen die besonderen Maßnahmen Stalins zur Sicherung friedlicher Beziehungen zu Deutschland, an erster Stelle seine Übernahme des Vorsitzes des Rates der Volkskommissare, die verdeutliche, daß »Stalin sich ein außenpolitisches Ziel von überragender Wichtigkeit für die Sowjetunion gesteckt hat, das er mit Einsatz seiner Person zu erreichen hofft«, nämlich das Ziel, »in einer von ihm (für) ernst gehaltenen internationalen Lage die Sowjetunion vor einem Krieg mit Deutschland« zu bewahren.[193] Der Regierungsbeschluß über die Aufnahme diplomatischer Beziehungen der UdSSR zum Iran, der Erlaß über die Wiedereinführung der diplomatischen Ränge, die Schließung der diplomatischen Missionen von Belgien, Norwegen und Jugoslawien und das TASS-Dementi über die Konzentration starker, gegen Deutschland gerichteter Verbände an der russischen Westgrenze (Schulenburg: »reine Phantasie«) vom 8. Mai[194] seien Beweise für den Willen Stalins, Deutschland in jeder nur denkbaren Weise entgegenzukommen. Stalin habe »das Steuer persönlich in die

Hand« genommen, um eine Entspannung der Verhältnisse herbeizuführen und »für ein freundschaftliches Verhältnis zwischen Deutschland und der Sowjetunion« einzutreten.

Köstring unterstützte diese Argumentation in seinen Berichten an
Oberst Matzky. Die Ernennung Stalins zum Regierungschef liege auf
der Linie seines Einschwenkens von der Weltrevolution zur Realpoli-
tik. Stalin wolle die Beziehungen zu Deutschland auf eine sichere
Basis stellen. Der Hauptgrund dafür sei sein »Respekt« gegenüber
Deutschland, das nach seinen Siegen im Westen und auf dem Balkan
»dank der politischen Führung und unserer Armee... stärker als je«
dastehe. Stalins »Respekt vor uns«, die »absolute Ruhe«, die
»anscheinend bei den oberen russischen Stellen« herrsche, standen
für Köstring in krassem Gegensatz zu dem »Geschwätz«, der »Psy-
chose«, der Flucht der Frauen, Sachwerte, Pelze und Juwelen, die er
nun mit Abscheu unter den in Moskau lebenden Deutschen beobachtete. Wie sein Vertreter, Oberst Krebs, konnte auch Köstring nach wie
vor »keinerlei Kriegspsychose und keinerlei Vorbereitung zu einem
Kriege« erkennen. Obwohl ihnen bekannt war, daß »ein großer Teil«
der Roten Armee an der Westgrenze konzentriert wurde, hoben die
beiden Militärs wiederholt hervor, daß »keinerlei Anzeichen für
offensive Absichten der S. U. festzustellen sind«. Köstring hielt es für
möglich, daß die Truppen an der sowjetischen Westgrenze verstärkt
würden, um »dem evtl. Gegner dort entgegentreten« zu können, und
zweifelte an einem Zurückweichen der russischen Armee in Analogie
zu ihrem Ausweichen vor der Grande Armée Napoleons. Doch noch
Ende Mai konnte er sich nicht vorstellen, »daß die Truppen schon mit
allem Notwendigen zu einem nachhaltigen Widerstand bereits ver-
sorgt sind. Bei einer Rückwärtsbewegung einer etwa 2 Millionen
starken Armee müßten die Abtransporte des Materials bereits laufen.« Köstring versicherte dem OKH, wie er dies auch in Berlin an
höchster Stelle getan hatte, immer wieder, daß die Deutschen sowjetische Angriffsabsichten »in dieser Generation nicht zu fürchten
haben, nach unseren Erfolgen jetzt weniger denn je«, daß »ein offen-
sives Vorgehen der S. U. in absehbarer Zeit ausgeschlossen
erscheint«. Die Verstärkung der Truppen an der sowjetischen Westgrenze erfolgte nach seiner Kenntnis ohne alle für einen normalen
Truppenaufmarsch notwendigen Sicherheitsmaßnahmen (»Nichts
und von keinem etwas festzustellen«), selbst ohne die erforderlichen

Transportbewegungen (Ende Mai »noch nichts von Bedeutung«). Noch in der ersten Juni-Woche betonte er, daß »keine auffallenden Truppenbewegungen und keine Transporte« zu beobachten waren. Diese Beobachtungen führten ihn zu der Annahme, »daß die Russen vorläufig nur soviel an Maßnahmen zur Mobilmachungsbereitschaft tun, als unbedingt notwendig ist, um nach außen eine Bereitschaft zur Abwehr *zu zeigen* (kursiv im Text, I. F.). Daß sie aber nicht daran glauben, daß eine volle Bereitschaft für sie bald notwendig sei. Vielleicht glauben sie, eine militärische Abwehr durch eine politische ersetzen zu können!« Auch Köstring unterstrich wiederholt das »Entgegenkommen der Russen« und den einwandfreien und wohlwollenden Ton der Presse Deutschland gegenüber. Der Militärattaché plädierte für den Versuch einer Wiederaufnahme des politischen Gesprächs mit Moskau![195]

Seine Anregung blieb ohne Echo. Die dienstlichen Beziehungen der Botschaft zu Auswärtigem Amt und Reichsaußenminister waren vollends zur Einbahnstraße geworden. Um der bereits »unheimlichen Ruhe« (»hoffentlich ist es keine Ruhe vor dem Sturm!«)[196] zu entgehen, unternahm Schulenburg einen letzten Vorstoß bei Molotov.[197] Er meldete sich für den 22. Mai beim Außenkommissar an (der 22. Mai galt mancherorts noch Mitte Mai als Tag des Angriffs auf die UdSSR![198]), um – laut seiner Mitteilung an das Auswärtige Amt – angeblich »laufende Fragen betreffend Kulturgutverhandlungen, Entlassung von Häftlingen usw. mit ihm zu besprechen«. (Nach Mitteilung Köstrings an Matzky habe Molotov den Botschafter zu dieser ersten Unterredung seit Wochen gebeten, um die Stimmung in Deutschland zu sondieren.) Da die von Schulenburg erwähnten Verhandlungen bereits seit Monaten ruhten und Schulenburg Molotov (nach seiner vertraulichen Mitteilung an Köstring) nur Fragen von »untergeordneter Bedeutung« stellen konnte, ist die Annahme berechtigt, daß er in Wahrheit gut zwei Wochen nach seiner Warnung an Dekanozov die Reaktion Molotovs sondieren und gegebenenfalls zur Stelle sein wollte, falls der deutsche Angriff begänne. Molotov war »liebenswürdig, sicher und sachlich informiert, so gut wie immer« (Schulenburg), sein Ton und Entgegenkommen »durchaus erfreulich«, seine Stimmung »ruhig« (Köstring).

Der Angriff war längst verschoben worden, der Erfolg der Sondierung nichtig. (Köstring führte dies in seinem Bericht an Matzky darauf zurück, »daß der Botschafter bei dem Besuch ... (nichts) aus Berlin mitzubringen hatte«.[199]) So konnte der Botschafter die Begegnung lediglich dazu nutzen, das Auswärtige Amt auf die unveränderte Vertrauensstellung Molotovs bei Stalin und damit indirekt auf die noch immer bestehende Möglichkeit politischer Gespräche auf höchster Ebene aufmerksam zu machen: Molotov sei auch als Außenkommissar einer der »beiden stärksten Männer der Sowjetunion«, die allein für die Außenpolitik entscheidend seien, und »diese Außenpolitik (sei) vor allem auf die Vermeidung eines Konfliktes mit Deutschland gerichtet«. Dies beweise »die Haltung, die die Sowjetregierung in den letzten Wochen einnimmt, der Ton der Sowjetpresse, die alle Deutschland betreffenden Ereignisse in einwandfreier Weise behandelt, und die Erfüllung der mit Deutschland geschlossenen Wirtschaftsverträge«. Doch auch diese Anregungen stießen auf taube Ohren: Das Auswärtige Amt war mittlerweile handlungsunfähig – »ein Staat im Staate. Oder besser noch: ein wachsendes Krebsgeschwür«, wurde es von der politischen Leitung weitestgehend gemieden, während die neue Machtposition Stalins wirkungslos blieb (»Stalin handelt weiter nach unserem Wohlwollen, gibt naive und bauernschlaue Communiqués heraus etc. Zu spät!«[200]).

Am selben Tage teilte der Botschafter seiner bereits nach Deutschland abgereisten Sekretärin mit, die besonders interessierende Angelegenheit sei »unveränderlich bedrohlich. Wir rechnen jetzt, daß die Krise etwa Ende Juni eintritt ... Uns kommt es ganz merkwürdig vor, daß wir gegenwärtig *keine Delegationen* mehr haben, daß keine besonderen Verhandlungen zu führen sind usw. Unsere Kuriere sind ›dünn‹ und in wenigen Minuten erledigt, kurz: wir haben wenig zu tun ...« Wenige Tage später fügte er hinzu: »Wir schweben wie bisher in positiven und negativen ›Gerüchten‹. Etwas Gewisses, Sicheres weiß niemand ...! Ich persönlich bin der Meinung, daß das, was wir alle erwarten, auch bestimmt kommen wird (!) ... Auch hier, in sowjetischen Kreisen, besteht eine gewisse Unruhe, aber niemand weiß etwas Näheres ... in den wenigen noch laufenden Dingen ... schweigt sich Berlin völlig aus. – Die Sowjetregierung hat ein Dekret herausgegeben, das Mitgliedern der fremden Vertretungen in der S. U. das Reisen im ganze Lande so gut wie unmöglich macht. So ziemlich alles ist ›verbotene Zone‹. Auch Leningrad! Daran ist natürlich in erster Linie die ›allgemeine Lage‹ schuld, dann aber auch der

Übereifer einiger unserer Kollegen – besonders Japaner und Finnen –
die es für nötig befunden haben, gerade jetzt in ›kitzligen‹ Gebieten
umherzureisen . . . Es ist ein nicht angenehmer Zustand.«[201]

Als ihn sein italienischer Kollege auf Ängste unter jenen Diplomaten ansprach, die befürchteten, daß sich in Rumänien ein deutsch-
sowjetischer Konflikt anbahne, entgegnete Schulenburg, daß von
sowjetischer Seite eine solche Gefahr nicht gegeben sei: »Die Regierung der UdSSR wünscht keine Komplikationen und wird ihnen auf
jede Weise aus dem Wege gehen.« Auf die Intentionen der deutschen
Regierung und Hitlers selbst angesprochen, bekannte er »seine vollständige Unwissenheit und betonte wiederholt, er selbst sei sprach-
los über das unaufhörliche Gewirr widersprüchlicher Stimmen, die
ihm auch aus Berliner Kreisen zugehen«.[202]

Am 9. Juni schickte er seinen persönlichen Referenten, Walther, zur
Nachrichtenbeschaffung nach Berlin. In diesen Tagen waren – wie er
privat nach Berlin schrieb – »die Gerüchte über einen dicht bevorstehenden deutsch-sowjetischen Konflikt . . . wieder *außerordentlich
stark*. Danach wäre der 23. Juni der kritische Tag. Wir, d. h. die Botschaft, haben aber nicht das geringste *amtliche* Anzeichen für die
Wahrheit dieser Gerüchte, auch sind die Beziehungen zwischen Berlin u(nd). Moskau nirgends offiziell getrübt . . . Macht Euch bitte keine
Sorgen! Wir sorgen uns auch nicht um unsere Person. Wenn überhaupt, dann nur um die Sache!«[203]

Eine wachsende Besorgnis der Deutschen Botschaft über die Möglichkeit eines nahen Konflikts mit der UdSSR nahm am Abend des 12.
Juni auch Botschafter Rosso wahr. Dort hatte ihm eine glaubwürdige
Persönlichkeit versichert, daß »der deutsche Angriff unmittelbar
bevorsteht«. Der Übermittlung dieser Nachricht an seinen Minister
ließ Rosso noch in derselben Nacht ein zweites Telegramm folgen, in
dem auch er seiner tiefen Besorgnis Ausdruck gab. Die Situation sei
finster. Er selbst habe sich niemals zu Alarm hinreißen lassen und
sehe noch in diesem Moment nicht »die Vorteile, die Deutschland aus
einem Angriff auf die UdSSR ziehen kann . . . Mein Kollege von Schulenburg und das gesamte Personal der Deutschen Botschaft denken
wie ich und haben lange Zeit jeden Grund für den Ernst der Stimmen
von einem bevorstehenden Angriff verneint. In den letzten Tagen
aber habe ich festgestellt, daß seine (Schulenburgs) Dementis weniger kategorisch geworden sind. Schulenburg sagt mir weiter, daß er in

vollständiger Unkenntnis der Absichten Berlins sei, beginnt aber nun zu sagen, daß ›man nicht weiß, was passieren kann‹.« Alle Anzeichen – so meldete Rosso Außenminister Ciano – sprechen dafür, daß es »eine Fragen von wenigen Tage« sei.[204] Als Ciano in den folgenden Tagen in Venedig mit Ribbentrop zusammentraf und nach den Beziehungen Deutschlands zu Rußland fragte, erfuhr er von seinem deutschen Kollegen weniger als von seinem Moskauer Botschafter: Die Beziehungen hätten sich spürbar verschlechtert und würden angesichts der wachsenden sowjetischen Truppenkonzentrationen an der deutschen Grenze nicht besser. Eine Krise sei vorprogrammiert. Innerhalb kurzer Zeit, wahrscheinlich gegen Monatsende, werde der »Führer« Rußland gewisse ultimative Forderungen stellen müssen. Sollten sie zurückgewiesen werden, würde Deutschland nach anderen Mitteln suchen. »Ton und Wortgebrauch Ribbentrops« aber hatten bei Ciano kaum Zweifel hinterlassen, daß »die Entscheidung, Rußland in allerkürzester Zeit anzugreifen, längst vom Führer getroffen ist«.[205]

Die Tage des angespannten Wartens verbrachte der deutsche Botschafter im Kreise nahestehender Kollegen und Mitarbeiter mit der Lektüre der Memoiren des französischen Botschafters am Hofe Alexanders I., Armand Marquis de Caulaincourt. Es zeigte sich bis in den Wortlaut hinein eine überraschende Ähnlichkeit zwischen den Warnungen vor dem Rußlandfeldzug, die Caulaincourt an Napoleon gerichtet hatte, und denen, die Schulenburg immer wieder im Auswärtigen Amt und schließlich vor Hitler selbst vorgetragen hatte. Die Übereinstimmung der Rollen Caulaincourts/Schulenburgs einerseits und Napoleons/Hitlers andererseits schien bei der Betrachtung dieser Texte ebenso frappierend wie die Parallelität des Schicksals, das der neuen westlichen Invasionsarmee auf russischem Boden bereitet würde. Die »Erinnerungen des Marquis de Caulaincourt«, seit Aufkommen der Gerüchte über deutsche Angriffsabsichten auf Rußland »die Pflichtlektüre der Deutschen Botschaft«, wurden nun zu einem qualvollen Zeitvertreib voller tragischer Implikationen.[206]

Das TASS-Kommuniqué vom 13. Juni –
Höhepunkt der Beschwichtigung Stalins

In der zweiten Juni-Woche ging der deutsche Aufmarsch seiner Vollendung entgegen. Deutsche Aufklärungsflüge über sowjetischem Gebiet, auf die die Sowjetregierung seit Ende März 1941 überwiegend mit bloßen Protestnoten reagierte, hatten längst einen stetigen Charakter mit wachsender Frequenz angenommen – in den letzten drei Monaten vor Kriegsbeginn wurden von sowjetischer Seite 180 Aufklärungsflüge mit Tiefen bis zu 100 und 150 km in den sowjetischen Luftraum registriert. Ihre Aufgaben gingen aus dem Karten- und Photomaterial eines auf sowjetischem Gebiet notgelandeten und eines zur Landung gezwungenen deutschen Aufklärungsfliegers klar hervor. Die Sowjetregierung zog daraus keine sichtbaren Schlüsse: Bis zum 11. Juni hatte Molotov – nach Äußerungen gegenüber japanischen und deutschen Diplomaten – achtzig Grenzzwischenfälle durch Überstellen ›in den Geschäftsgang erledigt‹.[207]

Die sowjetische Antwort auf den deutschen Aufmarsch – Durchführung militärischer Übungen in den sowjetischen Grenzbezirken, Einberufung von Rekruten (am Ende der ersten Juni-Woche allein 800 000 Mann) und Verlagerung größerer Einheiten an die Westgrenze – schien der Botschaft unangemessen begrenzt und besaß, nach den ihr vorliegenden Nachrichten, »ausschließlich defensiven Charakter«.[208] Die militärischen Berichte der Botschaft nach Berlin bestätigten den dort auf höchster Ebene bestehenden Kenntnisstand: Nach diesem herrschten in Moskau »z.T. lähmende Resignation, z.T. Anbiederungsversuche bei uns, z.T. aber auch schon sichtbare Vorbereitung ... An einen ernsthaften Widerstand glaubt eigentlich niemand mehr.«[209]

Die Tatsache, daß unter den hohen sowjetischen Militärs Auffassungen bestanden, die der Passivität Stalins scharf widersprachen, war seit Mitte Mai bekannt.[210] Der sowjetische Generalstab arbeitete in diesen spannungsreichen Wochen der tagtäglichen Erwartung einer deutschen Offensive auf der Basis der immer präziseren Informationen der sowjetischen Nachrichtendienste[211] fieberhaft und nahezu täglich neue Operationspläne für einen Präventivschlag aus.[212] Sie fanden bei Stalin keine Gegenliebe. Er lehnte jede derartige Möglichkeit kategorisch ab: Einerseits wußte er – ungeachtet aller lautstarken Deklamationen – von dem dramatischen Mangel an Kampfbereitschaft der Roten Armee. Andererseits hoffte er, durch eine Mischung diplomatischer und politischer Schritte Aufschub zu erreichen und Hitler zumindest temporär für eine Verhandlungslösung zu gewinnen. Schließlich setzte er – sehr zu Unrecht – auf eine Art konventioneller Verläßlichkeit und eigennütziger Rationalität Hitlers: Er erwartete mit Sicherheit, daß einer Kriegserklärung das übliche diplomatische Prozedere (Forderung, Gegenforderung, Ultimatum, Kriegserklärung) vorausgehen würde, und hielt es für ausgemacht, daß Hitler als Schüler der preußischen Militärtradition mit einem ungebrochenen England im Rücken keinen Zweifrontenkrieg nach Osten eröffnen würde. In dieser scheinbaren Gewißheit glaubte er sich allen militärischen Ratgebern überlegen – seit Frühjahr hatte er Generalstabschef Zhukov erklärt, er könne die Haltung Hitlers besser einschätzen als der Generalstab und besitze dafür »Beweise«[213]. Die Mitteilungen und präzisen Analysen der Sowjetbotschaft Berlin seit Anfang Mai waren für ihn nicht schlüssig.[214] Die gutplazierten deutschen Informanten, Männer wie Richard Sorge in Tokio und Harro Schulze-Boyen in Berlin, schienen ihm unseriös.[215] Die Tatsache, daß ihm von dort und aus vielen anderen Quellen mit wachsender Dichte das Datum des 22. Juni als Angriffstag entgegenhämmerte, mag ihn in seiner Annahme bestärkt haben, daß es sich dabei um ein großangelegtes Täuschungs- und Erpressungsmanöver handele.[216] Genau damit lief er der Verschleierungstaktik Goebbels' ins Messer.[217]

Mit einer Mischung aus Genugtuung, Verwunderung und Mißachtung konstatierte Goebbels gegen Ende der zweiten Juni-Woche, daß die sowjetische Seite immer noch »nicht viel« tue – »die Russen starren hypnotisch auf uns und haben Angst«. Der nun allmählich einsetzende russische Aufmarsch erfolge so, wie ihn sich Hitler nur wünschen könne: »dick massiert, eine leichte Gefangenenbeute«. Die Tatsache, daß der russische Aufmarsch auf Abschreckung und nötigenfalls Abwehr angelegt war, wurde mißdeutet. Aus deutscher Sicht fehlte Stalin der Mut, »durch präventive Luftangriffe uns schwersten Schaden zu(zu)fügen«, etwa in Ostpreußen, wo doch die deutschen Truppen so stark massiert an der Grenze standen. (Goebbels: »Man muß schon Kühnheit besitzen, wenn man einen Krieg gewinnen will.«[218])

Stalin hingegen wollte der militärischen Konfrontation so lange wie möglich ausweichen und suchte statt dessen nach politischen Möglichkeiten zur zumindest temporären Beilegung des schwelenden Konflikts. Ein letztes Mal ergriff er am 13. Juni 1941 die Initiative zur Klärung der deutschen Absichten und unternahm einen ungewöhnlichen Schritt. Ab 19.00 Uhr wurde auf den dichtbevölkerten Straßen und Plätzen der Hauptstadt über Lautsprecher sowie gleichzeitig über den sowjetischen Rundfunk ein TASS-Kommunique verlesen, dessen Text Molotov am späten Abend desselben Tages auch dem deutschen Botschafter aushändigte.[219] Alle großen sowjetischen Tageszeitungen veröffentlichten ihn am 14. Juni auf der ersten Seite. Dieses lange Kommuniqué, das zweifellos auf Stalin zurückging[220], dementierte die »Gerüchte über ›einen nahe bevorstehenden Krieg zwischen der UdSSR und Deutschland‹« und war insofern auch eine offizielle Antwort auf die Warnung, die Schulenburg bei seinem Gespräch mit Dekanozov und Pavlov an die Sowjetregierung gerichtet hatte.[221] Der Text des Kommuniqués machte indirekt den britischen Botschafter in Moskau, Sir Stafford Cripps, und die »ausländische Presse« für die Verbreitung der in Moskau zirkulierenden »Gerüchte« verantwortlich, nämlich: Deutschland habe der UdSSR, erstens, territoriale und wirtschaftliche Forderungen gestellt, denen gegenwärtig Verhandlungen zwecks einer neuen, engeren Übereinkunft folgten; die Sowjetunion habe diese Forderungen, zweitens, abgelehnt, was Deutschland veranlaßt habe, seine Truppen an den Grenzen der UdSSR zu konzentrieren, »um die Sowjetunion zu überfallen«; die Sowjetunion habe, drittens, ihrerseits intensive Kriegsvorbereitungen begonnen und ihre Truppen an den Grenzen Deutschlands konzentriert. »Ungeachtet der offenkundigen Sinnlosigkeit dieser Gerüchte« – so fuhr das Kommuniqué fort – hätten die verantwortlichen Kreise in Moskau TASS ermächtigt zu erklären, »daß diese Gerüchte eine plump zusammengebraute Propaganda der gegenüber der Sowjetunion und Deutschland feindlich eingestellten Kräfte, die an einer weiteren Verbreitung und Entfesselung des Krieges interessiert sind, darstellen«.

Zur Widerlegung dieser »Gerüchte« gab TASS die folgende Erklärung ab:

1. Deutschland habe der UdSSR »keinerlei Forderungen« gestellt und kein engeres Übereinkommen vorgeschlagen, so daß auch keine Verhandlungen stattfinden konnten.

2. Deutschland erfülle die Bedingungen des deutsch-sowjetischen

Nichtangriffspaktes »unentwegt«; Gerüchte über eine »Absicht Deutschlands, die Verträge zu brechen und einen Angriff gegen die Sowjetunion zu unternehmen«, seien insofern »völlig grundlos«. Deutsche Truppenverschiebungen in den östlichen Landesteilen seien »mit anderen Motiven« verbunden, die die deutsch-sowjetischen Beziehungen nicht berührten.

3. Die Sowjetunion erfülle die vertraglichen Bedingungen des deutsch-sowjetischen Nichtangriffspaktes und beabsichtige, sie weiter zu erfüllen; Gerüchte, denen zufolge sich die UdSSR auf einen deutsch-sowjetischen Krieg vorbereite, seien »erlogen und provokatorisch«.

4. Die bevorstehenden Sommermanöver der Roten Armee dienten ausschließlich zu Übungszwecken.

Die Angehörigen der Deutschen Botschaft hielten dieses Kommuniqué Stalins nicht zufällig für »genial«. Der rumänische Gesandte betrachtete es als einen Modellfall der sowjetischen Diplomatiegeschichte: »Es umfaßt all das, was die Sowjetregierung nur wünschen könnte zu sagen, zu empfehlen, nahezulegen, vorzuschlagen, um den Krieg zu vermeiden.«[222]

In der Tat war das Kommuniqué nicht nur darauf angelegt, Hitler jeden Vorwand zu einem Präventivschlag zu nehmen – hierin bestand nur sein vordergründiger Sinn. Es manifestierte zugleich die sowjetische Bereitschaft zu politischen Verhandlungen, auch über territoriale und Wirtschaftsfragen, wenn die deutsche Seite dazu den ersten Schritt tun würde. Es lud die zwischen Deutschland und der UdSSR entstandenen, wenn auch kaum jemals thematisierten Spannungen geschickt auf die Schultern Dritter ab. Es dokumentierte mit der sowjetischen Friedensbereitschaft zugleich die Unnötigkeit eines bewaffneten Konfliktes und gab doch zu erkennen, daß eine gewisse Verteidigungsbereitschaft bestand. Es dementierte mit den unterschiedlichen Arten von Gerüchten aber auch die vom deutschen Propagandaministerium in Umlauf gesetzte Desinformation und bewies damit eine gewisse Transparenz, ja Überlegenheit des Kenntnisstandes der Sowjetregierung. Zuvörderst aber lieferte es einen an Unterwürfigkeit grenzenden Beweis für die sowjetische Vertragstreue gegenüber Deutschland und Bereitschaft zum weiteren Zusammengehen mit Hitler und stellte sich ungefragt schützend vor den deutschen Vertragspartner.

Die taktische Absicht, die hinter dem Kommuniqué vom 13. Juni stand, war zweifellos an erster Stelle der Zeitgewinn: Stalin erhoffte sich – acht Tage vor dem oft genannten Angriffsdatum – eine deutsche Reaktion, die zu Gesprächen oder aber Auseinandersetzungen, in jedem Falle aber zu einem Dialog-Prozeß führen würde, der den deutschen Angriff auf absehbare Zeit hinausschöbe. Würde der Angriff nicht spätestens am 22. Juni stattfinden, so bliebe – wie das Beispiel Napoleons zeigte, der dieses Datum gewählt und bereits an ihm gescheitert war – in diesem Jahr wenig Hoffnung auf einen deutschen Sieg.

Darüber hinaus sollte das Kommuniqué nicht zuletzt die deutschen Absichten ausforschen. In einer weiteren Perspektive ist die Annahme nicht von der Hand zu weisen, daß Stalin Deutschland den Weg zu Verhandlungen weisen, für den Fall eines deutschen Angriffs aber unbelastet dastehen und somit die Legitimation zu jedem anderen Engagement besitzen wollte.[223]

Die in Moskau am meisten verbreitete Lesart dieses Kommuniqués besagte, Stalin habe Hitler einen Blanco-Scheck seines Vertrauens ausgestellt und warte nun beklommen auf seine Einlösung. Botschafter Schulenburg und mit ihm das gesamte diplomatische Korps warteten nicht weniger gespannt als die Stalin-Regierung auf eine deutsche Antwort. Sie erfolgte nicht. Nur auf einem Empfang der internationalen Presse wurde das Kommuniqué in Berlin flüchtig vom stellvertretenden Leiter der Presseabteilung des Auswärtigen Amts, Paul Schmidt, erwähnt. Generell hatte das Propagandaministerium in dieser Frage Nachrichtensperre verhängt.

Das Schweigen Hitlers dauerte zehn Tage. Am dritten Tag, dem 16. Juni, bestellte er Propagandaminister Goebbels, das Haupt der Tarn- und Desinformationskampagne, am Nachmittag »durch eine Hintertür« in die Reichskanzlei. Hitler sah »großartig aus« und setzte Goebbels mit folgenden Worten über den Stand seiner Planung in Kenntnis: »Der Angriff auf Rußland beginnt... im Laufe etwa einer Woche... Es wird ein Massenangriff allergrößten Stils. Wohl der gewaltigste, den die Geschichte je gesehen hat. Das Beispiel Napoleons wiederholt sich nicht. Gleich am ersten Morgen beginnt das Bombardement aus 10 000 Rohren... Die Russen sind genau an der Grenze massiert, das Beste, was uns überhaupt passieren kann. Sie haben etwa 180–200 Divisionen zur Verfügung, vielleicht auch etwas weniger, jedenfalls ungefähr soviel wie wir. An personellem und materiellem Wert sind sie mit uns überhaupt nicht zu vergleichen. Der Durchstoß geht an verschiedenen Stellen vor sich. Sie werden glatt aufgerollt. Der Führer schätzt die Aktion auf etwa 4 Monate... Der Bolschewismus wird wie ein Kartenhaus zusammenbrechen. Wir stehen vor einem Siegeszug ohnegleichen. Wir müssen handeln. Moskau will sich aus dem Kriege heraushalten, bis Europa ermüdet und ausgeblutet ist. Dann möchte Stalin handeln... Rußland würde uns angreifen, wenn wir schwach werden, und dann (!) hätten wir den Zweifrontenkrieg, den wir durch diese Präventivaktion verhindern. Dann erst haben wir den Rücken frei... Wenn eine Aktion sicher war und ist, dann diese... Der Führer sagt: ob recht oder unrecht, wir müssen siegen... haben wir gesiegt, wer fragt uns nach der Methode. Wir haben sowieso soviel auf dem Kerbholz, daß wir siegen müssen, weil sonst unser ganzes Volk, wir an der Spitze mit allem, was uns lieb ist, ausradiert werden. Also ans Werk!... Diese Pest wird aus Europa ausgetrieben. Die Zeit ist reif. Das TASS-Dementi ist nach Ansicht des Führers nur eine Ausgeburt der Angst. Stalin zittert vor den kommenden Dingen.«[224]

Diese Einschätzung der Lage ließ eine Antwort überflüssig erscheinen. Im Gegenteil bestand die einzige Sorge Hitlers darin, »Stalin könne (ihm) durch eine Geste des Entgegenkommens... in letzter Stunde noch das Konzept verderben«. Der sowjetische Botschafter, der sich am 18. Juni mit der Frage bei Staatssekretär von Weizsäcker meldete, was es Neues gebe, wurde mit nichtssagenden Worten abgewiesen (Weizsäcker: »Nichts!«). Das deutsch-russische Verhältnis war mit keinem Wort berührt worden. Nach Weizsäcker erfolgte daraufhin »ein Aufatmen bei den entscheidenden Stellen«, als er berichtete, wie schnell sich der Sowjetvertreter wieder entfernt hatte. Nach seiner späteren Darstellung befürchteten Ribbentrop wie Hitler, Stalin würde ihre Angriffsvorbereitungen durch unvorhersehbare Gesten in Fortsetzung seines Kommuniqués stören: Während sich Dekanozov zum Gespräch in der Wilhelmstraße angemeldet hatte, hatten sie »Lokomotiven heizen (lassen) und machten sich bereit, in ihren Sonderzügen die Stadt zu verlassen, wenn der Russe etwas Wichtiges vorbringen sollte«.

Weizsäcker scheint sich bei dieser Begegnung mit Dekanozov – nach seiner eigenen Darstellung – die Frage gestellt zu haben, ob er diesen warnen sollte. Er tat es nicht und erklärte sein Schweigen nach dem Krieg durch Rücksichtnahme auf die deutschen Soldaten: »Jetzt, wo Hitler sprungbereit wie ein Tiger war, in diesem virtuellen Kriegszustand, konnte ich mit Dekanozov nicht anders reden als indifferent. Eine politische Indiskretion an ihn hätte das Unheil nicht mehr aufgehalten. Sie hätte höchstens die russische Front alarmieren und deutschen Soldaten das Leben kosten können.«[225]

Anders Schulenburg und die Deutsche Botschaft Moskau. Sie teilten zunächst mit den Kollegen aller betroffenen Länder die »Qual eines anhaltenden Wartens«.[226] Die »Ruhe«, von der der Botschafter in einem Privatbrief nach Berlin vom 17. Juni sprach (»Nun, wir sehen uns alles dies mit Ruhe an!«[227]), war die Ruhe einer ihm aufgezwungenen Inaktivität, eine erzwungene, lähmende Ruhe. Mit jedem verstreichenden Tag sank die Hoffnung, daß die deutsche Seite das Zeichen Stalins erwidern würde. Am 14. Juni[228] war Gebhardt von Walther mit der Hiobsbotschaft aus Berlin zurückgekehrt, der Angriff stehe fest und werde um den 22. Juni erfolgen. Am 17. Juni schrieb Schulenburg seiner Sekretärin nach Deutschland: »Vielleicht ist das heute der letzte Kurier, mit dem ich von hier aus schreiben kann... Wir *wissen* noch immer gar nichts, aber die berühmten ›Gerüchte‹ schwellen zu Himalaja-Höhe an. Als die Sowjetregierung vor fünf Tagen ihr Kommuniqué veröffentlichte, wonach sie nicht beabsichtige, Deutschland anzugreifen, u(nd). auch nicht glaube, daß dies umgekehrt das Reich tun wolle, brachen die gesamten *Gerüchte* in sich zusammen. Alle Welt glaubte, daß das Kommuniqué im Einverständnis mit uns herausgegeben worden sei. Dann aber blieb das Echo aus Deutschland aus – wir wissen nicht, ob das sowj(etische). Kommuniqué in Deutschl(an)d. überhaupt veröffentlicht worden ist! – Und das hat dem Diplomatischen Korps den Rest der Fassung geraubt.«

Am nächsten Tage wurde die Lage »immer mulmiger. Dabei wissen wir noch immer nicht im geringsten, ob die hartnäckig umlaufenden Gerüchte überhaupt irgend einen realen Hintergrund haben.«[229] An diesem 18. Juni – aus der Sicht Goebbels' stand »die Tarnung Rußland... auf dem Höhepunkt. Wir haben die Welt mit einer Gerüchteflut erfüllt, daß man sich kaum noch selbst auskennt«[230] – meldete Militärattaché Köstring ein letztes Mal seinen Protest gegen diese nie dagewesenen Verschleierungsmethoden an; im Brief an seinen militärischen Vorgesetzten sprach er sich mit Entschiedenheit gegen die Auffassung aus, der »Nebel der Ungewißheit«, den die Tarnkampagne mit allen Mitteln der Lüge und Gerüchtebildung erzeugte, diene den deutschen Interessen. Das »unendliche Geschwätz... und die Gerüchte« hätten einen nicht »zu überbietenden Höhepunkt erreicht« und »alle und jeder« seien von ihnen »besessen, beeindruckt« und kolportierten sie weiter. Dies habe dazu geführt, daß »keine einzige deutsche Dame mehr anwesend« sei und die deutschen Firmen ihre in der UdSSR vertraglich tätigen Angestellten abberiefen. So sei eine Situation eingetreten, in der »die Russen... verärgert (seien), der Botschafter... sich keinen Rat« mehr wisse. Mit den Worten: »Es wird einsam um einen« und den »aufrichtigen Wünschen für die Zukunft« seines Vorgesetzten in Zossen nahm Köstring für immer von seinem Moskauer Posten Abschied.[231]

Am 19. Juni setzte Schulenburg seinen italienischen Kollegen ins Bild. Er teilte Rosso mit, sein Mitarbeiter (von Walther) habe in Berlin offiziell weder präzise Weisungen noch authentische Informationen zur Lage erhalten können. Streng vertraulich fügte er hinzu, seine persönliche Meinung bestehe darin, »daß der bewaffnete Konflikt unmittelbar bevorstehe und in zwei oder drei Tagen, wahrscheinlich am Sonntag« ausbrechen würde. Der Botschafter erwäge die Ausreise via Tiflis-Türkei oder via Baku-Iran-Türkei.[232] Schulenburg machte den italienischen Botschafter wiederholt persönlich und durch seine Mitarbeiter darauf aufmerksam, daß für Italien im Falle eines deutsch-sowjetischen Konflikts kein Grund bestehe, an der Seite Deutschlands in den Krieg einzutreten, und es außerhalb dieses Konfliktes bleiben könne. Er vertraute Rosso einige persönliche Gegenstände zur Verwahrung an.[233]

Von Botschafter Rosso erfuhr der italienische Außenminister am 19. Juni die Daten, die ihm sein Bündnispartner in Berlin vorenthielt. Das Telegramm Rossos an Ciano wurde auch vom sowjetischen Sicherheitsdienst abgefangen und noch am selben Tage über die Zentrale weitergeleitet: Aus ihm erfuhr Stalin, daß auch der deutsche Botschafter den Angriff für Sonntag, den 22. Juni, voraussagte.[234]

An diesem 19. Juni 1941 schließlich entschloß sich Stalin, die Tarnung der Flugplätze, Truppenunterkünfte und anderer militärischer Einrichtungen anzuordnen. »Die vorgesehenen Mobilmachungs- und Organisationsmaßnahmen konnten jedoch nicht abgeschlossen werden. Es zeigte sich, daß der genaue Zeitpunkt des deutschen Angriffs falsch datiert worden war. Außerdem erlaubten die wirtschaftlichen Möglichkeiten nicht, alle erforderlichen Maßnahmen innerhalb der verbleibenden Frist zu realisieren.«[235] Der »entscheidende Schritt« zu einer vollen Mobilmachung blieb trotz des Drängens der Generalität auch an diesem Tage aus – weder wurden die Grenzmilitärbezirke beschleunigt mobilgemacht und in volle Gefechtsbereitschaft versetzt, noch wurde eine stabile und tiefgestaffelte Verteidigung organisiert. Stalin wollte diese Maßnahmen mit Rücksicht auf mögliche deutsche Reaktionen vermieden wissen und erlegte seiner Armee so lange eine erzwungene Passivität auf, bis sie »unter ungünstigsten Bedingungen den Kampf aufnehmen und sich kämpfend ins Landesinnere zurückziehen« mußte. Mit Sicherheit hätten sich die Kampfhandlungen anders entwickelt, wenn die rechtzeitige Mobilmachung und Entfaltung der Streitkräfte in den Grenzmilitärbezirken angeordnet worden wäre.[236] Mikojan, der Stalin in diesen Tagen häufig traf, wußte, daß er seine Zustimmung zur Mobilmachung in dem Bemühen verweigerte, »den bewaffneten Zusammenstoß mit Hitler-Deutschland hinauszuzögern«; er fürchtete, »daß derartige Maßnahmen als Vorwand zu einem Angriff gegen uns dienen konnten«. Dem lag trotz aller erfolgten Warnungen noch immer sein Verkennen des zeitlichen Ablaufs zugrunde. Nach der Erinnerung Mikojans war »Stalin auch in dieser Zeit fest überzeugt, daß sich Hitler in den nächsten Monaten nicht entschließen wird, gleichzeitig an zwei Fronten zu kämpfen... Er zitierte Bismarck und andere berühmte Militärs und Staatsmänner Deutschlands, die... überzeugt waren, daß Deutschland nicht an zwei Fronten kämpfen dürfe, daß es in diesem Falle nicht den Sieg erringen kann. Und Stalin hatte eine hohe Meinung von der Strategie dieser Männer«. Nach dem Zeugnis Mikojans hielten Stalin und die Mitglieder des Politbüros »einen Zusammenstoß für unumgänglich; aber wir verstanden, je weiter es gelingt, den Krieg hinauszuschieben, desto mehr könnten wir die technischen Mittel anhäufen, die Rote Armee und das Land besser auf die Verteidigung vorbereiten und dem Feind unter günstigen Bedingungen begegnen«.[237]

Stalin weigerte sich weiter, den Befehl zur Mobilmachung zu geben, um der deutschen Seite keinen Anlaß zu eventuellen Präventivschlägen zu bieten. Damit war seine Regierung genötigt, ein

Höchstmaß von Vorsicht und Entgegenkommen walten zu lassen – die sowjetische Diplomatie war vor Zerreißproben an Geduld und ausweichender Konzilianz gestellt. Dem Außenkommissariat fiel es unter diesen Voraussetzungen zu, den deutschen Angriff auf die Sowjetunion »mit diplomatischen Mitteln zu erschweren«, und dies ungeachtet der Tatsache, daß sich die »diplomatischen Möglichkeiten, den Beginn der Aggression hinauszuschieben, (rapide) verringerten«.[238] Die Überschätzung der Möglichkeiten, die Stalin in dieser Situation der Diplomatie zuschrieb[239], wurde eklatant.

VI. DER KRIEG OHNE ERKLÄRUNG

Die Sowjetregierung hatte sich für die Erwartung einer deutschen Antwort die Frist einer Woche gesetzt. Genau nach ihrem Ablauf, am 20. Juni 1941, beauftragte das Außenkommissariat Botschafter Dekanozov in Berlin, dem Reichsaußenminister eine Note zu übergeben. In dieser Note machte die Sowjetregierung die deutsche Regierung auf die Verletzungen des sowjetischen Luftraums durch deutsche Aufklärungsflugzeuge »aufmerksam«, die in der letzten Zeit »einen systematischen Charakter« angenommen hätten, und bat um Einstellung dieser Verletzungen ihres Luftraums. Dekanozov war angewiesen, Ribbentrop oder aber seinem Stellvertreter die Note persönlich zu überbringen und dabei auch auf vorsichtige Weise den Stand des deutsch-sowjetischen Verhältnisses zu berühren.

Über den Tag des Sonnabend, 21. Juni, suchte Dekanozov vergeblich einen Weg zu Ribbentrop oder seinem Vertreter. Während seiner Bemühungen um ein Gespräch mit Ribbentrop erließ dieser jeweils eine »Sprachregelung«, die Dekanozov den Weg verbauen sollte.[1] Erst am Abend dieses 21. Juni, um 21.30 Uhr, nahm anstelle des Ministers der Staatssekretär die Note entgegen.[2] Weizsäcker lehnte eine Erörterung des Sachverhalts vor der Stellungnahme seiner Regierung ab und verwies – anhand einer dafür erlassenen »Sprachregelung« – im Gegenzug auf eine Fülle angeblicher sowjetischer Grenzverletzungen. Als Dekanozov das Gespräch – laut Weizsäcker – »noch etwas weiterspinnen wollte«, lehnte der Staatssekretär eine Vertiefung mit dem Hinweis ab, daß er »vollkommen anderer Ansicht sei als er (Dekanozov)«.

Auch in Moskau bat Außenkommissar Molotov den deutschen Botschafter auf 21.30 Uhr Ortszeit zu sich, um ihm dieselbe Verbalnote auszuhändigen.[3] Die Weisung Stalins an Molotov sah vor, in diesem Zusammenhang mit Schulenburg »den unbefriedigenden

Stand der sowjetisch-deutschen Beziehungen zu erörtern«.[4] Nach Anhören der Verbalnote verwies Schulenburg auf seinen begrenzten Informationsstand und folgte, wenn auch mit einer typischen Abweichung, der obligaten »Sprachregelung«: Er erhalte auch Informationen über Grenzverletzungen durch Flugzeuge »von anderer Seite«. Molotov bezeichnete sowjetische Grenzverletzungen als »eine seltene Erscheinung«, die auf die Unerfahrenheit der Flieger zurückgehe, während die Verletzungen der sowjetischen Grenze durch deutsche Flieger »einen anderen Charakter« trügen. Er bäte die deutsche Regierung um eine Antwort auf diese Erklärung. Molotov ging dann zur allgemeinen Lage der deutsch-sowjetischen Beziehungen über und fragte Schulenburg, wie sich die Abreise der deutschen Botschaftsangehörigen und ihrer Frauen sowie die Tatsache erkläre, daß verstärkt und in scharfer Form »Gerüchte über einen nahen Krieg zwischen der UdSSR und Deutschland verbreitet werden, daß das auf Friedenserhaltung gerichtete TASS-Kommuniqué vom 13. Juni in Deutschland nicht veröffentlicht wurde«. Er stellte dann die direkte Frage: »Worin besteht die Unzufriedenheit Deutschlands in Bezug auf die UdSSR, wenn eine solche vorhanden ist?« Und er fragte Schulenburg wörtlich, ob er nicht in der Lage sei, eine Antwort auf diese Fragen zu geben. Die Fragen Molotovs »versetzten den Botschafter in eine überaus peinliche Lage« (Hilger). Allerdings antwortete er nicht, wie Hilger dies berichtete, nur mit der Erklärung, er verfüge über keinerlei Informationen. Nach der Aufzeichnung Molotovs gab er zur Antwort, »daß alle diese Fragen ihre Grundlage haben, daß er aber nicht imstande sei, sie zu beantworten, insofern Berlin ihn vollständig uninformiert läßt. Schulenburg bestätigt, daß einige Mitarbeiter der Deutschen Botschaft tatsächlich abberufen wurden, doch diese Abberufungen betreffen nicht den eigentlichen diplomatischen Stamm der Botschaft.« Mit der Unterscheidung der eigentlichen Diplomaten von den abberufenen Militärs wies er indirekt auf die Hintergründe dieser Abberufungen hin: »Abberufen« – so berichtete er Molotov – »ist der Marineattaché Baumbach, der Forstattaché... Von seiner Dienstreise nach Berlin nicht zurückgekehrt ist der Luftattaché Aschenbrenner.« Darüber hinaus bestätigte er erneut die bestehenden Gerüchte: »Die Gerüchte sind ihm, Schulenburg, bekannt, aber er hat auch keine Erklärung für sie.«

Molotov knüpfte daraufhin direkt an die Warnung Schulenburgs gegenüber Dekanozov an und hob hervor: »Seiner Meinung nach gibt es keine Gründe, aus denen die Deutsche Regierung unzufrieden mit der UdSSR sein kann. Der sowjetisch-jugoslawische Pakt, der im Ausland so aufgebauscht wurde, als ob er den sowjetisch-deutschen gegenseitigen Beziehungen widerspreche, . . . hält sich im engen Rahmen und kann unsere gegenseitigen Beziehungen nicht belasten. Im gegenwärtigen Zeitpunkt hat diese Frage überhaupt ihre Aktualität verloren.«

Schulenburg griff den indirekten Rückverweis auf sein Gespräch mit Dekanozov auf und wiederholte seine damalige Warnung jetzt auch vor Molotov; er sagte laut sowjetischer Aufzeichnung: »Seiner Zeit wurde er von Hitler empfangen. Hitler fragte ihn, Schulenburg, warum die UdSSR den Pakt mit Jugoslawien abgeschlossen habe. In bezug auf die Konzentration der deutschen Truppen an der sowjetischen Grenze sagte ihm Hitler, daß diese Maßnahme aus Vorsorge getroffen worden ist.« Schulenburg betonte, daß ihm neuere Informationen vorenthalten würden, und versprach, er werde »die ihm gestellten Fragen selbstverständlich noch heute (nach Berlin) telegraphieren«. Er gab zu bedenken, daß er es für zweckmäßiger halte, wenn Dekanozov in Berlin eine entsprechende Anfrage vorbringen würde, und ließ dann die Frage anklingen: »Er, Schulenburg, habe im englischen Rundfunk (!) die Nachricht gehört, daß Genosse Dekanozov einige Male von Ribbentrop empfangen worden sei. Der deutsche Rundfunk hat davon nicht berichtet.« Molotov entgegnete, daß »die Nachricht des englischen Rundfunks nicht der Wirklichkeit entspricht«.

»Daraufhin gab Molotov seine Bemühungen mit resignierter Miene auf« (Hilger) und sprach abschließend sein Bedauern darüber aus, daß Schulenburg nicht (mehr) auf die ihm gestellten Fragen antworten könne. Über etwaige weitere Bemühungen Molotovs geben die diplomatischen Akten keine Auskunft.[5] Bei der Verabschiedung – so Hilger – »wußte keiner von uns dreien, daß wir sechs Stunden später vor vollendeten Tatsachen stehen würden«.

Schulenburg begab sich zurück in die Botschaft und ersuchte das Auswärtige Amt zum Schluß seines telegraphischen Berichts über diese Unterredung noch einmal indirekt um Weisungen (Molotov »wäre dankbar, wenn ich ihm sagen könnte, welche Gründe die gegenwärtige Lage des deutsch-sowjetischen Verhältnisses hervorgerufen hätten«). Sein Telegramm verließ die Botschaft am Morgen des Sonntag, 22. Juni, 1 Uhr 17.

Parallel dazu faßte Molotov die Resultate des Gesprächs in einem Telegramm zusammen, das dem Sowjetbotschafter in Berlin um 0.40 Uhr Moskauer Ortszeit mit der Bitte übermittelt wurde, sofort bei Ribbentrop oder seinem Stellvertreter vorstellig zu werden, um eine zweite Verbalnote zu überreichen. Diese Note faßte die sowjetischen Beschwerden über die deutschen Verletzungen des sowjetischen Luftraumes ein weiteres Mal zusammen und sprach die Erwartung aus, daß die deutsche Regierung Maßnahmen zur Einstellung dieser Flüge ergreife. Dekanozov meldete sich umgehend mit der Bitte im Reichsaußenministerium, von Ribbentrop empfangen zu werden. Sein Empfang wurde erneut hinausgezögert.

Während sich Schulenburg nach Versendung seines Chiffre-Telegramms in die Residenz begab, versammelten sich die Mitglieder des Politbüros, unter ihnen Molotov, in der Kreml-Wohnung Stalins zu einer Besprechung. Anlaß dieses Treffens waren die dringenden Bitten um Mobilmachung, die Stalin von seiten der Befehlshaber der Grenzbezirke zugingen. Zweifellos berichtete Molotov dabei auch von seinem Gespräch mit Schulenburg. Stalin zögerte noch immer in seiner Einschätzung der Lage und hielt die Voraussage des 22. Juni als deutschen Angriffstermin weiter für zweifelhaft. Sein Wunschdenken war stärker als die Realität. Seine Fehleinschätzung des Angriffsdatums spielte selbst zu diesem Zeitpunkt noch eine – nach der Erinnerung von Mikojan – verhängnisvolle Rolle – eine Tatsache, die in den Thesen des ZK der KPdSU 1967 offiziell kanonisiert wurde.[6]

Während der Besprechung ging ein Anruf von Verteidigungskommissar Timoschenko ein, nach dem der deutsche Angriff noch in dieser Nacht erfolge.[7] Nach kurzem Schweigen befahl Stalin Timoschenko sowie Generalstabschef Zhukov und den Chef der Operationsabteilung des Generalstabs, Generalmajor N. F. Vatunin, unverzüglich zu sich. Bei Erscheinen der Militärs stellte er ihnen die Frage: »Was werden wir tun?« Timoschenko brach das beklommene Schweigen aller Anwesenden und forderte umgehend die Direktive Stalins zur Herstellung der vollen Kampfbereitschaft der Grenztruppen. Stalin hielt nun zwar einen vom Generalstab angefertigten Entwurf dieser Art in der Hand, betrachtete es aber nach wie vor als »voreilig«, die Direktive zu erlassen. Vielleicht, so sagte er nach der Erinnerung

Zhukovs, ließe sich die Sache doch noch auf friedliche Weise in Ordnung bringen! Er stimmte nach starkem Drängen der Militärs lediglich »für jeden Fall« zu, eine kurze Direktive zu erlassen, in der den Grenztruppen mitgeteilt wurde, daß am 22. oder 23. Juni ein Überfall mit provozierenden Handlungen deutscher Einheiten beginnen könnte. Die sowjetischen Grenztruppen durften sich unter Androhung von Strafe von keiner derartigen Provokation zu irgendwelchen Handlungen hinreißen lassen!

Der Wahrheitsgehalt der Mitteilungen eines deutschen Überläufers, eines bayrischen Feldwebels aus Arbeitermilieu mit früherer Bindung an die Kommunistische Partei, nach denen der Angriff an diesem Morgen beginne, wurde von Stalin angezweifelt (»Haben sie den Überläufer nicht vielleicht absichtlich herübergeschickt, um uns zu provozieren?«), der Überbringer der schlechten Nachricht selbst auf seinen Befehl hin auf der Stelle erschossen.

Um drei Uhr morgens trennten sich die Militärs und Politbüromitglieder von Stalin. Stalin hatte sich kaum zurückgezogen, als seine Ordonnanz an die Tür klopfte. Dies war vorher nie geschehen. Draußen teilte ihm der Chef der Kreml-Wache mit, Armeegeneral Zhukov bitte ihn in einer unaufschiebbaren Angelegenheit ans Telefon. Stalin ging zum Telefon und meldete sich mit den Worten: »Ich höre.« Der Chef des Generalstabs meldete ihm, daß Kiev, Minsk, Sevastopol, Wilna und andere Städte unter starken feindlichen Luftangriffen standen. Stalin antwortete nicht. Nach einer Weile fragte in Zhukov: »Haben Sie mich verstanden, Genosse Stalin?« Zhukov hörte nur den schweren Atem des wortlosen Herrschers. Nach wiederholten Fragen: »Genosse Stalin, haben Sie mich verstanden...« preßte Stalin mit schwerer, niedergeschlagener Stimme die Worte hervor: »Kommen Sie mit Timoschenko in den Kreml!«

Auf dem Weg in sein Arbeitszimmer gab Stalin Order, auch die Mitglieder des Politbüros wieder kommen zu lassen. Kaum eine Stunde, nachdem diese Stalin verlassen hatten, wurden sie geweckt – Krieg! Als sie bei Stalin eintrafen, saß dieser bereits schweigend, seine Pfeife schwer im Mundwinkel hängend, Generalstabschef Zhukov und Verteidigungskommissar Timoschenko gegenüber. Die ersten Worte, die er bei Eintreten Molotovs hervorbrachte, galten dem Grafen Schulenburg: »Nehmen Sie mit dem Deutschen Botschafter Verbindung auf!«

Erst dann wurde beschlossen, sofort in allen Randrepubliken und einigen zentralen Gebieten der UdSSR den Kriegszustand zu verhängen und den Mobilmachungsplan durchzuführen – für den 23. Juni wurde die Mobilmachung der Kriegsdienstverpflichteten bekanntgegeben! Den Vorschlag der Anwesenden, den Kriegsbeginn in einer Rundfunkrede an die Nation bekanntzugeben, lehnte Stalin ab (»Mag Molotov die Rede halten«). Zugleich soll er Molotov für seinen Ratschlag (»Wir haben Zeit!«) gescholten haben (»Sie sind mir ein Prophet!«).

Bevor Molotov noch den deutschen Botschafter rufen lassen konnte, ging gegen vier Uhr in seinem Vorzimmer der Anruf von Botschaftsrat Hilger ein, der ihm mitteilen ließ, der Botschafter begehre, sofort empfangen zu werden.

Am Morgen des 22. Juni 1941, gegen drei Uhr, war in der Deutschen Botschaft Moskau ein streng geheimes Chiffretelegramm »Für Botschafter persönlich!« eingegangen.[8] Es wies den Botschafter an, »sofort das gesamte, dort noch vorhandene Chiffriermaterial zu vernichten. Der Funkapparat ist unbrauchbar zu machen.« Dem Botschafter galt die Weisung, »sofort Herrn Molotov zu benachrichtigen, daß Sie ihm eine dringliche Mitteilung zu machen hätten und ihn deshalb unverzüglich aufzusuchen wünschten. Gleich darauf« (!) sollte Schulenburg dem Außenkommissar die folgende Erklärung abgeben:

»Dem Sowjetbotschafter in Berlin wird zu dieser Stunde durch den Reichsminister des Auswärtigen ein Memorandum übergeben, in dem nachstehend in kurzer Zusammenfassung Wiedergegebenes eingehend dargelegt wird.« Dem folgte der Text, den Schulenburg Molotov vorlesen sollte; auf drei Seiten waren die Gründe aufgeführt, die die Reichsregierung angeblich veranlaßt hatten, »Gegenmaßnahmen« gegen den sowjetischen Truppenaufmarsch zu ergreifen. Nach diesem Memorandum hätte die Reichsregierung 1939 »unter Zurückstellung schwerwiegender Bedenken, die sich aus dem Gegensatz zwischen Nationalsozialismus und Bolschewismus« ergeben hätten, den Versuch gemacht, zu einer Verständigung mit Rußland zu gelangen. Sie habe aufgrund der Verträge vom 23. August und 28. September »eine grundsätzliche Umstellung ihrer Politik gegenüber der UdSSR« durchgeführt und seitdem eine »freundschaftliche Haltung zur Sowjetunion« eingenommen. »Diese wohlwollende Politik« der

Reichsregierung habe der Sowjetunion »große außenpolitische Erfolge« ermöglicht. Leider habe sich ihre Annahme, beide Völker würden »unter Respektierung ihrer Regime ohne Einmischung in die inneren Angelegenheiten des Partners zu einer guten, dauernden Nachbarschaft kommen«, als gründliche Täuschung erwiesen. Die Komintern habe in der Vertragsperiode die Zersetzungsarbeit gegen Deutschland wieder aufgenommen, und die offiziellen russischen Vertretungen hätten ihr dabei Hilfestellung geleistet. »Sabotage, Terror und kriegsvorbereitende Spionage in politischer, militärischer und wirtschaftlicher Hinsicht« in großem Umfang hätten in den Deutschland benachbarten und von ihm besetzten Ländern eingesetzt. Der deutsche Versuch, »eine stabile Ordnung in Europa aufzurichten«, sei von sowjetischer Seite unterlaufen worden. Die Sowjetregierung sei unter bewußter »Irreführung und Täuschung« in den Vertrag eingetreten, »der Abschluß der Verträge selbst ein taktisches Manöver (gewesen), um für Rußland vorteilhafte Abmachungen zu erreichen«. Der Leitgedanke sei dabei die Schwächung der nicht bolschewistischen Länder mit dem Ziel gewesen, sie zu »zersetzen und zur gegebenen Zeit niederschlagen zu können«.

Absatz III des Memorandums betonte, die UdSSR habe ihr bei Abschluß der Verträge gegebenes Versprechen, »die in ihre Interessensphäre fallenden Staaten nicht bolschewisieren und annektieren zu wollen«, nicht gehalten, sondern auf außenpolitischem und militärischem Gebiet der Bolschewisierung Europas Vorschub geleistet. »Das Vorgehen der UdSSR gegen das Baltikum, Finnland und Rumänien, wo sich der Sowjetanspruch selbst auf die Bukowina erstreckte, zeigten dies klar.« Die Besetzung und Bolschewisierung der ihr zuerkannten Interessensphäre hätten eindeutig gegen die Moskauer Vereinbarungen verstoßen.

Absatz IV unterstrich die Anstrengungen zur Verständigung, die die Reichsregierung angeblich im Herbst 1940 unternommen habe, um eine intensive militärische Kriegsvorbereitung der UdSSR einzudämmen. Doch die Forderungen, die Molotov in Berlin gestellt habe: nämlich »die Garantie Bulgariens durch die UdSSR, die Schaffung einer Basis für sowjetrussische Land- und Seestreitkräfte an den Meerengen und die völlige Preisgabe Finnlands«, seien für die deutsche Seite unannehmbar gewesen. Seitdem sei die »gegen Deutschland gerichtete Politik der Sowjetunion immer offener zu Tage« getreten. Die sowjetische Einflußnahme auf Bulgarien und die Türkei habe dies bewiesen.

In Absatz V unterstellte Hitler der UdSSR in ihrem Vorgehen in Jugoslawien eine Absprache mit England mit dem Ziel, die deutschen Truppen in Rumänien und Bulgarien anzugreifen!

Absatz VI warf der UdSSR – unter Absehung von der zeitlichen Abfolge der Maßnahmen auf beiden Seiten – die Konzentration der »gesamten verfügbaren russischen Streitkräfte auf einer langen Front von der Ostsee bis zum Schwarzen Meer« vor – eine Truppenkonzentration, die seit Anfang 1941 »eine immer zunehmende Bedrohung des Reichsgebietes« bedeutet habe. Die notwendigen »Gegenmaßnahmen« seien von der Reichsregierung »erst später« ergriffen worden. Die Nachrichten der letzten Tage hätten »die letzten Zweifel an der Aggressivität dieses russischen Aufmarsches« behoben und »das Bild einer aufs äußerste gespannten militärischen Lage« vervollständigt. Angebliche sowjetisch-englische Geheimverhandlungen rundeten das Bild von den vertragsbrüchigen Bolschewisten ab.

Dieses Memorandum, das der Botschafter Molotov verlesen sollte, schloß mit den Sätzen: »Zusammenfassend erklärt daher die Reichsregierung, daß die Sowjetregierung, den von ihr übernommenen Verpflichtungen zuwider,

1) ihre gegen Deutschland und Europa gerichteten Zersetzungsversuche nicht nur fortgesetzt(,) sondern verstärkt hat

2) ihre Außenpolitik in sich immer steigerndem Maße deutschfeindlich eingestellt ist

3) mit ihren gesamten Streitkräften an der deutschen Grenze sprungbereit aufmarschiert ist. Damit hat die Sowjetregierung die Verträge mit Deutschland gebrochen und ist im Begriffe, Deutschland in seinem Existenzkampf in den Rücken zu fallen. Der Führer hat daher der deutschen Wehrmacht den Befehl erteilt(,) dieser Bedrohung mit allen zur Verfügung stehenden Machtmitteln entgegenzutreten.«

Diesem Text folgte die Weisung Ribbentrops, der Botschafter habe sich »auf irgendeine Erörterung dieser Mitteilung ... nicht einzulassen«. Sache der Sowjetregierung sei es, »für die persönliche Sicherheit des Botschaftspersonals zu sorgen«. Unterschrift: »Ribbentrop«.

Nach Eingehen dieses Telegramms versammelten sich der Botschafter, der Gesandte von Tippelskirch, Militärattaché Köstring und

351

Hilger in der Botschaft. Mit Spannung folgten sie der Dechiffrierung dieses langen Chiffre-Telegramms. Ihre Erschütterung wuchs mit jedem entzifferten Paragraphen. Als der gesamte Text entziffert vor ihnen lag, faßten sie einen außergewöhnlichen Entschluß – was bisher keines der bekannten Dokumente belegte, beweist die nunmehr freigegebene Aufzeichnung Molotovs von diesem Gespräch: Nach Erörterung dieses Memorandums beschlossen die führenden Männer der Botschaft, das Memorandum angesichts seiner unhaltbaren Entstellung der Tatsachen nicht zur Kenntnis der Sowjetregierung zu bringen. Hilger, der dies in seinen nach dem Krieg erschienenen Erinnerungen andeutete, wurde von der Forschung überhört und von Zeitgenossen als tendenziöser Zeuge verleumdet. Seine diesbezügliche Darstellung wurde als unvereinbar mit dem Charakter, der konservativen politischen Gesinnung und dem Dienstverständnis des Grafen Schulenburg angegriffen und verworfen.

Tatsächlich aber entschloß sich Graf von der Schulenburg, seinen letzten Gang in den Kreml in Begleitung seines Botschaftsrats und Dolmetschers Gustav Hilger lediglich mit einer Kurznotifizierung bestehend aus zwei Sätzen anzutreten, die er selbst zusammengestellt hatte. Sie lautete: »Angesichts des unerträglichen Maßes von Bedrohung, das für die deutsche Ostgrenze infolge der massierten Konzentration und Vorbereitung aller Streitkräfte der Roten Armee entstanden ist, sieht sich die Deutsche Regierung genötigt, unverzüglich militärische Gegenmaßnahmen zu ergreifen. Eine entsprechende Note wird gleichzeitig Dekanozov in Berlin übergeben.«

Diese kurze Note wich nicht nur in Umfang und Inhalt, sondern auch in einem weiteren wesentlichen Aspekt von der Weisung Ribbentrops an den Botschafter ab: Hitler wünschte, daß der Charakter einer »Kriegserklärung« vermieden und damit auch der militärische Charakter der ergriffenen Maßnahmen verschleiert werden sollte. Das Wort »Kriegserklärung« durfte nicht fallen[9] und wurde tatsächlich weder in der Weisung Ribbentrops an Schulenburg noch in der Verlesung eines zwölfseitigen, inhaltsgleichen Textes durch Ribbentrop vor Dekanozov gebraucht[10], noch in dessen Runderlaß an die deutschen Missionschefs vom 20. Juni verwendet.[11] Es stand auch in keinem der in diesem Zusammenhang verabschiedeten Texte Hitlers, etwa seiner Proklamation an das deutsche Volk[12] oder seinem Brief an den Duce[13]. Diese Unterlassung selbst im Moment des bereits vollzogenen Angriffs erfolgte in Fortsetzung der Täuschungs- und Tarn-kampagne – die Abwehrkapazität des überraschten und verwirrten Gegners konnte auf diese Weise noch auf einige Stunden gelähmt werden. Sie diente möglicherweise im Hinblick auf spätere Erörte-rungen auch einer Verschleierung der Kriegsschuld. Der letzte Akt, den die Reichsregierung ihrem russischen Verbündeten zugedachte, war also nicht eine ordentliche Kriegserklärung – es war, wie Gafencu von seiten der Deutschen Botschaft erfuhr, »der Krieg ohne Erklä-rung«.[14]

Die Deutsche Botschaft Moskau umging dieses Verbot in ihrer Zusammenfassung der Weisung Ribbentrops, indem sie zumindest den »militärischen (kriegerischen, russisch: *voennyj*)« Charakter der ergriffenen Maßnahmen unterstrich. Ihre Erklärung war somit die einzige Note dieses Inhalts überhaupt, in der der kriegerische Cha-rakter des deutschen Schrittes klar zum Ausdruck kam.

Nach der Übersetzung und Niederschrift dieser Kurznotifizierung, die Hilger in aller Eile in der Botschaft vorgenommen hatte, meldete er den Botschafter telephonisch bei Molotov an. Dieser erklärte sich bereit, den Botschafter sofort zu empfangen.

Um 5.25 Uhr verließen Schulenburg und Hilger die Botschaft und 5.30 Uhr Moskauer Zeit erschienen sie zum letzten Mal im Kreml.[15] Molotov empfing sie – nach der Erinnerung Hilgers – bleich, aber ruhig. Er sah müde und abgearbeitet aus. Schulenburg eröffnete dem Außenkommissar laut sowjetischer Aufzeichnung, »daß er zu seinem allertiefsten Bedauern erklären muß, daß er noch gestern abend, als ihn Volkskommissar Molotov empfing, nichts (von den Geschehnis-sen) wußte. Die deutsche Regierung hat ihm (nun) aufgetragen, der Sowjetregierung die folgende Note zu übergeben.« Hier verlas der Botschafter den Text der Kurznotifizierung und überließ diesen Molotov. Die sowjetische Aufzeichnung fährt fort: »Schulenburg sagt, daß er seine niedergeschlagene Stimmung, die durch die unbe-rechtigte und unerwartete Handlungsweise seiner Regierung hervor-gerufen ist, (gar) nicht ausdrücken kann. Der Botschafter sagt, daß er alle seine Kräfte für die Schaffung des Friedens und der Freundschaft mit der UdSSR hergegeben hat.«

Nach der Erinnerung Hilgers herrschte, »nachdem der Botschafter seine Mitteilung gemacht hatte, ... einen Augenblick tiefes Schwei-gen. Molotov kämpfte sichtlich mit einer starken inneren Erregung.«

Danach stellte der Außenkommissar – nach der sowjetischen Aufzeichnung – die Frage: »Was bedeutet diese Note?« (Nach Hilgers Erinnerung fragte Molotov nach längerem Schweigen: »Ist dies eine Kriegserklärung?«, worauf der Botschafter »schweigend mit einer für ihn charakteristischen Geste [reagiert habe], indem er mit dem Ausdruck besorgter Hilflosigkeit seine Arme hob«. Darauf Molotov: »Es ist der Krieg!«)

Nach der sowjetischen Aufzeichnung aber antwortete Schulenburg ohne Umschweif, »daß dies, nach seiner Meinung, der Beginn des Krieges ist«!

(Nach Darstellung Hilgers sagte Molotov, »daß die Mitteilung des Botschafters natürlich nichts anderes als eine Kriegserklärung sein könne, da deutsche Truppen die sowjetische Grenze überschritten hätten und Städte wie Odessa, Kiew und Minsk bereits seit anderthalb Stunden von deutschen Flugzeugen bombardiert würden«.)

Die sowjetische Aufzeichnung fährt fort: »Molotov erklärte, daß keinerlei Konzentration von Truppen der Roten Armee an der Grenze mit Deutschland im Gange ist. Es laufen die gewöhnlichen Manöver an, die jedes Jahr durchgeführt werden; und wenn (von deutscher Seite) erklärt worden wäre, daß diese Manöver auf diesen ihren Gebieten aus irgend einem Grunde nicht wünschenswert seien, so hätte diese Frage geprüft werden können. Im Namen der Sowjetregierung muß (Molotov) erklären, daß die Deutsche Regierung der Sowjetregierung bis zur letzten Minute keinerlei Forderungen gestellt (Beschwerden vorgebracht) hat. Deutschland hat einen Überfall auf die UdSSR ausgeführt, (und dies) ungeachtet der friedliebenden Einstellung der Sowjetunion, und dadurch ist das faschistische Deutschland die angreifende Seite. Um vier Uhr früh hat die deutsche Armee den Angriff auf die UdSSR ohne jeden Anlaß oder Grund durchgeführt. Ich halte jeden Versuch von seiten Deutschlands, einen Anlaß zu dem Überfall auf die UdSSR zu finden, für Lüge oder Provokation. Nichtsdestoweniger liegt die Tatsache des Überfalls auf der Hand.«

In diesem eher formalen Protest deutete sich noch zu diesem Zeitpunkt eine Verhandlungsbereitschaft Stalins an. Der Hinweis, daß die als »Manöver« bezeichneten sowjetischen Truppenmassierungen jederzeit (hätten) unterbunden werden können, läßt die selbst in diesem Moment noch bestehende Offenheit Stalins für eine diplomatische Beilegung des Konflikts erkennen.

Schulenburg verstand dies wohl, betonte aber in Kenntnis der Aussichtslosigkeit eines solchen Unterfangens weisungsgemäß,»daß er seiner Instruktion nichts hinzufügen darf (kann)«. Er betrachtete jeden Versuch der Aufnahme von Verhandlungen für sinnlos vertane Zeit und ging deshalb ostentativ zu den praktischen Notwendigkeiten über:»Er, Schulenburg, hat keine Weisung in Bezug auf die Technik der Evakuierung der Mitarbeiter der Botschaft und der Vertreter der verschiedenen deutschen Firmen und Einrichtungen. Der Botschafter bittet, die Evakuierung der deutschen Staatsangehörigen via Iran zu erlauben. Die Ausreise durch die Westgrenze ist unmöglich, da Rumänien und Finnland zusammen mit Deutschland auch antreten müssen (!). Schulenburg bittet, sich bei der Durchführung der Evakuierung der deutschen Staatsbürger so loyal wie möglich zu verhalten, und versichert, daß die Angehörigen der Sowjetischen Botschaft und der sowjetischen Einrichtungen in Berlin auf seiten der Deutschen Regierung die loyalste Einstellung bezüglich der Evakuierung antreffen werden; er bittet um Mitteilung, welche Person zur Durchführung der Technik dieser Angelegenheit zugeteilt werden wird.«

In dieser Frage glaubte sich Schulenburg auf die Wirkung seiner Bitten und Empfehlungen an den Staatssekretär verlassen zu können. Molotov berief sich auf den Grundsatz der Gegenseitigkeit. Danach stellte er die Frage:»Wozu hat Deutschland einen Nichtangriffspakt geschlossen, wenn es ihn so leicht gebrochen hat?« Nach der Erinnerung Hilgers sprach Molotov die schicksalsschweren Worte aus:»Das haben wir nicht verdient.«

Nach der sowjetischen Aufzeichnung schloß Schulenburg diese letzte Begegnung mit Molotov mit einer Erklärung für sein Handeln; sie bestand darin,»daß er sich im Verlaufe von sechs Jahren für freundschaftliche Beziehungen zwischen der UdSSR und Deutschland eingesetzt hat, aber gegen das Schicksal kann er nichts tun«. Nach der Erinnerung des sowjetischen Dolmetschers Pavlov sprach Schulenburg diese Worte in tiefer Rührung und mit Tränen in den Augen und fügte von sich aus hinzu, er halte Hitlers Entschluß für Wahnsinn.[16]

Danach verabschiedeten sich Schulenburg und Hilger von Molotov – nach dem Zeugnis Hilgers – schweigend, aber mit dem üblichen Händedruck.

Molotov begab sich zurück zu Stalin, der noch immer schweigend im Kreise seiner Militärs und Regierungsmitglieder verharrte. Als Molotov erschien, sah er mit fragendem Blick zu ihm auf: »Nun?« Die Antwort Molotovs lautete: »Der Botschafter hat mitgeteilt: Die deutsche Regierung habe uns den Krieg erklärt(!).« Erst nach dieser Klarstellung der Lage brach allmählich der Bann der Unentschlossenheit, der auf Stalin lastete. Diese Mitteilung zwang ihm die Gewißheit auf, daß die Überfälle an der Grenze keine gezielten Provokationen waren, die in erpresserischer Absicht erfolgten, sondern tatsächlich der Beginn den Krieges, den er unter Anspannung aller diplomatischen Mittel und Unterdrückung jedes natürlichen Impulses der Selbstverteidigung hatte verschieben wollen. Nach weiterer etwa anderthalb Stunden, um 7.15 Uhr, erließ er die Direktive Nr. 2 über die Herstellung der vollen Gefechtsbereitschaft der Roten Armee – erst jetzt erhielten die Truppen die Erlaubnis, die Wehrmachtsteile, die sich bereits auf sowjetischem Territorium befanden, zu vernichten. Das Recht, den Feind zu verfolgen und dabei gegebenenfalls die deutsche Grenze zu überschreiten, erhielt die Rote Armee noch immer nicht. Doch an diese Möglichkeit war angesichts des erfolgten deutschen Überraschungsschlags und der ungehinderten Einbrüche der Wehrmacht in sowjetisches Gebiet für zweieinhalb Jahre nicht zu denken.

Etwa gleichzeitig, nämlich ab 4.00 Uhr MEZ, fand im Empfangsraum Ribbentrops in der Wilhelmstraße, dem ehemaligen Arbeitskabinett Bismarcks, die Verlesung des ausführlichen Memorandums an den sowjetischen Botschafter statt. Dekanozov war in der Ansicht, endlich bei Ribbentrop vorgelassen zu werden, mit der Verbalnote seiner Regierung vom 21. Juni erschienen, um ihre Klage über die deutschen Grenzverletzungen vorzubringen. Statt dessen fand er einen erregten Außenminister, der – auf den Schreibtisch Bismarcks gestützt – für den 22. Juni »Gegenmaßnahmen« ankündigte. Nach Verlesung des Textes und dem anschließenden Wortwechsel ließ Ribbentrop Dekanozov das Memorandum in seiner längeren Form überreichen. Es unterstrich den Charakter der »Gegenmaßnahmen«, die Hitler angeblich angeordnet habe, um die schwere Bedrohung Deutschlands durch die Sowjetarmee abzuwenden.[17]

Als Schulenburg und Hilger den Kreml gegen 6 Uhr verließen, kamen ihnen in rasendem Tempo die Wagen der sowjetischen Generale entgegen, die sich auf dem Weg zu Stalin befanden. Viele von ihnen hatten das Wochenende auf ihren Datschen verbracht, einige Befehlshaber befanden sich im Sommerurlaub in südlichen Kurorten. Nach dem Eindruck Hilgers kam »der deutsche Angriff… für sie offenbar völlig unerwartet«.

Auch Staatssekretär von Weizsäcker notierte an diesem Tage, daß »die sonst so gewiegten Russen… sich politisch und militärisch (haben) überraschen lassen«. Am erstaunlichsten erschien ihm, daß die russische »Truppe gar nicht auf dem qui vive war; sie ließ die wichtigsten Brücken am Bug ohne Widerstand in unsere Hand kommen«. Er meinte, »daß die Unselbständigkeit der Unterführung zum Zweifel führte, ob man sich gegen die Deutschen zu wehren habe. Offenbar hatte Moskau mit dem normalen diplomatischen Ablauf: ›Beschwerde, Replik, Ultimatum, Kriegsausbruch‹ gerechnet…«[18]

Am nächsten Tag sprach Goebbels verächtlich von den »larmoyanten Klagen« Molotovs in seiner Rundfunkansprache am Mittag des 23. Juni 1941 – »der Arme!« – und betonte: »Dazwischen schaut die Angst heraus.« Der russische Aufmarsch glich in seiner Sicht »dem der Franzosen von 1870. Er wird dieselbe Katastrophe erleiden.«[19] Der Propagandaminister verkannte das hohe nationale Pathos und die Siegesgewißheit, mit der Molotov seine Ansprache an die »Bürger und Bürgerinnen der Sowjetunion« schloß: »Unsere Sache ist gerecht. Der Feind wird geschlagen. Der Sieg wird unser sein!« Er unterschätzte die moralische Empörung, mit welcher der Außenkommissar diesen »unerhörten Überfall« als einen »in der Geschichte der zivilisierten Völker beispiellosen Treuebruch« charakterisierte. Er überging die Feststellung der Art dieses Vertragsbruchs, mit welcher der stellvertretende Vorsitzende des Rats der Volkskommissare »die ganze Verantwortung für diesen räuberischen Überfall voll und ganz den deutschen faschistischen Machthabern« anlastete, die er prinzipiell vom »deutschen Volk, von den deutschen Arbeitern, Bauern und Intellektuellen« unterschied: »Erst nach erfolgtem Überfall gab der deutsche Botschafter in Moskau, Schulenburg, mir … um 5 Uhr 30 Minuten früh im Namen seiner Regierung eine Erklärung darüber ab, daß die deutsche Regierung beschlossen hat, in Verbindung mit der Zusammenziehung von Truppenteilen der Roten Armee an der deutschen Ostgrenze, den Krieg gegen die Sowjetunion zu beginnen. In Beantwortung dessen erklärte ich im Namen der Sowjetregierung, daß die deutsche Regierung bis zur letzten Minute keinerlei Ansprüche an die Sowjetregierung gestellt hat, daß Deutschland ungeachtet der friedliebenden Position der Sowjetunion einen Überfall auf die Sowjetunion verübt hat und daß das faschistische Deutschland somit die angreifende Seite ist.«[20]

Während Stalin seinen Außenminister die Ansprache an die Nation halten ließ, hatte er selbst allem Anschein nach auch zu diesem Zeitpunkt noch nicht alle Hoffnung auf eine diplomatische Lösung des Konflikts fallenlassen. Er nahm die Bitte Schulenburgs um Benennung einer sowjetischen Persönlichkeit zur Abwicklung der Formalitäten zum Anlaß, um seinen vertrauten Dolmetscher Vladimir Pavlov am Nachmittag des 23. Juni zu Schulenburg zu schicken. An der Botschaft herrschte »tiefe Niedergeschlagenheit und Verzweiflung«. Besonders die führenden Männer der Botschaft, Schulenburg, Hilger und Köstring, »waren durch die Ereignisse und die übermenschlichen Anstrengungen der letzten Tage außerordentlich deprimiert, sahen ihre Anstrengungen, zwischen Deutschland und der Sowjetunion einen dauerhaften und beständigen Ausgleich herbeizuführen, durch eine blindwütige Politik zunichtegemacht«.[21] Gegen 18.00 Uhr erschien Pavlov in Begleitung eines Angehörigen des Innenkommissariats.

Nach der späteren Darstellung Pavlovs (1972) hatte angeblich Molotov ihn mit der Bemerkung entsandt: »Fahren Sie in die Botschaft zu Schulenburg und bringen Sie in Erfahrung, ob er nicht irgendwelche Fragen, Bitten hat?« In Wahrheit scheint er geschickt worden zu sein, um noch einmal in der Frage möglicher Verhandlungen zu sondieren.[22] In der Empfangshalle der Botschaft herrschte Chaos. Sie war zu einem »leeren Saal (geworden), in dem sich leere Flaschen türmten«. Der Botschafter selbst kam Pavlov entgegen. Er nahm ihn zu einer – wie die Botschaftsangehörigen vermerkten – »langen Unterredung« mit in sein Zimmer und besprach sich ausnahmsweise allein mit ihm.[23] Unbekannt bleibt bis jetzt, was Pavlov Schulenburg zu sagen hatte. Hingegen ist die Reaktion des Botschafters von Pavlov wiedergegeben worden: »Er setzte sich nieder auf einen Stuhl und sagte: ›Ich bin nicht imstande, etwas zu tun. Das ist das Ende Deutschlands.‹« Pavlov war von dieser seiner Reaktion auf den deutschen Angriff zutiefst beeindruckt.[24]

Einige Anzeichen sprechen dafür, daß die Erwartung, die Stalin noch nach Beginn des Krieges auf Schulenburg richtete, diesen veranlaßte, so schnell wie möglich nach Berlin zu gelangen, um Hitler auf einen auf sowjetischer Seite noch immer bestehenden Verhandlungsspielraum aufmerksam zu machen. So willigte er, der möglicherweise zunächst mit dem Gedanken gespielt hatte, sich auf dem Heimweg im Iran abzusetzen[25], ein, den Weg über die Türkei zu wählen. Hier teilte er vermutlich seinem Kollegen, Franz von Papen mit,»daß Stalin zu Beginn des Feldzugs immer noch auf stillschweigendes Arrangement mit Hitler gehofft habe«.[26] Von Ankara aus ließ er sich mit einer Sondermaschine Ribbentrops zur Berichterstattung nach Berlin fliegen. Er wurde bei Hitler vorstellig. Doch seine Bemühungen scheiterten an dessen wahnhafter Abgehobenheit von jeder Realität. Hitler wies sein Drängen, dem Krieg sofort ein Ende zu setzen, mit den Worten zurück:»Am 15. August 1941 seien wir in Moskau, am 1. Oktober aber sei der Russenkrieg zu Ende«![27]

Stalin hielt erst nach Ablauf eines dreizehntägigen, möglicherweise abwartenden Zögerns seine historische Ansprache an die Nation. In ihr schlug er den Bogen zurück zum Paktabschluß mit Deutschland und nahm die Fragen vorweg, die die Geschichte an ihn stellen würde:»Wie konnte es geschehen, daß die Sowjetregierung dem Abschluß eines Nichtangriffspaktes mit solchen wortbrüchigen Menschen und Ungeheuern wie Hitler und Ribbentrop zustimmte? Sind der Sowjetregierung hier keine Fehler unterlaufen?« Seine Antwort lautete:»Natürlich nicht!« Der Nichtangriffspakt sei für die Sowjetregierung ein Mittel zur Friedenserhaltung gewesen. Als friedliebender Staat habe sie nicht das Recht gehabt, das Angebot zu diesem Pakt auszuschlagen.»Und dies natürlich unter der einen unerläßlichen Bedingung – wenn das Friedensabkommen nicht direkt oder indirekt die territoriale Integrität, Unabhängigkeit und Ehre des friedliebenden Staates verletzt. Wie bekannt, war der Pakt zwischen Deutschland und der UdSSR eben solch ein Pakt.«

Stalin verschwieg, daß er in dem Glauben, die Integrität des eigenen Landes zumindest auf Zeit sichern zu können, die Unabhängigkeit der Randstaaten geopfert und die Ehre von Finnen, Litauern, Esten, Letten, Polen und Rumänen mit Füßen getreten hatte. Sprachen aus diesen Grundsatzerwägungen über die Unverletzlichkeit der Integrität eines souveränen Staates erste Zweifel an der politischen Richtigkeit seines Kalküls? Die UdSSR denke an sich selbst zuerst, hatte er den Vertretern der baltischen Staaten im Herbst 1939

in aller Offenheit gesagt. Man wird die innere Logik dieser Wolfs-
moral der politischen Vereinsamung aus sowjetischer Perspektive
schwer in Zweifel ziehen können, wenn man sich an das Scheitern
des verweifelten Kampfes um »kollektive Sicherheit« und Anerkennung des Prinzips des »unteilbaren Friedens« erinnert, den die Aus-
landsvertreter der Sowjetregierung über die dreißiger Jahre vor dem
Völkerbund und in den Außenministerien der westlichen Haupt-
städte geführt hatten. In keiner Hauptstadt, besonders aber nicht in
den Hauptstädten der betroffenen Randstaaten, waren sie damit auf
Gegenliebe gestoßen. Die Sowjetregierung hatte daraus mit Bitterkeit
ihre eigenen Schlüsse gezogen und in ein bilaterales Schema eingewilligt, das ihr für eine gewisse Zeit Ruhe versprach. Denn »was
haben wir gewonnen, als wir den Nichtangriffspakt mit Deutschland
abgeschlossen haben?« fragte Stalin weiter. »Wir haben unserem
Lande für die Dauer von anderthalb Jahren den Frieden und die
Möglichkeit gesichert, die eigenen Kräfte zur Abwehr vorzubereiten,
falls (wenn) es das faschistische Deutschland in Verletzung des Paktes
wagen sollte (würde), unser Land anzugreifen. Das ist ein definitiver
Gewinn für uns und Verlust für das faschistische Deutschland.«[28]

Wie immer man diese Rechtfertigung des Paktes nach erfolgtem
Bruch durch den Partner und Feind charakterisieren wird – sie stand
in Kontinuität mit der einen Linie der Außenpolitik Stalins, die auch
während des Vollzugs des Paktes um Legitimität im Angesicht der
Weltöffentlichkeit und Glaubwürdigkeit im Hinblick auf die Westmächte gerungen hatte. Diese Kontinuität sicherte ihm nun die
Brücke zum Handschlag mit den Feinden seines Feindes. Bei allem
Weitblick, der Stalin dies ermöglicht hatte, gibt es doch zu denken,
daß er erst zwanzig Tage nach dem deutschen Angriff und der alle
Differenzen hintanstellenden Rundfunkansprache Churchills[29] auf
das Angebot eines Bündnisses mit England einging. Nur nach mühe-
vollen, folgenschweren Überlegungen hatte er sich von seinen Fehleinschätzungen und zu Unrecht andauernden Erwartungen lösen
können und den Weg betreten, der am Ende zum Sieg führte.

SCHLUSSBETRACHTUNG

Ein halbes Jahrhundert hat nicht ausgereicht, um das Maß an menschlichen Opfern dieses Krieges auch nur annähernd präzis zu ermitteln.[1] Nach wie vor klaffen die Schätzungen und Standpunkte weit auseinander. Einigkeit besteht darin, daß die Zahl der sowjetischen Kriegsopfer die der deutschen Opfer mindestens um das Zweifache, wahrscheinlich aber um ein Vielfaches überstieg. Diese ungleiche Gesamtbilanz des Krieges geht ebenso auf die abwartende Haltung Stalins vor dem Kriege[2] zurück wie auch die Tatsache, daß sich die Opfer beider Seiten in umgekehrter Proportionalität steigerten: In den ersten anderthalb Jahren war die Zahl der sowjetischen Kriegsopfer im Vergleich gesehen sehr hoch (allein in den ersten Monaten belief sich die Zahl der sowjetischen Kriegsgefangenen in deutscher Hand auf etwa vier Millionen), während die Zahl der deutschen Opfer mit der Wende des Krieges bei Stalingrad (Januar 1943) und Kursk/Orel (Juli 1943) sprunghaft anstieg. Dennoch blieben die sowjetischen Verluste so hoch, daß selbst in den Endkämpfen auf polnischem, tschechischem, rumänischem, jugoslawischem und schließlich deutschem Gebiet noch weit über eine Million Sowjetsoldaten ihr Leben ließen. Insgesamt hat der als »Unternehmen Barbarossa« geplante Feldzug als fast vierjähriger Erschöpfungskrieg auf beiden Seiten Opfer in einer Größenordnung von 25 bis 45 Millionen Menschenleben gefordert.

Auf sowjetischer Seite wird eine Verlustziffer von je 10 bis 20 Millionen militärischer und ziviler Opfer angenommen. Die Ziffern von 5,5 Millionen Gefallenen und etwa 4,5 Millionen ums Leben gekommenen Kriegsgefangenen (von etwa 8 Millionen Kriegsgefangenen in deutscher Hand) werden heute, nachdem das Verbot strenger Geheimhaltung allmählich seine Kraft verliert, ebenso als eine konservative Schätzung betrachtet wie die Zahlen von 6 Millionen zu

Tode gekommener Zivilisten und etwa vier Millionen verschollener Zwangsarbeiter.

Auf deutscher Seite sind nach sowjetischen Angaben etwa 3,5 Millionen Wehrmachtsangehörige gefallen. Nach deutschen Angaben sind in der Zeit von Beginn des Rußlandfeldzugs bis zum 30. November 1944 auf sowjetischem Gebiet 1419728 Angehörige der Wehrmacht gefallen und 997056 Soldaten und Offiziere vermißt worden. Nach Zusammenbruch der Ostfront im Januar/Februar 1945 zählte der Heeresarzt im OKH neben ca. 1 Million Gefallenen 3,8 Millionen Verwundete und 1,2 Millionen Vermißte. Dem folgten die Opfer der Endkämpfe von April/Mai und der Kapitulation. Insgesamt sind etwa 2 bis 3 Millionen Wehrmachtsangehörige im Osten vermißt worden. 1,1 Millionen deutsche Kriegsgefangene haben in sowjetischem Gewahrsam den Tod gefunden (etwa eine Million Kriegsgefangene kehrten zurück). Die übrigen Vermißten müssen mit geringen Ausnahmen den Kriegstoten zugerechnet werden.

Das Leid dieser ungefragten Opfer zu verhindern und den Opfergang der Völker aufzuhalten, war ein Ziel des Widerstandes der Männer um Graf von der Schulenburg. Die Verluste, die die sowjetische Seite auf dem Weg von den massenhaften Niederlagen zum opferreichen Sieg und die deutsche Seite auf ihrem Gang von wahnhaften Anfangssiegen in die totale Niederlage erbringen mußten, standen den Angehörigen der Deutschen Botschaft Moskau in ihrem verzweifelten Ringen um die Erhaltung des Friedenszustandes warnend vor Augen. Sie waren sich der zwangsläufig eintretenden deutschen Katastrophe immer ebenso bewußt wie der erwartungsgemäß erfolgenden, kriegsentscheidenden Sammlung der Kräfte der sowjetischen Völker und Armee zu ihrem endgültigen Sieg über jede Angriffsarmee. Ihr Widerstand scheiterte nicht zuletzt an der Ungleichheit der beiden Staatssysteme, denen zu dienen ihre undankbare und tragische Aufgabe wurde.

Die Phänomene des Stalinismus und des Hitlerismus haben in der letzten Zeit wiederholt einer simplifizierenden Geschichtsbetrachtung Auftrieb gegeben, die sich der bedrückenden Komplexität dieser Erscheinungen durch Zurückführung auf die nämlichen Strukturen, etwa *des* Totalitarismus oder *der* europäischen Revolution, zu entledigen sucht. Diese nivellierende Betrachtungsweise wagt es nicht, die Andersartigkeit der Gewaltherrscher und ihrer Systeme bis zur letzten Konsequenz zu denken. Diese Geschichtsbetrachtung, die in Hitler und Stalin letzten Endes artgleiche Partner erkennt, bleibt – so überraschend auch die Analogien sein mögen, die dieses Gedankenspiel aufdeckt – in vielfacher Hinsicht hinter einem differenzierenden Verständnis der komplexen Wirklichkeit zurück, aus der sie hervorgegangen sind und die sie geschaffen haben. Trotz scheinbarer äußerer Ähnlichkeiten weisen die politischen Systeme des Stalinismus und Hitlerismus gravierende Unterschiede auf, die nicht zuletzt aus dem unterschiedlichen nationalen und historischen Hintergrund ihrer Selbstlegitimation resultieren. Dies gilt *a fortiori* für das Gebiet ihrer Außenpolitik. Sieht man von ihrem kleinsten gemeinsamen Nenner – der psychologischen Kondition des Versailles-Syndroms – ab, so lagen zwischen der aventuristischen Willkür des exzessiven Expansionismus Hitlers, der weitestgehend auf Legitimität verzichtete, und dem vorsichtigen, sicherheitsorientierten und primär defensiven Opportunismus des geopolitischen Machtdenkens Stalins Welten. Sie wegzudenken hieße, der komplexen Wirklichkeit Abbruch zu tun.

Wie die außenpolitischen Grundlagen der Handlungen Hitlers und Stalins in ihren geschichtsbildenden Kräften inkommensurabel, so waren auch ihre Einstellungen zu den Instrumenten ihrer Außenpolitik grundverschieden: Der Hochschätzung, ja Überschätzung der Mittel und Möglichkeiten der Diplomatie durch Stalin stand deren grobe Mißachtung durch Hitler gegenüber. Personifiziert steht Stalins Außenkommissar Molotov unter all den Gehilfen seiner Politik auf einem ebenso einsamen wie unantastbaren Posten (selbst sein Vorgänger Litvinov wurde, als er dem Stalinschen Opportunitätsdenken zeitweilig weichen mußte, nie Opfer der Repression), während Hitler seinen außenpolitischen Gehilfen Ribbentrop unter öffentlicher Zurschaustellung als bloßes Mittel zum Zweck benutzte und ihm die geringste Achtung vorenthielt.

Unter diesen Voraussetzungen geriet die deutsche Rußland-Diplomatie in der Periode der deutschen Kriegsvorbereitung zwangsläufig in einen ebenso ambivalenten wie tragischen Zustand. Von Stalin als Repräsentantin einer in ihren letzten Entscheidungen unbegreiflichen deutschen Regierung über Gebühr ernst genommen und von Hitler vorsätzlich hinters Licht geführt und mißbraucht, war sie wider Willen in einem Doppelspiel befangen; dieses wurde ihr infolge gewisser Kontinuitäten von großmachtlüsterner Unaufrichtigkeit und zweckbedingter Doppelzüngigkeit der traditionellen diplomatischen Präsentation des Deutschen Reiches erleichtert (die Exekution von »Sprachregelungen« zur Verschleierung der wahren Absichten der Regierung war hierfür symptomatisch).

Wenn dennoch der diplomatische Widerstand Schulenburgs gegen den deutschen Vertragsbruch und Angriffskrieg ebenso real war wie sein gewaltsamer Tod durch den Strang nach dem Scheitern des Umsturzversuchs (10. November 1944), so blieb er doch über weite Strecken von der Rolle der traditionellen deutschen Diplomatie überschattet: Es fehlte lange Zeit in seinen offiziellen Demarchen jene letzte *verbale* Aufrichtigkeit, die es der Sowjetregierung erlaubt hätte, zwischen dem Repräsentanten Deutschlands und der Sache des Nationalsozialismus zu unterscheiden, deren »unfreiwilliger Träger« er war (Schulenburg hatte diese Unterscheidung 1941 zweifellos genauso von seiner russischen Umgebung erhofft wie im Jahre 1914) – an einer letzten Redlichkeit seiner *Haltung* hat es, wie viele Zeitgenossen und manche Dokumente bezeugen, nicht gemangelt.

Wich somit zwar sein verbales Verhalten in den Monaten der Zuspitzung der deutsch-sowjetischen Beziehungen vor dem Hintergrund der deutschen Kriegsvorbereitung weit – bis tief in die Gefahrenzonen des sogenannten Landesverrats – vom Auftrag eines Botschafters des »Dritten Reiches« ab, so war es aus Sicht und Perzeption der Sowjets fatalerweise bis nach Kriegsbeginn nicht so zwingend explizit, daß sie die gebotenen Schlüsse hätte ziehen müssen. Erst im Abbruch der diplomatischen Beziehungen ließ Graf Schulenburg die ihm auferlegten sprachlichen Reserven fallen und distanzierte sich ausdrücklich und auch für die sowjetische Seite eindeutig von der Kriegspolitik Hitlers. Eine wirkungsvolle Demission zu einem früheren Zeitpunkt, spätestens nach dem Bekanntwerden der Pläne für den Fall »Barbarossa« oder der aufschlußreichen Vorsprache bei Hitler, hätte zweifellos ein moralisches und politisches Signal gesetzt, das insofern schwer gewogen hätte, als Molotov und Stalin in Schulenburg den verläßlichen Repräsentanten der Rußland-freundlichen Kräfte in der deutschen Außenpolitik und Diplomatie sahen. Eine Wende in der sowjetischen Deutschlandpolitik hätte ein solcher Akt der Verweigerung des Diplomaten indes kaum nach sich ziehen können: Die Zwänge zu der extremen Beschwichtigungspolitik – Schwäche der Armee, Ungenügen der Wirtschaftslage und Mängel der Infrastruktur – bestanden unabhängig vom diplomatischen Prozeß und waren kurzfristig nicht aus der Welt zu schaffen. Insofern hat die andauernde Widerstandshaltung des Diplomaten im deutsch-russischen Kraftfeld jener zwei fatalen Jahre zwar keine politischen Veränderungen gebracht, wohl aber Maßstäbe für spätere Beziehungen gesetzt und Zeugnis abgelegt.

Das für unser Verständnis der deutsch-russischen Beziehungen in der schwierigen Zeit des Hitler-Stalin-Pakts vorrangige Zeugnis, das Schulenburg und seine Mitarbeiter abgelegt haben, betrifft die Art der Einwirkung des einen Bündnispartners auf den anderen. Nicht zuletzt ihren Analysen und Aufzeichnungen verdanken wir die Erkenntnis, daß der Sowjetstaat bei Abschluß des Paktes ein anderer war als der Sowjetstaat im Moment des dramatischen Endes dieses Bündnisses. In ihrer Voraussicht der möglichen Entwicklung machten diese Kenner Rußlands rechtzeitig darauf aufmerksam, daß der Sowjetstaat nach der Sammlung seiner Kräfte in einem Defensivkrieg gegen Deutschland ein anderer sein würde als im Moment des Angriffs.

Ihr Urteil ist von der Geschichte bestätigt worden. Die Sowjetunion vom August 1939 hatte in vieler Hinsicht die Züge eines gigantischen Entwicklungslandes, das sich in weitestgehender weltpolitischer Isolation befand. Es war das nationalsozialistische Deutschland, das sie aus dieser Isolation in die Gesellschaft verhandlungsfähiger Staaten brachte, und dies um den Preis der Belebung ihrer unterdrückten revisionistischen Bestrebungen; hierbei verdient die Frage weitere Überlegung, ob das Kalkül Hitlers die Rote Armee mit der sogenannten Aufteilung der Interessensphären nicht willentlich, aus der Festungslinie von 1939 heraus, in die offene Konfrontation vorgeschobener Verteidigungsräume lockte. Erst im Zuge des (militärisch mangelhaften, wenn nicht verfehlten) Ausbaus ihres strategischen Vorfeldes im Gegenzug zum deutschen Terraingewinn in Nord- und Westeuropa entwickelte die Sowjetunion einen Vorwärtsdrang, der der Rußland-Diplomatie Sorge zu bereiten begann. Das Rußland von 1941 hatte seine Grenzen mit der politischen Unterstützung Deutschlands substantiell vorgeschoben und begonnen, sich mit deutscher Materialhilfe auf die große Machtprobe einzustellen.

Ihr Weitblick lehrte die Rußland-Diplomatie, daß ein von Deutschland militärisch herausgefordertes Rußland seine immensen Reserven vollends entfalten und zu einer wahrhaft expansiven Großmacht werden würde. Das Rußland des Jahres 1943 begann diesen unaufhaltbaren Expansionismus zu entwickeln, und die siegreiche Sowjetunion von 1945 wurde zu der Großmacht, deren Weltbewußtsein das Gleichgewicht auf dem Kontinent in einer Weise veränderte, in der Deutschland zu einer quantité négligeable und ihr ursprüngliches strategisches Vorfeld zu einer Auslaufbahn von beliebiger Weite wurde. Alle ostmitteleuropäischen Länder haben den Preis für die Politik – zunächst der freigiebigen Lockangebote und Preisgabe fremder Territorien, sodann des Angriffs – entrichten müssen, mit der Hitler Stalin jeweils politisch und militärisch herausforderte.

Das Rußland-Bild, das sich unter dem Eindruck des expansiven Sowjetimperialismus der Ära nach 1944/45 bei den betroffenen nationalen Eliten herausgebildet hat, ist zwangsläufig ein völlig anderes Bild als das Rußland-Bild der Deutschen Botschaft Moskau aus der Zeit vor Abschluß und im Vollzug des Pakts. Während die Deutsche Botschaft die Haltung eines chronischen Unterlegenheitsgefühls dieser zur Paria-Rolle verurteilten Nation zu bemänteln bemüht war, ist die Nachkriegsgeneration Ostmittel- und Mitteleuropas unter dem Alptraum der sowjetischen Übermacht herangewachsen. Sie ist historisch wohl beraten – und der derzeitige Prozeß des freiwilligen sowjetischen Verzichts auf geschichtlich zugewachsene Positionen nötigt sie auch moralisch dazu –, wenn sie die Mechanismen zurückverfolgt und verstehen lernt, die den Prozeß der übermächtigen Entfaltung des Sowjetimperialismus der Nachkriegszeit ursprünglich in Gang gesetzt haben. Mit dem Verstehen dieser komplexen Kausalitäten befreit sie sich von den Fesseln einer tiefsitzenden Russophie, die ein halbes Jahrhundert nach dem perfiden und vernunftwidrigen Angriff auf dieses nach Konfliktvermeidung strebende Land dringend nach Historisierung verlangt.

ANMERKUNGEN

Die Voraussetzungen:
Der Hitler-Stalin-Pakt – Ein Bündnis zum Kriege?

1 So in der seriösen Literatur zuerst Harold Deutsch, Strange Interlude. Nazi-Soviet Liaison 1939–41, in: The Historian (Allantown), Spring 1947, und zuletzt Read and David Fisher, The Deadly Embrace. Hitler, Stalin and the Nazi-Soviet Pact 1939–1941, London 1988. Die substantielle Erforschung dieser schwierigen Periode ist begrenzt: Gerhard L. Weinberg, Germany and the Soviet Union 1939–1941, Leiden 1972; Max Beloff, The Foreign Policy of Soviet Russia 1929–1941, Bd. II, 1936–1941, Oxford 1952. Vgl. auch: Alexander Werth, Rußland im Krieg 1941–1945, München 1969, und Walter Laqueur, Deutschland und Rußland, Berlin 1965. Die europäische Literatur ist von mehr oder minder starker Russophobie belastet: Sven Allard, Stalin und Hitler. Die sowjetische Außenpolitik 1930–1941, Bern/München 1974; Philipp W. Fabry, Der Hitler-Stalin-Pakt 1939–1941, Darmstadt 1962; Angelo Rossi, Zwei Jahre deutsch-sowjetisches Bündnis, Köln 1952; Andreas Hillgruber, Sowjetische Außenpolitik im Zweiten Weltkrieg, Düsseldorf 1979. Zur sowjetischen Position: Georg von Rauch, Der deutsch-sowjetische Nichtangriffspakt..., in: Geschichte in Wissenschaft und Unterricht, 1966, Nr. 8, S. 472–82, und Pawel P. Sewostjanow, Sowjetdiplomatie gegen faschistische Bedrohung 1939–1941, Frankfurt/M. 1984.

2 In »Mein Kampf« hatte Hitler vorweggenommen, daß »Bündnisse... nur zum Kampfe« geschlossen würden. Bemerkenswert ist die Einsicht, mit der er damals die unausbleiblichen Folgen eines Kampfbündnisses zwischen Deutschland und Rußland voraussah: Deutschland würde »den konzentrischen Angriffen ganz Westeuropas ausgesetzt sein, ohne einen eigenen Widerstand ernstlicher Art leisten zu können«; dieser Krieg »würde Deutschland zum furchtbarsten Schlachtfeld in der Geschichte machen« und ein sicheres Ergebnis haben: »Rußland vor der Vernichtung zu bewahren und dafür Deutschland zum Opfer bringen«. (Adolf Hitler, Mein Kampf, München 1943, S. 748). Nach fünfzehn Jahren war diese aus den Schrecken des Ersten Weltkriegs erwachsene Voraussicht in Vergessenheit geraten.

3 Nikita Chruščev, Vospominanija. Izbrannye otryvki, New York, 1982, S. 39.
4 Beseda s Vladimirom Nikolaevicem Pavlovym – rabotnikom MIDa perioda vojny, 5. April 1972; Ms. dank Dr. Lew Bezymenskij im Besitz der Vf.in.
5 Hermann Teske, Hrg., General Ernst Köstring. Der militärische Mittler zwischen dem Deutschen Reich und der Sowjetunion 1921–1941, Frankfurt/Main 1966, S. 240.
6 G. Freund, Unholy Alliance. Russian-German Relations from the Treaty of Brest-Litovsk to the Treaty of Berlin, London 1957, und: Geoffrey Roberts, The Unholy Alliance: Stalin's Pact with Hitler, Bloomington, Ind. 1989.
7 Eine umfassende Biographie des Botschafters Graf von der Schulenburg (1875–1944), die erstmals seinen umfangreichen Nachlaß berücksichtigt, ist in Vorbereitung. Als vorausgegangene Studien: Albrecht Graf von der Schulenburg, Sein Leben für deutsch-russische Verständigung: Botschafter F. W. Graf Schulenburg vor 100 Jahren geboren, Ms.; Dr. Walter Gehlhoff, Gedenkansprache, in: Gedenkfeier des Auswärtigen Amts zum 100. Geburtstag von Botschafter Friedrich-Werner Graf von der Schulenburg, Bonn 1975; Gerhard Kegel, Ein Diplomat dreier Deutschlands: Friedrich-Werner Graf von der Schulenburg, in: Horizont 11/1984; Sigrid Wegner-Korfes, Graf von der Schulenburg – Mitverschwörer des 20. Juli 1944. Zur außenpolitischen Konzeption des Botschafters des faschistischen Deutschlands in Moskau, in: Zeitschrift für Geschichtswissenschaft, H. 8/1984, S. 681–99; dies., Friedrich Werner von der Schulenburg. Botschafter Nazi-Deutschlands in Moskau und Mitverschwörer des 20. Juli 1944, in: Olaf Groehler, Hrg., Alternativen. Schicksale deutscher Bürger, Berlin 1987, S. 231–70; Erich Franz Sommer, Botschafter Graf Schulenburg. Der letzte Vertreter des Deutschen Reiches in Moskau, Asendorf 1987, sowie: Ingeborg Fleischhauer, Der Widerstand gegen den Rußlandfeldzug. Graf Schulenburg und die Deutsche Botschaft Moskau; Beiträge zum Widerstand 1933–1945, Gedenkstätte Deutscher Widerstand Berlin, 1987, Nr. 31.
8 Vgl. hierzu die (ebenfalls unter Verwendung der sowjetischen Dokumente hergestellten) Analysen der Vf.in: Der Pakt. Hitler, Stalin und die Initiative der deutschen Diplomatie, 1938–1939, Berlin 1990, S. 365 ff.
9 Aufzeichnungen des Gesandten Schmidt (Büro RAM), Berlin, den 15. November 1940, Über die Unterredung zwischen Hitler und Molotov in Berlin am 13. November 1940, in: Akten zur deutschen auswärtigen Politik (= ADAP), Serie D, Band XI.1, Nr. 328, S. 465.
10 ADAP D XI.1, Nr. 328, S. 465.
11 Teske, Köstring, S. 140.
12 Vgl. Gustav Hilger, Wir und der Kreml. Deutsch-sowjetische Beziehungen 1918–1941, Frankfurt/Main 1959, S. 291 f.
13 Teske, Köstring, S. 141 u. a. a. O.
14 Schulenburg an Alwine (»Alla«) von Duberg, Moskau den 27. August 1939, in: Nachlaß Schulenburg, Aktenordner Duberg, Briefe des Grafen F. W. v. d. Schulenburg ab 1. Januar 1939.
15 Schulenburg an Duberg, Moskau den 4. September 1939, in: Nachlaß Schulenburg, Aktenordner Duberg, Briefe...

16 Schulenburg an Duberg, Moskau den 27. August 1939, in: Nachlaß Schulenburg, Aktenordner Duberg, Briefe ...

17 Hans von Herwarth, Zwischen Hitler und Stalin. Erlebte Zeitgeschichte
1931–1945, Berlin 1985, S. 188.

18 Aufzeichnung des Botschafters in Moskau, Moskau den 1. September 1939,
in: ADAP D VII, Nr. 496, S. 400.

19 Grégoire Gafenco, Préliminaires de la guerre à l'Est. De l'accord de Moscou
(21 août 1939) aux hostilités en Russie (22 juin 1941), Bern 1944, S. 77.

20 Vgl. etwa: Hans Mommsen, Fritz-Dietlof Graf von der Schulenburg und
die preußische Tradition, in: Vierteljahreshefte für Zeitgeschichte (= VfZ),
32. Jg., Heft 2, 1984, S. 219 ff., und: Hermann Graml, Die außenpolitischen
Vorstellungen des deutschen Widerstandes, in: ders., Hrg., Widerstand im
Dritten Reich. Probleme, Ereignisse, Gestalten, Frankfurt/Main 1984,
S. 95 ff.

21 Die vorausschauende Gleichschaltung seiner Gesellschaft mit Rücksicht
auf die außenpolitischen Erfordernisse, die Stalin – neben anderen Erwägungen – mit der Ausschaltung jeglicher Opposition im »Großen Terror«
vornahm, stand nach Auffassung der Botschaft in Kontinuität zur russischen Geschichte: »Stalin ... wußte, daß man jeden Funken, der sich hätte
ausbreiten können, austreten muß. ... Er brauchte eine gefügige Masse,
die blindlings nur ihm gehorchte. Alles, was ihn gefährden konnte, mußte
verschwinden. ... Für europäische Begriffe unvorstellbar. Starke Herr-
scher in Asien und Rußland haben schon immer so regiert und erhielten
später den Beinamen ›der Große‹.« Ernst Köstring, Stellungnahme zu dem
Bericht über die Rückwirkung eines Krieges auf die innerpolitische Lage
der Sowjetunion, Moskau, den 27. November 1940, in: Bundesarchiv (=
BA) Militärarchiv (= MA) Freiburg, RH 2/2572, S. 5 f.

22 Aufzeichnung des Vetters des Grafen v. d. Schulenburg, Robert von der
Schulenburg, Köln, 4. Dezember 1946, Über seine Gespräche mit Botschafter Graf von der Schulenburg, unter besonderer Berücksichtigung einer
geheimen Aussprache der vier Vettern im Jahre 1942 (Original in der
Verwaltung der Vf.in). Die Tochter des Botschafters, Christa Baronin Lindenfels, hat die im Wortlaut wiedergegebenen Ausführungen Schulenburgs über Stalin und Rußland bestätigt und darauf hingewiesen, daß
diese seine Ansichten auch für die Jahre 1938/39 im vollen Sinne Geltung
hatten. Sie unterstrich, daß diese positive Bewertung Stalins durch Schulenburg vor dem Kontrasthintergrund seiner extrem negativen Einschätzung der Führungsqualitäten der Reichsregierung entstand.

23 Schulenburg nahm kein Blatt vor den Mund. Einige seiner jüngeren Kollegen mieden die Begegnung mit ihm, da er seiner Kritik an der nationalsozialistischen Außenpolitik freien Lauf ließ. (Auskunft von C. C. von Pfuel,
H.-G. von Studnitz und Fürst Paul Metternich an Vf.in).

24 Schulenburg an Duberg, Moskau, 21. August 1939, 18.00 Uhr, in: Nachlaß
Schulenburg, Aktenordner Duberg, Briefe ...

25 Twardowski an Schulenburg, Berlin, 29. August 1939, in: Nachlaß Schulenburg, Aktenordner: Briefwechsel mit Angehörigen des Auswärtigen
Amts, Moskau. 11. 2. 1939 – 6. 3. 1940.

26 Schulenburg an Gustav Freiherr von Lerchenfels, Moskau, 7. Oktober 1939, in: Nachlaß Schulenburg, Aktenordner: Briefwechsel mit Angehörigen des Auswärtigen Amts, Moskau. 11. 2. 1939 – 6. 3. 1940.

27 Dr. Karl Schnurre betonte gegenüber Vf.in, wie unerwartet, unnötig und überflüssig die von Ribbentrop mit nach Moskau gebrachten Territorialangebote zum geheimen Zusatzprotokoll gewesen seien.

28 Aufzeichnung V. N. Pavlovs vom 1. September 1939, in: Ministerstvo Inostrannych Del SSSR, God krizisa 1938–1939, t. II, Moskau 1990, Nr. 625, S. 356 f.

29 Schulenburg an Duberg, Moskau, 4. September 1939, in: Nachlaß Schulenburg, Aktenordner Duberg, Briefe . . .

30 Gafenco, Préliminaires, S. 39.

31 Schulenburg an Duberg, Moskau, 4. September 1939, in: Nachlaß Schulenburg, Aktenordner Duberg, Briefe . . .

32 Schulenburg an Duberg, Moskau, 20. November 1939, in: Nachlaß Schulenburg, Aktenordner Duberg, Briefe . . .

33 Schulenburg an Duberg, Moskau, 10. Oktober, 25. Oktober, 11. November 1939 usw., in: Nachlaß Schulenburg, Aktenordner Duberg, Briefe . . .

34 Schulenburg an Duberg, Moskau, 11. November 1939, in: Nachlaß Schulenburg, Aktenordner Duberg, Briefe . . .

I. Die Aufteilung Polens –
Das Mißtrauen Stalins verringert sich

1 In der Umgebung Ribbentrops war bekannt, daß Hitler sein »Gedanke, bei sich bietender Gelegenheit auch die Sowjetunion niederzuschlagen, . . . auch nach dem Abschluß des Nichtangriffspaktes vom August 1939 nie ganz verlassen (hatte)«. Erich Kordt, Wahn und Wirklichkeit, Stuttgart 1948, S. 280.

2 Vgl. hierzu den Aufsatz der Vf.in: Die sowjetische Außenpolitik und die Genese des Hitler-Stalin-Paktes, in: Bernd Wegner, Hrg., Zwei Wege nach Moskau, München 1991, S. 19–39.

3 Hilger, Wir, S. 293.

4 Vgl. unten: Aufzeichnung von Gustav Hilger über die Verhandlungen Ribbentrop-Stalin zum Grenz- und Freundschaftsvertrag vom 28. September 1939. So bereits Beloff, Policy, II, S. 284.

5 Sebastian Haffner sah in der Herstellung dieser gemeinsamen Grenze eines der Hauptziele Hitlers bei Eingehen des Paktes (Der Teufelspakt, Stuttgart 1988).

6 Vgl. ADAP D VII, Nr. 471, 514, 534.

7 »Daher haben wir uns entschlossen, einen Pakt abzuschließen, der zwischen uns beiden für alle Zukunft jede Gewaltanwendung ausschließt, der uns in gewissen europäischen Fragen zur Konsultierung verpflichtet, der das wirtschaftliche Zusammenarbeiten ermöglicht und vor allem, daß sich

die Kräfte dieser beiden großen Staaten nicht gegeneinander verbrauchen. Jeder Versuch des Westens, hier etwas zu ändern, wird fehlschlagen!« Max Domarus, Hitler. Reden und Proklamationen 1932–1945, Bd. II, Untergang (1939–1945), 1963, S. 1314 f.

8 Beseda s Pavlovym, S. 2.

9 Der Diplomatie eröffnete sich mit der Idee eines solchen Kampfbundes gegen die westlichen Demokratien »die Schreckensvision einer von Hitler und Stalin beherrschten Welt«; Herwarth, Hitler und Stalin, S. 183.

10 Abgedruckt in: God, S. 360–1.

11 Die in den Moskauer Verhandlungen erzeugte Fiktion, er beabsichtige die friedliche Lösung der polnischen Frage, hatte Hitler noch in seiner Reichstagsrede vom 1. September aufrechterhalten. Zu Kriegszielen erklärte er hier: »1. Die Frage Danzigs, 2. die Frage des Korridors zu lösen, und 3. dafür zu sorgen, daß im Verhältnis Deutschlands zu Polen eine Wendung eintritt, die ein friedliches Zusammenleben sicherstellt.« Domarus, Hitler, II, S. 1315. Im Auswärtigen Amt trug noch am selben Abend ein Rundtelegramm des Staatssekretärs zu dieser Verschleierung bei; es erlegte den Missionen die »Sprachregelung« auf: »In Abwehr polnischer Angriffe sind die deutschen Truppen heute ... in Aktion getreten. Diese Aktion ist vorläufig nicht als Krieg zu bezeichnen, sondern lediglich als Kampfhandlungen, die durch polnische Angriffe ausgelöst worden sind.« ADAP D VII, Nr. 512.

12 Tagebuchaufzeichnung von A. A. Schkarcev, 3. September 1939, in: God, Nr. 628, S. 358–60.

13 ADAP D VII, Nr. 567.

14 Im Gegensatz zum Grenz- und Freundschaftsvertrag ist eine Aufzeichnung der Verhandlungen, die zum deutsch-sowjetischen Nichtangriffspakt nebst geheimem Zusatzprotokoll führten, bisher nicht aufgefunden worden. Unser Wissen von der Art der dortigen Verhandlungsführung ist daher begrenzt.

15 ADAP D VIII.1, Nr. 5.

16 ADAP D VIII.1, Nr. 34.

17 Teske, Köstring, S. 143.

18 Andreas Hillgruber, Sowjetische Außenpolitik im Zweiten Weltkrieg, Königstein/Düsseldorf 1979, S. 34.

19 ADAP D VIII.1, Nr. 35.

20 ADAP D VIII.1, Nr. 37.

21 ADAP D VIII.1, Nr. 39.

22 ADAP D VIII.1, Nr. 46.

23 ADAP D VIII.1, Nr. 63.

24 Hilger, Wir, S. 249.

25 Istorija Velikoj Otečestvennoj Vojny, Moskau 1961, Bd. 1, S. 176; A. Vasilevskij, Delo vsej žizni, Moskau 1975, S. 94 usw. Vgl. auch Hilger, Wir, S. 298. Aus späterer historischer Sicht war diese Befürchtung unbegründet, da Hitler für einen solchen Vorstoß keine Vorbereitungen getroffen hatte (Laqueur, Rußland, S. 320; Rauch, Nichtangriffspakt, S. 477; persönliche Mitteilung von Prof. H. Messerschmidt an Vf.in).

26 ADAP D VIII.1, Nr. 13 (6. September 1939).
27 Jan Gross, Und wehe, du hoffst . . . Die Sowjetisierung Ostpolens nach dem Hitler-Stalin-Pakt 1939–1941, Freiburg i.Br. 1988, S. 32ff.
28 ADAP D VIII.1, Nr. 80 vom 17. September 1939, 5.20 Uhr.
29 Hilger, Wir, S. 295.
30 ADAP D VIII.1, Nr. 90.
31 ADAP D VIII.1, Nr. 101, 19. September 1939.
32 ADAP D VIII.1, Nr. 94.
33 ADAP D VIII.1, Nr. 90.
34 Schulenburg an Duberg, Moskau den 13. September 1939, in: Nachlaß Schulenburg, Aktenordner Duberg, Briefe . . .
35 ADAP D VIII.1, Nr. 103 und 104.
36 ADAP D VIII.1, Nr. 122.
37 Die Bemühungen Ribbentrops, einen Paktabschluß der Sowjetunion mit der Türkei zu verhindern und statt dessen den »Zustand eines russischen Dauerdruckes auf die Türkei« hervorzurufen, bei dem Rußland seinen Hauptfeind in England erkennen sollte (»der Feind Rußlands in den Meerengen ist und bleibt immer England«!), bezeugen, daß dieser Willen zu dieser Zeit bestand; vgl. Ribbentrop an Botschaft Moskau, 21. September 1939, in: ADAP D VIII.1, Nr. 116.
38 Vgl. u. a. Seppo Mylliniemi, Die baltische Krise 1938–1941, Stuttgart 1979, S. 51 ff. sowie ADAP D VIII.1, Nr. 36 und 41 vom 9. September 1939.
39 ADAP D VIII.1, Nr. 114 und 123.
40 ADAP D VIII.1, Nr. 125.

II. Der Grenz- und Freundschaftsvertrag (28. September 1939) – Der Rahmen der Kooperation wird abgesteckt

1 Vgl. die Sammlung der DNB-Nachrichten »Der zweite Moskauer Besuch des Reichsaußenministers (September 1939)«, in: Politisches Archiv des Auswärtigen Amts (= PA AA), Pol. V, 457, Rußland 2 Nr. 3, Nr. 177509–17.
2 Über die zweite Reise Ribbentrops und die Verhandlungen liegen unterschiedliche Berichte vor: die Erinnerungen von Joachim von Ribbentrop (Zwischen London und Moskau. Erinnerungen und letzte Aufzeichnungen, Leoni am Starnberger See 1953, , S. 205 ff.) sowie die Erinnerungen seiner vier Adjutanten: Unterstaatssekretär Friedrich Gaus (Eidesstattliche Versicherung, in: Der Prozeß gegen die Hauptkriegsverbrecher vor dem Internationalen Militärgerichtshof Nürnberg (=IMT), Bd. XL, S. 298), Erich Kordt (Wahn, S. 221–27 sowie schwächer: ders., Nicht aus den Akten . . . Die Wilhelmstraße in Frieden und Krieg. 1928–1945, Stuttgart 1950, S. 344–54), Andor Hencke (Mit dem Reichsaußenminister in Moskau. Der Abschluß des deutsch-sowjetischen Grenz- und Freundschaftsvertrages, in: ADAP D VIII.1, Anhang 1, S. 737–741) und Dr. Karl Schnurre (Aus einem bewegtem Leben. Heiteres und Ernstes, Ms., 1986, S. 90–95). Diese

vier Adjutanten Ribbentrops waren bei den Verhandlungen selbst nicht zugegen, sondern befanden sich in einem Nebenraum des Arbeitszimmers von Molotov, wo die Verhandlungen stattfanden. Bei den Verhandlungen zugegen waren von deutscher Seite neben Ribbentrop nur Botschafter Graf Schulenburg und Legationsrat Gustav Hilger als Dolmetscher. Hilger hat in seinen Erinnerungen (Wir, S. 296, Allies, S. 313 f.) einen kurzen Abriß der Besprechungen hinterlassen. Er hat auch – entgegen den Mitteilungen in den ADAP D VIII.1, Nr. 152, Anm. 1 – eine 39 Schreibmaschinenseiten umfassende Aufzeichnung der beiden Gesprächsrunden Ribbentrops mit Stalin und Molotov am 27. und 28. September 1939 angefertigt. Einen Durchschlag dieser Aufzeichnungen hat Schulenburg zu seinen persönlichen Akten genommen (Nachlaß Schulenburg, »Mich selbst betreffende Angelegenheiten (Reisen usw.) 27. 9. 1938 – Bd. 2 – 24. 4. 40«); veröffentlicht und von Vf.in kommentiert in: VfZ 3, 1991.

3 Ribbentrop, London, S. 206.
4 Teske, Köstring, S. 144 f.
5 Hilger, Wir, S. 296. Ribbentrop selbst legte dieses Wort unter leichter Abwandlung dem Danziger Gauleiter Forster in den Mund, betonte aber, wie freundlich der Empfang, herzlich die Aufnahme und harmonisch der Abend gewesen sei, den er im Kreise Stalins und der Mitglieder des Politbüros verbracht hatte; Ribbentrop, London, S. 205, 209.
6 S. Anm. 2 zu diesem Kapitel.
7 Werth, Rußland, S. 67.
8 ADAP D VIII.1, Nr. 161.
9 S. u. a. Schnurre, Leben, S. 85 u. a. a. O.; siehe unten.
10 ADAP D VIII.1, Nr. 152.
11 Schulenburg an Duberg, Moskau, den 26. Oktober 1939, in: Nachlaß Schulenburg, Aktenordner Duberg, Briefe . . ., S. 4.
12 ADAP D VIII.1, Nr. 162.
13 ADAP D VIII.1, Nr. 163.
14 Schnurre, Leben, S. 94.
15 Teske, Köstring, S. 241. Zur Frage der quellenmäßigen und inhaltlichen Glaubwürdigkeit der Berichte und Briefe Köstrings, vgl. Das Deutsche Reich und der Zweite Weltkrieg (= Reich), Bd. 4, Stuttgart 1983, S. 195, Anm. 19.
16 Beloff, Policy, II, S. 285.
17 Kordt, Wahn, S. 220.
18 Ernst Köstring, Der Militärattaché, Moskau, den 27. November 1940, Stellungnahme zu dem Bericht über die Rückwirkung eines Krieges auf die innerpolitische Lage der Sowjetunion, in: BA MA R 42/2572, S. 2.
19 Kordt, Wahn, S. 220.
20 Friedrich Gaus, Telegramm vom 2. Januar 1940 für Botschafter Ritter, in: ADAP D VIII.1, Nr. 498.
21 Ribbentrop, London, S. 205.
22 Aussage Ribbentrops (30. März 1946), IMT, X, S. 327.
23 ADAP D VIII.1, Nr. 157.
24 Aussage Ribbentrops (30. März 1946), IMT X, S. 327.

25 So V. Pavlov (Beseda s Pavlovym, S. 8). Der deutsche Vorschlag war somit nicht nur geeignet, die UdSSR gegenüber England noch stärker zu kompromittieren – nach russischem Empfinden war er »eine fein berechnete Diversion gegen das gesellschaftliche Bewußtsein eines ganzen Volkes«. Dimitri Wolkogonow, Stalin. Triumph und Tragödie. Ein politisches Porträt, Düsseldorf 1989, S. 545.

26 Wolkogonow, Stalin, S. 545.

27 Zitiert nach Wolkogonow, Stalin, S. 545; vgl. hierzu auch: Feliks Čuev, Iz besed s Vjačeslavom Molotovym, in: Sovetskaja Literatura, 9./1990, S. 103–10.

28 ADAP D VIII.1, Nr. 158.

29 ADAP D VIII.1, Nr. 159.

30 ADAP D VIII.1, Nr. 160.

31 Dr. Karl Schnurre im Gespräch mit Vf.in sowie in: Leben, S. 90.

32 Čuev, Besed, S. 109.

33 Vgl. für die Ostseeländer: Mylliniemi, Krise, S. 51 ff. sowie im einzelnen für Finnland: Kalervo Hovi, Der Hitler-Stalin-Pakt und Finnland, in: Erwin Oberländer, Hrg., Hitler-Stalin-Pakt 1939. Das Ende Ostmitteleuropas?, Frankfurt/Main 1989, S. 61–74; für die baltischen Länder: Gert von Pistohlkors, Der Hitler-Stalin-Pakt und die baltischen Staaten, in: Oberländer, Pakt, S. 75–97 und für Rumänien (hinsichtlich Bessarabiens): J. W. Brügel, Das sowjetische Ultimatum an Rumänien im Juni 1940, in: VfZ, 11. Jg. 1963, S. 404–17 und Armin Heinen, Der Hitler-Stalin-Pakt und Rumänien, in: Oberländer, Pakt, S. 98–113.

34 Etwa im Gespräch mit dem lettischen Außenminister; vgl. Aufzeichnungen von W. Munters über die Gespräche mit Stalin am 2. und 3. Oktober 1939, in: Latvian-Russian Relations. Documents, Washington D.C. 1944, S. 192–8.

35 Der Beistandspakt, den Molotov am späten Abend des 28. 9. 1939 im Kreml mit dem estnischen Außenminister Karl Selter unterzeichnete, wies eine Reihe interessanter Besonderheiten auf, die sich in den nachfolgenden sowjetisch-baltischen Beistandspakten wiederholten: Er knüpfte in der Präambel an den Friedensvertrag von 1920 (Vertrag von Dorpat) sowie an den sowjetisch-estnischen Nichtangriffspakt von 1932 an und versprach unter folgenden Bedingungen die »Garantie der gegenseitigen Sicherheit«: Im Falle eines direkten Angriffes oder der Gefahr eines Angriffes von seiten einer beliebigen europäischen Großmacht auf Grenzen der beiden Vertragspartner in der Ostsee oder auf dem Landwege über das Territorium der lettischen Republik oder aber eines Angriffs auf die unten erwähnten Militärbasen versprachen sich die Vertragspartner jegliche, auch militärische Hilfe zu leisten (Art. 1). Die UdSSR versprach, die estnische Armee unter günstigen Bedingungen mit Kriegsmaterial zu versorgen (Art. 2). Und die estnische Republik stellte der UdSSR das Recht von Militärbasen auf den Insel Oesel, Dagö und in der Stadt Baltischport zur Verfügung. Die Sowjetunion erhielt das Recht, zum Schutze der Seehäfen und Flugplätze eine bestimmte, gemeinsam festgelegte Zahl von Einheiten dort zu stationieren (Art. 3). Beide Seiten verpflichteten sich, kein gegen

die andere Seite gerichtetes Bündnis einzugehen (Art. 4), und die Durchführung dieser Vereinbarungen durfte die souveränen Rechte der beiden Vertragspartner nicht berühren (Art. 5). Mit dem Vertrag sicherte sich die Sowjetregierung also nicht nur das Stationierungsrecht in Estland und besetzte die strategisch bedeutenden Punkte, um deren temporäre gemeinsame Besatzung zusammen mit England und Frankreich Verteidigungskommissar Voroschilov in den englisch-französisch-sowjetischen Militärverhandlungen im August des Jahres gerungen hatte; dieser Beistandspakt konterkarierte zugleich den am 7. Juni 1939 zwischen Deutschland und Estland abgeschlossenen Nichtangriffsvertrag, der Deutschland die uneingeschränkte wohlwollende Neutralität Estlands im Konfliktfalle sowie – in einer Geheimklausel – die aktive Unterstützung Estlands gegen die Sowjetunion sicherte. Der Abschluß des sowjetisch-estnischen Beistandspaktes just am Tage der Unterzeichnung des Freundschaftspaktes mit Deutschland bedeutete insofern in erster Linie eine Maßnahme der Absicherung gegenüber potentiellen weiteren deutschen Absichten. Auch der sowjetisch-estnische Beistandspakt hatte – wie Stalin im Gespräch mit Ribbentrop warnend durchblicken ließ – ein vertrauliches Protokoll. Im Gegensatz zu den deutsch-sowjetischen Geheimprotokollen schrieb dies aber keinerlei offensive Absichten der Vertragspartner fest, sondern enthielt im Gegenteil – zumindest anscheinend – eine Absicherung der estnischen Souveränität. So hielt Punkt 3 des Protokolls fest, daß die in Art. 1 des Vertrags vereinbarte militärische Hilfe nur aufgrund des von der anderen Seite ausdrücklich geäußerten Wunsches erwiesen werden soll, und daß die zur Hilfeleistung verpflichtete Seite im Falle des Krieges mit einer dritten Macht bei beiderseitigem Einverständnis auch neutral bleiben dürfe. Punkt 1 des vertraulichen Protokolls betonte, daß der Beistandspakt in erster Linie dazu geschlossen werde, um zu verhindern, daß die eine oder andere Seite in den europäischen Krieg verwickelt werde. Somit wich das vertrauliche Protokoll entscheidend von anderen Geheimprotokollen ab. Immerhin, und dessen war sich die sowjetische Seite sehr wohl bewußt, stellte das Vorhandensein eines solchen geheimen Protokolls allein bereits einen Faktor der Verunsicherung und Verwarnung dritter Mächte dar.

36 Kordt, Wahn, S. 221.

37 Dem lettischen Außenminister erzählte Stalin, daß er den deutschen Vorschlag einer Aufteilung Lettlands entlang der Düna-Linie in den August-Verhandlungen zurückwies (»So darf man mit einem Volke nicht umgehen!«) und mit seiner Forderung der Häfen Windau und Libau die Einheit des lettischen Volkes erhalten habe. Latvian-Russian Relations, S. 197.

38 ADAP D VIII.1, Nr. 156. Die Umsiedlung der sogenannten Volksdeutschen »heim ins Reich« wird hier nicht gesondert behandelt. Zur Umsiedlung der Deutschbalten, vgl. Dietrich A. Loeber, Diktierte Option. Die Umsiedlung der Deutsch-Balten aus Estland und Lettland 1939–1941, Neumünster 1972 sowie die Untersuchung der Vf.in: Das Dritte Reich und die Deutschen in der Sowjetunion, Stuttgart 1983.

39 ADAP D VIII.1, Nr. 193.

40 Hilger, Wir, S. 297. Reproduktion in: König, Vertragswerk.
41 Hencke, ADAP D VIII.1, S. 740.
42 Rudolf Nadolny, Mein Beitrag. Erinnerungen eines Botschafters des Deutschen Reiches, Köln 1985, S. 297.
43 Winston S. Churchill, The Second World War, Bd. I, London 1985, S. 403.
44 W. W. Budurowycz, Polish-Soviet Relations 1932–1939, New York/London 1963, S. 177.
45 Vgl. die Erinnerungen des damaligen polnischen Militärattachés in Moskau: Stanislaw Brzeszczynski, Twarza w twarz z sowieckim wiarolomca, Teil 1–3, in: Orzel Bialy, Nr. 194/1341, 195/1342 und 196/1343, Jg. XL, Oktober, November und November 1980; Brigadegeneral Stefan Brzeszczynski, 17 wrzesien 1939 roku w Moskwie, in: Przeglad kawalerii i broni pancernej, XII, Nr. 89, Jan.-März 1978 sowie: h.v.p. (Köln) vom 8. Januar 1981.
46 Persönliche Mitteilung von Hans von Herwarth an Vf.in.
47 PA AA. Pol. 2, Nr. 3. Polen, A 2637.
48 Upravlenie NKVD SSSR po delam o voennoplennych i internirovannych. Spravka o voennoplennych poljakach, soderžaščichsja v lagerjach NKVD 1939–41 gg.; Fondy Central'nogo Gosudarstvennogo Archiva SSSR. Moskau. Über diese Vorgänge zuletzt: N. S. Lebedeva, in: Meždunarodnaja Žizn', Nr. 5, 1990, Ju. N. Zorja, in: Voenno-istoričeskij Žurnal, Nr. 5, 1990.
49 Izvestija CK KPSS vom Juli 1989: Sitzung der Kommission des ZK der KPdSU zur Frage der internationalen Politik vom 28. März 1989, Stellungnahme von D. A. Volkogonov, S. 32.
50 Persönliche Mitteilung von Elisabeth von Herwarth an Vf.in.
51 Tatjana Metternich. Bericht eines ungewöhnlichen Lebens, Wien 1978, S. 102.
52 Persönliche Mitteilung von Tatjana Fürstin Metternich an Vf.in.
53 Empfang Schulenburgs durch Außenkommissar Molotov am 17. November 1939, Aus dem Tagebuch Molotovs, in der: Historisch-Diplomatischen Verwaltung (IDU) des Außenministeriums der UdSSR (im folgenden zitiert als: Archiv Vnešnej Politiki SSSR = AVP SSSR) f(ond). 06, op(is'). 1, p(apka). 1, d(elo). 4, l(ist/y). 50–55. Aufgrund früherer Mißverständnisse auf seiten bestimmter Rezensenten macht Vf.in ausdrücklich darauf aufmerksam, daß sie Zugang zu diesen Dokumenten im sowjetischen Außenministerium hatte.
54 Aufzeichnung über das Gespräch Molotovs mit Schulenburg am 26. November 1939, Tagebuch Molotovs, AVP SSSR, f. 06, op. 1, p. 1, d. 4, l. 72–76. Die Frage Molotovs gibt Rätsel auf: Wußte er aufgrund der Kontrolle der Botschaft und ihrer Berichte, daß der Botschafter auf eigene Faust handelte?
55 Persönliche Mitteilung von Tatjana Fürstin Metternich an Vf.in.
56 AVP SSSR, f. 06, op. 2, p. 16, d. 155, l. 35–43 sowie l. 61–5.
57 Die Hassel-Tagebücher 1938–1944. Ulrich von Hassel, Aufzeichnungen. Vom anderen Deutschland. Nach der Handschrift revidierte und erweiterte Ausgabe, Berlin 1988, S. 157 (Notiz vom 11. Januar 1940, rückblickend). Ein Telegramm Schulenburgs über seine Unterredung(en) mit

Potemkin in dieser Sache, vom dem Hassell durch seinen Schwager, Dr. Wolfgang v. Tirpitz, erfahren hatte, ist nicht bekannt. Vgl. auch die Aufzeichnung Weizsäckers vom 5. Dezember 1939, in: ADAP D VIII.1, Nr. 419.

58 Aufzeichnung ohne Unterschrift, Krakau, den 20. Dezember 1939, in: ADAP, VIII.1, Nr. 477.
59 Schulenburg an Schliep, 7. März 1940, in: ADAP D VIII.1, Nr. 658.
60 Juden im ehem. Ostpolen (mit alphabet. Namensverzeichnis), Flüchtlinge, Januar–Juni 1940, in: PA AA D Pol 3, Nr. 1.
61 Persönliche Mitteilung von Hans von Herwarth an Vf.in.
62 Christa Gräfin von der Schulenburg im Gespräch mit Vf.in.

III. Die Phase der Kooperation –
Das sowjetische Selbstbewußtsein erstarkt

1 Jürgen Förster, Hitlers Entscheidung für den Krieg gegen die Sowjetunion, in: Militärgeschichtliches Forschungsamt, Hrg. Reich, Bd. 4, S. 3–38, hier S. 4.
2 Nikita S. Chruschtschev hob in seinen Erinnerungen die tiefe Ambivalenz hervor, die in den Wochen nach dem Polenfeldzug zwischen dem »großen Gefühlsaufschwung« in den sowjetischen Streitkräften und im Volke angesichts der Übernahme der slawischen »Brüdervölker«, dem Aufbruch aus der jahrelangen Erniedrigung durch den Handschlag des stärksten Mannes in Europa in der Parteiführung (»Hitler reichte uns die Hand, – d. h. ›wir waren wieder jemand!‹‹«) und dem Wissen um die wirklichen Hintergründe des Paktes im engsten Kreise um Stalin bestand (»Stalin bewertete die Bedeutung des Vertrags richtig..., wir hatten keine andere Wahl, ... nur so konnten wir neutral bleiben«). Chruschtschev erinnerte sich, wie »schwer, sehr schwer!« dies gewesen sei. Hierbei habe auf den wenigen Wissenden der Eindruck schwer gelastet, daß die UdSSR nach außen hin »scheinbar ihre Anstrengungen in diesem Kriege (mit denen der Deutschen) vereinigte«. Es »war sehr schwer zu begreifen, daß wir gezwungen waren, so zu tun...« (Chruščev, Vospominanija, II, S. 70–5).
3 Vgl. Mario Toscano, Una mancata intesa italo-sovietica nel 1940 e 1941, Florenz 1953, S. 7 ff.
4 V. Molotov, Der XXII. Jahrestag der Oktoberrevolution. Rede in der Festsitzung des Moskauer Sowjets vom 6. November 1939, Moskau 1939.
5 Beloff, Policy, II, S. 290 ff.
6 Čuev, Besed, S. 103.
7 ADAP D VIII.1, Nr. 271 (in der Nacht vom 17. zum 18. Oktober).
8 ADAP D VIII.1, Nr. 280.
9 ADAP D VIII.1, Nr. 258, 267 sowie AVP SSSR, f. 011, op. 4, p. 24, d. 5, l. 36 f. und 06, op. 1 a, p. 26, d. 1, l. 14 f.
10 FBI-Dokument vom 19. 7. 1940, gefunden und kommentiert von dem

sowjetischen Historiker D. Nadzhafov (Konsomolskaja Pravda, Oktober 1990), verworfen von Lev Bezymenskij: Traf Stalin Hitler? (russ.), in: Novoe Vremja, Nr. 48/90, S. 34–7. Ein Treffen Stalins mit Hitler hat – entgegen zählebigen anderslautenden Gerüchten – niemals stattgefunden. Wie den westlichen Geheimdiensten sehr wohl bekannt war, »the Soviets had always evaded this by pleading either the press of business or that the state of Stalin's health prohibited a journey by air«. Deutsch, Interlude, S. 125. Harold Deutsch war während des Krieges der Londoner Verbindungsmann des OSS zum britischen Geheimdienst mit Zuständigkeit für deutsch-sowjetische Beziehungen und insofern in Kenntnis der geheimen Vorgänge.

11 Der Sowjetbotschafter in Brüssel, Rubinin, suchte über den Botschafter der USA, Joseph E. Davies, offenbar auch die USA für einen Friedensprozeß zu gewinnen; Beloff, Policy, II, S. 290.

12 ADAP D VIII.1, Nr. 285 sowie AVP SSSR f. 06, p. 1 a, p. 26, d. 1, l. 16 f.; hierzu: I. M. Maiski, Memoiren eines Sowjetischen Botschafters, Berlin 1977, S. 531 ff.

13 ADAP D VIII.1, Nr. 269, 17. Oktober 1939.

14 Rosso an Außenminister Ciano, Moskau, 10. November 1939, in: Documenti Diplomatici Italiani (= DDI), 9, II, Nr. 175.

15 Tagebuch Molotovs, Empfang Schulenburgs am 2. und 13. November 1939, AVP SSSR f. 06, op. 1, p. 1, d. 4, l. 7 f. und f. 06, op. 1, p. 1, d. 4, l. 45–9, sowie ADAP D VIII.1, Nr. 353, 14. November 1939.

16 ADAP D VIII.1, Nr. 369, 18. November 1939, sowie Tagebuch Molotovs, Empfang Schulenburgs am 17. November 1939, in: AVP SSSR f. 06, op. 1, p. 1, d. 4, l. 50 ff.

17 ADAP D VIII.1, Nr. 468 und 470 vom 18. Dezember sowie Tagebuch Molotovs, Empfang Schulenburgs am 17. Dezember 1939, in: AVP SSSR f. 06, op. 1, p. 1, d. 4, l. 113–7. Molotov bat Schulenburg, Peter Kleist, der sich gegen den Widerstand der mit Schulenburg kooperierenden Kräfte im Auswärtigen Amt (vor allem des Gesandten W. O. v. Hentig) bereits mit diesbezüglichem Auftrag in Moskau befand, »angesichts der Mangelhaftigkeit des Informationsmaterials nach Berlin zurückkreisen zu lassen«.

18 Empfang Schulenburgs bei Molotov am 30. November 1939, in: AVP SSSR f. 06, op. 1, p. 1, d. 4, l. 75–8.

19 Tagebuch Molotovs, Empfang Schulenburgs am 4. Dezember und 3. März 1940, in: AVP SSSR f. 06, op. 1, p. 1, d. 4, l. 92–5 und f. 06, op. 2, p. 16, d. 155, l. 35–43.

20 Tagebuch Molotovs, Empfang Schulenburgs am 25. Oktober 1939, in: AVP SSSR f. 06, op. 1, p. 1, d. 3, l. 118 f.

21 V. Molotov, Rede vor der fünften außerordentlichen Tagung des Obersten Sowjet am 31. Oktober 1939, Auszüge veröffentlicht in: Archiv der Gegenwart, S. 4297 f.

22 Werth, Rußland, S. 68.

23 Churchill, War, I, S. 484 f.

24 Hierzu als neuere Untersuchungen: Rolf-Dieter Müller, Von der Wirtschaftsallianz zum kolonialen Ausbeutungskrieg, in: Reich, 4, S. 98–189; G.

M. Ivanickij, Sovetsko-germanskie torgovo-ėkonomičeskie otnošenija v 1939–1941 gg., in: Novaja i novejšaja istorija, 5, 1989, S. 28–39.

25 Schnurre, Leben, S. 99.
26 ADAP D VIII.1, Nr. 237, Anm. 1.
27 ADAP D VIII.1, Nr. 208.
28 ADAP D VIII.1, Nr. 237 vom 11. Oktober 1939.
29 ADAP D VIII.1, Nr. 303.
30 Schulenburg am 1. November 1939 an das Auswärtige Amt, in: ADAP D VIII.1, Nr. 320.
31 Aufzeichnung Weizsäckers vom 1. November 1939, in: ADAP D VIII.1, Nr. 321.
32 ADAP D VIII.1, Nr. 335.
33 ADAP D VIII.1, Nr. 342 vom 10. November 1939.
34 Aufzeichnung des Gesprächs Schulenburgs mit Molotov am 26. November 1939, in: AVP SSSR f. 06, op. 1, p. 1, d. 4, l. 72–4.
35 ADAP D VIII.1, Nr. 371 vom 18. November 1939.
36 ADAP D VIII.1, Nr. 407 mit der genauen Auflistung der Posten.
37 Aufzeichnung Weizsäckers vom 5. Dezember 1939, in: ADAP D VIII.1, Nr. 420.
38 Aufzeichnung Ritter »Zum Vortrag beim Führer: Russengeschäft«, Berlin den 8. Dezember 1939, in: ADAP D VIII.1, Nr. 430.
39 ADAP D VIII.1, Nr. 457, Anm. 2.
40 ADAP D VIII.1, Nr. 442 vom 11. Dezember 1939.
41 ADAP D VIII.1, Nr. 474.
42 ADAP D VIII.1, Nr. 476.
43 ADAP D VIII.1, Nr. 484, Aufzeichnung des Botschaftsrats Hilger, Moskau den 23. Dezember 1939 sowie: Tagebuch Molotovs, Empfang Schulenburgs am 22. Dezember 1939, in: AVP SSSR f. 06, op. 1, p. 1, d. 4, l. 118 ff.
44 ADAP D VIII.1, Nr. 487.
45 Telegramm Schulenburgs an Duberg, Moskau, 9. (?) Dezember 1939, in: Nachlaß Schulenburg, Aktenordner Duberg, Briefe...
46 Schulenburg an Duberg, Moskau, den 13. Dezember 1939, in: Nachlaß Schulenburg, Aktenordner Duberg, Briefe...
47 Schulenburg an Duberg, Moskau, Deutsche Botschaft, den 26. Dezember 1939, in: Nachlaß Schulenburg, Aktenordner Duberg, Briefe...
48 ADAP D VIII.1, Nr. 499.
49 Schnurre, Leben, S. 97 ff.
50 Schnurre, Leben, S. 85.
51 ADAP D VIII.1, Nr. 520 sowie Tagebuch Molotovs, Empfang Schulenburgs am 7. Januar 1940, in: AVP SSSR f. 06, op. 2, p. 4, d. 155, l. 3–8. Der erste Empfänger dieser Aufzeichnung auf der Verteilerliste war Stalin.
52 ADAP D VIII.1, Nr. 543: Aufzeichnung Botschafter Ritter vom 16. Januar 1940.
53 ADAP D VIII.1, Nr. 543, Aufzeichnung Botschafter Ritter vom 16. Januar 1940, dazu Anm. 2.
54 Schulenburg an Duberg, Moskau, 20. Januar 1940, in: Nachlaß Schulenburg, Aktenordner Duberg, Briefe...

55 Schulenburg und Schnurre an das Auswärtige Amt, Moskau, 28. Januar 1940, in: ADAP D VIII.1, Nr. 582.
56 Der Reichsaußenminister an die Botschaft in Moskau, Berlin, 3. Februar 1940, in: ADAP D VIII.1, Nr. 594.
57 Aufzeichnung über die Besprechung im Kreml am 8. Februar 1940 um 1.00 bis 2.00 Uhr nachts, Moskau, den 8. 2. 1940, in: ADAP D VIII.1, Nr. 600.
58 ADAP D VIII.1, Nr. 602.
59 Schnurre, Leben, S. 99.
60 ADAP D VIII.1, Nr. 607.
61 Schnurre, Leben, S. 96.
62 Aufzeichnung Schnurres vom 26. Februar 1940, in: ADAP D VIII.1, Nr. 636.
63 Schulenburg an Duberg, 21. September 1939, in: Nachlaß Schulenburg, Aktenordner Duberg, Briefe . . . .
64 Schulenburg an Duberg, Moskau den 1. Oktober 1939, in: Nachlaß Schulenburg, Aktenordner Duberg, Briefe . . .
65 ADAP D VIII.1, Nr. 239, Nr. 252 sowie Nr. 252, Anm. 3 und Aufzeichnung des Gesprächs V. Potemkins mit Schulenburg, 11. Oktober 1949, in: AVP SSSR f. 011, op. 4, p. 24, d. 8, l. 17–20.
66 Vgl. hierzu: Gerd R. Ueberschär, Hitler und Finnland 1939–1941. Die deutsch-finnischen Beziehungen während des Hitler-Stalin-Paktes, Wiesbaden 1978, sowie die Aktendokumentation, die Irina M. Morozova und Galina A. Tachnenko im Auftrag der Historisch-Diplomatischen Verwaltung des Außenministeriums der UdSSR zusammengestellt und kommentiert haben: Zimnaja vojna (Dokumenty o sovetsko-finljandskich otnošenijach 1939–1940 godov), in: Meždunarodnaja Žizn'‹, 1989, Nr. 8 und 12 sowie den Aufsatz von M. I. Semirjaga: Neznamenitaja vojna. Razmyšlenija istorika o sovetsko-finljandskoj vojne 1939–1940 godov, in: Ogonek, Nr. 22, Mai 1989.
67 Schulenburg an Duberg, 20. Oktober 1939, in: Nachlaß Schulenburg, Aktenordner Duberg, Briefe . . .
68 Nikita Chruščev, Vospominanija, S. 18–35.
69 Tagebuch Molotovs, Empfang Schulenburgs am 26. Oktober und 2. November 1939, in: AVP SSSR f. 06, op. 1, p. 1, d. 3, l. 121–3 und op. 06, op. 1, p. 1, d. 4, l. 7 f.
70 Ueberschär, Hitler, S. 86.
71 So J. K. Paasikivi über Mitteilungen des finnischen Gesandten in Moskau, Yrjö-Koskinen, zitiert nach: Ueberschär, Hitler, S. 84.
72 Tagebuch Molotovs, Empfang Schulenburgs durch Molotov am 13. November 1939, in: AVP SSSR op. 06, op. 1, p. 1, d. 4, l. 45–9.
73 Schulenburg an Auswärtiges Amt, in: PA AA R 29713, 111779.
74 Der italienische Gesandte in Helsinki, Bonarelli, an Ciano, Helsinki, 15. November, in: DDI, 9, II, Nr. 224; Rosso an Ciano, 29. November, in: DDI, 9, II, Nr. 377; Tanner, zitiert nach Ueberschär, Hitler, S. 91.
75 Vgl. hierzu: M. Moiseev, in: Izvestija CK KPSS, 1990, Nr. 1, S. 210–5 sowie den Bericht von Lev Mechlis an Zhdanov über die Fehler der politischen und militärischen Führung im Winterkrieg vom 23. Mai 1940, in: Izvestija CK KPSS, 1990, Nr. 3, S. 192–201.

76 Die überstürzte Verlegenheitslösung der Karelo-Finnischen SSR unter Kuusinen und Andropov verfehlte ihr Ziel einer in Grenzen vertretbaren Legitimation und wurde später fallengelassen.

77 Gerd Ueberschär bemerkte (1978), daß die »sowjetischen Absichten und Zielvorstellungen in bezug auf Finnland« mit letzter wissenschaftlicher Genauigkeit nicht beurteilt werden könnten; Hitler, S. 126. Die russische Memoirenliteratur zeigt, wie unzutreffend eine wissenschaftliche Erwartung an längerfristige Absichten und Ziele in dieser Hinsicht wäre.

78 Beloff, Policy, II., S. 304.

79 ADAP D VIII.1, Nr. 385 vom 23. November 1939.

80 Aufzeichnung des Gesprächs Molotovs mit Schulenburg, 26. November 1939, in: AVP SSSR f. 06, op. 1, p. 1, d. 4. l. 72–4.

81 Rosso an Ciano, 29. November, DDI, 9, II, Nr. 377.

82 Schulenburg an Duberg, 29. November 1939, in: Nachlaß Schulenburg, Aktenordner Duberg, Briefe...

83 Die beiden späteren Staatspräsidenten Paasikivi und Kekkonen traten für eine friedliche Beilegung des Streits ein und betrachteten die sowjetischen Vorschläge später als gemäßigt und verständlich. Hätten sie sich seinerzeit durchsetzen können, so wäre der Krieg vermieden worden (Werth, Rußland, S. 70). Heute hat ihre Auffassung an Boden gewonnen: Nach Mitteilung des finnischen Staatspräsidenten Koivisto an M. Gorbatschow während seines Finnlandbesuchs im Oktober 1989 hatte die finnische Regierung damals keinen offenen Blick für die Sicherheitsbedürfnisse der ihr benachbarten Großmacht Sowjetunion besessen. Koivisto machte deutlich, daß die Stimmungen in der finnischen Regierung damals gemischt waren und es durchaus Befürworter der Annahme der sowjetischen Forderungen gab. Die heutige finnische Ansicht – so Koivisto – gehe dahin, daß die Annahme des sowjetischen Ultimatums damals eine vernünftigere politische Lösung erlaubt hätte.

84 Vasilevskij, Delo, S. 95 ff.

85 Aufzeichnung Molotovs über sein Gespräch mit Schulenburg am 30. November 1939, in: AVP SSSR f. 06, o. 1, p. 1, d. 4, l. 75–78.

86 Tagebuch Molotovs, Empfang Schulenburgs bei Molotov am 4. Dezember 1939, in: AVP SSSR f. 06, op. 1, p. 1, d. 4, l. 92–5.

87 Vgl. Wiedergabe seiner Mitteilungen durch Weizsäcker, in: ADAP D VIII.1, Nr. 417. Die sowjetische Aufzeichnung gibt darüber keine Auskunft.

88 Elke Fröhlich, Hrg., Die Tagebücher von Joseph Goebbels, Sämtliche Fragmente, Teil I, Band 3, München 1987, S. 655. Zu Goebbels, vgl. Elke Fröhlich, Joseph Goebbels – Der Propagandist, in: Ronald Smelser/Rainer Zitelmann, Hrg., Die braune Elite, Darmstadt, 1990, S. 52–68, sowie Ralf Georg Reuth, Goebbels, München 1990.

89 ADAP D VIII.1, Nr. 423 und 429.

90 Tagebuch Vilhelm Assarson, auszugsweise in Übersetzung durch Sonnhild Gräfin Schulenburg, im Besitz der Vf.in.

91 Goebbels-Tagebücher, I, 3, S. 679 ff.

92 Deutsch, Interlude, S. 119.

93 DeWitt-Poole, Light on Nazi Foreign Policy, in: Foreign Affairs, Oktober 1946, S. 145.
94 Vgl. auch Churchill, War, I, S. 488.
95 Goebbels-Tagebücher, I, 3, S. 663, 666, 667, 678 f. (13., 14., 16., 17. und 29. Dezember 1939).
96 Goebbels-Tagebücher, I, 4, S. 4 (5. Januar 1940).
97 Hassell-Tagebücher, S. 157 (11. 1. 1940).
98 Hill, Weizsäcker-Papiere, S. 192.
99 ADAP D VIII.1, Nr. 513, Anm. 1 sowie: Wipert von Blücher, Gesandter zwischen Diktatur und Demokratie. Erinnerungen aus den Jahren 1935–1944, S. 166 f.
100 Tagebuch Molotovs, Empfang Schulenburgs am 7. Januar 1940, in: AVP SSSR f. 06, op. 2, p. 4, d. 155, l. 3–8, 1. Verteiler: Stalin; Schulenburg an Auswärtiges Amt, 8. Januar 1940, ADAP VIII.1, Nr. 513 und Schulenburg an Weizsäcker, 10. Januar 1940, ADAP D VIII.1, Nr. 521.
101 Goebbels-Tagebücher, I, 4, S. 7 (9. Januar 1940).
102 ADAP D VIII.1, Nr. 552.
103 Studie des Wehrmachtsführungsamtes vom 6. 1. 1940 über die russischen Operationsmöglichkeiten gegen England, in: ADAP D VIII.1, Nr. 514, Anlage.
104 Schulenburg an Weizsäcker, Moskau den 10. Januar 1940, in: ADAP D VIII.1, Nr. 521.
105 Weizsäcker an Schulenburg, 17. Januar 1940, in: ADAP D VIII.1, Nr. 548.
106 Goebbels-Tagebücher, I, 4, S. 12 (13. Januar 1940); Goebbels am 19. Januar: »Die Russen stecken in dieser sibirischen Kälte in Finnland fest. Ein Zweifrontenkrieg ist in absehbarer Zeit nicht zu befürchten.« Ebd. S. 18.
107 ADAP D VIII.1, Nr. 574 vom 25. Januar 1940.
108 ADAP D VIII.1, Nr. 575 und Blücher, Gesandter, S. 167.
109 Am 8. März schrieb er an Frau von Duberg: »Ich habe in diesen Tagen wieder wahnsinnig zu tun und fühle mich gesundheitlich gar nicht wohl. Ich habe wieder die ekelhaften Magen-Schmerzen wie im Herbste 38 und im Frühjahre 39. Sobald es irgendwie geht, muß ich einen Spezialisten fragen.« Nachlaß Schulenburg, Aktenordner Duberg, Briefe ...
110 ADAP D VIII.1, Nr. 664 und Tagebuch Molotovs, Empfang Schulenburgs am 5. März 1940, in: AVP SSSR f.06, op. 2, p. 16, d. 155, l. 35–43.
111 ADAP D IX.2, Nr. 19.
112 26. Oktober 1939, AVP SSSR f. 06, op. 1, p. 1, d. 3, l. 121–3; 2. November 1939, AVP SSSR f. 06, op. 1, p. 1, d. 4, l. 7 f.; 13. November 1939, AVP SSSR f. 06, op. 1, p. 1, d. 4, l. 45–9 sowie ADAP D VIII.1, Nr. 309, 313, 376; Ueberschär, Hitler, S. 88 f.
113 Werth, Rußland, S. 74.
114 Mitteilung von Dr. V. M. Falin an Vf.in; ferner Vasilevskij, Delo, S. 98.
115 Goebbels-Tagebücher I, 4, Aufzeichnungen vom 14.–16. März 1940, S. 72–6.
116 Charakteristisch dafür war der Wert, den die Sowjetregierung im Friedensschluß auf die Sicherheit der Eisenbahnlinie nach Murmansk und

damit des Zugangs von Murmansk gelegt hatte: Die Murmansk-Eisenbahn war in erster Linie ein Kommunikationsweg der UdSSR zu den Westmächten, der sich im Ersten Weltkrieg bewährt hatte. (Vgl. Beloff, Policy, II, S. 312)

117 »Der finnisch-sowjetische Friedens-Schluß wird Dir gesagt haben, warum ich letzthin so sehr beschäftigt gewesen bin. Heute haben wir noch eine Menge Ergänzungs-Berichte zu machen und wissen nicht, wo uns der Kopf steht.« Schulenburg an Duberg, Moskau, den 14. März 1940, in: Nachlaß Schulenburg, Aktenordner Duberg, Briefe...

118 ADAP D IX.2, Nr. 28 vom 30. März 1940.

119 ADAP D IX.2, Nr. 20.

120 ADAP D IX.2, Nr. 28 vom 30. März 1940.

121 Tagebuch Molotovs, Empfang Schulenburg am 17. März 1940, AVP SSSR f. 06, op. 2, p. 14, d. 155, l. 61–5.

122 Mitteilung Elisabeth von Herwarth an Vf.in.

123 Schulenburg an Duberg, Moskau den 21. März 1940, in: Nachlaß Schulenburg, Aktenordner Duberg, Briefe Schulenburgs vom 21. Februar 1940 bis zum 14. Juni 1941.

124 Mitteilung Elisabeth von Herwarth an Vf.in; siehe auch Anm. 138.

125 W. Molotov, Über die Außenpolitik der Regierung der UdSSR. Bericht des Vorsitzenden des Rates der Volkskommissare der UdSSR und Volkskommissars für Auswärtige Angelegenheiten auf der sechsten Tagung des Obersten Sowjets der UdSSR am 29. März 1940, Moskau 1940.

126 Vgl. Günter Kahle, Britische Infiltrationsbemühungen in Transkaukasien 1939–40, in: Militärgeschichtliche Mitteilungen, 16, 1/74, S. 97–110.

127 ADAP D IX.2, Nr. 35 vom 1. April 1940.

128 Vgl. hierzu: Armin Heinen, Der Hitler-Stalin-Pakt und Rumänien, in: Oberländer, Pakt, S. 98 ff.

129 Vasilevskij, Delo, S. 99

130 Vgl. hierzu die Dokumente in: Izvestija CK KPSS, 1990, Nr. 1, S. 175–209. Darüber: John Erickson, The Road to Stalingrad. Stalin's War with Germany, Bd. 1, London 1975, S. 13 ff.

131 Abgedruckt in: Izvestija CK KPSS, 1990, Nr. 1, S. 153–211.

132 Vgl. die Beschlüsse des Politbüros vom 22. Mai, 5. Juni, 24. und 25. Juli 1940. in: Izvestija CK KPSS, 1990, Nr. 2, S. 180–6.

133 Mechlis an Zhdanov vom 23. Mai 1940, in: Izvestija CK KPSS, 1990, Nr. 3, S. 192–202.

134 Vgl. Beschluß des ZK der KPdSU vom 31. Juli über die Kontrolle der Einführung der Verordnung des Präsidiums des Obersten Sowjet der UdSSR vom 26. Juni 1940, in: Izvestija CK KPSS, 1990, Nr. 2, S. 186–90.

135 Aufzeichnung Botschafter Ritter, Berlin den 15. März 1940, in: ADAP D VIII.1, Nr. 677.

136 Zur Bedeutung des sowjetischen Erdöls für den deutschen Westfeldzug vgl. Weinberg, Germany, S. 71, 75, Anm. 84.

137 ADAP D IX.2, Nr. 32 vom 1. April 1940.

138 Schulenburg hatte den ab Mitte März zu »Informationsgesprächen« (Auskunft Molotovs an Schulenburg) in Moskau weilenden Berliner Sowjet-

botschafter Schkvarcev auch zu diesem Zwecke in die Residenz eingeladen (Tagebuch Molotovs vom 17. März 1940, in: AVP SSSR, f. o6, op. 2, p. 14, d. 155, l. 61–5; Schulenburg an Duberg, Moskau den 4. April 1940, in: Nachlaß Schulenburg, Aktenordner Duberg, Briefe Schulenburgs vom 21. Februar 1940 bis zum 14. Juni 1941; Tagebuch A. A. Schkvarcevs, 5. April 1940, in: AVP SSSR, f. 082, op. 23, p. 95, d. 5, l. 16–7.

139 Vgl. das Telegramm Schulenburgs an das Auswärtige Amt vom 6. April 1940, in: ADAP D IX.2, Nr. 51.

140 Tagebuch Molotovs, 9. April 1940, zur Vorlage bei Stalin, in: AVP SSSR, f. 06, op.2,p. 14, d. 155, l. 80–5 sowie ADAP D IX.2, Nr. 54 und 73.

141 Werth, Rußland, S. 79, 80.

142 Schulenburg an Weizsäcker, Moskau den 11. April 1940, in: ADAP D IX.2, Nr. 94.

143 Aktenvermerk von Botschafter Ritter, Berlin den 13. April 1940, in: ADAP D IX.2, Nr. 109.

144 Tagebuch Molotovs, 13. April 1940, in: AVP SSSR, f. 06, op. 2, p. 14, d. 155, l. 95–7 sowie ADAP D IX.2, Nr. 104, Schulenburg an Auswärtiges Amt, Moskau den 13. April 1940.

145 Schulenburg an Duberg, Moskau den 18. April 1940, in: Nachlaß Schulenburg, Aktenordner Duberg, Briefe Schulenburgs vom 21. Februar 1940 bis zum 14. Juni 1941.

146 Aufzeichnung des Gesandten Schnurre, Stockholm den 28. April 1940, in: ADAP D IX.2, Nr. 180.

147 Schulenburg an Auswärtiges Amt, Moskau den 27. April 1940, in: ADAP D IX.2, Nr. 175.

148 ADAP D IX.2, Nr. 174.

149 AVP SSSR f. 06, op. 2, p. 14, d. 155, l. 80–5.

150 ADAP D IX.2, Nr. 204 und 226.

151 DDI, 9, IV, Nr. 529.

152 Botschafter Ritter an die Deutsche Botschaft Moskau vom 10. und 12. Mai 1940, in: ADAP D IX.2, Nr. 229 und 238. Am Abend des 8. Mai 1940 hatte Schulenburg »ein großes diner für den Außenhandels-Kommissar Mikojan (Armenier) gegeben« und damit die Atmosphäre in geeigneter Weise vorbereitet; »es war erstaunlich nett und alle Russen waren sehr vergnügt.« Schulenburg an Duberg, Moskau, 9. Mai 1940, in: Nachlaß Schulenburg, Aktenordner Duberg, Briefe . . . Die deutsche Presse griff diese Einladung begierig auf (Deutsche Allgemeine Zeitung vom 11. Mai 1940: »Beim deutschen Botschafter in Moskau«).

153 Tagebuch Molotovs, 25. Mai 1940, in: AVP SSSR f. 06, op. 3, p. 14, d. 155, l. 181–4.

154 Tagebuch Molotovs, 3. Juni 1940, in: AVP SSSR f. 06, 0p. 2, p. 14, d. 155, l. 197–8.

155 Nachlaß Schulenburg, Mich persönlich betreffende Angelegenheiten, 7. Mai 1940, Bd. 3.

156 Hierzu ausführlich: Werth, Rußland, S. 81 ff.

157 Hilger, Wir, S. 298.

158 Teske, Köstring, S. 239 ff.

159 Ribbentrop, London, S. 208.
160 Über seine oppositionelle Tätigkeit: Ulrich Sahm, Rudolf von Scheliha. Ein deutscher Diplomat gegen Hitler, München 1990.
161 P. I. Ivašutin, Sovetskaja voennaja razvedka dokladyvala točno, in: Voenno-istoričeskij žurnal, 1990, Nr. 5, S. 55–9 und ders., Dokladyval točno, in: Trud, 8. Mai 1990.
162 Telegramm Köstrings und Schulenburgs vom 21. Mai 1940 an das Auswärtige Amt, in: ADAP D IX.2, Nr. 286.
163 ADAP D IX.2, Nr. 322, Schulenburg an Auswärtiges Amt, Moskau den 26. Mai 1940.
164 Vgl.: Gabriel Gorodetsky, Stafford Cripps' Mission to Moscow, 1940–42, Cambridge UP 1984, S. 34 ff.
165 Tagebuch Molotovs (3. Juni 1940), in. AVP SSSR, f. 06, op. 2, p. 14, d. 155. l. 197–8.
166 Schulenburg an Duberg, Moskau, 18. April 1040, in: Nachlaß Schulenburg, Aktenordner Duberg, Briefe...
167 Schulenburg an Duberg, Moskau, 30. Mai 1940, in: Nachlaß Schulenburg, Aktenordner Duberg, Briefe...
168 ADAP D IX.2, Nr. 347.
169 Goebbels-Tagebücher I, 3, S. 184.
170 ADAP D IX.2, Nr. 471 sowie Tagebuch Molotovs (17. Juni 1940), in: AVP SSSR f. 06, op. 2, p. 14, d. 155, l. 206–8.
171 »Mich persönlich betreffende Angelegenheiten, 7. 5. 1940, Band 3, in: Nachlaß Schulenburg.
172 »Ich... brauchte... wirklich eine Erholung... In meinem Alter merkt man es doch, wenn man drei Jahre keinen Urlaub gehabt hat.« Schulenburg an Duberg, 25. April 1940, in: Nachlaß Schulenburg, Aktenordner Duberg, Briefe...
173 Schulenburg an Duberg, Moskau, 8. Mai 1940, in: Nachlaß Schulenburg, Aktenordner Duberg, Briefe...
174 Schulenburg an Duberg, Moskau, 16. Mai 1940, in: Nachlaß Schulenburg, Aktenordner Duberg, Briefe...
175 Schulenburg an Duberg, Moskau, 22. Mai 1940, in: Nachlaß Schulenburg, Aktenordner Duberg, Briefe...
176 Schulenburg an Duberg, Moskau, 13. Juni 1940, in: Nachlaß Schulenburg, Aktenordner Duberg, Briefe...
177 Zitiert nach: Alistair Horne, Der Frankreichfeldzug 1940, Wien/München 1976, S. 439 f.
178 Schulenburg an Duberg, Moskau, 22. Mai 1940, in: Nachlaß Schulenburg, Aktenordner Duberg, Briefe...
179 Walter Schmid, Russische Jahre. Erlebtes aus 40 Jahren deutsch-sowjetischer Beziehungen, Ms. im Besitz der Vf.in, S. 93.
180 Andreas Hillgruber, Hitlers Strategie. Politik und Kriegführung 1940–1941, Frankfurt/M. 1965, S. 105 f.
181 So die Berichte vom 24. Juni, 9., 12. und 14. Juli, 5., 7., 9. und 24. August 1940; Nakanune vojny (1940–1941 gg.). O podgotovke Germanii k napa-

deniju na SSSR. O razvedyvatel'noj dejatel'nosti organov gosbezopasnosti, in: Izvestija CK KPSS, 1990, Nr. 4, S. 198–223.

182 Werth, Rußland, S. 82.

183 Zum sowjetischen Vorgehen in den baltischen Staaten, vgl. die ältere Dokumentation von Boris Meissner, Die kommunistische Machtübernahme in den baltischen Staaten, in: VfZ, 2. 1954, S.95–114 sowie die neuen Aktenpublikationen von G. A. Tachnenko, Pribaltika vstupaet v Sojuz, in: Meždunarodnaja Žizn', 1990, Nr. 2 und 3 und dem Autorenkollektiv des Sowjetischen Außenministeriums unter V. A. Aleksandrov, F. N. Kovalev u. a., Polpredy soobščajut. Sbornik dokumentov ob otnošenijach SSSR c Latviej, Litvoj i Èstoniej, avgust 1939 g.–avgust 1940 g., Moskau 1990.

184 Stalin im Gespräch mit dem lettischen Außenminister W. Munters am 2. und 3. Oktober 1939 (Polpredy, S. 76 und 80) und mit dem estnischen Generalstabschef General Laidoner am 11./12. Dezember 1939 (Polpredy, S. 203 f.).

185 Teske, Köstring, S. 244 (30. Mai 1940).

186 Schulenburg an Duberg, Moskau, 30. Mai 1940, in: Nachlaß Schulenburg, Aktenordner Duberg, Briefe...

187 Schulenburg an Auswärtiges Amt, Telegramm Nr. 1028, in: PA AA, Nr. 432/219526.

188 Vgl. etwa den Bericht Botschafter Schulenburgs über sein Gespräch mit dem estnischen Gesandten in Moskau, August Rei, am 5. Juni 1940, in: Politisches Archiv des Auswärtigen Amts, Nr. 432/219513 und 432/219511–12.

189 Köstring an Tippelskirch, 7. 6. 1940, in: Teske, Köstring, S.247.

190 Köstring an Tippelskirch, 30. 5. 1940, in: Teske, Köstring, S. 242 ff.

191 Schulenburg an Duberg, Moskau, 13. Juni 1940, in: Nachlaß Schulenburg, Aktenordner Duberg, Briefe...

192 Werth, Rußland, S. 84 f., unter Hinweis auf den Artikel von Generalmajor P. A. Ivanov in der Pravda vom 20. Juni 1940 über das »Debakel Frankreichs«.

193 Tagebuch Molotovs, 17. Juni 1940, in: AVP SSSR, f. 06, op. 2, p. 14, d. 155, l. 206–8 sowie: Schulenburg an Auswärtiges Amt, Moskau den 18. Juni 1940, in: ADAP D IX.2, Nr. 471.

194 In dem Bewußtsein: »Wir könnten jetzt die ganze Welt erobern« blickte man mit einer Mischung aus mitleidigem Verständnis und Verachtung auf die – wie man es verstand – Schritte Moskaus, »im Baltikum ... tabula rasa zu machen. Auch das Klügste, was es jetzt tuen kann.« Goebbels weiter: »Alle zehren von unseren Siegen. Die Welt wird neu verteilt, und wer sich nicht heranhält, kommt dabei zu kurz.« Goebbels-Tagebücher (16. Juni 1940), I, 3, S. 204 f.

195 Werth, Rußland, S. 87.

196 Der Gesandte in Kowno (Kaunas), Zechlin, an das Auswärtige Amt, Kowno den 5. Juli 1940, in: ADAP D X.3, Nr. 113.

197 Krévé-Mickevičius, 5 Stunden bei Molotow. Aufzeichnungen des ehemaligen litauischen Außenministers, mitgeteilt von Erich Brandt (Kaunas,

Kauen), Hamburger Fremdentag vom 9. Mai 1945, zit. nach Meissner, Machtübernahme, S. 99f.

198 Vgl. Erich F. Sommer, Das Memorandum. Wie der Sowjetunion der Krieg erklärt wurde, München 1981, S. 107 ff.

199 »Mich persönlich betreffende Angelegenheiten«, Bd. 3, in: Nachlaß Schulenburg.

200 Schulenburg an Duberg, Moskau, 20. Juni 1940), in: Nachlaß Schulenburg, Aktenordner Duberg, Briefe...

201 Politischer Bericht Schulenburgs vom 19. Juni 1940, in: PA AA, Nr. A 2895;432/219477–83. So bemerkte das Oberkommando der Wehrmacht um den 20. Juni 1940, »daß die russischen Truppen fast überall bis an die deutsche Grenze im Osten gerückt sind«; ADAP D IX.2, Nr. 504.

202 Deutsch, Interlude, S. 120 f., DeWitt-Poole, Light, S. 144 f.

203 Teske, Köstring, S. 257 ff. (20. Juni 1940).

204 Werth, Rußland, S. 85.

205 ADAP D, X.3, Nr. 12 sowie: Tagebuch Molotovs, Empfang des Deutschen Botschafters am 23. Juni 1940, in: AVP SSSR f. 06, op. 2, p. 14, d. 155.

206 Goebbels-Tagebücher (24. Juni 1940), I, 3, S. 215.

207 Schulenburg an Duberg, Moskau, 9. Juli 1940, in: Nachlaß Schulenburg, Aktenordner Duberg, Briefe...

208 Schulenburg an Weizsäcker, 11. Juli 1940, in: ADAP D X.3, Nr. 156.

209 Schulenburg an Duberg, Moskau, 1. August 1940, in: Nachlaß Schulenburg, Aktenordner Duberg, Briefe...

210 Weizsäcker an Botschaft Moskau, 11. Juli 1940, ADAP D X.3, Nr. 153.

211 Telegramm Schulenburgs Nr. 1404, in: PA AA, 104/112325.

212 Kordt, Wahn, S. 222.

213 Schulenburg an Auswärtiges Amt, Moskau den 29. bzw. 31. Juli 1940, in: ADAP D X.3, Nr. 251 mit Anmerkungen.

214 Rosso an Ciano, 30. Juli 1940, DDI, 9, IV, Nr. 324.

215 Schulenburg an Auswärtiges Amt, in: ADAP D X.3, Nr. 162 sowie Tagebuch Molotovs, in: AVP SSSR, f. 06, op. 2, d. 2, l. 126 f.

216 Schnurre, Leben, S. 108, Sommer, Memorandum, S, 143 ff., S. A. Gorlov, Litovskaja Zemlja..., in: Nedelja, Nr. 15 und 16, 1990.

217 Mitteilung von Dr. K. Schnurre an Vf.in.

218 Domarus, Hitler, 2, S. 1531.

219 Kordt, Wahn, S. 270.

220 ADAP D X.3, Nr. 257.

221 Vgl. zu den rechtlichen Fragen: Boris Meissner, Die Sowjetunion, die baltischen Staaten und das Völkerrecht, Köln 1956.

222 Teske, Köstring, S. 268 (1. August 1940).

223 Kompilation der an anderen Orten veröffentlichten Deportationslisten und Zahlennachweise; Mitteilung von Dr. Bernd Nielsen-Stokkeby an die Vf.in.

224 Nachwort des Verlegers zu: Walter Schubart, Europa und die Seele des Ostens, Pfullingen: Neske-Verlag 1979, S. 353 f.

225 Vgl. hierzu: J. W. Brügel, Das sowjetische Ultimatum an Rumänien im Juni 1940, in: VfZG 11 (1963), S. 404–417.

226 Teske, Köstring, S. 247 f. und 251 f. (20. und 27. Juni 1940).
227 Geschäftsträger Mascia an Ciano, 27. Mai 1940, DDI, 9, IV, Nr. 599.
228 Mascia an Ciano, 29. Mai 1940, DDI, 9, IV, Nr. 622.
229 Schulenburg an Auswärtiges Amt, 23. Juni 1940, in: ADAP D X.3, Nr. 4 und 5 sowie: Tagebuch Molotovs, Empfang Schulenburgs am 23. Juni 1940, in: AVP SSSR, f. o6, op. 2, p. 14, d. 155.
230 Goebbels-Tagebücher I, 3, S. 222.
231 Ribbentrop, London, S. 227. Nach seiner Nürnberger Aussage ging Hitler die Besetzung von Bessarabien zu schnell und sträubte er sich instinktiv dagegen, »altes österreichisches Kronland« an die russische Interessensphäre abzutreten; IMT, X, S. 331.
232 Goebbels-Tagebücher I, 3, S. 218.
233 Goebbels-Tagebücher I, 3, S. 218.
234 Ribbentrop: »... wir konnten auf das für uns lebenswichtige rumänische Erdöl unter keinen Umständen verzichten. Machte Rußland hier einen Vorstoß, so waren wir für die weitere Kriegführung vom guten Willen Stalins abhängig.« London, S. 229.
235 Goebbels-Tagebücher I, 3, S. 217, 222.
236 Teske, Köstring, S. 264.
237 Aufzeichnung des Reichsaußenministers vom 24. Juni 1940, in: ADAP D X.3, Nr. 10.
238 Nach Goebbels breitete sich der »Slawismus... auf dem ganzen Balkan aus. Rußland nutzt die Stunde. Vielleicht müssen wir später noch einmal gegen die Sowjets antreten.« Diese würden »immer frecher. Wir dürfen den Osten nie mehr aufgeben.« Goebbels-Tagebücher I, 3, S. 228 f.
239 Unter den Gesichtspunkten der deutschen Militärplanung war die militärische Nutzung der gesamten Bukowina zur Aushebelung eventueller sowjetischer Kräftekonzentrationen erwünscht; vgl. Ernst Klink, Die militärische Konzeption des Krieges gegen die Sowjetunion, in: Reich, IV, S. 190–326, hier S. 211 f. Aus sowjetischer Sicht war das Verlangen nach Sicherheitsräumen zur Abdämmung eines deutschen Angriffs in diesem strategisch wichtigen Dreieck nicht kleiner; vgl. die Ausführungen Molotovs zur Bukowina und Karpato-Ukraine bei Čuev, Besed, S. 104.
240 Über die Umsiedlung der Deutschen aus Bessarabien »heim ins Reich«, vgl. die Untersuchung der Vf. in: Das Dritte Reich und die Deutschen in der Sowjetunion.
241 Ribbentrop an Botschaft Moskau, 25. Juni 1940, in: ADAP D I.3, Nr. 13.
242 Aufzeichnungen Hilgers (26. Juni 1940) über die Unterredung Schulenburgs mit Molotow am 25. Juni 1940, 21.00 Uhr, PA AA, Pol 2, Nr. 3: Balkan geheim, 210463–71; telegraphischer Bericht Schulenburgs an Auswärtiges Amt über seine Unterredung mit Molotov am 25. Juni 1940, ADAP D X.3, Nr. 20 vom 26. Juni 1940 sowie: Tagebuch Molotovs, Empfang Schulenburgs am 25. Juni 1940, in: AVP SSSR f. 06, op. 2, p. 14, d. 155, 5 S.
243 Teske, Köstring, S. 251 (27. Juni 1940)
244 Telegramm Schulenburgs an Ribbentrop, 26. Juni 1940, ADAP D X.3, Nr. 25.

245 Teske, Köstring, S. 254 (4. Juli 1940).
246 ObdH Nr. 1125/geh. (17. Juli 1940), betr. Das deutsch-russische Verhält-
    nis, BA MA RH 54/101, zitiert nach: Förster, Entscheidung, S. 7 f.
247 Teske, Köstring, S. 251 (27. Juni 1940).
248 Schulenburg an Auswärtiges Amt, in: ADAP D X.3, Nr. 27.
249 PA AA, Nr. 459/234 911.
250 Schulenburg an Auswärtiges Amt, Moskau den 28. Juni 1940, in: ADAP D
    X.3, Nr. 49.
251 Goebbels kommentierte diesen sarkastisch und versprach, man werde
    dem schon zu begegnen wissen! Goebbels-Tagebücher I, 3, S. 236, 242,
    253.
252 ADAP D X.3, Nr. 130 (8.Juli 1940).
253 Schulenburg an Auswärtiges Amt, Moskau 10. Juli 1940, in: PA AA,
    Telegramm Nr. 1326: 271/176062.
254 Schulenburg an Weizsäcker, Moskau den 11. Juli 1940, in: ADAP D X.3,
    Nr. 176.
255 Schulenburg an Auswärtiges Amt, 17. Juli 1940, in: ADAP D X.3, Nr. 183
    sowie: Tagebuch Molotovs, in: AVP SSSR, f. 06, op. 2, p. 15, d. 155, l. 22–4.
256 Teske, Köstring, S. 260 (17. Juli 1940).
257 Teske, Köstring, S. 262 (25. Juli 1940).
258 Teske, Köstring, S. 263 f. (2. Brief vom 25. Juli 1940).
259 So hatte sich das Waffenamt kurz zuvor kritisch über die Tätigkeit der
    Botschaft und insbesondere die des Militärattachés ausgesprochen. Vgl.
    Teske, Köstring, S. 255.
260 Goebbels-Tagebücher I, 3, S. 255.
261 Domarus, Hitler, 2, S. 1556.
262 Nakanune, in: Izvestija CK KPSS, 1990, Nr. 4, S. 198–223, hier: S. 199 f.
263 ADAP D X.3, Nr. 249.
264 Rosso an Ciano, 30. Juli 1940, DDI, 9, V, Nr. 324.
265 Weizsäcker an Schulenburg, ADAP X.3, Nr. 258.
266 Jane Degras (Hrsg.), Soviet Documents and Foreign Policy, Oxford 1953,
    Bd. III, S. 461–469 sowie Keesing's Archiv der Gegenwart, 1. August 1940,
    S. 4644–46.
267 Schulenburg an Duberg, 1. August 1949, in: Nachlaß Schulenburg, Akten-
    ordner Duberg, Briefe…
268 Schulenburg an Duberg, 9. Juli 1940, in: Nachlaß Schulenburg, Aktenord-
    ner Duberg, Briefe…
269 Vgl. hierzu zuletzt: Gerd Ueberschär, »Der Pakt mit dem Satan, um den
    Teufel auszutreiben«. Der deutsch-sowjetische Nichtangriffsvertrag und
    Hitlers Kriegsabsichten gegen die UdSSR, in: Wolfgang Michalka, Hrg.,
    Der Zweite Weltkrieg, München 1989, S. 572 ff. Von hier die im folgenden
    unbelegten Textstellen.
270 Alexander S. Blank/Julius Mader, Rote Kapelle gegen Hitler, Berlin 1979,
    S. 137.
271 Hill, Weizsäcker-Papiere, S. 36, 204 f.
272 Generaloberst Halder, Kriegstagebuch (30. Juni 1940), I, S. 375.
273 Kordt, Wahn, S. 268.

274 Förster, Entscheidung, sowie Ernst Klink, Die militärische Konzeption des Krieges gegen die Sowjetunion, in: Reich, IV, S. 191–326.
275 Domarus, Hitler, 2, S. 1561 f.
276 Halder, Kriegstagebuch, II, S. 32 f.
277 Domarus, Hitler, 2, S. 1564 f.
278 Goebbels-Tagebücher I, 3, S. 260 (31. Juli 1940).
279 Kurt von Tippelskirch, Tagesnotiz vom 24. Juni 1940, BA MA, RH 2/v. 1478, zitiert nach: Klink, Konzeption, S. 206.
280 Teske, Köstring, S. 264 f. (1. August 1940).
281 Vgl. die Zusammenstellung des Auswärtigen Amts für die Botschaft Moskau vom 26. Juli 1940, in: ADAP D X.3, Nr. 238 und Stellungnahme des Botschafters vom 6. August, in: PA AA, Moskau geheim, pol d GEHEIM »Geheime Politische Akten«, Bd. 1, Nr. 175370–3.
282 Die Russen seien anmaßend geworden, Schulenburg werde von Molotov nicht empfangen, so notierte Goebbels am 19. Juli – »Aber heute schadet uns das kaum noch.« Goebbels-Tagebücher, I, 3, S. 244.
283 Deutsch, Interlude, S. 121.
284 Aussage Ribbentrop, in: IMT, Bd. X, S. 427 (1. April 1946).
285 Aussage der Sekretärin Ribbentrops, Blank, über Hitler in: IMT, X, S. 214 (28. März 1946).
286 Bernhard v. Lossberg, Im Wehrmachtführungsstab, Bericht eines Generalstabsoffiziers, Hamburg 1949, S. 105 und 107.
287 Herwarth, Zwischen Hitler und Stalin, S. 206 ff.
288 Ernst Köstring, Interrogation Köstrings vom 30./31. August 1945, National Archives, RG 165.
289 Teske, Köstring, S. 266.
290 Vgl. Gerd R. Ueberschär, Die Einbeziehung Skandinaviens in die Planung »Barbarossa«, hier vor allem: Finnland in Hitlers Kalkül bei der Wiederaufnahme seines »Ostprogramms« im Sommer 1940, in: Reich, IV, S. 365 ff.
291 Teske, Köstring, S. 267 f.
292 Vgl. Aufzeichnungen des Gesandten Schnurre vom 22. Juli 1940 in: ADAP D X.3, Nr. 206.
293 Goebbels bemerkte am 27. Juli: »Die Russen liefern an uns mehr als wir haben wollen. Stalin gibt sich alle Mühe, uns zu gefallen. Er hat wohl auch genug Grund dazu. Im August will Moskau Finnland vereinnahmen. Erntehelfer!« Goebbels-Tagebücher I, 3, S. 255 f.
294 Schnurre, Leben, S. 104.
295 Hitler sprach jetzt offen davon, daß ihm »Rußland ... immer fern bleiben« werde und der »Bolschewismus ... der Weltfeind Nr. 1« sei, mit dem Deutschland bald »zusammenprallen« werde. Goebbels betonte, Deutschland müsse gegen die »Organisation des Untermenschen ... antreten« und das »Asiatentum wieder aus Europa ... nach Asien zurückjagen«. Goebbels-Tagebücher I, 3, S. 275 und 292 (10. und 23. August 1940).
296 Schulenburg an Duberg, Moskau den 23. August 1940, in: Nachlaß Schulenburg, Aktenordner Duberg, Briefe ...

297 Schulenburg an Duberg, Moskau den 30. August 1940, in: Nachlaß Schulenburg, Aktenordner Duberg, Briefe...
298 Vgl. etwa die Bemühungen Schulenburgs und des Schwedischen Gesandten Assarson um die Erhaltung der Neutralität Finnlands, in: DDI 9, V, Nr. 378 und 382 vom 8. und 9. August 1940.
299 Die diplomatischen Akten Rumäniens aus dieser Zeit wurden trotz wiederholter Bemühungen nicht freigegeben. Der besondere Dank der Vf.in für diese Bemühungen gebührt dem politischen Direktor des Auswärtigen Amts, Herrn Dr. Dieter Castrup.
300 ADAP D X.3, Nr. 233.
301 Gafenco, Préliminaires; Exzerpte (in deutscher Übersetzung) mit Marginalien Schulenburgs, in: Nachlaß Schulenburg, Mappe »Letzte Briefe und Dokumente«; Schulenburg besprach die Herausgabe des Buches 1943 in Genf mit Gafencu und bat ihn um Auslassungen der Passagen, die »so verheerend für den Führer (gewesen wären), daß eine Veröffentlichung jetzt einen Skandal hervorrufen würde«. Gafencu war »anständig genug«, seiner Bitte nachzukommen (Die Berliner Tagebücher der Marie ›Missie‹ Wassiltschikow 1940–1945, Berlin 1987, S. 230). Nachforschungen der Vf.in nach den ausgelassenen Textstellen beim Verleger Gafencus (Egloff, Fribourg) waren bisher erfolglos.
302 Togo, Shigenori, Gaifo shukiidai po ishimen (Diplomatische Notizen von Shigenori Togo – Eine Seite der Zeit), Tokio: Harashogo 1967 (nicht von Vf.in konsultiert); Noguhisa Hagiwara, Togo Shigenori – Denki tokaisetsu (Shigenori Togo – Biographie und Kommentar), S. 242 ff. Nach Auskunft der Japanischen Botschaft Bonn vom 21. Dezember 1987 enthalten die Dokumente im historischen Archiv des japanischen Ministeriums für Auswärtige Angelegenheiten keine Unterlagen über die gemeinsamen Friedensbemühungen der Japanischen und Deutschen Botschaft Moskau in der fraglichen Zeit.
303 Ise Togo an Schulenburg, Tokio, den 18. Juni 1941, in: Nachlaß Schulenburg, Japanische Briefe.
304 Teske, Köstring, S. 261 (17. Juli 1940).
305 Schulenburg an Duberg, Moskau, 6. Juni 1940, in: Nachlaß Schulenburg, Aktenordner Duberg, Briefe...
306 Schulenburg an Duberg, Moskau den 13. Juni 1940, in: Nachlaß Schulenburg, Aktenordner Duberg, Briefe...
307 Kordt, Wahn, S. 268, Anm. 2.

IV. Das Ringen um ein neues Bündnis

1 Goebbels-Tagebücher, I, 3, S. 293.
2 Telegramm Rossos an Ciano vom 25. Juni 1940, Nr. 306 sowie der Bericht Nr. 2410/977, DDI, 9, V, Nr. 96 f.; vgl. auch: Toscano, Intesa, S. 41 ff. Russischer Text der Rosso ausgehändigten Note gleichen Inhalts, in: Tagebuch

Molotovs, Beilage zur Aufzeichnung über das Gespräch Molotov-Schulenburg vom 21. September 1940, in: AVP SSSR f. 06, op. 2, p. 14, d. 155.

3 Tagebuch Molotovs, Empfang Schulenburgs am 23. und 25. Juni 1940, in: AVP SSSR, f. 06, op. 2, p. 14, d. 155. Die deutschen Aufzeichnungen enthalten nur die Versicherung, daß Deutschland hinsichtlich der Bessarabienfrage auf dem Boden der Moskauer Abmachungen stehe. Allerdings betonte Schulenburg – laut sowjetischer Aufzeichnung – gegenüber Molotov, daß die Weisung Ribbentrops nicht sehr klar sei, sich die Konsultationspflicht aber seiner persönlichen Ansicht nach eindeutig auf den gesamten Balkan beziehe.

4 Schulenburg an Auswärtiges Amt, Moskau, 26. Juni 1940, in: ADAP D X.3, Nr. 21.

5 Teske, Köstring, S. 253 ff. (4. Juli 1940).

6 Teske, Köstring, S. 257 (11. Juli 1940).

7 Gorodetsky, Mission, S. 52 f.

8 Churchill, War, II, S. 119 ff.

9 ADAP D X.3, Nr. 164 (13. Juli 1940).

10 Teske, Köstring, S. 260 (17. Julli 1940).

11 Toscano, Intesa, S. 50 ff.

12 Degras, Documents, III, S. 461–469 sowie Keesing's Archiv, S. 4644–46.

13 Mackensen an Auswärtiges Amt, 6. August 1940, in: ADAP D X.3, Nr. 219.

14 Vgl. hierzu: Jürgen Förster, Die Gewinnung von Verbündeten in Südosteuropa, vor allem: Der Wiener Schiedsspruch vom August 1940 und die Entsendung der deutschen Militärmission, in: Reich IV, S. 327 ff.

15 Halder, Kriegstagebuch, Bd. II, S. 83.

16 Ribbentrop an Schulenburg, 31. August 1940, in: ADAP D X.3, Nr. 415.

17 Kordt, Wahn, S. 268.

18 DDI, 9, V, Nr. 537.

19 Schulenburg an Auswärtiges Amt, in: ADAP D XI.1, Nr. 1 sowie Tagebuch Molotovs, Empfang Schulenburgs am 31. August 1940, AVP SSSR f. 06, op. 2, p. 15, d. 156, l. 96–8.

20 Ribbentrop an Botschaft Moskau vom 3. und 5. September 1940, in: ADAP D XI.1, Nr. 7 und 24.

21 Schulenburg an Duberg, Moskau den 12. September 1940, in: Nachlaß Schulenburg, Aktenordner Duberg, Briefe ...

22 Gafenco, Préliminaires, S. 102.

23 DDI, 9, V, Nr. 543 (4. September 1940).

24 Mackensen an Auswärtiges Amt, Rom den 10. September 1940, in: ADAP D XI.1, Nr. 42.

25 Schulenburg an Auswärtiges Amt, Moskau, 10. September 1940, in: ADAP D XI.1, Nr. 38 sowie: Tagebuch Molotovs, Empfang Schulenburgs am 9. September 1940, in: AVP SSSR, f. 06, op. 2, p. 15, d. 156. Diese Aufzeichnung aus dem Tagebuch Molotovs wurde als »Besondere Verschlußsache« von seinem persönlichen Sekretär in seiner Eigenschaft als Vorsitzender des Ministerrats, Lapschov, verwahrt. Dazu auch die ausführliche Aufzeichnung Hilgers vom 18. September 1940, in: PA AA 1379/357 844–47.

26 ADAP D XI.1, Nr. 50 und 56 (12. und 14. September 1940).

27 ADAP D XI.1, Nr. 56 (14. Septemvber 1940).
28 Vgl. zu dieser Frage hier und im folgenden: H. Peter Krosby, Finland, Germany, and the Soviet Union, 1940–1941. The Petsamo Dispute, Madison/Milwaukee und London 1968.
29 Köstring, Aktennotiz vom 18. September 1940 Geheim, in: Teske, Köstring, S. 275–76.
30 Gafenco, Préliminaires, S. 78.
31 Aufzeichnung Botschafter Schulenburg, Moskau den 21. September 1940, in: ADAP D XI.1, Nr. 81, beiliegend die deutsche Übersetzung des Memorandums, sowie: Tagebuch Molotovs, Empfang Schulenburgs am 21. September 1940, in: AVP SSSR, f. 06, op. 2, p. 15, d. 156, mit Beilage des russischen Texts.
32 Rosso an Ciano, Moskau, 23./24. September 1940, in: DDI 9, V, Nr. 632.
33 Goebbels-Tagebücher I, 3, S. 324.
34 Goebbels-Tagebücher I, 3, S. 330.
35 Kordt, Wahn, S. 269, Anm. 1.
36 Domarus, Hitler, 2, S. 1587.
37 Aufzeichnung des Gesandten Schmidt für die Unterredung zwischen Ribbentrop, Mussolini und Ciano in Rom am 19. September 1940, in: ADAP D XI.1, Nr. 73.
38 ADAP D XI.1, Nr. 118.
39 Hill, Weizsäcker-Papiere, S. 219 (28. September 1940).
40 Ribbentrop an Geschäftsträger v. Tippelskirch, Berlin, 26. September 1940, in: ADAP D XI.1, Nr. 109 sowie Tippelskirch an Auswärtiges Amt, Moskau, 27. September 1940, in: ADAP D XI.1, Nr. 113.
41 Hill, Weizsäcker-Papiere, S. 219 (27. September 1940).
42 Goebbels-Tagebücher I, 3, S. 346 und 347.
43 Goebbels-Tagebücher I, 3, S. 348.
44 Vgl. Robert Gibbons, Opposition gegen »Barbarossa« im Herbst 1940. Eine Denkschrift aus der deutschen Botschaft, in: VfZ 23, 1975, S. 332–40.
45 Herwarth, Hitler, S. 209.
46 Joachim v. Ribbentrop an Jossif Stalin, in: ADAP, D XI.1, Nr. 176.
47 Hilger, Wir, S. 301.
48 Gafenco, Préliminaires, S. 89.
49 Schulenburg an Ribbentrop, in: ADAP D XI.1, Nr. 186 sowie Tagebuch Molotovs, Empfang Schulenburgs am 17. Oktober 1940, AVP SSSR f. 06, op. 2, p. 15, d. 157, l. 47–51.
50 Schulenburg an Duberg, Moskau, 24. Oktober 1940, in: Nachlaß Schulenburg, Aktenordner Duberg, Briefe . . .
51 Ribbentrop an Schulenburg, Sonnenburg, 18. Oktober 1940, in: ADAP D XI.1, Nr. 187. ADAP D XI.1, Nr. 195.
52 Hilger, Wir, S. 301. Nach Schnurre (Leben, S. 105) verstand man auch in Berlin, daß Stalin sich »etwas ironisch« für die Epistel Ribbentrops bedankte.
53 ADAP D XI.1, Nr. 211 vom 22. Oktober 1940 sowie Tagebuch Molotovs, Empfang Schulenburgs, 21. Oktober 1940, AVP SSSR f. 06, op. 2, p. 15, d. 157. l. 61 f.

54 Churchill, War, II, S. 517.
55 Michail I. Kalinin, Izbrannye proizvedenija, Moskau 1975, S. 303 f., zitiert nach: Pawel P. Sewostjanow, Sowjetdiplomatie, S. 262.
56 Gafenco, Préliminaires, S. 125.
57 Schulenburg an Auswärtiges Amt, Moskau, 8. November 1940, in: ADAP D XI.1, Nr. 304.
58 ADAP D XI.1, Nr. 309 (9. November 1940).
59 Kordt, Wahn, S. 268 ff.
60 Vgl. hierzu: Wolfgang Michalka, Vom Antikominternpakt zum euro-asiatischen Kontinentalblock, in: ders., Hrg., Nationalsozialistische Außenpolitik (= Wege der Forschung, Bd. CCXVII), Darmstadt 1978, S. 471–92 und ders., Ribbentrop und die deutsche Weltpolitik 1933–1940, München 1980,S. 278 ff, 292 ff.
61 Aussage Ribbentrop (30. März 1946), IMT X, S. 329.
62 Allard, Stalin, S. 232.
63 Ribbentrop, London, S. 233.
64 Joachim C. Fest, Adolf Hitler. Eine Biographie, Berlin 1973, S. 874.
65 Ribbentrop, London, S. 231.
66 ADAP D XI.1, Nr. 256 (30. Oktober 1940).
67 Im Gespräch mit Raeder (21. September 1940) hatte Hitler die Möglichkeit erwogen, nach Absage der Landung in England Rußland stärker in den Krieg »einzuspannen« und ihm eine Expansion in Richtung Iran und Indien schmackhaft zu machen; Domarus, Hitler, 2, S. 1588.
68 Schulenburg an Duberg, Moskau den 6. November 1940, in: Nachlaß Schulenburg, Aktenordner Duberg, Briefe …
69 Tagebuch Molotovs, Empfang Schulenburgs, 1. November 1940, AVP SSSR, f. 06, 0p. 2, p. 15, d. 157, l. 61–8: »Schulenburg versuchte, die Sache so darzustellen, als ob die Deutsche Regierung von der Vorbereitung des Krieges gegen Griechenland tatsächlich nicht gewußt hätte, als ob er (Schulenburg), vor seiner Abreise aus Berlin, wie er sich ausdrückte, mit allen noch am Sonnabend abend gesprochen hätte und niemand ein Wort über den bevorstehenden Angriff … gesagt hätte.« Die Privatkorrespondenz bestätigt seine Auskünfte vor Molotov: »Was sagst Du zu dem italienisch-griechischen Kriege? Mir ist er überraschend gekommen; ich hatte in Berlin den Eindruck gewonnen, daß der Balkan ruhig bleiben werde … Es ist schon arg!! … Soweit ich von hieraus übersehen kann (!), sind übrigens *wir* nicht im Kriege mit Griechenland. Es ist schon eine merkwürdige Zeit!!« Schulenburg an Duberg, Moskau, 1. November 1940, in: Nachlaß Schulenburg, Aktenordner Duberg, Briefe …
70 Treffen von Schönburg, 4. November 1940, in: Toscano, Intesa, S. 72 f.
71 Churchill, War, II, S. 520, Anm.
72 Teske, Köstring, S. 280 (17. Oktober 1940).
73 Hill, Weizsäcker-Papiere, S. 224 (15. November 1940).
74 Gafenco, Préliminaires, S. 126.
75 Ribbentrop, London, S. 231.
76 Domarus, Hitler, 2, S. 1609 sowie IMP Doc. 444-PS.
77 Harold Deutsch hat als erster auf diese Frage aufmerksam gemacht (Inter-

lude, S. 129); nach Auskunft von Dr. Bernd Wegner vom Militärgeschicht-
lichen Forschungsamt Freiburg an die Vf.in gibt das Dokument keinen
Aufschluß über die Tageszeit bzw. Stunde, zu der es erlassen wurde.

78 Hill, Weizsäcker-Papiere (6. November 1940), S. 223.

79 Loßberg, Wehrmachtführungsstab, S. 106.

80 Schmidt, Statist, S. 514.

81 Goebbels-Tagebücher I, 3, S. 393 f. (12 November 1940).

82 Schmidt, Statist, S. 515.

83 Weizsäcker, Erinnerungen, S. 304 f.

84 Goebbels-Tagebücher, I, 3, S. 395 (13. November 1940)..

85 Zu diesen Verhandlungen: Vgl. von seiten der deutschen Beteiligten –
neben Ribbentrop – Hilger, Wir, S. 301 ff.; Schnurre, Leben, S. 305 ff.;
Herwarth, Hitler, S. 209 ff.; Schmidt, Statist, S. 415 ff.; Kordt, Wahn,
S. 271 ff. sowie die Aktenmappe Schulenburgs »Reise Molotovs nach Berlin 1940« mit Originalunterlagen und Fotos, in: Nachlaß Schulenburg.
Von sowjetischer Seite als Augenzeuge: W. M. Bereschkow, Jahre im
diplomatischen Dienst, Berlin(-Ost) 1975, S. 34 ff.

86 Schmidt, Statist, S. 524.

87 Ribbentrop-Molotov (P. Schmidt), 12. November 1940, in: ADAP D XI.1,
Nr. 325, Hitler-Molotov, 12. November 1940, in: ADAO D XI.1, Nr. 326,
Hitler-Molotov, 13. November 1940, in: ADAP D XI.1, Ribbentrop-Molo-
tov (G. Hilger), 13. November 1940, in: ADAP D XI.1, Nr. 329.

88 Es handelt sich um sechs ausführliche Chiffretelegramme Molotovs an
Stalin, in: AVP SSSR, f. 059, op. 1, p. 338, d. 2314, l. 5–6, 11–18, 36, 41–44.

89 Schmidt, Statist, S. 519 f.

90 Churchill, War, II, S. 516.

91 Text der Ansprache Ribbentrops, in: Nachlaß Schulenburg, Aktenmappe:
Reise.

92 Hilger, Wir, S. 302.

93 Schmidt, Statist, S. 516, 521 f.

94 Hilger, Wir, S. 302.

95 Nicolaus v. Below, Als Hitlers Adjutant 1937–1945, Mainz 1980, S. 252.

96 Ribbentrop, London, S. 232.

97 Schmidt, Statist, S. 522.

98 Bereschkow, Jahre, S. 34 ff.

99 Schmidt, Statist, S. 523.

100 Hilger, Wir, S. 302.

101 D. Berežkov, Proščet Stalina, in: Meždunarodnaja Žizn', Nr. 8 (1989), S. 21.
Die spätere Erinnerung Molotovs an dieses Gespräch wich von der seines
Dolmetschers ab. Danach sagte ihm Hitler, er sei überzeugt, daß die
Geschichte Stalins immer gedenken werde, und hoffe, daß sie auch seiner
gedenken möge. Molotov habe in diesen Worten die Furcht Hitlers vor
der sowjetischen Macht und einen Angstschauer gegenüber Stalin
gespürt; Čuev, Besed, S. 106.

102 Hilger, Wir, S. 302.

103 Schmidt, Statist, S. 524, Ribbentrop, London, S. 234 und Schnurre, Leben,
S. 106.

104 Vgl. hierzu auch die Darstellung Stalins gegenüber Churchill, in: Churchill, War, II, S. 518.·
105 Domarus, Hitler, 2, S. 1616.
106 So enthielt z. B. die Weisung Molotovs an den Botschafter in London,
Majskij, vom 17. November 1940 die Auskunft: »Offensichtlich wollen die
Deutschen und Japaner uns veranlassen, in Richtung Persischer Golf und
Indien vorzustoßen. Wir haben die Erörterung dieser Frage abgelehnt, da
wir solche von Deutschland kommenden Ratschläge für unangebracht
erachten.« Zitiert nach Sewostjanow, Sowjetdiplomatie, S. 258.
107 Die neuere sowjetische Diskussion (V. Falin, L. Bezymenskij) schreibt
seinen Bemühungen noch weniger Bedeutung zu und vermutet, daß
Hitler die Bündnisidee niemals ernsthaft ins Auge faßte.
108 ADAP D, XII.1, Nr. 177, S. 255.
109 Ribbentrop machte Hitler darauf aufmerksam, daß er Rußland, wolle er es
in ein antibritisches Bündnis einspannen, »allerdings . . . Opfer bringen«
müßte (Ribbentrop, London, S. 236).
110 Besedas Pavlovym, S. 2.
111 Čuev, Besed, S. 105. Bullock sah in Hitlers Versuch, die Russen nach
Süden abzudrängen, den »dreisten, aber durchsichtigen Vorschlag, der
den Traditionen und Interessen Rußlands zuwiderlief« – »Russia would
at once become embroiled with the British«; Allan Bullock, Hitler. A
Study in Tyranny, Long Acre/London 1964, S. 620.
112 Čuev, Besed, S. 105.
113 Zur Darstellung solcher sowjetischen »Fernziele«, vgl. u. a. Andreas Hillgruber, Hitlers Strategie, Politik und Kriegsführung 1940–1941, Frank-
furt/Main 1965, S. 305 ff.
114 Molotov betonte später: »Wir wußten, daß der Krieg nicht mehr fern war,
und daß wir schwächer als Deutschland waren . . . und so viel wie möglich
Territorium benötigten . . .« Čuev, Besed, S. 104, 106.
115 Es ist fraglich, ob Hitler wirklich – wie er danach wiederholt behauptete –
an den angeblich ins Uferlose gehenden russischen Forderungen den
Hauptanstoß nahm (so noch in seinen letzten Wochen: »Er [Molotov]
forderte von mir, daß wir am Ausgang der Nordsee auf dänischem Boden
Stützpunkte abtreten. Er verlangte Konstantinopel, Rumänien, Bulgarien, Finnland – und wir waren damals Sieger!« Zitiert nach: David
Irving, Führer und Reichskanzler. Adolf Hitler 1933–1945, München 1990,
S. 345), oder ob ihm nicht vielmehr die hartnäckige russische Konzentration auf das naheliegende »Konkrete« die wachsende russische Überlegenheit bewies.
116 DeWitt-Poole, Light, S. 147.
117 Schnurre, Leben, S. 107.
118 Weizsäcker, Erinnerungen, S. 305.
119 Konstantin Simonov, Glazami čeloveka moego pokolenija (Mit den
Augen eines Menschen meiner Generation), Gespräch mit dem Marschall
der Sowjetunion A. M. Vasilevskij 1967, in: Znamja (Mai 1988), S. 81 f.
120 Die hier vorliegenden »ausführlichen Telegramme« waren bereits ausge-
wertet worden; Čuev, Besed, S. 105.

121 Berežkov, Proščet, S. 21.
122 Sewostjanow, Sowjetdiplomatie, S. 258.
123 Čuev, Besed, S. 105.
124 Besedas Pavlovym, S. 3.
125 PA AA, Akten betreffend: Besuch des Vorsitzenden der Rats der Volks-
    kommissare u. Außenkommissars Molotov in Berlin im November 1940,
    Pol, Rußland 2, Nr. 3 Molotov, Moskau, 21. November 1940, 177518–20.
126 DeWitt-Poole, Light, S. 149 f.
127 Goebbels-Tagebücher I, 3, S. 396 (14. November 1940).
128 Deutsch, Interlude, S. 131 f., DeWitt-Poole, S. 150 f.
129 Ribbentrop, London, S. 235.
130 Below, Adjutant, S. 252; Hill, Weizsäcker-Papiere (16. November 1940),
    S. 225; Weizsäcker, Erinnerungen, S. 306 f.
131 Zitiert nach: Toscano, Intesa, S. 74.
132 Hitler an Mussolini, 20. November 1940, Toscano, Intesa, S. 74.
133 Weizsäcker, Erinnerungen, S. 308; vgl. hierzu auch: Ernesto Ragioneri,
    Italien und der Überfall auf die UdSSR, in: Zeitschrift für Geschichtswis-
    senschaft, IX. Jg. 1961, Heft 4, S. 761–808.
134 Gafenco, Préliminaires, S. 129 ff.
135 Rosso an Ciano, Moskau, 17. November 1940, in: DDI, IX, 1, Nr. 118.
136 ADAP D XI.1, Nr. 339 (15. November 1940).
137 Gafenco, Préliminaires, S. 142.
138 Vgl. DDI, IX, 1, Nr. 127 (Mitteilung des japanischen an den italienischen
    Botschafter vom 18. November 1940) und DDI, IX, 1, Nr. 213 (Molotov
    gegenüber Schulenburg).
139 ADAP D XI.1, Nr. 362.
140 Goebbels-Tagebücher I, 3, S. 410 (25. November 1940: »Stalin ... will das
    deutsch-russische Verhältnis aktivieren.«
141 Schulenburg an Duberg, Moskau, 16. Dezember 1940, in: Nachlaß Schu-
    lenburg, Aktenordner Duberg, Briefe ...
142 ADAP D XI.2, Nr. 344.
143 ADAP D XI.2, Nr. 405 und 406 sowie: Tagebuch Molotovs, Empfang von
    Schulenburg, Schnurre, Hilger am 25. November 1940, in: AVP SSSR, f.
    06, op. 2, p. 15, d. 157.
144 ADAP D XI.2, Nr. 404 sowie: Auslegung des Gesprächs Molotovs mit
    Schulenburg am 25. November 1940, in: AVP SSSR, f. 0483, op. 11 k, p. 82,
    d. 4, l. 1–5.
145 Hilger, Wir, S. 203.
146 Irving, Führer, S. 345.
147 Ribbentrop, London, S. 235 ff.
148 Hill, Weizsäcker-Papier, S. 227 (28. November 1940).
149 Rosso an Ciano, Moskau, 6. Januar 1941, in: Ministero degli Affari Esteri,
    Hrg., Augusto Rosso, Rom 1979 (= Collana di Testi Diplomatici, 7),
    S. 125 f.
150 Hierzu vgl. PA AA, Akten betreffend: Politische Beziehungen der Sowjet-
    union zu Italien, Bd. I, 206805–10.
151 Hill, Weizsäcker-Papiere, S. 232 f. (16., 17. und 19. Januar 1941).

152 Nakanune, S. 204 f.
153 ADAP D XI.2, Nr. 669 sowie: Tagebuch Molotovs, Empfang Schulenburgs am 17. Januar 1941, in: AVP SSSR f. 06, op. 3, p. 1, d. 4.
154 Kordt, Wahn, S. 275.
155 ADAP D, XI.2, Nr. 681.
156 ADAP D XII.2, Nr. 25 vom 6. Februar 1941.
157 ADAP D XII.1, Nr. 57 vom 15. Februar 1941.
158 Kordt, Wahn, S. 275.

V. Die Vorbereitung von »Unternehmen Barbarossa«

1 Below, Adjutant, S. 253.
2 Halder, Kriegstagebuch, 2, S. 210.
3 IMT, PS-446.
4 Goebbels-Tagebücher I, 3, S. 417.
5 Teske, Köstring, S. 286 (14. November 1940).
6 Teske, Köstring, S. 285 ff.
7 Zitiert nach: Irving, Führer, S. 344.
8 Eberhard Jäckel, Hitlers Herrschaft. Vollzug einer Weltanschauung, Stuttgart 1987, S. 85.
9 Helmut Heiber, Adolf Hitler. Eine Biographie, Berlin 1960, S. 133.
10 Wichtige Gesichtspunkte hierzu hat Rainer Zitelmann erarbeitet in: Hitler. Selbstverständnis eines Revolutionärs, Stuttgart 1987, S. 470 ff.
11 Lossberg, Wehrmachtführungsstab, S. 113.
12 Vgl. hierzu als eine der letzten Arbeiten: Jürgen Förster, Das Unternehmen »Barbarossa« als Eroberungs- und Vernichtungskrieg, in: Reich IV, S. 413–50.
13 Weizsäcker, Erinnerungen, S. 306. So habe ihn Botschafter Hewel, der Verbindungsmann Ribbentrops zum Führerhauptquartier, im Winter 1940/1 vage in Kenntnis gesetzt. Demgegenüber erfuhr Harold Deutsch in den Befragungen führender Beamter des Auswärtigen Amts nach dem Kriege, daß »eine ganz kleine Gruppe im Auswärtigen Amt informiert wurde, während die... Botschaft Moskau bis zum Ende offiziell in Unkenntnis gehalten wurde«. Deutsch, Interlude, S. 130.
14 ADAP D XI.2, Nr. 616.
15 ADAP D XI.2, Nr. 616 vom 7. Januar 1941 und Nr. 636 vom 10. Januar 1941 u. a. Zugrunde lag ihnen eine Weisung Jodls zur Verschleierung des deutschen Aufmarsches vom 23. Dezember: Deutsche Truppenkonzentrationen, zunächst auf dem Balkan, dienten ausschließlich zur Verhinderung eines Festsetzens der Engländer und seien »keinesfalls gegen Rußland gerichtet«.
16 PA AA, Handakten Botschafter von Schulenburg, Botschaft Moskau, geheim (1939–41), 25. und 29. Januar 1941, 461763–70.
17 Erickson, Road, S. 40 ff.
18 Siehe hierzu allgemein: S. A. Gorlov, Warnungen vor ›Unternehmen Bar-

barossa‹ – Aus den Akten der Sowjetvertretung Berlin 1940–1941, in: Osteuropa, Juni 1991, ohne Hinweise auf diese Übermittlung.

19 Abgedruckt in: Nakanune, S. 219.

20 ADAP D XI.2, Nr. 581.

21 ADAP D XI.2, Nr. 650.

22 Erickson, Road, S. 51 ff.

23 Im Gegensatz zu den Dokumenten des Außenministeriums der UdSSR sind die sowjetischen Archive geheimdienstlicher Provenienz noch nicht allgemein zugänglich.

24 Nakanune, S. 204 f.

25 Eine sehr detaillierte Darstellung der Einzelmitteilungen enthielt bereits: Alexander Nekritsch/Pjotr Grigorenko, Genickschuß. Die Rote Armee am 22. Juni 1941, Wien/Frankfurt/Zürich 1970 (russ. Ausgabe 1965).

26 Nakanune, S. 205.

27 Erickson, Road, S. 62.

28 Werth, Rußland, S. 101.

29 Ähnlich wie im Falle des Außenkommissars (bis 3. Mai 1939) M. M. Litvinov, mag der nationale Faktor des GRU – viele seiner Führungskader, wie etwa der legendäre Jan Karlovitsch Berzin, waren Juden gewesen – in den Augen Stalins in dieser Zeit des in Deutschland tobenden Rassenwahns die Erwartung an eine möglichst unvoreingenommene, objektive Auslandsarbeit, zumal mit Blick auf Deutschland, verringert haben. Wie Litvinov wurden sie, um keine »Verwirrung« zu stiften, (vorübergehend) in der Art Stalins gewissermaßen ins zweite Glied zurückgenommen (das vergleichsweise milde Schicksal Litvinovs) oder aus dem Verkehr gezogen (was harte sibirische Verbannung und in vielen Fällen Tod bedeutete). Die Qualität der Arbeit des GRU in den kritischsten Vorkriegsmonaten hat unter dieser Art der Auslese außerordentlich stark gelitten.

30 Vgl. hierzu: V. Novobrancev, Nakanune vojny, in: Znamja, Nr. 6, 1990, S. 165–88, darunter S. 177 f., sowie der Kommentar von Jurij N. Zorja, ebd. S. 188–92.

31 Gafenco, Préliminaires, S. 76 und 232 f.

32 Vgl. Ivanickij, Otnošenija, S. 35.

33 Schnurre, Leben, S. 108.

34 Aufzeichnung des Gesandten Schnurre, in: ADAP D XI.1, Nr. 111 (26. September 1940).

35 Vgl. etwa Telegramm Schnurres und Schulenburgs an Auswärtiges Amt vom 2. November 1940, in: ADAP D XI.1, Nr. 275.

36 ADAP D XI.1, Nr. 277 (2. November 1940).

37 Hilger, Wir, S. 301 f.; Schulenburg an Auswärtiges Amt, Moskau, 18. November 1940, in: ADAP D XI.2, Nr. 348.

38 ADAP D XI.2, Nr. 412 sowie: Tagebuch Molotovs, Empfang von Schulenburg, Hilger, Schnurre am 28. November 1940, in: AVP SSSR, f. 059, op. 1, p. 317, d. 2182, l. 18–22.

39 Schulenburg an Duberg, Moskau, 1. Dezember 1940, in: Nachlaß Schulenburg, Aktenordner Duberg, Briefe ...

40 Vgl. ADAP D XI.2, Nr. 412 und 425.

41 ADAP D XI.2, Nr. 539.
42 Gafenco, Préliminaires, S. 140.
43 Müller, Wirtschaftsallianz, S. 122 ff.
44 Ribbentrop, London, S. 237.
45 Schnurre an Ribbentrop, Moskau, 25. Dezember 1940, in: ADAP D XI.2, Nr. 568.
46 Schulenburg an Duberg, Moskau, 26. Dezember 1940, in: Nachlaß Schulenburg, Aktenordner Duberg, Briefe ...
47 ADAP D XI.2, Nr. 574 (29. Dezember 1940).
48 Schnurre, Leben, S. 108 f. sowie Tagebuch Molotovs, Empfang von Schulenburg und Schnurre am 29. Dezember 1940, in: AVP SSSR f. 059, op. 1, p. 317, d. 2182, l. 188–90.
49 ADAP D XI.2, Nr. 580.
50 PA AA, Nr. 124/123106.
51 Schulenburg an Duberg, Moskau, 3. Januar 1941, in: Nachlaß Schulenburg, Aktenordner Duberg, Briefe ...
52 Tagebuch Molotovs, Empfang Schulenburgs am 6. Januar 1941, AVP SSSR f. 06, op.3, p.1, d. 4, l. 9–13.
53 Deutsch-sowjetisches Geheimprotokoll vom 10. Januar 1940, in: ADAP D XI.2, Nr. 638.
54 Schulenburg an Duberg, Moskau, 9. Januar 1941, in: Nachlaß Schulenburg, Aktenordner Duberg, Briefe ...
55 ADAP D XI.2, Nr. 637.
56 Goebbels-Tagebücher I, 3, S. 463.
57 Weinberg, Germany, S. 361.
58 Gafenco, Préliminaires, S. 141.
59 ADAP D XII.1, Nr. 6, Anm. 1.
60 Schulenburg an Duberg, Moskau, 17. November 1940, in: Nachlaß Schulenburg, Aktenordner Duberg, Briefe ...
61 Schnurre, Leben, S. 109–123.
62 Schnurre an Schulenburg, Berlin, 1. Februar 1941, in: ADAP D XII.1, Nr. 4.
63 PA AA, Schulenburg an Schnurre, Moskau, 6. Februar 1941, Nr. 277/178800–01.
64 ADAP D, XI.2, Nr. 655 (14. Januar 1940).
65 ADAP D XI.2, Nr. 668.
66 ADAP D, XI.2, Nr. 669 (17. Januar 1940) sowie: Tagebuch Molotovs, Empfang Schulenburgs am 17. Januar 1940, AVP SSSR f. 06, 0p.3, p.1, d. 4, l. 37–41, Beilage: Note.
67 Es handelte sich vermutlich um das Telegramm Ribbentrops vom 7. Januar 1941, in dem deutsche Truppenentsendungen in den Donauraum als Präventivmaßnahme gegen englische Schritte dargestellt, aber ihre Zahl verschwiegen werden sollten; ADAP D, XI.2, Nr. 616. Am 31. Dezember 1940 hatte Botschafter Ritter Ribbentrop den Entwurf einer diesbezüglichen Weisung an die Botschaft Moskau vorgelegt. Dieser hatte Hitler vorgelegen und war von diesem untersagt worden. Am 8. Januar bat Schulenburg um eine präzisere Weisung, da die in Moskau umlaufenden Gerüchte bereits von einer deutschen Truppenstärke in Rumänien von 200 000 Mann

sprachen. Am 10. Januar wurde er ermächtigt, auf sowjetische Anfragen hin »militärische Vorsichtsmaßnahmen gegen England« zu erwähnen. ADAP D XI.2, Nr. 624 und 636.

68 Schulenburg an Duberg, Moskau, 17. Januar 1941, in: Nachlaß Schulenburg, Aktenordner Duberg, Briefe...

69 Rosso an Ciano, Moskau, 11. Januar 1940, in: DDI IX,1, Nr. 439.

70 In seinem Telegramm an Ciano sprach er von angeblichen »Vorsichtsmaßnahmen für den Fall, daß Deutschland auf griechischem Territorium gegen die Engländer kämpfen muß«, und vergaß nicht, dem ein »(sic!)« nachzustellen.

71 DDI, IX, 1, Nr. 440.

72 Schulenburg an Duberg, Moskau, 18. Januar 1941, in: Nachlaß Schulenburg, Aktenordner Duberg, Briefe...

73 ADAP D XI.2, Nr. 681.

74 ADAP D XI.2, Nr. 681, 684 und 694.

75 Schulenburg an Duberg, Moskau, 22. Januar 1941, in: Nachlaß Schulenburg, Aktenordner Duberg, Briefe.....

76 ADAP D, XI.2, Nr. 694 sowie: Tagebuch Molotovs, Empfang Schulenburgs am 23. Jamuar 1940, AVP SSSR f. 06, op. 3, p. 1, d. 4, l. 42–7.

77 Schulenburg an Duberg, Moskau, 6. Februar 1941, in: Nachlaß Schulenburg, Aktenordner Duberg, Briefe...

78 Schulenburg an Duberg, Moskau, 12. Februar 1941, in: Nachlaß Schulenburg, Aktenordner Duberg, Briefe...

79 ADAP D XII.1, Nr. 6 mit Anmerkungen.

80 Schulenburg an Duberg, Moskau, 19. Februar 1941, in: Nachlaß Schulenburg, Aktenordner Duberg, Briefe...

81 Ritter an Schulenburg, in: ADAP D XII.1, Nr. 70 vom 22. Februar 1941.

82 Weizsäcker in Berlin und Schulenburg in Moskau setzten Dekanozov resp. Molotov am 28. Februar über den Beitritt Bulgariens zum Dreimächtepakt sowie Schulenburg Molotov am 1. März über den deutschen Einmarsch in Bulgarien in Kenntnis; ADAP D XII.1, Nr. 98, Anm. 6 und Nr. 99 vom 27. Februar 1941.

83 Tagebuch Molotovs, Empfang Schulenburgs am 28. Februar 1941, AVP SSSR f. 06, op. 3, p. 1, d. 4, l. 58–62.

84 Schulenburg an Auswärtiges Amt, Moskau, 1. März 1941, in: ADAP D XII.1, Nr. 108.

85 ADAP D XII.1, Nr. 121 (3. März 1941).

86 Tagebuch Molotovs, Empfang Schulenburgs am 1. März 1941, AVP SSSR f. 06, op. 3, p. 1, d. 4, l. 63–6.

87 Schulenburg an Duberg, Moskau, 5. März 1941, in: Nachlaß Schulenburg, Aktenordner Duberg, Briefe...

88 Nakanune, S. 205.

89 Mitteilungen vom 11. März 1941, die am 14. März den Mitgliedern des ZK des KPdSU sowie anderen Dienststellen zugeleitet wurden, in: Nakanune, S. 206–7.

90 ADAP D XI.2, Nr. 640, Anm. 2.

91 Siehe u. a. ADAP D XII.1, Nr. 132 vom 7. und 163 vom 13. März 1941.

92 Schulenburg an Duberg, Moskau, 12. März 1941, in: Nachlaß Schulenburg, Aktenordner Duberg, Briefe...
93 Steinhardt an State Department, 11. März 1941, in: Foreign Relations of
the United States (= FRUS) 1941, Bd. I, S. 132.
94 Schulenburg an Auswärtiges Amt, Moskau, 12. März 1941, in: ADAP D
XII.1, Nr. 160.
95 Schulenburg an Duberg, Moskau, 2. April 1941, in: Nachlaß Schulenburg,
Aktenordner Duberg, Briefe...
96 Schulenburg an Duberg, Moskau, 19. März 1941, in: Nachlaß Schulenburg, Aktenordner Duberg, Briefe...
97 Deutsch, Interlude, S. 131.
98 Hill, Weizsäcker-Papiere, S. 238 (16. Februar 1941).
99 Zur Haltung Japans gegenüber »Barbarossa« vgl. u. a. Michael Libal,
Japans Weg in den Krieg. Die Außenpolitik der Kabinette Konye 1940/
1941, Düsseldorf 1971, sowie Andreas Hillgruber, Japan und der Fall
»Barbarossa«. Japanische Dokumente zu den Gesprächen Hitlers und
Ribbentrops mit Botschafter Oshima von Februar bis Juni 1941, in: Wissenschaftliche Rundschau, Jg. 18, 1968, S. 312–336.
100 Schulenburg an Weizsäcker, Moskau, 6. Februar 1941, in: ADAP D XII.1,
Nr. 26.
101 Schulenburg an Auswärtiges Amt, Moskau, 25. März 1941, in: ADAP D
XII.1, Nr. 203 sowie Rosso an Ciano, 24. März 1941, in: DDI, IX, 1, Nr. 770.
102 Schulenburg an Duberg, Moskau, 27. März 1941, in: Nachlaß Schulenburg, Aktenordner Duberg, Briefe...
103 Schulenburg an Duberg, Moskau, 27. März und 2. April 1941, in: Nachlaß
Schulenburg, Aktenordner Duberg, Briefe... : »Wie das gekommen ist
und warum nunmehr, kann ich heute noch nicht sagen. Insbesondere kann
ich noch nicht sagen, ob etwa eine Änderung der Politik eingetreten ist.«
104 Führerweisung vom 27. März 1941, in: ADAP D XII.1, Nr. 223.
105 Aufzeichnung des Gesandten Schmidt über die Unterredung Ribbentrops mit Matsuoka am 27. März 1941, in: ADAP D XII.1, Nr. 218.
106 Gespräch Hitlers mit Matsuoka in Anwesenheit des RAM und der Botschafter Ott und Oshima, 27. März 1941, in: ADAP D XII.1, Nr. 222.
107 Domarus, Hitler, 2, S. 1681 ff.
108 Aussage Ribbentrops (30. März 1946), IMT, X, 332.
109 Vgl. Helmut Krausnick, Kommissarbefehl und »Gerichtsbarkeitserlaß
Barbarossa« in neuer Sicht, in: VfZ 23. Jh 1977, S. 682–738, sowie Manfred
Messerschmidt, Fritz Wüllner, Die Wehrmachtsjustiz im Dienste des
Nationalsozialismus, Baden-Baden 1987.
110 Goebbels-Tagebücher I, 3, S. 557 (29. und 30. März 1941).
111 Nakanune, S. 208 f.
112 ADAP D, XII.1, Nr. 265 sowie: Tagebuch Molotovs, Empfang Schulenburgs am 4. April 1941, AVP SSSR f. 06, op. 3, p. 1, d. 4, l. 75–81.
113 Degras, Documents, III, S. 484 f.
114 Schulenburg an Duberg, Moskau, 2, April 1941, in: Nachlaß Schulenburg,
Aktenordner Duberg, Briefe...
115 ADAP D, XII.1, Nr. 242 (1. April 1941).

116 DDI IX, 1, Nr. 864 und 872.
117 Gafenco, Préliminiares, S. 187 f.
118 ADAP D, XII.1, Nr. 281.
119 ADAP D, XII.1, Nr. 284.
120 ADAP D, XII.1, Nr. 288 und 294 sowie DDI 9, 1, Nr. 877.
121 DDI 9, 1, Nr. 876.
122 DDI 9, 1, Nr. 887.
123 Schulenburg an Duberg, Moskau, 2. April 1941, in: Nachlaß Schulenburg, Aktenordner Duberg, Briefe...
124 Degras, Documents, III, S. 486 f.
125 Rosso: DDI 9, 1, Nr. 901, 903, 937; Tippelskirch: ADAP D, XII.2 Nr. 354; Gafenco, Préliminaires, S. 184 ff.; Hassel-Tagebücher (4. Mai 1941), S. 247 f.; Kordt, Wahn, S. 291; Hilger, Wir, S. 304 f.; Herwarth, Hitler, S. 214, Horst Groepper, Im diplomatischen Dienst des Deutschen Reichs und der Bundesrepublik Deutschland. Ein Rückblick, Ms. im Besitz der Vf.in, S. 4, sowie Berichte anwesender ausländischer Korrespondenten, u. a. Werth, Rußland, S. 105 f. Zuletzt Molotov, in: Čuev, Besed, S. 104.
126 Schulenburg an Auswärtiges Amt, 13. April 1941, 21.26 Uhr, ADAP D, XII.2, Nr. 333 und Oberst i.G. Krebs, in: Teske, Köstring, S. 299–302.
127 DDI IX, 1, Nr. 903.
128 Gafenco, Préliminaires, S. 188.
129 Hilger, Wir, S. 395.
130 Herwarth, Hitler, S. 214.
131 Schnurre, Leben, S. 124.
132 Mitteilung von Dr. Walter Schmid an Vf.in.
133 Der Text dieser Denkschrift konnte bisher nirgends ermittelt werden. Zur Denkschrift, vgl. Weizsäcker, Erinnerungen, S. 314
134 Interrogation Dieckhoff, US Special Mission, DeWitt-Poole, National Archives, Washington D. C.
135 Vgl. die Tagebuchnotizen Hassells vom 4. und 10. 4. (Berlin) und 4. 5., von denen die letztere auf Gespräche mit Schulenburg schließen läßt; Hassell-Tagebücher, S. 245 ff.
136 Vgl. etwa seine Notizen vom 16. Februar, 3. März usw. in: Hill, Weizsäkker-Papiere, S. 238, 239, 244 u. a. a. O.
137 Hill, Weizsäcker-Papiere, S. 248 ff. (21. und 28. April 1941); Weizsäcker, Erinnerungen, S. 314 f.
138 ADAP D, XII.2, Nr. 381 (22. April 1941).
139 ADAP D, XII.2, Nr. 399 (24. April 1941).
140 Goebbels-Tagebücher, I, 3, S. 601.
141 Botschafter Hewel hat sie mit Datum vom 28. April 1941 als »Aufzeichnung Botschafter Schulenburg« eingetragen, in: PA AA, Vorlagen beim Führer, Bd. 2. Seine Eintragung trägt den Vermerk: »Hat dem Führer vorgelegen«. Am selben Tage ließ Hitler sie an Baron von Steengracht ins Auswärtige Amt gehen. Dort haben sich ihre Spuren verloren. Die Tatsache, daß ein Original und zwei Durchschläge zu Ribbentrop nach Wien geschickt wurden, von denen kein Exemplar erhalten ist, erweckt den Eindruck, daß Ribbentrop später (möglicherweise nach Beginn des Feld-

zugs oder aber im Zusammenhang mit Prozeß und Hinrichtung Schulenburgs im Herbst 1944) ihre Vernichtung anordnete.

142 Undatierte Aufzeichnung des Botschafters in Moskau, z.Z. Berlin. Geheime Reichssache, Gespräch des Führers mit dem Botschafter Graf von der Schulenburg am 28. 4. 1941 von 17.15 bis 17.45 Uhr, in: ADAP D, XII.2, Nr. 423.

143 Lossberg, Wehrmachtführungsstab, S. 116 f.

144 Nach Weizsäcker hatte Hitler »die Stirn, Schulenburg bei dieser Gelegenheit die deutschen militärischen Vorbereitungen im Osten als defensiv hinzustellen etwa wie gegenüber Matsuoka«; Erinnerungen, S. 315.

145 Karl Schnurre machte dieses Argument in diesen Wochen in zwei Aufzeichnungen über den Nutzen einer weiteren Ausweitung der Wirtschaftsbeziehungen zur UdSSR geltend: (Erste) Aufzeichnung über den Stand der deutsch-sowjetischen Wirtschaftsbeziehungen, 5. April 1941, ADAP D XII.1, Nr. 280, Zweite Aufzeichnung über den Stand der deutsch-sowjetischen Wirtschaftsbeziehungen, 15. Mai 1941, ADAP D XII.1, Nr. 521.

146 Hilger, Wir, S. 306.

147 Weizsäcker, Erinnerungen, S. 315.

148 Hill, Weizsäcker-Papiere, S. 249 (21. April 1941) sowie Weizsäcker, Erinnerungen, S. 314 f.

149 Hill, Weizsäcker-Papiere, S. 250 (29. April 1941).

150 Hill, Weizsäcker-Papiere, S. 252 ff.

151 Schulenburg an Duberg, Moskau, 2. Mai 1941, in: Nachlaß Schulenburg, Aktenordner Duberg, Briefe...

152 Proklamation des Führers an das deutsche Volk vom 22. Juni 1941, gelesen von Goebbels gegen 5.30 Uhr MEZ über den deutschen Rundfunk, veröffentlicht in: Hamburgische Monatshefte für Auswärtige Politik, Heft 7, 1941.

153 Hilger, Wir, S. 306.

154 Gafenco, Préliminaires, S. 219 ff., Rosso an Ciano, 3. Mai 1941, in: DDI, IX, VII, Nr. 46.

155 Mit Schreiben des Leiters der Personalabteilung vom 1. Mai 1941 ließ Ribbentrop Schulenburg über die »Auszahlung eines bestimmten Betrages (200 000 RM für Sie persönlich)« in Kenntnis setzen. Diese hohe Summe, die den Dotationen Hitlers für die Feldmarschälle während des Krieges entspricht, bezifferte sich nach den noch ausstehenden Baukosten, die Schulenburg infolge von Teuerung, Gehaltskürzungen etc. in der Kriegszeit zur Vollendung der von ihm erworbenen und sanierten Ritterburg (Burg Falkenberg/Opf.) aufbringen mußte. Vermutlich hatte er in Berlin über seine Zahlungsrückstände geklagt, die ihm zunehmende Sorge bereiteten. Hitler nahm dies offenbar zum Anlaß dieser Zahlung, die angesichts der Umstände als Schweigegeld bewertet werden muß. Vgl. Mich persönlich betreffende Angelegenheiten, 17. 4. 1941–3. 9. 1942, in: Nachlaß Schulenburg.

156 Rosso, Testi, S. 135.

157 Gafenco, Préliminiares, S. 211 ff.

158 Goebbels erkannte hieraus, daß die Sowjetregierung die deutschen Tarn-maßnahmen durchschaut hätte; Goebbels-Tagebücher, I, 3, S. 617.
159 ADAP D, XII.2, Nr. 438.
160 Bericht Rossos an das Außenministerium, Moskau, 2. Mai 1941, in: Mini-stero degli Affari Esteri (= MdAE), Serie: Affari Politici, Nr. 38 (1941.1), Russia. Rapporti politici, Nr. 1292/442, Werth, Rußland, S. 106.
161 Groepper, Dienst, S. 4.
162 ADAP D, XII.2, Nr. 486 und 504 (10. und 12. Mai 1941). Als »würdelos« bezeichnete der Mitte Mai 1941 an die Botschaft zurückgekehrte Militär-attaché Köstring die »Flucht der Sachwerte« und Personen (insbesonders Frauen) nach Deutschland. Er machte seinen Vorgesetzten im OKH, Matzky, darauf aufmerksam, daß von der »unteren bis zur obersten Stelle« private Wertgegenstände in offenkundiger Weise in Sicherheit gebracht würden. (Teske, Köstring, S. 305) Nahm er nicht wahr, daß die ostentative Sicherstellung der persönlichen Werte »an oberster Stelle« auch eine Form der öffentlichen Kundgebung und Warnung war?
163 29. Mai 1941, Memoiren Vilhelm Assarson.
164 Goebbels-Tagebücher, I, 3, S. 668 (30. Mai 1941).
165 Loßberg, Wehrmachtführungsstab, S. 117.
166 Hilger, Wir, S. 307.
167 Gafenco, Préliminaires, S. 232.
168 Bericht des Türkischen Botschafters in Moskau, Ali Haydar Aktay, an den Türkischen Außenminister vom 1. Mai 1941, in: ADAP D, XII.2, Nr. 550, Anlage.
169 Goebbels-Tagebücher, I, 3, S. 633, 634 (10. und 11. Mai 1941).
170 Hilger, Wir, S. 304 f.
171 Goebbels-Tagebücher, I, 3, S. 665 (29. Mai 1941).
172 ADAP D, XII.2, Nr. 433.
173 Kramarz an Botschaft Moskau, Berlin, 4. Mai 1941, in: ADAP D, XII.2, Nr. 446.
174 Goebbels-Tagebücher, I, 3, S. 620 (2. Mai 1941).
175 Vgl. den Aufsatz der Vf. in: Die deutsche Kriegserklärung in Moskau im Lichte sowjetischer Dokumente, in: Osteuropa, Juni 1991 (mit Faksimile).
176 Diese Begegnung war seit Kriegsende Gegenstand von Vermutungen und Bewunderung für Schulenburg (vgl. Churchill, War, III, S. 324). Sie wurde von Gustav Hilger verbürgt (Hilger, Wir, S. 308 f., Gustav Hilger/ Alfred G. Meyer, The Incompatible Allies, New York 1953, S. 331 f., Hilger gegenüber Dr. K. Schnurre: Schnurre, Leben, S. 127 f.). Alexander Nekritsch führte sie Mitte der 60er Jahre in die sowjetische Diskussion ein und wurde aufs heftigste angegriffen (Nekritsch/Grigorenko, Genick-schuß, S. 145 ff. sowie die sowjetische Diskussion, S. 223 ff. mit ihrer Fest-stellung: »...einen [Schritt Schulenburgs] hat es einfach nie gegeben«). Auch die deutsche Literatur begegnete der Version Hilgers mit Skepsis und Verneinung (Sommer, Memorandum, S. 295 ff.; eine Entgegnung richtete Dr. Walter Schmid am 9. März 1982 an Dr. Erich Franz Sommer; (Kopie im Besitz der Vf. in). Der sowjetische Historiker G. A. Kumanev erhielt im Gespräch mit A. I. Mikojan eine Bestätigung der Episode

(Pravda, 22. Juni 1989, S. 3). Nach ausgiebiger Suche konnte O. F. Sakun im Oktober 1990 im Politischen Archiv des sowjetischen Außenministeriums an entlegener Stelle (Aktenmappe des Leiters der Mitteleuropäischen Abteilung des Außenkommissariats [1939–40], A. M. Aleksandrov) die Aufzeichnung dieses Gesprächs entdecken. Die Niederschrift wurde unmittelbar nach dem Gespräch von Pavlov angefertigt und von Dekanozov handschriftlich korrigiert. Der Leiter der Historisch-Diplomatischen Verwaltung des Außenministeriums, Herr Dr. Felix Kovalev, hat sie der Vf.in freundlicherweise zur Verfügung gestellt: Tagebuch des Bevollmächtigten Vertreters in Deutschland, Dekanozov, Aufzeichnung des Gesprächs mit dem Deutschen Botschafter Schulenburg am 5. Mai 1941, 5 S., in: AVP SSSR, f. 082, op. 23, p. 96, d. 16. Sie wurde inzwischen veröffentlicht und kommentiert von V. V. Sokolov: Ein diplomatischer Schritt im Namen des Friedens, in: Vestnik Ministerstva Inostrannych Del, Nr. 20 (78) 31. Oktober 1990, S. 57–63.

177 Seine Kriegstagebücher sind ein Beweis seiner hohen Objektivität und Neutralität; er beurteilte die militärischen Schritte Deutschlands und der gegnerischen Mächte Rußland, England nnd Frankreich nie unter dem Freund-Feind-Schema, sondern immer nach ihrem militärischen Wert an sich und dem politischen Zweck, den sie bewirken sollten, und hatte lobende Worte für die Gegenseite, wann immer sie ihre Ziele auf kürzestem Wege erreichte. (Kriegstagebücher Schulenburg in der Verwendung der Vf.in)

178 Wolkogonow, Stalin, S. 546.

179 Bericht des Leiters der Hauptverwaltung Aufklärung des Generalstabs der Roten Armee, Golikov, 5. Mai 1941: »Über die Gruppierung der deutschen Truppen im Osten und Südosten«, abgedruckt in: Nakanune, S. 219 f.; dazu auch: Nakanune vojny, S. 213 f., sowie A. Bajdakov, Po dannym razvedki. Iz archivov organov gosbezopasnosti SSSR, in: Pravda, 8. Mai 1989.

180 Der Text dieser umstrittenen Rede und der Trinksprüche Stalins war bisher unbekannt. Eine zwölf Schreibmaschinenseiten umfassende Aufzeichnung der Rede wurde kürzlich entdeckt und freigegeben; sie wurde der Vf.in freundlicherweise von Herrn Dr. Lev Bezymenskij, Moskau, überlassen: Kratkaja zapis' vystuplenija tov. Stalina na vypuske slušateljej Akademij Krasnoj Armii v Kremle 5 maja 1941. Über die damals zirkulierenden Versionen und spätere Mutmaßungen, vgl.: Hilger, Wir, S. 307 f.; Hilger/Meyer, Allies, S. 330 f.; Schulenburg an Auswärtiges Amt, in: ADAP D, XII.2, Nr. 505 und 593; Rosso an Ciano, 8. Mai 1941, in: MdAE, Serie: Affari Politici, Nr. 38 (1941) Stampe. Russia 34, Nr. 1360/471; Gafenco, Préliminaires, S. 226, Werth, Rußland, S. 106 f. Vgl. auch: Joachim Hoffmann in: Reich, IV, S. 72 ff.

181 Zuletzt Viktor Suworow, Der Eisbrecher. Hitler in Stalins Kalkül, Stuttgart 1989, S. 210 ff. Der Autor, ein Überläufer des sowjetischen Nachrichtendienstes der Nachkriegsgeneration nach England, der so vermessen war, sein oberflächliches Falsifikat unter dem Pseudonym des großen

russischen Feldherrn Suvorov zu vermarkten, würde keine Erwähnung verdienen, hätte nicht die russophobe deutsche Journalistik so begierig nach seiner Zweckinterpretation gegriffen. Seine These: Stalin habe einen Angriffskrieg auf Deutschland vorbereitet, dem Hitler nur um wenige Tage zuvorgekommen sei, ist keiner seriösen Erörterung wert – die westliche militärgeschichtliche Forschung (etwa J. Erickson), die er und die ihn kolportierenden Journalisten nicht kennen, hat diese Annahme längst in allen Teilen widerlegt. Ebenso unzweifelhaft wie die Empfehlungen des sowjetischen Generalstabs, dem deutschen Aufmarsch durch einen Präventivschlag zuvorzukommen, ist heute die Tatsache, daß die politischen Entscheidungen Stalins gegen jede derartige Lösung sprachen. Anstelle einer gesonderten Widerlegung vgl. Gabriel Gorodetsky, Stalin und Hitlers Angriff auf die Sowjetunion, in: VfZ, Heft 4, 1989, S. 645–72 und Bianka Pietrow-Ennker, Deutschland im Juni 1941 – ein Opfer sowjetischer Aggression? Zur Kontroverse über die Präventivkriegsthese, in: Michalka, Weltkrieg, S. 586–607.

182 So der von Schulenburg mit der Überprüfung der Frage der Rede Stalins beauftragte DNB-Korrespondent Ernst Schüle, ein langjähriger kämpferischer Hitler-Gegner (vgl. Raymond Aron, Mémoires, I, Paris 1983, S. 101; ADAP D, XII.2, Nr. 593, Anlage, S. 803). Die Reaktion von Goebbels auf diese Gerüchte, »Stalin suche einen Weg zu uns«, lautete: »Hoffentlich nicht.« Goebbels-Tagebücher, I, 3, S. 631 (9. Mai 1941). Vgl. auch Hilger, Wir, S. 307.

183 Churchill, War, IV, S. 443.

184 Barton Waley, Codeword »BARBAROSSA«, Cambridge/Mass., 1973, S. 226.

185 Čuev, Besed, S. 104.

186 ADAP D, XII.2, Nr. 468 (7. Mai 1941).

187 ADAP D, XII.2, Nr. 470 (7. Mai 1941).

188 ADAP D, XII.2, Nr. 485.

189 Vgl. hierzu den Aufsatz der Vf.in: ›Unternehmen Barbarossa‹ und die Zwangsumsiedlung der Deutschen in der UdSSR, in: VfZ., Heft 2, 1982, S. 299–321.

190 PA AA, Hewel, Vorlagen beim Führer.

191 Schulenburg an Duberg, Moskau, 7. Mai 1941, in: Nachlaß Schulenburg, Aktenordner Duberg, Briefe…

192 ADAP D, XII.2, Nr. 505 (12. Mai 1941).

193 So fast wörtlich auch bei Rosso: DDI, IX, VII, Nr. 67 (7. Mai).

194 Goebbels ersah aus diesem TASS-Dementi, daß »Stalin… also offenbar Angst« habe. Er verglich es mit früheren TASS-Dementis, die Warnungen an die Reichsregierung waren, und schloß: »So ändern sich die Zeiten, wenn die offenen Kanonenmünder drohend bereitstehen.« Goebbels-Tagebücher, I, 3, S. 632.

195 Teske, Köstring, S. 304–313 (14., 21., 28. Mai, 4. Juni 1941).

196 Schulenburg an seine schon abgereiste Sekretärin, Elisabeth von Herwarth (20. Mai 1941), in: Herwarth, Hitler, S. 216.

197 ADAP D, XII.2, Nr. 547.

198 Goebbels am 16. Mai: »Im Osten soll es nun am 22. Mai (?) losgehen. Aber das hängt noch vom Wetter ab.« Goebbels-Tagebücher, I, 3, S. 643.
199 Teske, Köstring, S. 313.
200 Goebbels-Tagebücher, I, 3, S. 692 (15. Juni) und 637 (13. Mai).
201 Herwarth, Hitler, S. 216 ff.
202 Rosso an Ciano, 9. Juni 1940, DDI, 9, VII, Nr. 231.
203 Schulenburg an Duberg, Moskau, 11. Juni 1941, in: Nachlaß Schulenburg, Aktenordner Duberg, Briefe...
204 Rosso an Ciano, 12. Juni 1941, DDI 9, VII, Nr. 251–2.
205 Verbale Mitteilung über das Gespräch Cianos mit Ribbentrop, DDI 9, VII, Nr. 266 (15. Juni 1941).
206 Grigore Gafencu war von dieser Analogie so beeindruckt, daß die entsprechenden Passagen Coulaincourts seine Darstellung des »diplomatischen Widerstandes« der Deutschen Botschaft durchgängig begleiteten (Préliminaires, S. 30 ff., 125, 141); daneben vor allem Hilger, Wir, S. 309 ff., Herwarth, Hitler, S. 207.
207 Teske, Köstring, S. 316.
208 Aufzeichnung Kramarz über militärische Berichte der Botschaft Moskau, 7. Juni 1941, in: ADAP D, XII.2, Nr. 604.
209 Goebbels-Tagebücher, I, 3, S. 675 (6. Juni 1941).
210 Ciano an Rosso, 14. Mai 1941, in: DDI, IX, VII, Nr. 102.
211 Sammelberichte vom 14., 21., 27 Mai, 2., 3., 6., 12. Juni 1941, in: Nakanune, S. 215 f., Bajdakov, Po dannym.
212 Mitteilung von Generalmajor Prof. J. J. Kirschin an Vf.in.
213 Nach Mitteilungen Zhukovs hatte Stalin im Februar bzw. im Frühsommer die Warnungen des Generalstabschefs mit der Bemerkung abgewiesen, er besitze einen persönlichen Brief Hitlers an ihn, der seine Verläßlichkeit über jeden Zweifel erhebe (Aleksandr Nekrič, Syščestvovala li perepiska meždu Stalinym i Gitlerom?, in: Russkaja mysl', 8. April 1988; Wolkogonow, Stalin, S. 550 sowie Mitteilung von Dr. Lev Bezymenskij an Vf.in). Die Existenz solcher »Briefe« oder persönlichen Mitteilungen Hitlers an Stalin ist aus historischer Sicht zweifelhaft, wenn auch als ein Mittel der Täuschung und Tarnung nicht ausgeschlossen (die Frage eventueller privater Emissäre zwischen Hitler und Stalin ist nach wie vor offen). Wahrscheinlich ist die Annahme, daß Stalin mit dieser Berufung auf eine nur ihm bekannte Mitteilung auf höchster Ebene den ihm lästigen Nachstellungen seiner Generalstäbler ein Ende bereiten wollte.
214 Vgl. hierzu u. a. Bereschkow, Jahre, S. 67 ff., J. Kobljakov, I., Iz Berlina na rodinu. Ijun' 1941 goda, Moskau: Meždunarodnaja Žisn' 1970/3, S. 105 sowie – auf der Basis der Materialien der Sowjetvertretung Berlin und ihres Missionschefs, Dekanozov, aus dem sowjetischen Außenministerium – den Aufsatz von A. Gorlov, Warnungen.
215 Richard Sorge soll Stalin mit bösen Worten bedacht und Merkulov in Anwesenheit seines Vertreters P. M. Fitin am 17. Juni 1941 nach Eingehen einer »speziellen Mitteilung« von deutscher Seite gesagt haben, es gebe nur einen (glaubwürdigen) Deutschen – Wilhelm Pieck; Bajdakov, Po dannym. Eine solche äußerst präzise Mitteilung aus Berlin (Quelle: Luft-

fahrtministerium) vom 16. Juni, nach der die militärischen Vorbereitungen abgeschlossen und der Angriff täglich zu erwarten seien, trägt Marginalien Stalins für Merkulov: Er möge seine sogenannte Quelle »zum Teufel schicken. Das ist kein Informant, sondern ein *Desinformant*.« Abgedruckt in: Nakanune, S. 221.

216 Hilger, Wir, S. 309.

217 Zu den Methoden der Tarnung gehörte in diesen Tagen die Ausstreuung von Gerüchten, nach denen Deutschland die UdSSR »nur« erpressen wolle, da Verhandlungen im Gange und sogar ein neuer Pakt in Vorbereitung seien. Vgl. Goebbels-Tagebücher, I, 3, S. 676 f., 687, 690 f.

218 Goebbels-Tagebücher, I, 3, S. 685, 689 (12. und 14. Juni 1941).

219 ADAP D, XII.2, Nr. 628.

220 Nach Auskunft von V. Pavlov kam das Kommuniqué »von oben«, das Außenkommissariat war nicht beteiligt. Sein Ziel war – nach Pavlov – die Verhinderung eines »zu frühen deutschen Angriffs«; Beseda, S. 9.

221 So Sokolov, in: Chod.

222 Gafenco, Préliminaires, S. 241 ff.; ferner: Hilger, Wir, S. 309, Teske, Köstring, S. 320 f., Rosso an Ciano, in: DDI, IX, VII, Nr. 256 (»neuer Beweis für die Tatsache, daß die Regierung der UdSSR bemüht ist, einen Konflikt zu vermeiden«).

223 Goebbels ging davon aus, Stalin wolle die Kriegsschuld öffentlich festlegen. Goebbels-Tagebücher, I, 3, Nr. 691.

224 Goebbels-Tagebücher, I, 3, S. 694–6 (16. Juni 1941).

225 Aufzeichnung Dekanozovs über sein Gespräch mit Weizsäcker am 18. Juni 1941, Aus dem Tagebuch Dekanozovs, in: AVP SSSR f. O82, op. 24, p. 106, d. 7, l. 94–7, Aufzeichnung des Staatssekretärs, 18. Juni 1941, in: ADAP D, XII.2, Nr. 646 sowie: Hill, Weizsäcker-Papiere, S. 260 (18. Juni 1941), Weizsäcker, Erinnerungen, S. 317.

226 Gafenco, Préliminiares, S. 246.

227 Herwarth, Hitler, S. 223.

228 Hilger, Kreml, S. 310. Die Datierungen variieren leicht.

229 Schulenburg an Duberg, Moskau, 18. Juni 1941, in: Nachlaß Schulenburg, Aktenordner Duberg, Briefe...

230 Goebbels-Tagebücher, I, 3, S. 700 (18. Juni 1941).

231 Teske, Köstring, S. 320 f.

232 Rosso an Ciano, 19. Juni 1941, in: DDI, IX, VII, Nr. 275; Schulenburg erwog möglicherweise, auf dem Wege über den Iran, wo er von 1922 bis 1929 als Gesandter gedient hatte, um Verbleib in diesem Lande anzusuchen. Er wäre somit seinem gewaltsamen Tode (1944) entgangen. Mitteilung der Tochter Schulenburgs, Christa Baronin Lindenfels, an Vf.in.

233 DDI, IX, VII, Nr. 252 (12. Juni) und 282 (20. Juni).

234 Nakanune, S. 217.

235 Sewostjanow, Sowjetdiplomatie, S. 277.

236 Vasilevskij, Delo, S. 104 ff.

237 Mikojan, A. I., V pervye mesjacy Velikoj Otečestvennoj vojny, in: Novaja i novejšaja istorija, 1985, Nr. 6, S. 93–104.

238 Sewostjanow, Sowjetdiplomatie, S. 272 und 278.

239 Diese Tatsache wurde von vielen Seiten, nicht zuletzt von Molotov selbst, festgestellt: »On pridaval bol'šoe značenie našej diplomatii.« Čuev, Besed, S. 104.

VI. Der Krieg ohne Erklärung – Die Deutsche Botschaft zu Beginn der Kampfhandlungen

1 ADAP D, XII.2, Nr. 654 und 655.
2 Aufzeichnung des Staatssekretärs, 21. Juni 1941, in: ADAP D, XII.2, Nr. 658.
3 Aufzeichnung Molotovs über den Empfang Schulenburgs am 21. Juni 1941, Tagebuch Molotovs, in: AVP SSSR f. 06, op. 3, p. 1, d. 5, l. 8–11. Aufzeichnung Schulenburgs über das Gespräch mit Molotov, in: ADAP D, XII.2, Nr. 662. Darüber: Hilger, Wir, S. 311 f.
4 Sewostjanow, Sowjetdiplomatie, S. 278.
5 Laut Tagebuchnotiz von Goebbels vom Abend des 21. Juni hatte »Molotov . . . um einen Besuch in Berlin gebeten, ist aber abgeblitzt worden«. Goebbels kommentierte diesen Vorschlag mit den Worten »Naive Zumutung. Das hätte ein halbes Jahr früher geschehen müssen. Unsere Gegner gehen eben am . . . zugrunde«. Goebbels-Tagebücher, I, 3, S. 706. Es liegt kein Hinweis auf die Hintergründe dieser Tagebuchnotiz vor.
6 Mikojan, Mesjacy, S. 96; Vgl. 50 let Velikoj Oktjabr'skoj socialističeskoj revoljucii. Postanovlenija CK KPSS, Tezisy CK KPSS, Moskau, 1967, S. 19.
7 Wolkogonow, Stalin, S. 552 f., Mikojan, Mesjacy, S. 96.
8 ADAP D XII.2, Nr. 659.
9 Sommer, Memorandum, S. 173. Als Dolmetscher des »Memorandums« Ribbentrops an Dekanozov war Sommer vermutlich mündlich auf diese »Sprachregelung« eingeschworen worden.
10 Nach der kurzen, zusammenfassenden Aufzeichnung des Gesandten Schmidt hätte Ribbentrop in seinen zusätzlichen Erklärungen an Dekanozov bemerkt, Hitler habe sich aufgrund des Aufmarschs der russischen Streitkräfte entschließen müssen, »militärische Gegenmaßnahmen zu ergreifen«. Es bleibt zweifelhaft, ob dies die korrekte Wiedergabe der Worte Ribbentrops war, bzw. ob sich, sollte dies der Fall sein, die erwähnten »militärischen« Gegenmaßnahmen auf die Vorgänge dieser Stunden, d. h. den Angriff selbst, oder nicht vielmehr auf die anhaltenden »militärischen Vorsichtsmaßnahmen« der letzten Monate, d. h. den deutschen Aufmarsch entsprechend der älteren »Sprachregelung«, bezogen. ADAP D XII.2, Nr. 664.
11 ADAP D XII. 2, Nr. 663.
12 Vgl. die Anmerkung der Herausgeber in: ADAP D XII.2, Nr. 663, S. 895.
13 Am 21. Juni teilte Hitler Mussolini mit, er habe im »härtesten Entschluß seines Lebens« beschlossen, »dem heuchlerischen Theater des Kreml ein Ende zu bereiten«; ADAP D XII.2, Nr. 660.

14 Gafenco, Préliminaires, S. 246.
15 Vgl. Deutsche Botschaft Moskau. Vom Ausbruch des deutsch-sowjetischen Krieges bis zur Rückkehr nach Deutschland. Tagebuch vom 22. Juni bis 24. Juli 1941, Nachlaß Schulenburg sowie dass., PA AA, Pol. XIII, Nr. 19, März 1942, S. 1. Nach der »Kostromer Zeitung der deutschen Internierten in der Sowjetunion«, Nr. 1, 1. Juli 1941, geschah dies 4 Uhr; und auch nach Hilger betraten er und Schulenburg »kurz nach vier Uhr morgens« den Kreml; vgl. Hilger, Kreml, S. 312. Die Aufzeichnung Molotovs über den Empfang des Botschafters Schulenburg am 22. Juni 1941 nennt die Zeit: 5.30 Uhr; Tagebuch Molotov, in: AVP SSSR f. 06, op. 3, p. 1, d. 5, l. 12–15.
16 Kegel, Stürmen, S. 236. Die Anwesenheit Pavlovs bei der Kriegserklärung Schulenburgs geht aus den Dokumenten nicht hervor.
17 Die unterschiedlichen Berichte der beiden Dolmetscher sind: Bereschkow, Jahre, sowie Sommer, Memorandum, S. 168 ff.
18 Hill, Weizsäcker-Papiere, S. 260 (23. Juni 1941).
19 Goebbels-Tagebücher, I, 3, S. 711 f. (23. Juni 1941).
20 Rundfunkrede Molotovs vom 22. Juni 1941, deutsche Übersetzung in: Ueberschär, Unternehmen, S. 325 f.
21 Walther Schmid, Odyssee 41: Die Evakuierung der deutschen Botschafter in Moskau. Erinnerungen eines Zeitzeugen, in: Damals, H.3, März 1983.
22 In der Obhut des Militärhistorischen Instituts in Moskau (Leiter Volkogonov) befindet sich ein Dokument vom 23. Juni 1941, das eine noch immer bestehende Verhandlungsbereitschaft Stalins bezeugt. Seine Erwartungen richteten sich darauf, daß Schulenburg an Hitler persönlich herantreten und ihn zum Abbruch der Kampfhandlungen und zur Aufnahme von Verhandlungen bewegen könnte. (Persönliche Mitteilung an Vf.in).
23 Botschaft, Tagebuch, S. 3.
24 Beseda s Pavlovym, S. 3.
25 Mitteilung seiner Tochter Christa an Vf.in.
26 Papen an Ribbentrop, Ankara, 15. Juli 1941, in: PA AA, Handakten Ritter, Akten betreffend: Rußland, Bd. 1–2, 358998. Auch später scheint Schulenburg diese Tatsache erwähnt zu haben, so etwa auf dem Gut des Grafen Lehndorff bei Skandau, wo er sich erneut – vergebens – bemühte, bei Hitler vorstellig zu werden; hier erwähnte er – nach späteren Erinnerungen – unter Freunden, er hätte Hitler persönliche Botschaften von äußerster Brisanz zu überbringen! Er wüßte, daß Rußland keine Angriffsabsichten gehabt habe; »Man hätte noch Zeit gehabt, mit ihnen zu verhandeln. Die Politik könnte durchaus noch von Wert sein. Stattdessen rollen wir wie die Wahnsinnigen in dieses riesige Land, das uns schon durch seine Weite verschlucken wird. Und wir behandeln die Menschen wie Feinde...« Ebba von Senger und Etterlin, Mach's gut, du. Von lichten und auch dunklen Tagen, München/Zürich 1981, S. 123 f.
27 Weizsäcker, Erinnerungen, S. 315 f.
28 Rundfunkansprache Stalins an die Nation, 3. Juli 1941, auszugsweise abgedruckt in: S. A. Lozovskij, B. E. Štejn, Hrg., Vnešnaja Politika SSSR. Sbornik dokumentov, t. IV, Moskau 1946, S. 587 ff.; deutsche Übersetzung in: Ueberschär, Unternehmen, S. 326 ff.

29 Churchill, War, III, S. 331–3 und 340. Diese große Rede, die wenig schmeichelhaft für das kommunistische System, aber von aufrichtiger Parteinahme für den Heroismus des russischen Volkes getragen war, wurde zwar in Auszügen in der sowjetischen Tagespresse veröffentlicht, aber nicht offiziell beantwortet. Für Churchill war »the silence on the top level oppressive, and I thought it my duty to break the ice«. Er tat dies in seinem Schreiben an »Monsieur Stalin« vom 7. Juli mit seinem Angebot eines vollwertigen Militärbündnisses.

Schlußbetrachtung

1 Vgl. hierzu u. a. Kurt W. Böhme, Die deutschen Kriegsgefangenen in sowjetischer Hand. Eine Bilanz (Zur Geschichte der deutschen Kriegsgefangenen des Zweiten Weltkrieges, Bd. VII, herausgegeben von Prof. Dr. Erich Maschke) München 1966, S. 106 ff.; Burkhart Müller-Hillebrand, Der Zweifrontenkrieg. Das Heer vom Beginn des Feldzuges gegen die Sowjetunion bis zum Kriegsende, Bd. III von: Das Heer 1933–1945, Frankfurt/Main 1969, S. 258 ff.; Ueberschär, Unternehmen, S. 364 ff., S. 402: Reich, Bd. 5, 1, S. 980 ff.; Rüdiger Overmans, Die Toten des Zweiten Weltkriegs in Deutschland. Bilanz der Forschung unter besonderer Berücksichtigung der Wehrmachts- und Vertreibungsverluste, in: Michalke, Weltkrieg, S. 858–73 sowie ders., 55 Millionen Opfer des Zweiten Weltkrieges? Zum Stand der Forschung nach mehr als 40 Jahren, in: Militärgeschichtliche Mitteilungen, 2/1990, S. 103–21. Aus der neueren sowjetischen Diskussion: V. J. Kozlov, in: Istorija SSSR, 2/1989, S. 132–39; E. I. Rybkin, in: Voenno-istoričeskij žurnal, 3/1989, S. 52 f. u. a.
2 M. I. Semirjaga, in: Političeskoe obrazovanie, Nr. 17/1988, S. 42 ff.

PERSONENREGISTER

Bitte beachten Sie auch den im Verlag Ullstein erschienenen Band von
Ingeborg Fleischhauer: Der Pakt – Hitler, Stalin und die Initiative der
deutschen Diplomatie 1938–1939.

416